Manfred Kittel · Die Legende von der »Zweiten Schuld«

Manfred Kittel

Die Legende von der »Zweiten Schuld«

Vergangenheitsbewältigung
in der Ära Adenauer

Ullstein

© 1993 Verlag Ullstein GmbH, Berlin · Frankfurt/Main
Alle Rechte vorbehalten
Satz: Fotosatz-Service Weihrauch, Würzburg
Druck und Verarbeitung: Wiener Verlag, Himberg bei Wien
Printed in Austria 1993
ISBN 3 550 07188 4

Gedruckt auf alterungsbeständigem
Papier mit chlorfrei gebleichtem Zellstoff.

Inhalt

Meinen Eltern

I. Grundlagen der »Vergangenheitsbewältigung«

Kontroversen um die »Zweite Schuld«

Über die »Vergangenheitsbewältigung« in der Ära Adenauer, vor allem über ihre Defizite, wird schon seit den 60er Jahren intensiv diskutiert. Bis heute aber ist die These von der »Verdrängung« der braunen Vergangenheit nach 1945 noch nicht umfassend historisch-empirisch untersucht worden.[1] Seit der »Wende« in der DDR 1989/90 steht zudem die Bewältigung einer weiteren totalitären Vergangenheit, also der untergegangenen SED-Diktatur, auf der politischen Tagesordnung des wiedervereinigten Deutschland, und so gehört der Umgang mit dem Nationalsozialismus in den Gründerjahren der Bundesrepublik nach wie vor zu den aktuellsten Kapiteln unserer Nachkriegsgeschichte.

Die Überzeugung, in der Bundesrepublik habe keine angemessene strafrechtliche und personalpolitische Auseinandersetzung mit dem Nationalsozialismus stattgefunden, es sei keine »Trauerarbeit«, ja nicht einmal hinreichend politisch-pädagogische »Aufklärung« erfolgt, hat weit über den Kreis der studentischen Rebellen von 1968 hinaus Platz gegriffen. Einen Höhepunkt erreichte dieses Denken schließlich 1987 in dem Buch von Ralph Giordano, »Die zweite Schuld oder Von der Last Deutscher zu sein«. Nach der ersten Schuld unter Hitler hätten die Deutschen eine zweite auf sich geladen: »die Verdrängung und Verleugnung der ersten nach 1945«. Sie habe sich, meint Giordano, tief in den Gesellschaftskörper der zweiten deutschen Demokratie »eingefressen« und sei zum einen durch die nahezu restlose Eingliederung der nationalsozialistischen Täter in die Bundesrepublik Deutschland gekennzeichnet, zum anderen durch einen »tief aus der Geschichte des Deutschen Reiches bis hinein in unsere Gegenwart« wirkenden »Verlust der humanen Orientierung«.[2] Bei der Erörterung der »zweiten Schuld« geht es Giordano nicht um die Frage, »ob der Bundesrepublik ein zweiter 30. Januar 1933 droht«.[3]

Wichtiger ist ihm, daß es der Mehrheit, die ihre Vergangenheit verleugnet und verdrängt habe, gelungen sei, »mit ihrer großen Lebenslüge einen Teil der nachgewachsenen bundesdeutschen Gesellschaft zu beeinflussen«.[4] Die von den Eltern und Großeltern nicht abgetragene Schuld sei nun auf die Kinder und Enkelkinder übergekommen.[5]

Giordanos Reminiszenz an die Kollektivschuldthese gipfelt in bitterbösen Vorwürfen gegen die öffentliche Meinung der Deutschen, die er an den notorisch ausländerfeindlichen, auf dem Ohr der NS-Vergangenheit »eher tauben«[6], »plebejischen« Stammtischen lokalisiert.[7] Alle Aufklärungsbemühungen der Medien hält er demgegenüber für irrelevant; denn letztlich orientiere sich der deutsche Parteipolitiker an den Wählern[8] – und deren Willensbildung vollziehe sich eben ganz überwiegend am Biertisch. Daß zahlreiche deutsche Wähler positiv auf Giordanos Thesen antworteten und die Fülle ihrer Reaktionen zwischenzeitlich in einem weiteren Bändchen vermarktet wurde, scheint zwar eher ein Indiz dafür zu sein, wie pauschal der Verdrängungsvorwurf des Bestseller-Autors ist[9]; dennoch markieren seine Thesen nur in zugespitzter Form eine Position, die seit Alexander und Margarete Mitscherlichs »Unfähigkeit zu trauern«[10] 1967 in den Rang einer nahezu tabuisierten und ungeprüft geglaubten Wahrheit aufrückte.

Diese bis in die 80er Jahre hinein herrschende Lehre beschrieb den bundesdeutschen Umgang mit der NS-Zeit überwiegend in den Betroffenheitskategorien des Verdrängens und Vergessens und nahm in immer neuen Publikationen Anstoß an einem »beinahe kollektive(n) Widerstand« der Deutschen gegen die »Selbsterkenntnis der Geschichte«.[11] Eine rechte Gegenposition bezogen demgegenüber Autoren wie Armin Mohler oder Caspar von Schrenck-Notzing[12], die sich aber dem Verdacht aussetzten, die pädagogische Verarbeitung der NS-Zeit als fortgesetzte Entnazifizierung und Umerziehung grundsätzlich in Zweifel zu ziehen und für einen generellen Schlußstrich unter die »Vergangenheitsbewältigung« zu plädieren. Erst seit den 80er Jahren gewann ein differenzierterer Ansatz an Bedeutung, den vor allem Wissenschaftler wie Hermann Lübbe, Hans-Peter Schwarz oder Peter Steinbach vertraten.

Lübbe ging zwar von dem Sachverhalt aus, daß in den Anfangsjahren der Bundesrepublik die Bewältigung des Nationalsozialismus in der kulturellen und politischen Öffentlichkeit »eher eine geringere Rolle« spielte[13], erklärte dieses Phänomen aber – angesichts von »weit mehr als Dutzend Millionen« registrierter Parteigenossen und Mitläufer – als ein »sozialpsychologisch und politisch nötiges Medium der Verwandlung unserer Nachkriegsbevölkerung in die Bürgerschaft der Bundesrepublik Deutschland«.[14] Hans-Peter Schwarz und Peter Steinbach betonten darüber hinaus, es habe »im 20. Jahrhundert«[15] bzw. »in der Menschheitsgeschichte«[16] noch in keinem anderen Land eine intensivere Auseinandersetzung mit der Vergangenheit gegeben.[17] Dieses Urteil gründete aber vor allem auf der Bewältigungsdichte seit den 60er Jahren und konstatierte für das erste Dezennium der Bundesrepublik eine merkwürdige Stille um die Untaten des Dritten Reiches.[18]

Erst vor kurzem erhob eine Gruppe jüngerer Historiker und Politologen Einspruch gegen Tendenzen, nun wiederum den gesamten Prozeß der »Vergangenheitsbewältigung« zu idealisieren und von den Schattenseiten seiner zunehmenden politischen Instrumentalisierung im Gefolge der 68er Revolte abzusehen. Uwe Backes, Eckhard Jesse und Rainer Zitelmann beobachteten etwa beim Fall des Bundestagspräsidenten Philipp Jenninger, aber auch beim sogenannten Historikerstreit eine ritualisierte Bewältigungsstrategie und einen Mangel an Gelassenheit im Umgang mit der NS-Geschichte und wandten sich deshalb gegen die schon von Kurt Schumacher beklagte nationale »Zerknirschungsmentalität« in Kreisen der Wissenschaft und in den Medien. Ihre »Impulse zur Historisierung des Nationalsozialismus« richteten sich aber ebenso entschieden gegen eine Mentalität des Schlußstrichs in Teilen der NS-verdrossenen Bevölkerung.[19]

Das Plädoyer für eine von Moralismus und falscher Volkspädagogik freie Geschichtsbetrachtung gewinnt auch im Kontext der Verdrängungstheorie große Bedeutung. Denn gerade im Hinblick auf die Denkschule Giordanos drängt sich die Frage auf, ob deren empirisch kaum fundiertes Urteil über die bundesdeutsche »Vergangenheitsbewältigung« nicht in erster Linie dazu dient, ihr politisches Unbehagen an wirklichen oder vermeintlichen Schwächen der Bonner Demokratie moralisch zu überhöhen. Gehören die Einschätzungen der Verdrängungstheoretiker also nicht doch in das große Reich der politischen Mythen, wo Peter Steinbach sie bereits lokalisiert hat?[20] Einwände von Historikern wie Michael Wolffsohn und Hermann Graml scheinen jedenfalls in diese Richtung zu deuten, haben doch beide die These von der »permanenten Verdrängung« zurückgewiesen und erkannt, daß diese einigen Details einen Stellenwert beimesse, der ihnen bei »weniger leidenschaftsbestimmtem Zusehen« nicht zukomme.[21] Denn von der bundesdeutschen Gesellschaft sei die zunächst verordnete »Vergangenheitsbewältigung« trotz mancher Verdrängungssymptome »durchaus auch während der 50er Jahre freiwillig angepackt« worden.[22]

Legenden im Bereich der Zeitgeschichte, mögen sie noch so sehr von Verfälschung und Verlust der vergangenen Wirklichkeit gekennzeichnet sein, können die politische Kultur beeinflussen, prägen und vielleicht sogar bestimmen.[23] Wenn es sich bei der Verdrängungstheorie wirklich um einen politischen Mythos handelt, so hat jedenfalls die unzureichende Thematisierung der »Vergangenheitsbewältigung« in den meisten bisherigen Untersuchungen über die Ära Adenauer erheblich zur Legendenbildung beigetragen. Der Zeithistoriker steht hier vor einem Rätsel, will er diese Forschungsdefizite nicht wiederum »verdrängungstheoretisch« – gleichsam als eine Verdrängung der Verdrängung – erklären. Doch dieser paradoxe Erklärungsansatz braucht wohl nicht eingehender verfolgt zu werden, da sich der Sachverhalt auch einfacher explizieren läßt: Die Wirkungsmacht der mit moralischem Pathos verfochtenen Verdrängungshypothese war offensichtlich so groß, daß sie viele Forscher von einer Überprüfung der vergangenen Wirklichkeit abgehalten hat.[24] Denn wenn eine »Bewältigung« des »Dritten Reiches« nicht stattgefunden hatte, so konnte diese auch nicht erforscht und nicht dargestellt werden.

Dabei bleibt zweifelhaft, ob der individualpsychologische Vorgang der Verdrängung auf Kollektive übertragen werden kann und ob er vor allem das erkenntnisleitende Interesse bei der Beschreibung historischer Sachverhalte bilden darf. Eine geschichtswissenschaftliche Fragestellung kann wohl – wie auch die semantische Analyse verdeutlichen wird – nicht sinnvoll auf den seelenkundlichen Kriterien der »Verdrängung« oder »Bewältigung« basieren. Uns interessiert vielmehr, ob und wie vor allem die politische Klasse in Westdeutschland bestimmte Tatbestände aus der Geschichte des Nationalsozialismus und seiner Ermöglichung rezipierte, welchen Einfluß dies auf die staatliche Praxis der neuen Demokratie gewann und wie infolgedessen der öffentliche Diskurs über die Hypotheken der NS-Zeit verlief. Schriftliche und mündliche Erklärungen, Reden, Aufsätze und Urteile von Politikern, Journalisten, Richtern und anderen Persönlichkeiten des öffentlichen Lebens aus den Kirchen und gesellschaftlichen Verbänden sind der Seismograph, mit dem die geistigen Strömungen im Kontext der »Vergangenheitsbewältigung« gemessen werden sollen.[25] Die Ebene der »Vergangenheitsbewältigung« in der breiten Bevölkerung, jenseits der veröffentlichten Meinung, soll in den resümierenden Überlegungen aufgrund des zur Verfügung stehenden demoskopischen Materials und anderer Indizien so weit als möglich einbezogen werden.

Dabei ist einsichtig, daß eine Gesamtdarstellung der öffentlichen Auseinandersetzung mit dem Nationalsozialismus die einzelnen Ebenen der Problematik in ihrer strafrechtlichen, finanziellen, pädagogischen und politisch-verfassungsrechtlichen Dimension nicht ähnlich detailliert erfassen kann, wie dies jüngere Einzelstudien etwa zur Wiedergutmachung[26], zur »Vergangenheitsbewältigung« in den Kirchen[27] oder in der Justiz[28] vermochten.[29] Dennoch scheint angesichts der anhaltenden politisch-moralischen Instrumentalisierung von »Vergangenheitsbewältigung« der Versuch legitim, den Komplex – noch dazu in seiner umstrittensten Phase während der Ära Adenauer – einmal zusammenhängend historisch-empirisch zu untersuchen, um ein fundiertes Gesamturteil zu ermöglichen.

Hat in den Medien, wo sich das geistige Leben einer Nation am umfassendsten widerspiegelt, wirklich die von Giordano behauptete »Dauerverdrängung« des NS-Zeitalters stattgefunden und hat Deutschland den Nationalsozialismus tatsächlich »bis heute nicht ideologisch überwunden«?[30] Wurde hier vor allem in den 50er Jahren etwas »versäumt«, in dem Sinne, daß realpolitische Möglichkeiten für ein anderes Verhältnis der Bundesrepublik zur NS-Vergangenheit bestanden? War ein von mehr moralischem Rigorismus bestimmter Umgang mit der NS-Zeit damals überhaupt denkbar – in einer Generation, die das »Dritte Reich«, wie auch immer, mitgemacht hatte und die schon deshalb zum Differenzieren und Relativieren neigen mußte? Enthielt jene aufgewühlte Atmosphäre der »Vergangenheitsbewältigung« seit den 60er Jahren insofern nicht auch ein Stück Zwangsläufigkeit, weil eben allmählich eine Generation zur politischen Mündigkeit gelangte, die das totalitäre System nicht mehr selbst erfahren hatte und die vom Nationalsozialismus nur noch die Gewalt, aber nicht mehr die Verführung wahrnahm?[31] Und ist vielleicht das Verdikt über das zu stille Verhältnis der frühen Bundesrepublik zu ihrer nationalsozialistischen Erblast gar nur ein Produkt der Fehlwahrnehmung von Wissenschaftlern, Politikern und Journalisten, die sich an die höhere Lautstärke der »Vergangenheitsbewältigung« seit den 1960er Jahren so sehr gewöhnt haben, daß die leiseren Töne einer durchaus geführten, aber von weniger »Zerknirschungsmentalität« geprägten NS-Debatte während der Ära Adenauer nicht mehr zu ihnen hinüberdringen?

Von der Erinnerung zur Bewältigung

Der gegen »die« Deutschen gerichtete Vorwurf, sich mit der NS-Vergangenheit nicht angemessen auseinandergesetzt, sondern sie vielmehr verdrängt zu haben, ist so alt wie die Bundesrepublik Deutschland selbst. Und bereits vor ihrer Gründung gab es in den westlichen Besatzungszonen immer wieder publizistische Appelle, die jüngste Vergangenheit nicht zu vergessen. So warnte Ernst Friedländer schon im Juni 1947 in der ZEIT vor »Verdrängte(r) Geschichte« und machte als »landläufige deutsche Reaktion« auf Fragen nach dem »Dritten Reich« eine »peinliche Examensbeklemmung« mit der Grundtendenz aus: »Das will ich ja alles gar nicht mehr wissen; ich habe heute ganz andere Sorgen.«[1]

Die Prägung des Begriffes »Vergangenheitsbewältigung« wird teilweise dem ersten Bundespräsidenten Theodor Heuss zugeschrieben[2], der jedenfalls in zahlreichen Reden die Deutschen mahnte, nie zu »vergessen, was von Menschen ihrer Volkszugehörigkeit in diesen schamreichen Jahren geschah«.[3] Bereits auf einer Gedenkfeier der Gesellschaft für Christlich-Jüdische Zusammenarbeit im Dezember 1949 wandte sich Heuss gegen das Wort Kollektivschuld und die »simple Vereinfachung«, die dahinterstecke. Statt dessen warf der Bundes-

14

präsident den Begriff der »Kollektivscham« in die Debatte: »Das Schlimmste, was Hitler uns angetan hat – und er hat uns viel angetan –, ist doch dies gewesen, daß er uns in die Scham gezwungen hat, mit ihm und seinen Gesellen gemeinsam den Namen Deutsche zu tragen.«[4]

Die Formel von der »Vergangenheitsbewältigung« wird in der politischen Diskussion um die nationalsozialistische Erblast Anfang der 50er Jahre noch kaum gebraucht. Der Kommentar einer westdeutschen Zeitung zur Woche der Brüderlichkeit 1952: »Es darf nichts vergessen – es muß bewältigt werden«[5], oder die Rede des Historikers Hermann Mau von der »geistige(n) Bewältigung« der nationalsozialistischen Vergangenheit[6] bleiben eher die Ausnahme, auch wenn der Begriff in der politischen Bildungsarbeit von Anfang an eine Rolle gespielt haben mag.[7] Statt dessen ist viel von »Vergessen« und »Verschweigen« die Rede, gegen das es anzukämpfen gelte. Von links bis rechts und von den »Frankfurter Heften« bis zur »Frankfurter Allgemeinen« wird kontinuierlich thematisiert, daß sich »manche unter uns um dieses Vergessen (bemühten), weil sie die Erinnerung an das Furchtbare nicht ertragen« könnten.[8] Teils aus bösem Willen, teils aus Scham, so Annemarie von Puttkamer in den »Frankfurter Heften«, würden »wir« am liebsten darüber schweigen.[9]

Der Großteil der deutschen Presse freilich schwieg nicht, sondern geißelte immer wieder die von ihm so empfundene »Vergeßlichkeit« der deutschen Bevölkerung. Als etwa John McCloy bei seinem Abschied von Deutschland im Juni 1952 – in Würdigung der »Weißen Rose« – Inge Scholl für ihre »Hochschule der Gestaltung« eine Spende von einer Million Mark überreichte, wurde dies als »eine ernste Mahnung wider die Vergeßlichkeit« hinsichtlich des deutschen Widerstands gegen den Nationalsozialismus gewertet.[10] Der in München 1954 gegründete »Arbeitskreis 20. Juli« stellte seine erste Veranstaltung ebenfalls unter das Motto »Von der deutschen Vergeßlichkeit«.[11] Und die Verfilmung der »Tragödie des 20. Juli« wurde ein Jahr später lebhaft begrüßt, weil »unsere jüngste Vergangenheit ... so dringend der Erweckung im Bewußtsein des Volkes bedarf«.[12]

Daß »in unserem Lande zu oft und zu schnell vergessen« wird[13], ja daß bei der »unangenehmen Auseinandersetzung mit der Vergangenheit« weiteste Kreise in Deutschland eine regelrechte »Schnelltechnik des Vergessens« als bequemes Mittel entwickelt hätten[14], ist nicht nur in der Publizistik die herrschende Meinung. Auch Justiz und Politik bedienen sich dieser Begriffe. Um etwa das Urteil gegen einen neonazistischen Gastwirt zu begründen, der staatsgefährdende Schriften verteilt hatte, bezeichnete es der Dritte Strafsenat des Bundesgerichtshofes als »bedauerliches Zeichen für die Vergeßlichkeit, wenn heute schon wieder, kurze Zeit nach dem Zusammenbruch der nationalsozialistischen Herrschaft, versucht werde, jene schmerzlichen Erfahrungen zu betäuben, die das deutsche Volk 1933 bis 1945 gemacht« habe.[15]

Der hessische Innenminister Heinrich Zinnkann leitete 1953 eine Feierstunde der christlich-jüdischen Gesellschaft mit dem Hinweis ein, das nationalsozialistische Unrecht könne »nicht einfach vergessen werden«[16]; der bayerische Ministerpräsident Hoegner warf anläßlich der zehnjährigen Wiederkehr der Befreiung des Konzentrationslagers Dachau dem deutschen Volk vor, »es vergesse zu schnell. Die Geschichte des Dritten Reiches dürfe aber nicht aus Gründen der Zweckmäßigkeit ... umgelogen werden.«[17] Und der christlich-demokratische Bundestagsabgeordnete Franz Böhm vertrat noch Anfang 1958 die Auffassung, das deutsche Volk sei der geistigen Auseinandersetzung mit dem Nationalsozialismus »bisher geflissentlich aus dem Wege gegangen«.[18]

Unabhängig vom Realitätsgehalt solcher Aussagen, der in den folgenden Kapiteln näher untersucht werden soll, bleibt festzuhalten: Das heute gängige Schlagwort »Vergangenheitsbewältigung« spielt in der politischen Diskussion Anfang bis Mitte der 50er Jahre keine erhebliche Rolle. Der Vorgang, den es bezeichnet, wird vielmehr in unpräziser, negativer Abgrenzung zu seinem Gegenteil als »Nicht-Schweigen« oder »Nicht-Vergessen« umschrieben.[19] Positiv gewendet ist meist appellierend von zeitgeschichtlicher »Aufklärung«[20] und »Auseinandersetzung« mit der nationalsozialistischen Vergangenheit oder ihrer »innerlichen Verarbeitung« durch das deutsche Volk die Rede.[21]

Auch 1955 und 1956 gehörte der Begriff »Vergangenheitsbewältigung« noch lange nicht zum allgemeinen Wortschatz.[22] Er tauchte aber interessanterweise auf zeithistorischen Tagungen der Evangelischen Akademie in Berlin, also in den Grenzräumen der Begegnung von Geschichtswissenschaft, Volksbildung und kirchlich-theologischem Engagement, erstmals verstärkt auf.[23] Akademieleiter Erich Müller-Gangloff begründete das Veranstaltungsthema »Hitler oder die unbewältigte Vergangenheit«, zu dem die Historiker Karl Dietrich Bracher und Hans Rothfels referierten, mit einem Mangel an Literatur über Hitler und einer geringen Verbreitung der wenigen diesbezüglichen Werke wegen des Vorwurfs der »Nestbeschmutzung«.[24] Auch die Grenzlandakademie Sankelmark behandelte im Oktober 1955 das Thema der »unbewältigten Vergangenheit«, und im Sommer 1956 war es in den Diskussionsbeiträgen des 7. Deutschen Evangelischen Kirchentages in Frankfurt wiederum präsent. Seitdem hat das geflügelte Wort zwar nicht gleich eine »lawinenartige Verbreitung« gefunden[25], sich aber doch mehr und mehr durchgesetzt.

Bei der Vorbereitung des Münchner Kongresses der deutschen Gesellschaften für Christlich-Jüdische Zusammenarbeit im Jahr 1956 fiel das Wort Romano Guardinis von der »unaufgearbeiteten Vergangenheit«. Bereits anläßlich einer Tübinger Universitätsrede hatte Guardini 1952 bezweifelt, ob überhaupt Kategorien vorhanden seien, mit denen sich die Verbrechen des »Dritten Reiches« »ethisch bewältigen« ließen; aufgearbeitet jedoch, so Guardini, müsse das Geschehene werden, »damit es nicht wie ein inneres Gift weiterwirke und zum Schema des Kommenden werde«.[26]

Während sich der Moraltheologe und Sozialphilosoph Guardini eine »Bewältigung« der NS-Vergangenheit schwerlich vorstellen konnte, haben selbst ausgewiesene Historiker wie Hermann Heimpel und Hans Rothfels diesen Begriff »ohne Zögern angewendet«.[27] Heimpel nahm in einer Neujahrsansprache 1956 im Norddeutschen und im Westdeutschen Rundfunk Bezug auf die »unsere Gegenwart grausam überschattende Gefahr vergeßlicher Verdrängungen«. Allein die klare, »nicht durch Rechtfertigung verstellte Sicht auf das Leben und die Geschichte des einzelnen und des Volkes« könne die »Krankheit unserer Zeit« heilen, könne »die unbewältigte Vergangenheit bewältigen«.[28]

Von Bewältigung der Vergangenheit hat Heimpel nicht nur zufällig einmal im Januar 1956 gesprochen, sondern seitdem »Sache und Wort wiederholt in gleicher Weise zur Sprache gebracht«.[29] Und auch Hans Rothfels, einer der Nestoren der deutschen Zeitgeschichtsforschung, ist vor dem problematischen Begriff – etwa in einem Beitrag für den Südwestfunk 1959 – nicht zurückgeschreckt. Sein Rundfunkvortrag datiert freilich bereits aus einer zeitlichen Phase, die für den Erfolg der Formel »Vergangenheitsbewältigung« entscheidend wurde.[30] Denn deren inflationäre Verwendung setzt ziemlich präzise Mitte des Jahres 1959 ein, als die Fernsehsendung »Hitler und Ulbricht – Fehlanzeige« heftige Diskussionen über die erschreckend geringen zeithistorischen Kenntnisse der deutschen Schüler auslöste[31] und Theodor W. Adorno vor der Gesellschaft für Christlich-Jüdische Zusammenarbeit darüber referierte, was »Aufarbeitung der Vergangenheit« bedeute.[32] Eine kaum überschaubare Fülle von Publikationen und Resolutionen forderte jetzt nicht nur bessere Unterrichtung der jüngeren Generation vor allem über die NS-Vergangenheit ihres Landes, sondern griff auch die Quintessenz des vieldiskutierten TV-Beitrags auf und sprach fortan fortgesetzt von »unbewältigter Vergangenheit«, wann immer es galt, die schon lange thematisierte »Vergeßlichkeit« der deutschen Nachkriegsgesellschaft auf den Begriff zu bringen.

Das Ceterum censeo beinahe jedes zeitgeschichtlichen Beitrags in der Publizistik sollte nun die »unbewältigte Vergangenheit« werden. Deutlich ist das an den Artikeln in den linkskatholischen »Frankfurter Heften« abzulesen, die sich seit ihrer Gründung 1947 mit der Erblast des Nationalsozialismus auseinandersetzten. Im August 1959 leitete hier Kurt Fackiner, bezeichnenderweise mit einem Artikel über »Jugend, Schule, Nationalsozialismus«[33], eine ganze Reihe von Aufsätzen ein, die teilweise schon in ihren plakativen Überschriften – »Unbewältigte Vergangenheit – demokratische Zukunft«[34] oder »Wie wir unsere Vergangenheit bewältigen«[35] – das Modewort aufgriffen.

Doch der Begriff »Vergangenheitsbewältigung« hatte nicht nur in den »Frankfurter Heften« und anderweitig in der linken Publizistik Konjunktur[36], nicht nur bei den Gewerkschaften, dem Verband deutscher Studentenschaften oder dem Zentralrat der Juden[37], sondern er fand auch rasch Eingang in die Terminologie liberal-konservativer Kräfte. So begegnete Verteidigungsminister Franz Josef Strauß in einer Fragestunde des Deutschen Bundestages dem Vorwurf, keine Soldaten und Waffen der Bundeswehr für einen Stalingrad-Film zur Verfügung gestellt zu haben, mit dem Hinweis, die Bundeswehr müsse sich auch wegen der »noch nicht bewältigten politischen und militärischen Vergangenheit« Zurückhaltung auferlegen. [38]

Die Argumentation des Bundesverteidigungsministers konnte ihre Wirkung auf die Opposition schon deshalb nicht ganz verfehlen, weil sich die Sozialdemokraten wenige Monate vorher in ähnlichem Sinne geäußert hatten. Bei der aufgrund einer Großen Anfrage der SPD geführten Antisemitismus-Debatte im Januar 1959 hatte sich etwa der Abgeordnete Arndt namens der SPD-Fraktion gegen das »unbedachte, leider auch von einem Bundesminister gebrauchte« Wort vom »Schlußstrich« gewandt und darauf hingewiesen, wie »geistig unbewältigt« die Vergangenheit noch immer sei. [39]

So schnell die »Vergangenheitsbewältigung« – noch forciert durch die leidenschaftliche Diskussion um die Kölner Hakenkreuzschmierereien an der Jahreswende 1959/60 – Charakter und Verbreitung eines Schlagwortes annahm [40], so entschieden traten bald Kritiker auf den Plan, die bezweifelten, ob der in Mode gekommene Ausdruck wirklich geeignet sei, die Art und Weise der notwendigen Auseinandersetzung mit dem Nationalsozialismus korrekt zu beschreiben. Auch Theodor Heuss bezeichnete nun in einem Gespräch im Süddeutschen Rundfunk mit dessen Intendanten Hans Bausch die »unbewältigte Vergangenheit« als ein »plastisch gewähltes Schlagwort«; und solange dieses selbst lebe, werde auch die »unbewältigte Vergangenheit« »bei uns bleiben«. [41]

Über die Intention der Heuss'schen Äußerung erhalten wir weiteren Aufschluß in einer seiner letzten großen Reden, die er als Bundespräsident im Juni 1959 über das Wesen der Tradition gehalten hat: »Ein Schlagwort dieser Gegenwart spricht von der unbewältigten Vergangenheit. In dieser Formel verbirgt sich eine tiefe Not, mit der man aber nur fertig wird, wenn man sich ohne Überschwang, doch mit unverschwärmter Klarheit mit der Zukunft zu verbinden weiß.« [42] Daß Heuss hier den Begriff »Vergangenheitsbewältigung« als »Schlagwort« bezeichnet, interpretierten Zeitgenossen als Ausdruck einer gewissen Distanzierung und der Sorge eines Politikers, »der daran erinnert, daß der Blick in die Vergangenheit nicht von der Sicht der Zukunft ablenken und das Planen und Handeln nicht lähmen darf«. [43]

Auch die jüdische Emigrantin Hannah Arendt ging bei der Verleihung des Lessing-Preises der Stadt Hamburg im September 1959 auf die »neuerlich in Deutschland vielfach diskutierte und leider nur zu verbreitete Neigung« ein, so zu tun, als habe es die Jahre 1933 bis 1945 gar nicht gegeben. Dahinter stecke aber »vermutlich viel weniger böser Wille, als man im Ausland glaubt«, sondern sehr viel mehr »echte Ratlosigkeit«. »Wie schwer es sein muß, hier einen Weg zu finden«, komme vielleicht am deutlichsten in der gängigen Redensart zum Ausdruck,« das Vergangene sei noch nicht bewältigt, und in der gerade Menschen guten Willens eigenen Überzeugung, man müsse erst einmal daran gehen, die Vergangenheit zu bewältigen.« Dies könne man wahrscheinlich mit überhaupt keiner Vergangenheit, »sicher aber nicht mit dieser«. Sofern es überhaupt eine Bewältigung der Vergangenheit gebe, bestehe sie im Nacherzählen dessen, was sich ereignet hat; aber auch dieses Nacherzählen beschwichtige kein Leiden, bewältige nichts endgültig.[44]

Das Urteil einer Persönlichkeit wie Hannah Arendt wog in dieser Frage schwer. Während der ganzen 50er Jahre beschäftigte sie sich in teils umfangreichen zeitgeschichtlichen Beiträgen mit dem Nationalsozialismus. Zudem war sie als jüdische Emigrantin nie dem Verdacht ausgesetzt, mit ihren Einwänden gegen den Begriff der »Vergangenheitsbewältigung« lediglich ein verstecktes Plädoyer für den »Schlußstrich« halten zu wollen. Eben diesen Vorwurf mußten aber ansonsten viele Kritiker der »Vergangenheitsbewältigung« hinnehmen. Die Sache, die damit gefordert werde, so argumentierten die Apologeten des problematischen Begriffes, sei so klar und wichtig, daß man nicht über ihren Namen streiten solle. Angesichts der deutlich umrissenen Aufgabe, »die jüngste Vergangenheit nicht in die Vergessenheit absinken zu lassen«, dürfe man sich nicht mit Begriffsspaltereien aufhalten.[45]

Doch ist diese Schlußfolgerung problematisch. Nur wenn es wirklich bloß um das Ausleben oder Zügeln rabulistischer Neigungen ginge, könnte man die Diskussion über die Formel »Vergangenheitsbewältigung« getrost beenden. Tatsächlich aber prägen ständig gebrauchte Bezeichnungen auch die Vorstellung über das Bezeichnete selbst. Und gerade beim Terminus »Vergangenheitsbewältigung« handelt es sich um einen Schlüsselbegriff, ohne den wichtige Verfechter der Verdrängungshypothese und ihre Psychologie nicht zu verstehen sind. Deshalb erscheint es angebracht, an dieser Stelle – noch vor der Untersuchung einzelner Ebenen der »Vergangenheitsbewältigung« –

eine semantische Analyse des Begriffes vorzunehmen; dabei sollen gleichzeitig die zentralen Punkte zeitgenössischer Kritik an diesem Schlagwort reflektiert werden.

Zur Kritik des Begriffs »Vergangenheitsbewältigung«

»Rang und Ernsthaftigkeit einer ethischen Forderung erkennt man unter anderem daran, daß es selbst Jahrtausenden nicht gelingt, sie zu zerreden ... Das Wort von der ›unbewältigten Vergangenheit‹ sollte mithin schon deshalb unsere Vorsicht wecken, weil es binnen kürzester Zeit zur Phrase werden konnte. Neben den echt Besorgten übernimmt heute alles, was im deutschen Sprachraum an der Spitze des geistesgeschichtlichen Fortschritts zu marschieren wähnt ..., die Mahnung, die ›Vergangenheit‹ zu ›bewältigen‹, sie zu ›überwältigen‹, ja sogar (wie es in einem hektographierten Funktionärs-Rundbrief vielverratend anempfohlen wurde) sie zu ›vergewaltigen‹. Daß neuerdings die Forderung nach ›demokratischer‹, ›sozialistischer‹, ›realistischer‹, ›antifaschistischer‹, ›liberaler‹ und ›christlicher‹ ›Bewältigung der Vergangenheit‹ erhoben wird, läßt vermuten, daß wir uns aus dem Gebiet eines sine ira et studio verfahrenden, redlichen Geschichtsbemühens um das ›eigentlich Gewesene‹ unversehens verirrt haben in das ideologisch verstrahlte Gelände politischer Sprachlenkungen, wo je nach Standpunkt (wie bei einem Schauprozeß) bereits vor der ›Bewältigung‹ feststeht, was durch sie herauskommen wird.«[1]

Vor dem Hintergrund dieser Überlegungen hielt es Helmut Ibach in seiner 1960 in der »Politischen Meinung« erschienenen Kritik an der »Geschichte einer Phrase« für unumgänglich, »aus dem Gesamtkomplex der ›unbewältigten Vergangenheit‹ die Sorge der arglosen Wortbenutzer und die Absicht der interessierten In-Umlauf-Setzer herauszuschälen und beides voneinander zu unterscheiden«.[2] Es gebe eine menschliche, und zumal deutsche, von Max Weber schon nach dem Ersten Weltkrieg konstatierte Neigung, die Last der Geschichte »masochistisch« zu tragen.[3] In der Gegenwart äußere sich diese Neigung mit Vorliebe nominalistisch, »redens-artlich«, »im Jargon«.

Aber auch schon lange vor der Hochkonjunktur des Wortes »Vergangenheitsbewältigung« konnte man diese Neigung konstatieren. Bezeichnend war etwa die Sprache eines sozialistischen Funktionärs im Bundesjugendring, der 1954 aus Anlaß der Woche der Brüderlichkeit dazu aufrief, das »Schweigen zu durchbrechen«. Denn: »Vor uns steht eine endlose Aufgabe, die täglich neu gelöst sein will, und wehe uns, wenn wir nur einen Tag nachlassen. Wer sich der Illusion verhaftet, macht sich schuldig.«[4]

Auf die Endlosigkeit der Aufgabe »Vergangenheitsbewältigung« hat auch Ibach hingewiesen: Bei den im überkommenen Sprachbewußtsein geläufigen Objekten zum Verbum »bewältigen« handele es sich immer um etwas mit normalen Kräften nicht zu Meisterndes, »etwa um die Marathonstrecke für Dauerläufer oder um die Kanalbreite für Schwimmer«.[5] »Bewältigung« bezieht sich dabei stets auf etwas konkret Vorliegendes, noch Unentschiedenes, auf Gegenwärtiges oder Zukünftiges. Die »Vergangenheit« ist demgegenüber etwas, das man hinter sich hat, etwas Entschiedenes, »nur noch Registrierbares, durch keine Art von Verhalten mehr Änderbares«.[6]

Somit erweist sich also die »Bewältigung« der »Vergangenheit«, sprachlich gesehen, als eine contradictio in se ipso, weil sie zwei Worte zusammenspannt, die – genau besehen – gar nicht zueinander passen. Dieser linguistische Hintergrund konnte auch den »In-Umlauf-Setzern« des Begriffes »Vergangenheitsbewältigung« kaum verborgen geblieben sein. Sie wußten, so Ibach, daß sich in »der Art zu sprechen bereits ein ganz bestimmtes Weltverhalten vor-vollzieht, daß Wortwahl und Formulierung demnach Denken, Vorstellungskraft, Planen und Handeln festlegen«, und sie wandten dieses Gesetz ganz bewußt an – in der Absicht, »unsere geistige Kraft von den vordringlicheren Entscheidungen der Gegenwart abzulenken«.[7]

Belege für Ibachs These von der (tages)politisch motivierten Ablenkungsfunktion des Schlagwortes »Vergangenheitsbewältigung« lieferte vor allem die Arbeit der stark kommunistisch beeinflußten Vereinigung der Verfolgten des Nazi-Regimes (VVN), die besonders gern mit dieser Formel operierte. Aufschlußreich war in diesem Zusammenhang etwa die wohlwollende Würdigung eines VVN-Memorandums zur »Unbewältigten Vergangenheit« in den »Internationalen Heften der Widerstandsbewegung«. Zu der VVN-Denkschrift über die »Vordringlichkeit der Vermittlung eines objektiven Geschichtsbildes« hieß es dort – im Duktus des Marxismus-Leninismus – kommentierend: Die wichtigste Schlußfolgerung aus Deutschlands Katastrophe bestünde in der Einsicht, daß das humanistische Erbe deutscher Geschichte gegen die »wüstesten Angriffe reaktionärer und restaurativer Kräfte« verteidigt werden müsse.[8] Die Bewältigungsversuche von Bundestagspräsident Eugen Gerstenmaier – er hatte kurz zuvor eine zeitgeschichtliche Rede an die deutsche Jugend gehalten – seien zum Scheitern verurteilt. Denn »in der Behauptung gegen die Weltmacht des Kommunismus« beharre Gerstenmaier auf politischen Positionen, die »schon einmal zur nationalen Katastrophe geführt« hätten.[9]

Neomarxistisch gewendet begegnet uns eine vergleichbare Argumentation bei Theodor W. Adorno, wenngleich dieser – und hier zeigt sich bereits die ganze zwangsläufige Unübersichtlichkeit der Diskussion um einen so widersprüchlichen Begriff – die »Vergangenheitsbewältigung« als »höchst verdächtiges Schlagwort« charakterisierte. Denn zu Adornos Bedauern bedeutete es meistens nicht, »daß man das Vergangene im Ernst verarbeite, seinen Bann breche durch helles Bewußtsein«, sondern es stünde vielmehr für die Absicht, einen »Schlußstrich zu ziehen«, die Vergangenheit selbst »aus der Erinnerung wegzuwischen«.[10]

Adornos Bedenken gegen den Begriff »Vergangenheitsbewältigung« lagen mithin ganz andere Motive zugrunde als denen Ibachs. Fürchtete dieser ein der Bewältigung der Gegenwartsprobleme abträgliches Zuviel an Auseinandersetzung mit der Geschichte des »Dritten Reiches«, so hegte jener den Verdacht, die »Bewältiger« der Vergangenheit wollten mit ihr nur möglichst rasch fertig werden, um sich anschließend noch intensiver der Stabilisierung des Kapitalismus zuwenden zu können. Überinterpretieren dürften wir Adorno damit schon deshalb nicht, weil er selbst ausdrücklich die Vergangenheit als dann »aufgearbeitet« erklärte, »wenn die Ursachen des Vergangenen beseitigt wären«.[11] Diese Ursachen aber lägen in der kapitalistischen Wirtschafts- und Gesellschaftsordnung der Bundesrepublik Deutschland. Dort lebe, wie Adorno – anno 1959 (!) – behauptete, der Nationalsozialismus »nach«, und bis heute wüßten wir nicht, »ob bloß als Gespenst dessen, was so ungeheuerlich war, daß es am eigenen Tode noch nicht starb, oder ob es gar nicht erst zu Tode kam«.[12]

Trotz seiner semantischen Bedenken gegen das »verdächtige

Schlagwort« von der »Vergangenheitsbewältigung« stimmte Adorno also in nuce mit der oben dargelegten Position der VVN überein. Die Vergangenheit wäre demnach durchaus zu bewältigen – und zwar mittels Abschaffung der ökonomischen und sozialen Ordnung der Bundesrepublik Deutschland.[13] Eine derartige Argumentation mit dem Prädikat der Rationalität zu versehen, dürfte – Eckhard Jesse hat zu Recht darauf hingewiesen – angesichts der historischen Erfahrungen mit den real existierenden Sozialismen und deren Untergang schwerfallen.[14] Die rein begrifflichen Schwierigkeiten Adornos mit der »Vergangenheitsbewältigung« sollten außerdem nicht den Blick darauf verstellen, daß das eigentümliche Wortgebilde früh in den Sog jener »antifaschistischen« Bemühungen geriet, alles Antikommunistische, zum Beispiel den »Zeitgeist« der Ära Adenauer, als »faschistisch« zu diskreditieren und den Tatbestand zu verschleiern, daß »auch der Kommunismus eine böse ›Vergangenheit‹ (und Gegenwart) hat«.[15]

Die Kritik von Walter Dirks an dem Begriff der »Vergangenheitsbewältigung« war weniger fundamental. Zwar räumte auch er ein, von der »unbewältigten Vergangenheit« sei schon soviel gesprochen worden, »daß mancher dieser Formel möglicherweise wieder überdrüssig geworden ist«. Da sich für Dirks hinter der »Parole« aber eine »wichtige Erkenntnis« verbarg, war ihm dies nur ein Grund mehr, sich gründlich um sie zu bemühen.[16] Das »aktuelle politische Problem«, das die »unbewältigte Vergangenheit« für unser Volk darstelle, stecke nicht in den Schreiern und Schmierern von heute (1960, M.K.), sondern »in zwei riesigen Gruppen unseres Volkes, die insgesamt seine überwältigende Mehrheit bilden: in den Mitläufern und denen, die passiv und lahm dagegen waren«. Beide Gruppen hätten ihre Vergangenheit »nicht genügend gründlich bewältigt« und dadurch erst die Voraussetzungen dafür geschaffen, daß einst aktive Nationalsozialisten wieder »zu hohen Ämtern Zugang« fänden und daß die Ansätze der Demokratie in der Gegenwart sabotiert würden.

Schule, Erwachsenenbildung und Presse, so Dirks, fielen im Prozeß der »Vergangenheitsbewältigung« die entscheidenden Aufgaben zu. Jeder großen Publizistik müsse ein »Element von Bußpredigt« eigen sein, denn die »moralische Seite der Sache« sei »ganz und gar untrennbar von der intellektuellen und politischen«. Müßte nicht, so exemplifizierte Dirks den moralischen Impetus seines Anliegens,

»neunzehn Jahre nach dem Tag, an dem wir mitten im Frieden die Innenstadt von Rotterdam vernichtet haben, wenigstens unser Herz klopfen, wenn wir die holländische Grenze überschreiten? ... Nicht als ob wir ständig bekennen müßten, aber es müßte unsere Gefühle und unsere Gedanken bestimmen, es müßte den Ton bestimmen, in dem wir sprechen.«[17]

Denkt man den moralischen Anspruch konsequent weiter, den Dirks an die »Vergangenheitsbewältigung« gerade der breiten Masse des Volkes stellt, so drängt sich die Frage auf, ob er hier den demokratischen Staat nicht überfordert. Hätte es, um auch noch den letzten verstockten NS-Mitläufer von einst politisch zu läutern, nicht einer regelrechten Erziehungsdiktatur bedurft, Methoden mithin, die sich kaum mit den Prinzipien einer freiheitlichen Demokratie hätten vereinbaren lassen? Von Dirks' Argumentation führt eine direkte Linie zu dem gesinnungsethischen Rigorismus der 68er-Generation, die das moralische Verhalten auch der Millionen Mitläufer während des »Dritten Reiches« – und danach – »kritisch hinterfragte« und die dabei vor allem in dem 1967 erschienenen Buch der Mitscherlichs über »Die Unfähigkeit zu trauern« eine Argumentationshilfe fand.

Zwar sei klar, so die Mitscherlichs, daß man millionenfachen Mord nicht »bewältigen« könne, die »Ohnmacht der Gerichtsverfahren« gegen nationalsozialistische Täter hätte dies in »symbolischer Verdichtung« bewiesen. Aber eine »so eng juristische Auslegung« entspreche nicht dem ursprünglichen Sinn der Formulierung von der »unbewältigten Vergangenheit«. Mit »bewältigen« sei vielmehr eine »Folge von Erkenntnisschritten« gemeint, die Freud als »Erinnern, Wiederholen, Durcharbeiten« benannt hatte und deren »heilsame Wirkung ... aus der klinischen Praxis wohlbekannt« sei.[18]

Die Epoche des »Dritten Reiches« dagegen bewerteten die Mitscherlichs als »im politischen Bewußtsein unserer Öffentlichkeit« bis heute nur »unzulänglich kritisch durchdrungen«; »unbewußt wirksam gewordene Verleugnungen« bestimmten statt dessen unser Verhalten[19], und zur Trauer als einem »seelischen Prozeß, in welchem das Individuum einen Verlust verarbeitet«[20], sei das deutsche Volk seit 1945 unfähig gewesen. Dies gelte besonders für sein »kollektives Ich-Ideal«, Adolf Hitler; denn dessen Tod und Entwertung durch die Sieger habe für die Deutschen den »Verlust eines narzißtischen Objekts und damit eine Ich- oder Selbstverarmung und -entwertung« bedeutet.[21]

Die »Vermeidung dieser Traumen« müsse als unmittelbarster Anlaß der »Derealisation« der Nazivergangenheit durch die Deutschen gesehen werden. Erst in zweiter Linie spiele hierbei die »Abwehr der Trauer um die zahllosen Opfer der Hitlerschen Aggression« eine Rolle.[22]

In der Analyse der Mitscherlichs war mit dieser »Abwendung der inneren Anteilnahme für das eigene Verhalten im Dritten Reich«[23] zwar der Ausbruch einer »Melancholie«, als krankhafter Steigerung der Trauer, vermieden worden.[24] Die »Verbissenheit«[25] freilich, mit der die Deutschen sich ausschließlich dem ökonomischen Wiederaufbau widmeten, ohne die Vergangenheit zu »bewältigen«, habe sich in politischem und sozialem »Immobilismus und Provinzialismus« ausgewirkt.[26] So sei es der Mehrheit der Bewohner der Bundesrepublik nicht gelungen, sich in ihrer demokratischen Gesellschaft mit mehr als dem Wirtschaftssystem zu identifizieren.

So anregend manche Gedanken der Mitscherlichs zweifelsohne sind, so spekulativ bleiben sie doch auch häufig – gerade da, wo es um konkrete Beispiele der westdeutschen Auseinandersetzung mit dem Nationalsozialismus geht. Die These etwa, Erinnerung habe es, wenn überhaupt, dann nur als Aufrechnung der eigenen Schuld gegen die Schuld der anderen gegeben[27], ist eine derart zentrale Aussage, daß ihr Bedarf an empirischen Belegen schier mit den Händen zu greifen ist. War es wirklich »nur« der Druck der Meinung außerhalb Deutschlands, »der uns zwang, Rechtsverfahren gegen Nazitäter durchzuführen … oder den Hergang von Massenverbrechen zu rekonstruieren«?[28] Stimmt es, daß des Bombardements deutscher Städte wesentlich intensiver gedacht wurde als der Opfer der Konzentrationslager?[29] Und gibt es präzise Untersuchungen über das Leseverhalten der Bundesbürger, die Mitscherlichs These verifizieren könnten, Berichte über Prozesse gegen Naziverbrecher in den Zeitungen würden »überschlagen«, weil man eine Erinnerung an die jüngste Geschichte »in ihrer ungeschminkten Brutalität« vermeiden wolle?[30]

Die Autoren der »Unfähigkeit zu trauern« waren sich zwar selbst darüber im klaren, daß ihre »Versuche der Verallgemeinerungen … zunächst auf Hypothesen« beruhten, ihre Feststellungen also »nicht

apodiktisch« verstanden werden durften.[31] Aber diese Kautelen scheinen wiederum viele Rezipienten »überschlagen« zu haben, die das
Buch wie eine Offenbarung lasen, bestätigte es doch in zeitgemäß psy-
chologisierendem Duktus all die Urteile und Vorurteile, die gegen die
»Vergangenheitsbewältigung« der »restaurativen« Ära Adenauer
schon seit langem im Raume standen. Kaum Beachtung fand dabei im
übrigen die immerhin bemerkenswerte Tatsache, daß Alexander Mitscherlich,»von Ernst Jünger geworben, 1932–37 zur nationalrevolutio-
nären Niekisch-Gruppe gehörte«.[32]

Hans-Ulrich Wehler hat einige Jahre nach dem Erscheinen der bald
kanonisch werdenden »Unfähigkeit zu trauern« den Wert der analyti-
schen Sozialpsychologie für die Geschichtswissenschaft betont[33],
doch konnte auch Wehler die Zweifel an der – nach Mitscherlich! –
»oft nur schwer greifbaren und niemals nur einsinnig zu ordnenden
Vielfalt von Erscheinungen«, der sich Analytiker »seelischer Prozesse
in Gruppen« gegenübersehen[34], nicht ausräumen. Aus den Aufzeichnungen über rund 4 000 Patienten, die Mitte der 60er Jahre die Psycho-
somatische Klinik der Universität Heidelberg aufsuchten, ging beispielsweise hervor, »daß sich nur extrem wenige Anhaltspunkte für
den Zusammenhang ihrer gegenwärtigen Symptome mit den Erleb-
nissen der Nazizeit fanden«.[35] Läßt sich also schon individualpsycho-
logisch nur schwer die Bedeutung einer »unbewältigten Vergangenheit« bestimmen, so ist es evident, auf welch unsicherem Boden sich erst
Extrapolationen auf die kollektive Psyche eines Volkes bewegen.

Sicher vermögen etwa die immer wichtiger werdenden mentalitäts-
geschichtlichen Ansätze auch »Seelenlagen« verständlich zu machen;
wenn aber ein Aufsatz über »Unbewältigte Vergangenheit« zu dem
Schluß kommt, die Auseinandersetzung mit der Zeitgeschichte sei
»nicht nur als Kenntnisnahme historischer Fakten zu verstehen, sondern als ein psychotherapeutischer Prozeß«[36], dann stellt sich doch die
Frage, ob eine heilerzieherische Auffassung von Geschichte nicht
ganz zwangsläufig in die Gefilde der »volkspädagogischen Nützlich-
keit«, jenseits der rein sachlichen Vermittlung von Information und
Urteilsfähigkeit, führt? Und selbst wenn »Unfähigkeit zu trauern« vor,
während und nach der Ära Adenauer stellenweise anzutreffen war
und wohl auch ihre psychotherapeutische Relevanz haben mochte, so
ist es dennoch sehr fraglich, ob der Geschichtswissenschaftler sich da-

zu verleiten lassen sollte, den widersprüchlichen Begriff »Vergangenheitsbewältigung« derart zu rezipieren, daß er ausschließlich nach Mängeln an moralischer Sensibilität forscht und diese dann auch noch als »Hinweis auf die politische Orientierung«[37] in puncto Nationalsozialismus mißversteht.

Trotz der Plausibilität der hier dokumentierten semantischen Kritik wird im folgenden an dem gängigen Terminus »Vergangenheitsbewältigung« festgehalten; allerdings in klarer Begrenzung auf den Aspekt der Auseinandersetzung mit der nationalsozialistischen Vergangenheit, wie sie sich in der öffentlichen Diskussion der Bundesrepublik Deutschland vollzogen hat – einschließlich ihrer exekutiven, legislativen und judikativen Konsequenzen. Es geht also nicht darum zu analysieren, weshalb die schon theoretisch unlösbare Aufgabe einer »Vergangenheitsbewältigung« auch praktisch nicht gelöst worden ist. Ein solches Vorhaben wäre höchst fragwürdig.

Zur Vorgeschichte 1945–1949

1. DIE NÜRNBERGER PROZESSE

»Deutschland muß Recht und Anstand bei sich selbst wieder herstellen. Das ist es seiner Ehre und anderen schuldig. Nur wenn es die Verbrecher gegen das Recht, auch die Verstöße gegen das Völkerrecht, selbst bestraft, kann es seelisch wieder gesunden.«[1] Ohnehin würden die deutschen Gerichte eher zur Härte als zur Milde neigen, argumentierte Carl Goerdeler in einer Denkschrift des deutschen Widerstandes und mahnte – wohl schon in Vorahnung des Kommenden – , die Bestrafung der nationalsozialistischen Verbrechen dürfe nicht durch Dritte oder durch einen internationalen Gerichtshof vonstatten gehen, weil auch die Gegner Hitlers im eigenen Land ein solches Vorgehen strikt ablehnen müßten.

Die Befürchtungen Goerdelers wurden aber dann im Herbst 1945 Wirklichkeit. Nach Grundsätzen, die bereits im Oktober 1943 auf der Moskauer Außenministerkonferenz beschlossen worden waren, eröffnete ein Internationaler Militärgerichtshof (IMG) der Siegermächte demonstrativ in Nürnberg, der Stadt der NS-Reichsparteitage, den Prozeß gegen die Hauptkriegsverbrecher der NSDAP. Geahndet werden sollten Verbrechen gegen den Frieden, d.h. Beteiligung an der Planung und Durchführung eines Angriffskrieges, Kriegsverbrechen, also Verletzung der internationalen Kriegsgesetze oder -gebräuche, sowie Verbrechen gegen die Menschlichkeit, Mord, Ausrottung, Versklavung und Deportation von Zivilbevölkerung.

Auf der Anklagebank saßen vor allem die führenden Repräsentanten des Hitlerstaates, sofern sie sich nicht durch Flucht oder Selbstmord dem Zugriff der alliierten Gerichtsbarkeit entzogen hatten. NSDAP und Gestapo, SD, SA, SS, OKW und Reichsregierung wurde kollektiv der Prozeß gemacht. Die viel weitergehenden Überlegungen Stalins, kurzerhand 50 000 deutsche Offiziere ohne Gerichtsverfahren zu erschießen, waren schon 1943 an Churchills Weigerung gescheitert.[2] Tatsächlich wurden dann 1946 in Nürnberg von 22 Angeklagten 12 zum Tode verurteilt; in den sogenannten Nachfolgeprozessen gegen weitere Mitglieder der NS-Elite sowie in weiteren Verfahren vor alliierten Gerichten gab es bis 1948 in den Westzonen insgesamt 688 Todesurteile, von denen etwa 500 vollstreckt wurden. Die Zahlen für die sowjetische Besatzungszone liegen im Dunkeln, werden allerdings weit höher geschätzt.[3]

Die heftigste Kritik zog der Nürnberger Hauptkriegsverbrecherprozeß auf sich. Ihm haftete das Odium eines »Tribunals der Sieger« an. Obwohl das Völkerrecht seinem Charakter nach unteilbar ist, beschränkte sich der Gerichtshof auf die ungeheuerlichen Verbrechen, die von Deutschen verübt worden waren; andere, von Alliierten zu verantwortende Massaker, wie etwa die Erschießung Tausender polnischer Offiziere durch die Rote Armee im Wald von Katyn, wurden »nicht erschöpfend behandelt, was sich auf das deutsche Unrechtsbewußtsein möglicherweise ... verheerend« auswirkte.[4] Der Philosoph Karl Jaspers resümierte bitter: Es »war im Effekt ein einmaliger Prozeß von Siegermächten gegen die Besiegten, bei dem die Grundlage des gemeinsamen Rechtszustandes und Rechtswillens der Siegermächte fehlte. Daher hat er das Gegenteil erreicht von dem, was er sollte. Nicht Recht wurde begründet, sondern das Mißtrauen gegen das Recht gesteigert. Die Enttäuschung ist angesichts der Größe der Sache niederschmetternd.«[5]

Goerdelers Prophezeiungen waren also in Erfüllung gegangen; ergab sich diese Entwicklung aber nicht nachgerade zwingend aus der Tatsache, daß nun einmal nicht das deutsche Volk selbst sich in eigener Verantwortung vom Nationalsozialismus befreit hatte, sondern die Alliierten allein dieses Regime unter hohen Opfern beseitigen mußten? Zu milderen Urteilen jedenfalls wäre ein deutsches Gericht – gebildet aus den Kreisen der Emigration und des Widerstandes – mit einiger Gewißheit nicht gekommen. Zumal das Bekanntwerden der ganzen Dimension des nationalsozialistischen Völkermordes die breite deutsche Nachkriegsöffentlichkeit wie ein Schock traf und es für viele Deutsche infolgedessen außer Zweifel stand, daß die Verbrechen aufgeklärt und die Verantwortlichen zur Rechenschaft gezogen werden müßten.[6]

So wird man bei allen berechtigten Einwänden gegen die alliierte Justiz im besiegten Deutschland deren positive Wirkungen doch nicht übersehen dürfen. Zum einen war das oberste Führungspersonal des NS-Regimes dauerhaft von der politischen Bühne verschwunden und vermochte den Aufbau eines demokratischen Deutschlands nicht mehr zu belasten; zum anderen war auch die gesamte NS-Ideologie für die Zukunft gründlich diskreditiert und konnte der kriminelle Charakter des – von Eugen Kogon schon 1946 eindrucksvoll beschriebenen – SS-Staates von niemandem mehr ernsthaft bestritten werden.

Wie bedeutsam gerade die aufklärerische Funktion der alliierten Prozesse war, läßt sich auch an der Reaktion der veröffentlichten Meinung ablesen, die von den westlichen Siegermächten zwar kontrolliert, aber nicht eigentlich manipuliert wurde, und die durchaus positiv, im Sinne echter »Betroffenheit« reagiert und vor allem Freisprüche und milde Urteile kritisiert hat.[7] Hier drückte sich nicht nur die Meinung der politischen und kulturellen Elite Nachkriegsdeutschlands aus, sondern auch die der »breiten, von den Nationalsozialisten betrogenen und hintergangenen Bevölkerung«.[8]

In mehrmals täglich über die Rundfunksender ausgestrahlten Berichten wurden die meisten Deutschen nun erstmals mit grauenhaften Vorgängen wie Holocaust und Euthanasie konfrontiert, die ihnen von den nationalsozialistischen Machthabern bewußt verschwiegen worden waren. Neben dem Nürnberger Prozeß fanden besonders die Verfahren gegen das KZ-Personal von Dachau, Bergen-Belsen und Sachsenhausen weite Beachtung.

Bereits in der zeitgenössischen Publizistik ist freilich darauf hingewiesen worden, daß diese wichtigen und notwendigen Prozesse gegen führende Nationalsozialisten einen unerwünschten Nebeneffekt hatten, indem sie »gewisse Volksteile« dazu verführten, sich völlig rein zu fühlen.[9] »Die Schächer«, so beschrieb der besorgte »Berliner Tagesspiegel« das Bewußtsein weiter Bevölkerungsteile, »sitzen ja auf der Anklagebank ...«[10]

Diese Selbstentlastung weiter Bevölkerungsteile war als Automatismus auch bei den Nachfolgeprozessen wirksam, die bis in das Jahr 1949 hinein in Nürnberg gegen 177 exponierte Personen der Wehrmacht, der SS und der Polizei, des Auswärtigen Amtes, der Wirtschaft, der Justiz und der Verwaltung, aber auch gegen eine Reihe von Medizinern angestrengt wurden. Vor dem Hintergrund des Zerbrechens der Anti-Hitler-Koalition wurden von 24 ausgesprochenen Todesurteilen nur noch 12 vollstreckt, aber auch ohne die Verurteilung der Täter selbst konnten die Verfahren zumindest den Sinn erfüllen, die deutsche Öffentlichkeit zu »bessern«.[11] Daß mit Besserung freilich nicht nur Aufklärung und Distanzierung von den NS-Verbrechen, sondern die Entwicklung von Schuldgefühlen im Sinne eines Bekenntnisses zur kollektiven Verantwortung auch der Mitläufer intendiert war, erwies sich als unauflösliches Dilemma in der prozessualen Wirkungsgeschichte.

2. Entnazifizierung

Die harte Verurteilung der nationalsozialistischen Hauptkriegsverbrecher war nicht mit materiellen und moralischen Kosten für den durchschnittlichen Mitläufer des »Dritten Reiches« verbunden; die Entnazifizierungsmaßnahmen der Alliierten trafen dagegen die gesamte deutsche Nachkriegsgesellschaft mit voller Wucht. Bereits im April 1945 hatten die Amerikaner mit der Direktive JCS 1067 eine gründliche Säuberung des öffentlichen Lebens, der Wirtschaft und des Erziehungswesens von allen NSDAP-Mitgliedern eingeleitet. Alle Parteigenossen, die mehr als nominell in der NSDAP tätig waren, sowie all jene, die den Nazismus und Militarismus aktiv unterstützt hatten, wurden aus öffentlichen Ämtern und aus wichtigen Stellungen in halböffentlichen und privaten Unternehmungen »entfernt«.

In manchen Landkreisen[12] sahen sich sämtliche Bürgermeister ihres Amtes enthoben; in Bayern verloren mehr als die Hälfte aller Lehrer ihren Arbeitsplatz und bis Ende 1945 wurden in der sowjetischen Zone 67 179, in der amerikanischen 117 512, in der britischen 68 500 und in der französischen 18 963 Personen verhaftet. Noch Anfang 1947 befanden sich von den 270 000 Internierten fast 180 000 in Haft. Volle Internierungslager und leere Ämter waren die Folge.[13]

Bei der Regierung von Mittelfranken etwa konnte der Dienstbetrieb nur mit Mühe aufrechterhalten werden, weil von 38 Beamten des höheren Dienstes noch 10, von 74 Beamten des gehobenen und mittleren Dienstes noch 13 und von den 4 Beamten des einfachen Dienstes nur noch einer in Beschäftigung geblieben waren. Unter den Entlassenen hatten sich zwar viele ehemalige begeisterte Nationalsozialisten befunden, die »mit dem Parteiabzeichen am Revers zum Dienst erschienen waren, Andersdenkende schikaniert hatten und bei den Veranstaltungen der Partei in der ersten Reihe mitmarschiert waren«.[14] Doch trafen die Maßnahmen der Besatzungsmacht auch Männer, die kaum als »Nazis« einzustufen waren: Deutsch-Nationale, die sich 1933 mit der NSDAP arrangiert hatten, die geschwiegen hatten, als die führenden örtlichen Sozialdemokraten nach Dachau verschleppt worden waren, die sich vielleicht auch korrumpieren und in ihrem Berufsethos hatten beschädigen lassen, die aber doch niemals den Parteigenossen »herausgekehrt«, Untergebene zum Eintritt in die Partei gedrängt oder »sich selbst aufgrund ihrer Parteizugehörigkeit Vorteile verschafft«, sondern etwa während des Kirchenkampfes offen Kritik an der NSDAP geübt hatten.[15]

In seiner bemerkenswerten Studie über Politik und Gesellschaft in der amerikanischen Besatzungszone berichtet Hans Woller am Beispiel der Stadt Fürth, wie sich die Wirkung der rigorosen Massenentlassungen in ihr Gegenteil verkehrte: Der neue Fürther Oberbürgermeister, als Sozialdemokrat während der NS-Zeit politisch verfolgt und zweimal verhaftet, hatte sich anfangs von jedem Beamten distanziert, »der einen braunen Fleck auf seiner Weste hatte«. Als aber die Entlassungen »solche« und »solche« gleichermaßen betrafen, änderte er seine Haltung und versuchte, den alten Beamtenstamm unabhängig von seiner NS-Vergangenheit zusammenzuhalten.[16]

Die erheblichen Schwierigkeiten führten schließlich dazu, daß die delikate Prozedur der politischen Säuberung deutschen Behörden übertragen wurde. Am 5. März 1946 verabschiedete der Länderrat der US-Zone auf der Basis einer Entnazifizierungsdirektive des alliierten Kontrollrates das »Gesetz zur Befreiung von Nationalsozialismus und Militarismus«. Die »weltanschauliche Bestandsaufnahme« einer ganzen Bevölkerung nahm damit ihren Anfang.[17]

Anhand eines Fragebogens mit 131 Rubriken sollte die politische Vergangenheit jedes einzelnen Deutschen über 18 Jahre, insbesondere sein Verhalten im »Dritten Reich«, durchleuchtet werden. Allein in der US-Zone resultierten aus 13 Millionen Meldebögen 3,5 Millionen zu verhandelnde Fälle. 545 Spruchkammern mit 22 000 Mitgliedern stuften in einem prozeßähnlichen Verfahren die Betroffenen in fünf Gruppen ein: Hauptschuldige, Belastete, Minderbelastete, Mitläufer und Entlastete.[18]

Die Skala der als Sühnemaßnahmen verstandenen Strafen reichte von der Zahlung einer Geldbuße über ein Berufsverbot bis zu zehnjährigem Arbeitslager. Von den sechs Millionen Entnazifizierungsfällen, die in den drei Westzonen insgesamt anhängig waren, wurde freilich – wegen vorzeitiger Amnestierungen – nur ein geringer Prozentsatz auch wirklich bearbeitet.[19] Gerade die Amerikaner, die die Entnazifizierung im Grundsatz wesentlich rigoroser betrieben als Engländer und Franzosen, entlasteten in zwei großen Amnestien pauschal drei Millionen Deutsche, die entweder nach dem 1. Januar 1919 geboren oder körpergeschädigt waren oder ein Jahreseinkommen von weniger als 3 630 Reichsmark bezogen.[20]

Vor besondere Schwierigkeiten sahen sich die Behörden bei der Rekrutierung geeigneter Mitglieder für die Spruchkammern gestellt, die in allen Stadt- und Landkreisen gebildet werden mußten. Denn einerseits sollte der Kammervorsitzende zum Richteramt oder zum höheren Verwaltungsdienst befähigt sein, andererseits war das in Frage kommende Fachpersonal zum großen Teil politisch mehr oder weniger stark belastet. Da die Aufgabe zudem als höchst undankbares Geschäft galt[21] – die Vorsitzenden und Kläger sahen sich als »Diener der Amerikaner«, die Ermittler als Schnüffler und Spitzel beargwöhnt[22] –, mußten die Ministerien Ende 1946 per Gesetz ermächtigt werden, geeignete Personen dienstzuverpflichten.

Dennoch ist nicht zu übersehen, daß die deutsche Bevölkerung die Entnazifizierung zunächst sehr wohl für notwendig gehalten hatte.[23] Die schlimmen Vorkommnisse während des Nationalsozialismus waren keineswegs »gänzlich vergessen und vergeben ... Wann immer in der Öffentlichkeit bekannt wurde, daß Verfahren gegen prominente Nationalsozialisten oder verhaßte Denunzianten anstünden, meldeten sich genug Belastungszeugen.«[24]

Der Meinungsumschwung in der »Vergangenheitsbewältigung« erklärte sich aus dem verbreiteten Mißbrauch des Befreiungsgesetzes »für fremde und manchmal sehr fragwürdige Zwecke«.[25] Mietstreitigkeiten, persönliche Feindschaften oder gar Ehekonflikte wurden qua Entnazifizierungsverfahren ausgetragen. Auch im innenpolitischen Kampf diente es dazu, wie der hessische Befreiungsminister Gottlob Binder im September 1946 beklagte, daß »die eine Partei der anderen ihre führenden Köpfe und Kandidaten abschießt«.[26] Diese Auswüchse nahmen an der Jahreswende 1946/47 überhand. Nachdem der Vorsitzende der CSU, Josef Müller, durch ein Spruchkammerverfahren politisch hatte mundtot gemacht werden sollen, stellte bald darauf ein Skandal in Württemberg-Baden »die ganze bisherige Entnazifizierung in Frage«.[27]

Der Ministerpräsident des Landes, Reinhold Maier, der das Entnazifizierungsgesetz eigenhändig unterzeichnet hatte, sah sich zusammen mit seinem Kultusminister Wilhelm Simpfendörfer einer Klage vor der Stuttgarter Spruchkammer ausgesetzt. Beide Politiker sollten in die Gruppe der Belasteten bzw. Hauptschuldigen eingestuft werden, weil sie 1933 als Reichstagsmitglieder dem Ermächtigungsgesetz zugestimmt hatten. Der öffentliche Kläger an der Stuttgarter Spruchkammer, Franz Karl Maier, der als Lizenzträger der »Stuttgarter Zeitung« schon vorher publizistische Angriffe gegen den Ministerpräsidenten Maier gerichtet hatte, wurde jedoch unter Hinweis auf formale Fehler seines Vorgehens sofort amtsenthoben.

Die Situation eskalierte noch weiter, als der Ministerpräsident in einer Rundfunkansprache um Verständnis für die Lage der Reichstagsabgeordneten im Jahr 1933 bat und die sozialdemokratische und kommunistische Opposition im Landtag die Immunität der angeklag-

34

ten Politiker aufzuheben suchte. Ein Rechtsgutachten des Länderrates kam zu dem Schluß, daß die Zustimmung zum Ermächtigungsgesetz objektiv eine »außerordentliche, politische Unterstützung« der NS-Gewaltherrschaft gewesen und somit der äußere Tatbestand des Entnazifizierungsgesetzes erfüllt war. Doch letztlich entscheidend sei der subjektive Tatbestand, ob der einzelne vorsätzlich mit seiner Zustimmung zum Ermächtigungsgesetz die Errichtung der NS-Diktatur bezweckt hatte. In einem nichtöffentlichen Verfahren wurde der Ministerpräsident schließlich als vom Befreiungsgesetz nicht betroffen erklärt.

Den Hunderttausenden davon existentiell betroffenen kleinen Parteigenossen aber drängte sich nun die Frage auf, ob zwischen ihnen und der politischen Prominenz mit zweierlei Maß gemessen werde. Konnten die einfachen Pgs nicht auch beanspruchen, was einem hohen, bei der Militärregierung angesehenen Politiker »so bereitwillig zugestanden wurde, nämlich, daß sie in Verkennung des wahren Charakters des Nationalsozialismus bei den politischen Vergehen gehandelt hatten, die ihnen aufgrund des Befreiungsgesetzes zur Last gelegt wurden ...«?[28]

In einem vielbeachteten Aufsatz über das »Recht auf den politischen Irrtum« brachte Eugen Kogon den durch die Affäre beschleunigten Wandel in der Beurteilung der Entnazifizierung sinnfällig zum Ausdruck: »In Stuttgart gerieten zwei Männer mit dem gleichen urdeutschen Namen aneinander: Maier gegen Maier ... Wir wollen es ohne Umschweife aussprechen: Es ist nicht Schuld, sich politisch geirrt zu haben. Verbrechen zu verüben ... ist Schuld ... Aber politischer Irrtum ... gehört weder vor Gerichte noch vor Spruchkammern ...«[29]

Auch schon vor der Affäre »Maier gegen Maier« hatten unbelastete Deutsche aus Mitleid oder Gefälligkeit eidesstattliche Erklärungen über die politische Harmlosigkeit eines angeklagten Mitbürgers abgelegt. Diese »Persilscheine« waren die direkte Antwort auf das von der Militärregierung angestrebte »white-wash« der Deutschen von ihrer »braunen Tünche«. Das Waschvokabular[30] offenbarte auf beiden Seiten nur die Oberflächlichkeit eines bürokratischen Verfahrens, das in seinem Formalismus weit an der politischen Realität des »Dritten Reiches« vorbeiging.

So übersahen die amerikanischen Deutschlandpolitiker in ihrem puritanischen Säuberungseifer, daß das Wesen des NS-Staates auch die ihm innerlich distanziert gegenüberstehenden Bürger zu fast täglichem »strukturellen Opportunismus« veranlaßt hatte.[31] Den vielen individuellen Gewissenskonflikten konnte die vielfach nach reiner Zugehörigkeit zu NS-Organisationen urteilende mechanische Entnazifizierung nicht gerecht werden, noch weniger aber hatte sie ein Gespür für die Bedeutung der nationalsozialistischen »Volksgemeinschaft«: Diese war nicht nur ein propagandistischer Topos, sondern ein stark nachwirkendes Faszinosum für Millionen[32] und begründete das hohe Maß sozialer Akzeptanz, auf welcher der NS-Staat, neben seinen Terrormaßnahmen, basierte. Zwar war spätestens seit der Katastrophe von Stalingrad die Ernüchterung über den Nationalsozialismus gewachsen, doch wurde dieser – kraft Suggestion Goebbelsscher Propaganda – nach wie vor weithin mit der Gesamtnation gleichgesetzt, die für die Deutschen einen hohen identitätsstiftenden Wert besaß. Wer an der Nation festhalten wollte, glaubte vielfach, vom Nationalsozialismus nicht lassen zu dürfen. Vor diesem Hintergrund war es auch für die große Zahl der Ernüchterten sehr schwierig, sich sofort gegen diejenigen zu wenden, »deren nationale und soziale Rauschmittel sie kurz vorher gerne eingesogen hatten«.[33]

Insofern ist die bei Kriegsende ziemlich gedämpfte Bereitschaft zur politischen Aufrechnung und persönlichen Abrechnung nicht eben erstaunlich. Ansätze zu einer radikaleren Selbstreinigung, die in Gestalt der Antifa-Ausschüsse durchaus vorhanden waren[34], wurden von den Alliierten im Keim erstickt. Ob man dies im Blick auf die Auswüchse der französischen Epuration oder der epurazione in Italien, wo über 10 000 Faschisten kurzerhand umgebracht wurden[35], wirklich bedauern sollte, ist fraglich. Der Erfolg eines politischen Reinigungsverfahrens, das im Namen der liberalen Demokratie durchgeführt wurde, kann jedenfalls nicht an der Zahl der Köpfe abgelesen werden, die dabei rollen mußten.

Von den deutschen Spruchkammern der Westzonen wurden insgesamt 3,66 Millionen Fälle bearbeitet. Dabei stellte der Angehörige der unteren Mittelschicht als kleiner Amtsträger der NSDAP den häufigsten Typ im Sozialprofil der Betroffenen dar. In Bayern waren nur drei Prozent der Arbeiterschaft, aber ein Sechstel der Selbständigen, ein

Drittel der Angestellten und mehr als die Hälfte der Beamten einem Spruchkammerverfahren unterworfen.[36]

Von den 3,66 Millionen Angeklagten in den Westzonen wurden ca. 1,2 Millionen als entlastet, 1 Million als Mitläufer, 150000 als minderbelastet, 23060 als »Schuldige Belastete« und 1667 als Hauptschuldige eingestuft[37], wobei die Verfahren in den einzelnen Zonen sehr unterschiedlich gehandhabt wurden – pragmatischer im britischen und französischen Bereich, schärfer im amerikanischen – und die Zahlen insofern nur bedingt vergleichbar sind.[38] Allein in der US-Zone verhängten die Spruchkammern in 600000 Fällen Strafen, wobei 500000 Betroffene mit einer Geldstrafe davonkamen.[39] Den über 1600 Hauptschuldigen und 22000 »Schuldigen Belasteten« im amerikanischen Bereich standen 13 Hauptschuldige und 938 »Schuldige Belastete« in der französischen Zone gegenüber. Nicht selten wurde dort gerade hohen Verwaltungsbeamten mit nationalsozialistischer Vergangenheit eine »konziliante« Entnazifizierung angeboten, wenn sie sich nur in den Dienst der Pariser Besatzungspolitik stellten und separatistische Tendenzen in den süddeutschen Ländern unterstützten.[40]

Noch gravierender als die politischen Differenzen innerhalb der westlichen Besatzungsmächte war das vorschnelle Abwürgen der Entnazifizierung im eskalierenden Kalten Krieg. Im August 1947 hatte das amerikanische Verteidigungsministerium Weisung gegeben, die Entnazifizierung bis zum 31. März 1948 abzuschließen, und auch die sowjetische Militäradministration in Deutschland hatte im Februar 1948 offiziell deren Ende erklärt[41], um im beginnenden Ringen um das deutsche Potential keine schlechteren Startbedingungen zu haben. Mit dem offenen Bruch der Anti-Hitler-Koalition versandete nun auch der historisch einzigartige Fehlversuch, ein ganzes Volk für die verbrecherische Politik seiner Führung verantwortlich zu machen.

Die neuen weltpolitischen Konstellationen kamen den schon länger andauernden Bemühungen von Kirchen und Parteien in Deutschland entgegen, die Auswüchse der Entnazifizierung zu beschneiden. Denn sobald durch die Befreiungsgesetze deutsche Stellen selbst mit der Durchführung der Säuberung befaßt waren, geriet die ganze Entnazifizierung in den Sog der innen- und parteipolitischen Diskussionen. Am eindeutigsten war von Anfang an die Haltung der Kirchen.[42] Im Juli 1945 wandten sich der Münchner Erzbischof Kardinal Faulhaber und der Landesbischof Meiser in einem gemeinsamen Schreiben an die amerikanische Militärregierung gegen die Massenentlassungen von einfachen Parteimitgliedern, gegen die Pauschalverurteilung aller SS-Männer und gegen die Verhaftung von führenden Männern der Wirtschaft.[43] »Pg ist nicht gleich Pg und selbst SS nicht gleich SS...«, betonte der evangelische Landesbischof Wurm, und sein Amtsbruder Lilje forderte in einem offenen Brief an den niedersächsischen Landtag ein Ende der oberflächlichen, sich in »negativen Maßnahmen« erschöpfenden Entnazifizierungsverfahren. Die schwächste Stelle der bisherigen Regelung sah Lilje darin, daß sie »keine Möglichkeit der politischen Umbesinnung und Umkehr ließ«.[44]

Wohl weil die protestantische Bevölkerung in weitaus höherem Maß von der Entnazifizierung betroffen war und fast ein Drittel ihrer Pfarrer der NSDAP und ihren Organisationen angehört hatte[45], wirkte die Kritik der evangelischen Kirche noch in Nuancen schärfer als die der katholischen. Einen Kulminationspunkt erreichte die kirchliche Opposition gegen die alliierte Praxis der »Vergangenheitsbewältigung« im Jahr 1948, als ausgerechnet der hessische Kirchenpräsident Martin Niemöller – als entschiedener Gegner des Nationalsozialismus weithin bekannt – von der Kanzel aus zum passiven Widerstand gegen das Entnazifizierungsgesetz aufrief.[46]

Die dezidierte Haltung der Kirchen blieb vor allem auf die Politik von CDU und CSU nicht ohne Einfluß. Beide Parteien wollten die Entnazifizierung auf die »Aburteilung strafrechtlicher Delikte in einem ordentlichen Rechtsverfahren«[47] beschränkt sehen, weil sie die Wiederherstellung des Rechtsstaates als Basis einer neuen demokratischen Ordnung betrachteten und nichts davon hielten, den Teufel des Nationalsozialismus mit dem Beelzebub neuerlicher Willkür und Ungerechtigkeit auszutreiben. Vielmehr sollte die Versöhnung am Anfang des Neuaufbaus stehen und vor allem versucht werden, die ehemaligen Anhänger des Nationalsozialismus für die Demokratie zu gewinnen.

Im Lager der politischen Linken hielt man es dagegen für unzureichend, nur eine »relativ kleine Clique von nationalsozialistischen Führern politisch kaltzustellen«.[48] Die Kommunisten forderten eine Revolution der sozialen Verhältnisse, die Sozialdemokraten stimmten ihnen insoweit zu, als für sie Entnazifizierung und Sozialisierung zusammengehörten, wenngleich sie diese Ziele auf dem Wege parlamentarischer Mehrheiten durchzusetzen suchten. Für die SPD bestand die politische Aufgabe der Entnazifizierung darin, »alle Personen aus dem öffentlichen, wirtschaftlichen und kulturellen Leben zu entfernen und mit einer angemessenen Sühne zu belegen ..., deren Handlungen, Haltung, mangelnde Standhaftigkeit und moralische Schwäche das Leid des deutschen Volkes herbeigeführt haben«.[49]

Trotz ihrer radikaleren Positionen schlossen sich auch die Parteien der politischen Linken immer wieder gemeinsamen Anträgen aller Fraktionen in den neuen Landtagen an, in denen die seit Anfang 1947 spürbar zunehmende öffentliche Kritik an der Entnazifizierungspraxis kanalisiert wurde.[50] Im Mittelpunkt der Beschwerden standen das Beschäftigungsverbot und die Sühnemaßnahmen für die zahllosen Mitläufer des Nationalsozialismus. Denn diese Strafen hatten angesichts der allgemeinen wirtschaftlichen Not besonders harte Folgen: Bis ein angeklagter »kleiner« Parteigenosse den Mitläufer- oder Amnestierungsbescheid ausgestellt bekam und wieder dem früheren Beruf nachgehen konnte, vergingen oft zwei, drei, manchmal sogar vier Jahre. Häufig waren der Rehabilitierung materiell spürbare Strafen oder Internierungslager vorausgegangen.

Darin, so resümiert Woller zu Recht, bestand der eigentliche »Denkzettel« für die Mitläufer und Minderbelasteten: »In seiner Mischung aus fühlbarer Strafe und großzügiger Gnade war er so dosiert, daß er die Gefahr der Herausbildung eines Heeres von Entnazifizierungsgeschädigten weitgehend bannte, die spätere Bildung neuer Loyalitäten an den demokratischen Staat nicht übermäßig erschwerte und eher das kritische Nachdenken über antidemokratische Experimente und Ideologien förderte.«[51]

Wenngleich Parteien und Kirchen in Deutschland zum Teil heftige Kritik an der Entnazifizierung geübt hatten, widersetzten sich nun deutsche Stellen – ohne großen Erfolg – dem allzu raschen Abbruch der Verfahren. Denn infolge der Prozeßflut waren aus pragmatischen Erwägungen heraus die schweren Fälle zurückgestellt und die einfacheren zu Beginn behandelt worden. Die neue Politik hatte demnach zur Konsequenz, »daß die kleinen Leute am Anfang von der ganzen Schwere des Gesetzes getroffen wurden«, während, wie der bayerische Ministerpräsident Hoegner warnte, »die wahren Schuldigen, die erst jetzt an die Reihe kommen, in den Genuß der milderen Praxis gelangen«.[52]

In dem geflügelten Wort »Die Kleinen hängt man, die Großen läßt man laufen« kam das verletzte Rechtsempfinden einer ganzen Nation zum Ausdruck. Schon lange vorher hatte sich das Unbehagen auf die – im Vergleich zum deutschen Strafrecht – andere Funktion von Anklage und Verteidigung, von Richtern und Zeugen in der amerikanischen Justiz konzentriert. Da außerdem den Verfahren in der britischen Zone – »weitgehend außerhalb einer öffentlichen Kontrolle angesiedelt«[53] – ein erhebliches Maß an Willkür eignete, schlug die ursprüngliche Zustimmung von fast zwei Dritteln der Deutschen zur Entnazifizierung bald in offene Ablehnung gegen den nun als groß angelegten alliierten Rachefeldzug empfundenen Prozeß um.

Der breite gesellschaftliche Konsens, der sich in der Tri-Zone gegen diese desaströse Politik der Westmächte formierte, war so wirkungsmächtig, daß in seinem Windschatten die Legende von der gelungenen Entnazifizierung des sowjetisch besetzten Mitteldeutschlands entstehen konnte. Die Säuberung erfaßte dort einen derart großen Personenkreis[54], daß es sich bei den Betroffenen ganz offensichtlich schon rein zahlenmäßig nicht nur um belastete Nationalsozialisten handeln konnte, sondern um die gesamte gesellschaftliche Führungsschicht, die qua Entnazifizierung ausgeschaltet werden sollte. Die Anleitung hierzu hatte Lenins revolutionäre Staatsdoktrin geliefert, nach der die Zerbrechung der alten Beamtenmaschinerie und der sofortige Aufbau einer neuen einen wesentlichen Schritt zur Diktatur des Proletariats bedeutete.[55]

Die Verfolgung und Bestrafung schuldiger Nationalsozialisten war für die Sowjets nicht Selbstzweck, »sondern Vorwand und Werkzeug revolutionärer Verwandlung im kommunistischen Sinne«.[56] Die Art und Weise, wie »demokratische Bodenreform« und »Industrie-Enteignung aller Nazi- und Kriegsverbrecher« durchgeführt wurden, brachte dies an den Tag. Denn selbst Personen, die nicht nationalsozialistisch belastet, sondern teils sogar im »Dritten Reich« verfolgt worden waren, fielen der entschädigungslosen Enteignung zum Opfer.

Eine den Sühneverfahren in den Westzonen vergleichbare Auseinandersetzung mit der individuellen Schuld von großen und kleinen

Nationalsozialisten fand in der sowjetischen Besatzungszone nicht statt. Von besonders exzessiven Verbrechen weniger militanter Nationalsozialisten abgesehen, ist mit individuellen Vergehen einzelner Parteigenossen seltener abgerechnet worden. Von Wolfgang Leonhard ist uns vielmehr der bezeichnende Ausruf eines ehemaligen Parteigenossen auf einer politischen Veranstaltung der SED überliefert: »Hoch lebe die SED, der Freund der kleinen Nazis«.[57] Emsiges Mitwirken beim »demokratischen Neuanfang« im sowjetischen Sinne konnte eine Verstrickung in die NS-Vergangenheit jedenfalls leicht vergessen machen.

3. REEDUCATION

Als Pendant zur Entnazifizierung war in der alliierten Politik das Instrument der Umerziehung vorgesehen. Es stellte insofern ein Novum dar, als es aus dem in der Haager Landkriegsordnung verankerten Recht auf Besetzung ein beliebiges ideologisches Verfügen über die Bevölkerung des besiegten Landes ableitete. Diese »occupatio sui generis« dokumentierte noch einmal die alliierte Überzeugung, einen Weltanschauungskrieg geführt zu haben, den man erst im Frieden endgültig gewinnen könne.

Das Bild von Deutschland und den Deutschen nahm sich in den Vorstellungen der alliierten Deutschlandplaner freilich ganz unterschiedlich aus. Hatten »Realisten« und »Rekonstruktionisten« in erster Linie den Wiederaufbau des Landes im Auge, so ging es den heterogenen Gruppen der »Ideologen« entweder um die Entmachtung des schlechteren, »reaktionären« Deutschlands der Junker, Generale, Beamten, Professoren und der Industriellen zugunsten des »anderen Deutschlands« der Gewerkschaftler, Sozialisten und Pazifisten, oder sie beabsichtigten gleich ganz tabula rasa zu machen, also einen vernichtenden Schlag gegen den angeblich seit Hermann dem Cherusker aggressiven deutschen Volkscharakter durch Teilung, Verelendung und Verminderung der Bevölkerungszahl zu führen.

Der kleinste gemeinsame Nenner, auf den sich diese beiden radikalen ideologischen Denkschulen mit den Vertretern einer dritten, aufklärerischen Variante einigen konnten, war die »Umerziehung«.

41

Durch umfassende erzieherische Maßnahmen sollte es möglich werden, die Deutschen das Ausmaß ihrer Schuld begreifen zu lassen, sie zur »menschlichen Anständigkeit« zurückzuführen[58] und sie zu einem Mitglied der Völkerfamilie zu läutern.

Die ersten Bestrebungen in dieser Richtung setzten bereits in den alliierten Kriegsgefangenenlagern ein, wo 1945 elf Millionen deutscher Soldaten interniert waren. Im britischen Machtbereich begann nach der politischen Einstufung in »echte Anti-Nazis« (Gruppe A), »Mitläufer« (Gruppe B) und »fanatische Nationalsozialisten« (Gruppe C) für alle sogenannten »Bemokraten« und »Cemokraten« die eigentliche Umerziehung. Vorführung von KZ-Filmen, Lagerzeitungen und Kollektivschulddebatten sollten den Glauben an den traditionellen deutschen Militarismus und die nationalsozialistische Ideologie »ausrotten«, den Kriegsgefangenen eine »echte Wertschätzung für demokratische Grundsätze« beibringen und »deutsche Mißverständnisse der europäischen Geschichte der letzten 50 Jahre und besonders der Ursachen ... der letzten beiden Weltkriege« aufklären.[59]

Hatten in England Beamte des Foreign Office die Umerziehung geplant, so definierten in den USA Sozialwissenschaftler und Sozialpsychologen – unter anderem in dem 1944 eigens gegründeten Institut zur Umerziehung der Achsenvölker – deren Ziele. Der aus Posen stammende Gruppenpsychologe Kurt Levin wollte den deutschen Volkscharakter durch einen alle Lebensgebiete durchdringenden Wandel des »kulturellen Klimas« ändern.[60] Überhaupt waren deutsche Emigranten für die Planung der amerikanischen Reeducation von besonderer Bedeutung. Die ganze Sozialpsychologie verdankte ihre Entstehung wesentlich Max Horkheimer, dem Leiter des Instituts für Sozialforschung in Frankfurt, das 1933 – als »Marxburg« attackiert – an die Columbia Universität in New York übersiedeln mußte.

In der Umerziehungspolitik der US-Militärregierung tauchten nun einige Theorien der Frankfurter Schule wieder auf. Neben der Unterabteilung für Erziehung und Religionen, zuständig für die eigentliche Bildungspolitik, entstand aus der Abteilung für psychologische Kriegsführung in Eisenhowers Hauptquartier eine Abteilung für Informationskontrolle. Zu ihren Hauptaufgaben gehörte die Vergabe von Lizenzen für Zeitungsherausgeber, Verleger und Rundfunkdirektoren.

Am Anfang stand jedoch ein totales Verbot deutscher Presse und deutschen Rundfunks. Das Mißtrauen der Besatzungsmächte gegenüber den von Goebbels gleichgeschalteten Massenmedien des »Dritten Reiches« und ihren Journalisten war so groß, daß sie zunächst alles in eigener Regie publizierten. Ehemalige Nationalsozialisten von den Zentralen der Meinungsbildung fernzuhalten, mußte ein vordringliches Anliegen der alliierten Medienpolitik sein, da es ohne tatkräftiges Mitwirken von Presse und Hörfunk undenkbar schien, den Nationalsozialismus zu überwinden und die Deutschen zur Demokratie zu erziehen.[61]

Freilich sind die Folgen dieser alliierten Pressepolitik[62] ebenso umstritten wie die Rekrutierung der deutschen Lizenzträger. Während von linker Seite eher freundliche Kommentare hinsichtlich Bildung und freiheitlicher Gesinnung der Reeducation-Offiziere zu vernehmen sind,[63] kommt aus dem rechten Spektrum harsche Kritik an den Praktiken des amerikanischen »Screening-Center« in Bad Orb, wo potentiellen Zeitungsmachern »im nüchternen und betrunkenen Zustand auf den demokratischen Zahn« gefühlt und ihr Lebenslauf psychiatrisch durchleuchtet worden sei. Wer beispielsweise, wie der CSU-Gründer Josef Müller, »je von seinem Vater verdroschen wurde, ohne ihn zu hassen, war einer Lizenz unwürdig«.[64] Denn die jüngeren Deutschen, die – durch die Strenge ihrer Väter seelisch gebrochen – einen autoritären Charakter entwickelt hatten, galten manchen Umerziehungsideologen als besonders anfällig für den »Faschismus«.[65]

Obwohl Bayern bereits in den Kommunalwahlen Anfang 1946 seine starke Affinität zur CSU unter Beweis gestellt hatte, befanden sich im Sommer 1947 unter den Lizenzträgern nur fünf CSU-Mitglieder gegenüber 16 Sozialdemokraten, zwei Freien Demokraten und einem Kommunisten.[66] Das bis heute nachwirkende Resultat der umstrittenen Lizenzierungspolitik war – so jedenfalls Caspar von Schrenck-Notzing – ein »linksliberales Meinungsmonopol«[67], das als »veröffentlichte« Meinung erheblich von der »öffentlichen« Meinung der Bevölkerung differiere und die Umerziehung durch das Instrument einer permanenten einseitigen »Vergangenheitsbewältigung« in deutscher Regie weitergeführt habe. Es ist bemerkenswert, daß dieser Sachverhalt von Ralph Giordano ähnlich gesehen wird – wenn auch unter ganz anderen Vorzeichen.[68]

Tatsächlich haben sich in der Medienlandschaft nach 1945 mit die stärksten personellen Veränderungen vollzogen. Dies betraf nicht nur die Verleger. Auch redaktionelle Führungspositionen wurden durchgängig mit Journalisten besetzt, die dem »Dritten Reich« distanziert gegenübergestanden hatten; Otto Dietrich, Hans Fritzsche und die anderen schwärzesten Schafe der Journalistenzunft sahen sich nun definitiv am Ende ihrer Karriere angelangt.[69] In den fünfziger Jahren sind zwar wieder Publizisten wie Henri Nannen oder Werner Höfer aufgetaucht[70], die in Propagandakompanien oder Zeitungsredaktionen ihren journalistischen »Beitrag zum Endsieg geleistet hatten. Aber sie gelangten bei der überregionalen Presse, die zählte, oder gar bei den Rundfunkanstalten meist doch nur dann in einflußreiche Positionen, wenn sie sichtbare Zeichen von Sinneswandel erkennen ließen.«[71]

Sicher hat die Masse der journalistischen Mitläufer, die nach 1945 weiterschreiben konnte, die unrühmliche Vergangenheit des eigenen Berufsstandes weitgehend »beschwiegen«[72], doch hat ihr schlechtes Gewissen sie immerhin dazu veranlaßt, die Austilgung des Nationalsozialismus mit geradezu missionarischem Eifer zu betreiben – wohl auch in der Annahme, Fragen nach der eigenen Tätigkeit im »Dritten Reich« so erst gar nicht aufkommen zu lassen. Jedenfalls lieferte nahezu die gesamte publizistische Elite mit ihren Zeitungskommentaren und Rundfunksendungen »einer Majorität der Nation ... nützliche Orientierungshilfen«[73] bei der Dekontaminierung von der nationalsozialistischen Weltanschauung.

Neben der Medienpolitik stand die Zukunft des deutschen Erziehungswesens im Mittelpunkt der alliierten Umerziehungskonzeption. Vor allem in den Vereinigten Staaten war man weithin davon überzeugt, daß der Erfolg der nationalsozialistischen Ideologie zu einem Gutteil auf ihrer Akzeptanz durch die deutsche Jugend beruhte. Sie müsse deshalb von einem geeigneten, personell erneuerten Lehrkörper an Schulen und Hochschulen im demokratischen Sinne beeinflußt werden.

Die vor allem in der amerikanischen Zone rigorose Entlassung belasteter Lehrer stieß freilich auch auf Kritik. »Wohin man kommt«, so hieß es in einem zeitgenössischen Bericht aus Bayern, »ist immer wieder von der Pflicht die Rede, die Herren Parteimitglieder zu verstehen, denen bitteres Unrecht geschehe, wenn man sie ersuche, zurückzutreten, um jetzt endlich jenen Raum zu gewähren, die zwölf Jahre nicht arbeiten durften ... und das Maul halten mußten ...«[74]

Zwar gab es nicht viele vom Nationalsozialismus völlig unbelastete Lehrer, doch gelangten gerade sie nun rasch in Führungspositionen als Rektoren oder als Spitzenbeamte kommunaler und staatlicher Kultusbehörden.[75] Da die Masse der Pädagogen noch auf eine Entnazifizierung in die Rubrik der Mitläufer wartete, mußten zum Teil betagte Gymnasiallehrer reaktiviert und neue Volksschullehrer ausgebildet werden. Im Rahmen der »Political Reeducation« wurde zudem der Lehrerfortbildung besondere Aufmerksamkeit geschenkt. So fanden etwa in der britischen Zone im Zeitraum von 1947 bis 1949 allein 63 Tagungen für insgesamt 2 500 Gymnasiallehrer statt; das waren 20 Prozent aller Gymnasiallehrer, wobei die Teilnahme-Quote bei den Pädagogen in der Altersgruppe bis 45 Jahren noch günstiger aussah.[76]

Noch nicht gelöst war damit freilich das Problem des Lehrmaterials, das von nationalsozialistischen Ideologieinhalten strotzte und in den meisten Fächern nicht mehr verwendet werden konnte. So wurden Schulbücher, die in der Zeit der Weimarer Republik in Gebrauch waren, gründlich untersucht und teilweise ohne jede Textänderung neu gedruckt, auch wenn sie den pädagogischen Erfordernissen der Umerziehung nicht vollständig genügten. Daneben wurde durch unkonventionelle Methoden wie Preisausschreiben die Produktion neuer Schulbücher vorangetrieben.[77]

Die Aufsicht über die Lehrmittel übten die Siegermächte aus. Die Textbook Section der Education Branch der Britischen Kontrollkommission arbeitete eng mit den Amerikanern zusammen. Schwieriger war die Kooperation mit den Franzosen, die nicht nur ihre eigenen Bücher übersetzen und einführen wollten, sondern auch ein neues Geschichtsbuch für deutsche Schulen von französischen Historikern schreiben ließen.[78]

Den Angloamerikanern ging es zunächst darum, nach ausführlichen Untersuchungen und Proben der »German Textbook Literature« »im chirurgischen Sinne« krebsartige Elemente herauszuschneiden und dann in die neuen deutschen Lehrbücher ihre eigenen pädagogischen Konzepte einfließen zu lassen.[79] Von deutschen Reformpädagogen ist später kritisiert worden, daß lediglich alle »formellen und direkten Spuren des Nationalsozialismus« aus den Schulbüchern entfernt wurden, »ohne die Auffassung der Gesellschaft, die diese Bücher darstellten, zu analysieren«[80] und ohne mit der als reaktionär empfundenen vornazistischen Schulpolitik zu brechen[81]; doch ist nicht zu übersehen, daß etwa zwischen dem nationalsozialistischen Geschichtsbuch über das »Volkswerden der Deutschen« und der späteren »Deutschen Geschichte im Europäischen Zusammenhang« oder dem nationalsozialistischen »Reichslesebuch« von Hirt und Westermanns bundesdeutschen »Wege(n) in die Welt« bereits ein gutes Stück »Vergangenheitsbewältigung« lag.[82]

Die alliierte Kulturpolitik zielte vor allem auf die junge Generation, frühe Umerziehungsversuche richteten sich aber auch an die ältere Bevölkerung. Schon Ende 1944 hatte bei den britischen und amerikanischen Stäben für psychologische Kriegsführung die Überzeugung Platz gegriffen, man müsse die besiegten Deutschen »mit der Nase auf jene Greuel ... stoßen«[83], die während der NS-Zeit verübt worden waren. Dabei ging man von der Annahme aus, »daß die Mehrzahl der Deutschen das Ausmaß der von Deutschen begangenen Greueltaten vermutlich wirklich nicht kenne«[84], nach entsprechender Aufklärung jedoch die Faktizität dieser Ereignisse akzeptieren und daraus ein kollektives Schuldgefühl entwickeln werde, das sie Okkupation, Entnazifizierung und Demokratisierung besser verstehen ließe.

Im Juli 1945 veröffentlichten die Amerikaner eine käuflich zu erwerbende Fotobroschüre unter dem Titel »KZ«, die auf unterschiedliche Resonanz stieß. Während in einigen Fällen Buchhändler angewiesen werden mußten, die Broschüre in ihr Angebot aufzunehmen, waren in Heidelberg, Kaiserslautern und Frankfurt bereits eine Stunde nach Verkaufsbeginn mehrere Tausend Exemplare abgesetzt. Allein in einer Kleinstadt wie Bad Nauheim wurden insgesamt etwa 200.000 Exemplare – wohl für die Verteilung in der gesamten Region bestimmt – ausgeliefert.[85]

Als Hauptmedium der Massen-Umerziehung fungierte jedoch der Film, möglichst »tatsachengetreu und bis ins letzte Detail belegt«. Denn die Alliierten rechneten damit, »daß die Nazis in einigen Jahren entweder versuchen werden, die Beweise zu widerlegen, oder aber behaupten, es habe sich bei den geschilderten Ereignissen um seltene Ausnahmefälle gehandelt«.[86]

Da im Office of War Information die Ansicht herrschte, nur dann die gewünschte pädagogische Wirkung erzielen zu können, wenn die Deutschen sehr rasch mit den Sünden ihrer Vergangenheit konfrontiert würden, gelangte noch im Frühjahr 1945 der eilig fertiggestellte Testfilm »KZ« in Erlangen zur Aufführung. Diese Probevorführungen zeigten zwar deutlich das Bedürfnis der Bevölkerung nach einem solchen Dokument, stellten die alliierten Informationskontrolloffiziere indes nicht zufrieden, weil der Film das Publikum wohl schockierte, nicht aber von seiner »individuellen und kollektiven Schuld« an den Verbrechen in den Vernichtungslagern überzeugte.[87]

Der 20-Minuten-Film »Die Todesmühlen«, der um die Jahreswende 1945/46 in den deutschen Kinos anlief, sollte deshalb verstärkt in diese Richtung wirken. Er wurde in einem Programm zusammen mit der englisch-amerikanischen Wochenschau und einem amerikanischen Dokumentarstreifen in regulären Filmtheatern zum gewöhnlichen Eintrittspreis gezeigt. Von einigen, regional begrenzten Fällen von Pressionen abgesehen, war der Besuch des Films freiwillig. Da die Kinos im Winter 1945/46 gut frequentiert wurden, konnten die Informationskontrollbehörden ohnehin von einer großen Zuschauerzahl ausgehen.[88]

Zum Gegenstand hatte der Film die Vernichtungslager des »Dritten Reiches« sowie die Reaktion von Bürgern einer deutschen Stadt, die von amerikanischen GIs in ein benachbartes KZ geführt wurden. Dabei wußten die meisten Bürger offensichtlich wirklich nicht, was sie erwartete. Ihre Reaktionen beim Anblick der Krematorien und der Leichenberge in den Höfen des Lagers »waren von dramatischer, von den Kameras gut eingefangener Intensität«.[89] Dem entsprach die Wirkung des Film auf die »außergewöhnlich gespannten und ernsten« deutschen Zuschauer: »Alle niedergeschlagen, einige Frauen weinten, Bedauern über geschilderte Zustände ausgedrückt, ... gelegentliches Murmeln und Geflüster ›unmöglich‹, ›solche Bestien‹, ›Schweine‹. Keine Fragen nach Authentizität.«[90]

Die Information Control Division legte im Februar 1946 eine Analyse vor, die für Bayern zwei Hauptformen der Reaktion festhielt: zum einen kaum Zweifel an der Glaubwürdigkeit des Films; als etwa ein teilnehmender Beobachter der Informationskontrollbehörde den advocatus diaboli spielte und behauptete, der Streifen sei reine Propaganda, sammelte sich sofort eine Menschenmenge um ihn und suchte ihn davon zu überzeugen, daß alles wahr sei. Jemand drohte sogar, ihm ein blaues Auge zu schlagen, und das Lachen einer jungen Frau während der Vorführung verursachte beinahe einen Aufstand. Viele Zuschauer, so heißt es in den alliierten Analysen, hätten reumütig erklärt, nicht begreifen zu können, wie sie sich jemals einer solchen Bewegung hätten anschließen können.

Doch die »Scham darüber ..., daß derartige Unmenschlichkeiten auf deutschem Boden stattgefunden haben«, war nur die eine Seite der Reaktion. Daneben bemängelten viele, der Film habe nur einen Teil der Geschichte gezeigt, nichts jedoch von den Leiden der deutschen Kriegsgefangenen, den Bombardierungen deutscher Städte oder der gerade jetzt »ebenso unmenschlichen Lage« im Sudetenland und den Ostgebieten.[91] Viele verteidigten sich zudem mit der Bemerkung, nichts davon gewußt zu haben und folglich auch nicht verantwortlich gemacht werden zu können.

In einer abschließenden Studie der Information Control Division, die auch die Erfahrungen aus den nicht-bayerischen Teilen der US-Zone mit einbezog, wurde die hohe Besucherzahl in den Kinos als deutliches Zeichen dafür gewertet, »daß die Deutschen es im großen und ganzen nicht vermieden, sich diese Anklage der deutschen Nation anzusehen«. Anscheinend sei es dem Film mehr als jedem anderen gelungen, bei den Deutschen »ein Bewußtsein der großen Schuld des Hitler-Regimes hervorzurufen«.[92] Freilich lasteten die Deutschen die Verantwortung für die Greuel in erster Linie Hitler und dessen Staat, der SS und der NSDAP an, ein Gefühl für eigene individuelle und kollektive Schuld an den Verbrechen wurde jedoch auch durch die »Todesmühlen« nicht ausgelöst.

So ergab eine amerikanische Umfrage in zehn Berliner Kinos, daß 70 Prozent der Befragten keine Mitverantwortung des deutschen Volkes für die Greuel sahen. Der aufgrund dieses Ergebnisses schwer enttäuschte »Tagesspiegel« – eine von den USA lizenzierte Zeitung – veröffentlichte daraufhin einen scharfen Angriff gegen die »Angst (der Deutschen) vor der Wahrheit«, kritisierte das mangelnde Schamgefühl der Bevölkerungsmehrheit und warf ihr vor, »geistig noch immer Spalier am Wilhelmsplatz zu stehen«, um Herrn Hitler »zuzujubeln«.[93]

Das britische Foreign Office betrachtete den Sachverhalt etwas differenzierter, als es im Mai 1946 die Langzeitwirkung des Filmes als schwer zu beurteilen befand und davon abhängig sah, wieweit das Stück »jene Gruppe von Deutschen« überzeugt hatte, die wahrscheinlich in Zukunft »die öffentliche Meinung prägen werden«. Außerdem wisse man nicht, wieviele von denen, die sich jetzt mißbilligend über den Film äußerten, tatsächlich Schuldgefühle verspürten und fähig seien, »später eine nützliche Reaktion an den Tag zu legen«.[94]

Das Gefühl des Scheiterns, das sich bei den Produzenten der amerikanischen Umerziehungsfilme einstellte, resultierte fast zwangsläufig aus der problematischen Kollektivschuldvorstellung, die sie ihren pädagogischen Bemühungen zugrunde gelegt hatten. Hier wie in anderen Bereichen der Auseinandersetzung mit dem Nationalsozialismus hat die alliierte Politik jedenfalls die deutsche Diskussion angestoßen oder zumindest beeinflußt. Bereits die Debatte um die Schuldfrage unmittelbar nach Kriegsende sollte zeigen, daß es sich die Deutschen – vor allem repräsentiert durch ihre Dichter und Denker – mit der Bewältigung der Vergangenheit nicht leicht machten.

4. Die innerdeutsche Schulddiskussion

Die angelsächsischen Alliierten legten ihrer Besatzungspolitik die These einer Kollektivschuld des deutschen Volkes zugrunde. Mit dieser Kollektivschuldanklage der Sieger verschmolzen im allgemeinen Bewußtsein der Deutschen die – in einem vielbeachteten Interview im Mai 1945 geäußerten – Thesen des Schweizer Psychiaters C.G. Jung.[95] Jung postulierte die Kollektivschuld als ein »psychisches Phänomen«, dessen »irrationales Wesen« nicht nach Gerechtem und Ungerechtem frage. Es werde »eine der wichtigsten Aufgaben der Therapie sein, die Deutschen zur Anerkennung dieser Schuld zu bringen«.[96]

Der Jungs Argumentation prägende Vorwurf an »die« Deutschen war freilich den deutschen Gegnern des Nationalsozialismus viel zu pauschal; sie sahen um so mehr Grund, sich dagegen zur Wehr zu setzen, als – wie Erich Kästner unter der Überschrift »Splitter und Balken« in der »Neuen Zeitung« schrieb – C.G. Jung selbst anno 1934 mit »erstaunten Kinderaugen« auf die »gewaltige Erscheinung des Nationalsozialismus« geblickt hatte.[97] Die Zweifel an der Glaubwürdigkeit C.G. Jungs erschwerten eine sachliche Diskussion der Schuldfrage ebenso wie das starke deutsche Rechtfertigungsbedürfnis, das durch die Vorwürfe der Siegermächte geweckt worden war.

Robert Haerder brachte in der »Gegenwart« die Kritik vieler Deutscher an der Kollektivschuldthese auf den Punkt, indem er es als ihre »monströse, aber logische Konsequenz« bezeichnete, das ganze deutsche Volk vor die Schranken des Nürnberger Prozesses zu bringen; daß die Alliierten davon abgesehen hätten, sei ein Beleg dafür, daß es eine »von einem Gremium internationaler Richter festzustellende Kollektivschuld, für welche Nation auch immer, weder als juristische noch als moralische Kategorie gibt«.[98] Als Freispruch vor ihrem eigenen Gewissen sollten die Deutschen dies jedoch nicht werten.

Die zunehmende Begriffsverwirrung in der mit großer Leidenschaft geführten, juristische, religiöse und politisch-historische Kategorien aber wohl gerade deshalb oft nicht hinreichend differenzierenden Debatte veranlaßte den Heidelberger Philosophieprofessor Karl Jaspers im Wintersemester 1945/46 zu einer Vorlesungsreihe über »Die geistige Situation« in Deutschland. Darin unterschied Jaspers trennscharf zwischen krimineller, politischer, moralischer und metaphysischer Schuld.

Kriminelle Schuld treffe nicht das deutsche Volk, sondern einzelne als Verbrecher angeklagte Deutsche, die gegen eindeutige Gesetze verstoßen hätten. Politische Schuld dagegen bestand nach Jaspers »in den Handlungen der Staatsmänner und der Staatsbürgerschaft eines Staates, infolge derer ich die Folgen der Handlungen dieses Staates tragen muß«. So bringt politische Schuld qua definitionem eine kollektive Handlung mit sich etwa in Form von Wiedergutmachungsleistungen, territorialen Verlusten oder Teilung des Staates. Nicht ein ordentliches Gericht – wie bei der kriminellen Schuld – ist hier die Instanz, sondern der Wille des Siegers.

Für moralische Schuld – beispielsweise wegen Verbrechen, die in Ausübung eines Befehls begangen wurden – heißt die Instanz »das eigene Gewissen und die Kommunikation mit dem Freunde und dem Nächsten«. Denn für alle Handlungen, auch für politische und militärische, »die ich doch immer als dieser einzelne begehe, habe ich die moralische Verantwortung«. Befohlene Verbrechen blieben also Verbrechen. Zu den Formen der moralischen Schuld rechnet Jaspers auch schon »lügenhafte Loyalitätserklärungen« gegenüber drohenden Instanzen, wie etwa der Gestapo, oder Gebärden wie den Hitlergruß und nicht zuletzt das »äußere Mitgehen, das Mitläufertum« aus der Sorge, seine Existenz zu gefährden.

Ist der moralische Schuldbegriff bei Jaspers immer auch innerweltlich bestimmt – »moralisch besteht keine Forderung, das Leben zu opfern, bei sicherem Wissen, daß damit nichts erreicht wird« –, so weist die metaphysische Schuld als »Mangel an der absoluten Solidarität mit den Menschen als Menschen«, auch da, »wo die moralisch sinnvolle Forderung schon aufgehört hat«, noch darüber hinaus: »Instanz ist Gott allein«. Diese metaphysische Schuld macht nach Jaspers »einen jeden mitverantwortlich ... für alles Unrecht und alle Ungerechtigkeit in der Welt, insbesondere für Verbrechen, die in seiner Gegenwart oder mit seinem Wissen geschehen«.[99] Eine metaphysische Kollektivschuld des deutschen Volkes verneinte Jaspers aber ebenso wie eine kriminelle oder moralische, weil es ein Volk als ganzes nur in der Bequemlichkeit unkritischer Denker gebe. Dagegen sah Jaspers eine politische Schuld der Deutschen als gegeben an und leitete daraus ihre Pflicht zur kollektiven Haftung ab.[100]

Kirchen

Das klarste und deutlichste Bekenntnis zur Schuld des deutschen Volkes legte der Rat der Evangelischen Kirche in Deutschland am 19. September 1945 in Stuttgart ab. Vor Vertretern anderer Kirchen, aus Ländern, die unter der deutschen Besatzung im Krieg schwer gelitten hatten, verwiesen die Repräsentanten des deutschen Protestantismus auf die »Solidarität der Schuld«, in der »wir uns mit unserem Volk ... wissen ... Mit großem Schmerz sagen wir: Durch uns ist unendliches Leid über viele Völker und Länder gebracht worden. ... Wir klagen uns an, daß wir nicht mutiger bekannt, nicht treuer gebetet, nicht fröhlicher geglaubt und nicht brennender geliebt haben.«[101]

Obwohl die Stuttgarter Erklärung eigentlich nicht für eine weitere Öffentlichkeit bestimmt war, ist sie von den Medien rasch unter der Überschrift »Evangelische Kirche bekennt Deutschlands Kriegsschuld« verbreitet worden. Da sich der Rat der EKD mit seiner politischen Verlautbarung auf die Seite der Sieger gestellt zu haben schien, begann ein Sturm der Entrüstung in den evangelischen Kirchen.[102] Die Landeskirchen wandten sich zunächst gegen das voreilige Verfahren des Rates der EKD, ohne Rücksprache mit der Gemeinde eine derart weitreichende Erklärung abgegeben zu haben. Einige Kirchen lehnten die Verlautbarung ganz ab, andere setzten ihre Gemeindeglieder erst nach demonstrativer Verzögerung offiziell in Kenntnis.[103] Vielfach wurde generell bezweifelt, ob die Kirche gut daran täte, sich dergestalt an der politischen Diskussion zu beteiligen.[104]

Ein Schuldgeständnis, so kritisierte etwa ein deutscher Kriegsgefangener aus Italien, könne nur ein Schuldgeständnis Gott gegenüber sein; deshalb wäre es vollkommen unrichtig, Menschen anderer Völker unsere Schuld zu bekennen.[105] Der Tübinger Theologe Helmut Thielicke bestand in einem offenen Brief darauf, auch von der Schuld der anderen zu sprechen, weil »Jesus selbst uns eigene und fremde Schuld zusammen sehen läßt: nämlich nicht im Sinne eines Gegeneinander-Aufrechnens, aber auch nicht im Sinne eines Solipsismus der bloßen Selbstbezichtigung..., sondern so, daß die eigene und die fremde Schuld in das Licht vor Gottes Angesicht gerückt wird, in jenes Licht, das nicht nur verzehrt, sondern auch erneuert: ›Vergib uns unsere Schuld, wie auch wir vergeben unseren Schuldigern.‹«[106]

Dieser Argumentation schloß sich allerdings eine Gruppe politisch engagierter Theologen um Martin Niemöller und Karl Barth nicht an. Vor allem Niemöller – im Ersten Weltkrieg noch U-Boot-Kommandant, während des Nationalsozialismus Häftling im Konzentrationslager – tat nun zwei Jahre lang »nichts anderes ... als den Menschen diese (Stuttgarter, M.K.) Schulderklärung zu predigen«.[107] Seine vor allem in Universitätsstädten gehaltenen Ansprachen lösten erregte Diskussionen aus. Als er vor 1200 Erlanger Studenten im Januar 1946 beklagte, daß in Deutschland nur »über unser Elend, über unseren Hunger« gejammert werde, aber er noch niemanden sein Bedauern über die 5,6 Millionen toten Juden habe aussprechen hören, kam es zu so heftigen studentischen Reaktionen, daß sich der Bayerische Ministerrat mit dem Fall befaßte und den Rektor der Universität anwies, unverzüglich gegen nationalsozialistische Kreise vorzugehen.[108] Niemöller selbst bat jedoch um Verständnis für die Jugendlichen, die in der Konfrontation mit der Schuldfrage ihre »letzte idealistische Widerstandsfront« angegriffen sähen und meinten, aus ihren letzten moralischen Positionen, »die eine Selbstrechtfertigung ermöglichen, auch noch herausgeworfen zu werden«.[109]

Der deutsche Protestantismus mußte aus der Defensive heraus argumentieren, nachdem über ihn 1945 von alliierter Seite die volle Schale der antideutschen Vorurteile ausgegossen worden war. Weniger stark mit den vermeintlich typisch deutschen Eigenschaften obrigkeitsstaatlichen Denkens wurde der Katholizismus in Verbindung gebracht. Dort war ohnehin das Bewußtsein fest verankert, einer übernationalen Gemeinschaft anzugehören, und dies vermochte auch über die deutsche Katastrophe hinaus Identität zu stiften.

Schon am 2. Juni 1945 hatte Papst Pius XII. in einer Rundfunkansprache den Katholiken in Deutschland ein »ehrenhaftes Zeugnis« für ihre ungebrochene Opposition ausgestellt.[110] Wenig später wandte sich der Heilige Vater gegen den Irrtum, »daß man einen Menschen schon deshalb als schuldig oder verantwortlich behandeln könne, weil er einer bestimmten Gemeinschaft angehöre, ohne daß man sich die Mühe gebe, im einzelnen Falle genau zu untersuchen, ob der Betreffende durch sein Handeln oder Unterlassen sich persönlich schuldig gemacht habe«.[111]

Kollektive Schuld, so lautete die herrschende Lehre in der katholischen Moraltheologie, könne es nur geben als eine in der Erbsünde begründete metaphysische Schuld der gesamten Menschheit. Wenn ein einzelner Schuld bei sich erkenne, so der Regensburger Moraltheologe Heinz Fleckenstein, habe er dies »in privater Erkenntnis vor Gott« in Reue und Sühnebereitschaft in Ordnung zu bringen. Mit einem öffentlichen oder gar politischen Schuldbekenntnis habe dies jedoch nichts zu tun, und wenn die Welt darauf warte, um es als taktisches Mittel zu benutzen, »mag sie, muß sie vergebens warten, was das deutsche Volk als solches anbelangt«.[112]

Andere, links-katholische Stimmen, wie sie in den »Frankfurter Heften« zu Wort kamen, blieben eindeutig in der Minderheit. Ihr Vorwurf an die eigene Kirche, »mit der Reaktion paktiert« und dem Nationalsozialismus Vorschub geleistet zu haben[113], verfing um so weniger, als der Haltung der Katholiken während der NS-Zeit vielfach – und teils sogar von sozialistischer Seite[114] – Respekt bezeugt wurde. Darüber hinaus sind etwa die Aufsätze des Jesuiten Max Pribilla in den »Stimmen der Zeit« ein Beleg dafür, wie »offen und selbstkritisch über eigenes Fehlverhalten« während des Nationalsozialismus bereits in der ersten Phase nach 1945, also nicht erst seit den 60er Jahren diskutiert wurde.[115]

Jedenfalls konnte die Katholische Kirche aus ihrem ungebrochenen Selbstbewußtsein Kraft für die Aufgaben der Nachkriegszeit schöpfen und sich einerseits – schon auf dem Katholikentag im September 1948 – zur »Wiedergutmachung« des geschehenen Unrechts bekennen[116], aber andererseits ebenso konsequent Auswüchsen der alliierten Besatzungspolitik entgegentreten. Trotz der Differenzen in der Beurteilung der Schuldfrage zogen die beiden großen Kirchen Deutschlands dabei zumeist an einem Strang. Gemeinsam wurden in den ersten Hirtenbriefen die vielen Untaten angeprangert, die von Deutschen im In- und Ausland begangen worden waren.[117] Da der Vorwurf, die Vergangenheit verdrängen zu wollen, gegen die Kirchen also nicht leichthin erhoben werden konnte, wirkte ihre Kritik an den alliierten Kriegsverbrecherprozessen um so glaubwürdiger.

Kardinal Frings richtete im August 1948 als Vorsitzender der Fuldaer Bischofskonferenz eine Resolution an General Clay, weil die alliierten Tribunale von dem Grundsatz aller Gerechtigkeit »Gleiches Recht für alle« abzuweichen schienen und weil Strafurteile aufgrund eines Sonderrechts ergingen, das ausschließlich gegen das deutsche Volk angewandt wurde.[118] Der evangelische Landesbischof D. Theophil Wurm sprach im Oktober 1948 anläßlich der Wiederaufnahme der Exekutionen von Nationalsozialisten in Landsberg/Lech von »verbrecherischen Methoden« der alliierten Anklagevertretung, deretwegen es nicht auszuschließen sei, daß in Landsberg »auch Unschuldige aufgehängt« würden.[119]

Parteien
Auch in den deutschen Parteien wuchs die Mißstimmung über das unterschiedliche moralische Maß, das an die Kriegs- und Nachkriegsverbrechen angelegt wurde. Im Bayerischen Landtag erinnerte ein SPD-Abgeordneter an die Vertreibung von »etwa 20 Millionen Menschen« aus Osteuropa, von denen »nach Feststellungen der christlichen Kirchen etwa 3 bis 5 Millionen ihr Leben ... lassen mußten«. Warum, so fragte der SPD-Parlamentarier, will die Weltöffentlichkeit diese Grausamkeiten und die himmelschreienden Ungerechtigkeiten der Straf-

und Vernichtungslager für Deutsche nicht ebenso verurteilen und anprangern, wie sie das mit Recht in Nürnberg getan hat? Etwa deshalb, »weil es sich hier nur um deutsche Menschen handelt?« Gerade um dem deutschen Volk Vertrauen in die internationale Rechtsprechung einzuflößen, pflichtete der damalige CSU-Parlamentarier Haußleiter bei, dürften »nicht nur die Morde eines Volkes« bestraft werden.[120]

Konrad Adenauers große Berner Rede, die er im März 1949 wenige Monate vor seiner Wahl zum Bundeskanzler hielt, zielte in dieselbe Richtung. Die Austreibung der »13 bis 14 Millionen aus ihrer Heimat, die ihre Vorfahren zum Teil schon seit Hunderten von Jahren bewohnt« hätten, habe, so Adenauer, unendliches Leid mit sich gebracht: »Es sind Untaten verübt worden, die sich den von den Nationalsozialisten verübten Untaten würdig an die Seite stellen.« Die Austreibung, resümierte der CDU-Politiker, beruhe auf dem Potsdamer Abkommen, über das die Weltgeschichte dereinst »ein sehr hartes Urteil« fällen werde.[121]

Wenngleich der spätere Bundeskanzler sich einen kritischen Blick für Irrwege einseitiger »Vergangenheitsbewältigung« bewahrte – die Praktiken der Lizenzpresse hat er einmal mit den Gleichschaltungsmethoden Goebbels verglichen[122] –, hat er doch nach dem »Absturz des deutschen Volkes bis ins Bodenlose«[123] eine nationale »Gewissenserforschung« für notwendig gehalten. »Wie war es möglich«, grübelte Adenauer, »daß in diesem Kriege Wunder an Tapferkeit und Pflichttreue geleistet werden konnten und daß dicht daneben im selben Volke Verbrechen über Verbrechen größten Ausmaßes begangen wurden?«

Von einem öffentlichen Schuldbekenntnis des gesamten deutschen Volkes hielt Adenauer nichts, denn auch »die vernünftigen und ruhiger denkenden Menschen« in den nicht-deutschen Ländern würden »ein solches nicht verlangen«.[124] Wichtig schien Adenauer indes die Erkenntnis, »wie wir in diese verhängnisvollste Periode der Geschichte des deutschen Volkes hineingekommen« sind: durch die »preußische überspitzte ... Auffassung vom Staat« und die materialistische Weltanschauung. Beide hätten neben der schlechten ökonomischen Situation den Boden für den Erfolg der nationalsozialistischen Lehre bereitet.[125]

Ende Juni 1945 sprach die CDU in einem in Berlin veröffentlichten

Aufruf an das deutsche Volk von einer großen Schuld »weiter Kreise unseres Volkes«, die sich »nur allzu bereitwillig zu Handlangern und Steigbügelhaltern für Hitler« erniedrigt hätten. Mit diesen Schuldbeladenen leide auch die große Zahl der Deutschen, »die ihren Schild rein hielten«. So empfanden es die christlichen Demokraten als ihre Pflicht, mit dem von Hitler getäuschten Volk den »Weg der Sühne, den Weg der Wiedergeburt zu gehen«.[126]

Ebenfalls kurz nach Kriegsende äußerte sich der Zentralausschuß der SPD in einem ganz ähnlichen Sinne: »Ehrlose Hasardeure und wahnwitzige Machtpolitikaster« hätten den Namen des deutschen Volkes in der ganzen Welt geschändet und entehrt. Der neue Staat müsse alle Spuren des Hitler-Regimes restlos vernichten und »wiedergutmachen, was an den Opfern des Faschismus gesündigt wurde...«[127] Die ersten Erklärungen der liberalen Partei klangen in diesem Punkt nicht viel anders. Doch fällt auf, daß die Programme der Freien Demokraten »im wesentlichen ohne expliziten Bezug auf den Nationalsozialismus auszukommen« versuchten.[128] Diese eigentümliche Zurückhaltung der Liberalen läßt sich wohl nur im Hinblick auf die trüben politischen Gewässer erklären, in denen zumindest Teile der Partei zu fischen beabsichtigten. Dementsprechend wurden auch immer neue »Beweisverfahren« bei den Militärbehörden angestrengt, um die Aufhebung von politischen Betätigungsverboten für FDP-Mitglieder mit belastender NS-Vergangenheit zu erreichen.[129]

Besonders einseitig entwickelte sich die Schulddiskusion bei den Kommunisten. In ihren Augen trugen vor allem die »Träger des reaktionären Militarismus« und die »imperialistischen Auftraggeber der Nazipartei, die Herren der Großbanken und Konzerne« die Schuld am Kriege.[130] Eine Auseinandersetzung mit der verhängnisvollen republikfeindlichen Politik der KPD vor 1933 und dem Hitler-Stalin-Pakt fand nicht statt.

Während die KPD ohnehin eine Sonderrolle spielte, war – jenseits des antinationalsozialistischen Grundkonsenses – die Bewältigung der NS-Erblasten auch zwischen den demokratischen Parteien von Anfang an umstritten. So veröffentlichte etwa das Zentralorgan der Sozialdemokratischen Partei Deutschlands im September 1948 ein Gedicht, das unter der Überschrift »Das ist der Ruhm der Soldaten« den Wehrmachtsangehörigen die Schuld an »Hunger, Trümmer,

56

Dreck« gab und in dem Vorwurf gipfelte: »Sie standen in Frankreich und Polen, sie standen an Wolga und Don, sie haben geraubt und gestohlen, und wissen jetzt gar nichts davon.« Nachdem der sozialdemokratische Lizenzträger sich vom Inhalt des Gedichts nicht distanziert hatte, griff die CDU diese »unerhörte Verunglimpfung des deutschen Soldaten unter der Regie Dr. Kurt Schumachers« auf und attackierte die Sozialdemokraten. »Vom Verrat der Ehre«, so kommentierte die CDU-Zeitschrift »Niedersächsische Rundschau«[131] wäre es kein weiter Weg »zur Preisgabe deutscher Interessen«.

Kultur

Vor allem die kulturellen Medien spielten bei der Auseinandersetzung mit der jüngsten Vergangenheit eine wichtige Rolle. Ohnehin gab es nach 1945 eine starke Tendenz, die Trennung zwischen Denken und Handeln, zwischen Kultur und Politik zu überwinden, um eine politische Kultur und eine kulturelle Politik zu schaffen.[132] In der allgemeinen Kriegs-, Heimkehrer- und Trümmerliteratur bemühten sich Schriftsteller wie Günther Eich und Karl Krolau auch um ein Erfassen dessen, was im Krieg und unter Hitlers Diktatur geschehen war.[133] Dazu trat eine regelrechte »Bewältigungskultur«, die Themenkreise wie Nationalsozialismus, Exil, Judenvernichtung und Widerstand ohne Tabus aufarbeitete.

Carl Zuckmayers Drama »Des Teufels General« – durchzogen von der Frage nach Schuld und Sühne – avancierte 1947/48 zu einem außergewöhnlichen Theatererfolg mit 884 Aufführungen an 17 Bühnen.[134] Hauptfigur des Stückes ist der menschliche General Harras, der sich aus Fliegerleidenschaft mit den Nationalsozialisten einläßt, den später aber die Einsicht in seine Mitschuld in den Freitod treibt. Bindung an den Treueid oder sittliche Pflicht zum Widerstand gegen eine verbrecherische Regierung – daß Zuckmayer mit der Thematisierung dieser Frage das deutsche Trauerspiel schlechthin geschrieben hatte[135], zeigt deutlich, wie sehr das Problem der Schuld viele Deutschen bewegt hat. Und obschon zu konstatieren ist, daß in den Theaterstücken von Zuckmayer oder Wolfgang Borchert (»Draußen vor der Tür«, Februar 1947) auch manche Blindheiten gegenüber den wahren geistigen, gesellschaftlichen und politischen Ursachen von Nationalsozialismus und Krieg zu finden sind, so hebt das doch nicht auf, »daß sie anti-nationalsozialistisch waren und sehr wohl dazu taugten, der Nation den Weg aus der NS-Welt bahnen zu helfen«.[136]

Deshalb war wohl auch das Interesse an Thomas Manns 1947 veröffentlichtem Roman »Doktor Faustus« so groß, in dem der nach Amerika emigrierte Schriftsteller eine metaphysische Deutung des Phänomens Nationalsozialismus vornahm. Postum kamen bereits im ersten Nachkriegsjahr die Gedichte aus Tegel »Auf dem Weg zur Freiheit« von Dietrich Bonhoeffer heraus. Der Theologe war ebenso in den letzten Kriegstagen von den Nationalsozialisten umgebracht worden wie Albrecht Haushofer, dessen »Moabiter Sonette« während der Zeit seiner politischen Haft entstanden waren.

Auch Theodor Haeckers »Tag- und Nachtbücher 1939–1945«, »In den Wohnungen des Todes« von Nelly Sachs oder der »Totentanz und Gedichte zur Zeit« von Marie-Luise Kaschnitz kreisten um das Thema Schuld und Sühne. Wie viele dieser Autoren hatte auch Günther Weisenborn unter dem »Dritten Reich« schwer gelitten. In seinem 1945 entstandenen Drama »Die Illegalen« widmete er sich dem kommunistischen Widerstand gegen Hitler und reüssierte mit dem Werk an über 350 Bühnen.

Auch in der Sachliteratur erschienen bald zahlreiche Bücher zur »Opposition gegen Hitler«: Ulrich von Hassells »Nachgelassene Tagebücher 1938–1944«[137], das Bild des »Freiheitskämpfers« Harro Schulze-Boysen[138] und Fabian von Schlabrendorffs Erlebnisbericht »Offiziere gegen Hitler«.[139] Daneben standen erste darstellerische Ansätze wie Rudolf Pechels »Deutscher Widerstand«, Franz Reuters »Der 20. Juli und seine Vorgeschichte«[140] oder Friedrich Siegmund-Schultzes Reclam-Publikation über »Die deutsche Widerstandsbewegung im Spiegel der ausländischen Literatur«.

Veröffentlichte Redetexte legen zudem davon Zeugnis ab, wie früh bereits Gedenkfeiern zu Ehren der Opfer des Nationalsozialismus veranstaltet wurden; so etwa in Tübingen, wo Carlo Schmid im Januar 1946 eine Gedenkansprache gehalten, oder in München, wo Romano Guardini im November 1945 zum Gedächtnis der »Weißen Rose« gesprochen hatte. Die erste Würdigung nahm bereits am 22. Juli 1945 der damalige CDU-Vorsitzende der Sowjetischen Besatzungszone, Andreas Hermes, in Berlin vor.[141]

Über das System der Konzentrationslager klärte nicht nur Eugen

Kogons bis heute einschlägiges Buch über den »SS-Staat«[142] auf, sondern eine ganze Reihe von erschütternden Häftlingsberichten: Wolfgang Langhoffs »Die Moorsoldaten«, Heinrich Christian Meiers »So war es. Das Leben im KZ Neuengamme«, Walther Pollers »Arztschreiber in Buchenwald« oder Arnold Weiss-Rüthels Aufzeichnungen aus fünf Jahren Schutzhaft »Nacht und Nebel«.

Die grundsätzliche, historisch-philosophisch ausgerichtete Abrechnung mit der nationalsozialistischen Vergangenheit bildete einen weiteren literarischen Typus, dessen Tenor bereits in den Buchtiteln klar wurde. Mit »Der Irrweg einer Nation« wollte Alexander Abusch (1946) zum Verständnis deutscher Geschichte – aus sozialistischer Sicht – beitragen. Abusch vertrat wie auch Karl Barth oder der Nationalökonom Wilhelm Röpke die These, das deutsche Verhängnis rühre von den mit Friedrich II. und Bismarck verbundenen Staats- und Gesellschaftsmodellen her.[143] Aus der »bürgerlichen« Sicht der traditionellen deutschen Geschichtswissenschaft widersprach Friedrich Meinecke dieser Deutung in seinem Buch »Die deutsche Katastrophe«.[144] Den deutschen Irrweg von Bismarck bis Hitler untersuchte Fritz Hautzendorf in »So kam es«.[145] »Irrweg und Umkehr« überschrieb auch Carl H. Mueller-Graf seine »Betrachtungen über das Schicksal Deutschlands«.[146] In »Wahn und Wirklichkeit« versuchte Erich Kordt die Außenpolitik des »Dritten Reiches« darzustellen[147], während Max Picard den »Hitler in uns selbst« suchte.[148]

Die zahlreichen prosaischen, historisch-politischen wie auch lyrisch-poetischen Formen der Verarbeitung des nationalsozialistischen Unrechtsgeschehens wurden durch die alliierte Kulturkontrolle stark begünstigt. Die knappen Papiervorräte mußten auf Werke verteilt werden, die – im Sinne des Konzeptes der Reeducation gegen »Militarismus und Nazigeist« gewandt – den Aufbau der Demokratie in Deutschland förderten.[149]

Nach der Währungsreform und der Aufhebung der Papierbewirtschaftung machten dann eine ganze Reihe von Verlagen bankrott, die sich auf Reeducation-Literatur spezialisiert hatten.[150] Gleichzeitig erlebten aber Illustrierte, die teils in reißerischer Aufmachung über »Nazi«-Figuren berichteten, eine Auflagenexplosion. Dies war um so erstaunlicher, als die Schwierigkeiten nicht zu übersehen waren, denen die Auseinandersetzung mit der NS-Vergangenheit begegnete.

Zum einen verhinderte der Konflikt zwischen Siegern und Unterlegenen das »Entstehen einer neutralen Situation«, in der für die Unterlegenen ein Neubeginn viel leichter möglich gewesen wäre. Zum anderen erschwerte es das unvorstellbare Ausmaß der NS-Verbrechen, daß sich die Deutschen mit diesen Taten, in welcher Weise auch immer, »in Verbindung bringen konnten«.[151]

Auch die Annahme der Besatzungsmächte, ein kollektives Schuldgefühl bei den Deutschen hervorrufen zu können, war mehr als paradox, wenn sie doch selbst von der Vermutung ausgingen, daß die meisten Deutschen das Ausmaß der begangenen Greueltaten wirklich nicht kannten – noch gar daran beteiligt waren.[152] Wie obendrein die »Lähmungskrise« der ersten Hungerjahre nach 1945 die Probleme des äußeren Daseins in den Vordergrund schob, ist von Hans Habe in seinem »Roman der Besatzungszeit« – »Off limits« (1955) – eindrücklich beschrieben worden. Die junge Generation, zu der auch die Herausgeber der Zeitschrift »Der Ruf« – Alfred Andersch und Hans Werner Richter – zählten, »verteidigte Leben- und Schweigenwollen regelrecht als Verhaltensstil der Kriegsteilnehmer«.[153]

Trotz aller Hemmnisse, die einer noch intensiveren Auseinandersetzung mit der Vergangenheit nicht nur bei der »schweigenden« jungen Generation im Wege standen, wird man aufs Ganze gesehen von einer »sehr geringen allgemeinen Resonanz« auf die »Bewältigungsliteratur«[154] nicht pauschal sprechen können. Theater und ernste Literatur erreichten auch in der Nachkriegszeit naturgemäß in erster Linie das Bildungsbürgertum, einen Erklärungswert für die Verdrängungsthese hat dies aber wohl nicht; zumal für das kulturelle Medium, das den breitesten Schichten Zugang bot, den Film, durchaus keine allgemeine Unfähigkeit oder gar Unwilligkeit, sich mit den NS-Verbrechen konfrontieren zu lassen, festgestellt werden kann. Die Lichtspielhäuser, als Zentren des gesellschaftlichen Lebens in Stadt und Land, waren auch im ersten Nachkriegsjahr bis Mitte 1946 gut besucht, in einer Zeit also, als die alliierten Wochenschauen den deutschen Besuchern noch eindringlich, und nicht gerade subtil, das Bewußtsein kollektiver Schuld an den Untaten des »Dritten Reiches« zu vermitteln suchten.

Der Film »Die Todesmühlen« wurde 1947 durch »Die Lehren von Nürnberg«, ein Werk ähnlicher Zielrichtung, abgelöst. Auch der erste deutsche Spielfilm nach dem Kriege – Wolfgang Staudtes 1946 anlaufender DEFA-Streifen »Die Mörder sind unter uns« – stellte das Problem der Kollektivschuld »klar und freimütig zur Diskussion«.[155] Darüber hinaus enthielt er eine weitere politische Botschaft. Seine Mahnung hieß: Laßt die nationalsozialistischen Mörder, die mitten unter uns leben, »nie wieder über uns siegen«.[156]

Ein Jahr später thematisierte eine Hamburger Filmgesellschaft unter der Regie Helmut Käutners die Verfolgung und den Widerstand im Nationalsozialismus. Vielleicht weil er »mit hohen künstlerischen Mitteln« arbeitete, fand der Film beim Massenpublikum weniger Zuspruch als zum Teil alte, aus dem »Dritten Reich« überkommene kommerzielle Unterhaltungsfilme. Ob es den Deutschen dabei in der Tat darum ging, »Opiate des Vergessens« in sich aufzunehmen, wie ein zeitgenössischer Kritiker meinte[157], sollte sehr zurückhaltend beantwortet werden. Auch in anderen Bereichen als dem der »Vergangenheitsbewältigung« präferiert die Mehrheit der Kinobesucher oder Fernsehkonsumenten bis heute eher die leichte als die ernste Kost – und dies trotz eines zwischenzeitlich höheren Bildungsgrades.

Und auch bei anderen wichtigen kulturellen oder politischen Themen sind es meist nur kleine Zirkel – z.B. in den Kirchen –, die sich zum gesellschaftlichen Engagement bereitfinden. Im übrigen haben Untersuchungen über das Freizeitverhalten der Bürger während der NS-Zeit ergeben, daß etwa die Bevölkerung der Stadt Nürnberg generell »derbe Bauernschwänke« bevorzugte oder »massenweise« in die Operettenverfilmung des jüdischen Komponisten Paul Abraham strömte, obwohl »Die Blume von Hawaii« in einem Julius Streicher-Blatt antisemitisch rezensiert worden war. Dagegen fanden Werke nationalsozialistischer Literaten oder der NS-Propagandastreifen »SA-Mann Brand« damals kaum Zuspruch.[158]

Vergegenwärtigt man diesen Sachverhalt, so relativieren sich moralisierende Wertungen aus dem Kreis der »Verdrängungstheorie«. Der Umgang des bundesdeutschen »Otto-Normalverbrauchers« mit literarischen und cineastischen Zeugnissen der »Vergangenheitsbewältigung« konnte nicht von grundsätzlich anderer Dimension sein als seine sonstige Rezeption von Politik und Kultur. Darauf hinzuweisen ist notwendig, weil stark auffällt, wie oft die Kritik am Umgang der Deutschen mit der NS-Erblast mit Generalangriffen gegen die gesamte Innen- und Außenpolitik Adenauers einhergeht. Die »Vergangenheitsbewältigung« der 50er Jahre war aber nicht schon deswegen verfehlt, weil eine Mehrheit der Deutschen 1949 Konrad Adenauer die Bildung einer dezidiert nicht-sozialistischen, bürgerlichen Regierung ermöglichte. »Psychologische« Interpretationen des Verhaltens von »Otto-Normalverbraucher« gehören statt dessen in das weite Feld der politischen Meinung, nicht aber in den Bereich der historischen Fakten.

Grundgesetz und antitotalitärer Konsensus

Nach Karl Dietrich Bracher[1] waren es drei große Erfahrungen, die während der Nachkriegszeit das politische Denken in der freien Welt, und ganz besonders in der Bundesrepublik Deutschland während der Ära Adenauer, bestimmt haben: das Erlebnis der totalitären Diktatur und der Schwäche der Demokratie; die Anschauung des modernen Krieges und der ideologischen Menschenvernichtung; die ernüchternde Enttäuschung über das Verhalten der Sowjetunion und die erneute totalitäre Bedrohung Europas. Nach der gewaltsamen Sowjetisierung Osteuropas, der brutalen Vertreibung von über zehn Millionen Ostdeutschen, dem Abfall Titos und der millionenfachen Verbannung unbotmäßiger Bürger in sibirische Zwangslager gelangte der stalinistische Kommunismus schon in den ersten Nachkriegsjahren auf einen Tiefpunkt. Aus der »intellektuellen Strahlkraft des Marxismus« wurde die machtpolitische und militärische »Drohkraft einer Despotie«.[2]

So konzentrierten sich die Sorgen des politischen Denkens nicht nur auf einen möglichen Neonazismus, sondern erstreckten sich ebenso auf den aktuellen Kommunismus, also auf alle Feinde der offenen Gesellschaft; es vollzog sich ein antitotalitärer Formationsprozeß[3], den Bracher wesentlich als den »Versuch einer Vergangenheitsbewältigung«[4] interpretiert hat und der darauf abzielte, nicht nur die Katastrophe des Zweiten Weltkrieges zu verstehen, sondern auch für die Auseinandersetzung mit den totalitären Gegenwartsproblemen und den Strukturfragen der Demokratie gerüstet zu sein. Der antitotalitäre Konsens ist dabei – gerade in seiner antikommunistischen Stoßrichtung – keineswegs nur von den Unionsparteien getragen worden, sondern ebenso von der FDP und den Sozialdemokraten – vor allem unter ihrem charismatischen westpreußischen Vorsitzenden Kurt Schumacher.

Dies zeigte sich etwa im Februar 1951, als ein Antrag der extrem rechten DRP, die politischen Häftlinge aus den SBZ-Konzentrationslagern mit den Rußlandheimkehrern gleichzustellen, im Deutschen Bundestag für heftige Kontroversen sorgte. Die KPD sah einen zeitlichen Zusammenhang zwischen der DRP-Initiative und der Entlassung von NS-Kriegsverbrechern aus Landsberg und hielt es für bemerkenswert, »daß dieser Antrag von Abgeordneten gestellt worden ist, deren politische Einstellung und wahrscheinlich auch Vergangenheit ... während der zwölf Hitlerjahre sie sicherlich dazu autorisiert...«[5] und die obendrein durch ihre Hetze gegen die DDR nur einen Schleier schaffen wollten, »hinter dem sich bereits eine neue Generation von Kriegsverbrechern in Westdeutschland« entwikkeln könne.[6] Die SPD verwahrte sich indes gegen derlei kommunistische Propaganda und hielt daran fest, daß die Betreuung von Menschen, »die aus den Konzentrationslagern der Sowjetzone kommen«, ein wichtiges Anliegen zu sein habe.[7]

Der antitotalitäre Grundkonsens hatte nicht nur Konsequenzen für das Verhältnis von SPD zu KPD und SED, sondern durchzog während der Ära Adenauer die Diskussion um weite Bereiche der »Vergangenheitsbewältigung«. Die Rundfunkansprache, mit der Bundespräsident Theodor Heuss 1952 die Woche der Brüderlichkeit eröffnete, richtete sich zum einen gegen den leichtfertigen Umgang mit der NS-Vergangenheit, betonte aber im Hinblick auf die Entwicklung in Mitteldeutschland auch, daß das »Verfahren, um einer Ideologie willen den anderen als Feind anzusehen«, noch nicht überall ausgestorben sei: »Statt Jude sagt man Bourgois oder Burschui, und schon ist ein volkseigener Betrieb aus der Väter Arbeit geworden.«[8]

Trotz seiner eigenen menschenrechtsfeindlichen Politik versuchte sich das SED-Regime immer wieder als Vorkämpfer gegen den »Faschismus« zu gerieren. Aktionskomitees aus der DDR richteten 1954 monatelang Einladungen an frühere Häftlinge nationalsozialistischer Konzentrationslager oder deren Hinterbliebene im In- und Ausland. Wer aber konnte sich bereitfinden, an Gedenkfeiern »für die Opfer des nazistischen Terrors teilzunehmen, die von einem Regime veranstaltet« wurden, das selbst aus jenem gleichen »Geist der Gewalt und der Unmenschlichkeit existierte«, so entgegnete der Staatssekretär im Gesamtdeutschen Ministerium Franz Thedieck im Nordwestdeutschen Rundfunk und verwies auf die 35 000 Menschen, die damals in den Zuchthäusern der DDR eingesperrt waren: »Erst wenn Deutschland wieder in Freiheit vereinigt sein wird, kann es eine Pilgerfahrt nach Buchenwald geben als eine Demonstration gegen jede Art von Terror und Unterdrückung...«[9]

Neben einem kräftigen antikommunistischen Impetus enthielt der antitotalitäre Grundkonsens von Anfang an auch ein hohes Maß an Sensibilität für demokratische Strukturfragen des neuen Staates. Als im Herrenchiemseer Konvent und im Parlamentarischen Rat 1948/49 die Weichen für eine bundesdeutsche Verfassung gestellt wurden, war die Erinnerung an die NS-Diktatur in den Debatten schier allgegenwärtig. Vor allem galt dies für die NS-Machtergreifung 1933 und für die verfassungspolitischen Defizite der Weimarer Demokratie, die es Hitler nach allgemeiner Überzeugung erst ermöglicht hatten, die Republik zu zerstören.[10]

Da war zunächst die von Hindenburg schwer mißbrauchte Stellung des Reichspräsidenten, sein Schlag gegen Preußen 1932 und seine unglückliche Hand bei der Ernennung der Reichskanzler von Papen bis zu Hitler. Als Folge grenzten die Väter des Grundgesetzes die Machtbefugnisse des Bundespräsidenten ein und wiesen ihm überwiegend repräsentative Funktionen zu.[11] Auch die Volkswahl des Staatsoberhauptes wurde nach den bitteren Erfahrungen bei den Wahlschlachten von 1925 und 1932 nicht wieder eingeführt; gegen stärkere plebiszitäre Elemente sprachen die pseudodemokratischen Volksabstimmungen im »Dritten Reich« ebenso wie die Weimarer Volksbegehren zur Fürstenenteignung und zum Young-Plan, die den totalitären Parteien KPD und NDSAP ein bedeutendes Agitationsforum gegen die Republik geboten hatten. Theodor Heuss rief im Parlamentarischen Rat besonders die politisch-psychologische Wirkung der Kampagne gegen den Young-Plan ins Gedächtnis, »die für Deutschland gefährlich wurde, weil eine komplizierte Sache in vereinfachter Darstellung an das Volk herangetragen wurde und die ganze politische Erziehungsarbeit, die in der Demokratie geleistet wurde, überrannt worden ist«.[12]

Waren die späten Weimarer Kanzler oft zwischen einem mächtigen Reichstag und einem in Krisenzeiten noch mächtigeren Reichspräsidenten Hindenburg politisch zerrieben worden, so stärkte der Parlamentarische Rat nun die Positionen der Exekutive und vor allem die Kompetenzen des Bundeskanzlers, der nurmehr durch ein konstruktives Mißtrauensvotum zu stürzen war. Auch dem Grundrechtskatalog maßen die historisch denkenden Verfassungsväter besondere Bedeutung zu; sie verankerten ihn im Kern jener Verfassungsnormen, die selbst durch eine Grundgesetzänderung nicht berührt werden durften. 1933 hatte nämlich der Reichspräsident qua Notverordnung die Weimarer Grundrechte aufgehoben und damit – noch dazu auf eine scheinlegale Weise – das verfassungsrechtliche Fundament der NS-Diktatur errichtet.

Die jüngste Vergangenheit prägte darüber hinaus die Diskussion um weitere wichtige Neuerungen des deutschen Verfassungsrechts. Dazu gehörte die zentrale Stellung der Parteien im Grundgesetz, die in der »Parteienprüderie« der Weimarer Verfassung nur in einem negativen Kontext Erwähnung gefunden hatten; dazu zählte die Fünf-Prozent-Sperrklausel, die der aus Weimar bekannten Zersplitterung des Parteiensystems vorbeugen sollte[13]; und schließlich sei hier auch die Entstehungsgeschichte des Asylartikels 16 Abs. 2 erwähnt. Denn vor allem Juristen hatten im Parlamentarischen Rat frühzeitig Bedenken gegen eine allzu liberale Regelung des Asylrechts erhoben und einen pragmatischeren Entwurf favorisiert, waren jedoch von den zahlreichen wichtigen Mitgliedern überstimmt worden, die wie Rudolf Katz, Erich Ollenhauer oder Ernst Reuter »selbst das schwere Schicksal der Emigration erlebt und z. T. bittere Erfahrungen mit Ablehnung von Asylanträgen« gemacht hatten.[14]

Bei der Frage, wie das Geltungsgebiet des neuen Grundgesetzes zu bezeichnen sei, kam es dann abermals zu einer Debatte um die totalitäre Vergangenheit. Hans-Christoph Seebohm von der Deutschen Partei schlug den Namen »Deutsches Reich« vor, mit dem Zusatz »Bund deutscher Länder«, und fand unter anderem in dem Christdemokraten Jakob Kaiser Unterstützung. Falls auf das Wort »Reich« verzichtet würde, so fürchtete Kaiser, würde in einigen Jahren »in unserem Volk wieder eine Bewegung lebendig werden«, die erneut nach einem Reich rufe. Carlo Schmid (SPD) hielt dem entgegen, welch aggressiven Akzent das Wort »Reich« bei den Nachbarvölkern habe: Wegen der Untaten des Reiches im Zweiten Weltkrieg sei dieser Name zu stark belastet.[15]

Daß sich der Parlamentarische Rat schließlich auf die Bezeichnung »Bundesrepublik Deutschland« einigte und daß einige Jahre später Theodor Heuss und Konrad Adenauer in einem Briefwechsel festlegten, die dritte Strophe des Deutschlandliedes mit ihrem freiheitlich-rechtstaatlichen Pathos, nicht aber den zumindest mißverständlichen ersten Vers bei offiziellen Anlässen zu singen[16], sind weitere Indizien für den Ernst, mit dem die Bonner Demokratie in symbolischen wie in konkreten Fragen Lehren aus der jüngsten Vergangenheit zog. Der antitotalitäre Konsens war also keineswegs bloß in der Negation von Kommunismus und Nationalsozialismus mächtig, er wirkte auch konstruktiv auf die Architektur des solidesten Staatsgehäuses der jüngeren deutschen Geschichte. Mit einer der freiheitlichsten und verfassungsrechtlich ausgewogensten Konstitutionen der Welt, die später in anderen Ländern immer wieder nachgeahmt werden sollte, hatte der Parlamentarische Rat den Grundstein für eine erfolgreiche »Vergangenheitsbewältigung« gelegt.

II. Personalpolitik

Reichweite der Entnazifizierung

Ende der 40er Jahre hatte die Entnazifizierung zwar an Schärfe verloren, doch kam sie keineswegs schon völlig – und gesetzlich – zum Stillstand, sondern ragte wie ein erratischer Block als Endmoräne der Besatzungszeit in die Bundesrepublik Deutschland hinein. Die westdeutsche Demokratie war also von Anfang an mit der schwierigen Aufgabe konfrontiert, sich nicht nur mit der »braunen Vergangenheit«, sondern zugleich mit der Entnazifizierung als deren großen mißlungenen Bewältigungsversuch politisch auseinanderzusetzen. Dies wurde noch erschwert durch die fortgesetzten Entnazifizierungsskandale[1], die ihren Grund meist in einem Ursachengemisch aus unsorgfältiger Rekrutierung der Spruchkammermitglieder, tiefer wirtschaftlicher Misere und damit einhergehender Anfälligkeit für Korruption hatten. Daß angesichts der schwierigen Versorgungslage Zuwendungen der Betroffenen an die Kläger und Vorsitzenden nicht ohne Einfluß auf die Urteile der Spruchkammern blieben, entsprach damals der allgemeinen Überzeugung. Besonderes Aufsehen erregten einige Fälle während der ersten Monate nach Gründung der Bundesrepublik 1949/50.

In der Hauptspruchkammer Ludwigsburg hatte sich der Kläger mehrere Jahre lang milde Urteile mit insgesamt 400 000 Mark honorieren lassen.[2] In Stuttgart war dem württembergisch-badischen Flüchtlingskommissar, Ernst Stockinger, bei Wiederaufnahme seines Entnazifizierungsverfahrens eine zufriedenstellendere Eingruppierung versprochen worden. Er müsse sich nur mit genügend Geldmitteln an eine Nürtinger Vermittlungsfirma wenden, die über den Chefkläger der Zentralspruchkammer Stuttgart, Heinz May, eine schnelle und niedrige Einstufung erreichen würde. Neben May, der wegen Bestechlichkeit verhaftet und später zu zwölf Monaten Gefängnis verurteilt wurde, schienen über tausend Personen in die Korruption verwickelt.[3]

Vorkommnisse dieser Art lieferten der Kritik an der Entnazifizierung immer wieder Stoff, und die öffentliche Diskussion wurde deshalb weiterhin mit den schon vor 1949 bekannten Argumenten geführt; von Freisprüchen für Politiker wie Papen, Meißner oder Schacht erhielt sie neue Nahrung. Der 1937 zurückgetretene ehemalige Reichswirtschaftsminister Hjalmar Schacht etwa war im Oktober 1946 vom Nürnberger Gerichtshof freigesprochen, im Mai 1947 als Hauptschuldiger eingestuft, jedoch im September 1948 – sowie nach einem Wohnortwechsel nochmals 1950 – als entlastet erklärt worden. Sein Kampf gegen die Auswüchse des NS-Parteitreibens wurde ihm dabei ebenso zugute gehalten wie die Teilnahme an der Widerstandsbewegung.

Dennoch blieb Reichsminister a.D. Schacht auch als Protagonist der nationalsozialistischen Aufrüstung in der kollektiven Erinnerung des deutschen Volkes, weshalb sein Freispruch dem »gesunden Menschenverstand« der öffentlichen Meinung um so unbegreiflicher schien, als der »Postassistent Müller samt der sicher unschuldigen Familie zum Existenzverlust verurteilt« wurde, nur weil er »1937 unter dem Druck seines Amtsvorstandes in die Partei eintrat...«[4] Dieses vielfach empfundene »Rechtschaos« ließ tatsächlich Männer und Frauen, »die ihr Gewissen frei, das Papier aber schuldig« sprach, an der Gerechtigkeit verzweifeln und verbittert ihrer staatsbürgerlichen Verantwortung für den neuen Staat entsagen.

Der daraus erwachsende Wunsch nach einer »echten Liquidation der Vergangenheit«[5] durch eine Amnestie für alle, denen kein kriminelles Vergehen nachgewiesen werden konnte, bewegte die breite Öffentlichkeit der Bundesrepublik Deutschland und artikulierte sich in unterschiedlicher Stärke in den politischen Parteien. Konrad Adenauer distanzierte sich in seiner Regierungserklärung vom 20. September 1949 von der unheilvollen »Denazifizierung«: »Die wirklich Schuldigen müssen bestraft werden, und wir müssen auch weiterhin aus der Vergangenheit die nötigen Lehren ziehen, indem wir gegen jeden Radikalismus von links und rechts stark durchgreifen. Aber die nun bestehende Aufteilung des Volkes in zwei Klassen, politisch Einwandfreie und nicht Einwandfreie, muß verschwinden.«[6] Für die Fraktion der Deutschen Partei gehörten diese Passagen des Regierungsprogramms zum Kern der Koalitionsvereinbarungen, die den

Eintritt zweier DP-Minister in die Bundesregierung erst möglich machten.[7]

Zwar hatte die Einsicht in die Mangelhaftigkeit der Entnazifizierung bereits vor Gründung der Bundesrepublik in einigen Ländern zu Abschlußgesetzen geführt, doch war damit die wachsende Kritik an der unterschiedlichen Praxis der Säuberung und der daraus folgenden Rechtsungleichheit noch nicht behoben. Die eine Zone weigerte sich, die Entnazifizierungsbescheide der anderen anzuerkennen; Gewerkschafter führten Klage über Verwaltungspersonal in der britischen Zone, das nach den amerikanischen Säuberungsmethoden nie in diese Stellungen hätte kommen dürfen[8], und manche empfanden diese Rechtsungleichheit sogar als ein schweres Hindernis für die Verschmelzung der westlichen Besatzungszonen[9], weil die Entnazifizierungsbescheide auch Auswirkungen auf das passive und aktive Wahlrecht der Betroffenen für die ersten Bundestagswahlen hatten.

Im Besatzungsstatut vom 12. Mai 1949 gaben die Militärregierungen ihre Kompetenz für diesen heiklen Politikbereich endlich ab. Die Zuständigkeit ging aufgrund der föderalen Struktur der gerade entstehenden Bundesrepublik auf die Länder über. Besonders FDP und DP beharrten aber darauf, daß der Bundesgesetzgeber für die Entnazifizierung zuständig sei, und entfalteten rasch entsprechende Initiativen in Bonn. Bereits im Februar 1950 löste ein Antrag der FDP zur Beendigung der Entnazifizierung eine der ersten großen Bundestagsdebatten zur »Vergangenheitsbewältigung« aus.

Fraktionsvorsitzender Euler erläuterte das Herzensanliegen der FDP, die Beendigung der Entnazifizierung »zu einer Grundlegung des Rechtsstaates werden zu lassen, durch die die neue Demokratie um so besser legitimiert wird, den Kampf gegen jede Art von Totalitarismus in der Zukunft aufzunehmen«.[10] Neue Verfahren sollten gesetzlich unterbunden, schwebende Verfahren eingestellt werden. Selbst wenn »in dem einen oder anderen Falle ein Unwürdiger in den Genuß dieser Bestimmungen« käme, meinte die FDP dies »im allgemeinen Interesse« in Kauf nehmen zu müssen, damit endlich »der dicke Strich unter die Vergangenheit gemacht wird«.[11]

Eugen Gerstenmaier plädierte namens der CDU/CSU-Fraktion gleichfalls dafür, den »Verführten, die nach Millionen zählen und auf die wir beim Neuaufbau des deutschen Vaterlandes nicht zu verzichten gewillt sind«, im Sinne der nationalen Versöhnung eine echte Chance zu geben.[12] Gerstenmaier stellte aber auch sehr deutlich heraus, daß das von der Union befürwortete Ende der Entnazifizierung nicht die »Rehabilitierung der Ideologie oder der Methoden des Nationalsozialismus auch nur im Ausschnitt« bedeuten konnte. Ungerechtigkeiten wie etwa die Anerkennung von Vollpensionen bei Parteibuchbeamten dürften nicht noch mit der sanften Billigung des Bundestages stattfinden. Schließlich versagten die Unionsparteien dem vorliegenden FDP-Antrag ihre Zustimmung, weil sie vor allem die Gruppe der Hauptschuldigen nicht freigestellt, sondern endlich zur Verantwortung gezogen sehen wollten und es, so Gerstenmaier, ablehnten, »politischen Banditen« einen Freibrief auszustellen.

Die differenzierte CDU-Position vermochte auch die Fraktion der Deutschen Partei »nicht vollinhaltlich« zu befriedigen, schien sie ihr doch keine endgültige Auslöschung »dieses moderne(n) Hexentreibens« gegen die »gehetzten, geängstigten und zu fortgesetzten Entbehrungen ... gepreßten deutschen Männer und Frauen« zu gewährleisten. DP-Sprecher von Merkatz wies deshalb ausdrücklich auf die Geschäftsgrundlage der Regierung hin: Beendigung der Entnazifizierung![13] Der Streit bedrohte aber nicht nur den Koalitionsfrieden, er hatte im Sinne von »Vergangenheitsbewältigung« auch eine produktive Dimension, da in die gesamte Debatte zahlreiche Elemente einer zwar zwischen Apologie und Selbstkritik schwankenden, jedoch sehr grundsätzlichen geistigen Auseinandersetzung mit der nationalsozialistischen Geschichte, mit Schuld und Verstrickung, hineingemischt waren.

Etzel von der Bayernpartei beschwor in einem ausführlichen historischen Rekurs zunächst die Unschuld des deutschen Mitläufers, der sich »prompt auf einen Genickschuß« hätte gefaßt machen können, falls er etwas über das Treiben der Führer in Erfahrung zu bringen suchte. Mit Hilfe alliierter Kronzeugen geißelte Etzel dann die »Drachensaat« der fürchterlichen Entnazifizierung, während Loritz von der Wirtschaftlichen Aufbauvereinigung (WAV) vor allem die Unionsparteien angriff, weil diese 1945 bis 1947 in den Länderparlamenten Hohn und Spott »in Kübeln« gegen ihn ausgegossen hätten, nachdem er das Wort von den »Hineingetriebenen und Hineingepreßten und von den verführten jugendlichen Idealisten« geprägt hatte.[14]

Stellten Loritzens Auslassungen vor allem ein Stück persönlicher »Vergangenheitsbewältigung« dar – als Entnazifizierungsminister in Bayern war er sehr umstritten gewesen –, so bedeutete der fundierte Debattenbeitrag des Sozialdemokraten Fritz Erler in seiner grundsätzlichen Auseinandersetzung mit der deutschen Zeitgeschichte einen Höhepunkt der Plenarsitzung.[15] Der »rechten Seite des Hauses« hielt er seine persönliche Erinnerung an die Frühlingsmonate des Jahres 1933 entgegen, wobei er vor allem die mangelnde Zivilcourage des Bürgertums beklagte und die SPD vor dem Vorwurf in Schutz nahm, damals nicht »geschossen« zu haben: Wer dafür gewesen sei, dürfe sich heute nicht darüber beklagen, daß die anderen etwas zu wenig dagegen getan hätten. Den Angehörigen der deutschen Führungsschicht, die sich bei der Spruchkammer so sehr darum bemüht hätten, als Mitläufer eingestuft zu werden, empfahl Erler, sich ein »klein wenig (zu) schämen«. Denn: »Wer mitläuft, kann nicht führen«, weshalb die Betreffenden »aus politischem Anstand darauf verzichten sollten, an irgendeiner Stelle unseres öffentlichen Lebens je wieder einen Führungsanspruch zu erheben«.

Freilich war auch die Sozialdemokratische Partei der Meinung, daß »ein Schlußstrich unter das ganze Kapitel der politischen Säuberung gezogen werden« mußte, weil eine politische Frage mit juristischen Mitteln nicht zu lösen war und weil mit Fragebogen eine Revolution nicht nachgeholt werden konnte. Die verschiedenen Motive, die die große Masse der Mitglieder zum NSDAP-Beitritt veranlaßt hatten, waren nach Ansicht der SPD – wie überhaupt der differenzierten öffentlichen Meinung der 50er Jahre –, einer »prozessualen Forschung überhaupt nicht zugänglich«: Ein großer Teil des Volkes habe das Regime aus Irrtum bejaht, »andere aus Verblendung, andere aus Profitsucht, andere deshalb, weil andere, klügere Köpfe, zum Beispiel der Herr Schacht, offensichtlich auch mittaten, andere aus Bequemlichkeit und – nicht zu vergessen – ein nicht unerheblicher Teil auch wirklich aus echtem Idealismus, in der irrigen Meinung, ... für unser Volk etwas Nützliches und sozial Erprießliches zu tun«.

Nur die wirklichen Verbrecher gehörten nach Meinung der SPD vor die ordentlichen Gerichte. Die Sozialdemokraten kritisierten dabei vor allem, daß die Hochverratsparagraphen des deutschen Strafgesetzbuches durch ein alliiertes Kontrollratsgesetz von 1946 aufgehoben worden waren. Denn damit waren die Deutschen der Möglichkeit beraubt, Männer wie Schacht, Papen und andere, »die an der hochverräterischen Festigung der Macht Hitlers im Frühjahr 1933 aktiv teilgenommen haben«, vor einem deutschen Gericht zur Verantwortung zu ziehen. Erler bemängelte, daß die Nürnberger Tribunale sich nur damit beschäftigt hatten, was die Angeklagten im Ausland oder an Ausländern verübten: »Was für ein Maß an Schuld sie dem deutschen Volk gegenüber auf dem Gewissen haben, ist dort nicht zur Sprache gekommen.«

Gerade diese Verbrechen der Nationalsozialisten rief der Sprecher der Zentrumsfraktion Reismann nochmals eindringlich in das Gedächtnis, erinnerte an die Kristallnacht und an die Hunderttausende von SA- und SS-Leuten, die auf höheren Wink bereit waren, »in jedes Haus einzudringen, jeden Mann zu verprügeln, zu verschleppen, totzuschlagen«. Wenn wir damals gewußt hätten, ironisierte Reismann bitter, daß all diese Leute der NS-Organisationen bloß Mitläufer und Gepreßte waren, »dann hätte sich das Leben leichter ertragen lassen«.[16]

Auch die KPD lehnte es ab, das Entnazifizierungsproblem losgelöst von der Frage der Verantwortlichen für das »faschistische Terrorsystem« zu betrachten. Die Kommunisten weigerten sich vor allem, die ganze Schuld auf Hitler, Göring »und noch einige Gauleiter« abzuwälzen. Ohne die Unterstützung der deutschen Schwerindustrie und der Großgrundbesitzer wäre Hitler gar nicht an die Macht gekommen. Als Patentrezept für eine richtige Entnazifizierung empfahl die KPD-Fraktion deshalb die Enteignung der »Monopolkapitalisten und Junker« nach DDR-Vorbild.[17]

Im Ergebnis lehnte es die antitotalitär gestimmte Mehrheit des Bundestages ab, die NS-Vergangenheit nach dem bolschewistischen Rezept der KPD zu bewältigen, sie weigerte sich aber auch, den Schlußstrich unter die Entnazifizierung in einer derart radikalen, einen Neonazismus geradezu ermunternden Weise zu ziehen, wie dies nicht nur Teile der FDP und die DP, sondern auch die extremistische Deutsche Rechtspartei im Bundestag gefordert hatten. Als immer deutlicher wurde, daß die allgemeine Stimmung gegen die Entnazifizierung von der extremen Rechten erfolgreich zum Stimmenfang bei den ehemaligen Pgs genutzt wurde, rückten die »Parteien der ersten Stunde« zeitweilig wieder enger zusammen »und verteidigten gemeinsam die Stellung, die sie gleich nach dem Krieg hatten einnehmen müssen«.[18]

Im hessischen Landtag hob die SPD bei der Verabschiedung eines Abschlußgesetzes im Oktober 1951 hervor, daß sich nach dem Zusammenbruch alle Parteien an der Entnazifizierung beteiligen mußten, wenn sie eine Lizenz bekommen wollten. Im Bundestag wehrten sich bei einer weiteren Entnazifizierungsdebatte im Dezember 1950 CDU und SPD einmütig gegen Angriffe des DRP-Abgeordneten von Thadden. Und in einem Wahlaufruf in Württemberg-Baden 1953 wandte sich die dort eher linksliberale FDP/DVP gegen die Attacken der DP: »Wo steckten sie damals, als es noch riskant war, gegen das Entnazifizierungsunrecht offen aufzutreten? Damals hielten sie wohlweislich den Mund in der Sorge um ihre Wiedereinstellung und Pensionsansprüche. Jetzt aber, nachdem die demokratischen Parteien durchgesetzt haben, daß den unschuldig Betroffenen ihr Recht wurde, wagt sich die DP hervor und behauptet heute, die Interessenvertretung der ›Ehemaligen‹ zu sein.«[19]

Die gemeinsame parteipolitische Konkurrenz auf der Rechten hinderte die »Lizenzparteien« aber nicht, sich auch gegenseitig immer wieder Vorwürfe in der Entnazifizierungsfrage zu machen. Die Sozialdemokraten in der Bremer Bürgerschaft argwöhnten, die CDU buhle mit der DP um die »Nazigunst«. In Bayern warf man der CSU vor, sich um 180 Grad gedreht zu haben und Nationalsozialisten eine neue Heimstätte zu bieten.[20] Die Sozialdemokraten in Niedersachsen suchten in einer Landtagsdebatte im Juli 1951 anhand der Spruchkammerstatistik nachzuweisen, daß die bürgerlichen Parteien mit zwei Drittel des gestellten Personals auch vorwiegend die Verantwortung für die Säuberung zu tragen hätten. Offensichtlich aber argumentierte die SPD aus einer defensiven Position heraus, hatte sie doch eine viel weitergehende Entnazifizierung gefordert als die bürgerlichen Parteien und lief sie nun Gefahr, auch noch »deren Anteil an Verantwortung... mit aufgebürdet zu bekommen«.[21]

Im Oktober 1950 formulierte der Bundestag Richtlinien, wonach künftig nur noch Verfahren gegen Hauptschuldige und Belastete möglich sein und Berufs- und Tätigkeitsbeschränkungen ebenfalls nur noch für Angehörige dieser Gruppen gelten sollten, sofern sie als Lehrer, Prediger, Redakteur, Rundfunkkommentator, Polizist, Diplomat oder generell im höheren Dienst arbeiten wollten. Auch blieben Hauptschuldige und Belastete weiterhin Beschränkungen des passiven Wahlrechts unterworfen.[22] Von der Empfehlung des Bundestages versprach man sich eine größere Autorität als von den im November 1949 erstellten Leitsätzen der Justizminister der Länder, die »nur wenig Resonanz oder gar Realisierung«[23] in den regionalen Parlamenten gefunden hatten.

Die in der Folgezeit von den Bundesländern erlassenen Abschlußgesetze hielten sich im wesentlichen an die Vorgaben des Bundestages, doch wurden die für Anfang 1951 gesetzten Termine teils weit überschritten. Die gesamte Materie blieb während der 50er Jahre derart kontrovers, daß die erlassenen Gesetze immer wieder in Zweifel gezogen und novelliert wurden. Vor allem die rechten Parteien antworteten auf ihre parlamentarische Niederlage in der Entnazifizierungsdebatte des Bundestages mit ausdauernden Initiativen auf Länderebene. Noch 1956 warnte die DP vor einem »neuen Entnazifizierungsrummel«.[24] Die nordrhein-westfälische FDP forderte die Vernichtung aller Fragebögen[25], die Freien Demokraten in Rheinland-Pfalz drangen auf eine Generalamnestie, weil Millionen »wertvollster deutscher Menschen« dem demokratischen Rechtsstaat entfremdet seien[26], und die hessische FDP-Fraktion brachte 1953 einen Gesetzentwurf zur Wiederherstellung der staatsbürgerlichen Gleichheit in den Wiesbadener Landtag ein, weil sie mit dem Gesetz über den Abschluß der politischen Befreiung in Hessen vom Oktober 1951 nicht zufrieden war. Insbesondere die Beschränkungen auf dem Gebiet des Wahlrechts und der Freiheit der Berufswahl sollten endlich aufgehoben werden.[27]

In Bayern war das passive Wahlrecht ehemaliger Nationalsozialisten besonders dem BHE ein Anliegen, nachdem der Bayerische Verfassungsgerichtshof 1953 entschieden hatte, daß die Ausgrenzung nationalsozialistisch belasteter Personen in den kommunalen Wahlgesetzen keine Sühnemaßnahme darstellte, sondern eine Selbstschutzmaßnahme des Staates, die als solche durch die bayerische Verfassung gedeckt sei.[28] In der mündlichen Verhandlung hatte auch der Vertreter der Landtagsmehrheit erklärt, das Parlament wünsche nicht, daß früher führende Nationalsozialisten in die Parlamente einzögen.[29]

Die Meinungsverschiedenheiten an diesem Punkt traten eklatant zutage, als der Bayerische Landtag im August 1954 über das »Zweite Gesetz zum Abschluß der politischen Befreiung« diskutierte. Die SPD auf der einen, Bayernpartei und BHE auf der anderen Seite lösten einen Tumult aus, wie ihn »das Stürme gewohnte Maximilianeum noch selten erlebt« hatte. Ein Redner der Bayernpartei verstieg sich zu dem Vorwurf, bei der Entnazifizierung habe sich vielleicht auch der Geist der Vergeltung, des Hasses und der Rückständigkeit jener geäußert, die im Dritten Reich »nicht an die Futterkrippen gekommen oder nicht befördert worden« seien.[30]

Empörte sozialdemokratische Parlamentarier stürzten daraufhin mit drohend erhobenen Fäusten zum Rednerpult, Tätlichkeiten wurden vom Schriftführer erst in letzter Sekunde verhindert. Nach einer halbstündigen Unterbrechung der Sitzung und Beratungen im Ältestenrat distanzierte sich die Bayernpartei mit dem Ausdruck des tiefsten Bedauerns von den Formulierungen ihres Abgeordneten, wies aber die in der Erregung gefallenen Zwischenrufe, in ihren Reihen stünden nur noch alte Nazis, mit Entschiedenheit zurück. Kaum hatte sich freilich die Unruhe etwas gelegt, da sorgte der Fraktionsvorsitzende des BHE erneut für Widerspruch bei SPD und CSU, indem er kritisierte, daß eingeschriebene Kommunisten das Wahlrecht hätten, aber nicht hingegen ein als belastet eingestufter ehemaliger Ortsgruppenleiter. Die Gefahr aber drohe heute von anderer Seite: Man brauche in Bayern einen McCarthy, aber keine weitere Entnazifizierung mehr.[31]

Abermals führte das passive Wahlrecht der Hauptschuldigen Ende der 50er Jahre zu einer Kontroverse im Bayerischen Landtag, als der Justizminister auf Drängen des BHE einen Entwurf für das »Dritte Gesetz zum Abschluß der politischen Befreiung« vorlegte. Auch die CSU-Abgeordneten Alfred Seidl und Rudolf Hanauer hielten es für richtig, 14 Jahre nach Kriegsende den Hauptschuldigen wieder das Recht der Wählbarkeit einzuräumen. Ihr Fraktionskollege Ludwig Huber, Vorsitzender der Jungen Union Oberbayern, betonte indes, »wie langsam die Wiedergutmachung bisher vorangekommen« sei; man könne also keineswegs von einem Unrecht sprechen, wenn den 150 oder 200 in Bayern wohnhaften Hauptschuldigen weiterhin die Wählbarkeit versagt bleibe. Die SPD warnte ebenfalls vor einem passiven Wahlrecht für diese »Ehemaligen«, weil es ansonsten gar nicht mehr lange dauern werde, »bis wir wieder eine nationalsozialistische Liste haben«. Auch der Verfassungs- und Rechtsausschuß des Bayerischen Landtags gelangte schließlich zu dieser Auffassung und lehnte den Entwurf gegen die Stimmen des BHE und einiger CSU-Abgeordneter ab.[32]

Daß freilich die Entnazifizierung nur auf der rechten Seite des politischen Spektrums als ungeeignete Form der »Vergangenheitsbewältigung« bekämpft wurde, während man sie auf der Linken vorbehaltlos unterstützte, wird allenfalls cum grano salis konstatiert werden können. Denn sowohl innerhalb der Unionsparteien als auch bei der SPD gab es in dieser zentralen Frage ganz unterschiedliche Denkansätze. Eine der spektakulärsten Aktionen gegen die Entnazifizierung verantwortete ausgerechnet ein SPD-Bürgermeister im niedersächsischen Stadtoldendorf.

Der Sozialdemokrat zog im Herbst 1951 mit seinem Gemeinderat einen radikalen und mehr als symbolischen Schlußstrich: Er warf kurzerhand die Entnazifizierungsakten der Stadt in den Ofen des städtischen Gaswerkes.[33] Stadtoldendorf realisierte damit als erste Kommune der Bundesrepublik Deutschland, was bereits im hessischen und nordrhein-westfälischen Landtag gefordert worden war.[34] Damit niemand auf falsche Gedanken komme, wählte der Bürgermeister für die öffentliche Zeremonie genau den Tag, an dem aus Anlaß des fünfzigjährigen Bestehens des Krankenhauses seines jüdischen Stifters gedacht und auf dem Judenfriedhof ein Kranz niedergelegt worden war. Im Anschluß an ein Festessen für geladene Gäste folgte am Gaswerk der, wie es hieß, »Akt der Versöhnung und Gerechtigkeit im Geist unseres Grundgesetzes«: die Verbrennung des 600 Personen umfassenden Mitgliederverzeichnisses der örtlichen NSDAP, in dem nach einem zeitgenössischen Bericht alles stand, »was heute Rang und Namen« in Stadtoldendorf hat.[35]

Nicht nur in der nationalkonservativen Presse gab es erwartungsgemäß Zustimmung für den Bürgermeister, der »nur ausgedrückt« habe, was drei Viertel der Bevölkerung ohnehin dächten[36]; auch die liberale »Süddeutsche Zeitung« begrüßte die Tat, weil – wegen des unglücklichen Denazifizierungsverfahrens – der Vorwurf »Du warst ein Nazi« den Vorwurf »Du bist ein Nazi« laufend abschwäche. Es sei zu hoffen, daß die Aktenverbrennung nicht nur Platz in den Archiven schaffe, sondern auch »in den Köpfen der Demokraten ... für die Gegenwart«.[37]

»Ehemalige« als Politiker in Bund, Ländern und Kommunen

1. BUNDESPOLITISCHE FÄLLE

Die Rückzugsgefechte der Entnazifizierung und das teils radikale Auftreten des rechten Koalitionsflügels bereiteten der Regierung Adenauer immer wieder Schwierigkeiten; die Diskussion um politische Säuberung und um angebliche oder wirkliche Belastung prominenter Bundespolitiker stimulierte aber gleichzeitig auch die Auseinandersetzung der Deutschen mit ihrer jüngsten Vergangenheit. Einen frühen Unruheherd bildete die Person des Bundesverkehrsministers Hans-Christoph Seebohm (DP), dem zur Last gelegt wurde, sogar Träger des Blutordens der NSDAP persönlich protegiert zu haben[1]; Seebohm erregte auch den Protest der Alliierten Hochkommission, als er auf dem Kasseler Parteitag der Deutschen Partei im Dezember 1951 äußerte, Deutschland könne die Grenzen von 1937 nicht anerkennen, da es die Grenzen des Versailler Vertrages seien; namentlich französische Empfindlichkeiten hinsichtlich Elsaß-Lothringens waren dadurch tangiert.

Zwar hatte Seebohm im gleichen Atemzug erläutert, daß es heute nicht mehr um Veränderung oder Verschiebung von Grenzen, sondern um ihre Aufhebung in einer europäischen Völkergemeinschaft gehe, doch konnte dieser sachliche Gedankengang wohl deshalb nicht richtig durchdringen, weil der Verkehrsminister gleichzeitig Äußerungen tat, die von der SPD als »Verherrlichung des Hakenkreuzes« empfunden und mit der Forderung nach seinem Rücktritt beantwortet wurden.[2] Seebohm hatte referiert, sich »in Ehrfurcht vor jedem Symbol unseres Volkes – ich sage ausdrücklich vor jedem –« zu verneigen, »unter dem deutsche Menschen ihr Leben für ihr Vaterland geopfert« hatten, und hinzugefügt, daß »Auszeichnungen, die sich ein Mensch

77

durch persönlichen Einsatz und persönliche Tapferkeit erworben« habe, sein persönlicher Besitz seien, an dem niemand herumdeuteln dürfe.[3]

Ob dieser Aussage unter öffentlichen Beschuß geraten, schob Seebohm eine Presseerklärung nach: Für ihn sei das – von ihm als »Swastika« bezeichnete – Hakenkreuz eindeutig kein Symbol des deutschen Volkes, sondern ein international verbreitetes Zeichen, das eine Partei in Deutschland als Abzeichen benutzt habe.[4] Mit diesem nachträglichen Kommentar konnte der DP-Politiker aber nicht mehr auslöschen, daß seine Worte in der Öffentlichkeit weithin als Bekenntnis zum Hakenkreuz verstanden wurden.

So sah sich Bundeskanzler Adenauer veranlaßt, auf eine große Anfrage der SPD-Fraktion selbst zu antworten: Für einen Mann, der sich in Ehrfurcht vor dem Hakenkreuz verneige, würde in einem unter seiner Leitung stehenden Kabinett kein Platz sein. Doch habe sich der Minister – im Gegensatz zu den SPD-Behauptungen nicht pauschal zu »allen Auszeichnungen« bekannt, sondern nur von »Auszeichnungen« gesprochen und dies zudem durch Hinweis auf nationale Symbole wie das Lied der Deutschen präzisiert. Außerdem habe Seebohm im Parlamentarischen Rat für die Farben Schwarz-Rot-Gold gestimmt.[5]

DP-Sprecher von Merkatz nahm seinen Kollegen gleichfalls in Schutz und bedauerte, daß bestimmte Zeitgenossen heutzutage »in jeder konservativen Richtung eine Wiederkehr reaktionärer Grundgedanken« entdeckten. Dabei bestand nach Ansicht von Merkatz' »zwischen einer Gesinnung des Radikalismus, wie sie vom Nationalsozialismus vertreten worden ist, und der alten konservativen Gesinnung«, die in der politischen Richtung der DP zum Ausdruck kam, »ein Abgrund von Unterschieden«.[6]

Die Sozialdemokraten waren davon allerdings nicht zu überzeugen. Sie sahen durch die Seebohm-Rede gleich das ganze deutsche Volk »in einer Art und Weise diskreditiert…, wie es unter dem Hakenkreuz der Fall gewesen ist«. Wenn sich der Minister schon verneigen wollte, dann hätte er sich vor den Millionen Opfern verneigen sollen, »die uns das Hakenkreuz gebracht hat«. Dem Bundeskanzler warf die SPD-Fraktion vor, an Seebohm nur aus der Furcht heraus festzuhalten, »noch mehr Schwierigkeiten« mit seinen Mehrheitsverhältnissen im Bundestag zu bekommen. Dabei sei die DP ohnehin schon Opposition innerhalb der Regierung, weshalb solle sie »da nicht Opposition außerhalb der Bundesregierung« werden, »schwarz-weiß-rot... mit Hakenkreuz am Stahlhelm«.

Die polemische Forderung der SPD, Seebohm in den »politischen Orkus« zu schicken, gab die Deutsche Partei mit gleicher Münze zurück. In ihrer Fraktion, so wurde betont, saß schließlich kein einziger, der sich »zu irgendeiner Zeit in Reden und Aufsätzen mit dem Nationalsozialismus und dem Führer des Nationalsozialismus so identifiziert« hatte, wie sich maßgebliche Vertreter der SPD mit der »ingeniösen Staatskunst des herrlichen Führers« noch 1940 lobend identifizierten. Der sozialdemokratischen Bitte, Namen zu nennen, kam die DP-Abgeordnete Kalinke unverzüglich nach und zitierte aus einem Schriftstück, in dem sich der SPD-Sozialpolitiker Professor Preller tatsächlich noch 1940 über die »ingeniöse Staatskunst« Hitlers positiv geäußert hatte. Während die DP diese Wendung der Debatte eigentlich vermeiden wollte, weil sie es zutiefst bedauerte, »daß wir Deutschen unsere schmutzige Wäsche miteinander immer im Lande waschen müssen«, war der Verlauf der Diskussion Wasser auf die Mühlen der Kommunisten.

KPD-Sprecher Renner erkannte »Anzeichen der Besserung« bei der SPD, hätte es aber gerne gesehen, wenn diese sich mit der Konsequenz, mit der sie sich »heute auf Herrn Seebohm gestürzt« hatte, seit 1945 »auf alle faschistischen Überbleibsel« gestürzt hätte.[7] Im übrigen sei doch allen bekannt, daß der Bundeskanzler »geradezu entouriert ist von ehemaligen Größen der SS-Formationen, von abgetakelten nationalsozialistischen, von Hitler-Generälen«, von Leuten wie Pferdmenges, dem »Finanzier auch der Nazis«[8], oder Lehr, dem »Türöffner der Nazis«, und daß Adenauer selbst, dieser »Kämpfer gegen den Faschismus«, in all den Jahren zähneknirschend die Pension in die Tasche gesteckt habe, die die Nazis ihm zahlten.[9] Unter anhaltenden stürmischen Zurufen appellierte Renner, »gemeinsam gegen die Träger der neuen Diktatur, repräsentiert in der Gestalt des Herrn Adenauer«, zu kämpfen.

Zu einem solchen gemeinsamen Kampf mochte sich die SPD nicht verstehen, doch war sie – entgegen der kommunistischen Kritik – nach Kräften bemüht, ihrer oppositionellen Kontrollfunktion auch auf dem personalpolitischen Gebiet gerecht zu werden. Der Sorge um die innere Organisation der Ministerien hatte Kurt Schumacher bereits in seiner Oppositionsrede am 21. September 1949 Ausdruck verliehen; im Juli 1950 richtete seine Fraktion dann eine Interpellation an die Bundesregierung. Sie sah sich zu der Frage gezwungen, »ob die Bundesregierung Personen, die für die nationalsozialistische Gewaltherrschaft an hervorragender Stelle tätig waren, für geeignet hält, heute hohe... öffentliche Ämter zu bekleiden«.[10]

Neben Ämterpatronage und beamtenpolitischem Konfessionalismus beklagte die SPD besonders, daß »die Verbundenheit mit dem Nationalsozialismus im Bundeskanzleramt zentral ihren Sitz« habe und durch »Herrn Dr. Globke personifiziert« werde. Globke, der einen wissenschaftlichen Kommentar zu den Nürnberger Gesetzen verfaßt hatte, wurde von den Sozialdemokraten mit dem Vorwurf der »juristischen Prostitution« konfrontiert. Außerdem sei Globke Korreferent für Judenfragen im Reichsinnenministerium gewesen und hätte in dieser Eigenschaft mit dem SS-Obergruppenführer Stuckart Dienstreisen zu Gauleitern und ausländischen Politikern nach Metz, Danzig, Prag, Bukarest oder Preßburg gemacht. Alle Welt, so SPD-Sprecher Arndt, »weiß, daß von diesen Plätzen aus und nach diesen Besprechungen sich die Blutspur der gemarterten und gemordeten Juden in die Vernichtungslager nach Auschwitz und nach Maidanek zog. Und Herr Globke wußte um diese Greuel!«

Hätte er also Charakter, so die Conclusio der SPD, dann müßte er sich sagen: Ich »kann und will mit dem Schatten, der auf mir lastet, nicht heute und morgen dem Vertrauen im Wege stehen, dessen die junge deutsche Demokratie innen und außen so lebensnotwendig bedarf.« Nicht nur die Person Globkes und die Bundesregierung Adenauer standen mithin für die SPD in dieser Frage auf dem Spiel, sondern schlechterdings die »Wiedergenesung Deutschlands«.[11] Bundesinnenminister Gustav Heinemann führte dagegen einen Zeugen ins Feld, der für die Beurteilung Globkes im Ausland »wirklich etwas Repräsentatives zu sagen« vermochte: den bekannten Robert Kempner, Ankläger aus den Nürnberger Prozessen. Dieser hatte in einem Brief an den »lieben Herrn Globke« im Mai 1950 die Angriffe gegen ihn aufs tiefste bedauert und ihn seiner »Rückenstützung« versichert.[12]

Die Vorwürfe der SPD und der anderen Oppositionsparteien im Deutschen Bundestag bildeten nur den parlamentarischen Auftakt einer sich durch die ganze Ära Adenauer ziehenden, besonders in den Schubphasen der »Vergangenheitsbewältigung« immer wieder neu aufgelegten[13] Serie von Anschuldigungen gegen die Person Globkes. Auch in einem Weißbuch des DGB wurde Globke unter der Rubrik »Feinde der Gewerkschaften – Feinde der Demokratie« eingeordnet.[14] Im März 1956 protestierte schließlich die »Allgemeine Wochenzeitung der Juden« dagegen, daß die eine oder andere Seite sich auf eine Stellungnahme von Juden für oder gegen Globke berief, wenn es darum ging, einen aktuellen politischen Streit auszufechten.[15]

Globke war in den Augen der wegen einer etwaigen Restauration besonders besorgten Teile der deutschen und internationalen Öffentlichkeit das Menetekel der Renazifizierung an der Wand der Bundesrepublik Deutschland. Tatsächlich demonstrierte der Fall Globke aber gerade, wie wenig ein pauschales Verdikt der Personalpolitik des Bundes in den 50er Jahren gerecht wird. Denn für bedeutende Überlebende des Widerstandes, für hohe Geistliche, für viele Juden und Deutsche aus sogenannten Mischlingsehen, bestand kein Zweifel daran, daß Globke seine Tätigkeit im preußischen und im Reichs-Innenministerium während des »Dritten Reiches« dazu genutzt hatte,»in vielen konkreten Fällen rassischer Diskriminierung diskret, aber juristisch unangreifbar zu helfen«.[16] Sein Kommentar zu den Nürnberger Gesetzen zeigte Tausenden von Betroffenen Möglichkeiten zur Abmilderung oder Umgehung der Rasse-Bestimmungen auf.

So trug Adenauer, der sich »nach Möglichkeit alle Personen vom Leib hielt, die sich im Dritten Reich belastet hatten«[17], nach sorgfältiger Prüfung letztlich keine Bedenken, Globke den Aufbau des Bundeskanzleramtes und die Koordination für die Innenpolitik anzuvertrauen. Mit Rücksicht auf das Ausland bestellte er den Ministerialdirektor jedoch erst ziemlich spät – nach den Bundestagswahlen 1953 – zum Staatssekretär[18] und Chef des Bundeskanzleramtes. Selbst eine Audienz beim Papst und ein Empfang bei Chruschtschow 1955[19] ließen die Vorwürfe, an denen führend der SPIEGEL beteiligt war[20], nicht verstummen, weil Adenauer und Globke die zahlreichen entlastenden Schreiben von politisch und rassisch Verfolgten nicht veröffentlichten, sondern sich zum Aussitzen des Problems entschlossen.

Auch eine Stellungnahme Globkes von 1956 war »in ihrer spröden Sachlichkeit«[21] publizistisch kaum zu verwerten.

Erst als im Gefolge des Eichmann-Prozesses 1961 die DDR und ihre westdeutschen Hilfsorganisationen eine neue Anti-Globke-Kampagne initiierten, begann das Bundeskanzleramt mit einer aktiveren Informationspolitik. Auf seine Art warb der CDU-Abgeordnete Franz Böhm vor der Gesellschaft für Christlich-Jüdische Zusammenarbeit um Verständnis für Globke. Dieser habe sich als Gesetzeskommentator »die blödesten Illusionen gemacht« und überhaupt zu den ungeheuer vielen »beamteten Rindviechern« gehört.[22] Während Globke dennoch als engster und schier unentbehrlicher Vertrauter Adenauers bis zu dessen Rücktritt 1963 den Angriffen standhalten konnte, signalisierte der »Fall« des Bundesvertriebenenministers Theodor Oberländer 1960 einen Wandel im Verhältnis zur nationalsozialistischen Vergangenheit.

Denn bereits 1954 hatten Rundfunk und Presse der DDR Angriffe gegen den Bonner Minister gestartet, denen sich in der Folge nicht nur die sowjetischen und osteuropäischen Medien anschlossen[23], sondern auch Journalisten in der Bundesrepublik Deutschland. Der Bayerische Rundfunk erinnerte daran, daß der höhere SA-Führer und Professor während des Krieges eine offensive Ostpolitik gerechtfertigt haben sollte und äußerte zudem Zweifel, ob Oberländer dem Nationalsozialismus mittlerweile abgeschworen hatte. Seine Personalpolitik schien dies in den Augen des süddeutschen Senders zu widerlegen. Denn der Minister hatte eine Reihe früherer Pgs, einen Träger des Goldenen Parteiabzeichens, einen seit 1930 hauptamtlichen SA-Sturmführer und einen HJ-Bannführer in sein Amt berufen.[24]

Die Einstellung einer derartigen »Phalanx von ehemals Aktiven« stieß den BR-Journalisten besonders übel auf, weil Oberländer selbst ihres Erachtens »persönlich einiges wiedergutzumachen« hatte.[25] Freilich war hinsichtlich seiner Aufsätze zur NS-Ostpolitik von damals tätigen Redakteuren erklärt worden, daß die Manuskripte Oberländers durch Redigieren eine andere Tendenz erhalten hatten. Um so glaubhafter schien dies angesichts seiner Denkschriften über die Behandlung der Ostvölker, in denen er darauf hingewiesen hatte, daß es sachlich unbegründet und politisch verhängnisvoll sei, die Slawen als rassisch minderwertige Heloten anzusehen. Oberländers Memoranden für den »Oberbefehlshaber Rußland Süd« führten 1943 zu seinem Ausschluß aus der NSDAP und zu einem Vorlesungsverbot.[26]

Obwohl dies alles bekannt war, stellte 1959 ein stark vom SPIEGEL inspirierter Kampagnenjournalismus den Vertriebenenminister erneut an den Pranger. Als Offizier im »Bataillon Nachtigall« sollte Oberländer 1941 bei der Besetzung Lembergs an der Ermordung von Juden und polnischer Intelligenz beteiligt gewesen sein. Anschuldigungen wegen angeblicher Kriegsverbrechen im Kaukasus in den Jahren 1942 und 1943 kamen dazu.

Als die Staatsanwaltschaft Bonn auf Strafantrag der VVN Ermittlungen aufnahm, stellte auch die Deutsche Sektion der Widerstandskämpfer für ein Vereinigtes Europa (URPE) auf Wunsch Oberländers eine internationale Kommission zur Untersuchung der Vorwürfe zusammen. Diese löste sich aber auf, nachdem auch die CDU-Fraktion einen Ehrenrat gebildet und sich der Prüfung des Falls angenommen hatte. Zwar kam der Ehrenrat zu der Auffassung, daß gegen Oberländer nichts vorlag, was sein Verbleiben in der Fraktion in Frage stellen konnte, doch verstärkte die SPD anläßlich der Haushaltsberatungen im April 1960 den Druck auf Oberländer derart, daß dieser den Rücktritt vollzog, den er dem Kanzler schon zu Beginn der neuerlichen Kampagne im Herbst 1959 angeboten hatte. Adenauer hatte sich lange »instinktiv dagegen gewehrt«, auf Kommando der SPD einen Minister zu entlassen. Er betrachtete Oberländer, der mit Hitler zur Feldherrnhalle gezogen war, zwar als einen früher überzeugten Nationalsozialisten – »er war sogar tiefbraun« – hielt ihm aber zugute, sich den blutigen Ausschreitungen im Osten widersetzt zu haben.

Erst als Oberländer zum Schluß – »mit den Nerven fertig« – amtsmüde wurde, stimmte der Kanzler dem Rücktritt zu. Vorher hatte das Oberste Gericht in Ostberlin noch einen weltweit beachteten Schauprozeß gegen den Bundesvertriebenenminister inszeniert und ihn wegen fortgesetzten Mordes zu lebenslänglichem Zuchthaus in absentia verurteilt.[27] Weit weniger Beachtung in den Medien als das Kesseltreiben auf Oberländer fand einige Monate später die Einstellung des gegen ihn eingeleiteten Verfahrens. Die Untersuchungen der Leitenden Oberstaatsanwaltschaft in Bonn hatten »nicht die geringsten Anhaltspunkte dafür« ergeben, daß Oberländers Bataillon zu den Massenerschießungen in Lemberg »in irgendeiner Form herangezogen worden« war.[28]

Ähnlich verhielt es sich mit der Haltlosigkeit der Anschuldigungen gegen den Bundesverkehrsminister Seebohm seitens der »Literaturnaja Gaseta«, denen die »Frankfurter Rundschau« damals Raum bot. Das sowjetische Blatt hatte dem DP-Politiker vorgeworfen, in der Tschechoslowakei an der Arisierung und Enteignung jüdischen Vermögens teilgenommen und enge Beziehungen zu Hermann Göring unterhalten zu haben. Doch stellte sich heraus, daß hier eine Verwechslung mit einem entfernten Vetter des Ministers, Berthold Seebohm, vorlag.[29]

Globke und Oberländer waren mithin die umstrittensten, beileibe jedoch nicht die einzigen Kabinettsmitglieder, an deren Verhalten während des »Dritten Reiches« sich Zweifel knüpften. Auch anderen, wie etwa den Bundesministern Kraft, Preusker und Schröder, galt schon 1954 im Zuge der Diskussion um die deutsche Wiederbewaffnung eine Labour-Anfrage im britischen Unterhaus. Der Abgeordnete Arthur Lewis, bereits hervorgetreten im Kampf gegen jede Erleichterung für die Spandauer Häftlinge, forderte Außenminister Eden auf, einer Teilnahme der Bundesrepublik an der EVG erst dann zuzustimmen, wenn die Bundesregierung die angeblich belasteten Minister aus ihren Ämtern entfernt hätte. Kraft und Preusker seien Mitglieder der Allgemeinen SS, Schröder NSDAP-Mitglied seit 1933 gewesen.[30] Dem Bundesinnenminister wurde darüber hinaus ein Strick daraus gedreht, daß er den zweifelhaften Hitlerfilm »Bis fünf Minuten nach zwölf« verboten[31] und eine Verfügung erlassen hatte, die als Hofierung der Legion Condor angegriffen worden war.[32]

Zwar mußte der »Vorwärts« im Sommer 1956 Anschuldigungen gegen Schröder zurücknehmen, dieser habe während des »Dritten Reiches« über NS-Weltanschauung publiziert[33], doch auch von solch haltlosen Anwürfen blieb immer irgend etwas hängen. Dies zeigte sich etwa 1960, als der Innenminister der demokratischen Bundesrepublik Deutschland sich vom amerikanischen Nachrichtenmagazin »Newsweek« die Frage gefallen lassen mußte: »Waren Sie Nazi?« Schröder entgegnete mit dem Hinweis auf die »Zeitumstände«, nach denen die formelle Mitgliedschaft nicht notwendig bedeutete, daß jemand »in seinem Inneren« Nazi war. Aber als junger Rechtsanwalt hätte er nichts werden können, »ohne in der Partei zu sein«.

Zur Illustration seines Argumentes verwies Schröder auf alle die »anderen heute in der Ostzone, die aus ähnlichen Gründen gezwungen sind, sich den Anschein zu geben, Kommunisten zu sein. Sollen wir sie in Zukunft aus der Gesellschaft ausschließen?« In Erstaunen versetzte Schröder die Frage, ob er sich über die nationalsozialistischen Massenmorde im klaren gewesen sei, hatte der spätere Innenminister doch aufgrund seiner Heirat mit einer sogenannten »Achtel-Jüdin« persönlich unter dem Antisemitismus zu leiden gehabt. Da er freilich dagegen war, »das ganze bejammernswerte Entnazifizierungsgeschäft wieder aufzurollen«, hatte er davon abgesehen, seine Vergangenheit öffentlich bekanntzugeben. Zudem zeigte sich Schröder überzeugt, daß die Mehrheit ehemaliger nomineller Nationalsozialisten »heute ein anständiges Leben« führe.[34]

Dennoch wurde die Diskussion um prominente »Ehemalige« wie Globke von der Opposition »bewußt wachgehalten, um Einwände gegen Adenauer und seine Politik gleichsam moralisch unterbauen zu können«.[35] Einem von Bundesinnenminister Heinemann schon nach den ersten massiven Vorwürfen in der Bundestagsdebatte vom Juli 1950 vorgeschlagenen Gespräch mit Globke sind Adolf Arndt und die SPD-Fraktion stets ausgewichen. Offensichtlich schienen die Sozialdemokraten weniger an einer Klärung der Tatsachen interessiert als an fortgesetzter Polemik. Bezeichnenderweise besann sich auch der Dehler-Flügel der FDP erst mit dem Bruch der christlich-liberalen Bonner Koalition Anfang 1956 auf seine moralische Verantwortung für die »Vergangenheitsbewältigung« und stand plötzlich ebenfalls im Lager der Globke-Kritiker. Von diesen Vorwürfen parteitaktischer Art sind allerdings die verständlich erscheinenden Bedenken zu trennen, wie sie in den Kreisen überlebender NS-Opfer oder deren Angehöriger geäußert wurden. Nicht nur im Fall Globke bestand hier eine unüberbrückbare Diskrepanz zwischen moralischen Erwartungen von Teilen der Öffentlichkeit und dem faktischen personalpolitischen Geschehen.

Es war kein Zufall, daß SPD und FDP ausgerechnet während einer Welle der Globke-Kritik einen Nebenkriegsschauplatz gegen den Bundespressechef Edmund Forschbach eröffneten. Forschbach hatte als junger Mann 1933 einen nationalsozialistischen Wahlaufruf veröffentlicht, aber immerhin bereits 1934 seinen politischen Irrtum eingesehen und fortan im Widerstand gearbeitet. Auch der in diesen Fragen sehr kritische Eugen Gerstenmaier wies mehrfach auf den Sachverhalt hin.[36] Ohnehin wurden die »enthüllenden« SPIEGEL-Darstellungen über den Bundespressechef in Unionskreisen als »FDP-Schuß gegen Adenauer/Globke, weniger gegen Forschbach« im Kontext der FDP/CDU-Krise gewertet.[37]

So brauchte man während der gesamten 50er Jahre kein besonders scharfes Auge dazu, die Schatten der nationalsozialistischen Vergangenheit immer wieder auftauchen zu sehen. Und im In- und Ausland wurde schon damals – nicht erst seit 1960 – registriert, daß »Sauberkeitswille, politische Gegnerschaft, Sensationslust oder persönliche Ranküne« periodisch Dokumente an den Tag förderten, die gerade bundespolitische Persönlichkeiten des öffentlichen Lebens mit einer (vermeintlichen) »nazistischen« Vergangenheit belasteten.[38]

2. LANDESPOLITISCHE FÄLLE

Neben Bundespolitikern waren während der Ära Adenauer auch prominente Mitglieder von Landesregierungen und Landesvorständen der Parteien in immer neue Skandale um die »Vergangenheitsbewältigung« verwickelt. In Hamburg mußte Anfang der 50er Jahre Alfred Richter, in der NS-Zeit Polizeisenator der Hansestadt, von seinem Amt als stellvertretender Landesvorsitzender der Deutschen Partei zurücktreten. Seine Wahl in den Vorstand hatte öffentlich und parteiintern zu schweren Anschuldigungen geführt.[39] In Freiburg richteten 1952, nach Demonstrationen gegen Filme des NS-Regisseurs Veit Harlan, verschiedene Zeitungen massive Angriffe gegen den badischen Innenminister und seinen Polizeireferenten. Dieser sollte während des Krieges angeblich in Tirol für Rassefragen zuständig und später stellvertretender Gauleiter gewesen sein.[40] In Schleswig-Holstein erhob die SPD Vorwürfe gegen den BHE-Sozialminister Hans-Adolf Asbach. Sie legte ihm zur Last, früher selbst das NS-Regime gefördert und nun einen langjährigen Reichspropagandaleiter in sein Ressort berufen zu haben.[41]

Die nordrhein-westfälische CDU bestritt ihren Landtagswahlkampf 1954 unter anderem damit, gegen die Freien Demokraten als »Hitlerjungen« des FDP-Landesvorsitzenden Friedrich Middelhauve zu Felde zu ziehen. (Middelhauve hatte nach der Affäre um den NS-Staatssekretär Naumann[42] an den kompromittierten Landtagsabgeordneten Zoglmann und Achenbach festgehalten.) Trotz dieser Auseinandersetzungen kam damals eine Landesregierung aus CDU, FDP und Zentrum zustande, da Adenauer aus außenpolitischen Gründen auf stabile innere Verhältnisse gerade im bevölkerungsreichen Nordrhein-Westfalen besonderen Wert legte. Erst zwei Jahre später zerbrach an der Diskussion um das Grabenwahlrecht mit der Bonner Koalition auch die in Düsseldorf. Dort gingen die Freien Demokraten allerdings nicht in die Opposition, sondern liefen zur SPD über, die schon in der Debatte um die Regierungserklärung von 1954 ein »erstaunliches Ahnungsvermögen«[43] bewiesen hatte.

Statt seinerseits die »Hitlerjungen« des eben ernannten stellvertretenden Ministerpräsidenten Middelhauve anzugreifen, hielt der damalige Oppositionsführer und spätere SPD-Ministerpräsident Fritz Steinhoff eine staatsmännische Rede: »Es ist ... ein Unterschied dahin zu machen, ob jemand in seiner Jugendzeit den gefährlichen demagogischen Kunstgriffen der Nationalsozialisten erlag, oder ob er dies im reiferen Alter tat. Wenn solche, damals junge Menschen sich ehrlich bemühen, aus ihren Fehlern und Erfahrungen zu lernen und positive Schlußfolgerungen für die Demokratie zu ziehen, dann sind wir die ersten, die ihnen die Hand reichen.«[44]

Keine zwei Jahre später war das Bündnis zwischen SPD und FDP – wie Adenauer monierte, mit ausdrücklicher Zustimmung des Bonner SPD-Parteivorstandes[45] – tatsächlich perfekt. Zwar wärmte die CDU ihre alten Vorwürfe wegen der Vergangenheit einiger Freier Demokraten nun wieder auf, doch vermochte diese Argumentation nicht mehr recht zu greifen. Schließlich hatte die CDU selbst noch kurz vorher mit der Partei der »Hitlerjungen« koaliert. Carlo Schmid machte zudem geltend, daß keiner der ministrablen FDP-Politiker auch nur annähernd mit einer solchen Vergangenheit belastet sei wie der amtierende Pressechef der Bundesregierung, Edmund Forschbach. Und der SPIEGEL spekulierte darüber, ob die Belastung der FDP mit nationalsozialistischen Tendenzen nicht eine konsequent eingehaltene

Taktik Konrad Adenauers war. Wollte der Kanzler die FDP auf diese Weise gleichsam rechts von der CDU einrangieren, damit sie als Koalitionspartner für die SPD überhaupt nie in Frage kam?[46]

Nach den Landtagswahlen 1955 wandte sich in Niedersachsen die Aufmerksamkeit der politischen Redakteure dem BHE zu. Die Vertriebenenpartei mit dem großen »E« für die »Entrechteten« (Nationalsozialisten) in ihrem Namen[47] konnte als parlamentarisches Zünglein an der Waage besonderen Einfluß auf die jeweils führende Fraktion nehmen. Als Koalitionspartner im sozialdemokratischen Kabinett Kopf hatte sie relativ wenig Mühe, ihre personalpolitischen Vorstellungen durchzusetzen, weil die bürgerliche Opposition sich gegenüber formellen biographischen Belastungen aus der NS-Zeit eher tolerant verhielt; während es – etwa in der Erinnerung von Franz Josef Strauß – eher »eine Tendenz der Sozialdemokraten war, noch den letzten NS-Kassenwart zu verfolgen«.[48] Die erwähnten Vorgänge 1955 in Nordrhein-Westfalen dokumentierten aber, daß es Ausnahmen von dieser Regel gab.[49]

Zu den personellen Bedingungen, unter denen der BHE nach den niedersächsischen Wahlen Mitte 1955 in die neue Koalition mit CDU, DP und FDP eintrat, zählten die Ernennung eines früheren Ministerialdirigenten im Propagandaministerium zum neuen Finanz-Staatssekretär sowie die Bestätigung eines weiteren Ex-Ministerialdirigenten des Goebbels-Ministeriums als Staatssekretär des Inneren. Da letzterer freilich bereits in einer sozialdemokratischen Landesregierung am Kabinettstisch gesessen hatte, waren die Angriffsflächen für die nunmehr oppositionelle SPD von vornherein beschränkt.[50] Dennoch gab es damals – nach der Ratifizierung der Pariser Verträge am 5. Mai 1955, dem damit verbundenen Ende des Besatzungsstatutes und der Auflösung der alliierten Hohen Kommission – manche Sorgen um die Zukunft der Bundesrepublik Deutschland: »Wir sind wieder souverän, und schon sind SIE wieder da: Die ›Ehemaligen‹.«[51]

Dergleichen Befürchtungen waren wohl auch im Spiel, als der FDP-Politiker Schlüter im Juni 1955 zum Kultusminister ernannt wurde. Eine alarmierte Öffentlichkeit erlebte nur wenige Tage später – mitten in der Ära Adenauer – den ersten spektakulären Sturz eines Landesministers aus Gründen der »Vergangenheitsbewältigung«. Schlüter galt damals als starker Mann der niedersächsischen FDP, war allerdings erst auf verschlungenen rechtsradikalen Pfaden zu den Freien Demokraten gelangt. Bei den Kommunalwahlen 1948 hatte er noch für die Deutsche Rechtspartei in Göttingen kandidiert. 1951 hatte er als Gründungsmitglied der Splittergruppe »Nationale Rechte« (NR) in einem Wahlbündnis mit der neonazistischen Sozialistischen Reichspartei gestanden[52] und war in den Landtag gewählt worden. Dort entwickelte sich die NR unter dem Vorsitz Schlüters zu einer wichtigen Nahtstelle »rechter Kreise« zum niedersächsischen FDP-Landesverband mit seinen Tendenzen einer »Nationalen Sammlungsbewegung«[53], bis Schlüter schließlich ganz zur FDP überwechselte.

Zu dem politischen Profil des 35jährigen Schlüter paßte auch seine anhaltende Tätigkeit als Verleger und Inhaber der »Göttinger Verlagsanstalt für Wissenschaft und Politik«. Dort waren unter anderem Bücher des früheren NS-Ministerpräsidenten von Braunschweig, Klagges, des ersten Gestapochefs, Diels, und des Hauptschriftleiters der SS-Forschungsgemeinschaft »Das Ahnenerbe«, Plassmann, erschienen. Um das Maß vollzumachen, wurden aus dem Jahr 1951 auch noch Äußerungen von Schlüter kolportiert, wonach er den Nationalsozialismus als die gesündeste Bewegung in Deutschland seit der Jahrhundertwende bezeichnet[54] und bekannt hatte: »Von uns aus kann das Jahr 1933 jederzeit wiederkommen.«[55]

Der Widerstand gegen den neuen Kultusminister formierte sich zunächst an der einzigen Universität des Landes in Göttingen. Auf einer Sondersitzung protestierte der Studentenrat gegen Schlüters Ernennung: Dem Ministerkandidaten mangele es an »politischer Integrität«. Rektor und Senat der Georgia Augusta traten demonstrativ zurück[56]; sie befürchteten, daß Schlüters Ernennung »Entwicklung und Ansehen der Universität in Deutschland und im Auslande gefährden würde«.[57] Vor dem Auditorium Maximum wurden Schriftblöcke »Schlüter« mit SS-Runen angebracht, und trotz der beginnenden Pfingstferien beteiligten sich dreitausend Studenten an einem spontan organisierten Fackelzug. Die »Unpolitischen« waren genauso dabei wie die »Politischen« und unter diesen auch junge Mitglieder von CDU und FDP. Sogar die vielgeschmähten Korporationsstudenten demonstrierten mit.[58]

Nicht nur in Göttingen wurde diese Kritik an Schlüters Ernennung vom Ensemble des örtlichen »Deutschen Theaters« bis zur CDU mitgetragen. Auch von auswärts, von den Universitäten aus München, Hamburg und Berlin, kamen Sympathieerklärungen. Eine Konferenz aller mathematischen und philosophischen Dekane der Bundesrepublik stellte sich einmütig hinter die Nachfahren der »Göttinger Sieben«.[59] Der DGB, der Zentralrat der Juden und die SPD im Landtag von Hannover forderten ebenso den Rücktritt wie ausländische Stimmen.

Von bundespolitischer Bedeutung war die Affäre um die niedersächsische Regierungsbildung schon deshalb, weil eine mögliche Zweidrittel-Mehrheit der Bonner Koalition im Bundesrat auf dem Spiel stand. Hinzu kamen grundsätzliche Befürchtungen wegen eines Rechtsrucks der Freien Demokraten an Weser und Elbe. Denn bei der Aufstellung für die Landesliste hatten die linksliberalen Kräfte den kürzeren gezogen, und die Nationalliberalen waren im neugewählten Hannoveraner Parlament infolgedessen stärker vertreten. In diesem Zusammenhang legte auch der stellvertretende Landesvorsitzende der niedersächsischen FDP sein Amt nieder. Er wollte so lange keine Verantwortung mehr übernehmen, bis sich die FDP von Schlüter trenne.[60]

Tragische Elemente verliehen dem norddeutschen Schauspiel der »Vergangenheitsbewältigung« einige biographische Fakten der beiden Hauptkontrahenten. Schlüters Mutter wäre als Jüdin beinahe der NS-Diktatur zum Opfer gefallen, andere seiner Angehörigen wurden verschleppt, vertrieben und vergast. Der zurückgetretene Rektor der Universität Göttingen Emil Woermann dagegen war bereits während des »Dritten Reiches« Rektor an der Hallenser Universität gewesen, zu einer Zeit, als jüdische Professoren und Dozenten die Hochschule verlassen mußten. Dies ging auch aus einem »Rechenschaftsbericht des Rektorats« hervor, den ein FDP-Abgeordneter in der Landtagsdebatte um den Fall Schlüter verlas und die »Abschußliste« eines wahren »Meisterschützen« nannte. Was dabei unerwähnt blieb, war die Tatsache, daß die verabscheuungswürdige Personalpolitik nicht auf Maßnahmen des Rektors, sondern auf gesetzliche und ministerielle Entscheidungen der Nationalsozialisten zurückging.[61] Außerdem hatten sich von Woermann während des Krieges Fäden zu Goerdeler gespannt. Woermanns Name war deshalb auch auf der unterirdisch kursierenden Kabinettsliste einer geplanten Widerstandsregierung aufgetaucht, was dem Professor nach dem 20. Juli Gestapo-Haft in Ravensbrück und Moabit eingetragen hatte.

Dennoch wiederholte ein Produkt aus dem Schlüter-Verlag 1958[62] die Vorwürfe gegen Woermann und andere Professoren, die – wie etwa der Historiker Hermann Heimpel und der Pädagoge Erich Weniger – am Göttinger Protest von 1955 beteiligt gewesen waren. Die Durchforstung ihrer wissenschaftlichen Arbeiten vor 1945 brachte aber – auch nach Ansicht des SPIEGEL – keine überraschenden Enthüllungen: Die Zitatensammlung bewies nichts mehr »als die leidig bekannte Tatsache, daß seinen Kotau vor dem NS-Staat gemacht hat, wer in Deutschland in den dreißiger Jahren ein öffentliches Amt bekleidete...«[63]

Wie schwer es angesichts solcher komplexer Vergangenheiten fiel, pauschale Verurteilungen pro reo oder contra reum auszusprechen, ließ sich an der mehr als schillernden Persönlichkeit Schlüters am besten demonstrieren. Der »Halbjude« hatte dem »Verband nationaldeutscher Juden« angehört, aber dennoch persönlich und beruflich – Entlassung aus der Wehrmacht, Nichtzulassung zum Staatsexamen – unter dem nationalsozialistischen Antisemitismus gelitten. Sein Wunsch, ein »gleichberechtigter deutscher Patriot« zu sein, blieb auch nach dem Holocaust bestehen.[64]

Einen Bruch zwischen dem um alle staatsbürgerlichen Rechte betrogenen »Halbarier« und dem Verleger von ehemaligen NS-Größen empfand Schlüter nicht. Denn er bezweifelte, ob etwa sein Autor Hans Grimm – als Verfasser des Buches »Volk ohne Raum« bekannt geworden – damals wirklich ein Nationalsozialist gewesen sei. Grimm habe 1934 mächtig wider den Stachel gelöckt und stehe heute eher auf dem nationalsozialistischen Standpunkt als während des »Dritten Reiches«.[65] Schlüters Rechtfertigungsversuche fanden allerdings nur im kleinen Kreis der eigenen Parteifreunde Gehör. Auch CDU und DP, deren Presse außerhalb Niedersachsens sich einhellig auf die Seite des Göttinger Protestes stellte, hielten sich in der Sondersitzung des Landtages am 11. Juni 1955 auffällig zurück. Nur die Fraktionskollegen Schlüters verteidigten den Kultusminister, obwohl der SPD-Antrag auf Abberufung durch Schlüters Rücktritt kurz vor der Debatte eigentlich gegenstandslos geworden war.

So bestimmten im Plenum nachträgliche Schuldzuweisungen die Diskussion. Paul Sethe rechnete sie in der »Frankfurter Allgemeinen« zu »dem Bedrückendsten«, was sich in der Bundesrepublik bislang abgespielt habe.[66] Als Mitglied im Schulausschuß und sogar als Koalitionspartner sei Schlüter der SPD genehm gewesen. Aber die Sozialdemokraten sprächen eben nur dort von »Neonazisten«, wo frühere Prominente des »Dritten Reiches« »jetzt anderen Parteien als der Sozialdemokratischen zugehörten...«[67] Diese Erkenntnisse halfen dem bedrängten Schlüter ebensowenig wie die Unterstützung einiger Lehrerverbände.[68] Die Stoßkraft der gegen ihn massierten öffentlichen Meinung entschied den »Fall«[69] des Landesministers, der – wie vom Bayerischen Rundfunk zufrieden vermerkt wurde – »in unserer Nachkriegsgeschichte noch nicht dagewesen« war.

Die Affäre Schlüter hatte nach Meinung der verantwortlichen Rundfunkjournalisten »nur das berühmte Faß zum Überlaufen gebracht«, denn es habe im Lande den Anschein, »als hätten wir einen ganzen Abschnitt unserer Geschichte vergessen und nur sehr wenig daraus gelernt«. Die BR-Sendung lief unter dem Titel »Die schleichende Machtübernahme«; zum Widerstand dagegen hätten die Göttinger Studenten endlich »ein wichtiges Beispiel gegeben«.[70]

Hermann Heimpel sah als Protestmotiv den »Drang, nicht wieder untätig zuschauen zu wollen..., einen großen Nachholbedarf an Zivilcourage«.[71] An den Universitäten wie überall sonst stünden heute Menschen an entscheidender Stelle, »die in der Vergangenheit ... zu oft geschwiegen haben«. Tritt heute, so folgerte Heimpel unter deutlicher Anspielung auf Woermann, »die Frage an sie heran, ob sie aus Bequemlichkeit oder aus der Besorgnis, vom Gegner an den oder jenen Einzelzug der eigenen Vergangenheit gemahnt zu werden, den Mund halten sollten, dann kann sich ihre Gewissensnot eigentlich nur in der Aktion entladen«.

Auch der Präsident des Deutschen Evangelischen Kirchentages, von Thadden-Trieglaff, erklärte den Einspruch der Göttinger Universität mit Tatbeständen, »die die Erinnerung an die unvergessenen inneren Ursachen der deutschen Katastrophe von 1945 empfindlich berühren und die Sorge um ähnliche Gefahren für die Zukunft unseres Volkes heraufbeschwören...«[72] Die Universität handelte nicht aus eigenem Interesse, erläuterte der Tübinger Professor Theodor Eschenburg, »sondern sie trat als Hüterin der Staatsmoral auf«.[73]

Walter Dirks hielt den rechtsextremen Verleger Schlüter als Kultusminister für eine Provokation. »Eine Provokation zunächst der niedersächsischen FDP gegenüber ihrer eigenen Partei, der Partei der Dehler und Heuss…« Das liberale Bürgertum war – so Dirks – als dritter Partner dem demokratischen Grundpakt von Unionsparteien und Sozialdemokraten nach 1945 beigetreten: »Dieser Pakt ist noch immer der geschichtliche Grund unseres Staates und unserer Politik… An diesem Pakt haben Nazis keinen Anteil… Es ist das gute Recht der CDU, eine Koalition gegen die SPD zustandezubringen, auch mit der FDP. Aber nicht um den Preis eines solchen Kultusministers… So sehr Herr Dehler innerhalb steht: Herr Schlüter steht draußen.«[74]

Daß sich die Auseinandersetzung nicht einfach zwischen »den Anti-Nazis und den Nazis« von einst, sondern zwischen den integer gebliebenen oder wieder gefestigten Zeitgenossen jener Ära auf der einen Seite und den Unverbesserlichen, den Verhärteten und Verrannten auf der anderen vollzog, war vielen publizistischen Kommentaren damals als Kernthese zu entnehmen. Zwar hatte die deutsche Bevölkerung »aller Schichten und aller Parteien« längst beschlossen, gegenüber Irrtümern vergangener Jahrzehnte großmütig zu sein, »da sonst die Nation ständig gespalten bliebe«; was aber Schlüter vorgeworfen wurde, war »nicht ein falscher Glaube von gestern, sondern ein falsches Handeln von heute…«[75]

Freilich gab es immer auch Fälle, wo sich die Bedenken der Medien in erster Linie aus dem falschen Handeln von gestern herleiteten. Der unionsnahe »Rheinische Merkur« warnte in der Nominierungsphase vor den Bayerischen Landtagswahlen 1958 die CSU eindringlich vor dem »ehemaligen KZ-Wächter Prücklmayer«. Prücklmayer war in einem Stimmkreis der niederbayerischen Hallertau wegen seiner festen beruflichen Verankerung im regional bedeutsamen Hopfenanbau von den CSU-Delegierten als Kandidat für das Maximilianeum aufgestellt worden, obwohl er der Partei erst seit drei Jahren angehörte. Auch Fragen nach seiner Vergangenheit waren bereits während der Delegiertenversammlung aufgekommen, da Prücklmayer einst unter anderem im Wachdienst des KZs Mauthausen eingesetzt gewesen war. Doch konnte der CSU-Landtagskandidat stets auf die »Referenz« eines bekannten Hallertauer Kommunisten verweisen, der ihm ein ordentliches Benehmen auch als KZ-Wächter bescheinigte.[76]

Bald beschäftigte sich der SPIEGEL mit dem Fall, die große Presse griff das Thema auf[77] und auch in der nicht eben CSU-feindlichen »Passauer Neuen Presse« schrieb Chefredakteur Hans Kapfinger der CSU-Landesleitung ins Stammbuch, »daß wir in Niederbayern keinen ehemaligen KZ-Bewacher als Landtagskandidaten haben wollen, auch wenn ihn die Hopfenbauern... vorgeschlagen haben. Die Ehre unserer herrschenden Partei verlangt es einfach, daß sie in der Auswahl der politischen Kandidaten sauber ist... Wir fragen uns und fragen die CSU und ihren Generalsekretär: Habt ihr wirklich keinen anderen?«[78]

Diese Frage wurde auch von zwei der profiliertesten CSU-Landesvorstandsmitglieder, Alois Hundhammer und Josef Müller, immer vehementer gestellt. Die beiden Politiker, sonst scharfe innerparteiliche Kontrahenten, hatten nämlich beide – als Häftlinge (!) – die nationalsozialistischen Konzentrationslager kennengelernt. Die Aussicht, im Landtag demnächst Seit' an Seit' neben einem »leibhaftigen KZ-Wachmann« zu sitzen, schien ihnen unerträglich.[79] So appellierte schließlich der geschäftsführende CSU-Landesvorstand an die zuständige Parteigliederung, »angesichts der besonderen Problematik dieser Kandidatur« die Nominierung zu wiederholen. Zwar erhielt Prücklmayer von den CSU-Stimmkreisdelegierten nochmals demonstrativ das einmütige Vertrauen ausgesprochen, doch trat er, auch auf Drängen des CSU-Vorsitzenden und Bayerischen Ministerpräsidenten Hanns Seidel, von seiner Kandidatur zurück. Wie in diesen Fällen üblich, gerieten in der Folge noch weitere CSU-Kandidaten wegen ihrer Karriere »vom SD zur CSU« ins Zwielicht.[80]

Um die Jahreswende 1960/61 ließen Vorgänge in Schleswig-Holstein die Öffentlichkeit aufhorchen. Die »Hypotheken des Dritten Reiches«[81] waren dort aufgrund historischer Belastungen besonders schwer: Fast fünf Millionen Soldaten, NS-Funktionäre und Flüchtlinge hatten das Land 1945 geradezu überschwemmt. Öffentliche Kritik an mehreren Urteilen schleswig-holsteinischer Gerichte zu Pensionsansprüchen früherer NS-Prominenz, die Vorgänge um den »Euthanasie-Professor« Ernst Heyde alias Dr. Fritz Sawade und Vorwürfe an die Landesregierung, sie dulde schwerbelastete Nationalsozialisten im öffentlichen Dienst, gipfelten in dem Verdikt der »braunen Patronage« zwischen Nord- und Ostsee.

In einer eineinhalbstündigen Regierungserklärung wies Ministerpräsident Kai-Uwe von Hassel dies als eine »üble und leichtfertige Diskriminierung des Landes« zurück und verdeutlichte, daß die Kieler Regierung den Staatsanwaltschaften und Gerichten bei der Strafverfolgung von Schuldigen aus der NS-Zeit jede Unterstützung zuteil werden ließ, jedoch die Unabhängigkeit der Gerichte als eine der »Grundfesten des Rechtsstaates« gleichfalls garantiert sehen wollte.[82] Zum personalpolitischen Vorwurf der Protektion ehemals führender Nationalsozialisten sagte von Hassel: »Wer sich zutraut, in jedem einzelnen von 10000 Fällen hellseherisch menschliche Schwächen zu erkennen, der werfe den ersten Stein auf uns.«

Dennoch zeigte sich von Hassel überzeugt, daß »Handlanger Hitlers« sich so gut wie gar nicht in die Verwaltungen »eingeschlichen« hatten, da es in Schleswig-Holstein praktisch keinen politischen Radikalismus mehr gab. Tatsächlich war in dem nördlichsten Bundesland nicht nur die Entnazifizierung am frühesten gesetzlich abgeschlossen, sondern auch die Wiedergutmachung am schnellsten vorangetrieben worden.[83]

Vereinfachende Schlüsse auf eine weitreichende Renazifizierung der Bundesrepublik Deutschland sind aus den personalpolitischen Vorwürfen und Skandalen in den Ländern also nicht zu ziehen. Vielmehr kann dem mit Abstand wichtigsten Fall des niedersächsischen Kultusministers Schlüter über die Ereignisgeschichte seines Rücktrittes hinaus eine exemplarische Bedeutung für die »Vergangenheitsbewältigung« in der Ära Adenauer beigemessen werden. »Mit welchem Enthusiasmus die deutsche Presse die Sache der Göttinger Universität zu ihrer eigenen« machte, und zwar auch »die Blätter jener Parteien, die in der niedersächsischen Koalition vertreten«[84] waren, schien nicht nur der »Allgemeinen Wochenzeitung der Juden« bemerkenswert, sondern dokumentierte Mitte 1955 an der Schwelle zur bundesdeutschen Souveränität, daß es in dem Bemühen um den inneren Frieden und um die Versöhnung mit der Vergangenheit eine Schmerzgrenze gab, die immer dann überschritten wurde, wenn zu biographischen Ungereimtheiten Zweifel an der demokratischen Läuterung exponierter Persönlichkeiten hinzutraten.

Der emeritierte Göttinger Juraprofessor Julius von Gierke veröffentlichte anläßlich des Falls Schlüter Gedanken über »Widerstandsrecht und Obrigkeitsrecht« und rühmte die Protestmaßnahmen der Universität als »Ausübung des aktiven Widerstandsrechts«. Dazu wäre die Universität nicht nur berechtigt, sondern sogar verpflichtet gewesen, da die Ernennung einer nicht einwandfreien Person »Würde, Ehre und Ansehen der staatlichen Gemeinschaft« verletzt hätte.[85]

Eine Verletzung der Sorgfaltspflicht seitens des Ministerpräsidenten Hellwege konnte der vom niedersächsischen Landtag eingesetzte Untersuchungsausschuß zum Fall Schlüter im Februar 1956 im Ergebnis nicht ausschließen. Der Ausschuß betrachtete den Fall des – kurz nach Vorlage des Abschlußberichtes aus der FDP ausscheidenden – Ex-Ministers als exemplarisch für die Verantwortung in der Demokratie. Regierungsbildungen auf Koalitionsbasis seien Gefahren ausgesetzt, die im Interesse einer gesunden Staatsentwicklung künftig erkannt und vermieden werden sollten.[86]

Der Göttinger Soziologe Helmuth Plessner kam in seiner Analyse der Ereignisse zu dem Schluß, »daß akademische Meinungen von der Erfahrung von 1933 profitiert haben, als die Universitäten beklagenswerterweise versäumten, ihre Stimme gegen die Ausweisung der sogenannten ›Nicht-Arier‹ zu erheben. Sie haben gelernt, daß man sich bei der Beurteilung der Handlungen öffentlicher Autoritäten nicht von dem bloßen Faktum der Legalität offizieller Verfahren leiten lassen darf..., daß sogar der Panzer der Wahl-Maschinerie und die starren Konventionen der oligarchischen Kontrolle innerhalb der führenden Parteien sie nicht vor der Stimme der öffentlichen Meinung beschützen kann...« Ob die Schlüter-Affäre wirklich als Pendant zum Dreyfus-Konflikt in Frankreich interpretiert werden darf, »der der Selbstgefälligkeit politischer Funktionäre einen ähnlich heilsamen Schock versetzte«, sei dahingestellt. Jedenfalls bedeutete der Skandal des völlig unakzeptablen niedersächsischen FDP-Kultusministers eine konstruktive Art der Auseinandersetzung mit der Vergangenheit; und er hatte zudem einen »belebenden Einfluß auf die gesunde Entwicklung eines liberalen demokratischen Geistes in Deutschland«.[87]

Darüber hinaus haben gerade die Affären in den bundesdeutschen Ländern mit ihren wechselnden parlamentarischen Mehrheiten auf das Anschaulichste demonstriert, wie stark »Vergangenheitsbewältigung« eine Funktion des politischen Machtkampfs gewesen ist. Standen die »Ehemaligen« zwischenzeitlich im »richtigen« politischen Lager – also in der eigenen Koalition – dann konnte ihre Vergangenheit als läßliche Jugendsünde verziehen werden, andernfalls aber mochten sie der öffentlichen Verdammung anheimfallen.

Dieser Befund galt weniger für Politiker der DP, die den Sozialdemokraten ideologisch zu fern standen und als Mehrheitsbeschaffer nicht in Betracht kamen; er galt freilich um so mehr für die zwischen politischem Pragmatismus und Opportunismus manchmal bedenklich schwankenden Freien Demokraten und den BHE. Beide Parteien hatten zum einen zahlreiche »Ehemalige«[88] aufgenommen, zum anderen sahen sie sich immer wieder von den großen Strömungen CDU, CSU und SPD[89] gleichermaßen umworben. Da es zwar praktiziert wurde, aber nicht sonderlich glaubwürdig war, etwa einen belasteten BHE-Politiker zu kritisieren, mit dem man vorher selbst anstandslos zusammengearbeitet hatte, wirkten der BHE und seine parlamentarische Schlüsselfunktion in vielen Ländern eher dämpfend auf den Prozeß der »Vergangenheitsbewältigung«. Als der BHE diese Rolle am Ende der Ära Adenauer verlor, ging ein wichtiges Ventil verloren, und die Auseinandersetzung mit den »Ehemaligen« begann sich wieder besonders zu erhitzen.

3. KOMMUNALPOLITISCHE FÄLLE

Neben den besonders viel Aufmerksamkeit erregenden bundes- und landespolitischen Affären trugen während der gesamten 50er Jahre auch immer wieder »Fälle« auf der kommunalen Ebene dazu bei, daß sich über die nationalsozialistische Vergangenheit nicht der Schleier des Vergessens senken konnte. Einige ehemalige Ortsgruppenleiter scheuten sich nicht, »umzulernen« und teilweise an demselben Ort, an dem sie während des »Dritten Reiches« amtiert hatten, erneut kommunalpolitisch tätig zu werden.[90] Vor allem rechte Parteien wie die FDP gingen auch von sich aus auf »einen früheren Ortsgruppenleiter oder... Hauptabteilungsleiter« zu, um sich durch solche Kandidaten das Stimmenreservoir der ehemaligen PGs zu erschließen.[91] Jedem Menschen, auch NSDAP-Kreisleitern, Gauleitern und SS-

Gruppenführern müsse ein »Recht auf Änderung« konzediert werden.[92]

In dem kleinen fränkischen Dorf Pretzfeld gelangte im Frühjahr 1952 mit Pius Leber ein Bürgermeister ins Rathaus, der bereits 1934 als überzeugter Nationalsozialist und Ortsgruppenleiter in dieses Amt eingesetzt worden war. Leber gewann die Wahl ausgerechnet gegen den Mann, den die Nationalsozialisten 1934 als »politisch nicht zuverlässig« amtsenthoben, die Besatzungsbehörden 1945 aber wieder eingesetzt hatten.[93] Ein ähnlich gelagerter Fall befaßte in Baden-Württemberg Ende 1952 sogar die Verfassunggebende Landesversammlung. Die vier Fraktionen stellten wegen der Wiederwahl des früheren nationalsozialistischen Bürgermeisters Fritz Urban zum Stadtoberhaupt von Schriesheim an der Bergstraße gemeinsam eine große Anfrage. Darin äußerten sie den Verdacht, es handele sich bei der Freien Wählervereinigung, die Urban als Kandidaten aufgestellt hatte, um eine getarnte Nachfolgeorganisation der kurz vorher verbotenen rechtsradikalen Sozialistischen Reichspartei (SRP).

Zwar konnte der Innenminister diese Vermutung nicht bestätigen, doch hielt er eine Beeinflussung der von führenden Nationalsozialisten unterstützten Wählervereinigung durch den ehemaligen SS-Gruppenführer und Polizeipräsidenten Habenicht für denkbar. Die auf den Wahlversammlungen angewandten Methoden seien jedenfalls undemokratisch und »typisch nationalsozialistisch« gewesen. Zudem hatte die Kriminalpolizei gegen unbekannte Personen, die vor dem Haus des ortsansässigen FDP/DVP-Abgeordneten das Horst-Wessel-Lied sangen, eine Untersuchung eingeleitet. Mit Polizei- und Verwaltungsakten allein aber, so resümierte Innenminister Ulrich, könne man Demokratie und Freiheit nicht sichern.

In der Bewertung der Schriesheimer Ereignisse waren sich die Landesparteien bei aller gemeinsamen Empörung nicht einig. Während Politiker der FDP/DVP daraus den Schluß zogen, Methoden und Männer der nationalsozialistischen Zeit wären wieder da, und auch die SPD vor einer Bagatellisierung der »neonazistischen Entwicklung« warnte, sah die CDU in Schriesheim kein Symptom für einen neuen Nationalsozialismus: In noch stärkerem Maße bedrohe doch der Kommunismus die demokratische Grundordnung und sei – wie den sich wieder besonders »antifaschistisch« gerierenden KPD-Abgeordneten entgegengehalten wurde – planmäßig bestrebt, »den Terror der Sowjetzone« auf Westdeutschland zu übertragen.[94]

Die ostzonale DEFA war denn auch an der Produktion eines »Falls« beteiligt, der 1958 in Schleswig-Holstein und weit darüber hinaus für Schlagzeilen sorgte: Die Vergangenheit des Bürgermeisters von Westerland/Sylt und früheren SS-Gruppenführers, Heinz Reinefarth.[95] Bereits im Januar des Jahres berichtete ein westdeutsches Nachrichtenmagazin über den DEFA-Film »Urlaub auf Sylt«, der einen scharfen Angriff auf Reinefarth beinhaltete, ihn der Beteiligung an der Niederschlagung des Warschauer Aufstandes zieh und ihm für die Ermordung Tausender von unschuldigen Frauen und Kindern eine Mitverantwortung zuwies.

Der Leserbrief eines Freiburger Professors – zum Zeitpunkt des Warschauer Aufstandes Adjutant bei der Artillerie – belastete Reinefarth zusätzlich und machte ihn zum Gegenstand einer Anfrage im schleswig-holsteinischen Landtag. Im Sommer 1958 wurde die Sache – zunächst in England – noch virulenter, nachdem eine britische Fernsehgesellschaft die von ihr anfangs groß angekündigte Ausstrahlung des DEFA-Streifens im letzten Augenblick wieder aus dem Programm genommen hatte. Den Ausschlag für die Absage der Sendung gaben Auskünfte, die die britische Fernsehgesellschaft bei deutschen Behörden eingeholt hatte. Reinefarth selbst war eigens nach London gereist, um dort seine Unschuld zu beteuern.

Im sozialdemokratischen »Vorwärts« wertete man die Ereignisse als Bestätigung dafür, »daß die Mörder unter uns sind«.[96] Angesichts der öffentlichen Angriffe sah sich der Bürgermeister nun veranlaßt, beim Magistrat der Stadt Westerland ein Urlaubsgesuch einzureichen. Ein bei der Staatsanwaltschaft in Flensburg eingeleitetes Ermittlungsverfahren wegen des Verdachts der Beteiligung an »rechtswidrigen Tötungen von Zivilpersonen bei der Niederschlagung des Warschauer Aufstandes« wurde gleichfalls beschleunigt. Es schloß die Aussagen Reinefarths im Nürnberger SS-Prozeß und im Hamburger Spruchgerichtsverfahren von 1949 mit ein, die freilich beide nicht zur Verurteilung des Beschuldigten geführt hatten.

Da die Landtagswahlen kurz bevorstanden und Reinefarth auf dem dritten Platz der Liste des Gesamtdeutschen Blocks kandidierte, stellte sich nun der GB-Vorsitzende Asbach in einem vertraulichen Rundschreiben an leitende Parteimitglieder schützend vor den Westerländer Bürgermeister. Der Fall sei eine »unaufhörliche Beschmutzung deutscher Vergangenheit aufgrund von Kollektivbeschuldigungen und anonymen Verdächtigungen«, die trotz der Entnazifizierung ihren Fortgang nähmen. Der Gesamtdeutsche Block jedoch stünde hinter Reinefarth, »auch wenn noch so viel ›Material‹ in sowjetzonalen kommunistischen Zentralen fabriziert wird«.

Eine Woche nach der Landtagswahl stellte die Staatsanwaltschaft ihre Ermittlungen gegen Reinefarth mangels hinreichenden Tatverdachts wieder ein, nachdem zumindest ein Teil der von östlicher Seite präsentierten Dokumente sich in der Tat als Fälschung erwiesen hatte.[97] Obwohl Reinefarth nun für den GB/BHE in den Landtag einziehen konnte, hatte der Fall noch ein Nachspiel, weil der Landesbeauftragte für staatsbürgerliche Bildung Hessenauer – unter ausdrücklichem Bezug auf Reinefarth – davor warnte, daß ehemals führende Nationalsozialisten im politischen Leben wieder eine Rolle spielten und in die Parlamente einzögen.

Hessenauers Rede vor dem Landesjugendring in Kiel veranlaßte den BHE, bei Ministerpräsident von Hassel zu intervenieren, woraufhin dieser sich von seinem Landesbeauftragten für staatsbürgerliche Bildung deutlich distanzierte: Reinefarth sei durch einen 104 Seiten langen Einstellungsbeschluß von den Vorwürfen entlastet und zudem lege er, Hassel, Wert darauf, daß der vom Gesetzgeber gezogene Schlußstrich unter die Entnazifizierung auch von den Beamten des Landes respektiert werde.[98]

Auch im Gemeindeblatt der Evangelisch-Lutherischen Kirche Schleswig-Holsteins wurde gefordert, endlich damit aufzuhören, »in den Lebensläufen jener herumzuschnüffeln, die längst nichts mehr von Hitler wissen wollen«. Der Hals, auf dem »einst vielleicht in fernen Jahren einmal ein brauner Kragen gesessen« habe, brauche nicht immer wieder mit der Laterne beleuchtet zu werden. Dieser prononcierten Stellungnahme stimmten jedoch nicht alle Geistlichen der nordelbischen Landeskirche zu. Und der Bundestagspräsident und Oberkirchenrat Gerstenmaier billigte sogar in einem Schreiben an Hessenauer demonstrativ dessen Äußerung.[99]

Wie kontrovers die Auseinandersetzung mit der nationalsozialistischen Vergangenheit – teilweise quer durch die Parteien – geführt wurde und wie stark eigentlich alle demokratischen Parteien in sie involviert waren, dokumentierte die kommunalpolitische Nachkriegsentwicklung im niedersächsischen Gifhorn besonders drastisch. Um ihren eigenen Bürgermeister wieder durchzubringen, versicherten sich dort die Sozialdemokraten 1956 des BHE und akzeptierten den letzten SA-Stabschef Wilhelm Schepmann als stellvertretendes Gemeindeoberhaupt. Dabei hatte Schepmann schon im Herbst 1952 für Schlagzeilen gesorgt[100], als ihn der BHE für die Kreistagswahlen nominierte, damit die rechtsorientierten Wähler nicht zur – damals noch nicht verbotenen – SRP abwanderten. Im Gespräch mit der »Frankfurter Rundschau« begründete Schepmann seine Kandidatur mit »staatspolitischen Erwägungen«, die ihn verpflichteten, seine Erfahrungen beim Neuaufbau zur Verfügung zu stellen. Den politischen Irrtum während der NS-Zeit habe er schließlich schon gebüßt.

1945 unter falschem Namen untergetaucht und jahrelang in der Verwaltung des Gifhorner Kreiskrankenhauses sowie – »um wiedergutzumachen« – bei der SPD tätig, war Schepmann 1949 zu neun Monaten Gefängnis verurteilt worden, nachdem ihm die Polizei endlich auf die Spur gekommen war. Einer kommunalpolitischen Karriere stand die Haftzeit aber ganz offensichtlich nicht im Wege. Nach dem Einzug in den Kreistag 1952 repräsentierte er ab 1956 auch als 2. Bürgermeister bei Empfängen und Bundeswehrparaden die Stadt Gifhorn.

Aus der Gelasssenheit, mit der die 12 000 Bürger das öffentliche Wirken des früheren SA-Stabschefs hinnahmen, wurden sie erst durch die Gemeindewahlen 1961 aufgeschreckt. Um nach mehrjähriger SPD-Herrschaft wieder ein »bürgerliches« Stadtoberhaupt ins Rathaus einziehen zu lassen, verbündete sich die von drei auf sechs Mandate angewachsene CDU mit den sechs Räten der DP/BHE gegen den bisherigen sozialdemokratischen Amtsinhaber. Im Ergebnis des politischen Handels wurde der CDU-Politiker Trautmann 1. Bürgermeister, Schepmann blieb Stellvertreter; diesmal freilich mit CDU-Stimmen gewählt und nicht mehr getragen von der SPD.

Besondere Brisanz erhielt der Fall nun auch dadurch, daß mit Ulrich Goerdeler der Sohn eines prominenten Widerstandskämpfers beteiligt war. Dem jungen Goerdeler, der sich nach dem Krieg in Gifhorn niedergelassen hatte, gelang 1961 als CDU-Kandidat auf Anhieb der Sprung ins städtische Parlament, wo er nun derselben Rathauskoalition wie Schepmann angehörte. »Goerdeler jr. und SA-Chef... in einem Boot« sitzen zu sehen, ließ die Stadt am Rande der Lüneburger Heide zum Zielort zahlreicher Journalisten werden, wenngleich der Sohn des Widerstandskämpfers glaubhaft versicherte, Schepmann nicht gewählt zu haben. Daß nicht nur die Kombination Goerdeler/Schepmann die Blicke der Öffentlichkeit verstärkt auf Gifhorn richtete, deutete Goerdeler indes selbst an: Ob sich Männer wie Schepmann politisch betätigten, sei eine Taktfrage, besonders im Eichmann-Jahr.

Erst jetzt hatte auch die SPD im Unterbezirk einen Beschluß gefaßt, Schepmann unter keinen Umständen mehr stellvertretender Bürgermeister werden zu lassen. Da die Landes-SPD jedoch gleichzeitig im Kabinett Kopf einen Träger des Goldenen Parteiabzeichens, den BHE-Finanzminister Ahrens, duldete, konnte die niedersächsische CDU daran Anstoß nehmen, daß ausgerechnet das Gewerkschaftsblatt »Welt der Arbeit« den Fall besonders laut »hinausposaunt« hatte.[101]

Spektakuläre Kommunalwahlen »SD gegen KZ«[102] ließen ebenso wie die Fälle in der Landes- und Bundespolitik immer wieder aufhorchen und spielten gewiß eine nicht zu unterschätzende Rolle in der öffentlichen Auseinandersetzung mit dem Nationalsozialismus; doch wäre es völlig verfehlt, die zum größeren Teil publizistisch aufgebauschten, zum kleineren Teil in der Tat haarsträubenden demokratischen Karrieren früherer Parteigenossen für die Realität der Bundesrepublik Deutschland in der Ära Adenauer zu nehmen. Denn angesichts der erst wenige Jahre zurückliegenden totalitären Erfassung der gesamten deutschen Gesellschaft durch den Nationalsozialismus waren im Grunde genommen erstaunlich wenige Pannen zu beklagen, wenn man bedenkt, wie groß der aktuelle Personalbedarf an Hunderttausenden politisch aktiver Bürger für die demokratischen Stadt-, Kreis- und Gemeinderäte sowie die Parlamente in Bund und Ländern gewesen ist. Dies gilt um so mehr, als sich zahlreiche Vorwürfe wegen einer nationalsozialistischen Vergangenheit letztlich als in der Sache nicht substantiell erwiesen – wobei sie die Beschuldigten unabhängig davon oft schon die Karriere oder wenigstens den Wahlsieg gekostet hatten.

Kein Wunder also, daß etwa der Mannheimer Oberbürgermeisterkandidat Hans Reschke im Wahlkampf 1955 »vergaß«, seine einstige

Mitgliedschaft im SD zu erwähnen. Der Kommunalpolitiker hatte – und dies zeigte einmal mehr, wie verwickelt die Fälle oft gelagert waren – während des Nationalsozialismus als Landrat und »ehrenamtlicher fachlicher Mitarbeiter« des SD fungiert und Berichte über die Kriegseinwirkungen und die Ernährungslage geliefert. Diese »Ehrenamtlichen« aber waren, worauf auch die jüdische Wochenzeitung verwies, im Nürnberger Urteil von dem Vorwurf der Mitgliedschaft in einer verbrecherischen Organisation ausdrücklich ausgenommen worden. [103]

Als sich Reschke, der parteilose Kandidat des bürgerlichen »Mannheimer Wählerblocks«, in der roten Hochburg gegen den sozialdemokratischen Bundestagsabgeordneten Jacobi durchzusetzen schien, kamen der SPD aber plötzlich Bedenken wegen Reschkes Vergangenheit. Dabei hatte die SPD sich zunächst sogar selbst darum bemüht, Reschke, den Geschäftsführer der örtlichen Industrie- und Handelskammer, als Kandidaten zu gewinnen. Da Reschke indes die ihm gestellte Vorbedingung – Eintritt in die SPD – strikt ablehnte, kam es zu einer prekären politischen Konstellation. Denn während Reschke als Landrat ehrenamtlich für den SD gearbeitet hatte, war Jacobi in Gestapo-Haft und im Konzentrationslager gewesen. Da gegen den Sozialdemokraten aus seiner Zeit als Staatskommissar zur Bekämpfung von Korruption nach 1945 ebenfalls Vorwürfe kursierten[104], schlossen beide Kandidaten ein Fairneßabkommen und gelobten, auf die Thematisierung ihrer Vergangenheit während des Wahlkampfes zu verzichten.

Dennoch traf sich Jacobi kurz vor der Wahl mit dem Lokalchef der »Frankfurter Rundschau«. In deren Samstagsausgabe erschien am Tag vor dem Urnengang ein Artikel, in dem wahrheitswidrig behauptet wurde, Reschke sei wegen seiner Zugehörigkeit zum SD zu zwei Jahren Haft verurteilt worden. Noch am selben Tag brachte die VVN ein Flugblatt in Umlauf, das Auszüge aus dem Zeitungsartikel abdruckte und dazu aufforderte, Reschke die Antwort zu geben, also Jacobi zu wählen. Die von Reschke daraufhin erwirkte einstweilige Verfügung gegen das VVN-Flugblatt prangte am Sonntag in plakativen Lettern vor den Wahllokalen. 51,2 Prozent der Mannheimer votierten schließlich für Reschke. Auch Robert Kempner, Chefankläger bei den Nürnberger Kriegsverbrecherprozessen, nahm für Reschke

Stellung. Trotzdem beschlossen Sozialdemokraten und Kommunisten mit ihrer Mehrheit im Stadtrat eine Wahlanfechtung.[105] Das Verwaltungsgericht in Karlsruhe konnte allerdings keine gesetzwidrige Wahlbeeinflussung erkennen.

Für eine mittelfränkische Region, in deren protestantisch-deutschnationalem Milieu die »Renazifizierung« eigentlich am ehesten Urständ hätte feiern müssen, liegen seit Wollers verdienstvoller Studie detaillierte Erkenntnisse darüber vor, daß es zu einem »Comeback großen Stils« von ehemaligen nationalsozialistischen Landräten, Bürgermeistern und Gemeinderäten nicht gekommen ist.[106] Eine Untersuchung der Militärregierung nach den bayerischen Kommunalwahlen von 1948 ergab einen Anteil ehemaliger Parteigenossen an den kommunalen Mandaten zwischen 10 und 40 Prozent, bei den Bürgermeistern in den vielen tausend kleinen Landgemeinden waren es je nach Landkreis zwischen 10 und 25 Prozent. In der mittelfränkischen Region um Fürth und Ansbach – PG-Anteil unter den 82 Bürgermeistern: 17 Prozent – blieben die von den Amerikanern eingesetzten, gänzlich unbelasteten Bürgermeister und Landräte in der Regel auch bis in die sechziger Jahre hinein »fest im Sattel«. Der politische Einfluß ehemaliger Nationalsozialisten in den Ämtern konnte um so wirkungsvoller eingedämmt werden, als die leitenden Beamten nach der »korrumpierenden Indienstnahme« durch das »Dritte Reich« den Anspruch verwirkt hatten, »die Stadt oder sogar den Staat zu repräsentieren.«[107]

1945 hatten die Alliierten aus Angst vor Werwolf-Kommandos und einer nationalsozialistischen Untergrundbewegung die gesamte mittlere Ebene des Personals von NSDAP, SS, Gestapo, HJ und SA sowie zahlreiche höhere Verwaltungsbeamte und Funktionäre weiterer NS-Organisationen interniert. Allein die Briten verhafteten 90 000 Nationalsozialisten und hielten sie bis zu drei Jahre lang teilweise in ehemaligen Konzentrationslagern gefangen. Dabei mußte den Internierten keine persönliche Straftat nachgewiesen werden, ihre Schuld wurde vielmehr schon darin gesehen, die NS-Diktatur durch die Tätigkeit in ihrem Amt unterstützt zu haben.

Mit der in der Regel bis 1948 dauernden Internierung der mittleren NS-Chargen war ein möglicher Unsicherheitsfaktor bei der Bildung demokratischer Kommunal- und Landesparlamente nach 1945 von vornherein ausgeschlossen.[108] Wer zudem noch vor einem ordentlichen Gericht einer kriminellen Rolle etwa bei der Reichskristallnacht überführt wurde, mußte nach der Internierung eine Haftstrafe verbüßen. So bekam auch im traditionell deutschnationalen Westen Mittelfrankens nach dem Ende der politischen Säuberung keiner »aus der alten Garde der hohen NS-Funktionäre... Anschluß an die neuen Verhältnisse«.[109]

Der frühere Ansbacher Oberbürgermeister fand bis 1952 keine Anstellung und war auf öffentliche Fürsorge angewiesen, bis er endlich eine Tätigkeit als kleiner Handelsvertreter in einer Sperrholzfirma aufnehmen konnte. Seinem früheren Stellvertreter wurde erst nach einem Berufungsverfahren eine kleine Rente aus der Angestelltenversicherung bewilligt, in die er 35 Jahre eingezahlt hatte. Die Bezüge sicherten ihm allerdings nur ein kärgliches Auskommen, so daß er sich bis zu seinem Tod im Jahr 1957 der »seelischen und wirtschaftlichen Verelendung« überlassen sah und in einen grenzenlosen Haß gegen den neuen demokratischen Staat hineinsteigerte.

Aber nicht nur die mehrmals mit den Pensionsansprüchen ihrer früheren NS-Bürgermeister befaßten Ansbacher Stadträte blieben 1953 und 1956 hart, weil sie den Betreffenden keine unverschuldete Notlage zubilligen mochten; auch der Würzburger Stadtrat protestierte 1956 gegen eine Heimkehrerentschädigung an den früheren Gauleiter Otto Hellmuth.[110] Und in Köln wehrte sich der städtische Hauptausschuß 1951 einstimmig gegen die Begnadigung des von einem Spruchgericht verurteilten ehemaligen Gauleiters Josef Grohé.[111] Aufs Ganze gesehen war den ehemaligen »kleinen Hitlern« also noch lange nicht verziehen worden, weshalb die früheren Ortsgruppen- und Kreisleiter[112] während der Ära Adenauer in ihren Heimatdörfern und -Städten meist sehr zurückgezogen lebten. »Der soziale Verkehr mit den Nachbarn und Kollegen blieb auch nach dem Ende der Entnazifizierung für sie schwierig. Der Haß, dem die meisten von ihnen nach 1945 begegnet waren, flaute zwar später ab, aber in gewisser Weise blieben sie am Rande der Gesellschaft... Im Zuge der politischen Säuberung war die alte Garde der prominenten NS-Aktivisten also für immer ausgeschaltet worden.«[113]

Das 131er Gesetz und die deutschen Beamten

Quantitativ noch weit bedeutender als die personelle »Vergangenheitsbewältigung« im politischen Apparat waren die entsprechenden Probleme im Bereich des Verwaltungspersonals. Alliiertes Besatzungsrecht hatte bestimmt, daß alle Beamtenverhältnisse am 8. Mai 1945, dem Tag der bedingungslosen Kapitulation, erloschen. Zu den entschiedensten Gegnern einer Wiederherstellung des deutschen Berufsbeamtentums zählten die Amerikaner. Sie warfen der Beamtenschaft vor, sich derart mit den kriegerischen Zielsetzungen Hitlers eingelassen, ja »tätig identifiziert« zu haben, daß die im Grundsatz anerkennenswerten Forderungen nach Treue und Gehorsam dieser Berufsgruppe ad absurdum geführt worden seien.[1]

Freilich gab es schon in den ersten Jahren nach dem Krieg Beamte aus dem Kreis des inneren Widerstandes oder der Emigration, die für die Sache ihres Berufsstandes eintraten. Eugen Kogon zitierte im Juli 1947 in den »Frankfurter Heften« einen Oberbürgermeister, der einem süddeutschen Widerstandskreis angehört hatte und nun eine Lanze für die »segensreiche und viel Unglück verhindernde Tätigkeit unseres hohen Beamtentums« während des Nationalsozialismus brach. Diese habe überhaupt »das Weiterleben großer Volksschichten und vieler Einzelpersönlichkeiten« ermöglicht und sollte deshalb »bei den heutigen Bereinigungsbestrebungen in ihrer Bedeutung voll gewürdigt« werden.[2] In der Fachliteratur der Beamtenschaft wurde darüber hinaus das Recht auf den politischen Irrtum vielfältig begründet oder entschuldigend geltend gemacht, man sei trotz allmählicher Erkenntnis der verhängnisvollen Hitlerschen Politik im Amt geblieben, »um Schlimmeres zu verhüten«.

Die rigorose Entlassungswelle vom Sommer und Herbst 1945 hatte jedoch auch viele betroffen, die keine Mitverantwortung für das NS-Regime tragen zu müssen glaubten. Ein früherer Freimaurer empfand es als »unerträgliche seelische Belastung«, als Mitläufer von der Spruchkammer mit all denen in einen Topf geworfen zu werden, die nicht wie er während des »Dritten Reiches« täglich damit rechnen mußten, des Dienstes enthoben zu werden. Ein Kollege, der unter den höheren Beamten seiner Stadtverwaltung »vielleicht der Couragierteste« gewesen war, mußte als Hilfsarbeiter auf dem Bau ungewohnte schwere körperliche Arbeit leisten.[3]

Die ideellen und psychischen Folgen der als ungerecht empfundenen Behandlung trafen viele Beamte schlimmer als die materielle Belastung nach dem Verlust von Stellung und Dienstbezügen. Doch genossen diese Beamten in der Öffentlichkeit weiterhin unvermindertes Ansehen. Ihre Rehabilitierung nach mehrjährigem Berufsverbot wurde als Akt der Wiedergutmachung begrüßt.[4] Ab März 1947 konnten die Betreffenden mit Zustimmung der amerikanischen Militärregierung wieder verwendet werden, wenn sie Gewähr dafür boten,»am Ausbau und an der Sicherung dauernder Grundlagen eines demokratischen Staatswesens positiv mit(zu)wirken«.[5]

Vor allem Sozialdemokraten und Kommunisten, die oft genug selbst kleinen Parteigenossen zur Rehabilitierung verholfen hatten, klagten ab 1948/49 zunehmend über eine »Renazifizierung« des öffentlichen Lebens. Diese Einschätzung traf allerdings nur dann zu, wenn jedes einfache Parteimitglied pauschal als Nationalsozialist eingestuft wurde. Wenn man dagegen nur diejenigen als frühere Nationalsozialisten bezeichnete, die führende Positionen in der NSDAP oder ihren Organisationen innegehabt hatten, dann – so gab ein amerikanischer Militärregierungsoffizier in Dinkelsbühl zu bedenken – waren nur ganz wenige »real Nazis« in ihre alten Positionen zurückgekehrt.[6] Dem amerikanischen Militärinspekteur Walter L. Dorn wurde ebenfalls von »jedermann versichert…, daß Schwerbelastete, Belastete und Minderbelastete nicht darunter« waren.[7]

Zudem waren 1949 noch längst nicht alle entnazifizierten Beamten wiedereingestellt worden, weil Länder und Kommunen nach der Währungsreform auf sparsamste Haushaltsführung und Beschränkung ihrer Personalkosten achten mußten. Erschwerend hinzu kamen die Ansprüche nicht mehr benötigter Spruchkammerangestellter, die ebenfalls auf eine Weiterbeschäftigung im öffentlichen Dienst drängten. Während die bürgerlichen Parteien die Interessen der entnazifizierten Beamten vertraten, agierten SPD und KPD gegen eine automatische Wiedereinstellung und machten sich zum Anwalt der neuen Beamten, die nach 1945 aufgrund ihrer politischen Zuverlässigkeit im antinationalsozialistischen Sinn und aufgrund ihres Parteibuches in die freigewordenen Positionen eingerückt waren.[8]

Der Parlamentarische Rat erkannte schließlich – vor dem Hintergrund unbestrittener Härten während der Entnazifizierungsverfahren – einen Handlungsbedarf für all die Personen einschließlich der Flüchtlinge und Vertriebenen, »die am 8. Mai 1945 im öffentlichen Dienst standen, aus anderen als beamten- oder tarifrechtlichen Gründen ausgeschieden sind und bisher nicht oder nicht ihrer bisherigen Stellung entsprechend verwendet werden...«[9] Ein Bundesgesetz, so wurde in Artikel 131 des Grundgesetzes festgeschrieben, sollte die Rechtsverhältnisse des betroffenen Personenkreises – einschließlich der Versorgungsberechtigten – regeln.

Im Mai 1951 erfüllte der Bundestag diesen legislativen Auftrag und machte die Wiedereinstellung aller seit 1945 im Zuge der Entnazifizierung entlassenen Beamten zur Pflicht. Sofern sie das Pensionsalter noch nicht erreicht hatten, erhielten sie nun bis zur Neueinstellung als »Beamte zur Wiederverwendung« ein Übergangsgehalt; mindestens 20 Prozent der Planstellen in den Behörden sollten durch Personen dieser Bezeichnung besetzt werden. Ausgeschlossen blieben jedoch ehemalige Angehörige der Gestapo und des Forschungsamtes des früheren Reichsluftfahrtministeriums sowie Personen, denen in einem Entnazifizierungs- oder Spruchkammerbescheid der Versorgungsanspruch aberkannt worden war.[10] Dadurch sollte die Rückkehr führender Nationalsozialisten in ihre alten Beamtenposten verhindert werden.

Die bereits während seiner Beratung heftige Kritik an dem Gesetz zum Artikel 131 ist dennoch lange nicht verstummt, und als Anfang der 60er Jahre die Zweifel am Erfolg der »Vergangenheitsbewältigung« wieder besonders laut wurden, hat der sozialliberale Politiker Karl-Hermann Flach von der »gröbste(n) Fehlleistung im demokratischen Sinne« gesprochen, »an deren Folgen die Bundesrepublik seit ihrem Bestehen« leide und noch lange leiden werde.[11] Was bei der Kritik der 60er Jahre freilich aus dem Blick geriet, war die Tatsache, daß dem 131er Gesetz nicht nur die Unionsparteien zugestimmt hatten, sondern – trotz zahlreicher Einwände in Einzelfragen – auch die Freien Demokraten, die Deutsche Partei, der Block der Heimatvertriebenen und Entrechteten, die Bayernpartei, die WAV, die Sozialdemokraten und – die KPD! Die Kommunisten motivierten ihr »Ja« damit, daß das Gesetz Zehntausenden kleiner, an den Verbrechen des

»Hitlerfaschismus« schuldloser Leute ihren Rechtsanspruch wiedergab.[12] Damit verknüpft war für die KPD die Erwartung, daß auch die Ansprüche aller anderen Opfer des Krieges »baldigst« realisiert werden würden.

Die Bedenken, die seitens der FDP – trotz ihrer grundsätzlichen Zustimmung – geltend gemacht wurden, gingen in eine ganz andere Richtung, als die spätere Kritik Karl-Hermann Flachs vermuten lassen könnte. Denn die Freien Demokraten wollten vor allem einen Paragraphen gestrichen sehen, nach dem Ernennungen und Beförderungen unberücksichtigt bleiben sollten, die »wegen enger Verbindung zum Nationalsozialismus« vorgenommen worden waren. In diesen Bestimmungen kam für die FDP-Fraktion die Absicht einer neuen Entnazifizierung zum Vorschein; damit aber, so betonte sie, müsse »endgültig Schluß« sein, schon um den Weg zu der »immer noch nicht herbeigeführten inneren Befriedung« frei zu machen.

Zudem umschließe die Klausel »wegen enger Verbindung zum Nationalsozialismus« keinen konkret faßbaren, abgrenzbaren oder beweisbaren Tatbestand, so daß nicht recht erkennbar sei, wie diese »Entnazifizierungsbestimmung« in der Praxis gerecht durchgeführt werden solle. Und schließlich verletze die Bestimmung den Gleichheitsgrundsatz, da sie augenfällig ein Ausnahmerecht gegen einen Teil des Volkes und innerhalb dessen gegen einen Teil der Beamtenschaft darstelle.[13] Dieser Argumentation ist von Unionsabgeordneten klar widersprochen worden. Wenn Beförderungen wegen enger Beziehung zum Nationalsozialismus nicht anerkannt würden, dann bedeute dies nicht den Wiederbeginn der Entnazifizierung, sondern nur, daß die Folgen mißbrauchten politischen Einflusses beseitigt würden.[14]

Schon innerhalb der Regierungskoalition war das Gesetzeswerk also nicht unumstritten, neben der FDP trug vor allem die Deutsche Partei erhebliche Bedenken[15], weil sie auch noch die früheren Gestapo-Beamten in den Kreis der 131er mit aufnehmen wollte.[16] Die Akzeptanz bei den Betroffenen war ebenfalls schon in der Konzeptionierungsphase des Gesetzes sehr fraglich. Kaum ein politisches Thema wurde damals so lebhaft diskutiert wie die Regelung aus Artikel 131. Sie erfaßte – nach einer Zählung vom Januar 1950 – etwa 450 000 Menschen ganz unmittelbar, mehr als eine Million Bürger waren also, rechnet man die Familienangehörigen hinzu, mittelbar betroffen.[17] In zahllosen Versammlungen, in Eingaben, in einer täglichen Flut von Briefen, in Vorsprachen und Resolutionen wurde die Vorlage des Bundesinnenministeriums deshalb bewegt. Die Interessenvertreter der betroffenen Berufsgruppen argumentierten teilweise so polemisch, daß sich der zuständige Minister, Gustav Heinemann, im Bundestag bitter darüber beklagte. Einzelnen Sachbearbeitern in den Ministerien und Mitgliedern der Bundesregierung wurde sogar nachgesagt, sie verleugneten und schändeten mit dem 131er Gesetz die deutsche Geschichte. Heinemann hielt dem entgegen, die Bundesregierung sei hier nichts anderes als ein Konkursverwalter. Er empfahl den Betroffenen, ihren Unmut an dem Verantwortlichen auszulassen: »...und das ist nach wie vor Adolf Hitler«.[18]

Daß dies von Abgeordneten der äußersten Rechten anders gesehen wurde, dokumentierte eine Kontroverse um die angeblich große Benachteiligung ehemaliger hauptberuflicher Angehöriger des Reichsarbeitsdienstes (RAD) im geplanten 131er Gesetz. Das Vorhaben bedeute nichts anderes, so wurde behauptet, als eine »Diffamierung der RAD-Angehörigen und deren Ausdehnung auf die Sippe«. Als der DRP-Abgeordnete von Thadden daran erinnerte, daß der Arbeitsdienst keine Einrichtung der NSDAP war, sondern aus dem Jahr 1931 stamme und sein System »lediglich später etwas verändert« wurde, vermerkte das Protokoll: »Lachen links und bei der CDU.« Die Rede eines Gesinnungsgenossen, der dem Reichsarbeitsdienst zugute hielt, hohe Werte »zur wahren Staatsauffassung« geschaffen zu haben, wurde aus dem Plenum mit dem Gruß »Heil Hitler« quittiert.[19]

Eine besondere Bedeutung erlangten im Verlauf der Diskussion die Rechtsverhältnisse der früheren Berufssoldaten als der größten Gruppe unter den 131ern. Der Bundestag setzte sich intensiv mit dem schwierigen Problem auseinander, ging es doch darum, diese »große Kategorie ... stärker an die sich heute in Westdeutschland bildende Demokratie« heranzuführen.[20] Bundeskanzler Adenauer gab persönlich eine Erklärung zur Integrität des deutschen Berufssoldaten ab: Der Prozentsatz der wirklich Schuldigen sei so außerordentlich klein, daß damit der Ehre der früheren deutschen Wehrmacht kein Abbruch geschehe. Also dürfe niemand die Berufssoldaten wegen ihrer früheren Tätigkeit tadeln und sie, soweit sie im öffentlichen Dienst unterzubringen seien, bei gleicher Eignung hinter anderen Bewerbern zurücksetzen. Das Kapitel einer »Kollektivschuld der Militaristen«, schloß Adenauer unter lebhaftem Beifall in der Mitte und rechts, müsse »ein für allemal beendet sein«.[21]

Ein Antrag der drei Regierungsfraktionen konkretisierte die »uns allen zu Herzen gegangene« Rede des Bundeskanzlers; danach waren vor allem Beförderungen wegen erwiesener Tapferkeit stets zu berücksichtigen. Seit langem, begründete der FDP-Abgeordnete Nowack, hätten nicht nur die Berufssoldaten »auf ein Wort aus diesem Haus gewartet«. Nunmehr sei endlich deutlich geworden, »daß das deutsche Volk den anständigen deutschen Soldaten und Kämpfer in seinem Herzen eingeschlossen hat.«[22] Carlo Schmid betonte demgegenüber, daß die Ehre des deutschen Soldaten nichts sei, »das ausschließlich auf die Vergangenheit hin anzusprechen wäre«, sondern sich vielmehr in einem Treueverhältnis zum heutigen Staat realisieren müsse.[23]

Die sozialpolitischen Fordungen der SPD für die ehemaligen Soldaten gingen in einigen Punkten noch über das hinaus, was die Regierung aus fiskalischen Erwägungen an Leistungen zu gewähren sich imstande sah.[24] Aber dies war nur einer der Gründe, weshalb das 131er Gesetz auch nach Inkrafttreten recht umstritten blieb. Hoch schlugen die Wogen der Empörung immer wieder wegen des Paragraphen 76 a. Er garantierte den nach 1945 – auch ohne beamtenmäßige Vorbildung – im Rahmen der Entnazifizierung eingestellten Beamten und Angestellten das Verbleiben im Amt. Sie mußten also nicht damit rechnen, entlassen zu werden, um Platz für die 131er zu schaffen. Der FDP-Abgeordnete Miessner kritisierte diese Bestimmung für »Berufsfremde und Außenseiter« und provozierte damit lebhaften Widerspruch in einer Plenardebatte des Bundestages. Als er noch erläuternd hinzufügte, »den schärferen Ausdruck für diese betreffenden Kreise bisher vermieden« zu haben, gipfelte der daraus entstehende Tumult in einem Zuruf von links, der FDP-Parlamentarier sei »ja selber ein Nazi«.[25]

Auch der Vorsitzende des Deutschen Beamtenbundes in Berlin, wo es unter sowjetischer Ägide 1945 die radikalsten personellen Umschichtungen in der öffentlichen Verwaltung gegeben hatte, klagte wenige Monate nach Inkrafttreten des Gesetzes über »nicht in eine öffentliche Verwaltung westlicher Prägung passende Kräfte«, die jedes

Mittel nutzten, um das Amt zu halten, das sie »nur auf Grund ihrer Funktionärstreue oder als Horchposten der Partei oder Gewerkschaft« erhalten hatten. Deshalb hätten die Beamtengegner auch das Schlagwort von der drohenden »Renazifizierung« der Verwaltung erfunden. Die »in der Verwaltung überall präsenten« Betriebsräte, die »alle erdenklichen Schwierigkeiten gegen die Rückkehr der alten Beamten« inszenierten, erinnerte der Beamtenbundsvorsitzende daran, daß man nicht schon deshalb Demokrat ist, »weil man nicht Mitglied der NSDAP war«.[26]

Bayerns sozialdemokratischer Wirtschaftsminister Rudolf Zorn hatte schon früher das »personelle Treibgut« bemängelt, das sich nach 1945 in den Ämtern »breitmacht(e)« und »häufig nicht einmal das technische Rüstzeug der Verwaltung« beherrschte, geschweige denn dem »hervorragenden Präzisionsinstrument« der alten bayerischen Ministerialbürokratie vor 1933 das Wasser reichen konnte.[27] Als der Münchner Stadtrat jedoch 1952 beschloß, bei der Wiedereinstellung von Beamten in den städtischen Verwaltungsdienst solche Personen zu bevorzugen, die nach 1945 aus politischen Gründen entlassen worden waren, wies das bayerische Innenministerium die Regierung von Oberbayern an, diesen Schritt zu beanstanden. Das 131er Gesetz verlange, wie das Innenministerium monierte, bei der Besetzung von Planstellen in erster Linie Heimatvertriebene zu berücksichtigen.[28]

Sichtbarer Ausdruck der Unzufriedenheit seitens der direkt Betroffenen war der rasche Zusammenschluß der fünf führenden Organisationen der 131er zur »Schutzgemeinschaft verdrängter Staatsdiener«.[29] Ihnen ging die Umsetzung des 131er Gesetzes nicht schnell und nicht weit genug, andere kritisierten immer wieder generell dessen Inhalt und juristischen Vollzug. Bei der »Süddeutschen Zeitung« liefen Ende 1954 fast täglich Meldungen über die Redaktionstische, wonach Gestapo- und sonstige »kräftig tätig gewesene NS-Beamte nach dem trefflichen 131er Gesetz wieder in ihre ›Rechte‹ eingesetzt« wurden.[30]

So hatte etwa das Oberverwaltungsgericht Lüneburg der Klage eines Angehörigen des SA-Feldjägerkorps – »mit das Übelste an Schreiern, Schlägern und Schindern, was das Dritte Reich hervorgebracht hat« – recht geben und in seine vollen Beamtenrechte wiedereinsetzen müssen, da diese SA-Einheit 1936 in die Verkehrspolizei eingegliedert worden war. Die »Süddeutsche« sah sich aufgrund dessen gleich in der Befürchtung bestätigt, daß dem Staat die »Knechte des politischen Gestern« bei seinem Bemühen um Gerechtigkeit am meisten am Herzen lägen.[31] Anlaß zu Kritik bot auch ein Urteil des Verwaltungsgerichts Frankfurt, das dem Bundestagsabgeordneten Helmuth Schranz (DP) Pensionsansprüche nach dem 131er Gesetz gegen die Stadt Offenbach zubilligte. Dort hatte der DP-Politiker während der NS-Zeit als Oberbürgermeister fungiert. Schranz, NSDAP-Mitglied seit 1925, war nach 1945 jedoch nur als Mitläufer eingestuft worden.[32]

Auch erheblich stärker belastete ehemalige Nationalsozialisten verzichteten nicht darauf, die in einem Rechtsstaat jedem gegebenen Klagemöglichkeiten voll auszuschöpfen und dadurch noch mehr Öl ins Feuer der Diskussion um die 131er zu gießen. Der hochdekorierte SS-Mann und berüchtigte NS-Polizeipräsident von Lübeck, Walther Schroeder – ohnehin bereits mit einer Monatspension von rund 1000 Mark versorgt – richtete zusammen mit zwei alten Kameraden eine Entschädigungsforderung in Höhe von 100 000 Mark für 1945 abhanden gekommenes Gut aus einer 10-Zimmer-Dienstwohnung an die Stadt Lübeck. Von Taschenmessern über Holzschuhe und Puppenstuben bis hin zu einem braunen Leibriemen mit Schulterriemen (vermutlich SA-Ausrüstung) wollte Schroeder alles ersetzt haben. Die Bürgerschaft der Hansestadt lehnte diese »unerhörte Herausforderung« in einer interfraktionellen Entschließung aber einmütig ab.[33] Abgewiesen wurde auch die Klage des früheren Goebbels-Adjutanten, Horst-Dieter von Zittwitz, dem im September 1955 vom Landesausgleichsamt beim Regierungspräsidium Südwürttemberg-Hohenzollern gekündigt worden war, als seine frühere Tätigkeit im »Dritten Reich« ruchbar wurde.[34]

Um die Forderungen des umstrittenen Generalfeldmarschalls Schörner juristisch in den Griff zu bekommen, wurde im August 1955 sogar eigens ein Ergänzungsgesetz zum Dienststrafrecht geschaffen: die sogenannte »Lex Schörner«. Danach wurden die Bezüge der unter die 131er Regelung fallenden früheren Beamten und Berufssoldaten in voller Höhe einbehalten, wenn gegen sie ein Disziplinarverfahren mit dem Ziel eröffnet worden war, ihnen wegen früherer Dienstvergehen während des NS-Regimes und nach der Kapitulation die Rechte abzuerkennen.[35] Darüber hinaus dokumentierte die Heimkehr Schör-

ners einmal mehr, daß zehn Jahre nach dem Ende des Nationalsozialismus die Bundesrepublik zwar mit den Millionen Mitläufern einen
inneren Frieden geschlossen hatte, daß aber die Grausamkeiten führender NS-Generale dabei nicht in Vergessenheit geraten waren.
(Schörner hatte in den letzten Kriegstagen mit »oft brutaler Disziplin«
die Ostfront geführt und galt als der »getreueste und gehorsamste Pa-
ladin des totalen Krieges«.)[36] Alle Angehörigen und Hinterbliebenen
von ehemaligen Soldaten, die auf Veranlassung Schörners standrecht-
lich erschossen worden waren, forderte der Verband der Kriegsbe-
schädigten (VdK) zu gerichtlichen Schritten auf. Der Verband der
Heimkehrer bezeichnete Schörner als einen »Kameradenschinder«.[37]
Schließlich wurde Schörner nach einem vielbeachteten Prozeß 1958
zu viereinhalb Jahren Gefängnis verurteilt.[38]

Im Deutschen Bundestag sorgte vor allem die sozialdemokratische
Opposition immer wieder dafür, daß die Mängel des 131er Gesetzes
zur Sprache kamen. Besonders gegen die Pensionszahlungen für den
früheren Oberreichsanwalt beim Volksgerichtshof, Ernst Lautz, der
für eine ganze Reihe von rechtsstaatswidrigen Verfahren mit Todesurteilen verantwortlich zeichnete, richteten sich mehrere Initiativen der
SPD-Fraktion.[39] Zwar hatte der Bundesgerichtshof 1956 die Jurisdiktion des Volksgerichtshofs als »Ausnützung gerichtlicher Formen zur
widerrechtlichen Tötung« gebrandmarkt[40], doch erst im April 1958
verhängte die Kieler Bundesdisziplinarkammer für Lautz die Höchst-
strafe und erkannte ihm die Rechte aus dem 131er Gesetz ab.[41]

Umstritten zwischen Opposition und Regierung war es auch, ob der
Einsatz bei der Legion Condor auf die ruhegehaltsfähige Dienstzeit
und als Kriegsjahr nach dem 131er Gesetz angerechnet werden mußte.
Eine entsprechende Bestimmung hatte im Februar 1954 der Bundesinnenminister erlassen. Die Sozialdemokraten zeigten sich verwun-
dert, nachdem die Bundesregierung in den Jahren vorher stets von der
Völkerrechtswidrigkeit des nationalsozialistischen Eingreifens in den
spanischen Bürgerkrieg ausgegangen war. Der neue ministerielle
Ukas kam der SPD nun wie eine verspätete Solidaritätserklärung vor.

Daß es sich dabei aber nicht um eine politische, sondern um eine
rechtliche Frage handelte, vermochte Innenminister Schröder in der
Debatte darzulegen. Nach einer Verordnung aus dem Jahr 1939 war
der Dienst in der Legion Condor als Kriegsdienstzeit anerkannt und

an diesem Rechtszustand auch durch das Bundesbeamtengesetz nichts geändert worden. Die Rechtsstellung der in der Legion Condor eingesetzten Berufssoldaten, so Schröder, hänge nicht von der Legitimität dieses Hitlerschen Unternehmens ab; es gelte für sie insoweit nichts anderes, als für alle Soldaten des Zweiten Weltkrieges.[42] Die Sozialdemokraten gaben sich mit Schröders Argumentation zwar nicht zufrieden, doch entsprach ihr hartnäckiges Bohren in solchen Fällen durchaus der üblichen Kontrollfunktion einer parlamentarischen Opposition, deren Beweisführung gemeinhin weniger legalistisch und mehr auf das Veränderungsbedürftige abgestellt ist als die der Regierungsfraktionen. Und gewiß trugen auch die wiederholten Vorstöße der SPD dazu bei, daß das 131er Gesetz ein ums andere Mal novelliert und verbessert wurde.

Dennoch kam die »Frankfurter Allgemeine« im Februar 1957 mit einem Hintergrundbericht heraus, in dem eine abermalige Änderung angemahnt wurde, weil sich immer noch achtzigtausend nicht wiedereingestellte Beamte »in einem verzweifelten Kampf um die Anerkennung ihrer Rechte und die wirtschaftliche Sicherung ihres Daseins« befanden. Neben der ungelösten Unterbringungsproblematik stand auch bei der im Gesetz als Übergangsgehalt bezeichneten Versorgung eine unbefriedigende Bilanz; die niedrigen Ruhegehälter zwangen die Beamten oftmals, sich nach anderweitigen Nebenverdiensten umzusehen, die jedoch dann wieder als steuerpflichtige Einkünfte mindernd auf das Übergangsgehalt angerechnet wurden.

Das Bemühen der 131er Verbände, solche sozialen Ungerechtigkeiten aus dem Gesetz zu entfernen, bewog die Regierungsparteien schon im März 1956 zu einer weiteren Novellierung. Der Initiativentwurf war aber fast ein Jahr später über das Stadium der Ausschußberatungen nicht hinausgelangt. Die 131er Verbände führten diese dilatorische Behandlung vor allem auf die politischen Ressentiments zurück, die »der gesetzlichen Regelung des ganzen Komplexes von Anfang an entgegenstanden«. Immer noch begegne man der Auffassung, daß der Bund nicht verpflichtet sei, Milliardenbeträge für Personen aufzuwenden, »die sich im Hitlerreich angeblich als ›Feinde der Demokratie‹ betätigt haben«. Dabei lehnten es auch die 131er Verbände ab, in den Akt der Wiedergutmachung Beamte einzubeziehen, die nach deutschem Recht Verbrechen gegen die Menschlichkeit begangen hatten.

Für alle übrigen forderten sie aber die beschleunigte Wiedereingliederung in den öffentlichen Dienst.[43]

Die Bundesregierungen Adenauer haben also keineswegs als bedingungslose Interessenvertreter der 131er agiert, die in vorauseilendem Gehorsam den Wünschen dieser Seite sofort nachgekommen wären. Ein späterer Streit um die Einbeziehung von Angehörigen der Waffen-SS in die Gesetzesnovelle hat dies im Juli 1957 noch einmal belegt. SPD und CDU hatten sich hierbei auf eine Ausklammerung des Problems der Waffen-SS geeinigt, um nicht die dringend notwendige Verabschiedung der Reformmaßnahme insgesamt zu gefährden. Ein Sprecher der Hilfsgemeinschaft der Soldaten der ehemaligen Waffen-SS protestierte daraufhin in einem Schreiben an Konrad Adenauer energisch gegen das Verhalten der Regierungspartei. Der Brief wurde vom Kieler CDU-Stadtpräsidenten, dessen Sohn selbst als Angehöriger der Waffen-SS gefallen war, dem Bundeskanzler überreicht und erinnerte ihn an sein Versprechen vom 30. August 1953, die Waffen-SS gleichberechtigt zu behandeln. »Mit unserer Stimme«, schloß der Sprecher der ehemaligen Waffen-SS-Soldaten, »zieht kein CDU-Abgeordneter in den neuen Bundestag ein.«[44]

Ebenfalls harsche Kritik, wenngleich aus der genau entgegengesetzten Richtung, kam damals vom Bund der Opfer des Faschismus und des Krieges (OdF). Dort fühlte man sich gegenüber den 131ern benachteiligt und nannte das Gesetz »die Resonanz des Zeitgeistes«, der den Opfern des Nationalsozialismus nicht günstig sei.[45] Wie oberflächlich diese Kritik war, hätte schon 1951 der Seitenblick auf andere legislative Maßnahmen der »Vergangenheitsbewältigung« zeigen können, wie etwa das Gesetz zur Regelung der Wiedergutmachung nationalsozialistischen Unrechts für Angehörige des öffentlichen Dienstes. Nach Ansicht des Bundesinnenministeriums verbot es sich nämlich aus optischen und politischen Gesichtspunkten, die Wiedergutmachung NS-geschädigter Beamter[46] im Rahmen des Ausführungsgesetzes nach Artikel 131 zu regeln, also die später entnazifizierten Mittäter des Nationalsozialismus und seine ersten Opfer gleichsam auf eine Stufe zu stellen.

Der Beamtenrechtsausschuß im Bundestag vertrat einhellig die Auffassung, daß die Wiedergutmachung NS-geschädigter Beamter noch vor dem Erlaß des 131er Gesetzes erfolgen müsse.[47] Da sich die

Beratungen in den Ausschüssen des Bundestages und durch Anrufung des Bundesrates in die Länge gezogen hatten, entstand schließlich eine merkwürdige Situation: Das Wiedergutmachungsgesetz für NS-geschädigte Beamte und das 131er Gesetz wurden beide an einem Tag, am 11. Mai 1951, verkündet. Um die Wiedergutmachung zumindest symbolisch mit Vorrang zu behandeln, fand sie im Bundesgesetzblatt allerdings ihren Platz vor der Regelung nach Artikel 131.[48] Faktische Priorität hatte dagegen, schon aufgrund der Macht der dahinterstehenden pressure group, das 131er Gesetz.

Ende der 50er Jahre nahm die Kritik an den 131er Bestimmungen erneut an Schärfe zu. Vor dem Hintergrund antisemitischer Vorfälle im Januar 1959 deutete der Herausgeber der »Allgemeinen Wochenzeitung der Juden«, Karl Marx, die Möglichkeit an, daß aufgrund der großzügigen Auslegung des 131er Gesetzes Personen in Schlüsselstellungen gekommen seien, »die in der Nazizeit eine unrühmliche Rolle gespielt haben«.[49] In Berlin, wo Anfang 1959 gegen Richter und Staatsanwälte mit zweifelhafter Vergangenheit ermittelt wurde, warfen sozialdemokratische Mitglieder des Abgeordnetenhauses dem CDU-Justizsenator vor, die Bestimmungen des 131er Gesetzes wären zu großzügig ausgelegt worden.[50] Und im baden-württembergischen Parlament gab es eine sozialdemokratische Anfrage, wieviele Beamte der früheren Gestapo derzeit im Dienste des Landes stünden.[51] Die Sensibilität der Öffentlichkeit hinsichtlich mancher Auswüchse des 131er Gesetzes war so groß, daß oft auch Gerüchte und Spekulationen aufgebauscht wurden. Als etwa die beunruhigende Pressemeldung kursierte, wonach Frau Freisler als Staatssekretärswitwe eine hohe Pension der Bundesrepublik Deutschland kassierte, sah sich das »Bulletin« der Bundesregierung veranlaßt richtigzustellen, daß die Witwe Freislers keine Versorgungsbezüge erhielt.[52]

Die Diskussionen um ein Abschlußgesetz für die gesamte 131er-Problematik, vor allem die Fragen einer Einbeziehung von Waffen-SS und Gestapo, zogen sich bis ans Ende der Ära Adenauer. Erst im Dezember 1963 verabschiedete das Bundeskabinett schließlich einen entsprechenden Entwurf.[53] Bei allem Ärger über manchen unverständlichen Pensionsanspruch sowie andere Unzulänglichkeiten, die während der »Vergangenheitsbewältigung« des Beamtentums zutage traten, wird man nicht übersehen dürfen, daß die Berufsbeamten zu einem stabilisierenden Faktor für die heranwachsende Bundesrepublik Deutschland wurden, da sie die Leistungsfähigkeit der deutschen Verwaltung mitbegründeten und zum schnellen wirtschaftlichen Wiederaufbau erheblich beitrugen.

Der zahlenmäßige Anteil früherer Reichsbeamter in der Zonenverwaltung und dann in den Bundesressorts war dabei relativ gering.[54] Von den 2000 Beamtenstellen in der Bizone wurden im Sommer 1949 nur 336 von »Ehemaligen« besetzt, die obendrein »nicht etwa geschlossen nach 1933« in den öffentlichen Dienst eingetreten waren und keineswegs »das Ergebnis einer entsprechenden NS-Auslese« darstellten.[55] Und wenn an der Schwelle zur Gründung des demokratischen Staates etwa von den annähernd 50000 Beamten in der bayerischen Landesverwaltung 41,5 Prozent früher der NSDAP angehört hatten (davon waren 70 Prozent nach 1945 entlassen und dann wieder eingestellt worden)[56], so unterstreicht das nur die beschränkte Aussagekraft formeller Parteizugehörigkeit. Das 1951 erlassene 131er Gesetz hat diese Erkenntnis im wesentlichen berücksichtigt und zwischen Juli 1951 und März 1953 39000 Personen zu einer erneuten Anstellung im Staatsdienst verholfen.[57] Auf der anderen Seite verbürgten Persönlichkeit und Zielsetzung des ersten Bundeskanzlers, der Ministerpräsidenten und der Bundesminister sowie die erste Generation der Staatssekretäre, »von denen keiner aus der Zeit des ›Dritten Reiches‹ belastet war, einen Neubeginn im Sinne des Grundgesetzes«.[58]

Eine deutsche »Magna Charta« der Selbstbesinnung?[59]

Die Unzufriedenheit vieler Betroffener mit dem 131er Gesetz beschränkte sich nicht auf den materiellen Bereich. Besonders die staatstragende Beamten- und Richterschaft empfand es als eine tiefe Wunde in ihrem verfassungspolitischen Bewußtsein, daß das 131er Gesetz von politischen Eingriffen des Nationalsozialismus in das Beamtenrecht ausging »und diese damit (wie die Beamtenrechtler es sahen) sanktionierte, anstatt sie klipp und klar für rechtswidrig zu erklären«.[60] Damit war das Selbstverständnis der Beamten als unpolitische Staatsdiener um so heftiger erschüttert, als sie in der Mehrzahl diese Identität gegenüber der Parteilichkeit des Nationalsozialismus zu schützen versucht »und es im Stillen stets abgelehnt (hatten), sich ›politisieren‹ zu lassen«.[61]

Zwar schwieg sich das 131er Gesetz über die historischen Schuldfragen aus, doch empfanden dies die Betroffenen als beredtes Schweigen und hörten ungerechtfertigte Vorwürfe mitschwingen. Der Bundesgerichtshof, der damals auf allen Rechtsgebieten von einer christlich-metaphysisch begründeten Rechtskontinuität ausging, stellte sich bald an die Spitze der Protestbewegung. In seinen Urteilen untergrub er schrittweise die Gültigkeit des 131er Gesetzes und entsprach damit der herrschenden Lehre der Nachkriegsjurisprudenz, die von einem »wahren«, gegen alle politischen Wechselfälle prinzipiell resistenten Recht ausging.[62] Dieser feste materiale Rechtsbegriff konnte in dem »Chaos der öffentlichen Autoritäten … sowohl rückblickend gegenüber dem Dritten Reich, wie gegenüber der Macht der Besatzungsmächte, wie für die eigene Verfassungsorganisation der Zukunft, wie auch gegenüber dem feindlichen Bruderregime in der DDR Maßstäbe geben, an die man sich halten konnte«.[63]

Demgegenüber betonte das Bundesverfassungsgericht[64] die Verfassungsimmanenz des positiven Rechts, erklärte die vom Bundesgerichtshof angegriffenen Normen des 131er Gesetzes für gültig und wies im Dezember 1953 die Verfassungsbeschwerden von 34 verdrängten Beamten des ehemaligen nationalsozialistischen Regimes zurück. Diese hatten geltend gemacht, ihre Beamtenverhältnisse hätten über den Zusammenbruch des Deutschen Reiches hinaus fortbestanden und das 131er Gesetz habe ihnen insofern ihre unverändert gebliebenen Beamtenrechte teils entzogen, teils gemindert. Dagegen stellte das höchste deutsche Gericht fest, daß alle Dienstverhältnisse von Beamten mit dem 8. Mai 1945 erloschen waren, gleichgültig, ob die Beamten durch die Entnazifizierung oder durch Vertreibung aus den verlorenen Ostgebieten ihre Dienststellung verloren hatten.[65]

Zwar könne man annehmen, daß das Deutsche Reich durch die Katastrophe von 1945 nicht untergegangen sei, doch könnten die Rechtsverhältnisse der Beamten, »die nicht nur wirtschaftlich aufs engste mit dem Staat verbunden sind, sondern darüber hinaus die Staatsgewalt in erster Linie verkörpern, einen Zusammenbruch der gesamten staatlichen Organisation in dem Ausmaß von 1945« nicht überdauern. Eine zentrale Aussage traf das Gericht mit der Bemerkung, nicht die Bundesrepublik, sondern Adolf Hitler habe die wohlerworbenen Rechte des deutschen Beamtentums seit der Machtübernahme planmäßig vernichtet, indem er das Beamtenverhältnis in ein besonderes Treueverhältnis zu ihm, Hitler, selbst und in ein Abhängigkeitsverhältnis zur staatsbeherrschenden Partei umgestaltet habe. Auch seien – so lautete endlich der fundamentalste, wenngleich nur in Klammern gesetzte Satz der Urteilsbegründung – »die nationalsozialistischen Rechtsvorschriften auf dem Gebiete des Beamtenrechts... von den Mitgliedern der Rechtsgemeinschaft hingenommen worden (von den unmittelbar Betroffenen weithin sogar mit innerer Zustimmung)...«[66]

Losgelöst von den vorsichtigen juristischen Formulierungen interpretierten dies die »Frankfurter Hefte« so, daß laut Bundesverfassungsgericht der Beamte des nationalsozialistischen Deutschland der Beamte Adolf Hitlers war und infolgedessen das deutsche Volk das Volk Adolf Hitlers. Mit diesem Urteil habe Karlsruhe »in einer geradezu beklemmenden Weise die Vergangenheit ernstgenommen« und in die öffentliche Diskussion, die sonst nur vom deutschen Wunder und vom deutschen Aufstieg spreche, das Thema des deutschen Abstiegs eingeführt. Daran erinnert zu werden hielt man in den »Frankfurter Heften« zwar für peinlich, aber auch für notwendig, da Deutschland die Erinnerung an seine nationalsozialistische Vergangenheit »in einem Maß verdrängt habe, daß das Kaiserreich und die Weimarer Republik näher scheinen als das Naziregime«. Den über der NS-Epoche liegenden »Schleier des Vergessens« habe das Bundesverfassungsgericht nun mit solcher Härte weggerissen, daß das Urteil zu den »großen Dokumenten unserer Zeit« gezählt werden müsse: »Es ist eine Magna Charta der Selbstbesinnung.«[67]

Ähnlich zustimmende bis überschwengliche Kommentare kamen bezeichnenderweise sämtlich aus Kreisen, denen die »Bewältigung« der NS-Vergangenheit nicht intensiv genug vonstatten ging. Dort wurde der Ausgang des Rechtsstreits als ein Stück Geschichtsschreibung »in einem Geiste erlösender Wahrhaftigkeit« gewürdigt, und ganze Passagen der Entscheidung wurden ungekürzt abgedruckt.[68] Die Baseler »National-Zeitung« sprach in einem Artikel, der auch in Deutschland viel Beachtung fand[69], von einem psychiatrischen Eingriff des Bundesverfassungsgerichtes gegen den »westdeutschen National-Komplex« der »Verdrängung«. Denn bis heute habe es das deutsche Volk versäumt, mit dem Nationalsozialismus »innerlich abzurechnen«.

Da kaum einer der Parteigenossen, die teilweise sogar in der Bundesregierung säßen, den Mut zu einem »mea culpa« gefunden habe, müsse das Karlsruher Urteil geradezu als »revolutionär« empfunden werden. Zum ersten Mal in der deutschen Geschichte sah das Schweizer Blatt den Mythos zerstört, wonach der Beamte – Diplomaten und Militärs eingeschlossen – nur seine ihm von oben vorgeschriebene »Pflicht« zu erfüllen und sich im übrigen nicht darum zu kümmern brauche, »ob da ›oben‹ ein Kaiser, ein Kanzler oder ein Verbrecher sitzt«.[70]

Solche Art der Genugtuung war indes wenig geeignet, den auf der anderen Seite des Meinungsspektrums entfachten Sturm der Entrüstung über das »revolutionäre« Urteil zu dämpfen. Mit ihrer »rein politischen« Entscheidung, so die Kritik, maßten sich Juristen Geschichtsschreibung an – »mit chaotischen Folgen für die außenpolitische Stellung der Bundesrepublik«.[71] Churchills Züricher Rede von 1946, in der er Hitler ein »Verhängnis« genannt hatte, das ebensogut wie dem deutschen Volke jeder anderen Nation hätte zustoßen können, wurde ironisierend der »weise Rat von Karlsruhe« gegenübergestellt, der 1953 meinte, »Hitler sei kein Schicksal, kein Verhängnis gewesen, sondern eine sittliche Aufgabe (...) auch für den kleinen Landbriefträger im Waldenburgischen in Schlesien«.[72]

Die »Allgemeine Behörden- und Beamten-Correspondenz« hielt das Votum für ein »politisches Ressentiment«, das man zwar einer Spruchkammer, nicht aber dem »höchsten deutschen richterlichen Gremium« nachsehen könne.[73] Und der Deutsche Beamtenbund warf dem Bundesverfassungsgericht vor, das »Staatsgefühl und die Pflichtauffassung« völlig verkannt zu haben, aus der heraus die deutsche Beamtenschaft während des »Dritten Reiches« ihren Dienst versehen habe. Der deutsche Beamte, hieß es in der Erklärung weiter, »hat nicht dem Nationalsozialismus, sondern dem Reich gedient, und dem Treueid auf das damalige Staatsoberhaupt kann rechtlich keine andere Bedeutung beigemessen werden wie in früheren Zeiten dem Eid auf jeden anderen Souverän«.[74]

Ungeachtet aller Kritik bekräftigte das Bundesverfassungsgericht sein umstrittenes Urteil über das Beamtentum wenige Monate später in einer Entscheidung gegen Verfassungsbeschwerden von 28 Berufssoldaten erneut. Zwar wurden auch diese Klagen gegen das 131er Gesetz als unbegründet zurückgewiesen, doch erkannten die Karlsruher Richter einen wichtigen Unterschied zwischen Beamten und Soldaten. Während beim Beamtenkörper die Nazifizierung so weit gediehen gewesen sei, daß von einem öffentlich-rechtlichen Dienstverhältnis im eigentlichen rechtsstaatlichen Sinne nicht mehr die Rede habe sein können, sei die Nazifizierung der Wehrmacht nicht so weit gegangen. Dem in letzter Stunde unternommenen Versuch, die Wehrmacht zu einer ideologischen Armee unter dem Kommando von NS-Führungsoffizieren zu machen und dem Soldatendienstverhältnis einen neuen, von der nationalsozialistischen Ideologie bestimmten rechtlichen Inhalt zu geben, habe die Durchschlagskraft gefehlt, die im Beamtenkörper zum gewünschten Erfolg geführt habe.

Wenngleich der Richterspruch in materieller Hinsicht nicht den Erwartungen der Kläger entsprach, zeigte sich der Hauptgeschäftsführer des Verbandes deutscher Soldaten, General a.D. Linde, doch erfreut darüber, daß in der Urteilsbegründung die »politische Integrität der Wehrmacht eindeutig festgestellt« worden war: »Denn der Soldat des Dritten Reiches ist das natürliche Bindeglied zwischen dem alten Reichsheer und dem künftigen deutschen Soldaten.«[75] In der Tat hätte eine andere Entscheidung Karlsruhes über die Vergangenheit des Militärs in Deutschland womöglich die – 1954 – aktuelle politische Diskussion um eine künftige Europäische Verteidigungsgemeinschaft unterlaufen. Dennoch blieben beide sogennnte 131er Urteile des Bundesverfassungsgerichtes nicht nur in der Öffentlichkeit, sondern auch in der juristischen Wissenschaft heftig umstritten.[76] Schließlich kulminierte die Kontroverse in einem offenen Konflikt zwischen den höchsten judikativen Organen der Bundesrepublik.

Das Bundesverfassungsgericht hatte bei seinen 131er Entscheidungen verschiedene vorangegangene Urteile des Bundesgerichtshofes mißachtet. Dessen Großer Senat für Zivilsachen verwarf nun im Sommer 1954 im Fall der Pensionsansprüche eines niedersächsischen Beamten die These des Verfassungsgerichtes »von dem automatischen Erlöschen aller Beamtenrechtsverhältnisse infolge des Zusammenbruches des deutschen Reiches«. Das Beamtenverhältnis, so hieß es im BGH-Beschluß, würde mit dem Ende des Nationalsozialismus nur dann automatisch erlöschen, wenn das Berufsbeamtentum »wesensmäßig entartet« gewesen sei. Das Bundesverfassungsgericht habe in seinen Urteilen aber selbst davon gesprochen, daß nicht entfernt alle Beamten innerlich mit dem Nationalsozialismus sympathisierten. Und aus der äußeren persönlichen Verpflichtung auf Hitler und die Partei, die großen Teilen der Beamtenschaft terroristisch aufgezwungen worden sei, könne, so der Bundesgerichtshof, nicht auf eine innere Umgestaltung des Beamtenrechtsverhältnisses geschlossen werden. Der neue demokratische Staat habe allerdings das Recht zu prüfen, ob der einzelne Beamte unter dem Nationalsozialismus seinen Beamtenstatus verwirkt hatte.[77]

Gleichzeitig stellte der Große Senat des BGH fest, daß die bindende Wirkung der Entscheidung des Bundesverfassungsgerichtes nur die Urteilsformel selbst erfaßte, sich aber nicht auf die Entscheidungsgründe erstreckte; die Gerichte und Behörden mußten also nach Meinung des Bundesgerichtshofes den Satz vom automatischen Erlöschen sämtlicher Beamtenverhältnisse nicht zur Grundlage ihrer Urteile und Verwaltungsakte machen.[78]

Trotz dieser Breitseite des BGH hielt das Bundesverfassungsgericht an seiner historisch-politischen Urteilsfreudigkeit fest. In einem weiteren 131er Urteil vom März 1957 setzte es sich kritisch mit den Vorwürfen auseinander, die gegen seine Entscheidung vom Dezember 1953 erhoben worden waren und argumentierte in dem betreffenden Streitfall, dem die Klage eines Gestapobeamten zugrundelag, wiederum geschichtlich. Der Ausschluß der Angehörigen der früheren Gestapo von den Fürsorgeleistungen des 131er Gesetzes sei verfassungsmäßig. Der Auftrag an die Legislative im Artikel 131 des Grundgesetzes sei nicht dahin gegangen, staatliche Fürsorgeleistungen generell auch solchen Angehörigen des öffentlichen Dienstes zu gewähren, deren Tätigkeit im ganzen gesehen vor allem der Aufrechterhaltung des Unrechts- und Willkürsystems des Nationalsozialismus gedient habe. Der Unrechtscharakter der Gestapo sei für jeden nicht verblendeten Deutschen klar erkennbar gewesen. Geheime Staatspolizisten, die ihn subjektiv nicht erkannt hätten, ließen so sehr die für einen Beamten des freiheitlichen demokratischen Rechtsstaates unerläßliche Staats- und Rechtsauffassung vermissen, daß sie in keine wie immer geartete beamtenrechtliche Bindung zum freiheitlich-demokratischen Staat gebracht werden dürften.[79]

Die Urteilsbegründung des Bundesverfassungsgerichtes in diesem und in den vorhergehenden 131er-Fällen macht einmal mehr deutlich, wie differenziert und – wenn wir an die Position des Bundesgerichtshofes denken – wie kontrovers während der 50er Jahre über Fragen der »Vergangenheitsbewältigung« diskutiert wurde. Es wäre also gerade im Hinblick auf die Rechtsprechung völlig verfehlt, die gesamte 131er Problematik pauschal unter dem Rubrum »Verdrängung« und »Restauration« abzuhandeln. Dazu war die Gefechtslage viel zu kompliziert und viel zu offen.

Das Auswärtige Amt

Im großen Problemkreis der personellen »Vergangenheitsbewältigung« innerhalb des Beamtenapparates ragte eine Frage hervor, von der in der Öffentlichkeit damals befürchtet wurde, sie könnte »den ganzen Aufbau unseres jungen Staates«[1] gefährden, und an der die spätere Restaurationskritik ebenfalls immer wieder anknüpfte: Die Personalpolitik im neuen Auswärtigen Amt. Richtete sich auf die Besetzung der Bundesbehörden generell besonderes Interesse, so galt dies für den diplomatischen Dienst im besonderen, da er im Ausland die »Visitenkarte unseres Staates«[2] abgeben sollte.

Schon an der Verwendung ehemaliger Mitglieder der NSDAP in den Büros des Bundeskanzleramts für außenpolitische Fragen – wo der Aufbau des neuen Auswärtigen Amtes vorbereitet wurde – war im April 1950 Kritik laut geworden. »AA – wie gehabt?« fragte die »Frankfurter Neue Presse« und bemängelte, daß auf einer Liste mit 712 Namen, die zur Einstellung in den höheren Dienst des Auswärtigen Amtes vorgesehen waren, 194 Diplomaten bereits in der Wilhelmstraße gedient hatten.[3] Auch in der CDU/CSU-Bundestagsfraktion wurden Bedenken geäußert. Doch konnte der Leiter des Organisationsbüros für konsularische und wirtschaftliche Auslandsvertretungen und spätere erste Personalchef des Auswärtigen Amtes, Wilhelm Haas, dem entgegnen, daß entsprechend der Richtlinien des Bundeskanzlers »möglichst wenige frühere Pgs« eingestellt worden waren: Von den 31 leitenden Beamten, die auf dem Gebiet des Auswärtigen tätig waren, waren 14 Mitglied der NSDAP gewesen, freilich sämtlich entlastet und, bis auf einen, als Mitläufer eingestuft.[4]

Für die Auslandsverwendung von Beamten des höheren Dienstes sollte zunächst ganz davon abgesehen werden, Personen zu entsenden, die von der ausländischen öffentlichen Meinung als ehemalige Nationalsozialisten oder Wehrmachtsoffiziere abgelehnt werden konnten – selbst dann, wenn sie aus deutscher Sicht eine einwandfreie politische Vergangenheit hatten und als voll verläßlich im Sinne einer demokratischen Geisteshaltung gelten durften.[5] Die Personalplanung hatte auch die Zustimmung der Alliierten Hohen Kommission gefunden, die durch Herbert Blankenhorn im Januar 1950 bei verschiedenen Besprechungen auf dem Petersberg informiert worden war.

Wenige Tage nach den ersten Angriffen betonte das Bundeskanzleramt, daß es von vornherein die Absicht des Regierungschefs war, ein Auswärtiges Amt aufzubauen, dem man weder im Inland noch im Ausland vorwerfen könnte, »in irgendeiner Weise an das frühere Auswärtige Amt traditionsgebunden zu sein«. Ein Auswärtiges Amt brauche aber unbedingt auch einen gewissen Prozentsatz erfahrener Beamter, um die Interessen des Bundes nicht zu gefährden.[6] Diese frühe Klarstellung konnte nicht verhindern, daß das Thema der »Renazifizierung« des neuen deutschen auswärtigen Dienstes für die nächsten Jahre eines der brennendsten Probleme der »Vergangenheitsbewältigung« wurde. Gerade auch in der ausländischen Presse erschienen Dutzende von Anwürfen, und über seine ausländischen Schwesterorganisationen erhielt der deutsche Bund der Verfolgten des Naziregimes im Jahr 1950 immer neue Nachrichten hinsichtlich der daraus entstehenden Konsequenzen: Mißtrauen gegen Deutschland und öffentliche Demonstrationen gegen frühere NS-Diplomaten.

Insbesondere die auch im Ausland bekanntgewordenen »Wiederverwendungslisten« der Bonner Dienststelle für auswärtige Angelegenheiten wurden kritisiert. Dort waren auch einige Persönlichkeiten erschienen, die bis 1945 das »Dritte Reich« repräsentiert und die durch ihre Amtstätigkeit – im Sinne des vom NS-Beamtengesetz geforderten »rückhaltlosen Eintretens« für den nationalsozialistischen Staat – sich im Ausland wiederholt in den schwarzen Diplomaten-Uniformen des Hitlerregimes kompromittiert hatten. Der BVN hielt es für ungenügend, sich zum Nachweis der Wiederverwendungsfähigkeit auf die »leicht zu bestellende« Auskunft des betreffenden ausländischen Außenministeriums zu berufen. In einer Denkschrift forderte er die baldige Einsetzung eines parlamentarischen Untersuchungsausschusses mit Bundestagsabgeordneten, die weder Pgs noch Parteianwärter waren.[7]

Zwar wurde dem Petitum des BVN damals noch nicht voll Rechnung getragen, doch sorgte ein Unterausschuß des Ausschusses für das Besatzungsstatut und auswärtige Angelegenheiten ab September 1950 für eine Kontrolle der laufenden Einstellungen. Der Unterausschuß sah auch keine Veranlassung, die bisherige personalpolitische Praxis für das Auswärtige Amt zu beanstanden[8], so daß die öffentliche Diskussion zunächst abebbte. Erst im Januar 1951 wirbelte der Zentrumsabgeordnete Reismann, selbst Mitglied in dem betreffenden Unterausschuß, ganz unerwartet neuen Staub auf, als er im Wochenblatt seiner Partei den Auswärtigen Dienst in Bonn als eine »geschlossene Gesellschaft« bezeichnete und von einer »restaurativen Personalpolitik stärkster Prägung« sprach. Hintergrund der Zentrums-Kritik war die – seit dem Kaiserreich – schwächere Berücksichtigung der katholischen Bevölkerung bei der Stellenbesetzung im diplomatischen Dienst.[9] Reismann führte dies auf eine schlimme »Cliquenwirtschaft« des Feudalcorps Kösener SC. zurück, während im sozialdemokratischen Pressedienst zum Ausdruck gebracht wurde, daß man den Kösener SC. als Stellenvermittler für immerhin noch erträglicher hielt als die katholischen Studentenverbände mit ihrem »militanten, kämpferischen Katholizismus«.[10]

Tatsächlich gehörte die weitaus überwiegende Mehrheit der Diplomaten keiner Verbindung an (von den 31 leitenden Beamten zählten nur fünf zum Kösener SC.); da nur etwa ein Viertel der Bewerber für das Auswärtige Amt Katholiken waren, hätte Parität nur durch Benachteiligung evangelischer Bewerber mit gleicher oder gar besserer Qualifikation erreicht werden können.[11] Zudem hatte im diplomatischen Dienst ein hoher Prozentsatz von Opfern des Nationalsozialismus (21,6 %) Aufnahme gefunden.[12] Auch der Vorsitzende des Auswärtigen Ausschusses, Carlo Schmid – in Sachen »Vergangenheitsbewältigung« stets besonders aufmerksam –, drückte mit einstimmiger Billigung des Ausschusses sein Befremden über Reismanns Verhalten aus und stellte klar, daß das vertrauliche Material, das dessen Behauptungen zugrunde lag, bereits widerlegt war.[13]

Dennoch kam das Thema nicht zur Ruhe, weil in den ersten Septembertagen 1951 die »Frankfurter Rundschau« unter der Überschrift »Ihr naht Euch wieder...« erneut eine Artikelserie veröffentlichte, deren Verfasser, Michael Mansfeld, in ungewöhnlich scharfer Form zahlreiche Beamte und Angestellte des Auswärtigen Amtes attackierte und ihnen vorwarf, durch Zusammenarbeit mit dem Naziregime oder wegen ihrer Aussagen in den Nürnberger Prozessen untragbar zu sein. Daß diese »schwankenden Gestalten« es aber trotzdem verstanden, sich gegenseitig die Bälle zuzuspielen und in entscheidende Stellen des Auswärtigen Amtes hineinzulancieren, bildete den Kern der Behauptungen des jungen Journalisten.[14]

Hinter Mansfeld standen wohl vor allem »einige verärgerte nicht wiederverwendete Angehörige des alten Auswärtigen Dienstes, die sich zu Unrecht als Leute des Widerstandes gerierten«.[15] Einer von ihnen, dessen antisemitische Einstellung im »Dritten Reich« aktenkundig war, gehörte bemerkenswerterweise dem VVN-Vorstand an. Ein anderer hatte seine geplante Verwendung in Beirut abgelehnt und nach einem Posten in New York oder an einem anderen exponierten Ort verlangt. Aus Enttäuschung begann er dann im August 1950 – unter anderem in der »Frankfurter Rundschau« – Artikel über eine Renazifizierung des Auswärtigen Dienstes zu schreiben.[16]

Zusätzliche Brisanz erhielt Mansfelds Artikelreihe durch seine enge Zusammenarbeit mit Robert Kempner, dem ehemaligen amerikanischen Hauptankläger im Nürnberger Prozeß gegen die Wilhelmstraße. Nicht genug damit, daß Mansfeld monatelang im Nürnberger Staatsarchiv belastendes Material zusammengetragen hatte; ausgerechnet der amerikanische Soldatensender American Forces Network (AFN) gab am Abend vor dem ersten Artikel eine Vorschau auf die beginnende Serie.[17] Die Person Kempners war in der deutschen Öffentlichkeit stark umstritten. Richard Tüngel legte ihm in der ZEIT zur Last, »den Staatssekretär von Weizsäcker ins Gefängnis und in den

Tod gehetzt« zu haben. Tüngel erinnerte an die »Großmäuligkeit« Kempners, der schon während der Nürnberger Prozesse verkündet hatte, nur er allein sei aufgrund seiner Aktenkenntnis fähig, das neue Auswärtige Amt aufzubauen: »Man hat ihn nicht berufen, und nun rächt er sich.«[18] Kempner, dem es ohnehin »stets eine Ehre« bedeutete, von der ZEIT angegriffen zu werden, warf dem Hamburger Wochenblatt im Gegenzug vor, sich ständig für Verbrecher eingesetzt zu haben, die in Nürnberg wegen ihrer Beteiligung an Massenmorden verurteilt worden waren.[19]

Neben all dieser »Vergangenheitsbewältigung« hatte die Kontroverse aber auch einen aktuellen politischen Bezug, und zwar insofern, als die AA-Personalpolitik ausgerechnet zu einem Zeitpunkt torpediert wurde, in dem wichtige diplomatische Verhandlungen mit den Westmächten stattfinden sollten. So war das Auswärtige Amt zunächst bestrebt, die Artikelserie als Wiederholung von bekannten Angriffen herunterzuspielen. Der betroffene Personenkreis sei in der Mehrzahl der Fälle bereits vom zuständigen Unterausschuß des Bundestages geprüft worden und unbeanstandet geblieben.[20]

Auch »Christ und Welt« hatte Mühe, »ein Gähnen zu unterdrücken« und konnte in den Artikeln der »1945 von der Besatzungsmacht lizenzierte(n)«»Frankfurter Rundschau« nichts entdecken, was nicht schon von »Pankow und Karlshorst weidlich ausgeschlachtet« worden war. »Enthüllungen« wie die des Frankfurter Blattes würden ins Leere stoßen, wenn wiedereingestellte Beamte aus ihrer Vergangenheit weniger Hehl machten: »Der Presse übergebene offizielle Biographien gerade neuernannter deutscher Auslandsvertreter erwecken gelegentlich den Anschein, als wenn der Betreffende von 1933 bis 1945 Brötchen gebacken hätte. Hieran nimmt das Publikum Anstoß« und nicht an ihrer Tätigkeit unter Hitler, zeigte sich »Christ und Welt« überzeugt. Da dem evangelischen CDU-Kreisen nahestehenden Blatt die Frage »wer Kommunist ist« ohnehin weit interessanter schien als die Frage, »wer einmal Nazi war«[21], hatte es schon bei der Affäre um die Ernennung Schlange-Schöningens für die deutsche Botschaft in London im Mai 1950 dafür plädiert, »mit dem Ausgraben von Zitaten aus längst vergangenen Zeiten« Schluß zu machen; »... wenigstens wenn es sich um einen Mann handelt, der jahrzehntelang durch sein Handeln bewiesen hat, daß er ein anständiger Mensch ist.«[22]

In der Diskussion um die Mansfeld-Artikel verwies eine Polemik gegen den damals 29jährigen – zum Zeitpunkt der NS-Machtergreifung gerade elf Jahre alten – Verfasser bereits auf die generationsspezifische Problematik der »Vergangenheitsbewältigung«. Seine einzige Enthüllung, so mußte sich der junge Journalist entgegenhalten lassen, sei der Nachweis, »daß es Zeitgenossen gegeben hat, die sich der Mitgliedschaft der NSDAP nicht entziehen konnten, während er selbst noch Schulaufgaben machte...«[23] Solch harscher Kritik lagen vor allem grundsätzliche Bedenken gegen eine neue Entnazifizierung zugrunde sowie die Sorge davor, die deutschen Auslandsvertretungen könnten insgesamt in Mißkredit gebracht werden, »wenn der Eindruck hervorgerufen wird, als seien unsere Botschaften geistige Hochburgen nationalsozialistischer Theorien«.[24] Die Beweiskraft dieser besorgten Argumentation drang freilich nicht überall durch.

Die »Frankfurter Rundschau« erhielt nach Erscheinen ihrer Artikelserie eine Vielzahl von zustimmenden Erklärungen aus dem In- und Ausland.[25] »Wir haben allen Grund darauf zu sehen«, wurde ihr beigepflichtet, »daß es nicht später heißt: Herr Ribbentrop ging, seine Mitarbeiter blieben!« Die Schuld an den Veröffentlichungen der »Frankfurter Rundschau«, die der jungen Republik zweifelsohne schadeten, wurde dabei der Bundesregierung und ihrer Weigerung gegeben, sich bei der Ernennung der Diplomaten »in die Karten sehen zu lassen«.[26] Die Berichte in der »Frankfurter Rundschau« und ähnliche Vorwürfe in der »Ketteler Wacht« beunruhigten zunehmend auch die CDU/CSU-Bundestagsfraktion. Sie bat den Bundeskanzler deshalb um Aufklärung. Adenauer sagte eine schnelle Überprüfung der Personalpolitik des Auswärtigen Amtes zu[27] und ordnete dann auch ein dienststrafrechtliches Ermittlungsverfahren gegen die beschuldigten leitenden Beamten an. Die Betreffenden selbst hatten dies schon vorher gegen sich beantragt.[28] Der mit der Untersuchung beauftragte Oberlandesgerichtspräsident a.D. Schetter nahm noch im September seine Arbeit auf.[29]

Die »Frankfurter Rundschau« gab sich aber mit den gewöhnlich langwierigen Dienststrafverfahren nicht zufrieden, sondern forderte eine öffentliche Überprüfung durch einen Untersuchungsausschuß des Bundestages.[30] Auch die Sozialdemokraten schlossen sich dieser

Forderung an, brachten einen entsprechenden Antrag ein und heizten kurz vor der Plenarsitzung die Stimmung noch weiter auf, indem sie die Personalpolitik des Auswärtigen Amtes ein »Verhängnis für Deutschland« nannten.[31] Kein früheres NSDAP-Mitglied, so wurde betont, dürfe die Bundesrepublik im Ausland vertreten oder in führender Position in der AA-Personalabteilung tätig sein. Außerdem solle die Bundesregierung vor der Besetzung wichtiger diplomatischer Stellen den außenpolitischen Ausschuß unterrichten.

Ungünstig für die Durchschlagskraft der sozialdemokratischen Kritik war es aber nun, daß die SPD mitverantwortlich für die Vorgänge im Auswärtigen Amt gemacht werden konnte. Ihr außenpolitischer Experte Lütkens saß nämlich ebenfalls in dem Unterausschuß, der die Personalpolitik des Außenministeriums zu kontrollieren hatte. Jedoch hatte Lütkens – bis 1937 selbst Mitglied des deutschen Diplomatischen Korps – nicht nur nie gegen die Anstellung der jetzt angegriffenen Beamten protestiert, sondern seinem Vorstand und Parteichef gegenüber stets die Ansicht vertreten, daß alles in bester Ordnung sei.[32] Auch im Gespräch mit Wilhelm Haas begründete er den von der SPD beantragten Untersuchungsausschuß nicht mit einer vermuteten Berechtigung der Vorwürfe, sondern mit der Abwehr ungerechtfertigter Angriffe auf Angehörige des Auswärtigen Dienstes. Die politische Spitze des SPD-Antrages richtete sich aber eindeutig gegen den Bundeskanzler in seiner Eigenschaft als Außenminister.[33] Die Freien Demokraten hielten in dieser Diskussion dem Auswärtigen Amt die Stange – und wurden bald selbst zum Ziel von Angriffen. So hatte der FDP-Außenpolitiker Ernst Achenbach als erster politischer Berater des Pariser NS-Botschafters Otto Abetz fungiert, und der jetzige Freie Demokrat Karl Georg Pfleiderer war in der kulturpolitischen Abteilung des »Ribbentrop-AA« tätig gewesen.[34]

Schließlich entschied der Bundestag am 24. Oktober 1951, den Untersuchungsausschuß Nr. 47 – UA 47 – zu bilden. Zwar wurde die Einsetzung des UA 47 in weiten Kreisen des Auswärtigen Amtes lebhaft begrüßt – in der Hoffnung, die infamen öffentlichen Anwürfe würden endlich aufgedeckt und als solche gebrandmarkt werden[35] –, doch erwies sich im Laufe der Ausschußsitzungen, daß viele Mitglieder des UA 47, die während der NS-Zeit größtenteils schwere Verfolgungen ausgesetzt gewesen waren, »von einer deutlichen Voreingenommen-

130

heit erfüllt« schienen [36] und vernommene Zeugen sich wie Angeklagte behandelt fühlten.

Es entstand sogar der Eindruck, der UA 47 ziele darauf ab, den zwischenzeitlich abgeschlossenen Bericht des Oberlandesgerichtspräsidenten a.D. Schetter zu widerlegen. Denn Schetters Untersuchung hatte eine völlige Entlastung der angegriffenen Diplomaten erbracht, was um so schwerer wog, als von dem Juristen bekannt war, daß er die Verurteilung leitender Beamter der Wilhelmstraße in den Nürnberger Prozessen billigte und einen scharfen Maßstab an die wiedereingestellten Diplomaten anlegte. [37]

Als die damit befaßten Parlamentarier bis zum März 1952 kein Ergebnis vorgelegt hatten, fragte der Journalist Helmut Hammerschmidt in einer halbstündigen Sondersendung des Bayerischen Rundfunks:»Wie lange wird es noch dauern, bis der Untersuchungsausschuß... sich durch den Wust von belastenden Dokumenten hindurchgearbeitet hat... und die unglaublichen Fehler des Auswärtigen Amtes beseitigt.« Hammerschmidt sprach vom »vielleicht größten politischen Skandal« der deutschen Nachkriegsentwicklung und ging, um dies zu belegen, vor allem auf die Verwicklungen des alten AA in den Holocaust ein. Tatsächlich hatten nicht nur das Judenreferat und die Deutschlandabteilung mit diesem ungeheuerlichsten Verbrechen des NS-Regimes zu tun, auch die sogenannten Urzellen des Amtes, die Politische und die Rechtsabteilung, waren in den von Hammerschmidt zur Sprache gebrachten Fällen von Judentransporten, Geiselerschießungen und anderen völkerrechtswidrigen Maßnahmen gutachtlich gehört worden. [38] Besonders drastisch wirkte die Personifizierung der Kritik anhand einiger bemerkenswert scheinender diplomatischer Karrieren. Als »vermutlich unübertroffen« galten die Fälle des bundesdeutschen Botschafters in Athen, von Grundherr, und des Gesandten von Bargen.

Die ganze Komplexität der personalpolitischen »Vergangenheitsbewältigung« im Auswärtigen Amt läßt sich am ehemaligen Skandinavienreferenten von Grundherr exemplarisch illustrieren. Dem deutschen Generalbevollmächtigten in Dänemark und SS-Obergruppenführer Best, der ihm von dem Plan der Deportation von 6000 Juden berichtete, schrieb er zurück: »Wieviel SS brauchst Du dazu?« [39] Andere Untaten Bests hatte er gedeckt und dies in Nürnberg auch zugegeben. Grundherr selbst verwies aber darauf, daß Best vieles verhindert habe, was nach den ihm erteilten Weisungen »viel schlimmer hätte auslaufen sollen«. Als von der Gestapo Beschwerden Himmlers vorgetragen wurden, Best gehe nicht brutal genug vor, habe er, Grundherr, Best in Schutz genommen, und daraus habe man ihm den Vorwurf konstruiert, die Maßnahmen Bests gedeckt zu haben. Dabei habe er nur die Gefahr abwenden wollen, daß bei Abberufung Bests Terboven nach Dänemark kommen würde, was eine Vervielfältigung des Terrors bedeutet hätte. Den Befehl Hitlers, bei jeder Tötung eines deutschen Soldaten fünf Dänen zu erschießen, habe Best in der Weise ausgeführt, daß das Verhältnis bei Mordfällen noch nicht 1:1 gewesen sei.[40] Oberlandesgerichtspräsident a.D. Schetter wollte daher das Eintreten Grundherrs für Best nicht mit dem Namen »Deckung« beschrieben wissen: »Es war vielmehr die Ausnutzung einer Hilfestellung zur Vermeidung größeren Unheils… Ein Vorwurf der Zustimmung zu irgendwelchen vergangenen oder künftigen Terrormaßnahmen kann daraus nicht hergeleitet werden.« Die gegen Grundherr erhobenen Vorwürfe hielt Schetter im Ergebnis »bei kritischer Prüfung der Zusammenhänge« für nicht haltbar.[41]

Das vom Bayerischen Rundfunk – unter besonderer Verwendung der stimmtechnischen Möglichkeiten dieses elektronischen Mediums – veröffentlichte Material war zwar vielfach nicht stichhaltig, aber doch streckenweise so abenteuerlich, daß die Wellen der Kritik am Auswärtigen Amt jetzt noch höher schlugen als nach den Artikeln in der »Frankfurter Rundschau«. Vom Deutschen Gewerkschaftsbund über den Bayerischen Bauernverband[42] bis zur CSU reichten die bedenklichen Beurteilungen. Die »Welt der Arbeit«, offizielles Organ des DGB, sprach von der »Bonner Hochburg der Nazis« und nahm den BR-Beitrag zum Anlaß, eine möglichst rasche Säuberung des Auswärtigen Amtes zu fordern. Sowohl dem Bundeskanzler wie auch seinen Staatssekretären hätten die hohen Zahlen ehemaliger Parteigenossen in leitenden Stellen des Bonner AA bekannt sein müssen.[43] Die Kritik an der »skandalösen Personalpolitik« bei der vermeintlichen »Totalrestauration der Wilhelmstraße« erreichte derartige Ausmaße[44], daß sie von Teilen des Auswärtigen Amtes als »demagogische Hetzaktion« empfunden wurde, wie sie »seit der NS-Zeit ihresgleichen nicht gehabt hatte«.[45]

Auch in der CSU hielt man die Vorwürfe gegen die Personalpolitik des Auswärtigen Amtes für teilweise berechtigt. Generalsekretär Franz Josef Strauß wandte sich dabei besonders gegen eine Stellungnahme Staatssekretär Hallsteins[46], die im Ausland den Eindruck entstehen lassen konnte, daß Deutschland entweder nur restaurieren könne oder »ohne die Ribbentropleute nicht auskomme«. Strauß, später Verteidigungsminister der Bundesrepublik, befürchtete, ähnliche Vorwürfe wie gegen das AA könnten eines Tages auch gegen die Dienststelle Blank erhoben werden, und wandte sich wiederholt grundsätzlich dagegen, daß der Bundeskanzler in Personalunion das Außenministerium leitete.[47]

Die »unsinnigen« Angriffe des Bayerischen Rundfunks fanden im gemäßigten nationalen Lager jedoch auch wieder scharfe Kritik. Denn dort herrschte die Überzeugung vor, daß die »weitaus große Mehrheit des deutschen Volkes nun endgültig nicht mehr dieses Herumwühlen in der Vergangenheit« wollte, und deshalb hoffte man, daß der Bayerische Rundfunk und andere auf dieses »ewige Herumwühlen« spezialisierte Sender »bald sehr deutliche Beweise vom Unmut der Hörer zu spüren« bekämen.[48] Es war sogar von »Inquisition« und »Hexenjagd« die Rede, an der sich »neuerdings selbst Abgeordnete der Koalitionsparteien« beteiligten, obwohl doch – von einigen längst bekannten »Einzelfällen« abgesehen – die Mitglieder des AA nichts mit den nationalsozialistischen Untaten zu tun gehabt hätten. Vielmehr wurde an die »an Haß grenzende Abneigung« erinnert, die Hitler gegen den auswärtigen Dienst gehegt hatte[49], und dem »Scheibenschießen auf Diplomaten« die Forderung nach Fairneß[50] gegenübergestellt.

Der Schlagabtausch in der Öffentlichkeit – mit immer neuen Zeitungsaufsätzen und Rundfunksendungen[51] – gewann durch den Prozeß und die Flucht des einstigen Judenreferenten Franz Rademacher noch an Schärfe. Denn ein Zwischenfall im Verlauf des Verfahrens hatte die Mitschuld des alten Auswärtigen Amtes am Judenmord drastisch bewiesen. Rademacher war wegen der Liquidation einer Gruppe ungarischer Juden vernommen worden, ein Dokument zeigte Tag und Uhrzeit der Vollstreckung an. Das Auswärtige Amt hatte auf die übliche Anfrage die Antwort gegeben, daß gegen eine »Sonderbehandlung« nichts einzuwenden sei. Als Rademacher dies vorgehalten wurde, behauptete er, nicht gewußt zu haben, was »Sonderbehandlung« bedeutet habe. Der Staatsanwalt legte dem Angeklagten aber eine Devisenquittung vor, in der er persönlich seine Dienstreise nach Ungarn bestätigt und als Grund angegeben hatte: Liquidation von Juden.[52] Ein Nürnberger Schwurgericht verurteilte den früheren Botschaftsrat unter Anrechnung der Untersuchungshaft zu drei Jahren und acht Monaten Gefängnis. Nachdem Rademachers Verteidiger Revision eingelegt hatte und angeblich keine Fluchtgefahr bestand, verfügte das Gericht jedoch seine Freilassung. Rademacher nutzte sie, indem er sich durch Flucht nach Argentinien dem Zugriff der deutschen Justiz – bis zu seiner freiwilligen Rückkehr 1966 –[53] entzog.

Die Öffentlichkeit stand noch unter dem Eindruck dieses »nationalen Skandals«[54], da begann im Oktober 1952 die Bundestagsdebatte über den hundertseitigen schriftlichen Bericht, den der Untersuchungsausschuß zu den etwaigen personalpolitischen Mißständen im Auswärtigen Amt vorgelegt hatte. Nachdem die Personalakten des alten Auswärtigen Dienstes durch einen Bombenangriff im Jahre 1943 bis auf kleine Reste vernichtet worden waren, mußte der Ausschuß im wesentlichen auf rekonstruierte Unterlagen zurückgreifen. Darüber hinaus vernahm er die angegriffenen Personen und nutzte dokumentarisches Material des Münchner Instituts für Zeitgeschichte und des Bayerischen Staatsarchivs in Nürnberg.

Die von der Anklagebehörde in den Nürnberger Prozessen zusammengestellten Akten ließen freilich – gemäß angelsächsischer Prozeßordnung – entlastendes Material unberücksichtigt. Ferner enthielt der Untersuchungsbericht Feststellungen aufgrund von Aussagen, die im Protokoll »nicht einmal andeutungsweise« enthalten waren. Da aber dennoch von den 21 angegriffenen Personen nur drei wegen ihrer Vergangenheit vom Ausschuß als ungeeignet zur Weiterverwendung bezeichnet worden waren, sah sich Adenauer zu der Erklärung veranlaßt, daß die »öffentlich in der Presse geübte Kritik über ihr Ziel hinausgegriffen« und dem Ansehen der Bundesrepublik im Ausland geschadet hätte.

Der Kanzler konnte sich darauf berufen, daß bislang keine ausländische Regierung einem deutschen Diplomaten das Agrément bzw. das Exequatur versagt hatte. Den »übersteigerten Angriffen« wollte Adenauer künftig vorbeugen, und er kündigte deshalb an, in größerem Umfang als bisher strafrechtlich wegen Beleidigung des Auswärtigen

Dienstes vorzugehen. Trotz seiner Kritik betrachtete der Kanzler das Ergebnis des Untersuchungsausschusses als einen Gewinn,»wenn die Arbeit... dazu beigetragen hat, Mißverständnisse zu klären,... wirkliche Mißstände aufzudecken, die Bahn für eine ungestörte Aufbauarbeit freizumachen...«[55]

Diesem versöhnlichen Resümee mochte die Deutsche Partei nicht beipflichten. Sie fühlte sich durch die Angriffe auf das AA»sehr lebhaft an die Polemik und die Presseerzeugnisse unmittelbar nach dem Zusammenbruch 1945/46« erinnert, sah dadurch das»eigene Nest fortgesetzt beschmutzt« und warf dem Untersuchungsausschuß vor, seine verfassungsrechtlichen Befugnisse überschritten zu haben und zu einem Tribunal entartet zu sein. So war es nur folgerichtig, daß die Deutsche Partei den Ausschußbericht ablehnte, um, wie sie betonte, nicht ein»gefährliches Präjudiz einer politischen Parlamentsjustiz«zu schaffen.[56]

Die DP-Fraktion verzichtete darauf, zu thematisieren, daß das Auswärtige Amt im»Dritten Reich« sich nicht»so benommen hat, als daß Demokraten heute nicht darüber nachdenken sollten, wie man es besser machen kann«. Eben diese Reflexion schien der SPD aber notwendig. Erler hielt die Regierungsbeteiligung der DP deshalb für»verhängnisvoll« und prangerte die überall vorhandenen»Restaurationstendenzen« an, die er in keiner anderen Behörde»in dieser Vollkommenheit«zu Gesicht bekommen haben wollte wie beim Auswärtigen Amt. Nach einem Generalangriff auf Blankenhorn, Globke und von Bargen – einen der drei vom Ausschuß als»ungeeignet für den auswärtigen Dienst« befundenen Diplomaten – wiederholte Erler nochmals die sozialdemokratischen Bedenken gegen die – »für unseren Staat ungesund(e)« – Massierung von Pgs an politisch so exponierter Stelle.[57]

Der direkt attackierte Bundeskanzler und Außenminister griff daraufhin sofort selbst in die Debatte ein.»Bei Gott« beteuerte er, nicht der Mann zu sein,»der darauf ausgeht, frühere Pgs in maßgebende Stellungen zu bringen«. Zur Statistik der Zahl ehemaliger NSDAP-Mitglieder in führenden Positionen des AA stellte Adenauer zudem fest,»daß weder der Außenminister noch der Staatssekretär Pgs gewesen sind«. Im übrigen wußte der Kanzler von Organisationen zu berichten, die der Linken nahestanden und die sich»in diesem Punkt viel weitherziger« zeigten. So hatte etwa der Deutsche Gewerkschafts-bund ihm als Mitglied der Hohen Behörde einen ehemaligen Pg vor-geschlagen. Auf seine Bedenken, in der ersten supranationalen Be-hörde doch nicht ausgerechnet einen früheren Parteigenossen prä-sentieren zu können, hatte Adenauer zur Antwort bekommen: »Über derartige Überlegungen sind wir längst hinausgewachsen«.[58]

Daß man das Schlußplädoyer des CDU-Bundesvorsitzenden Ade-nauer, mit der »Naziriecherei« Schluß zu machen, nicht falsch verste-hen konnte, war der Rede Eugen Gerstenmaiers namens der »in dieser Sache in Nuancen verschieden denkende(n)« Unionsfraktion zu ver-danken. Ein Mann wie von Bargen schien dem CDU-Politiker in jeder Hinsicht ungeeignet, »das neue Deutschland vor einer Welt zu vertre-ten, in der es auch heute noch eine schwere und bittere Aufgabe ist, den Berg von Schmutz und Schande abzutragen, der... auf dem deut-schen Namen in der Welt liegt«. Die Unionsfraktion wünschte sich vom deutschen Diplomaten »weder Servilität noch Büßerkrampf« und auch nicht »jene hurtige Einfalt, die... von unserer jüngsten Ge-schichte nichts zu wissen scheint und nach dem Rezept verfährt: Mein Name ist Hase.«[59]

Nach Ansicht der kommunistischen Fraktion saßen die »Ribben-tropler, die in der Nazizeit Hitlers Außenpolitik im Ausland, in den be-setzten Gebieten durchgeführt haben... mit Willen Adenauers in sei-nem Außenamt«. KPD-Sprecher Renner sah den tieferen Grund für diesen Übelstand darin, daß »Adenauers außenpolitische Konzeption die gleiche ist, wie Hitler sie durchzusetzen versucht hat«. Unbe-eindruckt von »Uhu-Rufen« aus der Mitte des Bundestages schlug Renner den kühnen Bogen von der Vergangenheit in die Gegenwart deutscher »dynamischer Außenpolitik«, die sich ihm in den Forde-rungen Adenauers und Staatssekretär Hallsteins nach einer »Be-freiung Osteuropas« und »Integration Europas bis zum Ural« offen-bart hatte.[60]

Demgegenüber erinnerte der FDP-Politiker Becker als Vorsitzen-der des Untersuchungsausschusses an die zahlreichen Mitglieder des Auswärtigen Amtes, »die nach den Vorgängen des 20. Juli ihr Leben haben lassen müssen«, und versicherte demonstrativ die im Bonner AA tätig gewordenen Überlebenden des Widerstandes seiner Hoch-achtung. Es sei im Ausland viel zu wenig bekannt, berichtete Becker von einem Straßburger Gespräch mit ausländischen Parlamentariern, »welches andere Deutschland damals am 20. Juli die Hände gerührt« hat.[61]

In welchem Mißverhältnis der Grad der öffentlichen Erregung und der substantielle Inhalt der personalpolitischen Vorwürfe standen, wurde von einer Reihe seriöser Medien nun immer deutlicher wahrgenommen. Das »beschämende Kapitel« der vom UA 47 gelieferten »Ausschußware«[62] führte vor allem zu der Forderung, künftig bei legislativen Eingriffen in die Personalpolitik der Exekutive sehr viel zurückhaltender zu sein.[63] »Alle ruhig denkenden Menschen«, so räumte auch der sozialdemokratische AA-Experte Lütkens ein, hatten die Bundestagsdebatte »als eine Pleite für den Untersuchungsausschuß-Bericht« verstanden.[64]

Im März 1953 berichtete Hallstein dem Bundestag über die Maßnahmen gegen die vier Beamten, die der Untersuchungsausschuß dem Auswärtigen Amt zur weiteren Prüfung anheimgestellt hatte. Um den Verdacht der Voreingenommenheit auszuschließen, war das für Beamtenfragen zuständige Innenministerium als mitprüfende Instanz eingeschaltet worden. Im Ergebnis konnte dann nicht einmal gegen den besonders beschuldigten Gesandten z.b.V. von Bargen ein förmliches Disziplinarverfahren eingeleitet werden[65], obwohl der Bundesdisziplinaranwalt Franke – jüdischer Emigrant und Mitglied der SPD – erklärtermaßen einen scharfen Maßstab anlegte. Franke lehnte die Eröffnung eines Disziplinarverfahrens gegen von Bargen ab, weil »bei der Beurteilung der Deportation der Juden aus den besetzten Westgebieten nach dem Osten« der Untersuchungsausschuß »gefühlsmäßig« die Kenntnisse zugrunde gelegt hatte, »die man erst heute darüber erlangt hat«.[66] Zwar hob der Bundeskanzler daraufhin die Beurlaubung von Bargens auf, doch hat das Votum des UA 47 dem Diplomaten noch auf Jahre hinaus geschadet. Trotz des eindeutigen Disziplinargutachtens glaubte das AA, sich nicht gegen den Bundestag durchsetzen zu können oder zu sollen; so wurde die Verbeamtung von Bargens erst nach sieben Jahren realisiert und der Diplomat zudem nur im arabischen Raum eingesetzt.

Obwohl die Vorwürfe in den frühen 50er Jahren weitgehend in sich zusammengefallen waren, wurden auch später wieder Beamte des Auswärtigen Amtes zum Opfer einer bestimmten Art von »Vergangenheitsbewältigung«. Im Januar 1956 erregte die Entlassung des Leiters der Ostabteilung im AA, Otto Bräutigam, besonderes Aufsehen. Die Sozialdemokraten hatten einen Brief Bräutigams an den nationalsozialistischen Reichskommissar in Riga ausfindig gemacht, der eine Beteiligung des Diplomaten an Massenhinrichtungen zu belegen schien. Von Brentano seines Amtes enthoben, mußte Bräutigam bis zum Oktober 1957 warten, ehe der ausführliche Bericht eines Richters von hoher Integrität seine Unschuld bewies. Bräutigam hatte »sogar Juden gerettet und schriftlich gegen die Hinrichtungen Stellung bezogen« und war 1940 wegen zersetzender und judenfreundlicher Äußerungen aus der Partei ausgeschlossen worden. Die Sozialdemokraten mußten ihre Anklage nun fallen lassen.[67]

Unabhängig von der Frage disziplinarischer oder strafrechtlicher Schuld der Betroffenen ist die historisch-politische und moralische Dimension der Personalpolitik des Auswärtigen Amtes zu sehen. Hierbei lediglich von »blindem Alarm«[68] zu sprechen, wäre der ganzen Dimension der Problematik – angesichts der Verstrickungen der deutschen Diplomatie in das Unrechtssystem des »Dritten Reiches« – gewiß nicht angemessen. Vielmehr deuten die zutage getretenen Schwierigkeiten, den beamtenrechtlichen, pragmatischen und historisch-moralischen Aspekten gleichermaßen gerecht zu werden, auf die schiere Unmöglichkeit hin, die nationalsozialistische Vergangenheit in einer für alle Seiten befriedigenden Form zu »bewältigen«.

Noch in einer Pressekonferenz im Dezember 1961 attackierte ein SED-Staatssekretär »185 Nazi-Diplomaten« von Außenminister Schröder bis zum deutschen Botschafter in den USA, Wilhelm Grewe.[69] Doch die in so braunes propagandistisches Licht getauchte Bundesrepublik hatte erst wenige Monate vorher beim Massen-Exodus der Deutschen aus der DDR und beim Berliner Mauerbau ihre demokratische Legitimität drastisch dokumentiert, während die DDR immer mehr Bewohner durch die »Abstimmung mit den Füßen« verlor. Die junge bundesdeutsche Demokratie konnte es deshalb – ohne größeren Schaden zu nehmen – ertragen, daß in der Weltöffentlichkeit immer wieder aus unberufenem Munde Vorwürfe gegen die »verbrecherische Tätigkeit der Diplomatie des faschistischen deutschen Imperialismus« laut wurden. Sicher wäre Adenauer gut beraten gewesen, wenn er schon im Frühjahr 1950 einem Personalgutachterausschuß für das AA, wie er dann beim Aufbau der Bundeswehr eingerichtet wurde, zugestimmt hätte. Doch selbst wenn der Kanzler seine Bedenken gegen ein damit verbundenes Hineinregieren der Legislative und der Öffentlichkeit in die Entscheidungen der Exekutive zurückgestellt hätte, und selbst wenn er darüber hinaus eine offensivere Pressepolitik zum Schutz des Auswärtigen Amtes betrieben hätte[70], wären wohl kaum die Vorwürfe ausgeblieben, wie sie vom kommunistischen Osten ein ums andere Mal, und meistens unbegründet, erhoben wurden.

Die Instrumentalisierung der personellen »Vergangenheitsbewältigung« zu allen möglichen politischen Zwecken schien bereits in den frühen 50er Jahren ein nur zu probates Mittel im Kampf um Machterhalt und Machterwerb. Keine Partei blieb von diesen Versuchungen ganz verschont. Am häufigsten erlagen ihr aber die Sozialdemokraten – vielleicht auch deshalb, weil sie in Bonn während der gesamten Ära Adenauer die Oppositionsrolle zu spielen hatten. Denn wie wir heute wissen, war auch Adenauer, der sich öffentlich stets hinter sein Auswärtiges Amt stellte, »nicht gerade glücklich« über dessen personelle Entwicklung, die ihm durch den besonderen Korpsgeist der Diplomaten mit bedingt schien. Aber der pragmatische Kanzler hielt es mit dem Sprichwort seiner Kölner Heimat: »Man schüttet kein dreckiges Wasser aus, wenn man kein reines hat.«[71]

Der Aufbau der Bundeswehr – alte und neue Soldaten

1. Abschied von belasteten Traditionen

Eher noch stärker als auf der Wiederbegründung des Auswärtigen Amtes lasteten die Hypotheken der jüngsten deutschen Geschichte auf der Gründung einer neuen Armee. Beim diplomatischen Dienst handelte es sich um einen zwar sehr exponierten, aber doch relativ kleinen Personenkreis; mit der Frage der Streitkräfte war dagegen die Masse des wehrfähigen Volkes angesprochen. Millionen deutscher Männer hatten Anfang der 50er Jahre aufgrund eigenen Erlebens noch eine recht konkrete Vorstellung vom Militär und eine Aversion gegen gewisse Auswüchse des »Kommiß«.[1] Nicht zufällig wurde Kirsts Roman »08/15« damals zum Bestseller und waren Fechten und Segelfliegen noch als »militaristisch« verboten.[2]

Obendrein war das deutsche Militär besonders eng und offensichtlich an der Katastrophe von 1945 beteiligt, »ja, es erschien geradezu als Träger der Niederlage«.[3] Während die politisch verantwortlichen Nationalsozialisten, von den bekannten NS-Größen einmal abgesehen, oft schwer auszumachen waren, konnten militärisch Verantwortliche und Soldaten leichter identifiziert werden. So mußten sich die Gründer der Bundeswehr in der Dienststelle Blank vor allem auch dieser schwierigen Vergangenheit stellen. Nur wenn deren »Bewältigung« gelang, gab es für demokratische Streitkräfte in der Bundesrepublik Deutschland eine Zukunft.

Im erbitterten Streit um die Wiederbewaffnung erfüllten die evangelischen Akademien in den Landeskirchen der EKD wichtige Funktionen als neutrale Begegnungsstätten zwischen der Dienststelle Blank und engagierten Teilen der Gesellschaft. Die Tagungsteilnehmer, die sich überwiegend aus evangelischen Pfarrern rekrutierten, bildeten mit ihrer meist strikten Ablehnung der Wiederbewaffnung zwar keinen repräsentativen Querschnitt der Landeskirchen, doch vertraten sie »sicherlich… den politisch aktivsten Teil«.[4] In den Diskussionen der Bundeswehrgründer mit den evangelischen Pfarrern wurde auch besonders deutlich, in welchem Maße das »Nicht-wieder-vorwerfen-lassen-geschwiegen-zu-haben«[5] die Positionen bestimmte.

Da die Weimarer Reichswehrführung nicht zu einer verläßlichen Stütze der Republik geworden war, sondern Hitler nach 1933 einen exzessiven Militarismus zur Staatsdoktrin erheben und die Streitkräfte für seinen Expansionskrieg benutzen konnte, kam eine Rückkehr zum Status quo ante für die Bundeswehrgründer nicht in Frage. Die Offiziere, die im Oktober 1950 im Eifelkloster Himmerod für den Bundeskanzler eine Denkschrift zur militärischen Lage ausarbeiteten, entschieden sich für einen grundlegenden Neuanfang. Bereits im Himmeroder Memorandum wurde streckenweise die Handschrift Wolf Graf von Baudissins sichtbar, und nicht etwa die des in Himmerod ebenfalls anwesenden Hermann Förtsch, der 1935 noch über die

140

»Wehrmacht im nationalsozialistischen Staat« publiziert hatte. Der Aufbau deutscher Truppen, so hieß es in Himmerod, müsse demokratisch legitimiert sein und in Übereinstimmung mit der Opposition und den Gewerkschaften erfolgen. Nicht nur diese Forderung war angesichts der deutschen Militärtradition erstaunlich, auch andere Kernsätze dokumentierten »Vergangenheitsbewältigung«: »Das deutsche Kontingent darf nicht ein ›Staat im Staate‹ werden. Das Ganze wie der einzelne haben aus innerer Überzeugung die demokratische Staats- und Lebensform zu bejahen.«[6]

Vor allem dem Grafen Baudissin ist es zu verdanken, daß die Auseinandersetzung mit der Geschichte »nicht nur proklamatorisch, sondern materiell stattfand«. Denn der Offizier hätte es für sträflich gehalten, »eine Restauration zu versuchen; aber wohl auch unangebracht, einen rein revolutionären Weg zu beschreiten, welcher alles Bisherige ungeprüft über Bord wirft«.[7] Dem entsprachen die in den Jahren von 1954 bis 1956 verabschiedeten Gesetze zur Wehrverfassung. Sie fixierten den Primat des Politischen vor dem Militärischen, teilten der Bundesregierung die ausschließliche Führungsverantwortung zu und verschafften dem Parlament umfangreiche Kontrollbefugnisse. Die Verstrickung des deutschen Militärs in die nationalsozialistische Gewaltpolitik stand auch im Hintergrund der »sittlichen und rechtlichen Begrenzung der Gehorsamspflicht«[8], wie sie im neuen Soldatengesetz vorgenommen wurde. An die Stelle des bedingungslosen Gehorsams war nunmehr das Verbot getreten, verbrecherische Befehle auszuführen.

Daß die Bundesrepublik Deutschland bei der Aufstellung ihrer Streitkräfte Lehren aus der Vergangenheit zog, unterstrichen zudem die Formeln bei Eid und Gelöbnis der Bundeswehrsoldaten. Im Nationalsozialismus war der militärische Eid an die Person Hitlers gebunden gewesen. Dies hatte manchen im Grunde oppositionellen Soldaten in schwere Gewissenskonflikte gestürzt und seinen aktiven Widerstand verhindert. Zumindest spielte dieses Argument in der späteren Diskussion um den 20. Juli eine erhebliche Rolle. Es war deshalb nur konsequent, wenn die Soldaten der Bundesrepublik künftig ein inhaltliches Versprechen ablegten, das Recht und die Freiheit des deutschen Volkes und die sittlichen Grundlagen seiner demokratischen Verfassung tapfer zu verteidigen.

Als die Bundeswehr am 200. Geburtstag des preußischen Reformers Scharnhorst im November 1955 gegründet wurde[9], erinnerten schon die schlichten Uniformen in nichts mehr an den »bunten Rock« der Vergangenheit, sondern vermittelten der Öffentlichkeit »den sichtbarsten Eindruck vom radikalen Bruch mit dem äußeren Erscheinungsbild des deutschen Soldaten«.[10] Die zurückhaltende Selbstdarstellung der Bundeswehr und das Verdrängen emotionaler Zugänge zum Beruf des Soldaten verstärkten diese Entwicklung, gegen die sich vor allem die noch stark nationalliberale FDP vergeblich gestemmt hatte. Doch ging das Plädoyer der Freien Demokraten für die Erhaltung des alten Uniformbildes und für die Beibehaltung des Namens »Wehrmacht«[11] an einem mächtigen Zeitgeist vorbei, der eine Armee wollte, »die nach ihrer inneren Verfassung und äußeren Erscheinung sich als Denkmal der Bewältigung deutscher Militärvergangenheit auffaßte«.[12]

Dieser Trend war noch verstärkt worden durch die erheblichen Irritationen, die immer neue Gründungen von Soldatenverbänden seit dem Sommer 1951 im In- und Ausland hervorgerufen hatten.[13] Denn während dieser hoch schlagenden Gründungswelle scheuten einige Organisationen nicht davor zurück, in zahlreichen Großveranstaltungen ziemlich kräftig auf die nationalistische Pauke zu hauen. Auf dem ersten Nachkriegstreffen mit Angehörigen der ehemaligen Waffen-SS in Verden beschuldigte der als Gast geladene frühere General der Fallschirmtruppen, Bernhard Ramcke, die Alliierten als die wirklichen Kriegsverbrecher, »die ohne taktische Gründe ganze Städte zerstörten, die die Bomben auf Hiroshima warfen und neue Atombomben herstellen«. Die früheren Waffen-SS-Generale Herbert Gille und Felix Steiner distanzierten sich unverzüglich von den Worten des ausfälligen Gastes, legten ein Bekenntnis zu Europa und gegen den Nationalismus ab und betonten, daß die Erfahrungen der Vergangenheit nicht spurlos an ihnen vorübergegangen seien; doch füllte der »Fall Ramcke« bald die Spalten der Weltpresse. Obwohl Adenauer in einem Schreiben an den britischen Hochkommissar Sir Ivon Kirkpatrick mit Nachdruck die Äußerung des Fallschirmjäger-Generals mißbilligte, provozierte sie auch eine Anfrage im britischen Unterhaus. Der britische Außenminister Anthony Eden konnte allerdings darauf verweisen, daß Ramcke statt vorgesehener drei Minuten eine halbe

Stunde gesprochen und sämtliche Bemühungen der Organisatoren ignoriert hatte, ihn zu stoppen. Auch war Eden nicht das scharfe Urteil entgangen, das die »deutsche Presse aller Schattierungen« gegen den »bramarbasierenden« Ramcke gesprochen hatte.[14]

So hielt die Bundesregierung – und mit ihr meist im Gleichschritt die sozialdemokratische Opposition – es für das Beste, eine Strategie von »Zuckerbrot und Peitsche«[15] gegenüber den Soldatenbünden zu verfolgen. Ihre Gründung und ihren Zusammenschluß im Verband deutscher Soldaten zur Pflege der Kameradschaft und zur Vertretung ihrer Versorgungsansprüche verfolgte das offizielle Bonn »mit Aufmerksamkeit und Verständnis«; jede darüber hinausgehende politische Betätigung stieß dagegen auf teils schroffe Ablehnung.[16]

2. Personalgutachterausschuss

Einen Kulminationspunkt erreichten die militärpolitischen Kontroversen im Zuge der deutschen Wiederbewaffnung Mitte der 50er Jahre, als sie in das schwierige Gelände personeller »Vergangenheitsbewältigung« hineingerieten. Schon Graf Schwerin, der erste Sicherheitsberater Adenauers im Kanzleramt, hatte in einer Stellungnahme zur Himmeroder Denkschrift den Kern des Problems herausgearbeitet: »Man wird auch gezwungen sein, auf zahlreiche, für den raschen Aufbau unentbehrliche Fachkräfte zurückzugreifen, die den Aufbau in Form einer Restauration durchzuführen versuchen werden.«[17] Derartigen Bestrebungen galt es also von vornherein entgegenzutreten.

Konnte dies aber gelingen, wenn Theodor Blank in seiner Dienststelle führend auf den früheren Stabschef von Rommel, General Hans Speidel, und auf Adolf Heusinger, den ehemaligen Generalstabschef, zurückgreifen mußte, die doch »als laue Diener des Regimes und äußerst zaghafte Gegner«[18] angreifbar waren? Zunächst begegnete die Wahl dieser beiden Generale jedenfalls keinerlei Einwänden. Auch die Sozialdemokraten waren der Ansicht, daß – falls es zweier ehemaliger Generale bedürfe – diese beiden aufgrund ihrer militärischen und menschlichen Qualitäten geeigneter seien als jeder andere. Erst als Speidel und Heusinger zu »Viersterne-Generalen« avancierten, wurden ihre Karrieren 1955 Gegenstand manch kritischer Betrachtung[19] – zumal zur gleichen Zeit andere hochrangige Militärs wie Admiral Karl Dönitz oder der Panzergeneral Kurt Meyer noch im Zuchthaus saßen. So regnete es vor allem in Großbritannien und Holland, aber auch in der Bundesrepublik Proteste gegen Speidels Ernennung für einen NATO-Posten ausgerechnet in Paris. Denn dort war er bereits während des Krieges in der Armee Hitlers tätig gewesen.[20]

Mag man über das diplomatische Fingerspitzengefühl einer derartigen Berufung geteilter Meinung sein, so darf dies doch nicht den Blick auf die großen personalpolitischen Linien der neuen Bundeswehr verstellen. Sie waren im Juli 1955 mit der Gründung eines »Personalgutachterausschusses« vorgezeichnet worden. Der Ausschuß konnte auch als Ergebnis eines Lernprozesses gelten, der nach dem umstrittenen Aufbau des Auswärtigen Amtes in Bonn eingesetzt hatte. Seine Aufgabe bestand darin, Soldaten, die für eine Verwendung als Oberst oder General vorgesehen waren, auf ihre persönliche Eignung zu prüfen. Ohne zustimmendes Votum von zwei Dritteln des 38köpfigen Gremiums konnte der Verteidigungsminister keinen Bewerber einstellen.

Der Ausschuß setzte sich aus angesehenen Persönlichkeiten des öffentlichen Lebens – vom früheren sozialdemokratischen Minister bis zum katholischen Priester – zusammen. Um seine Unabhängigkeit noch zu unterstreichen, befanden sich keine amtierenden Bundestagsabgeordneten darunter, und auch das ehemalige aktive Offizierskorps war nur mit neun Männern von hoher Integrität vertreten, die zudem nicht selbst für leitende militärische oder zivile Positionen kandidierten. Als Vorsitzender fungierte der frühere Staatssekretär und Bürgermeister von Aachen, Otto Rombach, den die Nationalsozialisten 1933 seines Amtes enthoben hatten. Annedore Leber, Witwe des nach dem 20. Juli 1944 hingerichteten sozialdemokratischen Widerständlers und selbst als Historikerin mit der Geschichte des Widerstandes beschäftigt, gehörte dem Ausschuß ebenso an wie der Rechtsanwalt Freiherr von Schlabrendorff, Autor des Buches »Offiziere gegen Hitler«, und General a.D. Fridolin von Senger und Etterlin, der Verteidiger von Monte Cassino, der es stets verstanden hatte, die Gestapo aus seinem Bereich fernzuhalten.[21]

Das Gesetz zum Personalgutachterausschuß wurde vom Bundestag mit großer Mehrheit angenommen, wobei die SPD ihre Auffassung

144

betonte, daß es sich dabei nicht um ein Ja zum Wehrgesetz insgesamt handele, sondern um Garantien gegen einen Mißbrauch. Nur vereinzelte sozialdemokratische Stimmen auf der Linken und die Deutsche Partei auf der Rechten lehnten den Ausschuß schließlich ab. Als der DP-Abgeordnete Herbert Schneider – entgegen einer interfraktionellen Absprache im Ältestenrat, sich auf kurze Erklärungen zu beschränken – die Erläuterung seines Standpunktes zu einem scharfen Angriff auf das geplante Einstellungsverfahren ausbaute, nahm die Debatte unerwartet kräftige Farben an. Zunächst gab Schneider seiner Sorge Ausdruck, mit dem Personalausschuß würde ein Instrument der »Gesinnungsschnüffelei« geschaffen, das eine neue Entnazifizierung bedeute. In Deutschland sei noch kein Usurpator auf den Spitzen der Bajonette, sondern Hitler durch die Stimmzettel zur Macht gekommen. Das Parlament reagierte auf die – fast schon in einer Apotheose des deutschen Soldatentums ausmündende – Rede des DP-Sprechers mit stürmischen Ausbrüchen des Unmuts von der Linken bis zur FDP und mit Zwischenrufen gegen diesen »Nazi im Bundestag«. Die SPD erinnerte sogar an ihr Nein zum Ermächtigungsgesetz anno 1933. Der Ärger bei den Freien Demokraten schien aber offensichtlich auch daher zu rühren, daß ausgerechnet die Regierungspartei DP sich anschickte, die FDP noch im Einsatz für die ehemaligen Offiziere zu übertreffen, und so hielt der FDP-Wehrexperte Erich Mende der DP das Wort von »des Kanzlers getreuesten Knappen« entgegen.[22]

Den heftigen Bonner Protest gegen die »undemokratischen Ressentiments« der Deutschen Partei werteten Beobachter als ein positives Symptom dafür, »auf welche Widerstände restaurative Tendenzen hier noch immer stoßen«. Der Bayerische Rundfunk indes fuhr fort, auch nach Einsetzung des Personalgutachterausschusses Restaurationskritik zu üben. Einmal mehr warnte er im November 1955 vor Fehlerquellen bei der Personalpolitik. So habe bei einem Bewerber, der vom Ministerium bereits in einen wichtigen Posten eingewiesen worden war, ein Teil der Personalunterlagen dem Ausschuß nicht vorgelegen. Aus diesen aber ging hervor, daß der betreffende Offizier beschuldigt wurde, seine Kameraden vom 20. Juli denunziert zu haben. In der Sendung des Bayerischen Rundfunks sah man diese Panne bereits als einen hinlänglichen Beweis dafür an, auf welche bedenkliche Weise bei der Offiziersauswahl operiert werden könne.[23]

Sehr viel weniger in das schwarz-weiße Bild der Restaurationskritik fügte sich die Art und Weise, mit der im Dezember 1955 vier Oberste, enge Mitarbeiter des Verteidigungsministers, von den Personalgutachtern abgelehnt wurden. Die unabhängige Entscheidung des Ausschusses war um so bemerkenswerter, als die vier Offiziere bereits in der Dienststelle Blank wichtige Funktionen ausgeübt hatten und ein Einspruch gegen sie im Grunde auf ein Mißtrauensvotum gegen den Politiker Blank selbst hinauslief, dessen Vertrauen die Betreffenden schließlich seit langem genossen hatten.

Angesichts der politischen Brisanz des Ausschußvotums geriet nun der geheime Charakter der Beratungen überhaupt ins Schußfeld. Mit dieser Bestimmung hatte der Bundestag öffentliche Diskussionen über Personalpolitik vermeiden und den abgewiesenen Kandidaten ihren Weg in einen zivilen Beruf offenhalten wollen. Auch die Entschlossenheit, keine Neuauflage der Entnazifizierung durchzuführen, spielte hier hinein.[24] Wohl aufgrund der Hochrangigkeit der diesmal abgelehnten Bewerber – darunter etwa der Chef des Stabes in der militärischen Planungsabteilung, Oberst a.D. Fett – gelang es nicht, die bis dahin übliche Verschwiegenheit zu wahren, sondern drangen die Namen an die Öffentlichkeit. Aus Fetts Lebenslauf wurde publik, daß er im November 1944 dem nach dem 20. Juli hingerichteten General Stieff als Leiter der Organisationsabteilung im Oberkommando des Heeres nachgefolgt war. An die Ablehnung des Obersten a.D. Bergengrün knüpften sich besondere Spekulationen, weil er als der eigentliche konservative Gegenspieler des Grafen Baudissin im Ringen um dessen Ideal vom Staatsbürger in Uniform galt. Hatte der Ausschuß sich angemaßt, auch über zwei konkurrierende militärpolitische Konzeptionen zu entscheiden?

Um den stark angeschlagenen Verteidigungsminister zu entlasten, über den bereits Rücktrittsgerüchte in der Bundeshauptstadt kursierten, versuchte der CDU-Vorstand schließlich, den Ausschuß zu einer Begründung seiner Entscheidungen zu veranlassen. Doch beharrte das Gremium auf dem Prinzip der Geheimhaltung als einem Wesenselement seiner Arbeit: »Um eine Bürgschaft für die höheren Führungsstäbe der Bundeswehr – die kein Nachfolger der Wehrmacht sein sollte – abgeben zu können, müsse der Ausschuß in seinen Beratungen völlig frei sein.«[25] Trotz dieser Ereignisse versagte sich die Union wenige Monate später einem Vorschlag der Deutschen Partei, den Personalgutachterausschuß abzuschaffen und durch einen »Ehrenrat« ehemaliger Offiziere zu ersetzen.[26] Bald aber geriet der Personalgutachterausschuß erneut in die Schlagzeilen.

3. KONTROVERSEN UM DIE WAFFEN-SS

Zum 1. September 1956 wurden neue Aufnahmerichtlinien für ehemalige Angehörige der Waffen-SS wirksam. Die Bestimmungen waren zwar schon im Oktober 1955 vom Personalgutachterausschuß festgesetzt worden, doch brach der Sturm der Entrüstung erst jetzt mit einer erstaunlichen Verzögerung von fast einem Jahr los. Zwischenzeitlich hatten allerdings nicht zuletzt die Aktivitäten des im Frühjahr 1956 gegründeten Grünwalder Kreises[27] einen neuen Schub der »Vergangenheitsbewältigung« ausgelöst, der sich stark auf den Bereich der »Remilitarisierung« konzentrierte.

Nach den umstrittenen Richtlinien sollten Waffen-SS-Dienstgrade im General- und Oberstenrang weiterhin grundsätzlich von der Wiedereinstellung in der Bundeswehr ausgeschlossen bleiben, Bewerber bis zum Rang eines Oberstleutnants konnten aber nach einer besonderen Prüfung nunmehr Berücksichtigung finden. Dabei mußten die Aspiranten ein innerlich überzeugtes Abrücken von der Vorstellungswelt des Nationalsozialismus und eine positive Einstellung zur freiheitlich-demokratischen Grundordnung beweisen sowie insbesondere drei politische Referenzen von untadeligen Persönlichkeiten beibringen, deren Vergangenheit keinerlei Anlaß zu irgendwelchen Bedenken gab.[28]

Die Richtlinien des Ausschusses unterschieden »Allgemeine SS« und »Waffen-SS«. Denn aus der »Allgemeinen SS« waren SD und SS-Verfügungstruppen, besonders die Totenkopfverbände erwachsen, deren Mitglieder durchweg fanatische Nationalsozialisten waren und sich zu Recht als den innersten Kern des NS-Regimes betrachteten. Sie dienten mit oft rücksichtslosesten und brutalsten Mitteln dem Aufbau und später der Erhaltung der nationalsozialistischen Diktatur. Eine Ausnahme bildete hier teilweise die sogenannte Reiter-SS. Ihr hatten sich nach 1933 auch ländliche ostelbische Reitervereine eingegliedert, deren Mitglieder sich vom Treiben der SS ebenso fernhalten konnten wie mancher Kriminalbeamter, der während des Krieges zum SD zwangsversetzt wurde, aber dort den Opfern des Regimes geholfen hatte.

Von der »Allgemeinen SS« zu unterscheiden war die »Waffen-SS«, »Himmlers Spezialkampftruppe zur Eroberung Europas« (Kogon), durch die im Verlauf des Krieges 860000 Mann gingen. Davon waren freilich nur 200000 Freiwillige aus dem Gebiet des »Großdeutschen Reiches«; der größte Teil wurde einberufen, aus Heer und Luftwaffe übernommen oder stammte als Volksdeutscher aus dem eroberten Osteuropa. Die Richtlinien des Personalgutachterausschusses besagten nun, daß Bewerber, die ohne ihr Zutun zur Waffen-SS gestoßen waren – die Beweislast oblag den Aspiranten selbst –, der gleichen Prüfung wie andere Bewerber auch unterzogen wurden.

Das hieß, daß Soldaten, die an Verbrechen gegen die Menschlichkeit beteiligt waren, ausnahmslos ausgeschlossen wurden. Es sollte also kein Angehöriger der »Waffen-SS«, der jemals – etwa nach vorübergehender Kommandierung zu einer Verfügungstruppe – an der Bewachung von Konzentrationslagern teilgenommen oder sich an Liquidationsaktionen beteiligt hatte, Zugang zur Bundeswehr finden. Über das Gewicht der SS-Frage war sich der Personalgutachterausschuß bei seinen Beratungen voll bewußt. Da aber Kollektivurteile einem »so komplexen Tatbestand, wie es ein totalitärer Staat ist«, niemals gerecht werden konnten, lehnte er es ab, ein Kollektivurteil über die gesamte SS auszusprechen.[29]

Konrad Adenauer und Kurt Schumacher hatten schon Anfang der 50er Jahre gefordert, zwischen Allgemeiner SS und Waffen-SS zu differenzieren. Als sich der SPD-Vorsitzende im Beisein Herbert Wehners im Herbst 1951 mit zwei hohen Offizieren der Waffen-SS zu einem Gespräch traf, erregte dies unter anderem das Mißfallen Liebmann Herschs, eines führenden Repräsentanten der internationalen jüdischen sozialistischen Organisation »Der Bund«. Schumacher klärte ihn auf, daß die Waffen-SS mit den Organisationen der Menschenvernichtung nicht gleichgesetzt werden konnte, sondern sich als »eine Art vierter Wehrmachtsteil gefühlt« habe und »damals auch so gewertet« worden sei. Zu jedem totalitären System gehörte es nach Schumachers Auffassung, »mit allen Methoden der Verstrickung ein Ergebnis der Mitschuld aller zu erzeugen«. Und gerade im Falle der Waffen-SS war im Bewußtsein der Welt in der Tat »eine totale Komplizität« herbeigeführt worden. Dennoch hielt der SPD-Vorsitzende an seiner Überzeugung von der »staatsbürgerlichen Notwendigkeit« fest, die große Masse »dieser 900000 Menschen« aus ihrer »Pariarolle« herauszuführen und ihnen den Weg »zu Lebensaussicht und Staatsbürgertum« freizumachen.[30]

Trotz der großen Koalition zwischen Adenauer und Schumacher in der Beurteilung der Waffen-SS blieben deren Veteranen-Treffen für manche ein beunruhigendes Phänomen. Im Sommer 1954 verbot der Oberbürgermeister von Kassel eine Versammlung von Angehörigen eines Waffen-SS-Panzerregimentes, bei der – unter Beteiligung des Roten Kreuzes – das Schicksal unzähliger Vermißter geklärt werden sollte. Gegen das Soldatentreffen hatten unter anderem die – damals noch nicht verbotene – KPD und Funktionäre der westdeutschen Eisenbahnergewerkschaft protestiert, die am gleichen Tag in Kassel eine Veranstaltung anberaumt hatten. Die »Deutsche Soldatenzeitung« nahm daraufhin den Kasseler Oberbürgermeister unter heftigen Beschuß und hielt ihm vor, daß nicht einmal das »Nürnberger Tribunal« die Waffen-SS kollektiv als verbrecherisch deklariert hatte. Zudem berief sich das äußerst rechte Blatt auf Sprecher der Waffen-SS, die »nicht nur einmal« erklärt hatten, loyal auf dem Boden der Demokratie zu stehen.[31]

Dennoch blieben die Versammlungen der Waffen-SS ein Stein des Anstoßes. 1957 beschlossen die bayerischen und hessischen Gewerkschaften, gegen ein Suchdiensttreffen der HIAG im Unterfränkischen mit 20 000 Mann zu demonstrieren. Der in den soldatischen Verbänden als »Gegner Nr. 1« bekannte Landesvorsitzende der IG Metall und SPD-Landtagsabgeordnete Eßl stellte sich an die Spitze dieser Bewegung und konterkarierte damit einmal mehr das Bemühen des SPD-Wehrexperten Fritz Erler, über die HIAG Einfluß auf die ehemaligen Soldaten der Waffen-SS zu gewinnen. Auch Erich Ollenhauer hatte erst kurz vor Eßls Aktion – im Vorfeld der Bundestagswahlen von 1957 – noch offiziell an die HIAG geschrieben und sie seiner Zustimmung zu diversen versorgungsrechtlichen Forderungen versichert.[32]

Die heftigsten Eruptionen rief freilich die erwähnte Richtlinie des

Personalgutachterausschusses zur Waffen-SS hervor. Offensichtlich hatte auch Adenauers Hannoveraner Wahlrede aus dem Jahr 1953 nicht allenthalben überzeugt, wo er der Waffen-SS bescheinigt hatte, nur den Namen gemeinsam mit den anderen SS-Formationen zu haben. Vor 1945, so wurde dem Kanzler entgegnet, wäre er für diesen Ausspruch »von einem Rollkommando der Waffen-SS umgelegt worden«. Wenigstens an der Spitze habe die Waffen-SS nämlich nie sein wollen wie die anderen. Darüber hinaus weckte das Schrifttum, mit dem die Waffen-SS geschult worden war («Für ein Großgermanien«, »Der Untermensch« etc.), Zweifel an der Eignung dieser Soldaten für die Bundeswehr. Sei es nicht undenkbar, so wurde gefragt, daß man deutschen Juden »wird zumuten können, in einer Armee zu dienen, die von ehemaligen höheren SS-Offizieren durchsetzt wird«?[33] Und würde dies nicht auch zahlreiche verantwortungsbewußte Christen nachgerade zur Wehrdienstverweigerung treiben?[34]

Wenn noch etwas in dem Erinnerungsvermögen vieler Deutscher »nicht ganz dem Vergessen und der Verharmlosung anheimgefallen ist«, monierte die »Frankfurter Neue Presse«, »dann ist es die Erinnerung an die SS und den SD,... die vor nichts zurückschreckten und selbst Urteile der Justiz höhnisch mißachteten...«. In der Argumentationskette der »Frankfurter Neuen Presse« und mit ihr eines beachtlichen Teils der Medien wurde keineswegs bestritten, daß tapfere und anständige Soldaten in den Reihen der Waffen-SS gestanden hatten, aber man hielt den Namen eben doch auch für verknüpft mit schlimmen Taten wie Lidice und Oradour. »Ungeachtet der Ausnahmefälle, die es sicher auch hier gibt«, kritisierte das DGB-Organ »Welt der Arbeit«, hätte das Verteidigungsministerium daran denken müssen, »daß die SS für die ganze Welt zum Symbol einer unmenschlichen Diktatur geworden ist«.[35] Auch die Zeitschrift »Die Gegenwart« beschäftigte sich mit der SS, diesen »beiden Buchstaben«, die der Nation »wie ein doppelter Peitschenhieb übers Antlitz geschlagen wurden« und die deshalb nicht mehr ausgesprochen werden sollten, weil sonst die »Striemen von einst wieder zu brennen« begännen.[36]

Wie sehr die Striemen wirklich noch brannten, zeigte sich an der Flut von Protesten, die der Beschluß des Bundespersonalausschusses im In- und Ausland hervorrief. Ein Brief des stellvertretenden Ministerpräsidenten der DDR, Hans Loch, an den Generalsekretär der

Vereinten Nationen enthielt die Forderung, »geeignete Schritte« einzuleiten, damit die Bundesregierung die »Bewaffnung von Angehörigen der verbrecherischen Waffen-SS« unterlasse.[37] Auch in Frankreich und England wurden wieder ungute Gefühle wach. Der Bischof von Chichester äußerte sich in einem Leserbrief an die Londoner »Times« besorgt, zeigte aber dann nach einem Briefwechsel mit dem FDP-Bundestagsabgeordneten Erich Mende Verständnis für dessen Argumentation, die SS nicht über einen Leisten zu schlagen.[38]

In Deutschland brachte der Zentralrat der Juden beim Bundeskanzler seine Besorgnis zum Ausdruck und bezeichnete es als unzumutbar für ehemalige Verfolgte, unter dem Befehl von Offizieren zu stehen, die aktiv bei der Waffen-SS gedient hatten. Der Landesrat für Freiheit und Recht in Bayern schloß sich dem Protest ebenso an[39] wie der Grünwalder Kreis, der besonders davor warnte, SS-Offizieren zu einem Zeitpunkt »erheblichen erzieherischen Einfluß« auf die Truppe gewinnen zu lassen, zu dem die Bundeswehr selbst »praktisch noch nicht demokratische Grundüberzeugungen zur Geltung« habe bringen können.[40] Im Bayerischen Rundfunk waren es wieder Helmut Hammerschmidt und Michael Mansfeld, die sich in einer Sondersendung mit Bundeswehr und Waffen-SS befaßten. Zwar fiel es ihnen aufgrund der »komplizierten Zusammenhänge« zwischen Waffen-SS, Totenkopfverbänden und Verfügungstruppen »ungeheuer schwer, Schuldige und Unschuldige voneinander zu trennen«, doch hatten sie angesichts der historischen Entwicklung der Organisation Mühe, »ihr menschliches Verständnis entgegenzubringen«.[41]

Die Sozialdemokraten wiederum hatten Schwierigkeiten, das von weiten Teilen der öffentlichen Meinung geforderte Maß an moralischer Entrüstung mit ihrer – aus der Tradition Schumachers kommenden – staatspolitisch-pragmatischen Haltung gegenüber der Waffen-SS zu verbinden. Je heftiger die Vorwürfe in der Öffentlichkeit wurden, desto distanzierter fielen auch die Kommentare seitens der SPD aus. Hatte ihr Wehrexperte Fritz Erler noch am 13. September 1956 betont, mit den Richtlinien des Ausschusses habe sich »praktisch nichts Neues ereignet«[42], so war der SPD-Parteivorstand wenige Tage später in seiner Erklärung zur Waffen-SS schon sichtlicher bemüht, der Unruhe im In- und Ausland mit Verständnis zu begegnen.[43]

An die Spitze der Bewegung setzte sich dann der sozialdemokratische Abgeordnete Arndt. Er richtete eine Anfrage an den Verteidigungsminister, welche Maßnahmen getroffen würden, »um unter allen Umständen mit wirklicher Sicherheit zu verhindern«, daß Personen mit SS-Gesinnung in die Bundeswehr Eingang fänden. Um seine Warnung zu begründen, veröffentlichte Arndt das Schreiben eines SS-Obersturmbannführes, der dem Verfasser eines SS-kritischen Leserbriefs in der »Frankfurter Allgemeinen« mit einer »Abrechnung« wegen dessen »Verleumdungen« gegen die Waffen-SS gedroht hatte. Der Obersturmbannführer a.D. sprach von den »feigen Gesellen« des 20. Juli, bekannte sich zum Antisemitismus und stellte fest, alle »wirklich noch deutsch Gebliebenen« würden über die SS längst ganz anders urteilen.[44]

Auch der sozialdemokratische bayerische Ministerpräsident Hoegner kündigte nun an, die Einstellung von Offizieren der Waffen-SS im Sicherheitsausschuß des Bundesrates zur Sprache zu bringen, nachdem bereits vorher mehrere Länderregierungen Einwände erhoben hatten.[45] Seine eigene Meinung wollte Hoegner aber nicht äußern und begründete dies mit seiner Abwesenheit aus Deutschland während der Zeit des »Dritten Reiches«. Bundestagspräsident Eugen Gerstenmaier dagegen nahm prononciert Stellung. Vor dem Grünwalder Kreis in Köln wandte er sich zwar gegen ein »kategoriales Urteil« über die Waffen-SS, vertrat aber die Ansicht, auch von denen, die sich »gewandelt haben und geläutert sind«, müsse erwartet werden, daß sie auf eine Verwendung in der Bundeswehr verzichteten. Die Waffen-SS, so erläuterte eine Entschließung des Grünwalder Kreises, stelle die »sichtbarste Verkörperung des nationalsozialistischen Unrechtsstaates« dar.[46]

Angesichts der seit Wochen anhaltenden Auseinandersetzungen, die gerade auch im Ausland »böses Blut gemacht« hatten, sah sich nun der Bundeskanzler veranlaßt, den Angriffen die Spitze zu nehmen. In einer Pressekonferenz zeigte er Verständnis für die »berechtigte Erregung«, die die Veröffentlichung der Ausschuß-Richtlinien über die Waffen-SS im Ministerialblatt des Verteidigungsministeriums hervorgerufen hatte. Diese Veröffentlichung, so Adenauer, wäre unterblieben, wenn er vorher von dem geplanten Vorhaben unterrichtet worden wäre. Der Kanzler bekundete zudem seine Entschlossenheit, Menschen, die aus innerer Überzeugung SS-Offiziere waren, keinesfalls als Soldaten in die Bundeswehr zu übernehmen, damit der Geist der Waffen-SS nicht in die neue Armee eindringe.[47] Bei der Deutschen Partei löste die Erklärung des Regierungschefs »Erstaunen« aus. Ihre Bundestagsfraktion hielt es für »selbstverständlich«, auch bei den ehemaligen Angehörigen der Waffen-SS nicht nach früheren politischen Auffassungen zu fragen, sondern die heutige Einstellung zum Staat zu prüfen. Dazu gehöre untadeliges soldatisches Verhalten und eine »einwandfreie Abkehr von früheren Auffassungen«.[48]

Dennoch brachte Adenauer die Sache vor das Bundeskabinett. Das Verteidigungsministerium wurde veranlaßt, im Bulletin der Bundesregierung die in der Frage der Wiederverwendung von SS-Offizieren aufgetretenen »Irrtümer und Zweifel zu beheben«. Welche beträchtlichen Elemente von Irrationalität in die Diskussion um die »Vergangenheitsbewältigung« hineingemischt waren, zeigte diese neuerliche Bekanntmachung des Verteidigungsministeriums Ende Oktober 1956 einmal mehr. Denn sie unterschied sich von der wenige Wochen älteren Veröffentlichung in keinem wesentlichen Punkt. Als Sedativum für die aufgewühlte Öffentlichkeit wurden lediglich die Aspekte besonders betont, die bereits in der Mitteilung vom 1. September gegen die Wiedereinstellung belasteter SS-Offiziere enthalten waren, und zusätzlich eine spezielle Prüfgruppe eingerichtet, der neben Beisitzern aus dem Personalgutachterausschuß weitere »demokratisch in jeder Hinsicht besonders bewährte()« Offiziere angehören sollten.[49]

Was in der ganzen Aufregung fast völlig übersehen wurde, war die Tatsache, daß in den Reihen der Betroffenen selbst der Drang zur Bundeswehr durchaus nicht ungebremst schien, sondern verschiedene Lager sich befehdeten.[50] Große Kreise der alten Waffen-SS standen dem Eintritt in eine NATO-Armee ablehnend gegenüber, solange noch deutsche Kriegsverurteilte von den westlichen Alliierten festgehalten wurden[51] und ihre Versorgungsansprüche nicht befriedigend geregelt waren. Den generellen Ausschluß höherer SS-Offiziere vom Dienst in der Bundeswehr hielt man ohnehin für »völlig unvereinbar mit dem Grundgesetz«.[52]

Angesichts der höchst unterschiedlich gelagerten Interessen nehmen sich die zahlenmäßigen Bilanzen der personalpolitischen »Vergangenheitsbewältigung« beim Aufbau der Bundeswehr durchaus respektabel aus. Schon während der Kontroverse im Herbst 1956 argumentierte Fritz Erler damit, daß die Freiwilligen-Annahmestellen von den 115 000 Aspiranten über 26 000 Bewerber abgelehnt hatten, was doch für eine recht sorgfältige Überprüfung zu sprechen schien.[53] Und der Personalgutachterausschuß hatte, als er im November 1957 seine Arbeit abschloß, bei 600 Kandidaturen hundert Offiziere abgelehnt.[54]

Neben den nackten Zahlen sollte ferner nicht übersehen werden, wie umfassend mitten im materiellen Wiederaufbau der 50er Jahre anhand der schwärenden SS-Problematik sich auch eine geistige Auseinandersetzung mit der NS-Vergangenheit vollzog. Der sozialdemokratische Bundestagsabgeordnete Mellies erinnerte etwa in einer Rede vor dem deutschen Parlament an die »entsetzliche Bewußtseinsspaltung«, die während des »Dritten Reiches« bei Menschen vorhanden war, und »daran, daß die SS-Leute, die in den Konzentrationslagern die Menschen quälten und zu Tode brachten, nachher zu Hause die rührendsten Familienväter waren«.[55]

Eine weitere Kontroverse im Bundestag löste damals der Leiter der Marineabteilung im Verteidigungsministerium, Kapitän zur See Zenker, aus. In einer Ansprache vor jungen Marineangehörigen empfahl er die Admirale Raeder und Dönitz als Vorbilder. Carlo Schmids Parlamentsanfrage namens der SPD machte aber noch einmal deutlich, in welchem Maße die beiden in Nürnberg verurteilten Marine-Offiziere sich in der Vergangenheit kompromittiert hatten. Als daraufhin der CDU-Abgeordnete – und frühere Admiral – Heye die Marine in Schutz nahm und im übrigen nur sehr sanfte Kritik an den in Rede stehenden Äußerungen Zänkers übte, sahen sich die CDU/CSU-Parlamentarier Professor Böhm und Horlacher veranlaßt, ihrem Fraktionskollegen Heye die Mißbilligung auszusprechen und sich statt dessen mit Carlo Schmid zu solidarisieren.[56]

Aufs Ganze gesehen markierte die Behandlung der ehemaligen Waffen-SS-Angehörigen eine Strecke der Grenze, die die Bundesrepublik Deutschland bei allem Bemühen um den »inneren Frieden« ziehen mußte. Auch wenn vermutet werden konnte, daß die »Diffamierungskampagne« gegen die Waffen-SS »offensichtlich vom Kreml gesteuert« wurde, um die Weltöffentlichkeit »von den Verbrechen hinter dem Eisernen Vorhang abzulenken«[57], hielt es die große Mehrheit der verantwortlichen Politiker für notwendig, Dämme gegen die allzu stark belasteten höheren SS-Offiziere zu errichten, deren Übernahme für die neue Bundeswehr sicher eine zu schwere Hypothek bedeutet hätte. Nur am äußersten rechten Rand der bundesdeutschen Gesellschaft ist dies nicht akzeptiert worden, weil gleichzeitig auch führende Mitglieder des umstrittenen »Nationalkomitees Freies Deutschland« sowie Bewerber, die nach 1945 zeitweilig das KPD-Parteibuch besaßen, aufgrund persönlicher Entscheidung des Verteidigungsministers eingestellt werden konnten.[58] Auch derartige Fakten gehören zur Entwicklung der 50er Jahre, die eben nicht nur dem Grünwalder Kreis, sondern – aus entgegengesetzten Motiven – auch der »Deutschen Soldatenzeitung« immer wieder Anlaß zur Erregung bot.

Bei allem Verständnis für »das unsichere Tasten der Jugend nach Halt« sah das Militärblatt die Junge Union Deutschlands »doch auf dem Holzweg«, als diese die militärischen Traditionen beim Bundesgrenzschutz aufs Korn genommen hatte. Der BGS, so hieß es in einer JU-Zeitung, »entblödet… sich nicht, Doppelposten und Ehrensalut bei der Beerdigung von 131er Pensionären« im Generalsrang aufzuziehen. »Sehr unangenehm« berührte dies den Unionsnachwuchs vor allem deshalb, weil die »Spielerei« auch bei Rundstedt und Guderian stattgefunden hatte, zwei Offizieren also, die die Männer des 20. Juli »dem Henker überlieferten«.[59] Zum Erklärungsmuster für solche antimilitärische Traditionskritik gehörte für die ganz anders denkende Soldatenzeitung schon damals – 1954 – die Ansicht, daß der deutschen Jugend »im Rahmen der Umerziehung die Geschichte ihres Volkes gestohlen« worden war. Ein Jahrfünft später beklagte sie noch immer, »die Ideologie der Freiheit« werde im Ernstfall nicht ausreichen, vielmehr brauche der junge Bundeswehrsoldat greifbare Ideale, wie etwa den Begriff »Vaterland«, und ein gesundes nationales Bewußtsein. Daß dies bis dahin nicht gewachsen war, wurde Theodor Blank angelastet, der mit der »Vorbelastung der Angst vor der Vergangenheit« ans Werk gegangen wäre und zuviel Rücksicht auf innerdeutsche und außerdeutsche Opponenten genommen hätte, die ständig die »Schatten der NS-Vergangenheit ins Treffen führten«.[60]

Von einem völlig anderen Ansatz gingen die Journalisten Matthias Walden und Peter Schultze aus, als sie sich für das Gemeinschaftsprogramm des Deutschen Fernsehens daranmachten, einen Beitrag über militärische Tradition in Deutschland zu drehen. Das Stück, 1960 unter dem Titel »Die schönsten Jahre meines Lebens« gesendet, wurde zu einem Skandalon, weil es bei den Zuschauern den Eindruck erweckte, »als starre Westdeutschland von Soldaten mit traditionstreu dümmlichem Getue«.[61] Auf Kriegstrophäen und zerbeulte Stahlhelme »an plüschumwölktem Ehrenplatz«, auf Fotoalben und Urkunden mit der Unterschrift des »Führers« waren die Kameras gerichtet worden. Ein katholischer Kapuziner-Pater bekannte sich – im Interview auf den Zinnen einer alten rheinischen Burg – zu seiner Ehrenmitgliedschaft im Traditionsverband der Legion Condor. Ein Suchdiensttreffen der HIAG wurde ausgerechnet in Hameln, der Stadt des Rattenfängers, aufgezeichnet. Und ein vom Reporter interviewter SS-Mann wurde mit der Äußerung zitiert, über die Judenverfolgung habe sich bisher noch »keiner von uns« Gedanken gemacht.

Der Pressechef des Verteidigungsministeriums warf den Autoren vor, verschwiegen zu haben, daß nur ein verschwindend geringer, machtloser Kreis in Westdeutschland verstaubten militaristischen Auffassungen nachhinge, aber »keinesfalls die Traditionsverbände in ihrer Gesamtheit«. Wenn das Echo auf die Sendung in der Bundesrepublik trotzdem so stürmisch war, dann hing das wohl mit der Frage zusammen, ob in Deutschland »virulente Minderheiten – vor dem Hintergrund einer notorisch unpolitischen Masse –« wirklich bedeutungslos waren. Die »Stuttgarter Zeitung« jedenfalls verneinte diese Frage, weil nach dem Ersten Weltkrieg schon einmal aus nur sieben »Frontsoldaten« rasch eine Millionenarmee geworden war.[62]

Die apokalyptischen Visionen der beiden Fernsehjournalisten hinsichtlich des Ruhebedürfnisses der Deutschen nach der unzureichend »bewältigten« Katastrophe und hinsichtlich einer daraus folgenden »schlafmützigen Toleranz« der westdeutschen Gesellschaft gegenüber rechtsradikalen Verbänden sind nicht Wirklichkeit geworden. Statt zu Kristallisationszentren eines Neonazismus zu werden, haben sich die Soldatenverbände – unbeschadet einiger rhetorischer Fehltritte – im Ganzen hinter die gemäßigte Außen- und Sicherheitspolitik der Bundesrepublik gestellt und sich schließlich auch »daran gewöhnt, trotz anfänglicher Vorbehalte für demokratische Parteien zu stimmen«.[63]

Das positive Urteil gilt erst recht für die Bundeswehr selbst. Obwohl hier einschränkend hinzugefügt werden muß, daß die – aufgrund der kommunistischen Expansionsdrohung notwendige – Geschwindigkeit im Aufbau der Truppen teilweise zu Lasten ihrer Qualität ging. Nicht alle Ausbilder mit Wehrmachtserfahrung sind umfassend genug mit der Konzeption der Inneren Führung vertraut gemacht worden. Auch die Konflikte zwischen Reformern und Traditionalisten innerhalb der Bundeswehr sind in den ersten Jahren nicht offen ausgetragen oder politisch entschieden worden.[64] Trotz dieser Schwachstellen konnte am Ende der Ära Adenauer aber niemand mehr ernsthaft in Zweifel ziehen, daß die Bundeswehr zu einer zuverlässigen Armee des demokratischen Staates geworden war und die Hypotheken der nationalsozialistischen Zeit abgetragen hatte. Der »Personal-Gutachterausschuß hat sich bewährt«, resümierte SPD-Verteidigungsexperte Fritz Erler im Deutschen Bundestag.[65] Auch im militärischen Bereich ist die personelle und ideele »Vergangenheitsbewältigung« in der Bundesrepublik Deutschland erfolgreich gewesen.

Justizapparat

Grenzen und Möglichkeiten der »Vergangenheitsbewältigung« in der Ära Adenauer waren von vornherein auch durch den Erfolg bestimmt, den die Entnazifizierung im Bereich des Justizapparates erzielt hatte. Zu den klassischen Topoi der Restaurationskritik zählte der Vergleich der radikalen Säuberungen in der Sowjetzone mit der Entwicklung im Westen Deutschlands, wo 1948 wieder zu neunzig Prozent die Richter und Staatsanwälte aus der NS-Zeit – nun für eine demokratische Ordnung – im Dienst standen. In der DDR rekrutierten sich dagegen am 1. Januar 1950 annähernd die Hälfte der Richter und fast zwei Drittel der Staatsanwälte[1] aus sogenannten »Volksrichtern«, die in nur sechs- bis zwölfmonatigen Lehrgängen zu meist willfährigen Werkzeugen einer neuen kommunistischen Diktatur »ausgebildet« worden waren. Dies war allerdings nur möglich, weil es bei ihnen weniger auf juristischen Sachverstand als auf politische Zuverlässigkeit im Sinne des Marxismus-Leninismus ankam.

In den westlichen Zonen beschritt man mühsamere und anfangs auch unterschiedliche Wege. Während in der amerikanischen Zone nach den rigorosen Massenentlassungen vom Kriegsende aufgrund der Entnazifizierung im Juli 1946 erst ein Drittel der früheren Richterstellen wieder besetzt waren, fiel der Entnazifizierungsverlust in der britischen Zone deutlich geringer aus und wurden bis dahin von den 2895 Stellen schon 2033 erneut besetzt. Auch die Briten achteten aber darauf, zu Präsidenten der Oberlandesgerichte und zu Generalstaatsanwälten durchweg unbelastete Juristen zu ernennen.[2] In den neuen Führungspositionen handelte es sich teils um frühere Rechtsanwälte, teils um vor 1933 pensionierte Justizbeamte sowie um Richter und Staatsanwälte, die während des »Dritten Reiches« aus politischen Gründen »gemaßregelt oder aus ihrem Amt entfernt worden waren«.[3]

Die anfängliche Bestimmung, wonach höchstens fünfzig Prozent nomineller Parteigenossen in den einzelnen Gerichten und Staatsanwaltschaften zugelassen wurden, sofern sie in der NS-Justiz nicht führend tätig gewesen waren, hoben die britischen Behörden schon 1946 wieder auf. Noch unübersichtlicher wurde die Lage durch manche Urteile der nun unter deutscher Beteiligung durchgeführten Entnazifizierung. Denn trotz genereller Tendenzen zur Milde kam es auch vor, daß die Justiz-Fachausschüsse bereits wieder eingestellte Richter und Staatsanwälte in die Gruppe IV oder gar III einstuften und damit das Vertrauen in die Zulassungspraxis der Militärregierung erschütterten.[4] In der Regel aber zeigten sich die Entnazifizierungsausschüsse zunehmend nachsichtig, so daß ab 1948 auch stärker belastete ehemalige Mitglieder von Sondergerichten oder führende Justizbeamte aus der SA und anderen Verbänden in die Kategorie IV und V eingestuft wurden und auf Wiedereinstellung in ihre alten Planstellen aus der NS-Zeit pochen konnten. »Jetzt rächte es sich, daß die beamtenrechtlichen Wirkungen der Entnazifizierung bei den schnell improvisierten Erlassen und Verordnungen der Militärregierung nicht bedacht und klar bestimmt worden waren.«[5]

Im Herbst 1948 machten die mit diesen beunruhigenden Forderungen konfrontierten Präsidenten der Oberlandesgerichte und die Generalstaatsanwälte das Thema zum Gegenstand einer Justizministerkonferenz. So konnte wenigstens in besonders problematischen Fällen die Versetzung in den Wartestand oder – abweichend vom Grundsatz der Nichtversetzbarkeit von Richtern – an einen anderen Dienstort ermöglicht werden. Von den 777 Richtern, Staatsanwälten und Beamten des höheren Vollzugsdienstes, die etwa in Niedersachsen am

8. Mai 1945 ihr Amt versehen hatten, befanden sich 1950 knapp zehn Prozent im Wartestand. Dabei handelte es sich in der Hauptsache um NSDAP-Mitglieder vor 1933, Angehörige der SS oder Inhaber höherer Ämter in der Partei und ihren Gliederungen.[6]

Die politische Beurteilung der »Vergangenheitsbewältigung« in der deutschen Justiz hing seit Ende der 1940er Jahre nicht zuletzt davon ab, ob man Regierungsverantwortung trug oder aus der Opposition heraus gesinnungsethisch argumentieren konnte. So haben die Sozialdemokraten in Niedersachsen heftige Kritik an der Justiz geübt, die schließlich »maßgebend zur Stützung Hitlers beigetragen« habe und vor allem durch »das Wüten der Sondergerichte« in eine »Vertrauenskrise allergrößten Ausmaßes« gestürzt worden sei. Die hessische SPD-Fraktion hat dagegen »nur in gemäßigter Weise« Bedenken geäußert und den fast ausschließlich aus Juristen bestehenden höheren Beamtenapparat »mit Glacéhandschuhen« angefaßt«.[7]

Bereits in den ersten Monaten nach Gründung der Bundesrepublik kam es auch in Bonn zu einem handfesten Justizskandal, der aufs engste und gleich in mehrfacher Hinsicht mit der Hinterlassenschaft des »Dritten Reiches« verknüpft war: Der Prozeß gegen den Bundestagsabgeordneten der Deutschen Partei, Wolfgang Hedler. Die Hedler zur Last gelegten Vergehen bezogen sich auf Verleumdungen und Beleidigungen der Juden und der Widerstandskämpfer. Verrat und Sabotage des Widerstandes, so sollte Hedler im Beisein von Zeugen in einer Rede ausgeführt haben, trügen die Schuld an der deutschen Niederlage. Zur Judenfrage habe der DP-Parlamentarier gesagt: »Ob das Mittel, die Juden zu vergasen, das gegebene gewesen ist, darüber kann man geteilter Meinung sein. Vielleicht hätte es andere Wege gegeben, sich ihrer zu entledigen.«[8]

Zwar schloß die Deutsche Partei Hedler wegen Verstoßes gegen die elementarsten Grundsätze der DP aus Partei und Bundestagsfraktion aus, doch schlug der Fall im ganzen Bundesgebiet hohe Wellen, nachdem ein Neumünsteraner Gericht den angeklagten Abgeordneten – aus Mangel an Beweisen – in allen Punkten freigesprochen hatte. Sogar der von den Ereignissen weit entfernte bayerische Landtag distanzierte sich einmütig von dem Urteil. Sein christlich-sozialer Präsident verglich es mit der verhängnisvollen Haltung bayerischer Richter gegen die Putschisten von 1923. CSU, SPD, FDP, Bayernpartei, Bayerischer Gewerkschaftsbund und die Vereinigung der ehemals politisch Verfolgten riefen die Münchner zu einer gemeinsamen Protestkundgebung vor den Ruinen des Nationaltheaters auf.[9]

Auch in Bonn beschäftigte der Vorgang das Parlament. Die Sozialdemokraten, deren Vorsitzender Kurt Schumacher von Hedler explizit beleidigt worden war, gaben unmittelbar nach der für sie höchst unbefriedigenden Urteilsverkündung eine Erklärung im Bundestag ab. Erich Ollenhauer empörte sich besonders darüber, daß Hedler sich »ohne Scham und Reue zu den angeblichen Vorzügen der verbrecherischen Gewaltherrschaft« des Nationalsozialismus bekannt hatte. Die Verhandlungsführung und der Freispruch Hedlers hatten in den Augen der Sozialdemokraten zudem gezeigt, »daß hier Richter, die dieselbe parteipolitische Entwicklung wie Hedler durchgemacht haben, sich sachlich und politisch mit dem Angeklagten« identifizierten.[10]

Da die Sozialdemokratie in dem Urteil eine schwere Schädigung und »Entehrung des deutschen Volkes« sah, verlangte sie die Bestrafung der »schuldigen Richter« wegen Rechtsbeugung. Dem stürmischen Beifall bei der SPD-Fraktion hielt der Abgeordnete Freiherr von Rechenberg entgegen: »Das haben die Nazis auch verlangt!« Kurt Georg Kiesinger erklärte für die CDU/CSU, sich in der Stellungnahme gegen das, was die SPD Hedler vorwarf, mit ihr einig zu wissen. Doch gehe es in dem Fall darum, den Verfassungsgrundsatz der Unabhängigkeit der Justiz aufrechtzuerhalten – und zwar auch dann, wenn einem ein Urteil einmal nicht gefalle. Wer den schweren Vorwurf der Rechtsbeugung erhebe, hätte sich vorher der Mühe unterziehen müssen, die Protokolle und den ganzen Verhandlungsverlauf zu überprüfen.[11]

Die Freien Demokraten bedauerten ebenfalls die »äußerst scharfe(n)« Erklärungen seitens der SPD, zumal diese in einem Augenblick abgegeben wurden, »als überhaupt noch kein Bericht über die mündliche Urteilsbegründung vorlag«. Der FDP-Parlamentarier Euler erinnerte daran, daß die Niederschrift über die Rede Hedlers von einem sozialdemokratischen Landtagsabgeordneten angefertigt, von den Zeugen im Prozeß freilich nicht bestätigt worden war. Herbert Wehner (SPD) quittierte diese Argumentation mit dem Zwischenruf: »Sie sind ein Nazi-Advokat.« Als Euler unter lebhaftem Beifall in der Mitte und rechts replizierte, hier werde dieselbe Justizhetze betrieben wie in der Zeit vor 1933, kamen von den sozialdemokratischen Plätzen erneut »Nazi-Advokat«-Rufe.[12]

Franz Josef Strauß brachte die Sache – an Sozialdemokraten und Kommunisten gewandt – dann auf den Punkt: Die Justiz im Westen anzugreifen sei eine »leichte Methode, wenn man im Osten für die Erledigung solcher Fälle« überhaupt keine Justiz brauche. Strauß wies darauf hin, daß der Chef des Staatssicherheitsdienstes in der DDR ein früherer »Standartenführer namens Bäumler« sei.[13] Die KPD-Fraktion hatte in die Debatte geworfen, achtzig Prozent aller in der britischen Zone amtierenden Richter und Staatsanwälte seien ehemalige »Nazis«.[14] Und auch das bayerische Justizwesen wurde nach Ansicht der SPD im Maximilianeum 1951 mehr und mehr mit »Nazis durchsetzt«.[15]

Einen besonders heftigen Diskussionsschub in der Frage der »NS-Richter« lösten ab 1957 einige Schmähschriften aus dem Osten und ihre Wirkungen im Westen aus. Die östliche Kampagne begann 1957 mit dem Konvolut »Gestern Hitlers Blutrichter, heute Bonner Justizelite«, fand ihre Fortsetzung in den Schriften »600 Nazijuristen im Dienst Adenauers« (1958) und »Wir klagen an – 800 Nazi-Blutrichter, Stützen des Adenauer-Regimes« und gipfelte 1959 in gleich zwei Zusammenstellungen über »Freiheit und Demokratie im Würgegriff von 1000 Blutrichtern« und »1000 Sonder- und Kriegsrichter im Dienste der deutschen Militaristen«. Ein Verband »antifaschistischer« tschechoslowakischer Widerstandskämpfer legte Anfang 1960 nach und erhob in einer Broschüre weitere Vorwürfe gegen »Verbrecher in Richterroben«[16] Dabei sollte die ständige Wiederholung vieler dieser Namen in verschieden gefaßten Schriften offensichtlich den Eindruck erwecken, als handele es sich um eine noch weitaus größere Zahl von Personen. Die Vorwürfe selbst waren aber oberflächlich und in den meisten Fällen ohne tatsächliche Angaben über den hinreichenden Verdacht einer strafbaren Handlung. Dies hatte bereits der bayerische Justizminister nach den summarischen Strafanzeigen der tschechoslowakischen »Antifaschisten« gegen 34 angebliche NS-Richter festgestellt.[17]

Auch die SED-Publikationen waren in mancher Hinsicht nicht schlüssig. Gingen sie doch von der falschen Annahme aus, bereits die

Zugehörigkeit zu einem deutschen Kriegs- oder Sondergericht allein sei ein straf- oder disziplinarrechtlich erheblicher Tatbestand und rechtfertige den Ausdruck »Kriegsverbrecher«. In Wirklichkeit freilich hatten die Kriegsgerichte ordentliche strafrichterliche Aufgaben im Bereich der Wehrmacht zu erfüllen und waren keine typisch nationalsozialistische Einrichtung. Unter den Mitgliedern der Sondergerichte, denen die Juristen auch gegen ihren Willen zugeteilt werden konnten, gab es eine ganze Reihe von Persönlichkeiten, die sich nationalsozialistischer Ansinnen »mannhaft erwehrt« hatten.[18] Zudem wurden die belasteten Personen, die das richterliche Ethos erwiesenermaßen preisgegeben hatten, von den prüfenden Justizverwaltungen der Länder und des Bundes nicht wieder verwendet.[19] Die Ablehnung solch belasteter Richter und Staatsanwälte wegen ihrer NS-Vergangenheit konnte indes nur aufgrund der vorhandenen und erreichbaren Beweisunterlagen erfolgen. Daß sich auch belastete Juristen wieder einschlichen, war deshalb kaum zu vermeiden, denn viele amtliche Akten und Unterlagen über frühere NS-Juristen waren im Laufe des Krieges, beim Zusammenbruch 1945 oder während der Vertreibung verlorengegangen oder in fremde Hände gelangt. Ausgerechnet die wichtigen Akten des Volksgerichtshofs befanden sich im Bereich der Sowjetzone und standen der Bundesjustiz nicht zur Verfügung.[20]

So blieb während der Ära Adenauer in dieser Hinsicht ein großes Unbehagen, das sich mit der These von der »unbewältigten Vergangenheit« verband. Auch im Ausland debattierte man wiederholt über den Komplex.[21] Doch das Bundesjustizministerium sah im November 1958 noch keine Veranlassung für eine neue Überprüfung der Richter im Bundesdienst, sondern hielt britischen Abgeordneten entgegen, »offenbar völlig ungeprüft« eine SED-Liste übernommen zu haben. Denn in welchem Verhältnis die kommunistischen Vorwürfe und die Wirklichkeit oft standen, zeigten Fälle wie der des Präsidenten des Dritten Strafsenates am Bundesgerichtshof in Karlsruhe, Kanter. Kanter, früher Oberkriegsgerichtsrat in Dänemark, wurde von der DDR als Blutrichter diffamiert, obwohl er zum Widerstand gehört hatte und von dänischer Seite nach 1945 ausdrücklich keine Vorwürfe gegen ihn erhoben worden waren.[22] Die Herkunft des belastenden Materials aus der Sowjetzone spielte auch im Verfassungsausschuß des Bayerischen Landtages im Dezember 1959 – also kurz vor den Köl-

ner Hakenkreuzschmierereien – nochmals eine wesentliche Rolle.
Der Sprecher der christlich-sozialen Fraktion lehnte einen sozialdemokratischen Antrag auf Säuberung der Justiz mit der Begründung
ab, er sehe nicht ein, warum der Landtag den verlängerten Arm für die
kommunistische Propaganda darstellen solle. Die SPD schien dies dagegen in Kauf zu nehmen, um ihr Ziel zu erreichen, »daß künftig weniger Mörder unter uns herumlaufen...«[23]

Paradoxerweise kam gerade den belasteten Juristen aus der NS-Zeit
ein Akt rechtspolitischer »Vergangenheitsbewältigung« zugute, den
der Parlamentarische Rat für richtig befunden hatte: nämlich die feste
Verankerung der richterlichen Unabhängigkeit im Grundgesetz der
Bundesrepublik Deutschland. Der Passus resultierte aus den schlechten Erfahrungen, die im »Dritten Reich« mit absetzbaren und den
Machthabern willfährigen Juristen gemacht worden waren. 1937 hatte
ein NS-Beamtengesetz bestimmt, daß Richter in den Ruhestand versetzt werden konnten, die nicht »jederzeit für den nationalsozialistischen Staat« eintraten; und in einem Ukas aus dem Jahr 1942 hatte
Reichsjustizminister Thierack verfügt, der Richter sei »Lehnsmann
des Führers«, der nur dessen Auftrag auszuführen habe.

Angesichts dieser Vergangenheit konnte der Bundestag also das
rechtsstaatliche Prinzip der richterlichen Unabhängigkeit nicht leicht-
fertig verletzen. Dennoch entstand Ende der 50er Jahre in der Frage
der NS-Juristen immer mehr Handlungsbedarf, weil im Gefolge der
weit überzogenen polemischen Angriffe aus dem Ostblock doch auch
Fälle bekannt wurden, die eines realen und schrecklichen Hintergrun-
des nicht entbehrten. Ein 53jähriger Oberlandesgerichtsrat aus Hamm
etwa war 1941 an einem Sondergericht gegen einen polnischen Arbeiter beteiligt gewesen, der im September 1939 bewaffnet in volksdeut-
sche Anwesen in Bromberg eingedrungen war und eine Brosche, einige Rasierklingen und eine Geldbörse mit drei Zloty entwendet hatte.
Dem Umstand, daß der Angeklagte zur Tatzeit erst 16 Jahre alt gewesen war, wurde keine strafmildernde Bedeutung zugemessen. Das Urteil lautete auf Todesstrafe wegen schweren Landfriedensbruches.
Unterzeichnet hatte das Verdikt auch der spätere Oberlandesgerichtsrat der Bundesrepublik Deutschland aus Hamm.

Angesichts solcher Vergangenheiten und einiger weiterer Pannen,
die sich während der Fälle Eisele, Zind und Budde-Nieland[24] in der

bundesdeutschen Rechtspflege 1958 häuften, begann im Rechtsausschuß des Bundestages die Suche nach einer – mit rechtsstaatlichen Prinzipien vereinbaren – Lösung des Problems der NS-Richter. Denn nach Bonner Schätzungen waren noch 60 bis 70 westdeutsche Juristen, deren Beteiligung an »exzessiven Todesurteilen« bekannt war, im Namen des deutschen Volkes tätig.[25] Belastete Juristen – wie nach Artikel 97 des Grundgesetzes möglich – »kraft richterlicher Entscheidung« aus dem Amt zu entfernen, schien kaum ein gangbarer Weg. Denn ein NS-Richter, der ein moralisch als Mord oder Totschlag zu wertendes Urteil gesprochen hatte, mußte – aufgrund eines Urteils des Bundesgerichtshofes[26] – der Rechtsbeugung überführt werden. Zur Rechtsbeugung aber gehörte der direkte Vorsatz, der in der praktischen Jurisdiktion der 50er Jahre fast nie nachgewiesen wurde.

In Anbetracht der Schwierigkeiten, die sich bei der justiziellen »Vergangenheitsbewältigung« ergaben, bat Generalbundesanwalt Güde die deutsche Öffentlichkeit um Verständnis und Einsicht. Vor der Evangelischen Akademie Bad Boll betonte er in einem vielbeachteten Vortrag, daß »in diesem Komplex Fragen der Schuld und des Unrechtsbewußtseins enthalten« waren, die »nicht mit Gewaltsamkeiten zu lösen« seien. Vor allem aber müsse der Richter weiterhin nur nach seinem Gewissen und seiner Überzeugung urteilen, nicht aber »aus Angst vor einer erregten öffentlichen Meinung«.[27] Stellvertretend für Richter, Staatsanwälte und Rechtsanwälte bekannte Güde für die bittere Zeit der nationalsozialistischen Gewaltherrschaft »eine Schwäche im Widerstehen«. Er wollte dies aber nicht im Sinne einer pauschalen Kollektivschuld, sondern im Geiste einer gemeinsamen Scham verstanden wissen, da »kaum einer oder keiner ohne Zugeständnisse überlebte«.[28]

Die Zäsur des Jahres 1960 infolge der Schmierereien an der Kölner Synagoge zeitigte für die Beurteilung der NS-Richter und ihre Behandlung in der Bundesrepublik spürbare Folgen. Im Juni 1961 verabschiedete der Deutsche Bundestag ein Richtergesetz, das in seinem Paragraph 111a all den Juristen – auf eigenen Antrag – die Versetzung in den vorzeitigen Ruhestand ermöglichte, die während des Zweiten Weltkrieges »in der Strafrechtspflege mitgewirkt« hatten. Dabei ging der Bundestag einstimmig – bei nur wenigen Enthaltungen – von der Erwartung aus, »daß jeder Richter und Staatsanwalt, der wegen seiner

Mitwirkung an Todesurteilen mit begründeten Vorwürfen aus der Vergangenheit rechnen muß, sich seiner Pflicht bewußt wird, jetzt aus dem Dienst auszuscheiden, um die klare Trennung zwischen der Vergangenheit und der Gegenwart zu sichern. Die rechtsstaatliche Justiz«, so die Überzeugung des Bundestages, »kann sich um der Glaubwürdigkeit der Justiz unter der neuen Ordnung des freiheitlich-demokratischen Rechtsstaates willen unter keinen Umständen mit den Verfehlungen der nationalsozialistischen Zeit in Verbindung bringen lassen.«[29] Die fakultative Herabsetzung des Pensionsalters auf 58 Jahre folgte einem Vorschlag des Deutschen Richterbundes von Anfang 1961. In einem parlamentarischen Entschließungsantrag zum Richtergesetz wurde aber drohend hinzugefügt, daß notfalls doch das Grundgesetz geändert werden müßte, falls binnen Jahresfrist nicht alle freiwillig ihr Amt aufgegeben hätten, die »ein unverantwortliches und unmenschliches Todesurteil mitverschuldet( )« hätten.[30]

Schließlich baten bis zum Stichtag 30. Juni 1962 nach eingehenden Gesprächen dann doch fast 150 belastete Richter und Staatsanwälte um vorzeitige Pensionierung.[31] Ausgerechnet der Generalbundesanwalt Fränkel mußte aber erst auf Vorschlag des Bundeskabinetts vom Bundespräsidenten in den einstweiligen Ruhestand versetzt werden. Nach der in Bonn vorliegenden Aktenlage sollte Fränkel als Angehöriger der Reichsanwaltschaft Nichtigkeitsbeschwerden ausgearbeitet haben, die die Umwandlung von Freiheitsstrafen in die Todesstrafe zum Ziel hatten. Obendrein wurde dem Generalbundesanwalt zur Last gelegt, damals Anträge auf Aufhebung der Todesstrafe abgelehnt zu haben. Eine Dreier-Arbeitsgruppe des Bundestages aus Vertretern von CDU, SPD und FDP hatte die Vorwürfe gegen Fränkel geprüft und seine Amtsenthebung empfohlen. Dem Juristen konnte zumindest der Vorwurf nicht erspart werden, daß er vor seiner Ernennung zum Generalbundesanwalt auf den Charakter seiner Tätigkeit bei der Reichsanwaltschaft am Reichsgericht in den Jahren von 1940 bis 1945 hätte hinweisen müssen.

Es habe ihm, so erläuterte Staatssekretär von Hase vor der Bundespressekonferenz, »offensichtlich an politischem Augenmaß für die Einschätzung der Bedeutung dieser seiner Tätigkeit in der Vergangenheit für sein jetziges hohes Amt gefehlt«. Der Sowjetischen Besatzungszone fehle freilich »jede moralische und rechtliche Legitimierung«, hier den Ankläger zu spielen. Denn das Rechtsinstitut der Nichtigkeitsbeschwerde werde »noch heute in der SBZ angewandt«, während es in der Bundesrepublik Deutschland »selbstverständlich in Wegfall gekommen ist«.[32] Die Argumentation des Staatssekretärs zeigte erneut, wie stark die außenpolitische Lage und der daraus resultierende dezidierte Antikommunismus in der Bundesrepublik Deutschland sich auf die – in diesem Falle innerjustizielle – »Vergangenheitsbewältigung« auswirkten. In diesem Zusammenhang wird auch an die starke personelle Kontinuität im Justizapparat Westdeutschlands nach 1945 nochmals zu erinnern sein. Reichen diese Erklärungsmuster aber aus, um den problematischen Befund zu deuten, daß von einem deutschen Gericht in der Bundesrepublik und vorher in den Westzonen nicht ein einziger NS-Richter rechtskräftig verurteilt wurde?

Bemerkenswerterweise gibt es keinerlei Hinweis darauf, daß gerade »Nazirichter« in Verfahren gegen andere angeklagte NS-Richter amtiert und damit das erwähnte Ergebnis in Form unbilliger Freisprüche herbeigeführt hätten. Die Ansicht, es wären »Nazirichter« gewesen, die die Verurteilung angeklagter Richter verhinderten, könnte also nur dann aufrechterhalten werden, »wenn man jeden Richter als ›Nazirichter‹ bezeichnete, der überhaupt während der Zeit des Dritten Reiches amtiert hat«.[33]

Zudem befanden sich in den Schwurgerichtsverfahren der ersten Instanzen die sechs Laienbeisitzer gegenüber den drei Berufsrichtern in der Überzahl und waren also in der Lage, etwaige Kumpanei der Berufsrichter mit ihren angeklagten Standeskollegen zu unterbinden. Doch die Laienbeisitzer griffen »selbst dann nicht in Richtung auf Bestrafung... ein, wenn ihnen in Revisionsurteilen für die erneute Verhandlung handfeste Hinweise« für die »Annahme eines direkten Vorsatzes der Rechtsbeugung« nahegelegt worden waren. Diese Brücken, die in der engen Auslegung des Rechtsbeugungstatbestandes durch den Bundesgerichtshof durchaus vorhanden waren, wurden von den Schwurgerichten »einfach nicht betreten«. Fast physisch ist bei der Lektüre ihrer Urteile der »unwiderstehliche Wille zum Freispruch« zu spüren.

Da gerade in den Schwurgerichten das Rechtsbewußtsein des Volkes besonders zur Geltung kam, kann man in ihren oft allzu milden

166

Urteilen vielleicht einen Gradmesser für das Klima der »Vergangenheitsbewältigung« während der 50er Jahre erkennen. Das gesellschaftliche Bedürfnis nach »innerem Frieden« ist – auch unter dem nachwirkenden Schock der Entnazifizierung – bei der strafrechtlichen Verfolgung individueller Schuld in einigen benennbaren Fällen offensichtlich zu weit gegangen.[34] Unbefriedigende Urteile sind jedoch von Sozialdemokraten und Unionspolitikern gleichermaßen öffentlich kritisiert worden.[35] Und generalisierende Schlüsse auf den Zeitgeist sollten aus den frühen Schwurgerichtsverfahren nur mit Vorsicht gezogen werden. Ende der 60er Jahre sind in einem völlig veränderten Klima ebenfalls moralisch-politisch kaum nachvollziehbare Urteile noch dazu von Juristen gesprochen worden, die erst nach 1945 ihre Ausbildung abgeschlossen hatten. So war 1968 der Schwurgerichtsvorsitzende im Berliner Verfahren gegen den früheren Richter am Volksgerichtshof Rehse ein junger Jurist aus der Nachkriegsgeneration. Gegen ihn konnte der Vorwurf »Nazirichter« schon aus biologischen Gründen nicht zutreffen.[36]

Der SPD-Abgeordnete Arndt brachte 1959 im Bundestag einen weiteren bemerkenswerten Fall zur Sprache. Dabei ging es um eine Entscheidung des Bundesgerichtshofs, der es ablehnte, einer 17jährigen Jüdin, die fünf Jahre Konzentrationslager überstanden hatte, 200 Dollar Reisekosten für die Überfahrt zu ihrer in Amerika lebenden Mutter zu erstatten. Auch bei diesem moralisch höchst ungenügenden Urteil standen für Arndt die Rechtschaffenheit der beteiligten Richter und ihr redliches Bemühen um Gesetzestreue außer jeder Frage; zumal als Präsident des Senats ein aus Israel zurückgekehrter rassisch Verfolgter fungierte.[37] Außerdem widerlegten gerade auch eine Reihe bundesdeutscher Gerichtsverfahren den Verdacht, jeder Richter oder Staatsanwalt der einmal der NSDAP angehörte, würde die Greueltaten des Nationalsozialismus decken. Der Gerichtspräsident beispielsweise, der den Bayreuther Prozeß gegen den KZ-Aufseher Sommer leitete – in dessen Verlauf auch die Tätigkeit des Lagerarztes Eisele zur Sprache kam –, und dem niemand eine Begünstigung des Angeklagten vorwerfen konnte, war einst selbst Mitglied der NSDAP gewesen.[38]

Dürfen personelle Kontinuitäten in ihrer Bedeutung für die milden Urteile gegen NS-Richter also nicht überschätzt werden, so gilt es doch in der Ursachenforschung, verstärkt die Rolle des richterlichen

Standesethos in den Blick zu nehmen. Gotthard Jasper hat wohl zu Recht auf die außerordentliche Kritikempfindlichkeit des Juristenkorps hingewiesen. Denn Richter benötigten Autorität für ihre Judikate, damit diese ihre Funktion – Sicherung des Rechtsfriedens – auch erfüllen konnten. »Die Verurteilung von Richtern hätte aus dieser Sicht die Autorität des Standes getroffen und war darum generell zu vermeiden.«[39]

Daß das Schlagwort von der »Nazijustiz« für diesen Sachverhalt freilich kaum Erklärungsschärfe hat[40], zeigt ein Vergleich mit anderen demokratischen Ländern, wo man Fälle der Kollaboration von einheimischen Amtsträgern mit den nationalsozialistischen Besatzern ebenfalls rechtsstaatlich zu »bewältigen« suchte. Für den dänischen Bereich liegt etwa eine rechtshistorische Untersuchung vor, die ganz ähnliche Symptome aufzeigt wie in der Bundesrepublik.[41] In Frankreich nahm 1953 der Prozeß gegen die Mörder von Oradour-sur-Glane einen erstaunlichen Verlauf. Auf die Angeklagten der Waffen-SS-Division sollte eigentlich ein Gesetz von 1948 angewendet werden, das – in Erinnerung an das entsetzliche Massaker von Oradour – die Beweislast umkehrte. Demnach mußten nun die Angeklagten beweisen, nicht an dem Verbrechen beteiligt gewesen zu sein. Als im Verlauf des Verfahrens jedoch klar wurde, daß sich unter den Soldaten auch Elsässer befanden, die zur Waffen-SS zwangsverpflichtet worden waren, hob die französische Nationalversammlung noch während des Prozesses das Gesetz von 1948 auf. Auch die Urteile fielen »recht milde« aus, und zunächst wurden die Elsässer, dann die Deutschen vorzeitig aus der Haft entlassen.[42]

Man wird also nicht pauschal eine über das Personelle hinausgehende, inhaltlich-strukturelle Kontinuität deutscher Justiz von Bismarck über Hitler bis zu Adenauer bemühen können – wie dies in jüngerer Zeit wieder Ingo Müller getan hat[43] –, um den trotz aller Begründungen nicht wegzudiskutierenden Übelstand zu erklären, daß kein einziger Richter des Freislerschen Volksgerichtshofes »für die Bluttaten dieses Scheingerichtes zur Verantwortung gezogen«[44] worden ist. Vielmehr drängt sich der Schluß auf, daß die Richterschaft mit der strafrechtlichen »Ahndung von Verbrechen in den Reihen der eigenen Profession«[45] objektiv überfordert war, vielleicht gerade weil diese »nicht lediglich Taten einiger weniger waren, sondern nur im Extrem das Verhalten der ganzen Gruppe«spiegelten. So mancher Laienrichter und so mancher im »Dritten Reich« weniger belastete Jurist »mochte sich im stillen Kämmerlein zugestehen, daß nur ein gütiges Geschick ihn davor bewahrt hatte, so stark in das Unrecht verwickelt zu werden wie die angegriffenen Kollegen«.[46]

Dennoch haben die meisten Richter und Staatsanwälte »immer dann, wenn es bei der Behandlung nationalsozialistischer Gewaltakte um eindeutige Straftatbestände ging, prompt, gründlich und fast stets ohne Tendenz zur Verharmlosung« amtiert.[47] Zahllose NS-Funktionäre, die etwa an der sogenannten »Reichskristallnacht« beteiligt waren, wurden bereits Ende der 40er und Anfang der 50er Jahre wegen Haus- und Landfriedensbruchs, Brandstiftung, Körperverletzung, Vergewaltigung oder Mord rechtskräftig verurteilt. Und die gesamten 50er Jahre blieben besetzt mit »Verfahren gegen Offiziere, Kriegsgerichtsräte und Berufsrichter« wegen standrechtlicher Erschießungen in den letzten Kriegsmonaten oder anderer unvertretbar harter Todesurteile gegen Plünderer, »Rassenschänder« und »Landesverräter«.[48]

Bei aller moralischer Empörung über manche Urteile im Geiste eines sturen Rechtspositivismus und bei allen Mängeln der innerjustiziellen »Vergangenheitsbewältigung« darf die grundsätzliche Bedeutung der Strafverfolgung von NS-Verbrechen für die faktische Aufklärung und begriffliche Erfassung des NS-Unrechtsregimes nicht aus dem Blick geraten: »Wahrscheinlich wären alle denkbaren gesetzgeberischen, richterlichen und justizorganisatorischen Bemühungen, und hätte man sie noch so energisch in Angriff genommen, am Ende doch hinter Umfang und Wirklichkeit der geschehenen Verbrechen weit zurückgeblieben.« Um so höher ist es mit Martin Broszat einzuschätzen, »daß schon in den frühen Jahren nach 1945 unbezweifelbare Anstrengungen bei der Strafverfolgung von NS-Verbrechen dazu beitrugen, die in der NS-Zeit so grenzenlos mißachtete Idee des Rechts wieder zu befestigen«.[49]

Personelle »Vergangenheitsbewältigung«

1. BILANZ FÜR DEN BEREICH DER WIRTSCHAFT UND VERWALTUNG

Als Karl Jaspers während der Debatte um die Verjährung nationalsozialistischer Verbrechen 1966 die bisherige Entwicklung der Bundesrepublik mit Verve kritisierte, begründete er dies mit der unbefriedigenden Personalpolitik in der Ära Adenauer. Der Philosophieprofessor hielt es für ein »Grundgebrechen« der westdeutschen Demokratie, daß in den Positionen von Macht und Einfluß so viele alte Nationalsozialisten fortwirkten.[1] Jaspers' in manchen Kreisen rasch kanonische Geltung erlangendes Urteil im Vorfeld der Studentenunruhen von 1968 litt unter einem Mangel an Trennschärfe, auf den etwa Staatssekretär Hallstein bereits 1952 nach den Angriffen auf das Auswärtige Amt hingewiesen hatte: den »Irrtum der Gleichsetzung von ehemaligen Parteigenossen und Nationalsozialisten«.[2] Dieser voreiligen Generalisierung entsprang auch die Empörung über den 65-Prozent-Anteil ehemaliger Parteigenossen an den Leitenden Beamten im Auswärtigen Amt – Zahlen, von denen Hallstein »verhältnismäßig wenig« hielt. Nicht nur für Hallstein wäre es unerträglich gewesen, wenn es sich sogar nur um ein Prozent wirklicher ehemaliger Nationalsozialisten gehandelt hätte.

Aber die Prozentzahlen der eingeschriebenen Parteigenossen im Auswärtigen Amt waren ein Stück deutscher Geschichte und spiegelten, worauf Hallstein freimütig hinwies, nur »Verhältnisse wider, wie sie sich auch in anderen Verwaltungen und in der Wirtschaft« fanden, ohne daß die formelle Mitgliedschaft in der NSDAP eine besondere Aussagekraft für die Belastung einer Individualbiographie hatte. Das Bundeskabinett hatte diesem Sachverhalt schon 1950 Rechnung getragen und eine Beschlußvorlage des Innenministeriums abgelehnt, wonach die Abteilungsleiterstellen in den obersten Bundesbehörden generell nicht mit ehemaligen NSDAP-Mitgliedern besetzt werden sollten. Adenauer hielt bei diesen Positionen eine Prüfung von Fall zu Fall für angemessener.[3] Dagegen bestand in der Bundesregierung damals Einigkeit darüber, daß auch ein als entlastet eingestufter früherer

Pg – im Hinblick auf die Außenwirkung einer solchen Ernennung – zumindest nicht Staatssekretär werden könne.[4]

Etwa die Hälfte der Führungspositionen in der Bundesrepublik war Mitte der 50er Jahre von Personen besetzt, die den Nationalsozialismus nicht aktiv bekämpft, ihn aber auch nicht an einflußreicher Stelle unterstützt hatten. Dieser größten Gruppe der »Ambivalenten bis Neutralen« standen zwei kleinere Gruppen gegenüber. Fast zwanzig Prozent stufte eine amerikanische Untersuchung für das Stichjahr 1956 als Gegner der NS-Diktatur ein; in die Schlüsselstellungen der Bundesrepublik waren aber ebensoviele gerückt, die den Nationalsozialismus unterstützt hatten.[5]

Dabei führten die beruflichen Karrieren in der Wirtschaft oft keineswegs bruchlos über 1945 hinweg nach oben, sondern wurden zumindest von der Phase der Entnazifizierung unterbrochen. Der im Herbst 1945 gestartete gesetzliche Versuch einer Säuberung der Wirtschaft blieb jedoch ebenso Episode wie Betriebsräte, die ihre Firma bei der Militärregierung »nazirein« meldeten. Damals waren die Unternehmen verpflichtet worden, NSDAP-Mitglieder sofort aus »beaufsichtigenden oder leitenden Stellungen« zu entfernen[6], und auch kleinen Geschäftsleuten und Handwerksmeistern drohte die Einsetzung von Treuhändern. Weit über 1000 Industriebetriebe und mehr als 4000 Handels- und Dienstleistungsbetriebe befanden sich allein in Bayern Anfang 1947 unter Kontrolle.[7] Doch zogen die meist ortsfremden Treuhänder schnell Kritik auf sich, so daß ab Mitte 1948 die Betriebe wieder an ihre zwischenzeitlich entnazifizierten Eigentümer zurückgegeben wurden.

Besonders »große Fische« wie etwa die 1948 in Nürnberg als Hauptkriegsverbrecher verurteilten Direktoren des Chemie-Konzerns IG Farben mußten mehrjährige Haftstrafen verbüßen. Auch wenn sie danach wieder in wichtige Aufsichtsrats- und Vorstandspositionen der deutschen Wirtschaft aufrückten, darf das Faktum ihrer temporären Ausschaltung nicht einfach ignoriert werden. Die Jahre der Deklassierung waren »Schlüsselerfahrungen« für die »samt und sonders von ihren Kommandohöhen« gejagte und internierte Elite der deutschen Schwerindustrie. Jetzt wurde den meisten überhaupt erst richtig bewußt, daß die Alliierten gerade auch ihrer Gruppe eine »erhebliche Mitverantwortung« für das NS-Regime beimaßen.[8]

Innerhalb der privatindustriellen Führungsschicht wurde nach 1945 ebenfalls sorgfältig darauf geachtet, wer »im Kosmos der Speerschen Kriegsproduktion den Raubbau an der industriellen Substanz unsinnig lange mitgemacht«[9] und den Standeskomment im allzu beflissenen Dienste der NS-Wirtschaft verletzt hatte. Abgestoßen und ausgegrenzt wurden etwa Manager wie der Generaldirektor der Vereinigten Stahlwerke, Walter Rohland, oder Hans Kehrl, Karl Otto Saur und Paul Pleiger. Diese hatten zur Entlastung der manchmal nur geringfügig weniger schuldig gewordenen Standeskollegen die Gesamtverantwortung an den Verstrickungen ihrer Gruppe während des »Dritten Reiches« zu tragen.[10]

Gleichwohl, einige Karrieren konnte man bestenfalls mit ungläubigem Staunen zur Kenntnis nehmen; so verhinderte es etwa eine empörte Öffentlichkeit, daß dem früheren Direktor der Leunawerke, der sich der Versklavung ausländischer Arbeiter schuldig gemacht hatte, auch noch das große Verdienstkreuz der Bundesrepublik Deutschland verliehen wurde.[11] Dennoch wird sich aus solchen Einzelfällen kein generelles Berufsverbot für alle irgendwie formal Belasteten als regulative politische Idee ableiten lassen. In Wirtschaft und Verwaltung, wo es auf einen fachspezifischen Sachverstand mit entsprechender Ausbildung und Berufserfahrung ankam, war gerade am Anfang das alte Personal schlechterdings unverzichtbar. Ein anderes Konzept hätte den aufgrund der ökonomischen und infrastrukturellen Kriegsfolgen ohnehin kollabierenden Organismus der modernen deutschen Industriegesellschaft 1945 in seinen lebenswichtigen Funktionen noch weiter geschwächt. Eine Gegenelite war aus dem kleinen Kreis der Widerständler und Emigranten nicht im erforderlichen Umfang zu rekrutieren und hätte ohnehin, spielt man dieses Szenario durch, den Deutschen von den Siegermächten oktroyiert werden müssen. Hans-Ulrich Wehler meint dagegen, es wäre »wegen der Barbarei der NS zu verteidigen gewesen«, die riesige Zahl der Mitläufer »an den Rand der Gesellschaft (zu) drängen«.[12]

Peter Graf Kielmansegg hat zu Recht daran gezweifelt, ob das mit dem Ziel vereinbar gewesen wäre, ein demokratisches Gemeinwesen aufzubauen: »Sowenig sich Demokratie auf die Unterscheidung und Scheidung zweier Klassen von Deutschen gründen ließ, einer (kleinen) Minderheit, die die Probe bestanden und historisch recht behalten hatte, und einer Mehrheit, die sie nicht bestanden hatte, sowenig ließ sich der Gesellschaft einfach der Kopf abschlagen, wenn man Demokratie im westlichen Verständnis wollte. Ein Programm der vollständigen › Austreibung der Vergangenheit‹ aus allen Positionen von Bedeutung ohne Rücksicht auf den einzelnen Fall wäre nur als Programm revolutionärer Säuberung denkbar gewesen, das andere Ziele als die der Demokratie verfolgte.«[13]

Die »Mittlere Lösung«, die dann statt einer totalitären sowjetischen wie in der SBZ tatsächlich praktiziert wurde, war so gesehen wohl wirklich das »relative Optimum«. Kielmanseggs Kautele, es habe dennoch im öffentlichen Dienst »zuviel fragwürdige Kontinuität«[14] gegeben, wird man in Anschauung der personalpolitischen Realität der Nachkriegsjahre aber wiederum relativieren müssen. Das Ergebnis eines Sachverständigengremiums, das der Parlamentarische Rat 1948 zur Frage des Personals künftiger Bundesministerien eingesetzt hatte, warf ein Schlaglicht auf die Gesamtproblematik: Es gab nur ein geringes Potential an geeigneten Kräften, da politisch unbelastete »zumeist schon in festen und befriedigenden Stellungen« waren. So verblieben im wesentlichen solche, die »zumindest formale Beziehungen zum Nationalsozialismus« gehabt hatten.[15]

Tatsächlich hatte der Anteil der Parteigenossen gerade im höheren Verwaltungsdienst, wie auch in der Justiz und im Lehramt, oft über 50 Prozent gelegen. Die dem Parlamentarischen Rat vorgelegte Liste von 26 Kandidaten, die vorher überwiegend im Reichsinnenministerium und im preußischen Innenministerium gearbeitet hatten und nun für ein künftiges Bundesinnenministerium in Frage kamen, enthielt folglich nur einen Namen ohne jede NS-Belastung; drei von ihnen waren von den Spruchkammern als Mitläufer, 20 (darunter Globke) als entlastet eingestuft worden.

Auf solchen Erfahrungswerten basierte auch das 131er Gesetz, das nur Hauptschuldigen und Belasteten die Chance der Wiedereinstellung verwehrte und somit etwa 97 bis 98 Prozent der Betroffenen die Rückkehr in die alten Ämter oder den Einzug in die neuen ermöglichte. Die – gleichfalls im 131er Gesetz geregelte – Frage der Versorgungsansprüche hoher Beamter des »Dritten Reiches« führte indes immer wieder zu förmlichen Disziplinarverfahren des Bundesinnenministeriums, bei denen geprüft wurde, ob den teils prominenten Nationalsozialisten die Rechte nach dem 131er Gesetz wegen Dienstvergehen während der NS-Zeit aberkannt werden konnten.[16]

Offensichtlich hatte der Bundestag im Gewühl der legislativen Aufbauarbeit während der Gründerjahre der Republik auch einige unzureichende Regelungen getroffen, die zu Reibungsverlusten bei der Integration der Ehemaligen führten. Neben dem von allen Fraktionen, nicht nur von der Regierungskoalition getragenen 131er Gesetz stand vor allem das Auswärtige Amt im Kreuzfeuer öffentlicher Vorwürfe. Obwohl diese nur in einigen ganz wenigen Fällen wirklich berechtigt waren, hat die Bundesregierung dann schon beim Aufbau der Bundeswehr ihre Konsequenzen daraus gezogen und einen funktionierenden Personalgutachterausschuß installiert.

Am guten Willen von Parlament und Regierung, die Vergangenheit ohne Radikalität, aber doch mit Sorgfalt zu »bewältigen«, hat es offenkundig nicht gefehlt. Woran es mangelte und mangeln mußte, waren Erfahrungen im Übergang von einer totalitären zu einer freiheitlich-demokratischen Staats- und Gesellschaftsform. Historische oder politologische Lehrbücher gab es für diesen einzigartigen Vorgang nicht. So blieb nur der pragmatische Ansatz nach »trial and error«, »Vergangenheitsbewältigung« also nach der von Karl Popper als »peace-meal engineering« bezeichneten Methode.

Wenn wir unter dem Begriff »Vergangenheitsbewältigung« vor allem den Aspekt der öffentlichen Auseinandersetzung mit dem Nationalsozialismus als Gegenstück zur öffentlichen Verdrängung verstehen, dann ist es nicht allein entscheidend, in wievielen Einzelfällen es personelle Kontinuitäten über 1945 hinaus gab, die die Bundesrepublik Deutschland eigentlich nicht hätte zulassen dürfen. Bedeutsam ist gerade für unseren Erklärungszusammenhang, daß diese – wenngleich nicht flächendeckenden, so doch punktuell unstreitbar vorhandenen – Mißstände ein ums andere Mal zu publizistischer Kritik herausforderten und sich während der gesamten Ära Adenauer immer wieder zu Aktualitätsschüben der »Vergangenheitsbewältigung« verdichteten.

Zu den Streitpunkten, die nicht nur tage- sondern wochenlang die öffentliche Diskussion mitbestimmten, zählten Anfang der 50er Jahre die Affären Hedler, Globke und Seebohm, dann in vier Schüben über fast drei Jahre hinweg das Auswärtige Amt, Ende 1953 und 1954 die höchstrichterlichen Urteile und parlamentarischen Debatten zum 131er Gesetz, 1955 der Fall Schlüter, die Rentensachen von Lautz und der Freisler-Witwe, 1956 die Frage der Waffen-SS und der Bundeswehr, 1958 dann die »antisemitischen« Fälle Zind, Eisele und Budde-Nieland, 1959/60 der »Abschuß« Oberländers, die Debatte um die Renazifizierung Schleswig-Holsteins und der deutschen Justiz – um nur einige der wichtigsten Fälle zu nennen. Zu diesen Ereignissen kamen im Bereich der personellen »Vergangenheitsbewältigung« während der Schübe von 1956, und dann vor allem am Ende der Ära Adenauer in den Jahren ab 1959, noch einige zusätzliche Diskussionsschwerpunkte hinzu. Sie betrafen die Vergangenheit weiterer wichtiger Berufsgruppen.

2. Vertrauenskrisen am Ende der Ära Adenauer: Polizisten und Ärzte, Lehrer und Professoren

»Ex-Nazis bei der Berliner Polizei«[17] hatten bereits im Sommer 1956 für Aufregung gesorgt. Doch war ein Prüfungsausschuß zu dem Ergebnis gekommen, daß die »Ehemaligen« aufgrund der 131er Gesetzgebung beschäftigt werden mußten. Im Laufe der hitzigen Diskussionen seit dem Jahr 1959 verstärkten sich die Angriffe. Gegen die Kriminalpolizei Nordrhein-Westfalens erhob die Gewerkschaft Öffentliche Dienste, Transport und Verkehr im Herbst 1959 schwere Vorwürfe. Der weitaus größte Teil aller leitenden Positionen und fast aller Schlüsselstellungen, so hieß es, befände sich in der Hand von Beamten, die während der nationalsozialistischen Zeit Mitglieder der SS waren und SS-Führerdienstgrade innehatten. In seiner Dokumentation »Kripo scharf belichtet« kam das VVN-Präsidium zu dem gleichen Schluß. Der DGB wurde daraufhin beim Leiter für Personalfragen in der nordrhein-westfälischen Regierung vorstellig und erfuhr, daß nicht nur in der Landespolizei SS-Größen säßen, sondern auch im Bundeskriminalamt und bei der Sicherungsgruppe in Bonn.[18]

Als 1963 das Bundesamt für Verfassungsschutz attackiert wurde, obwohl dort weniger als zwei Prozent früher SA, SS, SD oder Gestapo angehört hatten, wies das Bundesinnenministerium erneut darauf hin, daß formale Zugehörigkeit noch kein Verschulden darstelle. Her-

175

mann Höcherl forderte dazu auf, 1963 nicht die Entnazifizierung zu wiederholen. Die Verfassungsschützer hätten während ihrer zehnjährigen Mitarbeit im Amt bewiesen, daß sie auf dem Boden des Rechtsstaates stünden.[19]

Dennoch war die Verhaftung des früheren SS-Hauptsturmführers und Westberliner Polizeirates Wilhelm Graurock 1962 wegen der Beteiligung an Verbrechen gegen die Menschlichkeit nur ein Beispiel[20] dafür, zu welch unglaublichen Beamtenkarrieren es vor allem im Polizeisektor während der Ära Adenauer kam: Zehn Prozent der seit Ende der 50er Jahre entlarvten und wegen Beteiligung an tausendfachem Mord verurteilten NS-Verbrecher waren Polizisten der Bundesrepublik Deutschland.[21] Wenngleich dieser beklemmende Sachverhalt die innere Sicherheit der jungen Demokratie nicht wesentlich beeinträchtigen sollte, sind die dadurch bedingten Schäden an ihrer moralischen Reputation nicht zu übersehen.

Gleiches gilt für eine Reihe von eindeutig schwerstbelasteten Ärzten, deren Verwicklung in verschiedene Prozesse und Verfahren sich 1960 derart gehäuft hatte, daß die Bundesärztekammer die Ehre des Berufsstandes tangiert sah und auf die ausschließliche Verantwortung der Landesregierungen für die Erteilung und den Entzug der Approbation verwies. In dem besonders gravierenden Fall der früheren Lagerärztin Hertha Oberhäuser, die im KZ Ravensbrück grausame medizinische Versuche an weiblichen Häftlingen ausgeübt und Frauen durch Injektionen getötet hatte, entzog der schleswig-holsteinische Innenminister 1956 die Approbation. Hertha Oberhäuser war 1945 verhaftet und vom Nürnberger Militärgerichtshof zu zwanzig Jahren Gefängnis verurteilt, jedoch bereits 1952 aus der Strafhaft in Landsberg entlassen worden. Danach nahm sie in Schleswig-Holstein ihre Tätigkeit als Ärztin wieder auf.

Die Ärztekammer erklärte, sie sei nicht befugt, einem Arzt das Recht auf Ausübung seines Berufes abzuerkennen, da dies nur durch das Innenministerium veranlaßt werden könne. Die Behörde ließ verlautbaren, sie hätte ebenfalls keine Möglichkeit, gegen die berufliche Tätigkeit Hertha Oberhäusers einzuschreiten, da es das Nürnberger Gericht unterlassen habe, ein Berufsverbot auszusprechen, und das Strafklagerecht durch das Nürnberger Urteil verbraucht sei. Erst im Jahr 1956 sah sich die Kieler Oberstaatsanwaltschaft in der Lage, wegen des Verdachtes strafbarer Handlungen, die in Nürnberg nicht abgeurteilt wurden, ein neues Untersuchungsverfahren zu eröffnen. Danach nahm das Innenministerium das Verfahren zur Aberkennung der Approbation wieder auf, das schließlich zur Entziehung der staatlichen Zulassung führte. Den Einspruch der Ärztin wies der Innenminister zurück, woraufhin Hertha Oberhäuser im Oktober 1958 eine Klage vor dem Verwaltungsgericht anstrengte. Das Verwaltungsgericht bestätigte aber im Dezember 1960 den Entzug der Approbation.[22]

Auch die Bundesärztekammer distanzierte sich von Oberhäuser und den anderen schwarzen Schafen des Standes wie Eisele und Heyde alias Sawade. Besonders bedauerte es die Vertretung der Ärzteschaft, »daß bis heute noch nicht alle Konsequenzen aus den seinerzeit bekanntgewordenen bzw. abgeurteilten Verfehlungen und Verbrechen gezogen werden konnten...«[23] Schon seit Anfang der 50er Jahre waren die deutschen Ärzte immer wieder unmißverständlich von den »bêtes noirs« in ihrer Zunft abgerückt.[24] Vielen Medizinstudenten, die 1960 die neuaufgelegte Dokumentation von Alexander Mitscherlich und Friedrich Mielke, »Medizin ohne Menschlichkeit«[25], rezipiert hatten, schienen diese Resolutionen jetzt aber nicht mehr ausreichend.

Die Vertreter der Hamburger Medizinstudenten etwa protestierten im Januar 1961 gegen eine gemeinsame Erklärung der Ärztekammer und der Gesundheitsbehörde zur Euthanasie im Krankenhaus Rothenburgsort. Der Vorstand der Ärztekammer war darin zum Schluß gekommen, daß die Handlungen der beschuldigten Ärzte »unter den damaligen Umständen keine schweren sittlichen Verfehlungen« darstellten. Die Studentenvertreter entgegneten: »Unter den damaligen Umständen und bei der damals herrschenden Weltanschauung war auch die Ermordung von Juden und politischen Gegnern keine schwere sittliche Verfehlung, sondern wurde als › Tugend‹ angesehen.« Ferner wiesen die Studenten darauf hin, daß die Euthanasie-Gutachterausschüsse ausschließlich mit bewährten Nationalsozialisten oder SS-Führern besetzt waren.[26]

Die erhöhte Sensibilität vor allem der jungen Ärzteschaft für nationalsozialistische Vergangenheiten in der eigenen Zunft ist insofern besonders bemerkenswert, als sie in der Diskussion um andere Berufszweige wie Richter und Lehrer zu Beginn der 60er Jahre ihre Entsprechung fand. Auch wenn es staatliche Reaktionen auf unakzeptable Belastungen einzelner Biographien wie im Falle Oberhäuser seit Mitte der 50er Jahre ebenso gegeben hatte wie Kritik daran[27], »Vergangenheitsbewältigung« also durchaus stattgefunden hatte, erreichte das Bewußtsein von der Mangelhaftigkeit der bisherigen Bemühungen um die »Vergangenheitsbewältigung« am Ende des Jahres 1959 eine ganz neue Dimension, was sich in einer weiteren Intensivierung der öffentlichen Auseinandersetzung niederschlug.[28]

Vor allem die »Nazi-Lehrer« gerieten nun in den Fokus der »Vergangenheitsbewältigung«. Mitte 1959 hatte der Fernsehfilm »Hitler und Ulbricht – Fehlanzeige« bereits eine große Diskussion über den mangelnden zeitgeschichtlichen Kenntnisstand der westdeutschen Schüler ausgelöst. Bei der Aussprache des Deutschen Bundestages zu den Kölner Hakenkreuzschmierereien Anfang 1960 war die Schuld der Lehrer ebenfalls ein wichtiges Thema. Auch in Teilen der Öffentlichkeit wurde den Schulen zunehmend die Verantwortung für die »erschreckende Reihe von Zeichen der Unreife, des Judenhasses oder nationalsozialistischen Ungeistes« zugeschoben.[29] Aber die Angegriffenen wehrten sich.

Schließlich hatten die älteren Lehrer in drei, die ältesten sogar in vier politischen Systemen nicht nur als Beamte ihren Eid ablegen, sondern als Erzieher den Staat lehrend vertreten müssen. Sie waren der Verführung und dem Druck des Nationalsozialismus noch stärker ausgesetzt als die Staatsbürger in vielen anderen Berufen. Die schematische Art, mit der die Entnazifizierung ein politisch-moralisches Problem juristisch lösen sollte, hatte vielen die innere Umkehr erschwert. Auch brachte »der Formalismus der Gesetzgebung zu Artikel 131 des Grundgesetzes Belehrte und Unbelehrbare in eine Front«.[30]

Die »fast mechanische Anwendung« des 131er Gesetzes bei der Wiedereinstellung von Lehrpersonen, so wurde nun vielfach kritisiert, hätte teilweise zu unglaublichen Zuständen im Schulwesen geführt. Viele ehemalige »wirkliche Nazi-Lehrer« – nicht solche, die sich zu einer Funktion gezwungen sahen – seien wieder als Erzieher in der Schule oder sogar in leitenden Stellen der Behörden tätig: »Es kann heute durchaus vorkommen, daß naziverfolgte Lehrer in ihrer bescheidenen Stellung verblieben sind und ehemals führende Nazis als

Vorgesetzte haben.«[31] Es war allerdings mitten in den 50er Jahren auch vorgekommen, daß die Kultusbürokratie ehemaligen NS-Führern die Ausübung des Lehramtes verweigerte.[32] Im Zuge der nun beginnenden Grundsatzdiskussion fanden Vorgänge wie die Suspendierung eines Studienrates vom Dienst wegen Verdachtes antisemitischer Äußerungen jedoch besondere Aufmerksamkeit.[33]

Rasch erfaßte die Debatte den Bereich der Lehrerbildung. In Schleswig-Holstein mußte sich der Ministerpräsident Kai-Uwe von Hassel 1961 sogar in einer eigenen Regierungserklärung mit Vorgängen an der PH Flensburg auseinandersetzen. Ein dort lehrender Professor hatte in einem 1942 veröffentlichten Buch über »Das Schicksal der Polen« die rassentheoretischen Vorurteile der NS-Ideologie vertreten, war aber 1951 als Beamter auf Lebenszeit eingestellt worden. Da sich strafrechtlich oder disziplinarisch nichts gegen den Professor unternehmen ließ, empfahl ihm Hassel nun eindringlich, freiwillig aus der Lehrerbildung auszuscheiden. Die Studenten des Historischen Seminars an der PH Flensburg schlugen sich aber auf die Seite ihres Professors. Sie fühlten sich durch dessen Wirken keineswegs nationalsozialistisch infiziert, sondern »schätzten seine Art, uns auf der Basis demokratischen Denkens eine kritische Betrachtung auch der jüngsten Geschichte zu vermitteln«.[34]

»Vergangenheitsbewältigung« war an den deutschen Hochschulen nicht erst 1960, sondern bereits in den ersten Nachkriegsjahren ein wichtiges Thema. Schon damals wurde gefragt, ob die Senate und Fakultäten »entschlossen und beharrlich genug nach solchen Kräften Ausschau« hielten, die im »Dritten Reich« aus einer aussichtsreichen Laufbahn verdrängt wurden.[35] Der Forderung nach einer Sozialisierung der Wirtschaft entsprach auf dem kulturpolitischen Feld die »Demokratisierung« der Hochschulen.[36] Sie konnte nur zu Lasten der mächtigen Ordinarien durchgeführt werden. Obwohl aber auch Unionspolitiker nach 1945 die Verengung des professoralen Blickfeldes während des Nationalsozialismus durch die »Abgeschlossenheit von der Welt und die schwere Last der Zeitumstände« kritisiert haben[37], erwies sich die akademische Selbstverwaltung letztlich als stärker; wenngleich vor allem die Kommunisten weiterhin gerne Verbindungen zwischen einzelnen Professoren und dem »Dritten Reich« herstellten und manche Sozialdemokraten in dem Beharren der

Hochschulen auf Autonomie eine Nähe zum Nationalsozialismus vermuteten. Vielfach ließ sich die SPD-Kritik aber auf eine mangelnde personelle Berücksichtigung der ihr nahestehenden Dozenten durch die damals überwiegend konservativ geprägten Universitäten zurückführen.[38]

Demgegenüber hat Hans Mommsen unter Bezug auf die – für die »Vergangenheitsbewältigung« naturgemäß besonders wichtige – deutsche Geschichtswissenschaft darauf hingewiesen, daß die wenigen Linksintellektuellen, die nach Deutschland zurückkehrten oder das »Dritte Reich« in den Konzentrationslagern überlebt hatten, von der Historikerzunft durchaus akzeptiert wurden. In der durch den Antitotalitarismus simulierten »konfliktfreien Gesellschaft« der Bundesrepublik seien »grundlegende richtungspolitische Auseinandersetzungen hinter dem angeblichen Konsensus der Wiedervereinigungspolitik« zurückgetreten.[39]

Jedenfalls ist eine Änderung der dezidiert konservativen Orientierung der deutschen Historik auch dadurch erschwert worden, daß die vor 1933 im linken und demokratischen Lager gestandenen Historiker wie Hans Rosenberg, Hans Baron, Hajo Holborn oder Felix Gilbert nicht remigrierten. Obwohl es auch seitens der deutschen Kultusbürokratien nicht an Bemühungen um Rückberufung mangelte, kehrten insgesamt während der ersten beiden Nachkriegsjahrzehnte von 134 Historikern nur 21 in beide deutsche Staaten heim.[40] Die Entscheidung für oder gegen eine Remigration war seitens der Betroffenen meist weniger eine Frage der politischen Bewertung Nachkriegsdeutschlands als vielmehr der persönlichen Lebensplanung. Immerhin wurden aber die Lehrstühle der in Deutschland neu eingeführten Disziplin der Politikwissenschaft mit einer Reihe ehemaliger Amerika-Emigranten besetzt.[41]

Die mehr oder weniger nationalliberal oder christlich-konservativ geprägten Historiker, die nach 1945 in die Schlüsselpositionen der deutschen Geschichtswissenschaft rückten, waren zum größeren Teil während der nationalsozialistischen Zeit politisch oder rassisch verfolgt oder zumindest aus ihrer Hochschulkarriere verbannt worden.[42] Die große Mehrheit der Zunft – 1933 hatte es kein einziges NSDAP-Mitglied unter den Ordinarien gegeben – leistete dem »Dritten Reich« zwar nicht Widerstand, verhielt sich aber – auch später als formales Parteimitglied –»unpolitisch« und nahm höchstens gewisse verbale Anleihen beim Zeitgeist, um eine geplante Veröffentlichung nicht zu gefährden.[43] Dementsprechend versuchte die universitäre Entnazifizierung zwischen tatsächlicher nationalsozialistischer Gesinnung und formeller Parteimitgliedschaft zu unterscheiden und nur führende Pgs ihrer Ämter zu entheben. Wer indes seine wissenschaftliche Karriere der NSDAP verdankte, konnte nicht mit der Nachsicht der Historikerkollegen rechnen. Von 110 Ordinarien waren 20 von dauerhaften Entnazifizierungsmaßnahmen betroffen, die weniger Belasteten konnten aber infolge des 131er Gesetzes ihre Laufbahn vor allem an den Technischen Hochschulen wieder fortsetzen.[44]

Insgesamt wurden nach 1945 an den deutschen Universitäten wohl über 3 000 Hochschullehrer »entfernt« und nicht wieder rehabilitiert.[45] Sie schlossen sich im Verband der amtsverdrängten Hochschullehrer zusammen und lagen vor allem mit der Westdeutschen Rektorenkonferenz in heftiger Fehde.[46] Die Rektoren hatten sich dagegen ausgesprochen, das 131er Gesetz auf diese Berufsgruppe anzuwenden und alle nach dem Spruchkammerbescheid nicht sonderlich Belasteten ohne weitere Prüfung wieder in ihre alten Stellungen zu übernehmen. An der Frage, ob ein früherer Hochschullehrer »ohne ausreichende persönliche Eignung vorwiegend aus politischen Gründen in sein Amt gekommen ist« oder sich insbesondere durch Veröffentlichungen und Vorträge »politisch so bloßgestellt hat, daß er damit die Autorität des Hochschullehrers eingebüßt hat«, komme man »im Interesse der akademischen Jugend« nicht vorbei.[47] »Christ und Welt« warf den Rektoren dagegen unüberwundene Haßkomplexe vor und warnte, die Denazifizierung habe sich kaum auf einen anderen Berufsstand so vernichtend ausgewirkt wie gerade auf den wissenschaftlichen Nachwuchs.[48]

So schwierig es im akademischen Bereich wie bei vielen anderen Berufsgruppen auch war, den geeigneten Umfang der »Vergangenheitsbewältigung« stets genau zu bestimmen, so klar läßt sich doch erkennen, daß dies – eben deswegen – während der Ära Adenauer immer ein wichtiges Thema blieb. Die Vertrauenskrisen der Jahre ab 1959/60 lebten wohl auch ein wenig davon, daß die Vorwürfe einer »unbewältigten Vergangenheit« in den frühen 50er Jahren noch nicht so eindeutig gegen die eben erst gegründete Bundesrepublik Deutschland gerichtet werden konnten, während nun zehn Jahre (liberal-konservativer) Personalpolitik auf den Prüfstand kamen.

3. Demokratische Integration statt »schleichender Machtübernahme«

Auch in den anderen Fragen der »Vergangenheitsbewältigung« gab es ein pluralistisches Geflecht von Interessen, das zu Konflikten und mitunter fragwürdigen Kompromissen führen mußte, das freilich auch die Erinnerung an die NS-Zeit ständig wachhielt. Diese Fülle komplizierter, immer wieder neu aufgeworfener Einzelprobleme der personellen »Vergangenheitsbewältigung« in den 50er Jahren – zu denen noch eine Reihe regelrechter Köpenickiaden hinzuaddiert werden kann, bei denen einer aus dem Kreis von mehreren Zehntausend unter falschem Namen Untergetauchten zum Oberbürgermeister oder Landrat avanciert war, sich aber dann als Hochstapler entpuppte[49] –, vertieft die Zweifel, ob für die Ära Adenauer zutreffend von einer »merkwürdigen Stille« im Verhältnis zum Nationalsozialismus gesprochen werden kann.

Gewiß gab es – vor allem bei den rechten Parteien und sicher auch bei beträchtlichen Teilen der Bevölkerung – Tendenzen zur Milde in der Beurteilung brauner Biographien, doch ebenso gab es publizistisch überaus wirkungsvolle Gegenkräfte, die immer wieder für eine ganz erhebliche Geräuschkulisse in der personellen »Vergangenheitsbewältigung« sorgten. Dem Einfluß der Presse ist es neben wirkungsvollen Gesetzen zum passiven Wahlrecht wohl auch zuzuschreiben, daß die politische Elite in der Bundesrepublik im Vergleich zu den übrigen Elitesegmenten den deutlichsten Kontinuitätsbruch mit der NS-Vergangenheit vollzog.

Während sich in Japan Anfang der 50er Jahre unter 466 neugewählten Abgeordneten 130 befanden, denen von den Amerikanern jede politische Betätigung verboten worden war[50], hatten die politischen Karrieren der bundesrepublikanischen Führungsschicht entweder in Weimar begonnen und nach einer Unterbrechung zwischen 1933 und 1945 ihre Fortsetzung erfahren, oder aber sie waren nach dem Zweiten

Weltkrieg überhaupt erst gestartet worden. Unter den Sozialdemokraten und Kommunisten der Weimarer Generation war die Zahl der Emigranten, Widerständler und Verfolgten besonders hoch, wenngleich es diese Biographien auch bei den Vertretern bürgerlicher Parteien, vor allem bei CDU und CSU, gegeben hat. Hier überwogen indessen eher die Politiker, die die NS-Zeit in der inneren Emigration – in Distanz, aber nicht in aktivem Widerstand – hinter sich gebracht hatten.[51]

Wie bereits dargelegt, eignen sich auch die Fälle Globke, Schröder und Oberländer nicht als Nachweis einer durch nationalsozialistische Altlasten erheblich beeinträchtigten politischen Elite in der frühen Bundesrepublik Deutschland. Die Natur des Totalitarismus brachte es mit sich, daß eine Person oft zugleich Täter und Opfer war und daß eine klare Schuldzuweisung sich insofern häufig verbot. Zudem hatten die bekannten »Fälle« führender Repräsentanten des Staates doch auch ein Gutes: Sie demonstrierten den Millionen Mitläufern und kleinen Parteigenossen, daß eine Tätigkeit im »Dritten Reich« – war sie nicht krimineller Natur gewesen – bei all ihren zwangsläufigen Verstrickungen doch ein Ja zur neuen Demokratie und eine Mitarbeit an ihr nicht ausschließen mußte.

Dies wurde besonders deutlich, wenn der frühere Pg und spätere Bundesinnenminister Schröder – etwa in einem Vortrag über evangelische Verantwortung in der Hamburger Petri-Kirche 1956 – »eine Versöhnung mit der Vergangenheit« forderte.[52] Gerade in dem wichtigen vorpolitischen Raum der Kirche war diese Idee schon seit Ende der 40er Jahre präsent; demnach hätte ein regelrechtes »Versöhnungsgesetz« – quasi als »Gegenpol« zur gleichzeitig erhobenen Forderung nach »Wiedergutmachung«[53] – den gewünschten Schlußstrich unter die gescheiterte Entnazifizierung ziehen sollen.

Wenn es einen Bereich gab, in dem die Versöhnung mit der Vergangenheit zu weit gegangen war, dann den Justizapparat. Bei all den dargelegten Gründen wie etwa der Vernichtung beweiskräftiger Akten, die zur Wiedereinstellung auch belasteter Richter führten, blieb es ein Kainsmal für die westdeutsche Demokratie, daß keiner der Juristen am Freislerschen Volksgerichtshof für seine unsäglichen Terrorurteile zur Rechenschaft gezogen wurde oder daß ein so belasteter Jurist wie Fränkel Generalbundesanwalt werden konnte.

Die große personelle Kontinuität wirkte sich gerade bei den Gerichten und Staatsanwaltschaften doppelt verhängnisvoll aus, weil hierin die Zurückhaltung und die mangelnde Initiative bei der Verfolgung von NS-Verbrechen – zumindest in den Jahren 1951 bis 1957 – mit begründet schien. Es ist sehr fraglich, ob dieser Preis nicht doch zu hoch war, um die in einem Rechtsstaat besonders geschützte Unabhängigkeit der Richter auch in Angelegenheiten der NS-Vergangenheit mit eiserner Konsequenz zu wahren. Denn ernstzunehmende Berichte, wonach mit NS-Verbrechen befaßte Staatsanwälte sich in Kollegenkreisen wegen dieser Tätigkeit eher verteidigen mußten, waren kein Einzelfall.[54]

Trotz mancher bedenklicher personeller Kontinuitäten war Bonn aber auch hinsichtlich der Loyalität seiner Justiz, seiner gesamten Beamtenschaft und seines Offizierskorps nicht Weimar. Nie stand in Zweifel, daß diese staatstragenden Schichten nach der Erfahrung des »Dritten Reiches« nun erstmals vorbehaltlos bereit waren, eine Republik mit demokratischen Spielregeln zu akzeptieren. Nicht die politische Loyalität des öffentlichen Dienstes war das Problem, sondern »die persönliche Integrität derer, die einmal einem Regime des Verbrechens gedient hatten. Das bedeutet: Der Schaden war allenfalls ein mittelbarer. Die Bonner Demokratie war nie dadurch gefährdet...«; der Preis aber, den sie für das ganze Integrationsunternehmen bezahlen mußte, war nach Kielmansegg ein anderer: »Glaubwürdigkeit und Integrationskraft der jungen Republik haben nach der linken Seite hin Schaden genommen.«[55]

Dieser Analyse wird man wohl zustimmen müssen, aber doch auch zu ergänzen haben, daß die Mehrheit der Bevölkerung, bei der ein von intellektuellen Idealkategorien geprägter Politikansatz viel weniger ausgeprägt war, nicht jedes kleinste Vergehen des Opportunismus aus der NS-Zeit auf die Goldwaage legte. Um so weniger, als sich zahlreiche Vorwürfe wegen angeblicher nationalsozialistischer Belastungen früher oder später als unbegründet herausstellten. Ein gewisser Abstumpfungsprozeß in der breiten Bevölkerung konnte hier nicht ausbleiben, so daß der Schaden für die moralische Integrität und das öffentliche Ansehen des demokratischen Staates sich in halbwegs erträglichen Grenzen hielt.

Viel gravierender hat sich demgegenüber das Desaster der Entnazifizierung ausgewirkt. Zwar hatte es politische Säuberungen schon seit den Proskriptionen im Rom Sullas gegeben und waren auch politische Eliten militärisch unterlegener Staaten schon früher von der Siegermacht abgesetzt worden, doch lag der von den Amerikanern geprägten Entnazifizierung eine bisher nicht gekannte, unheilvolle Moralisierung der Politik zugrunde, die das Auseinanderklaffen von Anspruch und Wirklichkeit der Säuberungsmaßnahmen besonders tief empfinden ließ. Daß manch »Großer« glimpflich davonkam, während vielen »Kleinen« schmerzliche Denkzettel verpaßt wurden, hat eine vorurteilsfreie Auseinandersetzung der Masse der Mitläufer mit ihrer kollektiven Vergangenheit und ihrer individuellen Schuld alles andere als erleichtert. Sogar im Handbuch sozialdemokratischer Politik, das die Auffassung der Partei zu allen wichtigen Fragen der Politik darlegte, suchte man im Jahr 1953 das Stichwort »Entnazifizierung« bereits vergeblich.[56]

Dagegen blühte der Weizen derer, die mit dem ganzen Verdruß der Deutschen über die Entnazifizierung Geschäfte zu machen verstanden. Ernst von Salomon verlieh den Emotionen des Volkes in seinem Bestseller »Der Fragebogen« im Jahr 1951 sinnfälligen Ausdruck und trug mit seinem Auftritt bei den Kölner Mittwochsgesprächen am 17. Oktober 1951 maßgeblich zu deren bald legendärem Ruf bei. An diesem Abend in Köln sollte auch die öffentliche Diskussion um die deutsche Schuld am Nationalsozialismus »einen ihrer Höhepunkte erreichen«: Nahezu die gesamte Presse der Bundesrepublik ging auf dieses Ereignis ein.[57]

Neben Salomons zynischer Auseinandersetzung mit der Vergangenheit[58] gab es im übrigen auch satirische Formen wie »Goethe vor der Strafkammer oder Der Herr Geheimrat verteidigt sich«.[59] Da sich indes die nach Hunderttausenden zählende Leserschaft Salomons mit seiner höhnischen Kritik an der Entnazifizierung weitgehend identifizierte, war sie wohl ebenso empfänglich für die gesamte übrige Argumentation des Verfassers, die eine »geradezu wütende Distanzierung von nationalsozialistischer Ideologie und NS-Bewegung«, vor allem von Rassismus und Antisemitismus enthielt.[60] Und ohnehin kamen die entnazifizierungsbedingten Solidarisierungseffekte unter den Betroffenen im wesentlichen den kleinen und mittleren NS-Funktionären zugute, während die oberste Garnitur oder »erkennbar schwerer belastete( ) Funktionäre aller Ränge« davon nicht profitierten. Eine »Rückwendung zu den Werten, Formen und Zielen der NS-Herrschaft« hat die Solidarisierung der Entnazifizierungsgeschädigten jedenfalls nicht bewirkt.[61]

Trotz der verfehlten Anfänge in der Entnazifizierung ist die Bewältigung der personellen Erblasten des »Dritten Reiches« in der Bundesrepublik Deutschland letztlich bemerkenswert gut gelungen. Die pragmatische Unterscheidung zwischen »anständigen« und »unanständigen« Nazis, wie sie bei der politischen Selbstreinigung der deutschen Eliten zur Anwendung kam, erwies sich als erstaunlich tragfähig. Nur wer offen gegen den »zwischen 1933 und 1945 nur selten gänzlich zerstörten Normenkodex« sowie gegen den Komment seines Berufsstandes verstoßen hatte, mußte mit Sanktionierung rechnen.[62] Die vielbeschworene »schleichende Machtübernahme«[63] alter Nationalsozialisten fand aber nicht statt. Begünstigt durch andere große historische Prozesse während der Ära Adenauer – Wiederaufbau und Westintegration – wurden zwar nicht »die individuellen und institutionellen Nazivergangenheiten«, wohl aber »die Subjekte dieser Vergangenheiten«, sofern sie nicht im vordersten Glied gestanden hatten[64], großzügig in den demokratischen Neuanfang einbezogen. Ohne diese Integrationsleistung wäre die Bundesrepublik Deutschland wohl auf Sand gebaut worden.

III. Rezeption des antinationalsozialistischen Widerstandes

Grundlagen

Die Kontroversen um die deutsche Geschichtserinnerung an den Nationalsozialismus haben sich in der Rezeptionsgeschichte des 20. Juli besonders deutlich gespiegelt. Zu den wichtigsten Topoi gehörte also auch hier der Vorwurf der »Vergeßlichkeit«. Denn, so das charakteristische Urteil des Berliner Historikers Bodo Scheurig, der 20. Juli erinnert an Schuld; »er beschämt auch und erweckt Scham. Schon deshalb will man nicht, daß mit ihm die jüngste Vergangenheit zurückgeholt werde.«[1]

Bereits in den frühen 50er Jahren tauchen pauschale Anschuldigungen gegen »die« Deutschen wegen ihres angeblich vergessenen 20. Juli auf.[2] Derartigen Behauptungen lag nun aber ebenfalls ein schlechtes Gedächtnis zugrunde, denn in den ersten Nachkriegsjahren waren es die Alliierten gewesen, die die Verbreitung von Kenntnissen über die deutschen Gegner des Nationalsozialismus und die Geschichte des Widerstandes erschwert hatten.[3] So mußten die ersten Gesamtdarstellungen im Ausland erscheinen, und erst Hans Rothfels gelang es 1949 mit seiner großen Darstellung »Die deutsche Opposition gegen Hitler«, das von der alliierten Kriegspropaganda verzerrte Bild des deutschen Widerstandes zu korrigieren und »die von den westlichen Besatzungsmächten vorgenommene Tabuisierung dieses Themas zu durchbrechen«.[4] Seitdem hat sich nicht nur die politische Öffentlichkeit in Deutschland, sondern auch die zeithistorische Forschung des für die »Vergangenheitsbewältigung« so wichtigen Gegenstands intensiv angenommen. Die außerordentliche Wirkung der von Rothfels vorgelegten Monographie resultierte nicht zum mindesten aus der moralischen Autorität des Königsberger Historikers, der wegen seiner jüdischen Herkunft 1939 nach den Vereinigten Staaten hatte emigrieren müssen.[5]

Wie zweischneidig die These von der verdrängten Vergangenheit gerade im Hinblick auf den 20. Juli ist, zeigten einige frühe deutsche Reaktionen auf das bahnbrechende Werk von Rothfels. Es wurde teilweise als ein »Todesstoß gegen Kollektivschuld« begrüßt, als ein »Sühneopfer« gleichsam, das »von vornherein der verfehlten Politik der unterschiedslosen Verurteilung des deutschen Volkes, wie wir sie unseligerweise nach 1945 erleben mußten«[6], die Grundlagen entzog. Schließlich konnte Rothfels nachweisen, daß Roosevelt, Churchill und Eden die deutsche Opposition abgewiesen hatten.

Aus der Geschichte des 20. Juli ließ sich viel Stoff gewinnen, um das deutsche Volk zumindest teilweise zu exkulpieren und die deutsche Schuld in einem Panorama universeller Verstrickungen und allseitiger Verfehlungen verschwinden zu lassen. Eine mit gewaltigem Aufwand betriebene Propagierung des national-konservativen und militärischen Widerstandes, ja dessen Heroisierung, lag also nahe, falls es der politischen Klasse der Ära Adenauer wirklich darum ging, von der spezifischen »Germanität« des Holocaust abzulenken. Denn die Taten einer Diktatur, die sich auch der Feinde aus den Reihen des eigenen Volkes in barbarischer Weise entledigte, konnten wohl nur noch mit Einschränkungen auf ein nationales Schuldkonto gebucht werden.

Eine Instrumentalisierung des 20. Juli in diesem Sinne aber hat es nicht gegeben, wovon gerade die Vorwürfe hinsichtlich seiner Verdrängung unfreiwillig Zeugnis ablegen. Die frappierenden Unterschiede zwischen der deutschen und etwa der italienischen Entwicklung sind bereits von Iring Fetscher vermerkt worden: Die Italiener hatten die Fähigkeit, »mit einer zweifellos mythischen Überzeichnung ihrer eigenen Widerstandsbewegung eine fast generelle Identifikation mit dem Widerstand zu erreichen, die die Brücke zwischen den Generationen hergestellt hat«.[7] Die deutsche Wirklichkeit lag dagegen irgendwo in der Mitte zwischen der Hypothese eines offiziell »vergessenen« Widerstandes und der extremen Gegenposition einer möglichen staatlichen Heroisierung zu exkulpatorischen Zwecken.

Dies gilt auch für die Konzentration der offiziellen Erinnerung auf den 20. Juli, die schon deshalb nötig war, um der Dolchstoßpropaganda einiger rechtsextremer Soldatenverbandsfunktionäre gegen die »Verräter« um Stauffenberg die Spitze zu nehmen. Stand doch zu befürchten, daß deren Parolen bei einer Mehrheit der Deutschen auf fruchtbaren Boden fielen, die schließlich ebenfalls keinen aktiven Widerstand geleistet hatte, sondern nach Befehl und Gehorsam »mitgelaufen« war.

Der Abgrenzung nach rechtsaußen entsprach in der Widerstandsrezeption der Ära Adenauer die entschiedene Ablehnung des kommunistischen Totalitarismus. »Rote Kapelle« und andere Organisationen des kommunistischen Widerstandes hatten gerade angesichts der furchtbaren Gegenwart des real existierenden Sozialismus in Ulbrichts »antifaschistischer« DDR nichts im offiziellen Gedenkkanon der demokratischen Bundesrepublik verloren. Gerhard Ritter betonte dabei die »innere Verwandtschaft« von Nationalsozialismus und Bolschewismus. Der einflußreiche Historiker zeigte sich überzeugt, daß der Prozeß gegen die Mitglieder der »Roten Kapelle« vor dem Reichskriegsgericht ordentlich durchgeführt worden war und »nicht anders als mit einer Massenhinrichtung enden« konnte.[8]

Günther Weisenborns Versuche[9], die nach 1945 von Ricarda Huch gesammelten Lebenszeugnisse »im Sinn einer Würdigung auch kommunistischer Widerstandskämpfer« zu publizieren, setzten sich deshalb noch nicht »in allgemein akzeptierter Weise«[10] durch, belegen aber, wie bereits in den frühen 50er Jahren die Auseinandersetzung mit dem ganzen Spektrum der jüngsten Vergangenheit begonnen hatte. Neben dem 20. Juli spielte vor allem die »Weiße Rose« eine wichtige Rolle in der öffentlichen Erinnerungskultur. Dies war nicht zuletzt der frühen Darstellung der universitären Widerstandsgruppe durch Inge Scholl zu verdanken, die weite Verbreitung fand.[11]

Doch auch als die jährlichen Mahnfeiern längst zum festen Bestandteil der politischen Kultur der Bundesrepublik Deutschland geworden waren, erhoben einige notorische Kritiker warnend und moralisierend den Zeigefinger: »... täuschen wir uns nicht: in den Herzen unseres Volkes findet all das kaum ein Echo.«[12] Fast schien es manchmal, als müsse die »Bewältigungskultur«, um ihre eigene unveränderte Daseinsberechtigung immer wieder zu dokumentieren, ein ums andere Mal die bisherigen Bemühungen des kollektiven Erinnerns in Zweifel ziehen. Was sich wirklich »in den Herzen unseres Volkes« bewegte, ist im einzelnen schwer festzustellen, Interesse gewinnt aber in diesem Kontext die Haltung derer, denen das deutsche Volk nach 1945 in demokratischen Wahlen kontinuierlich sein Vertrauen ausgesprochen hat.

Die beiden großen, die Entwicklung der Bundesrepublik Deutschland entscheidend prägenden politischen Strömungen, Unionsparteien und Sozialdemokratie, wurzelten in den Traditionen des deutschen Widerstandes gegen den Nationalsozialismus.[13] Bei CDU und CSU waren es Persönlichkeiten wie Hermann Ehlers, Eugen Gerstenmaier, Konrad Adenauer, Jakob Kaiser, Andreas Hermes oder Josef Müller, die direkte Verbindungen zum Widerstand hatten. Die christlich-demokratische Kerngruppe in Berlin etwa rekrutierte sich direkt aus Widerstandskämpfern, die im Gefängnis Moabit inhaftiert gewesen waren.

Auch auf der ideellen Ebene wirkten sich die Erfahrungen mit dem Nationalsozialismus und die Mitarbeit im Widerstand aus, die Christen beider Konfessionen verbunden hatte. Dem organisatorischen Bemühen um eine gemeinsame Union lag zudem die politische Erkenntnis zugrunde, daß der Abfall vom christlichen Sittengesetz zu den zentralen Ursachen der nationalsozialistischen Gewaltherrschaft zählte.

Auch das politische Selbstverständnis der SPD wurde nach 1945 ganz wesentlich – und quantitativ noch stärker als bei den Unionsparteien – durch die persönlichen Erfahrungen führender Sozialdemokraten (Kurt Schumacher, Erich Ollenhauer, Fritz Erler) im Widerstand geprägt. Der erste Nachkriegsvorsitzende der SPD, Kurt Schumacher, der lange Jahre im Konzentrationslager gelitten hatte, beabsichtigte sogar,»nur SPD-Funktionäre in die Partei wieder aufzunehmen, die Widerstand geleistet hatten«.[14] Die Entschlossenheit, eine Wiederholung der Vergangenheit mit allen Mitteln zu verhindern, bildete einen starken Impuls für die gesamte Politik der SPD.

CDU und CSU sahen in dem Vermächtnis des Widerstandes vor allem die konkrete Verpflichtung, den freiheitlich demokratischen Rechtsstaat vor radikalen und extremen Positionen zu schützen.[15] Beim Studium der FDP-Parlamentarierbiographien in den Handbüchern der ersten Landtage drängte sich dagegen manchem der Eindruck auf, als sei etwa die nordrhein-westfälische FDP »überhaupt nicht verfolgt worden«.[16] Trotz gewisser Fragezeichen hinsichtlich der Haltung der noch weit in das rechte Lager hineinreichenden FDP kann aber cum grano salis von einer breiten Akzeptanz des 20. Juli in der Politik der Bundesrepublik Deutschland ausgegangen werden.

Auch eine Partei wie der BHE hielt sich etwas darauf zugute, daß in ihren Reihen Widerständler neben ehemaligen Pgs Platz gefunden hatten.[17]

Hinzu trat die frühe Rezeption des Widerstandes in der Literatur. Werner Bergengruen und Ernst Wiechert setzten sich schon 1945 in »Dies irae« und »Der Totenwald« mit dem Thema auseinander. In den ersten Nachkriegsjahren folgten die erschütternden »Moabiter Sonette« (1946) aus dem Nachlaß des noch im April 1945 hingerichteten Widerstandsangehörigen Albrecht Haushofer, dann Gerhard Weisenborns »Die Illegalen« (1946), Hans Falladas »Jeder stirbt für sich allein« (1948) oder Ernst Jüngers »Heliopolis« (1949). Wichtige Themen waren dabei das Schicksal verhafteter Widerstandskämpfer in den Konzentrationslagern oder andere persönliche Erfahrungsberichte. Alles in allem war schon frühzeitig so viel publiziert worden, daß sich die deutsche Öffentlichkeit mit dem Widerstand auseinandersetzen konnte.

Das Bekenntnis der Bundesregierung zum 20. Juli

So früh die literarische »Vergangenheitsbewältigung« einen Faktor der öffentlichen Bewußtseinsbildung darstellte, sowenig konnte sie verhindern, daß sich ehemalige Soldaten und vor allem Offiziere der Wehrmacht von der Opposition gegen Hitler und insbesondere von den Attentätern des 20. Juli teils scharf distanzierten. Symptomatisch hierfür war die Einfelder Rede des DP-Bundestagsabgeordneten Wolfgang Hedler im November 1949.[1] »Schuld an unserem Elend«, so hatten Ohrenzeugen Hedler sagen hören, trügen die Widerstandskämpfer, »denn Deutschland ist nicht an totaler Erschöpfung, sondern an Verrat und Sabotage durch die Widerstandsbewegung zugrunde gegangen«.[2]

Lauter und schriller wurden solche Töne, als nach dem Ausbruch des Koreakrieges Mitte 1950 die Diskussion um eine deutsche Wiederbewaffnung in Gang kam und auch die »alten Kameraden« im Selbstbewußtsein ihres plötzlich wieder gefragten militärischen Spezialistentums auf den Plan traten, um in rasch mitgliederstarken Verbänden nicht nur nostalgische Erinnerungen zu pflegen, sondern die

Fragen der Sicherheitspolitik und der »Vergangenheitsbewältigung« mit zu beeinflussen.

Nicht nur in den Augen der »Süddeutschen Zeitung« bahnte sich so bereits am 7. Jahrestag des 20. Juli anno 1951 eine gefährliche Entwicklung an.[3] Die parlamentarische Republik konnte schließlich keine Truppen gebrauchen, »deren Offiziere Widerstand gegen Hitler als Landesverrat« ansahen. Besonders besorgte Beobachter im Ausland rechneten sogar schon mit der Möglichkeit, daß nach der Wiederbewaffnung eine souveräne Bundesrepublik Deutschland allen Widerstandskämpfern den Prozeß machen würde. Denn in Adenauers Regierungskoalition gäbe es – zumindest bei den Freien Demokraten – gewisse Sympathien für eine derartige Politik.[4]

Zu einem Politikum, das auch die äußeren Angelegenheiten der Bundesrepublik Deutschland ernstlich tangierte, gerieten die dumpfen Aversionen gegen den 20. Juli aber vollends erst im Herbst des Jahres 1951. Bei einer Kundgebung in München würdigte der Bayerische Landesvorsitzende des Verbandes deutscher Soldaten, Oberst a.D. Ludwig Gümbel, zwar die »Schwere… (des) aus Idealismus gebrachten Opfers der Hitler-Attentäter«, forderte sie aber auch auf, nicht wieder Einfluß auf das deutsche Soldatentum zu nehmen, dessen »ewigen Gesetzen« sie durch ihre Tat abgesagt hätten. In ihrer Rückkehr sah der ehemalige Oberst gar eine Gefährdung des soldatischen Geistes und damit eines möglichen deutschen Wehrbeitrages.[5] Generaloberst Hans Frießner, Bundesvorsitzender des 300 000 Mitglieder starken Verbandes deutscher Soldaten, verurteilte »als Soldat und als christlicher Mensch« ebenfalls den politischen Mord.[6] Der Soldat an der Front, so erläuterte Frießner vor Vertretern der Auslandspresse, habe wenig Verständnis dafür, daß der »oberste Kriegsherr« ermordet werden sollte, während er selbst »vorn an der Front den Kampf führen« mußte.[7]

Die Bundesregierung war alarmiert und legte nun ein klares öffentliches Bekenntnis zu den Widerstandskämpfern des 20. Juli ab. In einer offiziellen Erklärung des Kabinetts hieß es: »Wir wissen, daß viele, insbesondere der Soldat an der Front, das Hitlersystem und seine Verderben bringende Politik für unser Volk nicht durchschauen konnten, aber wir sehen es als unsere Pflicht an, das Andenken derer vor Verunglimpfung zu schützen und zu bewahren, die in sittlichem und vaterländischem Pflichtgefühl das Letzte versuchten, um Deutschland zu retten oder zumindest das Ausmaß der Katastrophe zu mindern, in die die nationalsozialistische Führung Deutschland sehenden Auges stürzte.«[8]

Um das Bekenntnis der Bundesregierung zum 20. Juli in einem materiellen Symbol noch zu konkretisieren, wurde beschlossen, dem von privater Seite gegründeten »Hilfswerk 20. Juli 1944« eine jährliche Spende aus Staatsmitteln zur Verfügung zu stellen. Aufgetretene Härten infolge der bisherigen Pensionsregelungen für die Hinterbliebenen der Widerstandskämpfer sollten so zumindest teilweise ausgeglichen werden. Denn Bonn empfand es als »eine Ehrenpflicht des deutschen Volkes, für die Witwen und Waisen der Männer zu sorgen, die im Kampf gegen Hitler ihr Leben für Deutschland geopfert haben«.[9]

Die Bundesregierung beließ es nicht nur bei solchen Gesten, sondern schuf sich 1953 mit der »Bundeszentrale für Heimatdienst« ein pädagogisches Instrument, das ganz wesentlich dazu beitrug, Kenntnisse über den Widerstand breiteren Kreisen zu vermitteln. Die später in »Bundeszentrale für politische Bildung« umbenannte Einrichtung publizierte und verteilte Broschüren, unterstützte wissenschaftliche Arbeiten, organisierte Vorträge, belieferte Lehrer und Schüler, Volkshochschulen und pädagogische Institutionen mit ihrem Bildungsmaterial. Tenor ihrer Veröffentlichungen war die Ablehnung von Nationalsozialismus und Kommunismus gleichermaßen, wobei gerade in den ersten Jahren nach der Gründung der Bundeszentrale die Aufklärung über den Widerstand einen der wichtigsten Schwerpunkte bildete.[10]

Trotz dieser Öffentlichkeitsarbeit und trotz des klaren Bekenntnisses der Bundesregierung zum 20. Juli kam es auch künftig zu diskriminierenden Bemerkungen. Gegenteilige Hoffnungen, etwa von Bundesminister Jakob Kaiser, waren von vornherein unrealistisch, da in dem breiten Meinungsspektrum der pluralistischen Bundesrepublik auch noch so kleine Minderheiten sich lautstark Gehör verschaffen konnten. Der zunächst freigesprochene Bundestagsabgeordnete Hedler wurde aber schließlich der öffentlichen Beleidigung in Tateinheit mit öffentlicher Verunglimpfung des Andenkens Verstorbener und übler Nachrede für schuldig befunden und vom Kieler Landgericht am 20. Juli (!) 1951 zu neun Monaten Gefängnis verurteilt. Mit dem hohen Strafmaß wollten die Richter ganz bewußt »der wieder beginnenden Verrohung des politischen Lebens gleich zu Anfang einen Damm« entgegensetzen.[11]

Die Diskussion um den Soldateneid im »Dritten Reich« war damit freilich noch lange nicht beendet; galt doch bei vielen das Verdikt, das Generaloberst Jodl und Feldmarschall von Rundstedt während der Nürnberger Prozesse über den 20. Juli ausgesprochen hatten: »Wie man einen Krieg nach außen um Sein oder Nichtsein führen sollte und gleichzeitig eine Revolution machen, um dabei etwas Positives für das deutsche Volk herauszuholen, das weiß ich nicht«, gab Jodl zu bedenken, und Rundstedt diffamierte den 20. Juli als »gemeinen nackten Verrat«.[12] Das Fehlurteil dieser führenden Generale der Wehrmacht hatte in den ersten Jahren der Bundesrepublik vor allem im Lager der ehemaligen Berufssoldaten, aber auch darüber hinaus, noch einiges Gewicht. Wenn in den Wehrgesetzen von 1954 bis 1956 schließlich Abschied von belasteten Traditionen, vom personengebundenen Eid und vom bedingungslosen Gehorsam genommen wurde, so hat dies auch in der langjährigen Auseinandersetzung mit dem 20. Juli seine Vorgeschichte.

In dieser Perspektive vermag man das frühe Bekenntnis der Bundesregierung zum 20. Juli – ohne falsche Rücksichten auf irgendwelche Wählerschichten – in seiner ganzen Tragweite erst richtig zu würdigen. Auch die im März 1952 verhandelte Klage, die Bundesinnenminister Lehr, Landgerichtsrätin Marion Gräfin Yorck von Wartenburg, Annedore Leber und zwei junge Juristen gegen den rechtsradikalen Politiker Otto Ernst Remer wegen Beleidigung des 20. Juli erhoben, gehört in diesen Zusammenhang und schrieb ein eigenes Kapitel »Vergangenheitsbewältigung«.

Remer hatte als Major 1944 an der Niederschlagung des Umsturzversuches gegen Hitler maßgeblichen Anteil gehabt und war in den Gründerjahren der Bundesrepublik im extrem rechten Parteienspektrum tätig geworden. Nachdem er auf einer Wahlkampfveranstaltung seiner rechtsradikalen Partei Männer des 20. Juli als Landesverräter beleidigt hatte, die sich eines Tages vor einem deutschen Gericht zu verantworten haben würden[13], wurde der weithin bekannte SRP-Versammlungsredner allerdings selbst zur Anklage gebracht und mußte sich im März 1952 einer aufsehenerregenden Gerichtsverhandlung stellen.

Das Verfahren war »markanter Höhepunkt der Auseinandersetzungen«[14] um das Bild des Widerstandes und damit auch ein frühes Dokument ernsthafter »Vergangenheitsbewältigung«; es kann bis heute als einer der bedeutendsten Prozesse mit politischem Hintergrund in Westdeutschland »seit den Nürnberger Kriegsverbrecherprozessen und vor dem Frankfurter Auschwitzprozeß« gelten.[15] Faktisch geriet der Braunschweiger Remer-Prozeß 1952 zu einem »Wiederaufnahmeverfahren« des Prozesses, der 1944 gegen die Widerstandskämpfer vor dem Freislerschen Volksgerichtshof geführt worden war, nur wurde nun in einem Rechtsstaat nach den Grundsätzen des Rechts, nicht nach denen der totalitären Staatsräson verhandelt. Entscheidender als die dreimonatige Gefängnisstrafe gegen Remer war dabei die Tatsache, daß es den zahlreichen hochrangigen Gutachtern gelang, die Motivation für den »Aufstand des Gewissens« zu verdeutlichen und entscheidend zur Ausformung eines »politisch-moralisch begründeten Widerstandsbild(es)«[16] in der öffentlichen Meinung beizutragen.

Gedenkkultur

Dem frühen Bekenntnis der Bundesregierung zum 20. Juli folgten während der gesamten 50er Jahre periodisch abgehaltene Gedenkveranstaltungen, Reden, Rundfunkansprachen führender Politiker, Einweihungen von Mahnmalen oder Aufsätze in staatlichen Publikationsorganen. Berlin, Zentrum des Geschehens am 20. Juli 1944, rückte naturgemäß auch bald in den Mittelpunkt der Erinnerungskultur. Im September 1952 gedachte der Berliner Senat – in Anwesenheit des Bundesvertriebenenministers Lukaschek und Eugen Kogons – in der Strafanstalt Plötzensee der über 2000 an dieser Stelle hingerichteten Widerstandskämpfer. Dabei wurde »Den Opfern der Hitlerdiktatur« ein erster Gedenkstein zugewidmet. In den Synagogen West-Berlins fanden aus diesem Anlaß Gedenkgottesdienste statt, auch alle Behörden und öffentliche Betriebe hatten Halbmast geflaggt.[1]

Bereits ein Dreivierteljahr später wurde im Hof des ehemaligen Reichskriegsministeriums in der Bendlerstraße, an derselben Stelle, an der Graf Schenk von Stauffenberg 1944 hingerichtet worden war, ein Denkmal für die Opfer des 20. Juli eingeweiht. Die Hinterbliebenen, darunter die Witwen Stauffenbergs und Goerdelers, die überlebenden Teilnehmer der Verschwörung sowie Angehörige des Kreisauer Kreises hatten sich mit prominenten Politikern – darunter wieder Minister Lukaschek, Eugen Gerstenmaier, der CSU-Gründungsvorsitzende Josef Müller und der Regierende Bürgermeister Ernst Reuter – an der Gedenkstätte versammelt. Reuter sah in dem Denkmal ein Zeugnis dafür, »daß in Berlin und damit auch im Herzen des deutschen Volkes die Empfindung lebendig sei, daß die Männer des 20. Juli einen unvergänglichen Beitrag geleistet haben«.[2]

Einen Höhepunkt erreichte das offizielle Erinnern anläßlich der zehnjährigen Wiederkehr des 20. Juli 1954. An den Gedenkfeiern in Plötzensee und in der Bendlerstraße nahmen mit Bundespräsident Theodor Heuss, Bundeskanzler Adenauer und Bundestagspräsident Gerstenmaier die drei höchsten Repräsentanten der Bundesrepublik Deutschland teil. Vor dem deutschen Volk und der gesamten Weltöffentlichkeit wollte die Bundesregierung damit demonstrieren, daß die Ereignisse jenes Julitages für die Deutschen »über alle Gegensätze hinweg« eine mahnende Verpflichtung bedeuteten. Die Erinnerung, so erläuterte Innenminister Schröder, dürfe keine Kluft aufreißen, sondern solle vielmehr zu einem »Kristallisationspunkt für unser gemeinsames nationales Bewußtsein werden.«[3]

Im Auditorium Maximum der Freien Universität Berlin hatte Bundespräsident Theodor Heuss schon am Vorabend eine Rede über die Fragen des Widerstandsrechtes gehalten, die viel Beachtung fand und später auf Antrag sämtlicher Fraktionen des Bundestages als Broschüre an alle Lehrer sowie an die Schüler der mittleren und höheren Lehranstalten verteilt wurde.[4] Heuss wies in seiner Berliner Rede darauf hin, daß der 20. Juli in einer »anderen Atmosphäre« stand, als sie das Schicksal der vielen übrigen Opfer umgab, und rief vor allem die Menschen in Erinnerung, die ihre Ablehnung des Hitlertums in den Konzentrationslagern bezahlt hatten oder die »durch nichts anderes als durch ihre jüdische Herkunft Freiwild für alle Verleumdung, Verfolgung, Vernichtung« geworden waren. Heuss hielt es für nicht vermeidbar, »daß in Hinterstuben diese oder diese Schmährede« das Gedächtnis der Männer des 20. Juli beflecke. Doch schulde die Nation dem Widerstand Dank, denn die Scham, in die Hitler die Deutschen gezwungen habe, werde »durch ihr Blut vom besudelten deutschen Namen wieder weggewischt«.[5]

Auch der am 20. Juli 1954 beginnende Berliner Bundesparteitag der SPD gedachte zu Beginn all derer, die gegen Nationalsozialismus – und Kommunismus – Widerstand geleistet hatten.[6] Im übrigen Bundesgebiet fanden gleichfalls Mahnstunden statt. Propst Asmussen schilderte in Kiel auf einem Festakt der Landesregierung das Schicksal von Widerstandskämpfern, in Mainz wurde zum Gedenken der Opfer der Katholischen Arbeiterbewegung eine Feierstunde abgehalten; und Bonn war neben Berlin ein zweites Zentrum der Erinnerungsarbeit: Die Universität führte eine Veranstaltung mit dem Geschichtsprofessor Max Braubach durch, der antitotalitäre Bund der Verfolgten des Nazi-Regimes legte am Denkmal der Verfolgten im Bonner Hofgarten einen Kranz nieder.[7]

Für die Angehörigen des Auswärtigen Amtes, die im Widerstand gegen den Nationalsozialismus ihr Leben gelassen hatten, fand in Bad Godesberg eine eigene Feierstunde statt. Bundeskanzler Adenauer sprach dort ganz offen aus, daß es ihm darum ging, »die besondere Verdammnis, die im In- und Ausland über dieses Amt ausgesprochen worden ist, zu Unrecht ausgesprochen worden ist, hinwegzunehmen«. Der Bundeskanzler, so verdeutlichte als Hauptredner Eugen Gerstenmaier den Impetus der Veranstaltung, habe das Vermächtnis des 20. Juli »in behutsame, aber feste Hände genommen«; nicht nur durch Worte, sondern durch praktische Politik. Denn schließlich habe Adenauer den Gedanken der Europäischen Föderation zum Leitmotiv der deutschen Politik gemacht.[8]

Auf den 20. Juli 1954 folgten die 10. Jahrestage der Hinrichtung führender Politiker des Widerstandes. Sie ließen das historische Erbe der Bundesrepublik Deutschland nochmals besonders deutlich werden. Im Januar 1955 gedachte der Lübecker Senat des Todes von Julius Leber, und die Katholische Arbeiterbewegung erinnerte in Anwesenheit des Erzbischofs Josef Kardinal Frings an den zehn Jahre zuvor von den Nationalsozialisten ermordeten Redakteur der Ketteler-Wacht, Nikolaus Groß.[9] In der Heidelberger Universität sprach am

2. Februar Bundesminister Jakob Kaiser zum 10. Jahrestag der Hinrichtung des früheren Leipziger Oberbürgermeisters Carl Goerdeler[10]; und in Bonn veranstaltete der Rat der evangelischen Kirche der Union am 11. April eine Dietrich-Bonhoeffer-Gedenkfeier. Dem im KZ Flossenbürg kurz vor Kriegsende umgebrachten Theologen setzte man in Bonn zudem mit dem Bau eines Bonhoeffer-Hauses als Zentrum der evangelischen Studentenpfarrer ein Denkmal.[11]

Es ist bemerkenswert, daß ausgerechnet in der Kristallisationsphase der Erinnerungskultur Mitte der 50er Jahre sich gleichsam in einer Parallelentwicklung auch die Kritik an den Mängeln des bisherigen Gedenkens verstärkte. Vor allem der Münchner »Arbeitskreis 20. Juli« wirkte 1954 in dieser Richtung. Doch konnte gerade die mitternächtliche Auftaktveranstaltung des Kreises – an einem Donnerstag um 23.00 Uhr in dem bis auf den letzten Platz gefüllten Zuschauerraum des Münchner Schauspielhauses – als ein Indiz dafür gewertet werden, daß der wirtschaftliche Wiederaufbau die Erinnerung an die Vergangenheit durchaus nicht auf breiter Front zum Erliegen gebracht hatte.[12]

Den dreizehn Persönlichkeiten des öffentlichen Lebens, die sich zum »Arbeitskreis 20. Juli« zusammengeschlossen hatten, ging es darum, das Gewissen der Deutschen wachzurütteln, »um die Taten der Männer des 20. Juli 1944 ins Gedächtnis zurückzurufen«.[13] Bei der Auftaktveranstaltung unter dem Motto »Von der deutschen Vergeßlichkeit« vernahm die »Allgemeine Wochenzeitung der Juden« Wahrheiten »von hervorragenden Repräsentanten eines wirklich anderen Deutschlands« – Wahrheiten, »die man sonst nur selten hört«.[14] Zu den Mitgliedern des Arbeitskreises zählten Franz Josef Schöningh, Mitherausgeber der »Süddeutschen Zeitung«, Hans Werner Richter von der Gruppe 47, Erich Kästner, der Präsident des Westdeutschen PEN-Clubs, der Geschichtsprofessor Alexander Graf Schenk von Stauffenberg, Geistlicher Rat Rupert Angermair, der Direktor der Technischen Hochschule München, August Rucker, General a.D. Moritz von Faber du Faur, Walter von Cube, Chefredakteur des Bayerischen Rundfunks, der Präsident des Bayerischen Jugendringes sowie ein Vertreter des Deutschen Gewerkschaftsbundes in Bayern und ein Sprecher des Allgemeinen Studentenausschusses an der Universität München.[15]

Um dessen Äußerungen kam es prompt zu einem Eklat. Er hatte seinen Kommilitonen vorgeworfen, dem 20. Juli meist unter dem Blickwinkel des Hoch- und Landesverrates gegenüberzustehen. Auch die Organe des Staates täten nicht das Notwendige, um den 20. Juli »mit der entsprechenden Klarheit« der Jugend vor Augen zu stellen.[16] Der Allgemeine Studentenausschuß wies diese Äußerungen einstimmig zurück und legte zugleich ein Bekenntnis zu den Männern des 20. Juli ab. Außerdem wurde eine Broschüre über die »Weiße Rose« erarbeitet, um sie künftig jedem Studenten bei der Immatrikulation als mahnende Verpflichtung zu übergeben.[17] Auch anderenorts richtete sich damals das Interesse auf den Jugendwiderstand gegen das NS-Regime.[18]

Bei aller Konzentration auf den weitreichendsten und nur knapp gescheiterten Widerstand des 20. Juli fanden also auch andere Formen der Opposition gegen den Nationalsozialismus schon frühzeitig ihren Platz im Gedächtnis der Deutschen. Besonderes Gewicht hatte dabei das Gedenken an die studentische Widerstandsgruppe der »Weißen Rose«, das vor allem an den Universitäten gepflegt wurde, aber darüber hinaus – wie die Erinnerung an den 20. Juli – Unterstützung durch die höchsten Repräsentanten der Bundesrepublik Deutschland erfuhr. Einen ersten Schwerpunkt bildeten die Veranstaltungen, die anläßlich der zehnjährigen Wiederkehr der Hinrichtung der Geschwister Scholl und ihrer Mitstreiter im Februar 1953 durchgeführt wurden. Bundespräsident Theodor Heuss würdigte bei der Einweihung des neuen Studentenhauses der Frankfurter Universität das Handeln der Münchner Studenten und ihres Philosophieprofessors als einen »Aufschrei gegen die Lüge, die ein Volk verderben sollte...«.[19] Inge Aicher-Scholl äußerte sich im Bulletin der Bundesregierung zum Gedächtnis der »Weißen Rose«.[20]

Der Senat der Ludwig-Maximilians-Universität München beschloß im November 1954 einstimmig, am repräsentativsten Ort der Alma mater ein Denkmal zu errichten. Zwar war vor der Aula bereits eine Gedenktafel angebracht, zu deren Füßen sich an den Jahrestagen die Kränze sammelten, doch sollte das neue Ehrenmal »nicht nur Gedächtnis bewahren«; es sollte, wie die »Süddeutsche Zeitung« anerkannte, darüber hinaus »spür- und sichtbar Gesinnung künden – von jener Art, die zu Symbolen taugt...«[21] Im Juli 1958 wurde das Mahnmal im Lichthof der Universität schließlich enthüllt. Wo einst die Flugblätter gegen die nationalsozialistische Diktatur niedergegangen waren, erinnerte der Theologieprofessor Romano Guardini in seiner Ansprache an die Motive und das Schicksal der Geschwister Scholl.[22] Ein Drittel der 15 000 Münchner Studenten hatte schon im Januar 1958 auf einer leidenschaftlichen Vollversammlung beschlossen, die an einem Universitätsgebäude angebrachte Inschrift »Dulce et decorum est pro patria mori« im Gedenken an die Geschwister Scholl durch die Zeile »Mortui viventes obligant« zu ersetzen.[23]

Auch andernorts hielten die Hochschulen das Gedenken der Münchner »Weißen Rose« wach. Der Kongreß des Verbandes deutscher Studentenschaften begab sich im Juli 1959 in die Anlagen vor dem Hauptgebäude der Würzburger Universität, wo ein bereits 1927 für die gefallenen Studenten des Ersten Weltkrieges errichteter Granitstein einen neuen Standort gefunden hatte. Die neue Inschrift des Mahnmals, dem 1939 von der Reichsstudentenführung eine nationalsozialistische Sinngebung verliehen worden war, interpretierte der Vorsitzende des Verbandes deutscher Studenten dahingehend, daß der Stein nicht nur die Erinnerung an die Toten der Weltkriege pflegen, sondern auch die Opfer der Toten des Widerstandes wachhalten und die deutschen Studenten daran erinnern solle, wie »die Geschwister Scholl zusammen mit ihren Kommilitonen einen verzweifelten Versuch unternahmen, das Unheil von Deutschland abzuwenden«.[24]

Auch der 20. Juli geriet in den Jahren nach der Kristallisationsphase der Erinnerungskultur 1954/55 immer wieder ins Blickfeld der öffentlichen Aufmerksamkeit.[25] Und zwar nicht nur in Bonn und Berlin, sondern auch in den Ländern. In Lautlingen, der südwürttembergischen Heimat derer von Stauffenberg, wurde im Juli 1957 eine Kapelle als Ehrenmal eingeweiht.[26] Für den Bau einer katholischen Kirche mit dem Namen »Regina Martyrium« in der Nähe der Hinrichtungsstätte Plötzensee wurde am 15. August 1958 während des Berliner Katholikentages und in allen Pfarrgemeinden Deutschlands eine Kollekte gehalten.[27] Die Katholische Kirchenzeitung für das Bistum Berlin schlug in diesem Zusammenhang vor, die Gedenkstätte Plötzensee zum »Nationaldenkmal« der Deutschen auszugestalten.[28] Die niedersächsische Landesregierung ehrte im Februar 1956 ausländische Widerstandskämpfer und ließ durch Staatssekretär Meyer-Abich im Strafgefängnis Wolfenbüttel eine neue Gedenktafel enthüllen.[29]

Dabei beschränkte sich die Erinnerung an den Widerstand nicht auf die speziellen Gedenktage, sie hatte darüber hinaus einen festen Platz in der politischen Kultur der allgemeinen Mahnfeiern und -publikationen zur NS-Zeit. Zehn Jahre nachdem sowjetrussische Armeen zum ersten Mal die deutschen Grenzen überschritten hatten, gedachte der Bundestag im Januar 1955 nicht nur der gefallenen Soldaten, sondern auch der Opfer des deutschen Widerstandes, die in den letzten Kriegsmonaten hingerichtet worden waren. Stellvertretend für viele nannte Bundestagsvizepräsident Carlo Schmid die Namen von Julius Leber, Helmut Graf von Moltke, Carl Goerdeler und Alfred Delp.[30] Am zwanzigsten Jahrestag der nationalsozialistischen Machtergreifung im Januar 1953 rief die Bundesregierung das deutsche Volk auf, der »Untaten eines Hitler… eingedenk zu sein, um zu erkennen, was es an Gutmachung in jeder Hinsicht zu leisten hat, um das Schandmal, das ein Hitler ihm aufprägte, endgültig und für immer auszulöschen«.[31] Dergleichen Appelle gab es im Kalendarium der Gedenkkultur vor allem auch Anfang März bei der »Woche der Brüderlichkeit« oder bei den bald zur Tradition werdenden Veranstaltungen an den Jahrestagen der »Reichskristallnacht« im November.[32] Neben Politik und Medien spielten hier die Kirchen eine tragende Rolle.[33]

Inhaltlich standen vor allem die Fragen im Mittelpunkt der Gedenkreden, die in der Bevölkerung immer noch kritisch vorgebracht wurden und »Verständnislosigkeit, Gleichgültigkeit, teilweise sogar… Böswilligkeit« gegenüber dem Widerstand und vor allem gegenüber dem 20. Juli begründeten.[34] Bundespräsident Heuss sah sich in seiner großen Ansprache 1954 auch veranlaßt, das »Gespenstische« des – mit der religiösen Formel »bei Gott« verbundenen – Treueides auf Hitler zu betonen: »Dieser Fahneneid wurde einem Mann geleistet, der formal-rechtlich und moralisch-geschichtlich einen mehrfachen Eidbruch schon hinter sich hatte.«[35] Das Verhältnis der Gegenseitigkeit, auf dem der Treueid im germanischen Rechtssinn gründet, unterstrich 1957 auch Fabian von Schlabrendorff mit einem Zitat Friedrichs des Großen: »Das Volk ist von seiner durch den Eid geleisteten Treuepflicht enthoben, wenn der Herrscher seine oberste Pflicht, für das Wohl des Volkes zu sorgen, verletzt hat.«[36]

Neben dem Fahneneid waren Widerstandsrecht und Widerstands-
pflicht, die Berechtigung des Tyrannenmords und der Patriotismus
der Verschwörer bestimmende Themen. »Wir vom Widerstand
kämpften gegen den Nationalsozialismus, aber für Deutschland«, riefen die überlebenden »Offiziere gegen Hitler« ihre »Vaterlandsliebe«
als entscheidendes Motiv in Erinnerung.[37] Weit über den militärischen Widerstand hinaus bestand zwischen allen staatstragenden
Kräften der Bundesrepublik ein breiter Konsens darüber, daß die
»echte vaterländische Tat« (E. Reuter, 1953)[38] des 20. Juli von »glühenden Patrioten« (C. Schmid, 1958)[39] ins Werk gesetzt worden war. Zur
Stabilisierung des Nationalgefühls schien auch der kämpferische Antitotalitarismus und vor allem Antikommunismus geeignet, der sich
immer wieder in einer Gleichsetzung des 20. Juli 1944 mit dem 17. Juni
1953 konkretisierte. Der mit dem Begriff »Freiheit statt Kommunismus« zu umschreibende Denkansatz fand sich damals bei konservativen Politikern (G. Schröder, 1954) ebenso wie bei sozialdemokratischen (E. Reuter, 1953).[40]

Einen häufigen Topos in den Gedenkreden der 50er Jahre bildete
auch der Verweis auf Churchills Unterhausrede von 1946. Churchill
hatte den bis dahin von den Alliierten als »bloße Anti-Hitlerbewe-
gung«[41] geringgeschätzten 20. Juli einer Neubewertung unterzogen
und ihn zu dem »Edelsten und Größten« gezählt, was in der politischen Geschichte aller Völker hervorgebracht wurde. Diese Würdigung durch den britischen Staatsmann war um so wichtiger, als sie
sich innenpolitisch hervorragend zur Zurückweisung der Kollektiv-
schuld-Behauptung eignete und »außenpolitisch die Aufnahme der
Bundesrepublik in die Gemeinschaft der westlichen Staaten erleich-
terte«.[42] Von solchen politischen Aspekten ist die geschichtliche Erinnerung an den Widerstand unter den Vorzeichen des Kalten Krieges
während der 50er Jahre zu keinem Zeitpunkt freigeblieben.

Golo Mann hat damals anläßlich Ritters vieldiskutierter Goerdeler-
Biographie die Frage gestellt, ob es immer noch sein müsse, »daß man
Partei nimmt zwischen den Widerstandsgruppen«?[43] Aber war diese
Frage nicht ein wenig akademisch angesichts der latenten Gefahr ei-
ner kommunistischen Weltrevolution? Niemand konnte doch im
Ernst verlangen, daß Adenauer die Bundesrepublik auch nur teilweise
aus dem kommunistischen Widerstand herleitete, auf den sich die –

ganz gegenwärtige – Diktatur in Ulbrichts DDR mit so lautem propagandistischem Getöse dauernd berief.

Trotz aller eindeutigen Zeichen der politischen und moralischen Majoritäten in Deutschland wurde das Gedenken an den Widerstand am Ende der 50er Jahre zunehmend von dem Strudel der intensivierten »Vergangenheitsbewältigung« erfaßt und äußerten kritische linke Beobachter immer häufiger den Verdacht, die Bundesrepublik befände sich auch wegen der Art ihrer Beschäftigung mit dem 20. Juli längst in einer Phase der Restauration. Die offiziellen Gedenkfeiern in Berlin 1958 brachten dies exemplarisch an den Tag. Nachdem aufgrund der internationalen Lage sich Bundeskanzler Adenauer dort kurzfristig durch seinen Innenminister Schröder hatte vertreten lassen müssen, brach in einem Teil der Presse ein Sturm der Entrüstung los. Die »Frankfurter Rundschau« wertete es als »bestürzendes Zeichen«, daß bei der Mahnstunde »ein früherer SA-Mann« gesprochen hätte. Im »Vorwärts« war von einer »mehr als peinlichen Entgleisung« die Rede, der SPIEGEL unterzog unter der Rubrik »Unbewältigte Vergangenheit« die Schröder-Rede einer scharfen inhaltlichen Kritik[44], sprach von »kalten Floskeln des Bonner Abgesandten« und übernahm den Vorwurf des Westberliner »Telegraf«, der ein Bekenntnis Schröders zu den Männern des 20. Juli in den Ausführungen des Ministers vermißt hatte.

Dabei hatte der CDU-Politiker – wörtlich – »das Mitgefühl für die Angehörigen derer« zum Ausdruck gebracht, »deren Andenken wir heute hier ehren«. Neben diesem Bekenntnis zum ehrenden Angedenken des 20. Juli hatte er indes auch betont, für das Verderbnis im totalitären Staat seien »nicht die Menschenmassen verantwortlich zu machen«, sondern allein die Inhaber der Macht. Das deutsche Volk, so Schröder, brauche den »Anruf der Versöhnung«.[45] Schröders seit Jahren wiederholter Versöhnungsappell war nun (1958) bereits in den Beginn einer politischen Entwicklung hineingesprochen, die die Schatten der Vergangenheit immer länger werden ließ.

Berlins Regierender Bürgermeister Willy Brandt vertrat damals bei einem Zusammentreffen mit Angehörigen und Überlebenden des 20. Juli die Auffassung, daß der Widerstand in der Schule und in den Lehrbüchern künftig eine ganz andere Rolle spielen müsse als bisher.[46] Im Mai des folgenden Jahres traf sich auch Konrad Adenauer mit dem Zentralverband demokratischer Widerstandskämpfer, um über dessen Kritik an Schule und Elternhaus bei der Übermittlung der jüngsten Vergangenheit zu sprechen.[47] Das Deutsche Fernsehen widmete im Juli 1959 das Gespräch des Monats dem Thema Widerstand. Auch der Ring Politischer Jugend, in dem Junge Union, Jungdemokraten und Jungsozialisten zusammenwirkten, verstärkte nun seine Aktivitäten. So verzeichnete man bei den Gedenkfeiern in Berlin 1958 eine größere Teilnehmerzahl als je zuvor.[48]

Vergleichen wir freilich den zehnten mit dem fünfzehnten Jahrestag des 20. Juli, so kann zwischen 1954 und 1959 nur eine gewisse Steigerung der quantitativen Frequenz, nicht aber ein qualitativer Sprung in der Gedenkkultur konstatiert werden. Lediglich die Vorwürfe hinsichtlich einer »unbewältigten« Vergangenheit und eines verdrängten Gedenkens an den 20. Juli verdichteten sich. Tatsächlich wurde vor allem die bisher schon geleistete Erinnerungsarbeit zunehmend verdrängt. Bis zum Ende der Ära Adenauer kam die gesamte Diskussion um das Erbe des 20. Juli aus dieser Schieflage nicht heraus. Auch wenn die Bundesregierung die Erinnerung weiter pflegte, Adenauer nun selbst alljährlich Kränze im Bonner Hofgarten niederlegte oder Außenminister von Brentano etwa 1961 in der Eingangshalle des Auswärtigen Amtes eine Gedenktafel enthüllte[49], so konnte doch unter einfachem Hinweis auf die Posten, die »ein Oberländer und ein Fränkel« in der Bundesrepublik bekleideten, Kritik an der »großen Verlegenheit« geübt werden, die im deutschen Volk über den 20. Juli angeblich herrschte.[50] Und auch die Teilnahme Globkes an einer Gedenkfeier zum 20. Juli wurde nicht etwa als Zeichen ehrlicher Einsicht, sondern als Taktlosigkeit gewertet.[51]

Nach dem großen Bewältigungsschub 1959/60 hielten Studenten aller Universitäten der Bundesrepublik Deutschland im Gedenken an den zwanzig Jahre zurückliegenden Tod der Geschwister Scholl Nachtwache an den Gräbern auf dem Perlacher Friedhof in München. Doch hier und anderswo gaben würdige Erinnerungsveranstaltungen oft nur noch die Folie ab, auf der sich die Restaurationskritik abzeichnete. Der Hamburger Theologieprofessor Thielicke kontrastierte in einer für diese Entwicklung kennzeichnenden Ansprache das Opfer der »Weißen Rose« mit dem wirtschaftlichen Wiederaufstieg in der Bundesrepublik nach dem Zusammenbruch. Dieser Aufstieg, so

Thielicke, habe vergessen lassen, »welche Hypothek von Schicksal und Schuld auf dem Weg des Beginnens« gelegen habe. Die Überlebenden der Katastrophe aber täten so, »als ob nichts gewesen wäre«; »dafür leben und wirken noch Mörder unter uns...«.[52]

Das Problem der materiellen Entschädigung

1. RECHTSPRECHUNG

Stärker noch als die ideellen Bemühungen um eine »Aufarbeitung« der Geschichte des Widerstandes waren auch Gesetzgebung und Rechtsprechung im Bereich der materiellen Entschädigung dauernd umstritten. Trotz einer ritualisierten Erinnerungskultur und trotz wichtiger, mitunter pathetischer Worte und offizieller Gesten von nicht zu unterschätzendem Symbolgehalt blieb ein Unbehagen über die Schwerfälligkeit einer Legislative, die zwar der Witwe Heydrichs eine hohe monatliche Rente eintrug, nicht aber der durch dreivierteljährige Sippenhaft gegangenen Witwe des am 20. Juli maßgeblich beteiligten Generalquartiermeisters Eduard Wagner.

Die Rentensache Heydrich zählte neben den immerwährenden Spekulationen um die Versorgung der Freisler-Witwe und die Verfahren gegen den Oberreichsanwalt am Volksgerichtshof Ernst Lautz zu den am meisten diskutierten Entschädigungsfragen; ein ums andere Mal wurde deren materielle Stellung mit der Versorgung von Widerstandskämpfern verglichen. Das Land Schleswig-Holstein legte 1953 gegen das Urteil des Oberversicherungsamtes Schleswig Berufung ein, das den Hinterbliebenen Reinhard Heydrichs einen Rentenanspruch nach dem Bundesversorgungsgesetz zuerkannt hatte. Daß das zuständige Landessozialgericht 1958 schließlich die Berufung zurückwies und das Urteil somit endgültig Rechtskraft erlangte, rief große Empörung hervor. Die Sozialdemokraten hielten es für den Beweis einer verfehlten Rechtspolitik und erhoben entsprechende Vorwürfe gegen die Bundesregierung.

Dabei übersahen sie allerdings, daß die Regierung sich nicht nur schriftsätzlich zum Prozeß geäußert, sondern auch Vertreter zu den mündlichen Verhandlungen entsandt hatte. Dem Gericht gegenüber brachte die Regierung zum Ausdruck, daß sie in dem Attentat auf Heydrich keinen Tatbestand erkannte, der einen Anspruch nach dem Bundesversorgungsgesetz begründen könnte. Das Attentat sei durch politische Motive ausgelöst worden und militärisch bedeutungslos gewesen. Der Bundesarbeitsminister wies außerdem darauf hin, daß es »nicht Wille des Gesetzgebers gewesen sein konnte, auch den Personenkreis der führenden Nationalsozialisten und ihrer Hinterbliebenen in die Versorgung miteinzubeziehen, der für den Ausbruch des Krieges und seine unzähligen Opfer mitverantwortlich ist...«.[1]

Das Landessozialgericht hielt es aber nicht für möglich, politisch Belastete und ihre Hinterbliebenen von der Versorgung auszuschließen, weil das Gesetz dazu keine Handhabe bot. Vielmehr wollte der Gesetzgeber nach Auffassung der Sozialrichter »einen solchen Ausschluß bewußt nicht vornehmen, da der Bundestag dem Regierungsentwurf, der eine solche Ausschlußmöglichkeit vorsah, nicht gefolgt« sei. In der Tat war die betreffende Vorschrift in der 30. Sitzung des Bundestagsausschusses für Kriegsopfer- und Kriegsgefangenenfragen nach einstimmigem Beschluß (!) gestrichen worden.[2] Die Erregung des sozialdemokratischen Abgeordneten Jahn über die »positivistische Auseinandersetzung«[3] des Gerichtes mit dem Fall Heydrich war insofern nicht ganz nachvollziehbar. Hatte doch das Parlament selbst offensichtlich nicht alle notwendigen Vorkehrungen gegen einen Mißbrauch des Bundesversorgungsgesetzes getroffen.

Zu einem Präzedenzfall wurden auch die Oberhemden, Unterhosen und Wollsocken, die dem ehemaligen NSDAP-Mitglied und Nürnberger Rechtsanwalt Hans Groben gleich nach Kriegsende von der Stadt beschlagnahmt worden waren, um sie an Bedürftige zu verteilen. Ähnliches widerfuhr damals hunderttausenden Parteigenossen, deren Hausrat meist auf Anordnung der Militärregierung konfisziert und gemeinnützigen Zwecken zugeführt wurde. 1956 verurteilte das Oberlandesgericht die Stadt Nürnberg dazu, dem klagenden Groben den Wert seiner verlorenen Gebrauchsgegenstände zu ersetzen. Auch der Bundesgerichtshof in Karlsruhe bestätigte in der Revisionsverhandlung die Ansprüche des ehemaligen Nationalsozialisten. Denn die Stadt habe »diese Sachen in eigener Verantwortung in Anspruch genommen, um mit ihnen einem... öffentlichen Notstand entgegenzuwirken und einen dringenden Bedarf eines anderen zu befriedigen«. Das aber sei ein typischer Anwendungsfall des Reichsleistungsgesetzes, und dieses schreibe Entschädigungen vor.[4] Um einer zu befürchtenden Prozeßlawine zu entgehen, bemühten sich die Gemeinden nun, die zunehmenden Ersatzforderungen der »Ehemaligen« auf dem Wege des Vergleiches abzudecken. Dies schien am Ende immer noch billiger als verlorene Prozesse. Die Stadt Ansbach stellte etwa vorsorglich 15 000 Mark Verfügungsmittel in ihren Haushalt ein, zahlte aber nur, wenn die Quittungen vorgelegt werden konnten, die von der Kommunalverwaltung bei den Beschlagnahmungen 1945 ausgestellt worden waren.[5]

Ein merkwürdiges Beispiel waren auch die 200 Mark Pension der Witwe des Grafen Berthold von Stauffenberg, der als juristischer Referent bei der Kriegsmarine gearbeitet hatte, im Vergleich zu den über 2200 Mark, die die Witwe des Großadmirals Raeders monatlich bezog.[6] Einfühlsame Briefe des Bundespräsidenten waren da wohl nur ein schwacher Trost[7], und das gleiche galt für die finanzielle Hilfe, mit der es der Bund den noch nicht ausreichend versorgten Hinterbliebenen der Opfer ermöglichte, 1953 nach Berlin zu reisen, um an der Gedenkveranstaltung zum 20. Juli teilzunehmen.[8]

Gewiß war am guten Willen des Parlamentes zur Wiedergutmachung grundsätzlich nicht zu zweifeln. Doch erwiesen sich die legislativen Aufgaben als so komplex und die mangelnden Erfahrungen in der »Bewältigung« totalitärer Vergangenheiten als so gravierend, daß die daraus folgenden Präzisionsdefizite der Gesetzgebung und ihre ungewollten praktischen Konsequenzen immer wieder in die Schlagzeilen gerieten. Als typischer Fall galt der Versorgungsanspruch der Witwe des – nach dem 20. Juli hingerichteten – Generalmajors Hellmuth Stieff. Die Sache zog sich, beginnend 1951, während der gesamten Ära Adenauer durch die Instanzen der westdeutschen Justiz und schien, als sie 1960 endgültig vom Bundessozialgericht geklärt wurde, schon dem sozialdemokratischen Pressedienst geeignet, »in die deutsche Zeitgeschichte einzugehen«.[9]

1951 hatte Cäcilie Stieff eine Witwenrente nach dem Bundesversorgungsgesetz beantragt und sich dabei auf eine Mitteilung des bayerischen Justizministeriums bezogen, wonach kraft Gesetzes das Urteil des Volksgerichtshofs vom 8. August 1944 gegen ihren Gatten aufgehoben sei. Das zuständige Münchner Versorgungsamt lehnte den Rentenantrag mit der Begründung ab, Stieffs Wehrdienst habe nichts mit seiner Verurteilung zu tun gehabt, und auf politische Fälle sei das Bundesversorgungsgesetz nicht anzuwenden.

Cäcilie Stieff gab sich mit diesem Bescheid nicht zufrieden, und zwar nicht aus materieller Not, da sie bereits eine Rente als Beamtenwitwe bezog, vielmehr weil sie es richterlich bestätigt sehen wollte, daß sich ihr Mann als Chef des Organisationsamtes im Generalstab des Heeres nicht aus politischen, sondern aus militärischen Gründen am Putsch gegen Hitler beteiligt hatte. Generalmajor Stieff habe stets als Offizier gehandelt und nur zwangsläufig in die Politik eingegriffen, nachdem er in seiner militärischen Spitzenstellung erkannt hatte, daß er mit dem Aufstand gegen Hitler Hunderttausenden von Soldaten das Leben hätte retten können.[10] Das bayerische Landessozialgericht kam deshalb – unter anderem nach Studium einiger Briefe, die die Witwe vorgelegt hatte – 1958 zu der Auffassung, der Generalmajor hätte vor ein Kriegsgericht gehört, nicht vor den Volksgerichtshof, und hob den negativen Bescheid des Oberversicherungsamtes auf. Die Behörde aber focht das Urteil beim Bundessozialgericht in Kassel mit einer Begründung an, die zeigte, »welch komplizierter Gedankengänge und spitzfindiger Unterscheidungen manche Gehirne«[11] – trotz aller offizieller Bekenntnisse – in der Beurteilung des 20. Juli noch immer fähig waren. Obwohl das Urteil des Volksgerichtshofes gegen Stieff gesetzlich aufgehoben war, philosophierte das Oberversicherungsamt darüber, ob es nicht doch vertretbar gewesen sei, da doch »bei allen Völkern und zu allen Zeiten« der Versuch, das Staatsoberhaupt zu beseitigen, die Todesstrafe erwirkt habe[12]; so hätten die damaligen Hinrichtungen »auch rückschauend betrachtet« nicht offensichtlich dem heutigen Rechtsempfinden »widersprochen«.[13]

Die hierin zum Ausdruck gekommene Diskriminierung der Opfer des 20. Juli durch die verantwortlichen Beamten der Versorgungsbehörden veranlaßte sozialdemokratische Abgeordnete zu einer Intervention im Bundestag. Der angegriffene Bundesarbeitsminister Theodor Blank wies alle Verantwortung von sich, da es sich im Fall Stieff um eine Anwendung des Bundesversorgungsgesetzes handelte; hierfür aber waren aufgrund des Artikels 83 Grundgesetz die Länder zuständig, so daß die Bundesregierung gegenüber den Landesbeamten in den Verwaltungsbehörden der Kriegsopferversorgung weder aufsichts- noch weisungsberechtigt war.[14]

Freilich hatte das Bundesministerium auf ausdrückliche Bitte des bayerischen Arbeits- und Sozialministeriums zu der Versorgungsangelegenheit Stieff Stellung bezogen und sich für eine Nachprüfung der Entscheidung des Landessozialgerichtes durch das Bundessozialgericht ausgesprochen. Denn auch das Bundesministerium hielt es für fraglich, ob das Landessozialgericht »die Frage des ursächlichen Zusammenhangs der Hinrichtung mit dem militärischen Dienst zutreffend beurteilt« habe.[15] Bereits 1951 hatte es das Bundesministerium in einem Rundschreiben abgelehnt, auf die Hinterbliebenen der – »ausschließlich aus politischen Motiven« handelnden – Widerstandskämpfer des 20. Juli das Bundesversorgungsgesetz anzuwenden. Etwaige Ansprüche müßten statt dessen nach den Vorschriften über die Wiedergutmachung nationalsozialistischen Unrechts befriedigt werden.[16]

Von den Sozialdemokraten ist der Vorgang als »Rentenschande« bezeichnet worden. Und in der Tat kann man die Einschätzung des 20. Juli als herkömmlichen Hochverrat, wie sie das Oberversicherungsamt vorgenommen hatte, nicht nachvollziehen. Richtig ist aber auch, daß die Witwe Stieffs bereits durch eine Beamtenrente versorgt war. Auch die Betonung des politischen statt des militärischen Charakters des 20. Juli durch die befaßten Stellen kann schwerlich als böswilliger Akt der Verdrängung betrachtet werden. Er war vielmehr legitimes Ergebnis im Rahmen der Ermessensfreiheit rechtsstaatlicher Instanzen.

Ein Jahr nach der endgültigen Entscheidung in der Sache Stieff warf ein Urteil des Bundesgerichtshofes gegen einen Kriegsdienstverweigerer aus der Zeit von 1939 erneut ein Schlaglicht auf das dichte juristisch-bürokratische Gestrüpp, in dem sich die Widerstandskämpfer – nicht nur des 20. Juli – bei einer ganzen Reihe von Prozessen zu bewegen hatten.[17] Der Vierte Zivilsenat des Bundesgerichtshofes hatte entschieden, daß der gegen eine Unrechtsherrschaft geleistete Widerstand nur dann als rechtmäßig und die staatlichen Gegenmaßnahmen als rechtswidrig und entschädigungspflichtig angesehen werden könnten, wenn die Widerstandshandlungen »nach ihren Beweggründen, Zielsetzungen und Erfolgsaussichten als ein ernsthafter und sinnvoller Versuch zu werten« seien, »den bestehenden Unrechtszustand zu beseitigen und eine allgemeine Wende zum Besseren herbeizuführen«. Als beispielhafter Fall eines rechtmäßigen Widerstandes gegen den Nationalsozialismus wurden in dem Urteil die Taten der Männer des 20. Juli 1944 herausgestellt.

Dagegen hatte nach Ansicht der Bundesrichter der in dem anhängigen Verfahren klagende Bremer Bürger Georg Bock durch seine Einzelaktion gegen das Hitler-Regime an den bestehenden Verhältnissen nichts ändern können. Er habe sich trotzdem der Gefahr ausgesetzt, zum Tode verurteilt zu werden, und zudem über seine Familie schweres Leid gebracht. Seine Entschädigungsansprüche müßten daher abgewiesen werden, womit aber keine moralische Bewertung der persönlichen Gewissensentscheidung des Klägers verbunden sei. Der Kläger hatte im September 1939 unmittelbar nach Kriegsausbruch seinen Gestellungsbefehl zerrissen. Er hatte dies getan, so gab er bei der Erhebung seiner Entschädigungsansprüche an, weil er in sozialdemokratischer Tradition erzogen worden sei, aus dieser Einstellung heraus das nationalsozialistische Regime abgelehnt und den Krieg als einen von Hitler provozierten Angriff betrachtet habe. Ein Kriegsgericht verurteilte den Wehrdienstverweigerer daraufhin zu dreieinhalb Jahren Festung, einer nach Auffassung des Bundesgerichtshofes – gemessen an anderen Kriegsgerichtsurteilen – »auffallend milden« Strafe.

Nachdem das Bremer Landesamt für Entschädigung und auch die Entschädigungskammer des Landgerichts seine Forderungen – für die erlittenen Gesundheitsschäden verlangte er eine Rente in Höhe des Diensteinkommens eines einfachen Beamten – abgelehnt hatten, sprach ihm der Entschädigungssenat des Hanseatischen Oberlandesgerichts eine einmalige Entschädigung von 10000 Mark zu. Der Kläger sei, so wurde zur Begründung angeführt, wegen seiner Gegnerschaft gegen den Nationalsozialismus verfolgt worden. Seine Kriegsdienstverweigerung müsse als Auswirkung seiner politischen Gesinnung angesehen werden. Seine Einstellung sei auch dem Kriegsgericht bekannt gewesen, denn in der Verhandlung habe man ihn vom Richtertisch aus als einen »roten Lumpen« bezeichnet. Da die Entschlüsse des Klägers überwiegend von seiner politischen Einstellung bestimmt gewesen seien, müsse er heute als ein vom Nationalsozialismus Verfolgter angesehen werden.

Gegen dieses Urteil in der Entschädigungssache Bock rief die sozialdemokratisch regierte Freie Hansestadt Bremen, aus deren Etat der Invalide hätte entschädigt werden müssen, den Bundesgerichtshof an und hatte mit ihrer Berufung Erfolg. In den Augen der Bundesrichter war das Zerreißen des Gestellungsbefehls keine geeignete Handlung, der nationalsozialistischen Gewaltherrschaft in nennenswertem Ausmaß Abbruch zu tun. Der Ausfall des Klägers als Soldat wäre für die Wehrmacht unbedeutend gewesen. Aber auch eine mögliche propagandistische Wirkung seiner Handlungsweise könne nicht festgestellt werden.

Zwar könne es nicht, so die Bundesrichter, von dem tatsächlichen unmittelbaren Erfolg oder Mißerfolg des Widerstandes abhängen, ob ihm der Charakter des wahren Rechts gegenüber dem Unrecht zukomme. Der Widerstandsversuch müsse jedoch einen lebens- und entwicklungsfähigen Keim des Erfolges in sich tragen, durch den er selbst bei seinem etwaigen äußeren Scheitern als ein allgemein gültiges und wirksames Zeichen für das Recht und für den im unterdrückten Volk noch lebendigen Willen zum Recht in die Zukunft hinaus wirke und so jedenfalls dazu beitrage, die schließliche Überwindung des allgemeinen Unrechtszustandes vorzubereiten. Die Entschädigungsansprüche des Klägers anzuerkennen, hieß – nach Ansicht des Bundesgerichtshofs – ihn unberechtigterweise gegenüber jenen zu bevorzugen, die ebenfalls den Nationalsozialismus abwenden wollten, es aber als ihre Pflicht ansahen, »sich dem von der staatlichen Gewalt geforderten Wehrdienst nicht zu entziehen, und die diesen Entschluß ebenfalls mit schweren Opfern bezahlen mußten«. [18]

Obwohl die zu dieser Auffassung gelangten Richter in Bremen und Karlsruhe zum Teil selbst aus rassischen, religiösen und politischen Gründen verfolgt worden waren[19] und ihnen insofern mangelnder Wille zur »Vergangenheitsbewältigung« nicht leichthin attestiert werden konnte, forderte das Urteil doch Widerspruch heraus, weil manchen fraglich schien, ob es die Grenzen zum Recht auf Widerstand gegen einen Unrechtsstaat nicht zu eng gezogen hatte.[20] Die Kritik machte sich vor allem daran fest, die rechtliche Anerkennung der Widerstandshandlung von einem »entwicklungsfähigen Keim des Erfolges« abhängig zu sehen.

Hieß das nicht, so fragte Ernst Müller-Meiningen jr. in der »Süddeutschen Zeitung«, »Trägheit des Herzens und nackten Opportunismus – die große Sünde jener Jahre – erneut auch für Heute und Morgen zum traurigen Gesetz unseres Handelns zu erheben?«[21] Wären nach der juristischen Exegese des Bundesgerichtshofs die Geschwister Scholl überhaupt Widerstandskämpfer gewesen, und müßte davon nicht auch das Bild des 20. Juli negativ beeinflußt werden? Die Argumentation stand allerdings auf tönernen Füßen. Gewiß hatte, wie Müller-Meiningen richtig bemerkte, Henning von Tresckow über die letzten Beweggründe des Attentates auf Hitler ausdrücklich geschrieben: »...Sollte es nicht gelingen, so muß trotzdem der Staatsstreich versucht werden. Denn es kommt nicht mehr auf den praktischen Zweck an, sondern darauf, daß die deutsche Widerstandsbewegung... den entscheidenden Wurf gewagt hat.«[22] Ebendieser Gedanke aber war von den Richtern am Bundesgerichtshof doch ausdrücklich aufgegriffen worden, wenn sie unabhängig vom etwaigen Erfolg bereits den »lebens- und entwicklungsfähigen Keim« eines nur als möglich gedachten Erfolges zu bestimmen suchten. Die Juristen hatten dabei die »Perspektive einer Kontinuität im Auge, die auf die Nachkriegsdemokratie verwies«. Dies mußte allerdings »Widerspruch hervorrufen bei denen, die sich nicht allein durch die freiheitlich-demokratische Grundordnung legitimiert wähnten«.[23]

2. Gesetzgebung

Der umstrittene Spruch des Bundesgerichtshofs in der Entschädigungssache Bock bot Angriffsflächen, weil er ausdrücklich von der Präambel des Bundesentschädigungsgesetzes von 1953 ausging.[24] Das BEG aber, am 18. September 1953 verabschiedet und zuweilen auch als »zweites Grundgesetz« gewürdigt[25], sagte allen Personen, die aus politischen, rassischen, religiösen und weltanschaulichen Gründen von den Nationalsozialisten verfolgt worden waren, aus öffentlichen Mitteln Entschädigung zu. In seiner Präambel anerkannte es ausdrücklich, daß der »aus Überzeugung oder um des Glaubens oder Gewissens willen gegen die nationalsozialistische Gewaltherrschaft geleistete Widerstand ein Verdienst um das Wohl des deutschen Volkes und Staates« gewesen sei.[26] Zudem hatte der Wiedergutmachungs-

212

ausschuß des Deutschen Bundestages in dem schriftlichen Bericht zum Bundesentschädigungsgesetz unmißverständlich verdeutlicht, daß die Präambel als Richtschnur für die Anwendung des Gesetzes dienen und zum Ausdruck bringen sollte, wie eine Widerstandshandlung zu werten sei: Nämlich auch dann nicht als rechtswidrig, wenn sie eine Rechtsnorm verletzte.

Es ist nicht der Wille des Gesetzgebers gewesen, kommentierte der sozialdemokratische Bundestagsabgeordnete Karl Wittrock im »Vorwärts«[27], »Erfolgsaussichten eines anti-nationalsozialistischen Verhaltens zum Maßstab für die rechtliche Anerkennung des Widerstandes zu machen«. Es war allerdings ebenfalls nicht Wille des Gesetzgebers gewesen, selbst qua Legislative die Rechtmäßigkeit von Widerstandshandlungen festzustellen. Zwar hatten die Sozialdemokraten dies im ersten Paragraphen ihres 1952 eingebrachten Entwurfes für ein Gesetz zur Anerkennung des deutschen Widerstandes und zur Wiedergutmachung nationalsozialistischen Unrechts[28] vorgeschlagen, doch trug die Unionsfraktion rechtspolitische Bedenken, eine derartige Feststellung in einem Gesetz vorzunehmen, da dies Sache der Gerichte und nicht eines Parlamentes sei. Lediglich die »Anerkennung des Widerstandes« könne der Bundestag aussprechen«, argumentierte der CDU-Bundestagsabgeordnete Weber (Koblenz) unter Hinweis auf das Jahr 1934, »wo man auch Vorgänge gesetzesmäßig schlechthin für rechtens erklärt hat, die das gröbste Unrecht waren«. Das Parlament solle deshalb seine Zuständigkeit nicht überschreiten.[29]

Sprach sich die Union dabei doch klar für die gesetzgeberische »Anerkennung« des Widerstandes aus, so argumentierte die DP gegen jede »generelle Feststellung«, daß sich die Widerstandskämpfer um das deutsche Volk verdient gemacht hätten. Zur Begründung wurde vorgeschoben, für die DP gebe es weder eine Kollektivschuld, noch ein Kollektivverdienst.[30] Mit dieser Position fand die DP aber keine Mehrheit, während ihr in der Frage des kommunistischen Widerstandes CDU und CSU zustimmten. Es bestand Konsens, »daß etwa der Kommunist, der nach 1945 in Buchenwald andere Leute einsperrte,« die im antinationalsozialistischen Widerstand erworbenen Verdienste gewissermaßen verwirkt hatte.[31] Wer einem System der Gewalt Widerstand leistete, um ein anderes Gewaltsystem an dessen Stelle zu setzen, hatte sich also nach Auffassung der parlamentarischen Mehrheit kein Verdienst um das Wohl des deutschen Volkes erworben. Dieser Gedanke war im übrigen auch im Gesetzentwurf der Sozialdemokraten angeklungen[32], was ihnen erbitterte Vorwürfe aus den Reihen der kommunistischen Fraktion eintrug; dort sah man durch den – schließlich im BEG gesetzlich fixierten[33] – Ausschlußtatbestand bewährte »Anti-Faschisten«, die »gegen die damals und heute geltenden Gesetze verstoßen« hatten, von den Wiedergutmachungsansprüchen ausgegrenzt.[34]

Das strittige Thema ließ die Kommunisten einmal mehr die grundsätzliche Frage aufwerfen, ob man von der Bundesregierung überhaupt eine die Widerstandskämpfer befriedigende Regelung erwarten könne; angesichts eines Bankiers wie Pferdmenges, »der die SS finanzieren half«, oder eines »Dr. Lehr, der Hitler bei seinem Empfang im Düsseldorfer Industrieclub die Tür öffnete...«[35], seien die Widerstandskämpfer und Verfolgten vergessen, diffamiert und entrechtet worden. Wie holzschnittartig diese kommunistische Situationsanalyse war, offenbarte freilich der Genius temporis der damaligen Diskussionen: Am 10. September 1952, wenige Stunden vor Debattenbeginn, war das Luxemburger Abkommen unterzeichnet worden, in dem die Bundesrepublik Deutschland dem Staat Israel einen Beitrag zum Aufbau seines Gemeinwesens zugesichert hatte. Auf diesen Umstand machte auch der sozialdemokratische Antragsteller Arndt beifällig aufmerksam, beklagte aber die »Untätigkeit der Bundesregierung im Bereich der innerdeutschen Wiedergutmachung« und wies darauf hin, daß dies »peinlicherweise« zu einer entsprechenden Auflage in den Verträgen mit den Westmächten geführt hatte.

Diese Kritik ging freilich darüber hinweg, daß die Aufgabe der Rückerstattungs- und Entschädigungsgesetzgebung bereits unmittelbar nach dem Krieg auf der Ebene der Länder angegangen worden war. Mußte deren Ausführung nicht ins Stocken kommen, so mahnten die Sachverständigen, bis eine neue bundeseinheitliche Regelung in vielleicht erst eineinhalb oder zwei Jahren tatsächlich vollzogen werden konnte?[36] Ebenso problematisch war – unter fiskalischem Aspekt – die von der SPD geforderte Sonderstellung der Frauen und Männer des Widerstandes gegenüber den Wiedergutmachungsansprüchen der Kriegs- und Besatzungsgeschädigten, der Heimatvertriebenen oder der verdrängten Beamten. Gewiß hatten die Menschen im Widerstand besonders gelitten, weil sie »aus der Gemeinschaft ausgestoßen, weil sie durch Unrecht verfolgt wurden«.[37] Aber für so wünschenswert auch die Regierungsfraktionen eine Sonderstellung dieser Gruppe gehalten hätten, waren sie doch überzeugt, bei der Summe der individuellen Ansprüche eine andere Entschädigungsregelung hier ebenfalls nicht realisieren zu können, da das »einfach die Leistungskraft unseres Volkes übersteigen würde«.[38]

Den von der oppositionellen SPD vorgeschlagenen Finanzierungsweg über eine höhere Staatsverschuldung lehnte die Regierung konsequent ab.[39] Um welche Größenordnungen es sich bei diesen Aufgaben handelte, machte Ende 1955 die Debatte um eine der zahlreichen Novellierungen des 1953 in Kraft getretenen Bundesentschädigungsgesetzes deutlich. So lagen bis zum 30. September 1955 etwa 1 125 000 Anträge auf Entschädigung vor, von denen 320 000 bearbeitet worden waren – darunter 143 000 zustimmend.[40] Die Ansprüche der ehemaligen Widerstandskämpfer bildeten ohnehin nur einen Aspekt der »Wiedergutmachung«. Sie regelte darüber hinaus den Ausgleich aller Schäden, die durch nationalsozialistische Gewaltmaßnahmen verursacht worden waren – soweit diese nicht unter das Reparationsrecht fielen. Neben einer Globalregelung im Staatsvertrag mit Israel teilte sich die innerdeutsche »Wiedergutmachung« in die Hauptgebiete Entschädigung, Rückerstattung und »Wiedergutmachung« im öffentlichen Dienst. Außerdem bestanden einzelne Sonderrechte auf dem Gebiet der Sozialversicherung, der Kriegsopferversorgung, des Familien- und Eherechts, des Steuerrechts und des Wiedergutmachungsrechts in der Strafrechtspflege. Ordentliche Gerichte, Rückerstattungsgerichte, Verwaltungs- und Sozialgerichte entschieden über die jeweiligen Ansprüche gegen Bund, Länder und Kommunen.

Es lag auf der Hand, daß die – teils noch aus den unterschiedlichen Regelungen in den Besatzungszonen überkommenen – Differenzierungen im Wiedergutmachungsrecht für die antragsberechtigten Geschädigten wie für die Verwaltungen Schwierigkeiten mit sich brachten. Die Menge der anfallenden Arbeit wirkte zusätzlich hemmend. Allein nach dem Bundesentschädigungsgesetz von 1953, das im Mittelpunkt der gesamten individuellen »Wiedergutmachung« stand, waren bis 1960 rund 2,7 Millionen Einzelansprüche angemeldet worden, von denen bis dahin bereits über die Hälfte behandelt worden war.

Dabei wurde die Bewertung der vielfachen Schadensquellen, – zum Beispiel Gesundheits- und Körperschäden, Vermögensschäden, Berufsschäden – objektiv um so schwieriger, je länger das schadensbegründende Ereignis zurücklag.[41]

Verhängnisvoll wirkte sich aber vor allem auch aus, daß das vom Bundesfinanzministerium lange verschleppte Gesetz erst im Juli 1953, also ganz am Ende der Legislaturperiode des Deutschen Bundestages, noch dazu in einem Koppelungsgeschäft mit dem Kriegsgefangenenentschädigungsgesetz »in ungeheurer Eile« durchgepeitscht worden war.[42] Der eklatante Mangel des Gesetzes an »handwerklicher Qualität«[43] und die daraus resultierenden Umsetzungsschwierigkeiten lösten bereits Mitte der 50er Jahre eine große Diskussion aus. Im Bundestag kam es zu scharfen Protesten der SPD gegen Gerichte, die Wiedergutmachungsansprüche von Opfern des NS-Regimes abgewiesen hatten. Franz Böhm von der CDU schloß sich der Kritik an, und auch der Rat der Evangelischen Kirche in Deutschland appellierte an die Bundesregierung, die »Wiedergutmachung« zu verbessern und zu beschleunigen. Adenauer nahm sich der Sache persönlich an, weil er ebenfalls den Eindruck gewonnen hatte, als sei das Verhalten der Bürokratie zu sehr von finanziellen statt von ethischen Gesichtspunkten geleitet.[44] Die aufgrund dessen von allen Fraktionen vorangetriebene Novellierung des Bundesentschädigungsgesetzes[45] mit ihrer Erweiterung der Anspruchsberechtigten führte 1956 zu einer Entspannung der Lage. Auch der Bonner sozialdemokratische Pressedienst distanzierte sich nun von pauschaler Kritik an der Wiedergutmachung. Nur in Einzelfällen sei deren Verschleppung Ausdruck bösen Willens, im allgemeinen aber treffe dies nicht zu.[46]

Bei einer differenzierten Beurteilung von Rechtsprechung und Gesetzgebung über den Widerstand wird man erfreulich konsequente Gerichtsentscheidungen ebenfalls einbeziehen müssen. So war die Person des CDU-Politikers und Bundestagspräsidenten Eugen Gerstenmaier immer wieder Gegenstand von Prozessen.[47] Ein Mitglied der »Deutschen Gemeinschaft«, das Gerstenmaier einen gemeinen Landesverräter genannt hatte, wurde beispielsweise im September 1957 wegen übler Nachrede in Tateinheit mit Beleidigung zu acht Monaten Gefängnis verurteilt.[48] Schon zu Anfang des Jahres hatte sich die Unionsfraktion im Bundestag für einen besonderen Ehrenschutz für Widerstandskämpfer qua Strafrechtsänderungsgesetz stark gemacht und damit an eine Initiative aus der »Vergangenheitsbewältigung« der Phase um 1955 angeknüpft, als konkurrierende Verfilmungen des 20. Juli zu einer in der Geschichte des deutschen Kinos wohl einmaligen Konfliktsituation zwischen den Produktionsgesellschaften einerseits, zwischen diesen und den Angehörigen des 20. Juli andererseits führten[49]. Auch verstorbene Widerständler sollten nach den dabei gemachten Erfahrungen künftig besser vor Verächtlichmachung geschützt werden.[50]

An einer derartigen »Kollektiv-Glorifizierung« der Widerstandskämpfer gab es aber nicht nur erwartungsgemäß Kritik von rechtsaußen[51], wo nun gleich die Frage eines ähnlichen Ehrenschutzes für die Heimkehrer und die Mitglieder der Waffen-SS aufgeworfen wurde[52]; auch dort, wo die Tendenz der Gesetzesinitiative durchaus begrüßt wurde, kamen praktische Bedenken auf, weil die Widerstandskämpfer »in einer gesunden Demokratie (nicht) zum Blümlein ›rühr mich nicht an‹ gemacht werden« dürften.[53] Anfang der 50er Jahre war im gleichen politischen Lager nach ausfälligen Äußerungen von Soldatenverbandsfunktionären die genau entgegengesetzte Ansicht zum Schutz des 20. Juli geäußert worden. Damals war sogar explizit eine »Lex 20. Juli« gefordert worden. Das Gesetz sollte feststellen, daß der 20. Juli aufgrund der Illegalität des »Dritten Reiches« ein rechtmäßiger Akt der nationalen Notwehr war, und seine Verunglimpfung mit schwerster Strafe sanktionieren.[54] Offensichtlich konnte ein und dieselbe politische Entscheidung so oder so, als für oder gegen die »Vergangenheitsbewältigung« gerichtet, interpretiert werden.

Jedenfalls stießen Prozesse, wie sie um Gerstenmaier oder um ablehnende Wiedergutmachungsbescheide geführt wurden, Bürokratie und Öffentlichkeit »immer wieder an, die Last der deutschen Vergangenheit zu tragen«[55]; angesichts der Ansprüche ehemaliger Widerstandskämpfer und ihrer Hinterbliebenen mußte sich die öffentliche Meinung nolens volens auch mit der Geschichte der Opposition gegen Hitler auseinandersetzen. Bei aller Kritik an der Trägheit der Verfahren und an Urteilen, die von juristischen Laien manchmal nur mühsam zu verstehen waren, stellten Gesetzgebung und Rechtsprechung doch ein wichtiges Medium der Widerstandsdiskussion und damit der »Vergangenheitsbewältigung« dar.

Ferner bleibt festzuhalten, daß etwa im Jahr 1960 die Ausgaben von Bund und Ländern für die Wiedergutmachung rund 5,5 Prozent ihres Gesamthaushaltes betrugen und sich nach konservativen Schätzungen die Entschädigungs- und Wiedergutmachungsleistungen bis zum Jahr 2000 auf einen Gesamtbetrag von ca. 100 Milliarden DM summieren werden.[56] Eine Flucht des Staates vor der nationalsozialistischen Vergangenheit und ihren Folgen ist aus diesem Sachverhalt schwer abzuleiten. Und daß die Parlamente und Regierungen in der Bundesrepublik Deutschland qua Entschädigungsgesetzgebung die kriminelle Natur des »Dritten Reiches« gewissermaßen amtlich konstatierten, ist gewiß ein Faktum, das angesichts der prekären ökonomischen und finanziellen Situation nach dem Krieg »Respekt verdient«.[57]

Resümee

In einer großen Rede vor dem Deutschen Bundestag beschrieb der Hessische Ministerpräsident Georg August Zinn im März 1950 den Gedanken der Versöhnung als das Vermächtnis des deutschen Widerstandes. Zinn hatte das Schicksal derer, die »ihrer politischen Überzeugung wegen eingekerkert« wurden, ebenso geteilt wie das Schicksal der anderen, »die in der russischen Steppe als Soldat vor Stalingrad... in den schwersten Konflikt, den Konflikt zwischen Vaterland und Menschheit«, gestellt waren. Unter dem Beifall aller Fraktionen verwahrte sich der Ministerpräsident dagegen, den »Opfergang des Widerstandes« aus dem Opfergang des ganzen deutschen Volkes herauszulösen und sprach die Erwartung aus, daß aus der Gemeinsamkeit ihres Schicksals eine Brücke zwischen beiden Gruppen der Gesellschaft werden möge. Zwar hinterließen Zinns Ausführungen einen nachhaltigen Eindruck und wurden später immer wieder erinnert[1], doch war der erhoffte Brückenschlag in der Realität ein recht schwieriges Unternehmen, wie die Entwicklung in den 50er Jahren mehr als einmal dokumentiert hat. Zu den komplexen Fragen der materiellen Entschädigung des Widerstandes und seiner ideellen Anerkennung durch den Staat traten in unregelmäßigen Abständen immer neue Streitfälle, Skandale und Querelen.

Im Herbst 1955 ging während des Huppenkothen-Prozesses ein Sturm der Entrüstung durch das Land. Der frühere Regierungsdirektor im Reichssicherheitshauptamt Walter Huppenkothen war wegen seiner Beteiligung an den Standgerichtsverfahren gegen Admiral Wilhelm Canaris und Reichsgerichtsrat Hans von Dohnanyi angeklagt worden.[2] In seinem Plädoyer äußerte der Strafverteidiger Alfred Seidl den Verdacht, daß es durch die unterirdische Tätigkeit der deutschen Widerstandskämpfer überhaupt erst zum Zweiten Weltkrieg gekommen sei. Denn dadurch, daß die britische Regierung Kenntnisse von den Umtrieben in der deutschen Wehrmachtführung erhielt, sei sie möglicherweise erst zur Kriegserklärung veranlaßt worden, weil sie sicher annahm, durch einen solchen Schritt eine Revolte der deutschen Generalität auszulösen.[3] Die Empörung über Seidls Spekulation, die geeignet schien, den Widerstand zu diskriminieren, ging durch das ganze demokratische Lager. Zu dem beantragten Parteiausschluß des CSU-Mitgliedes Seidl kam es allerdings ebensowenig wie zu den geforderten Konsequenzen seitens der Anwaltskammer München. Auf einem historischen Kolloquium mit Dokumenten des Münchner Instituts für Zeitgeschichte war Seidl zwischenzeitlich schon von seiner Behauptung abgerückt.[4] Huppenkothen wurde vom Schwurgericht Augsburg wegen Beihilfe zum Mord zu sieben Jahren Zuchthaus verurteilt.[5]

Gut ein halbes Jahrzehnt später zeigte der Streit um die sogenannten Kaltenbrunner-Berichte, die über die Verschwörung des 20. Juli aus dem ehemaligen Reichssicherheitshauptamt an Hitler gegangen waren, wie wenig die Narben dieser Vergangenheit verheilt waren. Die veröffentlichte Dokumentation »Der 20. Juli – Spiegelbild einer Verschwörung« sah sich mit ihrem Erscheinen auf der Frankfurter Buchmesse sofort scharfen Angriffen in der ZEIT ausgesetzt.[6] Marion Gräfin Dönhoff, eine der führenden deutschen Publizistinnen, kritisierte ganzseitig, daß die Dokumente unkommentiert herausgegeben worden waren. Sie befürchtete, die Tat des 20. Juli könne dadurch in Mißkredit geraten, daß man die Meinung der Henker über die Opfer verbreite.

Wie der SPIEGEL rasch ermittelte, hatte Gräfin Dönhoff die inkriminierte Dokumentation zwar noch gar nicht ganz gelesen[7], dafür aber dem Verleger Seewald zwei Briefe geschrieben, in denen sie von

219

der Publikation dringend abriet. Der sozialdemokratische »Vorwärts« konstruierte aus dem Hinweis, das bislang einzige Exemplar der Kaltenbrunner-Berichte in Deutschland habe im Panzerschrank des Bundesinnenministeriums gelegen, die ziemlich abenteuerliche Vermutung, es seien in Bonner Ministerialkreisen »Kräfte am Werk gewesen, die einem geschäftstüchtigen Verleger das Kaltenbrunner-Material zur Stützung... einer inzwischen gängigen Dolchstoßlegende«, also zur Diskreditierung des deutschen Widerstandes, zugesteckt hätten.[8] Bei aller Aufgeregtheit gab es doch auch besonnene Kommentatoren, die die Kaltenbrunner-Berichte gelesen und erkannt hatten, daß die darin beigebrachten Belege für ein negatives Charakterbild der Verschwörer blasse Pflichtübungen geblieben waren. Hierauf wies auch der SPIEGEL unter Bezug auf das von Stauffenberg gezeichnete Bild zu recht hin. Denn von dem Hauptverschwörer hieß es in der Textedition, er habe »in einer faszinierenden Weise für sich einzunehmen verstanden... (und) eine geradezu asketische Härte gegen sich selbst« gezeigt.[9]

Die Betroffenheit war in der Diskussion um den 20. Juli so unterschiedlich, weil die von diesem Schlüsselereignis aufgeworfene Frage »mitlaufen oder widerstehen« sich manchen Klarsichtigen zwar sehr bohrend, dem Heer der Verführten aber überhaupt nicht gestellt hatte. Entsprechend groß war die Bandbreite der Reaktionen nach 1945. Während die »Nachkriegsgeschädigten« etwa 1956 die rechtsradikale Forderung erhoben, alle Denkmäler und Straßennamen des Widerstandes[10] zu entfernen, fragten Sozialdemokraten, »wie lange noch« braune Unterhaltungsliteratur mit Diffamierungen über den 20. Juli erscheinen dürfe.[11]

Es gab wohl keinen neuralgischen Punkt in der gesamten Geschichte der NS-Zeit, der die Empfindungen der beteiligten Zeitgenossen »stärker hat ausschlagen lassen als der Attentatsversuch vom 20. Juli 1944 und die aus ihm folgenden Prozesse und Hinrichtungen«.[12] Dies läßt auch die Lektüre der umfangreichen deutschen politischen Memoirenliteratur nach dem Zweiten Weltkrieg erahnen.[13] Das Ereignis hatte sich gleichsam als »Kreuzweg der politischen Moralität« etabliert und hallte in den Erinnerungen ganz unterschiedlicher zeitgeschichtlicher Persönlichkeiten nach: Der deutsche Vizeadmiral Kurt Aßmann hielt den kühlen und sachlichen Ton in seiner Darstellung der Kriegsereignisse[14] bis zu dem Augenblick durch, als er vom 20. Juli handelte. »Ein deutscher General tut das nicht: das nicht!«, schrieb Aßmann und fuhr in einem Ton fort, der eher an die Memoiren von Tirpitz gemahnte.

Auch in den »Erinnerungen« des ehemaligen Staatssekretärs im Außenministerium Ernst von Weizsäcker schlug hier »die Nadel fast wider Willen heftig aus«.[15] Ein dutzendmal thematisiert der Autor nicht realisierte Versuche, vom Amt zurückzutreten, konnte aber deutlich machen, daß »in einer Diktatur das Kommen leichter ist als das Gehen«[16] und das Schweigen leichter als das Reden. Nicht alle hatten allerdings für solche »Subtilitäten« Verständnis. Heinz Guderian lehnte es in seinen »Erinnerungen eines Soldaten« ab[17], jene heute Widerstandskämpfer zu nennen, »die nur hinter den Kulissen getuschelt hatten, daß sie anderer Ansicht seien...«[18]

Ebenso schwierig wie die zahlreichen Versuche individueller literarischer Bewältigung dieses zentralen Kapitels der nationalsozialistischen Vergangenheit gestaltete sich die kollektive Erinnerung – vor allem dann, wenn sie mit anderen »Denkwürdigkeiten«, etwa dem Ziel der Wiedervereinigung Deutschlands, kollidierte. Die Frage nach der deutschen Identität wurde ganz gegenständlich, als die Junge Union in Rheinland-Pfalz 1954 – vergeblich – anregte, am Deutschen Eck in Koblenz eine Erinnerungstafel für die Opfer des 20. Juli anzubringen. Der für das Objekt zuständige Finanzminister und sein Ministerpräsident vertraten die Ansicht, die geforderte Erinnerungstafel entspreche nicht dem Charakter dieser Gedenkstätte, die als Mahnmal der deutschen Einheit geschaffen worden sei und symbolisch das deutsche Reich in seinen Grenzen von 1937 verkörpere.

»Läßt sich schon über den 20. Juli streiten«, stimmte die Koblenzer »Rhein-Zeitung« der Erklärung des Finanzministers zu, »so erst recht über die Forderung der Jungen Union«. Während das Deutsche Eck ein Mahnmal der Einheit sei, gehöre der 20. Juli zu jenen Tagen, »über denen sich die Klüfte erst schließen« müßten, »wenn wir wirklich zu einer inneren Einheit finden sollten«. Zwar solle das Andenken der Männer des 20. Juli geehrt, der Tag aber nicht länger zum Anlaß genommen werden, die »Fronten« bestimmen zu wollen.[19] Diese Praxis hatte indes noch längere Zeit Bestand. Als das Kabinett 1960 beschloß, den Bundesbehörden zum 20. Juli das Flaggen nicht zu empfehlen, stieß dies auf zum Teil heftige Kritik. Zwar deutete die Bundesregierung an, es werde ohnehin zuviel geflaggt, tatsächlich aber scheute sie »vor der Verharmlosung zurück«, die im Volk der Feiertag des 17. Juni bereits unaufhaltsam erfuhr, und wollte »auf eine amtliche Regelung da verzichten und es bei den stillen Gedenkstunden belassen, wo alles darauf ankommt, daß ein unmittelbares Gefühl sich entfaltet«.[20]

Anderer Ansicht waren der Bund der Verfolgten des Naziregimes[21] oder auch konservative[22] und sozialdemokratische Medien[23], die einer offiziellen Beflaggungsempfehlung zuneigten und sogar den Wunsch äußerten, den 20. Juli zum nationalen Gedenktag zu machen. Dem SPD-Pressedienst blieb es unerfindlich, »warum die Bundesregierung bis heute diesen Ehrentag der deutschen Nation nicht zu einem Nationalfeiertag erhob«[24], und er zeigte auch wenig Verständnis für das Argument, daß es ohnehin schon zu viele Feiertage gebe und daß vor allem der 17. Juni weniger als nationale Mahnung denn als sozialer Besitzstand betrachtet werde. Im Februar 1961 beschlossen die Länderinnenminister schließlich, künftig am 20. Juli in der Bundesrepublik einheitlich alle öffentlichen Gebäude zu beflaggen, nachdem dies im Jahr vorher nur in Hessen und Berlin geschehen war.[25]

Unbeschadet solcher Irritationen in der Beflaggungsfrage konnte dem unvoreingenommenen Beobachter der Bonner Szene schon seit den frühen 50er Jahren allerdings kaum verborgen bleiben, wie angestrengt man sich bemühte, mittels geschichtlicher Reminiszenz das politische Bewußtsein der deutschen Öffentlichkeit zu beeinflussen. So legten die staatlichen Repräsentanten jährlich am 20. Juli ein »Bekenntnis« (T. Heuss) ab, das »bleibende Erbe« (E. Gerstenmaier) der Verschwörer als »mahnende Verpflichtung« (G. Schröder) an die Nachgeborenen weiterzutragen.[26] Natürlich stand auch die von Bonn offiziell veranstaltete Gedenkkultur stets in der Gefahr, zu einem bloßen Ritual zu erstarren. Gerade deshalb aber hätten noch stärker forcierte staatliche Bemühungen um eine Korrektur bestimmter »schiefer Geschichtsauffassungen über den 20. Juli« wohl schwerlich gegriffen oder womöglich sogar das Gegenteil bewirkt.

Selbst bei dem Ziel der Wiedervereinigung, wo antikommunistische und nationalpolitische Quellen einen starken Strom teils staatlich verordneter deutschlandpolitischer Bewußtseinsbildung speisten – ein Faktum, das auch die Restaurationskritik nicht in Abrede stellte –, sind die Erfolge zweifelhaft geblieben. Spätestens nach dem Mauerbau 1961 wurde dies sichtbar. Denn anders als in totalitären Staaten ließ sich eine permanente Kampf- und Durchhaltebereitschaft der Bevölkerung in einer liberal-demokratischen Gesellschaft nicht praktizieren. Was Andreas Hillgruber[27] für die Durchhaltebereitschaft beim Ziel der Wiedervereinigung konstatiert hat, läßt sich mutatis mutandis auf die »Vergangenheitsbewältigung« und die Erinnerungsbereitschaft übertragen. Der Erfolg konnte in einem pluralistischen Staat kein totaler, sondern nur ein relativer sein. Für jedes positive Beispiel lassen sich negative Gegenbeispiele finden.

Auf der einen Seite mußte es nachdenklich stimmen, wenn im Wintersemester 1955 ein 20jähriger Jurastudent die Widerstandskämpfer beleidigte und die nationalsozialistischen Konzentrationslager jedenfalls im Ansatz für richtig hielt. Andererseits darf von diesem skandalösen Fehlurteil eines einzelnen nicht auf die Haltung der großen Mehrheit der Kommilitonen gefolgert werden. Schließlich wurde der Betreffende aus der Deutschen Burschenschaft ausgeschlossen und kam einem drohenden Disziplinarverfahren und der Relegation nur durch Exmatrikulation mitten im Semester zuvor.[28] Ähnliches gilt für die Meldung, die im November 1956 durch die Presse ging, wonach ein Raum im Gefängnis Stadelheim bei München – dort waren während der NS-Zeit 1400 Menschen, unter ihnen die Geschwister Scholl, hingerichtet worden – jetzt als Autowerkstatt und nicht als Gedenkstätte diente. In diesem Zusammenhang wurde auch von einem Brief an das bayerische Justizministerium berichtet, den Kinder geschrieben hatten, die es nicht begreifen wollten, »daß diese Welt über dem Tod von 1400 Menschen Autos repariert...«[29] Natürlich kann man diesen Pragmatismus jenseits moralischer Kategorien schändlich finden, ebenso kann man aber auch auf die Gedenkstätten andernorts verweisen und fragen, ab welcher Zahl an Gedenkstätten oder Schülerbriefen denn überhaupt die Vergangenheit des Widerstandes als hinreichend »bewältigt« gelten könnte.

Angesichts der Unbestimmtheit und Unendlichkeit des Begriffs »Vergangenheitsbewältigung« und der daraus resultierenden Schwierigkeiten in der historischen Beweisaufnahme, bleibt abschließend nur der Rekurs auf die demoskopischen Befunde, um in einem so komplexen Problem zu einem Urteil zu gelangen, das über die zweifelsfrei dokumentierte staatliche Bewältigungspolitik hinaus eine Aussage über deren Erfolg in der Bewußtseinsbildung der breiten Öffentlichkeit ermöglicht. Bereits Ende 1952 ergaben Meinungsumfragen, daß eine neue Dolchstoßlegende – trotz der Propaganda rechtsextremer Kreise – mehrheitlich nicht Platz gegriffen hatte. Nur 21 Prozent der Befragten glaubten, Deutschland hätte ohne die Widerstandsbewegung gegen Hitler den Krieg gewonnen, aber 45 Prozent waren schon überzeugt, daß der Krieg auch dann nicht gewonnen worden wäre. Bei einer Frage nach der allgemeinen Beurteilung der Männer des 20. Juli nahmen dagegen noch 30 Prozent gegen sie, eine Mehrheit von 40 Prozent aber schon für sie Stellung.

Weiteren Aufschluß geben die Antworten auf die Frage, ob man während des Krieges Widerstand hätte leisten oder bis nach dem Krieg damit hätte warten sollen. Eine Mehrheit von 34 Prozent bekannte sich zu einer attentistischen Haltung, 20 Prozent befürworteten den Widerstand auch im Krieg, 15 Prozent »weder dann noch später«.[30] Selbst auf dem Höhepunkt des Skandals um den in die DDR übergelaufenen Präsidenten des Bundesverfassungsschutzes und früheren Widerständlers Otto John im August 1954 war nur eine Minderheit von 20 Prozent generell von der Gefährlichkeit solcher Männer in hohen Staatsstellen der Bundesrepublik überzeugt. 45 Prozent dagegen hielten John für einen Einzelfall, der nicht verallgemeinert werden solle, weil es unter den Widerstandskämpfern gegen Hitler »viele große Männer« gebe.[31]

Dennoch belegten die Umfragen in den 50er Jahren, daß die Akzeptanz des 20. Juli noch nicht so weit ging, etwa die Benennung einer Schule nach Stauffenberg gutzuheißen. 49 Prozent sprachen sich im Jahr 1956 dagegen aus, 18 Prozent dafür.[32] Vier Jahre später, 1960, war die Zahl der Befürworter auf 25 Prozent gestiegen, die der Bedenkenträger aber erst auf 40 Prozent zurückgegangen; wobei interessanterweise die Anhänger der FDP mit 47 Prozent vor den Anhängern von SPD (43 Prozent) und CDU/CSU (38 Prozent) am meisten Schwierigkeiten mit dem 20. Juli hatten.[33]

Mitte 1956 scheiterte am Widerstand von Eltern und Lehrern die Umbenennung mehrerer Westberliner Schulen nach Verschwörern des 20. Juli. Das Charlottenburger Gymnasium erhielt zwar den Namen seines früheren Schülers, des Generalobersten Erich Hoeppner, der wegen Beteiligung am 20. Juli hingerichtet worden war, doch hatte es auch hier gegen den entsprechenden Erlaß des Bezirksamtes heftigen Widerstand an der Schule gegeben. Dabei wurde aber deutlich, daß die Skepsis bei Eltern und Lehrern nicht auf pauschalen Aversionen gegen den 20. Juli beruhte, sondern daß ihr andere Überlegungen zugrunde lagen.

Der Vorsitzende des Elternausschusses von Normann, im Hauptberuf Bundesanwalt beim Bundesverfassungsgericht, schrieb zur Begründung:»Namenspatrone, die noch in das Gebiet der unausgeglichenen Tagespolitik und der werdenden Geschichtsbildung hineinragen, sollten für Schulen nur ganz ausnahmsweise zur Wahl gestellt werden.«[34] Nach Meinung des Schuldirektors Rudolphi hatte Hoeppner in der Verhandlung vor dem Volksgerichtshof eine klägliche Rolle gespielt. (Er hatte sich etwa gegen Freislers Anrede»Schweinehund« verwahrt und auf Freislers Nachfrage, welcher zoologischen Spezies er denn dann angehöre, geantwortet:»Ich bin ein Esel«.) Der Schuldirektor lehnte es aber aus pädagogischen Erwägungen ab, Festreden auf einen Esel halten zu sollen. Das Lehrerkollegium und der Elternausschuß folgten ihm. Die Schüler würdigten in einem Schreiben an den zuständigen Bürgermeister die Männer des 20. Juli, machten aber auch deutlich, daß sie den Namen eines Generals für ein humanistisch-musisches Gymnasium für unpassend hielten. Rudolphi konnten ebenfalls keine grundsätzlichen Ressentiments gegen den 20. Juli als handlungsleitend unterstellt werden: Der Schuldirektor war anerkanntes Opfer des Nationalsozialismus. Schließlich setzten sich die Kommunalpolitiker in Charlottenburg mit ihrem einstimmigen Votum für die Umbenennung der Schule durch; zumal der sozialdemokratische Innnensenator Lipschitz und der christdemokratische Kultussenator Tiburtius »aus vollstem Herzen« hinter der Ehrung Hoeppners standen.[35]

Trotz des Engagements der Politik sah noch 1963 fast ein Viertel der befragten Bundesbürger den Widerstand als Verrat an, 50 Prozent hielten die Widerstandskämpfer aber schon für ehrenwerte Männer und gute Patrioten.[36] Das Trauma des Eidbruches war auch fast zwanzig Jahre nach dem Attentat also noch nicht vollständig überwunden; »kritische« Medien erkannten angesichts solcher Umfrageergebnisse »überall die Reste des Kadavergehorsams und Formalismus«[37]; daß diese Untugenden nach den vorliegenden Zahlen ausgerechnet bei den CDU- und CSU-Wählern am wenigsten verbreitet waren, wurde in den einschlägigen Kommentaren nicht thematisiert; vielmehr sah man sich dort einmal mehr in der Überzeugung bestärkt, daß dieser Teil der jüngsten deutschen Geschichte generell noch nicht »bewältigt« sei.[38]

Mehr Gewicht als derartige Restaurationskritik hat indes die Frage, inwiefern die Bundesrepublik Deutschland durch Rezeption der politischen Ideen des Widerstandes »Vergangenheitsbewältigung« betrieben hat. Denn bei aller sittlichen Hochachtung vor den Widerständlern bleibt festzuhalten, daß weder der Kreis um Beck und Goerdeler mit seinen teils ständisch-autoritären Ordnungsvorstellungen noch der Arbeiter-, Frauen- und Jugendwiderstand Ideale vertraten, die den Konzepten des Parlamentarischen Rates für die freiheitlich-demokratische Grundordnung der Bundesrepublik weit genug entsprochen hätten. Allenfalls der »Kreisauer Kreis« um von Moltke und Julius Leber kam ihnen nahe.[39]

Dennoch haben die Machtergreifung von 1933, der antinationalsozialistische Widerstand und das Scheitern des Umsturzversuches am 20. Juli für die Bundesrepublik in anderer Hinsicht politische Bedeutung erlangt: Sie vermittelten die Überzeugung, »wie wichtig es ist, antiparlamentarische oder systemfeindliche Bewegungen *vor* dem Zugang zu Schaltstellen politischer Macht...« aufzuhalten.[40] Verfassungsrechtlich ist diesem Gedanken frühzeitig Rechnung getragen worden. Im Land Hessen galt »Widerstand gegen verfassungswidrig ausgeübte Gewalt« seit Dezember 1946 als »jedermanns Recht und Pflicht«. In der Bremer Verfassung von 1947 war derselbe Gedanke ausgedrückt. Das Grundgesetz der Bundesrepublik sprach 1949 nicht mehr von der Pflicht, sondern nur noch vom Recht auf Widerstand und rechtfertigte ihn als letztes Mittel gegen jeden, der es unternimmt, die freiheitlich-demokratische Grundordnung zu beseitigen. Die Gründe für diesen Wandel liegen auf der Hand: »Wenn jedermann Richter über die Illegitimität von Machtausübung« war, dann riskierte man nicht nur eine Art permanenten zivilen Ungehorsams; noch größer war »die Gefahr von Revolten im Namen der Legitimität einer sogenannten Volksmacht«, der die ökonomischen und sozialen Rechte in den Verfassungstexten der freiheitlichen Demokratien nicht ausreichend zur Geltung kamen.[41] Es ging also auch darum, einen möglichen Mißbrauch des Widerstandsrechts zu verhindern. Neben der Konsequenz einer »wehrhaften Demokratie« zählt »die gesittete Zusammenarbeit zwischen den Völkern« außenpolitisch zum Vermächtnis des Widerstandes. Denn über die zeitbedingten Kategorien nationalstaatlicher Machtpolitik hinaus zielten dessen Vorstellungen doch auch schon weiter auf eine internationale Politik des Ausgleichs und der Verständigung.[42]

Die Forschungsergebnisse der Geschichtswissenschaft zum Thema Widerstand, die im Auftrag von Regierungen, Parlamenten und Parteien von der Bundes- und den Landeszentralen für politische Bildung, von Akademien, Schulen und Hochschulen weitervermittelt wurden[43], gaben hier ebenso wichtige Anstöße zur Besinnung wie die offiziellen Gedenktage und trugen dazu bei, »daß die Leistung des Widerstands gegen das Unrechtssystem im Herzen der Gesellschaft heimisch«[44] werden konnte. Dabei steht außer Zweifel, daß die ideelle Anerkennung des 20. Juli noch glaubwürdiger gewesen wäre, wenn es der Legislative im Bereich der materiellen Entschädigung rascher gelungen wäre, durch präzisere Gesetze die im bürokratischen Vollzug aufgetretenen Ungerechtigkeiten, etwa bei der Regelung der Hinterbliebenenversorgung, einzudämmen. Unter dem Strich aber bleibt die Rezeptionsgeschichte des Widerstandes in der Bundesrepublik Deutschland ein erstaunliches Beispiel dafür, was »geistige Führung« seitens der Politik auch in einem demokratischen Staat vermag.

IV. Abwehr von Neonazismus und Antisemitismus

»Wehret den Anfängen«

Noch wichtiger als bei der Rezeption des 20. Juli war das Thema »Vergangenheitsbewältigung« im Hinblick auf den mehr oder weniger stark antisemitisch eingefärbten Rechtsradikalismus. Die gesamte Diskussion um die »Aufarbeitung« der braunen Diktatur läßt sich auf diese Frage konzentrieren: Bestand jemals in der Geschichte der Bundesrepublik Deutschland während der Ära Adenauer die reale Gefahr einer Wiederkehr des Vergangenen, oder hat man aus der Vorgeschichte des Nationalsozialismus gelernt und den »Anfängen« mit der notwendigen Konsequenz »gewehrt«? Personalpolitische Skandale um ehemalige NS-Parteigenossen oder Erregung über materielle Ungerechtigkeiten bei der Entschädigung von Widerständlern – all dies erscheint letztlich zweitrangig angesichts der entscheidenden Frage nach der »Vergangenheitsbewältigung« durch Etablierung einer stabilen Demokratie. Wollte die Bonner Republik in diesem zentralen Bereich die Lektionen aus der Weimarer Geschichte nutzen, so kam sie nicht umhin, in ihrer Innenpolitik den Kurs einer »wehrhaften Demokratie« einzuschlagen. Folglich muß am Ende jeder Analyse der bundesdeutschen »Vergangenheitsbewältigung« eine Untersuchung der staatlichen und gesellschaftlichen Reaktionen auf Antisemitismus und Rechtsradikalismus stehen, einschließlich einer Würdigung der öffentlichen Auseinandersetzung mit diesem Phänomen.[1] Denn daß mit dem Grundgesetz verfassungsrechtlich ein großer Wurf gelungen war, bedeutete noch nicht zwangsläufig, daß auch die Verfassungspraxis sich positiv entwickelte.

Die Verpflichtung zur Abwehr von Neonazismus und Antisemitismus war der Bonner Demokratie – nicht zuletzt durch unüberhörbare ausländische Stimmen – gleichsam an der Wiege gesungen. Der amerikanische Hohe Kommissar John McCloy schrieb ihr im Sommer 1949, mithin noch vor der Gründung der Bundesrepublik, bei einer

Tagung von Vertretern jüdischer Gemeinden ins Stammbuch: Die Welt werde es als einen »Prüfstein ihrer Gesittung« betrachten, ob sie imstande sei, »gesunde Beziehungen... zu den wenigen Juden in ihrer Mitte« herzustellen. »Die Einstellung der Deutschen zum Juden bedeute die Feuerprobe der deutschen Demokratie.«[2] Auch Diskussionen über andere Themen der »Vergangenheitsbewältigung« gab es bei den westlichen Siegermächten bereits im unmittelbaren zeitlichen Umfeld der Republikgründung 1949. Nicht zuletzt deshalb kam das Thema früh auf die Tagesordnung bundesdeutscher Politik.

Insbesondere in Großbritannien maß man dem vermeintlichen Wiedererstehen des Nationalsozialismus eine herausragende Bedeutung bei. Der britische Außenminister Bevin stellte im Unterhaus Betrachtungen über den deutschen Charakter an, der sich unter dem Nationalsozialismus nicht geändert habe, »sondern nur deutlicher zum Ausdruck gekommen« sei.[3] Noch bei Adenauers Englandbesuch Ende 1951 tauchten in seinem Hotel britische Kommunisten in deutschen Uniformen und mit Hakenkreuzabzeichen auf, um eine Nähe des deutschen Bundeskanzlers zum Nationalsozialismus zu suggerieren.[4] Auch in der französischen Nationalversammlung forderten – während einer Debatte im Dezember 1949 – Abgeordnete verschiedener Parteien: »Deutschland muß ein Mindestmaß an Scham und Demut zeigen.« Ausgelöst hatte die mehrstündige Diskussion im französischen Parlament der Bericht des ehemaligen Deportierten und nunmehrigen Abgeordneten Lambert über den aktuellen Zustand der früheren Konzentrationslager im Westen Deutschlands, die Lambert kurz zuvor besichtigt hatte. Lambert und die anderen Interpellanten glaubten, überall in Deutschland das Bemühen zu erkennen, »die Spuren der nationalsozialistischen Grausamkeiten zu verwischen«. Im Falle von Dachau respektiere man nicht einmal das Andenken an die Toten.[5]

Anfang September 1949 hatte in dem früheren Konzentrationslager in Bayern ein Unternehmen, das mit Erdarbeiten beauftragt war, einige hundert Meter von dem bekannten Massengrab entfernt menschliche Überreste gefunden. Die Erdarbeiten waren daraufhin sofort eingestellt worden. Zudem hatte die US-Regierung, sofort nach Bekanntwerden der Vorfälle in amerikanischen Zeitungen, eine Untersuchung angeordnet. Es sei, so der französische Außenminister

Schuman in seiner Darstellung der Vorgänge vor dem Parlament, zweifelhaft, ob die gefundenen Überreste von Deportierten stammten. Ein Beweis für die Behauptungen, die Gebeine seien zu industriellen Zwecken verwendet worden, sei nicht erbracht. Die kommunistischen Abgeordneten würden diesen Vorwurf nur wiederholen, um das Problem zum Zwecke der Kritik an der Außenpolitik der Regierung auszuschlachten. Ferner lehnte Schuman die verlangte Internationalisierung der Erinnerungsstätte in Dachau ab, weil er es für eine Sache der deutschen Behörden hielt, diese Grabstätten zu pflegen. Auch der bayerische Ministerpräsident Ehard verwies auf die kommunistische Urheberschaft der erhobenen Behauptungen und verwahrte sich gegen den durchsichtigen Versuch, dadurch die deutsch-französische Atmosphäre zu vergiften.

Wie sich im Ergebnis der Untersuchungen herausstellte, waren die Massengräber 1944/45 von der SS und im Mai 1945 von der US-Armee angelegt worden.[6] Doch als im Herbst 1945 die bayerischen Behörden den aus einem Wettbewerb hervorgegangenen besten Entwurf für ein dort zu errichtendes Denkmal ausführen lassen wollten, sah sich die Konzeption heftiger Kritik ausgesetzt. Die bereits eingeleiteten Bauarbeiten wurden wieder eingestellt. Nachdem ein neuer Vorschlag des Kultusministeriums auf sich warten ließ, stellte die Stadt Dachau an Ort und Stelle ein Holzkreuz und einen Davidstern auf und pflanzte Blumen an. Die Anlage wurde nach der Währungsreform allerdings vernachlässigt, da die Kommunalverwaltung keine Mittel mehr für die notwendige Pflege fand. Die Verantwortung für den Übelstand schoben sich nun, als die internationale Öffentlichkeit daran Anstoß nahm, die Stadt Dachau und die bayerische Staatsregierung gegenseitig zu.[7]

Auch die demokratisch legitimierte Bildung der ersten deutschen Bundesregierung 1949 lag damals noch im Streit der »Vergangenheitsbewältigung«. Der Jüdische Weltkongreß kritisierte in einer Denkschrift an das amerikanische Außenministerium, daß die Übertragung der Regierungsgewalt an Deutsche ein Wiederaufleben des Nationalsozialismus, des Antisemitismus und einer den Alliierten feindlichen Gesinnung zur Folge gehabt habe. Das beunruhigende Aufleben von Nazi-Tendenzen in Deutschland sei zeitlich mit der Lockerung der alliierten Kontrollen zusammengefallen. Immer häufiger würden

»Nazi und Nazi-Freunde« auf Regierungsposten berufen.[8] Vizekanzler Franz Blücher wies diese Vorwürfe zurück und äußerte seine Empörung über die Vorfälle, die den aktuellen Hintergrund der Beunruhigungen bildeten: Beim Prozeß gegen den Regisseur des Films »Jud Süß«, Veit Harlan[9], war eine jüdische Zeugin insultiert und in Frankfurt waren jüdische Gräber geschändet worden. Blüchers Meinung nach bestand aber in Deutschland »eine tiefe Scham über das, was durch die Verfolgung des Judentums dem deutschen Namen an Schande zugefügt worden ist«.[10]

Auch Adenauer griff rasch die Fragen auf, die im Ausland an die Glaubwürdigkeit des deutschen Neuanfangs gestellt wurden. In seiner ersten Regierungserklärung vor dem Bundestag 1949 und anschließend in einem Interview mit der »Allgemeinen Wochenzeitung der Juden« nahm er zur Frage des Rechtsradikalismus und zum deutsch-israelischen Verhältnis Stellung.[11] Der Bundeskanzler verwies auf die zerstörte Achtung vor der Würde des Menschen in der Zeit des Hitler-Regimes und die Verpflichtung der Christen, die Achtung vor dem Menschen »ohne Rücksicht auf seine konfessionelle, rassische oder völkische Zugehörigkeit« wiederherzustellen. Er verwahrte sich entschieden gegen die Behauptung, die Betonung des christlichen Charakters der CDU umschlösse eine antijüdische Tendenz. Vielmehr sah er im Geiste der christlichen Toleranz in den »jüdischen Landsleuten vollberechtigte Mitbürger«, die mit gleichen Rechten und Pflichten am geistigen, politischen und sozialen Aufbau Deutschlands teilhaben sollten.

Auch Adenauers Antwort auf die bereits damals gestellte Frage, ob das Unrecht der Vertreibung kompensieren könne, was »im Namen des deutschen Volkes bis 1945 geschehen ist«, ließ an Klarheit nichts zu wünschen übrig: Unrecht und Leid, so der Bundeskanzler, das über Menschen gebracht wurde, »kann niemals kompensiert werden durch Unrecht oder Leid, das über andere Menschen gebracht wird«. Daraus ergab sich für den CDU-Politiker die Verpflichtung des deutschen Volkes, das in seinem Namen durch ein verbrecherisches Regime an den Juden verübte Unrecht »so weit wiedergutzumachen, wie dies nur möglich ist, nachdem Millionen Leben unwiederbringlich vernichtet sind«. Dabei ging es Adenauer, für den in der Frage der »Wiedergutmachung« seit 1945 viel zu wenig geschehen war, nicht nur um den finanziellen Aspekt, sondern auch um die moralische »Wiedergutmachung«, die er als Teil »unseres rechtsstaatlichen Wiederaufbaues« verstand. Der Regierungschef wollte keinen Zweifel daran lassen, daß die Schändung jüdischer Kultstätten und die Verwüstung jüdischer Friedhöfe »ohne Nachsicht geahndet und bestraft« würden. Gegen radikale Tendenzen müßte »nötigenfalls von den Rechten, die die Gesetze uns geben, entschlossen Gebrauch« gemacht werden.[12]

Im September 1950 folgten den Worten des Kanzlers auch Taten, denn das Kabinett beschloß nun, die Anhänger links- und rechtsradikaler Organisationen aus dem Bundesdienst zu entfernen.[13] Wenige Wochen später konnte ein weiterer kleinerer Unruheherd bereinigt werden, der sich im Gründungsjahr der Bundesrepublik um nicht lizenzierte Informationsblätter gebildet hatte. Die Publikationen traten – unter dem Titel »Der Scheinwerfer« – für die »Ehre des deutschen Soldaten« und für eine »gerechte Würdigung der deutschen Vergangenheit« ein und machten sich anheischig, den »derzeitigen Parteienstaat« zu überwinden.[14] Nach dem Schneeballsystem in Umlauf gebracht, veranlaßte das Blatt Teile der Presse zu großen Sensationsberichten über eine mutmaßliche »Katakombe Scheinwerfer«.

Als der untergetauchte Herausgeber, Joachim Nehring, sich im Frühjahr 1950 schließlich den Behörden stellte, wurde deutlich, wie überzogen die Spekulationen um eine mögliche neonazistische Organisation gewesen waren. Auch aus der Tätigkeit Nehrings als Kreishauptmann in Galizien ließen sich keine Vorwürfe herleiten. Nach Artikel 13a des bayerischen Befreiungsgesetzes hatte er sich aber mit dem »Scheinwerfer« schuldig gemacht, »nationalsozialistische, militaristische oder rassistische Ideen« zu verbreiten. Die Hauptspruchkammer München verurteilte Nehring deshalb im Oktober 1950 zu vierjährigem Arbeitslager und verbot ihm auf die Dauer von fünfzehn Jahren jede Betätigung als Redakteur, Schriftsteller oder Lehrer.[15]

Um »der wieder beginnenden Verrohung des politischen Lebens gleich zu Anfang einen Damm entgegenzusetzen«, verhängte auch das Kieler Landgericht in dem bereits erwähnten Urteil gegen den Abgeordneten Hedler vom Juli 1951 ein hohes Strafmaß.[16] Und schon im März 1950, als der Fall Befürchtungen hinsichtlich der Zukunft der Deutschen Partei wachrief, hat etwa der badische CDU-Politiker Otto

Dullenkopf mit dem griffigen Schlagwort »Wehret den Anfängen« operiert.[17] Kein Zweifel also, Politik und Justiz waren bestrebt, die eben gegründete Bundesrepublik nicht unversehens zu einem »Tummelplatz für neonazistische Abenteurer« werden zu lassen, weshalb sich der Appell, »den Anfängen (zu) widerstehen«, auch rasch zu einem wichtigen Topos in der politischen Kultur des Landes entwikkelte.

Er motivierte auch den Protest gegen manche Vorkommnisse an bundesdeutschen Theatern und im Film. Neben den Auseinandersetzungen um »Oliver Twist« erlangte hier Ende 1950 vor allem das Berliner Gastspiel von Werner Kraus Bedeutung. Da Kraus schon vor 1945 im »Jud Süß« als Schauspieler aufgetreten war, beschäftigte der Fall tagelang vor allem die Berliner Medien; die jüdische Gemeinde protestierte, auch der SPD-Vorsitzende Schumacher übte Kritik an dem sozialdemokratischen Oberbürgermeister Ernst Reuter und dessen Verwaltung, und schließlich wurde das Gastspiel abgebrochen.[18]

Im Deutschen Bundestag fand der Sozialdemokrat Carlo Schmid »Beifall links und bei den Regierungsparteien«, als er gegen die Vorführung des Harlan-Filmes »Immensee« in Bonn protestierte. Auch wenn dies rechtlich nicht zu verhindern sei, bleibe es eine Schande, daß ausgerechnet am Sitz des deutschen Parlamentes Filme eines Mannes gezeigt würden, der zumindest indirekt dazu beigetragen habe, »die massenpsychologischen Voraussetzungen für die Vergasungen von Auschwitz zu schaffen«.[19] Gegen Harlans »Unsterbliche Geliebte« initiierte die Gesellschaft für Christlich-Jüdische Zusammenarbeit im März 1951 eine Petition an den badischen Innenminister und fand damit breiteste Unterstützung durch den Erzbischof von Freiburg, die Gewerkschaften, den Allgemeinen Studentenausschuß, den Katholischen Frauenbund, den Bund der Verfolgten des Nazi-Regimes sowie durch CDU, SPD und FDP.[20] Der Protest gegen einen weiteren Harlan-Film (»Hanna Amon«) führte bald darauf zu den ersten großen Studentendemonstrationen in der Geschichte der Bundesrepublik Deutschland. Aber trotz aller Beunruhigung hatten die Kontroversen um Harlan doch auch für all die »etwas Befreiendes, die sich von dem dumpfen Gefühl einer schleichenden ›Renazifizierung‹ gelähmt« fühlten. Viele gewannen nun die überraschende Erkenntnis, daß gerade junge Leute eine Rückkehr des nationalsozialistischen »Gespensts am Entschiedensten abzuwehren entschlossen sind«.[21]

Die Entschlossenheit, den Anfängen zu wehren, hatte schon im November 1949 ein Versprechen Adenauers symbolisch zum Ausdruck gebracht: Der Kanzler kündigte an, ein Referat im Bundesinnenministerium einzurichten, das einem deutschen Juden übertragen werden solle und sich mit den Problemen der Juden in Deutschland zu befassen habe. Die besonders schwierigen und langwierigen Diskussionen über den Vorschlag warfen ein charakteristisches Schlaglicht auf die dadurch berührten Sensibilitäten. Nachdem sich verschiedene jüdische Organisationen gegen Adenauers Vorhaben ausgesprochen hatten und statt dessen dafür plädierten, »die Fragen, die die Juden in Deutschland betreffen, mit ihren demokratisch gewählten Vertretungen zu beraten«, wurde das Referat im Bundesinnnenministerium erst zwei Jahre später – nach Adenauers Regierungserklärung zur Haltung der Bundesrepublik gegenüber den Juden – eingerichtet.[22]

Trotz des unzweifelhaften staatlichen Willens, jeden Antisemitismus zu bekämpfen und die kleine Gruppe der überlebenden Juden vor neuen Verfolgungen zu schützen, haben schon zu Beginn der Bundesrepublik Deutschland immer wieder einzelne Vorfälle zu Befürchtungen Anlaß gegeben. Während der gesamten Ära Adenauer sollten diese Sorgen schubweise auftauchen. Die Dimension der nationalsozialistischen Verbrechen war so ungeheuerlich, die Erinnerung daran so übermächtig, daß auch aus kleineren und kleinsten Vorkommnissen im Umfeld des Neonazismus oft große Skandale erwuchsen. Manchmal standen die öffentlichen Reaktionen in keinem angemessenen Verhältnis zum Anlaß der Empörung; und nicht nur Adenauer bedauerte, daß der »Wortschwall irgendeines früheren Nazigenerals« von den Medien viel stärker aufgebauscht wurde als die »gesunde deutsche Reaktion dagegen«[23]; jedoch hat so »Vergangenheitsbewältigung« in einem erheblichen Ausmaß stattfinden können.

Neonazismus und politische Parteien

1. Die Sozialistische Reichspartei

Die Entwicklungen auf der äußersten Rechten des Parteienspektrums erreichten Ende 1951 einen Kulminationspunkt[1], als die Adenauer-Regierung beim Bundesverfassungsgericht das Verbot der neonazistischen Sozialistischen Reichspartei (SRP) beantragte. Die von der SRP ausgehende Gefahr für die freiheitlich-demokratische Grundordnung schien teilweise so real, daß Eugen Kogon schon von der »Wiederkehr des Nationalsozialismus« sprach.[2] Im Oktober 1949 hatte sich die SRP von der kurz zuvor bei den Bundestagswahlen mit fünf Mandaten ins Parlament gelangten Deutschen Reichspartei (DRP) abgespalten. Den SRP-Gründern waren die eigenen Abgeordneten nicht kompromißlos genug aufgetreten, und sie lehnten zudem den Kurs des DRP-Abgeordneten von Thadden ab, der Anhänger der anti-hitlerischen »Schwarzen Front« des NSDAP-Renegaten Otto Strasser für die Partei warb.

Wohin die Reise mit der SRP aber gehen sollte, hatte bereits ein alternativer Vorschlag für die Namensgebung auf der Gründungsversammlung angedeutet: »Deutsche Nationalsoziale Partei«. »Ich bin nichts, mein Volk ist alles«, lautete denn auch analog das Losungswort des SRP-»Saalschutzes«, der sich schon bald in »Reichsfront« umbenannte. Neben Otto Ernst Remer gehörte der übergelaufene Bundestagsabgeordnete Fritz Dorls zu den prominentesten Sprechern der SRP. Vor der Bonner Presse rühmte er den Nationalsozialismus als »Höhepunkt einer abendländischen Revolution, in deren Mittelpunkt Deutschland stand«; die Konzentrationslager bezeichnete er als »neue revolutionäre Methoden eines neuen deutschen Lebensstiles«.[3]

Für das bekannte ideologische Amalgam der SRP aus Nationalismus, »echtem Volkssozialismus« und Antisemitismus zeichneten in erster Linie ehemalige Parteigenossen und Funktionäre der NSDAP verantwortlich. 40.000 Mitglieder – immerhin halb soviel wie die FDP – konnte die Partei für sich gewinnen. Zur Hauptklientel der SRP zählten ehemalige Wehrmachtssoldaten und Entnazifizierungsgeschädigte, die Schwierigkeiten hatten, in der Gesellschaft der Bundesrepublik Deutschland wieder Fuß zu fassen. Das Millionenheer der sozial entwurzelten Heimatvertriebenen vermehrte vor allem in den niedersächsischen und anderen norddeutschen Hochburgen der SRP deren Wählerpotential.

Auf die sozialen Ängste zielten auch die Parolen im Wahlkampf ab: »Wenn die jetzigen Repräsentanten des Staates die einfachste Not des menschlichen Daseins nicht beheben« könnten, tönten die SRP-Redner, dann müßte diese Frage genauso gelöst werden, »wie Adolf Hitler sie 1933 gelöst hat«. Zu den wichtigsten SRP-Forderungen gehörte die »Entfernung« ehemaliger Emigranten aus sämtlichen verantwortlichen Stellen und die Annullierung der »Nürnberger Schandurteile«. Die Befürchtungen über eine neonazistische Renaissance wurden genährt, als ein Landrat im Regierungsbezirk Köln einen Warnaufruf gegen die Methoden der SRP herausgab, seine leitenden Kreis- und Gemeindebeamten es aber ablehnten, den Appell mit zu unterzeichnen, weil dies »mit ihrer Neutralität« unvereinbar sei.[4]

Dem Innenministerium vorliegende Informationen über Finanzierungshilfen für die SRP aus dunklen ostzonalen Kanälen verstärkten den Argwohn der Bundesregierung. Schon im Mai 1950 erwog sie ein Versammlungsverbot gegen die SRP, mußte mit einem Verbotsantrag indes abwarten, da das Bundesverfassungsgericht sich noch nicht konstituiert hatte.[5] Bonn blieb allerdings nicht untätig, sondern entfernte mit dem – bereits erwähnten – »Radikalenerlaß« vom Herbst 1950 vor allem auch die Mitglieder von SRP, »Nationaler Front« und der »Schwarzen Front« Otto Strassers aus dem öffentlichen Dienst.[6]

Im Mai 1951 folgte ein Regierungsbeschluß, die militanten Gliederungen und Organisationen der SRP für verfassungswidrig zu erklären und aufzulösen. In dem von den Ländern zu verwirklichenden Beschluß stellte die Bundesregierung fest, daß »die SRP im Sinne des Artikels 21 des Grundgesetzes nach ihren Zielen und nach dem Verhalten ihrer Anhänger, insbesondere auch durch die Versuche, die Wähler unter Terror zu stellen, darauf ausgeht, die freiheitliche demokratische Grundordnung zu beeinträchtigen«, und kündigte an, »unverzüglich nach der Aufnahme der Tätigkeit des Bundesverfassungsgerichtes bei diesem Antrag auf Feststellung der Verfassungswidrigkeit der SRP« zu stellen. Die Tätigkeit der aktivistischen Gliederungen der SRP, insbesondere der »Reichsfront«, wertete sie als »einen Angriff auf die verfassungsmäßige Ordnung des Bundes« und drohte den »offenen und getarnten Anhängern aller totalitären Vereinigungen« mit den schärfsten gesetzgeberischen Maßnahmen.[7]

Trotz aller staatlichen Gegenmaßnahmen gelang der SRP im Frühjahr 1951 mit einem Ergebnis von 11 Prozent der Sprung in den niedersächsischen Landtag. Im Oktober desselben Jahres zog sie mit acht Mandaten in die Bürgerschaft der Hansestadt Bremen ein. Einige Wochen später kam es im Deutschen Bundestag zu Tumulten, weil der SRP-Abgeordnete Franz Richter erklärte, die israelische Regierung sei nur »durch einen Akt der Aggression« entstanden. Als Ostvertriebener äußerte Richter Verständnis für die Araber, die »wie jeder andere Flüchtling das ihnen vom Staat Israel gestohlene Land wieder zurückhaben« wollten. Im übrigen habe die israelische Regierung wiederholt selbst betont, daß sie sich noch als im Kriegszustand mit der Bundesrepublik befindlich betrachte. Den SPD-Abgeordneten Carlo Schmid – nach dessen Vorschlag Wiedergutmachungsvermögen, bei dem keine anspruchsberechtigten Erben festgestellt wurden, dem Staat Israel übereignet werden sollte – verunglimpfte Richter in diesem Zusammenhang als »Kollaborateur«, der einem »Feindstaat« Vermögenswerte zuschanzen wolle.

Richter löste mit dieser anti-israelischen Rede im Bundestag heftige Tumulte aus und wurde vom Präsidenten zur Ordnung gerufen. Ein SPD-Abgeordneter hielt es für die Pflicht des Hauses, sich dagegen zu wehren, daß »von dieser Tribüne ein antisemitischer Strolch redet«.[8] Auch die Bundesregierung distanzierte sich tags darauf befremdet von den Äußerungen Richters gegen Israel und hoffte, daß die schwere Entgleisung »von der Welt überhört« oder – wenn gehört – als das verstanden werden würde, was sie war: »Worte einiger weniger gewissenloser Elemente, die aus einer Vergangenheit, die wir bedauern, nichts gelernt haben«.[9]

Richter wurde wenig später als ein unter falschem Namen lebender früherer NS-Funktionär enttarnt.[10] Mit seiner letzten Brandrede hatte er aber noch Öl in das Feuer einer Diskussion gegossen, die um den Kampf gegen den Rechtsradikalismus am Ausgang des Jahres 1951, nach den SRP-Erfolgen, entbrannt war. Zu befürchten stand, daß sich der »Marsch auf die Feldherrnhalle« wiederholte[11], die SRP also auch im Süden der Bundesrepublik Tritt fassen könnte. Ohne schon durch Kundgebungen in Erscheinung getreten zu sein, hatte die SRP in Bayern seit einiger Zeit unter der Oberfläche Zirkel für eine künftige propagandistische Tätigkeit gebildet.[12]

Als in Hannover ein SRP-Mitglied unter dem Verdacht festgenommen wurde, einen Gedenkstein für die Opfer des Nationalsozialismus mit schwarzer Farbe übermalt und am Ehrenmal der Gefallenen des Ersten Weltkrieges einen Kranz mit Hakenkreuz niedergelegt zu haben, sahen sich die Betriebsräte in Hannover zum Protest gegen diese neonazistischen Aktivitäten veranlaßt. Auf ihren Beschluß hin legten sämtliche Betriebe für eine Stunde die Arbeit nieder. Auch der Straßenbahn- und Omnibusverkehr ruhte. Die Arbeitsniederlegung sollte die Entschlossenheit der Arbeiterschaft zeigen, »den dauernden Angriffen der rechtsradikalen Kreise auf die Demokratie« ein Ende zu bereiten, und Bundes- und Landesregierung auf den Ernst der Lage aufmerksam machen.[13] Der DGB-Vorsitzende Fette sicherte der Bundesregierung die Unterstützung der Gewerkschaften im Kampf gegen den Rechtsradikalismus zu. Man werde auch vor dem letzten und schärfsten Kampfmittel, dem Generalstreik, nicht zurückschrecken und »in wenigen Stunden mit dem Spuk eines eventuell wieder aufkommenden Nazismus fertig werden«.[14]

Bei der SPD wurden nun die Forderungen nach einer aktiven Bekämpfung des »Neofaschismus« immer lauter. Nach Ansicht der bayerischen Sozialdemokraten gehörte dazu der sofortige Ausbau des Amtes für Verfassungsschutz sowie die Verwendung »einwandfreier verfassungstreuer Beamter«.[15] Das entschlossene Engagement der Freien Demokraten gegen alle, »die glauben, ihre frühere Tätigkeit zum Unglück unseres Landes fortsetzen zu können«, kündigte der stellvertretende FDP-Fraktionsvorsitzende, Hermann Schäfer, an. Die »Unbelehrbaren«, die zu verklären suchten, »was letzten Endes das deutsche Unglück verursacht« habe, dürften ihre Tätigkeit nicht ungehindert ausüben.[16] In der CDU/CSU-Bundestagsfraktion wuchs ebenfalls die Ungeduld. Auf einer Pressekonferenz erklärte Heinrich von Brentano, CDU und CSU erwarteten scharfe gesetzliche Maßnahmen gegen die Reorganisation nazistischer Verbände.[17] Da die Bundesregierung im Vorfeld der anstehenden Generalvertrags- und EVG-Verhandlungen mit den westlichen Siegermächten internatio-

nale Rückwirkungen einer ungeklärten SRP-Frage kalkulieren mußte, war sie auch aus außenpolitischen Gründen veranlaßt, rasch ein
deutliches Zeichen zu setzen.

Unmittelbar nach der Rede Richters im Bundestag und wenige Wochen nach der Konstituierung des Bundesverfassungsgerichtes am 28.
September 1951 in Karlsruhe stellte die Regierung den Antrag, die SRP
zu verbieten. Dabei hatte es im Kabinett auch an warnenden Stimmen
gegen diesen Schritt nicht gefehlt, da ein eventueller Freispruch den
Rechtsradikalen einen ungeheuren Auftrieb gegeben und die Autorität des demokratischen Staates aufs schwerste erschüttert hätte. Hatten nicht die geistigen Häupter der SRP – wie damals Hitler – betont,
ihre Ziele auf streng legale Weise anzustreben. Und auch das Verbot
ihrer »Reichsfront« war von der SRP peinlich genau beachtet worden,
um dem Verfassungsschutz keine Handhabe zu bieten.[18]

Obwohl der Verbotsantrag gegen die SRP nicht unumstritten war,
wurde er doch überwiegend begrüßt, »um von vornherein eine Wiederholung der Geschichte des Nationalsozialismus, einer Geschichte
der pseudolegalen Machtübernahme einer antidemokratischen Partei
durch die Selbstentmannung der Demokratie zu verhindern«.[19] Gegenposition bezog ausgerechnet ein US-Senator nach einer Reise
amerikanischer Kongreßabgeordneter durch Deutschland: »An eine
rechtsradikale Gefahr in Deutschland glaube man in der amerikanischen Öffentlichkeit nicht«.[20]

Von dieser »ruhigen Beurteilung eines westdeutschen Neofaschismus« fühlte sich beispielsweise der »Münchner Merkur« bestätigt.
Das Urteil des amerikanischen Politikers spreche dafür, »daß jene
unentwegt politisch Verfolgten, die allzu leicht in erregten Tönen der
vermeintlichen neofaschistischen Bedrohung gegenüberzutreten
wünschen, die Dinge aus der Nähe dramatischer sehen, als sie sich aus
der Ferne darstellen. So verständlich die innere Sorge um einen Neofaschismus ist, so wenig wird sie gerade durch Nervosität verringert.
Besonders die schnell Erregten tragen ein gerüttelt Maß Schuld daran,
daß sich ein paar Dutzend kleiner Hitlers vor ihren wechselnden Anhängern eine größere Bedeutung zusprechen, als sie einzeln und insgesamt haben. Je leidenschaftlicher man sie angreift, je häufiger, um
so populärer werden sie.«[21]

Die Zuversicht, die den vielen Kassandra-Rufen aus diesen Worten entgegenklang, sah sich im Oktober 1952 durch das Verbot der SRP und den Einzug ihres Vermögens bestätigt.[22] Die Karlsruher Verfassungsrichter bestimmten in ihrem Urteil gegen die neonazistische Partei Grundzüge der parlamentarischen, rechtsstaatlichen und pluralistisch verfaßten Demokratie.[23] Mit dem Verbot der SRP, dem einige Jahre später ein Spruch gegen die linksradikale KPD folgte, hatten die Hüter der Verfassung den Anspruch der Bundesrepublik bekräftigt, eine »streitbare Demokratie« zu sein; sie verwiesen dabei auf die historisch-politischen Erfahrungen der Deutschen mit dem Scheitern der Weimarer Republik und dem Nationalsozialismus.

Es müsse verhindert werden, daß der unbeirrbare Kern von Altnationalsozialisten zum Grundstock einer neuen antidemokratischen nationalsozialistischen Bestrebung werde. Für besonders verwerflich hielten es die Verfassungsrichter, wenn viele führende SRP-Funktionäre es als moralisch hochwertig darstellten, »sich selbst treu geblieben zu sein«, und wenn sie darüber hinaus bewußt NS-Gedankengut pflegten, das gegen die Wertvorstellungen der westlichen Demokratie gerichtet war. Durch das SRP-Urteil sollten aber ausdrücklich nicht ehemalige Nationalsozialisten generell mit einem Bann belegt werden. Vielmehr betrachtete es das Gericht geradezu als eine Forderung der Zeit, die »Ehemaligen« in den demokratischen Staat zu integrieren.

Regierung und Justiz hatten damit ihre Entschlossenheit verdeutlicht, Lehren aus der jüngsten deutschen Geschichte zu ziehen. Schon ein halbes Jahr vor dem Karlsruher Richterspruch war der zugkräftigste Veranstaltungsredner und Parteiheld der SRP, Otto Ernst Remer, vom Braunschweiger Schwurgericht zu drei Monaten Gefängnis verurteilt worden. In Vorahnung des Verbotes löste sich die SRP wenige Wochen vor der Urteilsverkündung selbst auf. Damit war der Bonner Demokratie ein entscheidender Schlag gegen den Neonazismus gelungen, der sich fortan wieder in mannigfache Gruppen und Kreise zersplitterte, ohne während der Ära Adenauer nochmals ernsthaft parteipolitisch virulent zu werden.

Zur Eindämmung der DRP (Deutsche Reichs-Partei), die vielen versprengten SRP-Mitgliedern nun als Auffanglager diente, genügte eine kurz vor den Bundestagswahlen 1953 gezielt ausgesprochene öffentliche Verbotsandrohung seitens der Bonner Regierung. Trotz der

Schützenhilfe durch den früheren Luftwaffenoberst Hans-Ulrich Rudel und den Schriftsteller Hans Grimm kam die DRP nicht über 1,1 Prozent der Wählerstimmen hinaus [24] und auch später gelang es ihr nur noch vereinzelt, auf sich aufmerksam zu machen, als sie etwa 1959 mit 5,1 Prozent der Stimmen – als regionale Protestpartei der protestantischen Weinbauern – den Einzug in den Mainzer Landtag schaffte oder als sich z. B. 1960 der SPD-Politiker Franz Bögler »mit Hilfe der DRP zum Vorsitzenden des rheinland-pfälzischen Bezirkstages« wählen ließ. [25] Entscheidend aber war, daß die Medien sich in ihren Berichten über SRP und DRP auf die »subkulturellen Stile« der neonazistischen Parteien, auf ihr Personal, »ihren Habitus und den Jargon ihrer Führungsgruppe« konzentrierten und so deren Image als »Sammelbecken von Unbelehrbaren« prägten. [26]

2. NAUMANN-KREIS UND FREICORPS DEUTSCHLAND – »VERDERBNIS DER DEMOKRATISCHEN PARTEIEN«? [27]

Noch bedenklicher als die Entwicklung einer neuen neonazistischen Partei schienen in den frühen 50er Jahren Bestrebungen ehemaliger NS-Funktionäre, etablierte demokratische Bundestagsparteien zu unterwandern und aus dieser Position heraus eine große »nationale Sammlung« ins Werk zu setzen. [28] Den in dieser Richtung tätigen konspirativen Zirkeln erwuchs in Werner Naumann, dem langjährigen Staatssekretär von Joseph Goebbels im Reichspropagandaministerium, eine – im nationalsozialistischen Sinne – höchst befähigte Führungsfigur.

Naumann gehörte zum engsten Kreis um Hitler, und ihm eilte außerdem der Ruf eines ›Letztwillen-Mandatars‹ Martin Bormanns voraus. Als der nach dem Kriege Untergetauchte sich im Sommer 1950 in Düsseldorf als Exportleiter in der Firma eines früheren Kulturreferenten im Reichspropagandaministerium in legaler Existenz niederließ, begannen alte SS- und HJ-Kader, sich »wie Eisenspäne auf einen Magneten« auszurichten und ihm die Führung des »Düsseldorfer Kreises« anzutragen, der sich nun um ihn herum gruppierte. [29]

Der wegen des hohen Gauleiter-Anteils auch Gauleiterkreis genannte Zirkel um Naumann nahm nicht nur Einfluß auf die wiedererstehenden Soldatenbünde, die HIAG und die »Deutsche Soldatenzeitung«, sondern suchte auch Positionen im zivilen Behördenapparat zu besetzen. Fixpunkt der Strategie aber war die Eroberung der nordrhein-westfälischen und niedersächsischen Landesverbände der FDP sowie die vollständige personalpolitische Infiltration des BHE und der Deutschen Partei, um, möglichst vom Boden der FDP aus, zur nationalen Sammlung aufzurufen. Die in den Parlamenten auf Bundes-, Länder- und kommunaler Ebene fest verankerten Parteien rechts der Mitte, wenigstens aber deren überwiegende Mehrheiten, sollten – verstärkt um die Schwungmasse der Soldatenverbände – mit den neonazistischen Kleinparteien und Grüppchen zu einer »Bewegung« verschmelzen, die den »Lizenzparteien« von vornherein auch aus den Parlamenten heraus das Wasser abgraben konnte.[30]

Ob nun von Naumann beeinflußt oder nicht – DP, BHE und FDP waren im Vorfeld der zweiten Bundestagswahlen sichtlich nach rechts gerückt[31]; wohl weil sie sich von dem – zumindest rein statistisch – millionenstarken Heer der »Entnazifizierungsgeschädigten« und der anderen 1945 amtsenthobenen, internierten oder untergetauchten »Entrechteten« einen kräftigen Zuwachs an Wählerstimmen versprachen und weil hier vor allem durch das Verbot der SRP ein parteipolitisches Vakuum entstanden und auszufüllen war. Noch war ja nicht recht absehbar, wie etwa das umstrittene 131er Gesetz und andere Maßnahmen der sozialen Befriedung und »Vergangenheitsbewältigung« beim Bürger ankamen und ob die ersten wirtschaftlichen Verbesserungen bereits ausreichten, um das Vertrauen in die Politik der Regierung zu stärken.

So zeigte sich der niedersächsische FDP-Vorsitzende Stegner überzeugt, daß seine Partei »nicht mehr als 200 Mitglieder zusammenbekommen« würde, wenn sie sich »nur an die Liberalen und Demokraten im Lande« wenden wollte.[32] Die Lastenausgleichspartei BHE firmierte ab 1952 als »Gesamtdeutscher Block/BHE«, weil sie darauf spekulierte, über das »gesamtdeutsche Anliegen« auch für einheimische nationale Kreise wählbar zu werden. Und die föderalistisch-welfische Traditionspartei DP trat Anfang der 50er Jahre ebenfalls in ihre »nationale Phase« ein[33], wobei sich besonders die außerhalb der niedersächsischen Stammlande neugegründeten Landesverbände in Hessen, Nordrhein-Westfalen, Bremen und Schleswig-Holstein hervortaten; nicht einmal der Parteiausschluß des rechtsextremen Demagogen Hedler wurde hier allgemein akzeptiert.[34] Auf dem Goslarer Parteitag der DP im Oktober 1952 kam es schließlich zum Eklat: Der welfisch gesinnte Bundesvorsitzende Heinrich Hellwege, einst Mitglied der Deutsch-Hannoverschen Partei, der schon die Ordnungsmaßnahmen gegen Hedler maßgeblich betrieben hatte, verwarf in scharfen Worten die von den teilweise völkisch orientierten Landesverbänden geplante »nationale Sammlung«[35] und verglich sie mit der »Harzburger Front« unseligen Angedenkens.[36] Hellwege erhielt daraufhin bei den anstehenden Neuwahlen weniger Stimmen als der deutsch-nationale Exponent Hans-Christoph Seebohm und konnte nur deswegen Vorsitzender bleiben, weil Seebohm die Wahl nicht annahm.

Mit den Rechtstendenzen in der DP korrespondierte personalpolitisch das Vordringen ehemaliger Pgs in die Vorstände und Mandate der Partei – vor allem in ihren neuen Landesverbänden. Als der CDU-Bundesvorstand im Juli 1953 über die Strategie für den laufenden Wahlkampf diskutierte, wurde darauf hingewiesen, daß der Koalitionspartner DP in Oldenburg und Niedersachsen als »Auffangstelle für die ehemaligen SRP-Leute« diene und daß bei der DP in Hessen »überall die Exponenten des früheren Nationalsozialismus« wie der langjährige Offenbacher NSDAP-Oberbürgermeister Helmuth Schranz und der frühere Reichsstudentenführer Albert Derichsweiler anzutreffen seien.[37] Adenauer versuchte sich damit zu beruhigen, »wieviel führende frühere Nazis in der Leitung der SPD tätig« seien; dort könne man noch eher als bei der DP »von einem Nazihaufen sprechen«.[38]

Frühere NS-Kommunalpolitiker, Funktionäre des Reichsarbeitsdienst und der Deutschen Arbeitsfront kandidierten aber nicht nur für die DP[39], auch beim GB/BHE wurden den Ehemaligen bewußt »Tür und Tor« geöffnet[40], damit, wie die offizielle Begründung hieß, die parlamentarische Demokratie gegen den Radikalismus abgeschirmt werde.[41] In der FDP Nordrhein-Westfalen war die personelle Infiltration am weitesten fortgeschritten. Bereits 1951 hatte Naumann seinen früheren Mitarbeiter und SS-Standartenführer Wolfgang Diewerge als persönlichen Assistenten des FDP-Landesvorsitzenden Friedrich Middelhauve untergebracht. Diewerge zog rasch frühere

NS-Funktionäre nach, so daß sich die Liste der Referenten in der nordrhein-westfälischen FDP-Geschäftsstelle Anfang 1953 wie der Verteiler für die Einladung zu einem nationalsozialistischen Veteranentreffen las: Als Geschäftsführer fungierte ein ehemaliger Kreisleiter der NSDAP, als Pressereferent ein früherer HJ-Gebietsführer, in den Bezirksgeschäftsstellen saßen frühere HJ-Führer, SS-Hauptsturmführer oder der letzte Kommandant der SS-Division »Hitler-Jugend«.[42]

Einen günstigen Ansatzpunkt für die Unterwanderung der FDP Nordrhein-Westfalens sah Naumann auch in dem freidemokratischen Landtagsabgeordneten Ernst Achenbach[43], der in den 30er Jahren zeitweilig einer der Verwalter der »Adolf-Hitler-Spende der deutschen Wirtschaft« gewesen war und 1951 in seinem Essener Anwaltsbüro den ehemaligen Stellvertreter Heydrichs im SD und Verfasser der »Boxheimer Dokumente«, Werner Best, angestellt hatte.[44] So wird auch verständlich, warum Achenbach den FDP-Bundesjustizminister Thomas Dehler ausdrücklich der Verfassungstreue Naumanns versicherte und eine Unterredung zwischen beiden vereinbarte.[45]

Achenbach selbst war angeblich Mitglied der »Bruderschaft«, einer deutschen Untergrundorganisation, der hauptsächlich ehemalige Offiziere angehörten. Bereits im April 1950 hatte der britische Kommissar für Nordrhein-Westfalen die »Bruderschaft« wissen lassen, daß ihre Tätigkeit von den Besatzungsbehörden sorgfältig überwacht würde. Die Briten waren darüber informiert worden, was ein »Bruderschafts«-Mitglied aus dem einstigen Stabe Himmlers während einer geheimen Konferenz in Düsseldorf geäußert hatte: Im Winter 1952/53 sei mit dem Zusammenbruch des westdeutschen parlamentarischen Systems zu rechnen, und die »Bruderschaft« müsse sich »für die Machtergreifung bereithalten«.[46]

Nach der Warnung des britischen Kommissars verlagerten die Mitglieder der »Bruderschaft« ihre Aktivitäten in den Kreis um Naumann, dessen Strategie im Sommer 1952 einen ersten Durchbruch erzielt zu haben schien. Denn das dem Landesparteitag der FDP in Nordrhein-Westfalen vorgelegte, schwarz-weiß-rot umrandete »Deutsche Programm« erweckte den Eindruck, unter starkem Einfluß der Naumann-Leute entstanden zu sein, und trug den bezeichnenden Untertitel: »Mindestanforderungen deutscher Politik als Fundament zur Sammlung der nationalen Kräfte«.[47] Die »nationale Sammlung« stand auch im Mittelpunkt der Diskussion, als die Bundesdelegierten der FDP am 20. November 1952, also gerade vier Wochen nach dem Goslarer Parteitag der DP, in Bad Ems zusammentrafen.[48] Der Verlauf der Debatten nährte in der (ausländischen) Presse die Spekulationen, ob vielleicht ein NS-Führungsring hinter dem parallelen Rechtsruck von FDP, DP und GB/BHE stünde.[49] Waren die im Sommer 1952 von einem SRP-Vertreter vor dem Bundesverfassungsgericht geäußerten Behauptungen nicht unwidersprochen geblieben, daß diese Parteien enge Kontakte zu ehemals führenden Pgs unterhielten?[50]

An diesem Punkt der Entwicklung griffen die britischen Behörden, auf der Grundlage des in Kraft befindlichen revidierten Besatzungsstatuts, ein. Sie beriefen sich auf die Gefährdung der Sicherheit alliierter Truppen und verhafteten am 14. Januar 1953 Naumann und mit ihm sechs weitere Führungsmitglieder seines Kreises. Der britische Außenminister Anthony Eden erklärte die Verhaftungen mit vorliegenden Informationen, »daß die Leute konspirierten, um eventuell die Macht in Westdeutschland wieder zu gewinnen, und antiwestliche Auffassungen und politische Ziele propagierten. Wenn auch die bisher im britischen Besitz befindlichen Informationen nicht den Beweis« geliefert hätten, daß diese kleine Minorität »reueloser Nazis eine unmittelbare Bedrohung der demokratischen Ordnung in Deutschland« sei, so könne doch ihre potentielle Gefahr in der Zukunft nicht ignoriert werden.[51]

In Bonn fühlte man sich vom Vorgehen der britischen Behörden brüskiert. Bundestagsvizepräsident Carlo Schmid übte ebenso Kritik[52] wie Bundeskanzler Adenauer, der seit Wochen über die Aktivitäten des Naumann-Kreises im Bilde gewesen war.[53] In einer Rundfunkansprache wandte er sich nun an die beunruhigte Öffentlichkeit und versicherte, daß »die deutschen Behörden schon von sich aus zugegriffen hätten, wenn ihnen für eine Verhaftung ausreichendes Material vorgelegen haben würde«.[54] Der Kanzler konnte sich des Eindrucks nicht erwehren, Feinde einer europäischen Einigung und einer europäischen Verteidigungsgemeinschaft hätten den Anlaß aufgegriffen, um seine Politik zu stören, zumal eigenartigerweise die sonst geheim gebliebene Routineumfrage der alliierten Behörden über nationalsozialistische Tendenzen in der deutschen Bevölkerung ausgerechnet jetzt – und noch dazu mit irreführenden Interpretationen – an die Öffentlichkeit gelangte.[55] Weitere besorgte Kommentare waren die Folge.

Die Versuche ehemals führender Nationalsozialisten, »eine Rolle im politischen und öffentlichen Leben der Bundesrepublik zu spielen«, wurden von Adenauer mit aller Deutlichkeit verurteilt. Wie die deutsche Bevölkerung dazu stünde, hätte sie schon mehrfach mit dem Stimmzettel zum Ausdruck gebracht, und so hätten sich im Vergleich zu anderen demokratischen Ländern die politischen Verhältnisse in der Bundesrepublik gegen den Extremismus von rechts und links als stabil erwiesen. Adenauer prophezeite deshalb, daß bei den kommenden Wahlen eine irgendwie mit dem Nationalsozialismus sympathisierende Partei eine völlige Niederlage erleiden würde.[56] Immer wieder verdeutlichte der Kanzler auch in der Folgezeit, daß er gleichzeitig eine wichtige, vor allem psychologische Aufgabe darin sah, die »früheren nationalsozialistischen Parteigänger, denen die Augen aufgegangen sind«, für den Aufbau des demokratischen Staates heranzuziehen.[57] Sobald sich dagegen ehedem führende Parteigenossen »heute wieder« vordrängten, geißelte Adenauer dies als »Schamlosigkeit«. »Wenn ich Staatssekretär unter Goebbels gewesen wäre«, sagte Adenauer im Bundestagswahlkampf 1953, »würde ich mich in die finsterste Ecke verkriechen aus Scham wegen des Unheils, das der Nationalsozialismus über die Welt gebracht hat.«[58]

Die Aktion gegen Naumann hielt man im CDU-Bundesvorstand – bei aller öffentlicher Kritik an dem britischen Vorgehen – doch innenpolitisch für außerordentlich bedeutungsvoll.[59] Vor allem versprach man sich davon ein Zurückdrängen der »rechtsradikalen Elemente« in der FDP und in der DP, wobei allerdings gerade Adenauer sich auch darüber im klaren war, welch »großer Vorteil (es) für unsere parteipolitische… Entwicklung« gewesen war, »daß wir bisher keine starke nationalistische Partei gehabt haben«; solange FDP und DP in der Lage waren, »diese Kräfte zu verdauen«, wäre es besser, sie dort zu halten und zu paralysieren. Andernfalls fürchtete Adenauer das Entstehen einer »Deutschnationale(n) Partei à la Hugenberg«, die dann »alle diese Elemente, die national und nationalistisch nicht auseinanderhalten«, in sich aufnähme.[60]

Die Linie des Kanzlers, klar Distanz zu den maßgeblichen Nationalsozialisten zu halten, aber gleichzeitig die Mitläufer zu integrieren, bestimmte im wesentlichen den Kurs der Union, auch wenn bei der parteiinternen Personalpolitik auf örtlicher Ebene manchmal zugunsten Belasteter[61], aber in anderen Fällen auch zuungunsten der Mitläufer davon abgewichen wurde. So konnte Adenauer etwa mit einem Beschluß des rheinländischen CDU-Landesverbandes nicht konform gehen, der frühere NSDAP-Mitglieder bei den regionalen Wahlen im Juni 1950 generell von der Kandidatur ausschließen wollte.[62] Entschieden zu weit jedenfalls ging vielen in der Union die personalpolitische »Freizügigkeit« der DP. Und CDU/CSU-Fraktionsvorsitzender Heinrich von Brentano brachte seinen Unmut hierüber nicht nur im CDU-Bundesvorstand zum Ausdruck[63], sondern forderte auch in der Öffentlichkeit ein »scharfes Vorgehen gegen den Rechtsradikalismus in Deutschland« und besonders gegen politisierende SS-Führer. Bereits einige Monate vor der Verhaftung Naumanns hatte von Brentano dabei einmal mehr den Koalitionsfrieden mit DP und FDP gefährdet.[64]

Im Fall Naumann stellte sich der FDP-Bundesvorstand dann demonstrativ hinter Adenauers Regierungserklärung und verwahrte sich gegen alle »Verdächtigungen«, antidemokratische Bestrebungen zu fördern. Die verantwortlichen Gremien der FDP hätten sich stets zum liberalen Rechtsstaat bekannt.[65] Dennoch schuf die Affäre einen grundsätzlicheren Erklärungsbedarf in der Frage des Verhältnisses der FDP zu den ehemaligen Nationalsozialisten. Unter dem Titel »Klare Fronten« äußerte sich Bundesjustizminister Thomas Dehler in der »Freien Demokratischen Korrespondenz«: »Wir tragen niemandem den politischen Irrtum in einer vergangenen Zeit nach, aber wir scheiden uns mit aller Schärfe von denen, die nichts gelernt haben, die da erklären, daß sie ihre alten Ideale nicht vergessen haben, daß sie sich als Erben und Vollstrecker des nationalsozialistischen Vermächtnisses betrachten, die wieder einmal versuchen, unter Mißbrauch der demokratischen Spielregeln die Demokratie zu Fall zu bringen. Die letzten Wochen haben uns in erschreckender Weise gezeigt, daß diese gefährlichen Toren wieder am Werke sind. Wer an ihrem Geiste teil hat oder wer sich auch nur mit ihnen eingelassen hat, taugt nicht für uns.«[66]

Trotz dieser markigen Worte Dehlers und trotz der Feststellung des vom FDP-Bundesvorstand eingesetzten Untersuchungsausschusses, daß unverständlicherweise »alle Schlüsselpositionen« des nordrhein-westfälischen Verbandes »früheren prominenten Nationalsozialisten anvertraut« worden waren[67], kamen die in den neonazistischen Unterwanderungsversuch der FDP verstrickten Politiker ziemlich glimpflich davon. Zwar betonten Bonner FDP-Kreise anfangs noch, sie würden sich niemals mit einem Verbleiben Achenbachs in ihrer Partei einverstanden erklären können[68], doch wurde bald deutlich, daß die Bundes-FDP nicht gewillt oder nicht in der Lage war, ganz auf Konfrontationskurs mit dem mächtigen Landesverband in Düsseldorf zu gehen. Der FDP-Bundesvorstand rief deshalb lediglich Achenbach vom Vorsitz des außenpolitischen Ausschusses seiner Partei ab, erklärte Doering als Landesgeschäftsführer für ungeeignet und mißbilligte, daß Middelhauve seinen Aufsichtspflichten nicht hinreichend nachgekommen war.[69]

Die an die deutsche Justiz überstellten führenden Köpfe des Naumann-Kreises wurden bereits im Juli 1953 wieder auf freien Fuß gesetzt. Obwohl auch die britische Besatzungsbehörde schon durch die Überstellung der Verhafteten an die deutsche Gerichtsbarkeit faktisch zugegeben hatte, daß ihnen eine Verschwörung gegen die alliierten Truppen nicht nachzuweisen war, kam es in England infolge der Haftentlassung »zu Ausbrüchen von wilder Deutschenfeindlichkeit«.[70] Da die Nachlässigkeit der Justiz bei der Flucht des bereits verurteilten Rechtsradikalen Remer nach Ägypten noch allgemein in Erinnerung war, zeigte sich Adenauer im Kabinett stärkstens befremdet von der Entscheidung des Gerichtes.[71] Die außenpolitischen Rückwirkungen der Affäre schienen jedenfalls offensichtlich, zumal Naumann sich nun auch noch anschickte, als DRP-Spitzenkandidat zur Bundestagswahl anzutreten und nur durch eilige Einstufung in die Entnazifizierungskategorie der Belasteten daran gehindert werden konnte.[72] Aber trotz des Drucks der Politik und des Großteils der öffentlichen Meinung[73] stellten die Karlsruher Richter im Dezember 1954 das Verfahren schließlich ein und sprachen die Angeklagten aus Mangel an Beweisen in allen Anklagepunkten frei[74], weil der erhärtete Verdacht nationalsozialistischer verfassungsfeindlicher Gedanken allein noch keine juristische Handhabe bot, sondern der nicht mit Sicherheit festzustellende Erfolg dieser Bestrebungen in Rechnung gestellt werden mußte.[75] Die Skepsis des Juristen Adenauer gegenüber den alliierten

Verhaftungen wurde damit im nachhinein bestätigt. »Spuren national-sozialistischer Gesinnung«, dies hatte er vor dem Bundestag noch-mals unterstrichen, würden von den Behörden aufmerksam beobach-tet. Aber erst wenn eine gesetzliche Grundlage gegeben wäre, könnte dagegen vorgegangen werden.[76]

So entfaltete die Bundesregierung nun eine bemerkenswerte Akti-vität gegen radikale Strömungen von links und rechts. Nach der Ver-haftung von Mitgliedern der »Deutschen Gemeinschaft« führte sie im Februar 1953 einen Schlag gegen das »Freicorps Deutschland«[77], das in Verbindung zum Naumann-Kreis stand. Das Freicorps war im Au-gust 1951 gegründet worden, hatte aber aus »Protest gegen die am Umsturzversuch beteiligten Offiziere« sein Gründungsdatum auf den 20. Juli 1951 zurückdatiert. Involviert waren verschiedene neonazisti-sche Grüppchen, die unter der Schirmherrschaft Rudels eine parami-litärische Organisation aufbauten. Von den Mitgliedern wurden be-dingungsloser Gehorsam und strenge Geheimhaltung gefordert; bei Nachlässigkeit oder Unzuverlässigkeit hatte jeder damit zu rechnen, »daß ihn die Härte des Freicorps treffen werde«.[78]

In seinem Programm bekannte sich das Freicorps zu den »revidier-ten 25 Punkten des Parteiprogramms der NSDAP«. Auch an den für Hitler geleisteten Treueid fühlten sich seine Angehörigen gebunden, und sie hielten außerdem Admiral Dönitz für den rechtmäßigen Nachfolger Hitlers. Der Weg zur Übernahme der Staatsgewalt sollte über ein »Volksbegehren« erfolgen, das die »deutsche Demokratie« einzuführen habe. Die legale Machtergreifung wurde indes nur zum Schein erwähnt, wohingegen viele Freicorps-Parolen den gewaltsa-men Umsturz als Ziel erkennen ließen. Die Identität mit nazistischen Vorstellungen ergab sich auch aus der Verwendung bekannter Voka-beln aus der Zeit des Nationalsozialismus, z.B. ›Verschworene Ge-meinschaft‹, ›Meine Ehre heißt Treue‹ usw. In den Augen der Bundes-regierung rechtfertigten diese Fakten ein Verbot des »Freicorps Deutschland« gemäß Artikel 9 Grundgesetz. (Im Freistaat Bayern war die Organisation ohnehin schon im Mai 1952 verboten worden.[79])

Die deutsche Presse hat das energische Vorgehen gegen das »Frei-corps« ganz mehrheitlich begrüßt. Mit Genugtuung vermerkten die Kommentare, daß die Bundesregierung dieses Mal selbst gehandelt habe und nicht die Alliierten eingegriffen hätten. Kontrovers blieben freilich die Einschätzungen hinsichtlich der Dimension der neonazistischen Gefahr – auch im benachbarten Ausland, wo etwa Fritz René Allemann in der Unterwanderung der bürgerlichen Rechten die eigentliche Gefahr für die bundesdeutsche Demokratie sah.[80] Die »Frankfurter Neue Presse« hielt keinen Zweifel für erlaubt, »daß die Gefahr des Rechtsradikalismus um ein Vielfaches größer ist als die des Kommunismus«. In unzähligen Gruppen und Konventikeln treibe der »Neofaschismus« sein »staatsgefährdendes Unwesen«. Wie eine »tausendköpfige Hydra« spuke der »Geist der ewig Gestrigen im Lande«.[81] Das diesen Kreisen »innewohnende politische Potential« wollte auch die »Welt« nicht unterschätzt wissen, wies aber doch darauf hin, daß das Treiben des »Freicorps Deutschland« in seiner »realen politischen Bedeutung« nicht mehr als ein »Spiel mit dem Feuer im Hof der Feuerwehr« gewesen war.

Die Sozialdemokraten hatten der Regierung schon im Fall Naumann »Passivität gegen neofaschistische Strömungen« vorgeworfen.[82] Und auch bei den Gewerkschaften gab es Zweifel, ob die Motive, die zum Freicorps-Verbot geführt hatten, ihre Wurzel »ausschließlich im demokratischen Bewußtsein der Bundesregierung« hatten oder es ihr nicht vielmehr darum ging, nach dem Prestigeverlust in der Naumann-Affäre »jetzt durch forsches Auftreten« wieder Boden zu gewinnen.[83] Denn vor den Umtrieben des »Freicorps« hatte der DGB in Niedersachsen schon ein Jahr zuvor die Öffentlichkeit gewarnt.[84] Um so empörter reagierte man dort auf die Bemühungen von Regierungsvertretern, die Thematik des Neonazismus schon im Blick auf das Ausland auf kleiner Flamme zu halten.

Von einer aktuellen Gefahr für den Bestand der Bundesrepublik Deutschland konnte nach Ansicht des Staatssekretärs im Bundesinnenministerium, Hans Ritter von Lex, gar keine Rede sein: Es gelte aber das Prinzip, den Anfängen zu wehren. Die Vorgänge der Jahre 1931-1933, die zum Zusammenbruch der Weimarer Republik führten, sollten »uns nicht wieder passieren«. Es würde überall zugeschlagen, wo sich verfassungsfeindliche Bestrebungen auch nur in den Anfängen zeigten. Hans Egidi, Leiter der Abteilung für Öffentliche Sicherheit, unterstrich diese Überzeugung mit den Worten: »Ich schlafe ruhig«, und lieferte den Kritikern damit die Stichworte. Auch ein Hitler, Parteimitglied Nr. 7, habe mit »einigen Tausend« angefangen. Und auch damals, ereiferte sich die »Frankfurter Rundschau«, hätten die Demokraten »ruhig schlafen« können.[85]

Gegenteiliger Auffassung waren Medien wie die »Düsseldorfer Nachrichten«, weil durch die Verhaftungen ihrer Meinung nach »vermeidbare Erschütterungen« in der Bevölkerung verursacht worden waren und vor allem dem Ausland gegenüber eine Wirkung erzielt wurde, die in keinem rechten Verhältnis zu der Bedeutung der Aktionen stand.[86] Der Publizist Ernst Friedländer pflichtete dem bei: Angesichts der »trübseligen Gestalten«, die der Neonazismus seit 1945 hervorgebracht hatte, wirkte für ihn das »nuancenlos finstere antifaschistische Pathos deutscher Demokraten etwas übersteigert«. Im Grunde genommen ließe sich vieles am Neonazismus unter dem Gesichtspunkt des groben Unfugs werten. Vom »Freicorps« mit seiner »aufgespielten Geheimbündelei« sah Friedländer jedenfalls eher die Lachmuskeln als die Bundesrepublik Deutschland bedroht.[87] Unerwarteter Kritik waren die Sozialdemokraten ausgesetzt, die in Sachen »Antifaschismus« sonst eher offensiv argumentierten. Aber in der Presse wurde auch darauf aufmerksam gemacht, daß gerade in den seit Jahren »maßgeblich von der SPD regierten« Ländern Niedersachsen, Hessen, Hamburg und Bremen das »Freicorps Deutschland« zu Hause gewesen war – »ein Umstand, der selbst der SPD zu denken geben müßte«.[88]

Offensichtlich aber waren diese Vorwürfe nicht im entferntesten mit jenen zu vergleichen, die gegen die rechten Parteien erhoben wurden. Denn bei der FDP war tatsächlich nicht mehr recht zu unterscheiden, was bereits Unterwanderung und was noch Integration in dem von Friedrich Middelhauve gemeinten Sinne war: »Die Tore weit nach rechts öffnen, um Millionen enttäuschte, aber gutgläubige Nationalsozialisten und Soldaten« für die FDP zu gewinnen.[89] Auch vom BHE-Vorsitzenden Waldemar Kraft hatten sich, wie bald publik wurde, Fäden zu Naumann gespannt[90]; und DP-Vorsitzender Hellwege hielt es sogar für nötig, seinen nordrhein-westfälischen Landesverband wegen konkreten Unterwanderungsverdachts aufzulösen.[91] So waren die Übergänge von der demokratischen Rechten zum Neonazismus mitunter fließend.[92]

Der scharf antikommunistische »Bund Deutscher Jugend«, der von US-Dienststellen und bundesdeutschen Behörden Zuschüsse erhielt[93] und nicht nur über besondere kooperative Kontakte zur DP, sondern auch zur FDP und vor allem zu deren Jungdemokraten verfügte[94], wurde Anfang 1953 in mehreren Bundesländern verboten, weil seine geheime Untergrundorganisation »TD« (Technischer Dienst) Aktivitäten entwickelt hatte, die – wie das Anlegen »schwarzer Listen« oder verbotener Waffenbesitz – unter Artikel 9 des Grundgesetzes fielen.

Die radikalen Mitglieder der von der Deutschen Partei selbst aufgelösten ehemaligen Jugendorganisation »Bund junger Deutscher«[95] spielten ebenso eine Rolle bei der Bildung des »Freicorps Deutschland«[96] wie der starke rechte Flügel der DP im nördlichen Niedersachsen und in Bremen; dort hatten sich DP-Funktionäre auch für einen Burgfrieden mit der SRP ausgesprochen.[97] Der Übertritt zweier niedersächsischer CDU-Landtagsabgeordneter zur SRP im Vorfeld der Landtagswahl 1951 blieb indes Episode, auch wenn er die SRP von der Notwendigkeit der Unterschriftensammlung für ihre erstmalige Kandidatur entband.[98] Dagegen füllten die DP und ihre neonazistischen Tendenzen auch nach dem SRP-Verbot und der Affäre Naumann immer wieder die Schlagzeilen der Presse.

Im August 1953 beantragte die SPD eine einstweilige Verfügung gegen den Wahlkampfleiter der DP in Niedersachsen, weil dieser Wahlplakate »mit groben Unwahrheiten über die SPD und mit antisemitischen Bemerkungen« hatte verbreiten lassen. Auf einem Wahlplakat der DP war ein Brief ihres Kreiswahlkampfleiters an die SPD abgedruckt, in der der Vorsitzende der SPD, Erich Ollenhauer, aufgefordert wurde, zu den Gerüchten Stellung zu nehmen, wonach er Jude sei und »als deutscher emigrierter Jude während des 2. Weltkrieges in der englischen… Luftwaffe« gegen Deutschland gekämpft habe.[99] Im Berliner Wahlkampf kam es 1954 erneut zu einem Skandal um eine Veranstaltung der DP mit Bundesverkehrsminister Seebohm ausgerechnet im Sportpalast. Die Medien berichteten, daß Personen, die sich weigerten, die drei Strophen des Deutschlandliedes stehend mitzusingen, »von einem Rollkommando der DP mißhandelt« und mit den Worten »Judensau«, »Hochverräter« und »Es wird Zeit, daß ihr wieder ins KZ kommt!« beschimpft worden waren.[100] Auch andere Veranstaltungen der DP hatten mit Badenweiler-Marsch, schwarzweiß-roten Fahnen und der Begrüßung der »lieben Volksgenossen« Assoziationen geweckt.[101]

Das Berliner Abgeordnetenhaus verurteilte die Vorgänge bei der DP-Versammlung in einer einstimmig angenommenen Entschließung der drei Parteien CDU, SPD und FDP. Berlin, so hieß es, müsse vor einer Wiederholung der unseligen Vergangenheit bewahrt bleiben. Auch die jüdische Gemeinde in Berlin schloß sich dem Protest gegen die Vorkommnisse im Sportpalast an. DP-Vorsitzender Seebohm dagegen begründete die Zwischenfälle mit bewußten gegnerischen Provokationen; der CDU warf er vor, sich aus »wahltaktischen Gründen« an dem »Kesseltreiben« gegen die Berliner DP zu beteiligen. Und wirklich gelang es der DP nach ihrem mißglückten Wahlkampf in Berlin nicht, ins Abgeordnetenhaus einzuziehen, was zum einen Seebohms Stellung gegenüber Hellwege DP-intern schwächte, was vor allem aber einen generellen Trend in der westdeutschen Parteienlandschaft nach der Bundestagswahl 1953 indizierte.

Die nationalistische Welle ebbte ab, und ebenso wie die SRP mit ihrem Versuch, Front gegen den Staat zu machen, scheiterten DP, GB/BHE und FDP mit ihrer Taktik, die nationale Opposition innerhalb des Staates zu sammeln. Die Bonner Demokratie hatte sich nicht nur beim SRP-Verbot wehrhaft gezeigt, sie hatte sich im Ergebnis der Bundestagswahl auch als stabil erwiesen, und sämtliche Hoffnungen der rechten Flügelparteien wurden vom Wähler enttäuscht. Offensichtlich war die Masse der einstigen Mitläufer nicht mehr bereit, »sich als ›ehemalige Nationalsozialisten‹ ansprechen zu lassen; sieben Jahre nach Kriegsende trafen diese Wähler ihre politische Entscheidung unter ganz anderen Gesichtspunkten, als die Wahlkampfstrategen« von DP, FDP und GB/BHE es vermuteten.[102]

Vom ziemlich plumpen Buhlen der rechten Parteien um die Wählergunst der »Ehemaligen« fühlten sich viele sogar abgestoßen; und ohnehin mochten der an Begriffe wie »Einheitlichkeit«, »Disziplin« und »Unterordnung« gewohnten Klientel die großen, mehr oder minder geschlossenen Parteien CDU, CSU und SPD wesentlich attraktiver erscheinen als die in sich zerstrittenen und am Abgrund der jetzt bundesweit eingeführten Fünfprozentklausel lavierenden Parteien der »nationalen Rechten«.[103] Die zunehmende Verbesserung der materiellen Lage trug das ihre dazu bei, daß die nationalsozialistische Nostalgie insgesamt schwächer wurde[104] und daß etwa bei der DP die völkischen Elemente gegenüber den konservativen in den Hintergrund traten.

Obwohl also die nationalsozialistische Latenz bei den rechten Parteien nach dem Wahlsieg der Union 1953 etwas schwächer wurde, haben die früheren Pgs im Kalkül der Politik weiterhin eine Rolle gespielt. Während 1953 noch Ungewißheit darüber bestand, wie die Aufhebung von Wahlrechtsbeschränkungen für belastete »Ehemalige« sich auf das Stimmenergebnis auswirken würde[105], hat im Vorfeld der Bundestagswahlen 1957 das Ausscheiden der FDP aus dem Bündnis mit der CDU in Bonn und Düsseldorf die Schatten der Affäre Naumann erneut heraufbeschworen. Der durch das Zusammenspiel von FDP und SPD entmachtete Ex-CDU-Ministerpräsident von Nordrhein-Westfalen Arnold war überzeugt, es beim FDP-Landesverband Nordrhein mit einer Partei zu tun zu haben, die von »nationalistischen, zum Teil nationalsozialistischen und zum Teil nationalbolschewistischen Kräften unterwandert« sei.[106] Adenauer hielt den starken Einfluß von »alten Nationalisten« in der FDP vor allem auch außenpolitisch für gefährlich, hatten diese Kreise doch seiner Meinung nach »aus der Vergangenheit nichts gelernt«, sondern versuchten, »allmählich die Politik des Bundes herumzudrehen nach dem Osten hin«.[107]

Zumindest im Hintergrund spielten also auch Aspekte der »Vergangenheitsbewältigung« eine Rolle, als die Bonner Koalition zwischen den Unionsparteien und der FDP – nicht nur wegen des Grabenwahlsystems – Anfang 1956 auseinanderbrach. Schon bei den Kämpfen um das Saarstatut im Vorjahr hatte die CDU »gewisse Elemente« in der Bonner FDP im Verdacht, den saarländischen FDP-Vorsitzenden Schneider »dazu aufgestachelt« zu haben, »nationalsozialistische Geschichten... zu machen«.[108] Wie um die Befürchtungen der CDU zu bestätigen, sprach im Bundestagswahlkampf 1957 ein Aktionsausschuß »Die Ehemaligen« eine nachhaltige Empfehlung für die FDP aus und war deren Vorstand nicht bereit, sich von der Broschüre der früheren Nationalsozialisten zu distanzieren. Der ominöse Aktionsausschuß forderte vor allem die »Beseitigung des zweigeteilten Rechts in der gesamten Gesetzgebung der Bundesrepublik«, eine Überwindung der »unglückseligen und gefährlichen Spaltung unseres Volkes in ›Ehemalige‹ und ›Heutige‹« sowie die »Schaffung eines gerechten Geschichtsbildes über die ›Epoche des 3. Reiches‹«. So fremd die Argumentation der Ehemaligen-Broschüre dem FDP-Bundesvorstand auch erschien, für so notwendig hielt er sie doch im Hinblick auf Adenauers Taktik von 1953, als es der Kanzler ebenfalls abgelehnt habe, Zustimmung zu seiner Politik »von seiten ehemaliger Nationalsozialisten abzuweisen«.[109] Wenige Monate später löste ein Auftritt des FDP-Bundestagsabgeordneten Dowidat bei einer Versammlung von »Entnazifizierungsgeschädigten« und ein umstrittener SPIEGEL-Bericht über Dowidats dort getroffene Äußerungen zur NS-Machtergreifung erneut Irritationen aus.[110]

Der Versuch der niedersächsischen FDP indes, übergelaufene DRP-Abgeordnete als Hospitanten in ihre Fraktion aufzunehmen, sollte 1957 mißlingen; statt dessen führte dies nun zur Umbildung der Landesregierung in Hannover und – auf Druck der Bundes-FDP – zur Auflösung der DRP-Hospitanzen.[111] Die von manchen aus derartigen Vorkommnissen abgeleitete Gefahr einer vom Neonazismus ausgehenden »Verderbnis der demokratischen Parteien« erwies sich jedenfalls im Laufe der 50er Jahre zunehmend als Fehleinschätzung. Der Neonazismus vermochte keineswegs das »gesamte Vorfeld der (politischen) Entscheidungen«[112] zu infizieren, seine spektakulären Erfolge waren von kurzer Dauer.[113]

Bei aller Erfolglosigkeit freilich bildeten die neonazistischen Tendenzen einen konstanten Faktor der – im Sinne von »Vergangenheitsbewältigung« – produktiven Unruhe für das innenpolitische Klima der Bundesrepublik Deutschland. Noch im April 1959 verbot Nordrhein-Westfalens CDU-Innenminister Dufhues den »Bundesverband ehemaliger Internierter und Entnazifizierungsgeschädigter« und das »Soziale Hilfswerk für Zivilinternierte«; beides »Vereinigungen ehemaliger Nationalsozialisten«, die sich gegen die verfassungsmäßige Ordnung und den Gedanken der Völkerverständigung richteten.[114] Der Bundesverband der Entnazifizierungsgeschädigten hatte seit 1954 zweifelhafte Aktivitäten zur Unterstützung ehemaliger Nationalsozialisten entfaltet, die nach dem Krieg gemaßregelt worden waren. Die Hoffnung seiner Funktionäre, bald auf rund drei Millionen Anhänger zählen zu können, darunter einige Hunderttausend frühere Insassen der Internierungslager, erfüllte sich nicht[115]; wenngleich die 2000 bis 3000 Verbandsmitglieder von ihrem nordrhein-westfälischen Landesvorsitzenden Julius Wilbertz mit ätzender Polemik aufgewiegelt wurden. Wilbertz, weiland als SS-Untersturmführer mit dem Verfassen von Schriften wie »Jude und Arbeiter« oder »Kaiser und Jude« beschäftigt, galt die Entnazifizierung als »Racheakt... von Minderwertigen, die uns nationalpolitisch und nationalethisch nicht das Wasser reichen können«.[116] Dementsprechend zog sich das Verbandsorgan »Die Anklage« wegen seiner Rechtfertigungsversuche für Untaten des Nationalsozialismus und seiner Verbalinjurien gegen Angehörige des Widerstandes mehrere Beschlagnahmeverfahren zu.[117]

Minister Dufhues begründete die Verbotsinitiative gegen den Verband der Entnazifizierungsgeschädigten mit der seit Anfang der 50er Jahre bekannten Formel, die als ein nicht nur theoretisches Leitmotiv der bundesdeutschen Innenpolitik während der Ära Adenauer verstanden werden kann: den Anfängen mit allen gesetzlichen Mitteln zu wehren.[118] Die daraus abgeleiteten Handlungsimpulse bezogen sich gleichermaßen und gleichgewichtig auf rechten wie linken Radikalismus, was das gleichzeitig beantragte Verbot von SRP und KPD sinnfällig zum Ausdruck brachte und was gerade in historischer Perspektive seine Berechtigung hatte, nachdem die Weimarer Republik dem Zangenangriff von Nationalsozialisten und Kommunisten erlegen war. Eine Unterwanderung der demokratischen Parteien durch die »Ehemaligen« konnte in den Anfängen gestoppt werden. Auch eine neue »Harzburger Front« durch das Wahlbündnis der CDU mit dem – wie Kurt Schumacher meinte – »eindeutigen Faschismus« der Deutschen Partei erwies sich als Chimäre, die »große Sünde der Weimarer Republik«[119] wiederholte sich gerade nicht.

Die Bedeutung der »Wiedergutmachung«

Zur »Vergangenheitsbewältigung« durch Abwehr von Neonazismus und Antisemitismus gehörte auch das Bemühen um die deutsch-israelische Verständigung. Schon um die Politik der sogenannten »Wiedergutmachung« den Wählern verständlich zu machen, mußten die Bundesregierung und die Parteien des Bundestages bestrebt sein, die Dimension der im deutschen Namen verübten Verbrechen immer wieder klarzulegen. Aufklärung über den Holocaust war also auch ein Gebot parteipolitischer Vernunft und hatte den wichtigen Effekt, sämtliche rechtsradikale Parolen über »Auschwitz-Lügen« von vornherein in das gesellschaftliche Abseits zu verbannen.

Angesichts der in den frühen 50er Jahren bereits demoskopisch ermittelten ambivalenten Haltung des breiten Volkes zum Judentum[1] kam alles darauf an, daß meinungsbildende Instanzen eindeutig Position bezogen. Da sich dadurch »Vergangenheitsbewältigung«, jedenfalls im Sinne einer öffentlichen Auseinandersetzung mit dem Nationalsozialismus und seinen Verbrechen, vollzogen hat, können in unserem Erklärungszusammenhang die bereits gut erforschten Detailaspekte der – in ihrem Volumen und in ihrer bürokratischen Abwicklung umstrittenen – finanziellen »Wiedergutmachung« unbehandelt bleiben.[2] Materiell »wiedergutzumachen« war millionenfacher Mord gewiß nicht.

Die unter moralischem Aspekt bemerkenswerteste Initiative entfaltete damals der Hamburger Senatssprecher Erich Lüth, der bereits in der Affäre Harlan hervorgetreten und öffentlich bekannt geworden war. Hintergrund für Erich Lüths »Friedensbitte an Israel« war die Weigerung des israelischen Ministerpräsidenten David Ben Gurion, sich der Erklärung von 47 anderen Staaten anzuschließen und den Kriegszustand mit der Bundesrepublik Deutschland zu beenden. In einer Verlautbarung, die im Sommer 1950 durch die Presse ging, konstatierte Ben Gurion, daß es an konkreten Beweisen eines Gesinnungswandels der Deutschen völlig fehle. Unausgesprochen ging es dabei darum, vor einer Beendigung des Kriegszustandes die jüdisch-israelischen Rechtsansprüche zu klären.

Die Ratlosigkeit und allgemeine Betretenheit, die Lüth als Effekt der israelischen Kritik bei den Deutschen spürte, veranlaßte ihn und den Journalisten Rudolf Küstermeier zu einer gemeinsamen »Aktion Friede mit Israel«. Küstermeier, noch kurz vorher Chefredakteur der von der britischen Militärregierung herausgegebenen Tageszeitung »Die Welt«, veröffentlichte in dem Blatt am 1. September 1951 einen Artikel unter der Überschrift »Friede mit Israel«. Lüth steuerte zu der Aktion beider Journalisten einen Aufsatz bei, der unter zwei verschiedenen Überschriften – »Wir bitten Israel um Frieden« bzw. »Wir suchen Frieden mit Israel« – zum selben Zeitpunkt in der von der US-Militärregierung herausgegebenen »Neuen Zeitung«[3] und im Berliner »Telegraph«[4] erschien.

Es ist ganz unverkennbar, schrieb Lüth, »daß in deutschen Regierungen, Parlamenten und anderen politisch-geistigen Gremien große

Unsicherheit darüber besteht, wie man sich denn überhaupt zum jüdischen Problem äußern soll. Vielleicht ist es tatsächlich das überwältigende Gefühl der Kollektivscham, durch das den meisten von uns die Unbefangenheit genommen wird, derer es bedarf, um das Einfachste in einfachen Worten und in ebenso einfachen Beschlüssen und Taten zu tun.«[5] Lüth betonte, daß es bereits Deutsche gab, die für eine wirksame Wiedergutmachung kämpften: »Viele Tausende von Sozialisten, Demokraten und Christen sind im Widerstand gegen die Judenverfolgungen in den Konzentrationslagern Hitlers des gleichen Todes gestorben, den ihre jüdischen Brüder erlitten haben... Sie haben die erste Brücke der Versöhnung zwischen Deutschen und Juden mit ihren eigenen Leibern errichtet... Neben ihnen gab es Millionen, die von Abscheu gegen alle Verbrechen geschüttelt wurden, die an den Juden im Dritten Reich begangen worden sind. Diese ›Widerstrebenden‹ waren moralisch gewiß nicht alle gleich stark. Und nicht alle unter ihnen waren Kämpfer. Aber viele von ihnen beteiligten sich durch eine Kette kleiner und unscheinbarer, doch leuchtend guter Taten der Hilfe an der Rettung der wenigen Juden, die den Massakern entkommen konnten. Wo aber nur ein Gerechter ist, schon dort sollten die Bürger von Sodom und Gomorra verschont bleiben.«[6]

Lüth war überzeugt, daß nicht Israel, das so grauenvoll heimgesucht worden war, nicht der einzelne Jude das erste Wort sprechen konnte: »Wir sind es, die anfangen müssen! Wir müssen sagen: ›Wir bitten Israel um Frieden!‹«[7] Die Publizierung im »Telegraph« schien Lüth und Küstermeier auch aus »optischen Gründen« empfehlenswert, weil diese Berliner Zeitung deutsche Herausgeber besaß und es der Wunsch der Initiatoren war, daß die Friedensbitte als »deutsche Sache angesehen wurde«.[8] Zur gleichen Zeit hielt Norbert Wollheim, der Auschwitz überlebt hatte und jetzt Vorsitzender der jüdischen Gemeinden in der britischen Zone war, vor dem Deutschen Presseclub in Hamburg einen Vortrag und hinterließ damit einen so nachhaltigen Eindruck, daß im Ergebnis eine 45minütige Sendung über »Deutschland, Israel und die Juden« für den Nordwestdeutschen Rundfunk konzipiert wurde. Auch Küstermeier und Lüth kamen darin zu Wort und fanden Gelegenheit, ihre Aktion einer noch breiteren Öffentlichkeit bekanntzumachen und zu erklären.

Das Resultat überraschte die Initiatoren. Denn fast aus jeder Stadt des Bundesgebietes kam ein Echo: Briefe, Telegramme, Unterschriftenlisten. Lüth und Küstermeier werteten dies als »demonstrative Meinungskundgebung breiter Kreise der deutschen Bevölkerung, die dem Wunsch Ausdruck gibt, aus ehrlichem Herzen den Frieden mit dem von Hitler verfolgten jüdischen Volk zu finden, und die an Bundesregierung und Bundestag die beschwörende Bitte richtet, zur Herstellung des Friedens mehr zu tun als sie bisher getan habe«.[9] Die Namen der bekannten Persönlichkeiten und Organisationen, die sich zur Friedensbitte an Israel bekannten, wurden von Lüth und Küstermeier in einer eindrucksvollen Reihe von Zeitungs- und Rundfunkmeldungen umgesetzt: Bürgermeister Friedensburg, Berlin, Ernst Lemmer, Vorsitzender der CDU-Fraktion des Berliner Abgeordnetenhauses, Edgar Engelhard für 17 FDP-Abgeordnete der Hamburger Bürgerschaft, Fritz Sänger, Chefredakteur der dpa, Karl Gerold, Chefredakteur der »Frankfurter Rundschau«, Intendant Hans Estrach-Mutzenbächer, Pastor Heinrich Albertz, niedersächsischer Sozialminister, Hermann Lüdemann, vormals Ministerpräsident von Schleswig-Holstein, Karl Arnold, Ministerpräsident von Nordrhein-Westfalen, Paul Löbe, Alterspräsident des Bundestags, Willy Brandt, Bundestagsabgeordneter, Paul Neumann, Präsident des Reichsbundes der Kriegs- und Zivilgeschädigten, und die Schriftsteller Wolfgang Weyrauch, Luise Rinser und Axel Eggebrecht.[10] In einer weiteren Aktion Lüths, der sogenannten Ölbaum-Spende, beteiligten sich zudem die Präsidenten und Vorsitzenden großer Verbände, darunter die des Landkreistages, der Landesbauernkammer, des Beamtenbundes und der schleswig-holsteinischen Landgemeinden.[11]

Auch der in der Schweiz lebende Schriftsteller Hermann Hesse schloß sich an: »Wir bitten Israel um Frieden! Dieses Wort mußte einmal gesagt werden.«[12] Zwar hielt Hesse die Friedensbitte für die Stimme einer »schwachen Minorität«, doch war er sich bewußt, daß es »eben in allen Völkern die schwachen Minoritäten (sind), die das Gewissen der Völker ausmachen«. Vor allem die studentische Jugend empfand die Friedensbitte als Verpflichtung und Chance[13], »in der Zukunft das politische und geistige Relief eines neuen Deutschland zu formen« und »die Schuld aus der Generation unserer Väter zu tilgen«. Das Engagement gegen »Rassenhaß und Intoleranz« verband den Ring Christlich-Demokratischer Studenten, den Sozialistischen

Deutschen Studentenbund und die liberalen Studentengruppen in der Bundesrepublik Deutschland. [14]

In Bonn ging man davon aus, daß die Friedensbitte im Wissen um den Stand der Sondierungsgespräche vor der ersten USA-Reise des Bundeskanzlers terminiert worden war. [15] Zwar streitet Lüth dies glaubhaft ab, doch bleibt festzuhalten, wie gelegen Adenauer die Aktion kam, da Washington hatte wissen lassen,»er brauche die Reise gar nicht erst anzutreten, wenn nicht zuvor die jüdische Frage durch die Bundesregierung in aller Form aufgegriffen würde«. [16] Angesichts der Widerstände in der Regierungskoalition gegen eine im finanziellen Volumen kaum absehbare Lösung der Wiedergutmachungsfrage kam dem Bundeskanzler das eindeutig positive Presseecho auf Lüths Initiative sehr zupaß.

Wenige Tage später, am 27. September 1951, gab Adenauer eine Regierungserklärung zur Haltung der Bundesrepublik gegenüber den Juden ab: »Die Einstellung der Bundesrepublik zu ihren jüdischen Staatsbürgern ist durch das Grundgesetz eindeutig festgelegt. Art. 3 des Grundgesetzes bestimmt, daß alle Menschen vor dem Gesetz gleich sind und daß niemand wegen seines Geschlechtes, seiner Abstammung, seiner Rasse, seiner Sprache, seiner Heimat und Herkunft, seines Glaubens, seiner religiösen oder politischen Anschauungen benachteiligt oder bevorzugt werden darf... Die Bundesregierung und mit ihr die große Mehrheit des deutschen Volkes sind sich des unermeßlichen Leides bewußt, das in der Zeit des Nationalsozialismus über die Juden in Deutschland und in den besetzten Gebieten gebracht wurde. Das deutsche Volk hat in seiner überwiegenden Mehrheit die an den Juden begangenen Verbrechen verabscheut und hat sich an ihnen nicht beteiligt. Es hat in der Zeit des Nationalsozialismus im deutschen Volk viele gegeben, die mit eigener Gefährdung aus religiösen Gründen, aus Gewissensnot, aus Scham über die Schändung des deutschen Namens ihren jüdischen Mitbürgern Hilfsbereitschaft gezeigt haben.« Die im Namen des deutschen Volkes begangenen unsagbaren Verbrechen, so schloß Adenauer, verpflichteten zur Wiedergutmachung. Dabei müßten die Grenzen berücksichtigt werden, die der deutschen Leistungsfähigkeit durch die bittere Notwendigkeit der Versorgung der zahllosen Kriegsopfer und der Fürsorge für die Flüchtlinge und Vertriebenen gezogen seien. [17]

Vielleicht aufgrund dieser pragmatischen Einschränkung ist der Regierungserklärung später »unterkühlte Distanz hinsichtlich des Leidens der Juden« vorgehalten worden[18]; sie habe »mehr der Exkulpierung der überwiegenden Mehrheit des deutschen Volkes als dem konkreten Bekenntnis einer Schuld oder Verantwortung« gedient. Vom Parlament und der öffentlichen Meinung des Landes wurde Adenauers Rede aber ganz anders verstanden. Die Fraktionen von SPD, FDP, CDU und DP stimmten ihr zu, indem sie sich demonstrativ von den Sitzen erhoben. Das Echo in der Presse war zustimmend bis überschwenglich: »Es gehört zu den Lichtblicken unseres daran nicht eben reichen parlamentarischen Lebens«, befand die »Süddeutsche Zeitung«, »daß alle Parteien des Bundestages sich der Regierungserklärung angeschlossen haben.« Da es selten gelinge, Einigkeit im Plenum zu erzielen, möge man im Ausland erkennen, »wie tief sich in unserem Volk die Erkenntnis bereits verwurzelt hat, daß es an uns ist, die Hand hinzustrecken, auch auf die Gefahr hin, daß sie zurückgewiesen wird. Denn es geht ja nicht um Diplomatie…, sondern um einen urmenschlichen moralischen Akt, nämlich um das Bemühen, die Schande wieder abzuwaschen, die auf den deutschen Namen gehäuft worden ist…«[19]

Die Sprache der »Vergangenheitsbewältigung« war manchmal so drastisch, daß für Verdrängungen wenig Raum bleiben konnte: »…sechs Millionen Juden sind zerstampft, verheizt, vergiftet, erschossen, erhängt und ausgemergelt worden… Ein paar ekelhafte Häuflein von Henkersknechten haben die Mordmaschinen von Auschwitz und anderswo bedient… Irgendwie können wir von dem Gefühl nicht los, daß wir allesamt eine Art Verantwortung für jene Untaten tragen, die unter dem deutschen Namen begangen wurden…«[20]

Neben dem moralischen Aspekt wurde der außenpolitische Kontext, in dem die Erklärungen Adenauers und der Bundestagsfraktionen standen, in der Presse viel kommentiert: »Deutschland will seinen Beitritt in die Gemeinschaft der freien Nationen nicht vollziehen, ohne den Versuch einer Aussöhnung mit dem Volk gemacht zu haben, dem der Nationalsozialismus das schwerste Leid und Unrecht zugefügt hat…«[21] Die spätere Unterzeichnung des Generalvertrages und die Erlangung der Souveränität 1955 markierten allerdings nicht das Ende der Wiedergutmachungsdiskussion in der Bundesrepublik. Und

261

auch die Debatte im Herbst 1951 war nur ein Aktualitätsschub innerhalb einer langen öffentlichen Auseinandersetzung um die Wiedergutmachungsgesetzgebung und ihre Novellierungen, in deren Verlauf die dunkelsten Schatten der NS-Zeit ein ums andere Mal auftauchten.

Trotz der Präsenz der nationalsozialistischen Verbrechen und der grundsätzlichen Übereinstimmung des Deutschen Bundestages in dem Versuch, »Wiedergutmachung« zu leisten, wurden vor allem in den Lagern von DP, BHE und FDP Vorbehalte geltend gemacht [22], als es um die monetäre Konkretisierung des Grundsatzbeschlusses ging; auch in der Unionsfraktion schlossen sich manche den Zweifeln des Bundesfinanzministers Schäffer hinsichtlich der Finanzierbarkeit der Wiedergutmachungspolitik an, so daß Adenauer letztlich auf die einmütige Zustimmung der Sozialdemokraten bauen mußte, um die Ratifizierung der Luxemburger Verträge im Parlament sicherzustellen.

Unterstützung in den eigenen Reihen fand er vor allem in dem CDU-Bundestagsabgeordneten Franz Böhm, einem der Pioniere der deutsch-jüdischen Verständigung, der die westdeutsche Delegation bei den Wiedergutmachungsverhandlungen geleitet hatte und, anders als der pragmatische Schäffer, das Prinzipielle betonte. [23] Fünf Jahre später, 1957/58, kam es zu einer Reprise der Kontroverse zwischen Böhm und Schäffer, nachdem Schäffer vor der niederbayerischen CSU betont hatte, es könne nicht Sinn der – damals diskutierten – Wiedergutmachungsreform sein, daß Auslandsanwälte sich bereicherten, und obendrein würde eine Novellierung des Gesetzes die deutsche Währung in Gefahr bringen. Selbst wenn dies alles in der Sache zutraf, erweckte es doch auch den Eindruck, auf einen antisemitischen Bodensatz in der Bevölkerung zu spekulieren. [24] Schäffers Fraktionskollege Böhm brachte den Minister daraufhin gleich in aller Öffentlichkeit mit dem Antisemitismus in Verbindung und wurde erst von einem Ehrengericht der CDU/CSU-Fraktion zur Raison gerufen.

Die ganze politische, regionale und soziologische Bandbreite der Union spiegelte sich auch in der Akzentsetzung ihrer Bundestagsabgeordneten bei der Wiedergutmachungsproblematik. Dadurch indes, daß der Kanzler sich über die fiskalischen Bedenken seines Finanzministers hinwegsetzte, »erhöhte er seine moralische Autorität und seine persönliche, aber auch die deutsche Glaubwürdigkeit«. [25] Schon der Kölner Oberbürgermeister Adenauer hatte als »Philosemit im besten

Sinne« gelten können, nun ging es ihm bei der »Wiedergutmachung« um die »symbolische Wiederinkraftsetzung des Sittengesetzes«; aber ebenso war alles, was er auf diesem Felde unternahm, angesichts »des großen Einflusses des Judentums in den USA... ein Gebot der Staatsklugheit.«[26]

Darüber hinaus bleibt festzuhalten, daß auch diejenigen in den demokratischen Parteien, die Adenauer hier nicht folgten, sondern stärkere fiskalische Bedenken trugen, das Ausmaß der nationalsozialistischen Judenvernichtung doch nicht in Zweifel zogen. Diese Eindeutigkeit der staatlichen Position hat gewiß dazu beigetragen, daß auch die deutsche Justiz »nach den Ereignissen der Jahre 1933 bis 1945 eine besondere Verpflichtung« sah, die jüdischen Mitbürger zu schützen und – wie es die Staatsanwaltschaft bei einem Schöffengericht 1954 formulierte – »schon jeden Versuch einer antisemitischen Hetze zu verhindern«. Auch eine antisemitische Äußerung, die sich gegen einen Nichtjuden richtete, wurde auf dem Fundament der historisch-ethischen Grundhaltung der bundesdeutschen Gerichte »als geringschätziger und gehässiger Angriff gegen das Judentum« gewertet. (Der in dem konkreten Fall zu mehreren Monaten Gefängnis verurteilte Angeklagte war auf der Straße mit einer Frau wegen deren Hundes in Streit geraten und hatte ihr gegenüber erklärt, mit Juden nichts zu tun haben zu wollen.)[27]

Ein 33jähriger Unfallblinder kam 1954 für fünf Monate ins Gefängnis, weil er vier jüdische Mitbürger beleidigt, bedroht und durch das Absingen eines antisemitischen Liedes in einer Gaststätte provoziert hatte. Das öffentliche Interesse, so betonte der Vorsitzende Richter bei der Urteilsbegründung, verbiete eine Strafaussetzung auf Bewährung.[28] Im Plädoyer gegen einen 61jährigen Malermeister, der sich ebenfalls im Wirtshaus antisemitisch geäußert hatte, wies der Staatsanwalt explizit darauf hin, daß der Antisemitismus schon einmal klein angefangen »und mit der Ausrottung von 6 Millionen Juden geendet« habe.[29] Und einem 22jährigen Kraftfahrer, der das »gute Verhältnis zwischen der Bevölkerung und den jüdischen Mitbürgern« getrübt hatte, verdeutlichte der Oberstaatsanwalt, daß antisemitische Äußerungen gerade »in einem Augenblick« nicht geduldet würden, in dem sich das deutsche Volk in die westliche Welt« eingliedere.[30]

So unglaublich sich manche Antisemiten äußerten[31], so wenig ließ also in der Regel schon Anfang und Mitte der 50er Jahre die Reaktion der deutschen Justiz auf diese wenigen Ewiggestrigen zu wünschen übrig, galt es doch stets auch zu vermeiden, durch allzu drakonische Strafzuteilungen neonazistische Märtyrer zu schaffen. Nicht nur der Antisemitismus des Biertisches wurde geahndet, vor allem auch in der öffentlichen Sphäre gab es hier ein Tabu, bei dessen erwiesener Verletzung kein Pardon gegeben wurde. Im Dezember 1954 entließ man beispielsweise den politisch untragbar gewordenen Chefredakteur im Bundespresseamt, Heinz Diestelmann, der sich einem jüdischen Korrespondenten gegenüber antisemitisch geäußert und daraufhin Beschwerden einer jüdischen Zeitung auf sich gezogen hatte.[32] Im Herbst 1958 wurde dem beim Deutschen Generalkonsulat in New York tätigen Diplomaten Hans von Saucken fristlos gekündigt. Das Auswärtige Amt legte dem Konsul zur Last, den UNO-Korrespondenten der »Neuen Zürcher Zeitung« wegen dessen antideutscher Berichterstattung als einen »Drecksjuden« bezeichnet zu haben; diese »antisemitische Geisteshaltung« sei untragbar. Da von Saucken die Äußerungen bestritt und hervorhob, während des »Dritten Reiches« als Konsul in Tsingtau vielen Juden gegen Japan geholfen zu haben, beschäftigte der Fall auch das Bonner Arbeitsgericht.[33]

Bei den Verfahren gegen verbalen Antisemitismus gelangte die bundesdeutsche Justiz in einer gesellschaftlichen Atmosphäre, die vom Geist der »Wiedergutmachung« beeinflußt war, meist zu politisch akzeptablen Urteilen; nur wenige Fälle konnten wirklich Anlaß zur Besorgnis geben. Die betreffenden Vorgänge zählen unter den Stichworten Eisele, Zind und Budde-Nieland[34] bereits zur Vorgeschichte der 1958/59 befürchteten »Renaissance des Antisemitismus« und sollten einer neuen Welle der »Vergangenheitsbewältigung« erste Schubkraft verleihen. Jedenfalls aber haben die Diskussionen um die »Wiedergutmachung« erheblich dazu beigetragen, daß die Deutschen sich immer wieder mit dem düstersten Teil ihrer jüngsten Vergangenheit auseinandersetzten.

Wiederbewaffnung, Saar-Nationalismus und »Renazifizierungs«-Angst

Das Bestreben, die Demokratie vor einer immer bedrohlicher erscheinenden neonazistischen Unterwanderung zu schützen, verstärkte sich seit 1955 vor allem auf der politischen Linken im Vollzug von Westintegration und Wiederbewaffnung. Aber auch im bürgerlichen Lager gab es einige Besorgnis, da die anhaltende französische Besatzung im Saarland und das Plebiszit für Deutschland im Oktober 1955 eine Überhitzung des Nationalgefühls bewirkt hatten und die Verbände von FDP und CDU an der Saar diesem Sachverhalt in ihrer politischen Rhetorik Rechnung trugen. Als der saarländische CDU-Landesvorsitzende Hubert Ney auf dem Berliner Parteitag 1954 eine »absolut nationalsozialistische Rede« hielt, war Adenauer »hart bang«, Ney könnte seine Ausführungen mit dem Appell beschließen »Die Fahne hoch«.[1] »Große Vorsicht gegenüber Herrn Ney und der Saar-CDU« schien ihm deshalb angebracht.[2] Noch größere Bedenken aber erweckte die Entwicklung der regionalen FDP, deren Vorsitzender Schneider sich in der »Deutschen Saar-Zeitung« in voller SA-Uniform, »Hand in Hand mit dem Herrn von Papen«, hatte abbilden lassen[3] und dem man vorwarf, aus der NSDAP seinerzeit nur wegen einer persönlichen Querele mit dem Gauleiter ausgetreten zu sein.[4]

Da die saarländische Geschichte in besonderer Weise mit dem Aufstieg des »Dritten Reiches« verknüpft gewesen war, mußten die neuerlichen Konflikte um das Saarstatut auch in der Bundesrepublik die Ängste derjenigen schüren, die aufgrund der beginnenden Wiederbewaffnung ohnehin in Sorge waren. Weil sie in der militärischen Ausbildung durch die Bundeswehr wegen deren »Wahns, ... die Kniebeugen... zur Weltanschauung zu machen« und die Jugend mit dem »Geist der Vergangenheit« zu infizieren, die »allergrößte Renazifizierungsgefahr« sahen, schlugen nun einige journalistische Protagonisten der »Vergangenheitsbewältigung« Alarm.[5] Ihre erst gut zwei Jahre zurückliegende eigene Kritik an den antinazistischen Vorstößen der Bundesregierung unter dem Schlagwort »Zensurgesetz« schien vergessen.

In einer Sondersendung des Bayerischen Rundfunks am 7. Februar

1956 suchte Helmut Hammerschmidt die drohende Renazifizierung mit 38 Vorfällen der letzten Monate, Zitaten aus Gerichtsurteilen, Zeitschriften, Büchern und Reden zu belegen: »Der Innenminister des Landes Schleswig-Holstein schützte im Gadeland bei Neumünster ein Bundestreffen der Entnazifizierungsgeschädigten vor Gegendemonstrationen. In Lüchow fand eine Gedenkfeier für den verstorbenen Reichsarbeitsdienstführer Konstantin Hierl statt. In Würzburg wurde beim Fallschirmjägertreffen das Horst Wessel-Lied angestimmt... Professor Carl Clauberg ist zurückgekehrt. Ein Verfahren gegen diesen Mann, der an Sterilisationsexperimenten in Konzentrationslagern teilgenommen hat, wurde erst nach Protest des Zentralrates der Juden eingeleitet...

Das Arbeitsamt Velbert ernannte einen ehemaligen Mitarbeiter Himmlers im Reichskommissariat für die Festigung des deutschen Volkstums zum Direktor. Die Münchner Universität berief einen engen Mitarbeiter Ribbentrops und langjährigen Hauptschriftleiter der NS-Monatshefte für auswärtige Politik auf den Lehrstuhl für Völkerrecht... Auf dem Wenzelberg in Langenfeld bei Leverkusen wurde ein Denkmal für 72 dort von der Gestapo ermordete Häftlinge des Zuchthauses Lütringhausen geschändet...«[6]

Nicht nur das Auswärtige Amt, sondern auch fast alle Ministerien beim Bund und in den Ländern, so Hammerschmidts Resümee, seien »nazistisch durchsetzt«. Zum Aufbau des neuen Rechtsstaates habe man sich »vornehmlich belastete Mitarbeiter« ausgesucht. Und auch der Personalgutachterausschuß bei der Bundeswehr schien dem Journalisten nicht der Rede wert. Wie auf ein Stichwort schuf die in- und ausländische Presse einen großen Resonanzkörper für Hammerschmidts Kritik. »Sie marschieren nicht nur im Geiste mit...«[7] oder »Droht eine Renazifizierung?«[8] lauteten die Schlagzeilen nach der »aufsehenerregende(n) Rundfunksendung«. Andere Sender schlossen sich der Kritik an.[9] Die IG-Metall warnte vor dem Wiederaufleben »nazistischer Verbände« in Deutschland: In vielen rechtsradikalen Publikationen würden demokratische Einrichtungen beschimpft und in den Schmutz gezogen.[10] Für die Tätigkeit »Ehemaliger« in den Bundesministerien (Globke, Bräutigam, Forschbach) und vor allem im Vertriebenenministerium trage der Bundeskanzler die volle Verantwortung, betonte der »Vorwärts«. Statt die einstigen »braunen Aktivisten« wieder auszubooten, arbeite der ganze Regierungsapparat»nur im Dienste der antibolschewistischen Kreuzzugsidee«.[11]

1. DIE GERSTENMAIER-INITIATIVE 1956

Im Ausland ging damals ein Rauschen durch den Blätterwald. In England gab es Schlagzeilen wie»Die Erben Hitlers treten an«. In der französischen, belgischen und holländischen Presse wurde von unglaublichen Ansprüchen ehemals führender Nationalsozialisten berichtet. Skandinavische Zeitungen und Politiker erörterten die Frage, ob die Rückkehr nationalsozialistischer Gedanken und Personen in die deutsche Politik begonnen habe. Die SED-Presse sprach von dem»faschistisch-verseuchten Bonn«.[12]

Als auch noch in einem Artikel der»Anklage«, des Organs der »Entrechteten Nachkriegsgeschädigten«, die Widerstandskämpfer als Rechtsbrecher diffamiert und die Rückzahlung aller Entschädigungsleistungen an Opfer des NS-Regimes gefordert wurde, sah sich Bundestagspräsident Eugen Gerstenmaier veranlaßt, initiativ zu werden. Er bat Mitte Februar 1956 Vertreter aller Fraktionen zu einem Gespräch, in dessen Verlauf sich die Unzufriedenheit des Parlamentes mit mangelnden Aktivitäten der Bundesregierung artikulierte und einige Abgeordnete von»Gummiwänden« sprachen, die ihnen bei der Exekutive in Fragen der»Vergangenheitsbewältigung« gegenüberstünden. Man kam überein, daß die bestehenden Gesetzesbestimmungen schärfer als bisher angewandt werden sollten, insbesondere der Artikel 18 des Grundgesetzes. (Nach ihm verwirkt jeder die Grundrechte, der sie gegen die freiheitlich-demokratische Grundordnung mißbraucht.) Zudem müsse auch bei der Ahndung von Verbrechen aus der NS-Zeit dafür gesorgt werden, daß»ehemalige Nazis oder Neonazis« keine Pensionen oder Schadensersatzzahlungen erhielten. Deshalb sprachen sich die Vertreter von CSU (Vize-Präsident Jaeger), FDP (Vize-Präsident Schneider) und SPD (Menzel, Vorsitzender des Ausschusses für Verfassungsschutz) dafür aus, das 131er Gesetz, das Kriegsfolgen-Schlußgesetz und das Kriegsgefangenen-Entschädigungsgesetz einer Prüfung zu unterziehen.[13]

In einer Reihe von Rundfunkinterviews und Kommentaren hatte

Gerstenmaier Gelegenheit, seine Initiative darzustellen.[14] Im Ausland warb er dafür, die Relationen im Blick zu behalten und zu sehen, daß Deutschland »nicht vom Faschismus infiziert« war, sondern lediglich »vereinzelte Fälle ehemaliger Verantwortlicher« und eine »gewisse Literatur« zu bereinigen hatte.[15] Auch das Bulletin der Bundesregierung brachte Ende Februar einen Beitrag des Bundestagspräsidenten, in dem die hohe Pension des SS-Generals und früheren Lübecker Polizeipräsidenten Schröder und des früheren Oberreichsanwalts beim Volksgerichtshof, Lautz, angesprochen und betont wurde, daß die Befriedigung solcher Ansprüche vom Bundesgesetzgeber nicht beabsichtigt war. Nicht nur die Lücken in den einschlägigen Gesetzen machten »derartige Mißbräuche« möglich, sondern auch die Anwendung dieser Gesetze durch Verwaltungsstellen und Gerichte lasse zu wünschen übrig.[16]

Da die Runde beim Bundestagspräsidenten auch eine Korrektur »unzulänglicher Entnazifizierungsschlußgesetze der Länder« von Bundes wegen im Gesprächsprotokoll festgehalten hatte, kam es zu einer Kontroverse zwischen Gerstenmaier und der Fraktion der Deutschen Partei. Die DP warf dem Bundestagspräsidenten vor, einen »neuen Entnazifizierungsrummel« entfachen zu wollen, obwohl doch die bestehende Gesetzeslage völlig ausreiche, um die »Herren Lautz, ...Schröder usw. nach rechtsstaatlichen Grundsätzen zu behandeln«. Von der »groß aufgezogene(n) Aktion des Abgeordneten Dr. Gerstenmaier« befürchtete die DP statt dessen, daß sie im In- und Ausland den falschen Eindruck einer größer gewordenen neonazistischen Gefahr erweckte.[17] Bei ihrer Kritik übersah die rechte Flügelpartei der Adenauerkoalition die differenzierte Haltung des Bundestagspräsidenten, der eine »strenge Unterscheidung zwischen der bloßen Parteizugehörigkeit und der aktiven Mittäterschaft an Verbrechen des Hitlerregimes« forderte.[18]

Gerstenmaier wies den Vorwurf von sich, alte Wunden aufzureißen oder der »Versöhnung in unserem Volke« Schwierigkeiten zu machen: »Aber es handelt sich nicht darum, daß wir den Frieden stören und die Versöhnungsbereitschaft schwächen; sondern es handelt sich allein darum, daß wir den Friedenswillen und die Versöhnungsbereitschaft in unserem Volke nicht von Leuten mißbrauchen lassen, die jetzt, zehn Jahre danach, beweisen, daß sie nichts, aber auch gar nichts dazugelernt haben, daß sie in dem ganzen Unternehmen Adolf Hitlers höchstens einige strategische, militärische oder politisch-taktische Überlegungen für verfehlt halten, daß sie im übrigen aber den Geist, die Ziele und die Methoden Hitlers und seiner Leute auch heute noch für vorbildlich und verbindlich ansehen«. Im deutschen Volke, so meinte Gerstenmaier, machte sich damals »eine Neigung bemerkbar, den Schuld- und Begründungszusammenhang dieses Elends aus unserem Bewußtsein zu verdrängen. Dieser Verdrängungsprozeß« sei verständlich, aber auch gefährlich. Er werde gefördert durch die »Gewissenlosigkeit von Leuten, die sich in der ›Anklage‹ oder... in einer Serie von üblen Büchern zum Wort zu melden die Stirn haben«.[19]

Dennoch würde man der damaligen Lage nicht gerecht, wollte man übersehen, daß in diesen Wochen Anfang 1956 sich nicht nur »da und dort der unbußfertige Nationalismus und Nationalsozialismus« zu Wort gemeldet hatte, sondern daß sich auch »quer durch die großen Fraktionen und Parteien hindurch, von der deutschen Presse und dem deutschen Rundfunk spontan unterstützt«, ein nahezu geschlossener Widerstand dagegen erhob.[20] Um so erstaunlicher fand es da die »Frankfurter Allgemeine«, daß es um die Initiative Gerstenmaiers zwei Monate später wieder still zu werden schien. Überwog wegen des Heraufdämmerns der Bundestagswahlen »die Rücksichtnahme auf Gruppen, die an einem Durchgreifen gegen prominente Gefolgsleute Hitlers Anstoß« hätten nehmen können?[21] (Gerstenmaier selbst warnte jedenfalls auf dem Stuttgarter CDU-Parteitag vor der »stillen Überlegung«, daß auch die ungeläuterten Hitler-Anhänger wahlberechtigt seien.[22]) Oder hing dies nicht auch damit zusammen, daß das von Gerstenmaier forcierte Thema zunehmend von Kräften besetzt wurde, die – wie der »Club republikanischer Publizisten« im Umfeld des Grünwalder Kreises – ganz andere politische Ziele damit verfolgten und am Ende wohl eine ganz andere Republik im Sinn hatten?

2. Der Grünwalder Kreis

Noch vor Gerstenmaier wurde am 30. Januar 1956 in Berlin ein »Kampfbund gegen Nazismus« aktiv, der aus dem antitotalitären

Bund der Verfolgten des Nazi-Regimes hervorging und dem Mitglieder aller drei im Berliner Abgeordnetenhaus vertretenen Parteien angehörten. Mit zwei öffentlichen Kundgebungen, an denen »trotz eisiger Kälte über 2000 Menschen teilnahmen« stellte sich der »Kampfbund« der Öffentlichkeit vor und verdeutlichte in einem Aufruf sein Gründungsmotiv: »Was vor zehn Jahren unvorstellbar schien, ist heute erschreckende Wahrheit: Erneut ist in Deutschland die politische und persönliche Freiheit von innen bedroht... (;es) ist ein Heer rechtsradikaler Feinde der Demokratie am Werk, um auf dem Weg der Unterwanderung Parteien, Verbände, Behörden sowie die Wirtschaft und das kulturelle Leben zu zersetzen«.[23] Besondere Besorgnis hatte kurz zuvor die »Art und Weise« ausgelöst, in der Vize-Admiral Zenker, als neuernannter Inspekteur der Bundesmarine, den ehemaligen Großadmiral Dönitz gelobt hatte.[24] Demgegenüber war der »Kampfbund« entschlossen, die deutsche Demokratie »nicht wieder zu einem ›Nachtwächterstaat‹« werden zu lassen, sondern »braune Wühlarbeit« zu bekämpfen.

Mit einem ganz ähnlichen Impetus konstituierte sich Anfang Februar 1956 in Grünwald bei München ein Kreis von Schriftstellern, Politikern, Juristen, Hochschulprofessoren, Journalisten[25] und Schauspielern als Sammlung des »geistigen Deutschlands, das nicht länger schweigen darf«. Der Grünwalder Kreis konnte als eine Art »Ableger«[26] der etablierten Gruppe 47 betrachtet werden, die sich unter der Regie des Schriftstellers Hans Werner Richter bereits einen Namen in der deutschen Nachkriegsliteratur gemacht hatte.[27] Zu den Mitgliedern dieser neuen politischen Schöpfung gehörten »viele gute Namen, die oft erst später bekannt wurden, wie etwa Ernst Nolte oder Hans Jochen Vogel«.[28] Zusammen mit Hans Jochen Vogel – damals Mitarbeiter in der Bayerischen Staatskanzlei – und dem späteren Gründer der Humanistischen Union, Gerhard Szczesny, übernahm Richter die Leitung des Grünwalder Kreises.

Er sah mit dem Einzug der ersten Bundeswehrsoldaten in Andernach einen Schnittpunkt in der bundesdeutschen Entwicklung gekommen und fürchtete, mit den neuen Kompanien könnte auch »der Geist der Reaktion« wieder lebendig werden. Deshalb war es Richters Ziel, die »heimatlose Linke« zu aktivieren; diese lebe aufgrund des Ost-West-Konfliktes »heute fast schon am Rande der gesellschaftli-

270

chen Ordnung, abseits des wirklichen Geschehens, ohne Sprachrohr, ohne wirkliche Möglichkeit, die Stimme zu erheben«. Durch die Abseitsstellung der Intellektuellen sei die demokratische Gesellschaft in Deutschland zu einem rein ökonomischen und verwaltungsjuristischen Wirtschaftswunder geworden, in dem Geist und Seele fehlten. In einer solchen Situation werde der Weg der schleichenden Diktatur vorbereitet. Im Rückblick aus dem Jahr 1974 hat Richter selbst daran gezweifelt, ob 1956 solche Gefahren tatsächlich bedrohlich groß waren. Damals jedoch vermutete er sie überall und glaubte sie überall zu finden.[29] Drei Grundübeln wollte der Grünwalder Kreis deshalb mit konkreten Maßnahmen entgegentreten:»Daß der Soldat im Staat vor den Zivilisten rangiert, daß sich nazistisches Schrifttum ungestraft ausweitet und daß Personen, die im Dritten Reich eine eindeutig verbrecherische Rolle spielten, Pensionen, Unterstützungen, Ämter und Einfluß erhalten«.[30]

Organisationsprinzip des Kreises war der lockere Zusammenschluß ohne Programm und feste Mitglieder. Vielmehr befanden sich die Grünwalder und ihre Gruppen in den größeren Städten in ständiger personeller Bewegung.[31] Die großen Tagungen wurden durch Spendengelder finanziert. Die wichtige Kölner Veranstaltung im Oktober 1956 etwa ermöglichten Zuwendungen des nordrhein-westfälischen Ministerpräsidenten Steinhoff, des Westdeutschen Rundfunks und einiger Kölner Tageszeitungen.[32] Auch sämtliche Einnahmen aus Hammerschmidts und Mansfelds Buch »Der Kurs ist falsch« kamen dem Grünwalder Kreis zugute.[33]

Die Grünwalder verschafften sich durch ihre großen Tagungen und aufgrund ihrer publizistischen Verbindungen rasch öffentliches Gehör als »freiwillige demokratische Feuerwehr« gegen aufflackernde neonazistische Brände[34], doch gerieten sie ins Zwielicht, als auf ihrem Hamburger Treffen Mitte Mai ein »Club republikanischer Publizisten« gebildet wurde. Denn der Gründungspräsident des Clubs, Erich Kuby, als Starjournalist der »Süddeutschen Zeitung« weithin bekannt, hatte in seiner ersten Rede den Bundeskanzler in eine geschichtliche Linie mit Wilhelm II. und Hitler gestellt.

Kubys Konzept, einen Ausgleich der politischen Gegensätze in Europa durch eine »volksfrontähnliche« Politik zu suchen, stieß auf breite Ablehnung. Der »Vorwärts« kritisierte Kubys Diktum vom

Kommunismus als dem »Versailler Vertrag unserer Zeit«, womit der Journalist hatte ausdrücken wollen, der Kommunismus »sei heute nichts anderes als der vorgeschobene Popanz der Mehrheit der Deutschen, um erneut ihren imperialistischen Sehnsüchten nachzuhängen«. »So naiv aber läßt sich eine Auseinandersetzung mit dem Totalitären nicht führen«, kommentierte der »Vorwärts« und sah einen »Schatten« auf die Tagung des Grünwalder Kreises fallen.

Für die Sozialdemokraten war es ohnehin schmerzhaft, daß die im »geistigen Deutschland« versammelte Linke parteipolitisch keine Heimat in der SPD fand, wo doch ihres Erachtens »ohne eine Mitarbeit der Sozialdemokraten in Deutschland ernsthaft nichts geändert werden« konnte.[35] Die SPD stand aber Mitte der 50er Jahre noch so stark in der dezidiert antitotalitären Tradition ihres ersten Nachkriegsvorsitzenden Kurt Schumacher – dem Antikommunismus keineswegs als »primitiv« gegolten hatte –, daß es Verständigungsschwierigkeiten mit den weniger eindeutig antitotalitären Strömungen auf der Linken geben mußte. In seltener Eintracht mit dem »Vorwärts« meldete auch der »Rheinische Merkur« Zweifel an, ob ein Mann wie Kuby, der »vom Totalitarismus nur die braune Hälfte wahrnimmt, zum Schützer und Sachwalter Nr. 1 der Demokratie« geeignet sei.[36] Hans Werner Richter nahm den Grünwalder Kreis daraufhin vor dem Vorwurf in Schutz, sich nicht klar genug vom Kommunismus zu distanzieren: »Wir sind im gleichen Maße gegen rechts- wie linksradikale Tendenzen.«[37]

Im Oktober 1956 wertete ein Auftritt des Bundestagspräsidenten Eugen Gerstenmaier bei einer Veranstaltung der Grünwalder in Köln den Kreis wieder auf.[38] Allerdings suchte Gerstenmaier in seinem Engagement für die »Vergangenheitsbewältigung« auch das diskrete Gespräch mit eben denen, die von den Grünwaldern als Bedrohung empfunden wurden. Bei seinem Treffen mit einst führenden Parteigenossen im Februar 1957 – darunter der frühere NS-Staatssekretär Naumann, NS-Frauenschaftsführerin Ganzer, SS-Obergruppenführer Dietrich und mehrere Gauleiter und Reichsamtsleiter – sah sich der Bundestagspräsident denn auch prompt dem Vorwurf ausgesetzt, der Grünwalder »Scharfmacherzentrale für die Verfolgung ehemaliger Nationalsozialisten« die Aufwartung gemacht zu haben.[39]

Tatsächlich bot der Kreis um Richter ein beachtliches Forum der

Diskussion über den Nationalsozialismus, in dem auch andersdenkende Vertreter von Regierungs- und Oppositionsparteien zu Wort kamen – vor allem wenn sie sich so weit jenseits der Fraktionsdisziplin profiliert hatten wie der CDU-Bundestagsabgeordnete Peter Nellen[40]. Dennoch blieb die Vereinigung weiter umstritten. Dabei trat vor allem die extrem rechte »Deutsche Soldatenzeitung« mit Fragen nach der NS-Vergangenheit prominenter Mitglieder des Grünwalder Kreises hervor[41], aber auch die »gesamtdeutschen« Kräfte im Saarland, die wegen der teils nationalistischen Töne in der saarländischen Irredenta von den alt-bundesdeutschen Kräften der »Vergangenheitsbewältigung« besonders mißtrauisch beäugt wurden, warfen den Fehdehandschuh hin.[42] (Auf der Kölner Tagung der Grünwalder hatte Gerstenmaier den saarländischen Landtagspräsidenten Schneider wegen Äußerungen im »Geist des Nationalsozialismus« scharf angegriffen und davor gewarnt, bei der Wählerschaft auf positive Reminiszenzen aus der NS-Zeit zu spekulieren.)

Im Vorfeld des Bundestagswahlkampfes 1957 nahmen auch die Vertriebenen und die CSU gegen Grünwalder »Salonbolschewisten« und »Kaffeehauskommunisten« Stellung, die sich als Avantgarde bezeichneten und »ganze Büschel von Haaren in unserer demokratischen Suppe gefunden« hätten.[43] Als auch noch ein Reporter des Bayerischen Rundfunks, einer der Hauptbastionen der Grünwalder, in die DDR überlief, das SED-Zentralorgan »Neues Deutschland« den Kreis um Richter lobte und der Präsident des bayerischen Verfassungsschutzamtes dem Sicherheitsausschuß des Landtages »Aufklärungen über die kommunistische Infiltration« bei dem öffentlich-rechtlichen Sender gab, war die Glaubwürdigkeit der »demokratischen Feuerwehr« nachhaltig erschüttert.[44] Nach dem triumphalen Wahlsieg Adenauers 1957 wurde es dann ganz ruhig um die Grünwalder. Die CDU-nahe »Politische Meinung« war ohnehin von jeher der Auffassung gewesen, daß die Alarmglocke des Kreises keinem Großfeuer galt: »Dieses Großfeuer, das uns im Dauerbrand bedroht, kommt aus anderer Windrichtung.«[45]

Bei aller Kritik war in der Leistungsbilanz der umstrittenen Grünwalder zweifelsohne auf der Habenseite zu verbuchen: die teilweise erfolgreichen Bemühungen des Kreises, die Abwehrbereitschaft von Staat und Gesellschaft gegenüber neonazistischem und antisemitischem Schrifttum zu erhöhen und die Sensibilität in diesem für die »Vergangenheitsbewältigung« so wichtigen Punkt zu fördern. Bezeichnenderweise hatte sich bereits die erste Aktion des Grünwalder Kreises im April 1956 gegen den einschlägig bekannten Druffel-Verlag gerichtet, der unter dem Lektorat Helmut Sündermanns, ehemals stellvertretender Reichspressechef der NSDAP, der »Pflege völkischen Gedankengutes« verschrieben war und die »Opfer des Nazismus« in Anführungsstriche setzte. Nahezu hundert Titel umfaßte eine Liste von Publikationen ähnlicher Verlage, »die 1954 und 1955 schon wieder möglich« schienen und von manchen Medien als Indiz einer »schleichenden Machtübernahme« gewertet wurden.[46]

Die von Hans Werner Richter und anderen Grünwaldern unterschriebene Strafanzeige gegen »NS-Sündermanns« Verlag sollte nun die »Probe aufs Exempel« machen, ob die gesetzlichen Mittel in der Bundesrepublik ausreichten, »um eine versteckte oder offene neonazistische Propaganda zu unterbinden«. Blieb die Anzeige erfolglos, dann – so erklärte Hans Jochen Vogel als juristischer Sprecher des Kreises – sei der Beweis erbracht, daß durch die derzeitigen Gesetze solche Mißstände nicht beseitigt werden könnten.[47] Die Wirklichkeit war allerdings etwas komplizierter, weil die umstrittensten Druffel-Bücher zwar zunächst im November 1956 von der Staatsanwaltschaft München beschlagnahmt wurden, die Richter des Münchner Landgerichtes und des Oberlandesgerichtes die Konfiszierung der Druffel-Publikationen im Mai 1957 aber wieder aufhoben. Die Empfindungen der Presse reichten dabei vom Staunen bis zur Empörung. Aber maßgeblich für das Urteil war nicht, wie das Gericht begründete, ob »unter Umständen einige uneinsichtige Nationalsozialisten in solchen Büchern eine Bestätigung ihrer politischen Fehlhaltung erblicken, sondern ob der vernünftige Leser den Eindruck gewinnen muß, durch die Herausgabe oder den Vertrieb solcher Bücher werde der Nationalsozialismus angepriesen«. Das, so das Münchner Landgericht, sei jedoch nicht der Fall.[48]

Darüber hinaus sollte nicht aus dem Blick geraten, wie vehement deutsche Journalisten monatelang gegen den extrem rechten Tendenzverlag Stellung bezogen und sich, etwa im Norddeutschen Rundfunk, mit dem Problem befaßt hatten, wie man gegen rechtsradikale Schriften juristisch und politisch wirkungsvoller vorgehen könne.[49]

274

Auch die »Frankfurter Allgemeine« hatte sich in einem Leitartikel über »Vergangenheiten und Vergangenheit« mit dem »Fall Sündermann« beschäftigt und die »stille Duldung aller jener Erscheinungen« bemängelt.[50] Schließlich hatte sogar der Bundespräsident anläßlich der Woche der Brüderlichkeit im März 1956 darauf hingewiesen, daß es in der Bundesrepublik »nicht sehr viel, aber immerhin« wieder einiges an Broschüren und Zeitschriftenproduktion gab, das unter den Begriff der »politischen Pornographie« zu subsumieren war.[51]

Die Position der moralischen Majoritäten war also klar, und in vielen anderen Fällen war auch die Rechtslage politisch ungleich günstiger als bei dem Streit zwischen Grünwaldern und Druffel-Verlag. Als dieser etwa an der Frankfurter Buchmesse teilnehmen wollte, konnte sich der Börsenverein des Deutschen Buchhandels durchsetzen und ihm die Zulassung verwehren. Den Ausschluß des Druffel-Verlages begründete der Börsenverein mit dessen deutlich neonazistischer Tendenz, die namentlich bei den ausländischen Messebesuchern einen falschen Eindruck über das deutsche Geistesleben und die Einstellung zu politischen Dingen erwecken würde. Auch die Frankfurter Zivilkammer lehnte es ab, einer einstweiligen Verfügung des Druffel-Verlages stattzugeben.[52]

Aufs Ganze gesehen markierten Grünwalder Kreis, Gerstenmaier-Initiative und »Kampfbund gegen Nazismus« 1956 einen weiteren wichtigen Schub der »Vergangenheitsbewältigung«. In ihm ist bereits wieder einiges von dem angelegt, was in späteren Schüben – allenfalls noch etwas geräuschvoller – zu registrieren sein wird: Berliner Studenten protestierten gegen die Berufung Friedrich Berbers auf einen Lehrstuhl für Völkerrecht, weil der Wissenschaftler durch NS-Publikationen belastet schien.[53] Der Bundesjugendring forderte zum aktiven Widerstand gegen die »Gefahr des Neonazismus« auf, wobei die Resolution gegen das Einsickern hoher Nationalsozialisten in Staatsfunktionen der Bundesrepublik von evangelischer und katholischer Jugend ebenso unterzeichnet war wie vom Sport- und Gewerkschaftsnachwuchs.[54] Und nach einem Freispruch für den früheren SS-General Simon rügte Bayerns Justizminister in aller Öffentlichkeit den Vorsitzenden des Ansbacher Schwurgerichtes, weil dieser Prozeßzeugen gekränkt hatte.[55]

So war es nicht verwunderlich, daß das traditionelle Mittwochsgespräch in der Kölner Bahnhofsbuchhandlung in dieser aufgeladenen Atmosphäre des Sommers 1956 einmal mehr einen überfüllten Saal erlebte. Seit Ernst von Salomons sensationellem Auftritt 1951 war dort unter der Regie des Buchhändlers Gerhard Ludwig immer wieder versucht worden, »zu einer sachlichen und ehrlichen Aufarbeitung der bewußten 12 Jahre zu kommen.«[56] Anlaß dazu hatten etwa die Rechtfertigungsschrift Franz von Papens »Der Wahrheit eine Gasse«[57] oder seriöse Analysen der NS-Diktatur wie die Hitler-Biographie von Walter Görlitz[58] geboten. Im Juli 1956 nun gab es stürmischen Beifall für die Abgeordneten Carlo Schmid und Franz Böhm, die sich kritisch zu dem vieldiskutierten Thema äußerten: »Darf man vergessen?«[59]

Das Tagebuch der Anne Frank

Die Fülle der mehr oder weniger eindeutig neonazistischen Literatur war im Sinne der »Vergangenheitsbewältigung« zunächst kontraproduktiv; sie mußte sich indes stets auf dem schmalen Grat zwischen Legalität und Illegalität bewegen und regte, wenn auch ex negativo, die Auseinandersetzung mit dem Nationalsozialismus immer wieder an. Daneben erschienen in den 50er Jahren aber auch zahlreiche wichtige Bücher, ob Belletristik oder Sachpublikationen, die es sich oft explizit zum Ziel setzten, das »tiefe scheue Schweigen, das unzählige Gräber umgibt«, »endlich« zu durchbrechen[1], und die so zur kritisch-distanzierten Beschäftigung mit der NS-Vergangenheit Anlaß gaben. Eine besondere Bedeutung erlangte dabei »Das Tagebuch der Anne Frank«, die im Amsterdamer Versteck geschriebenen Aufzeichnungen eines dreizehnjährigen jüdischen Mädchens, das schließlich 1945 von den Nationalsozialisten in Bergen-Belsen umgebracht worden war.

Kurz nach dem Krieg in Holland erschienen und 1950 auch in deutscher Übersetzung veröffentlicht[2], wurde das »Tagebuch der Anne Frank« erst einige Jahre später allgemein bekannt, als es in der Inszenierung von Francis und Walter Hackett in New York zu einem großen Bühnenerfolg geworden und bei Fischer in einer preisgünstigen Taschenbuchausgabe herausgekommen war. »So wird das Werk einem breiten Leserkreis und insbesondere der Jugend zugänglich gemacht«, lobte die »Allgemeine Wochenzeitung der Juden« und sprach angesichts der 40000 Exemplare, die im März 1955 zum Verkauf gebracht wurden[3], von einer wohl selbst vom Verlag »in dem Ausmaß nicht für möglich gehalten(en)... ungewöhnlich große(n) Leserschaft«.[4]

Als ab Ende 1956 das Stück auch in Deutschland auf die Bühnen kam und 1957 zum meistgespielten Theaterstück in Deutschland avancierte[5], setzte eine außerordentliche Erfolgswelle ein: Im Januar 1957 waren 200000 Exemplare verkauft, und bis 1958 war die Zahl 700000 erreicht. Eine Verfilmung des »Tagebuches« war ab 1959 auch in den Kinos zu sehen.[6] Der Erfolg von Buch und Film erklärte sich ganz wesentlich aus dem Umstand, daß das Schicksal eines einzelnen Menschen mehr zu erschüttern vermag als eine kalte Statistik, deren Todesziffern jede menschliche Vorstellungskraft übersteigt. Auch die Wirkung der Fernsehserie »Holocaust« hatte, über zwei Jahrzehnte später, hierin eine ihrer Ursachen.

Freilich ist gegen die Anne-Frank-Aufführungen auch eingewendet worden, sie seien »nur die halbe Wahrheit, ... Zuckerwasser, das man der Welt jetzt vorsetzt! Denn Anne Frank lebte in der Prinzengracht in Amsterdam in einem Paradies, sie trug noch nicht die eingebrannte Nummer am Arm, sie schlief in einem Bett, war ausreichend gekleidet, hatte keinen Hunger, keine wilden Hunde wurden auf sie gehetzt, keine entsetzlichen medizinischen Versuche an ihr gemacht – ja, sie hatte sogar Papier, um ein Tagebuch zu schreiben!«[7]

War Anne Frank also nicht nur der entpolitisierte Prototyp der Jugend im Konflikt mit der älteren Generation, und schrumpfte die politische Grundlage des Stoffes – Nationalsozialismus und Judenverfolgung – in den Augen der jungen Besucher des Theaterstückes nicht zu einem blassen historischen Hintergrund zusammen, zu äußeren Umständen zweiten Ranges für die persönliche Tragödie ihrer Heldin?[8] Der Journalist Norbert Muhlen, der in einer Reihe deutscher Städte das jugendliche Theaterpublikum befragt hatte, kam zu dem Ergebnis, daß im Inneren der jungen Deutschen der Nationalsozialismus kaum eine andere Stellung einzunehmen schien »als etwa im Gefühl fortschrittsgläubiger Rationalisten des vorigen Jahrhunderts die dunklen (Zeiten) der Inquisition... man ist nicht mehr anti-nationalsozialistisch, weil dieser Komplex überwunden, antiquiert, überholt ist...«[9]

Das hier diagnostizierte Fehlen von Komplexen hinsichtlich der NS-Vergangenheit wird man aber nicht mit genereller Gleichgültigkeit verwechseln dürfen. Denn die bloße Identifizierung mit den seelischen Problemen der heranwachsenden Anne Frank kann die gemeinsame Reaktion des jungen wie des älteren Publikums auf das Bühnenstück nicht hinreichend erklären: Die Premierenbesucher verließen »in ergriffenem Totengedenken« schweigend das Theater. In Hamburg schlug der um Rat gefragte Rabbiner vor, sich zwar nicht ganz des Beifalls zu enthalten, »da es sich ja schließlich nicht um einen sakralen Vorgang handele«, aber auch nicht Vorstellung und Schauspieler wie bei irgendeinem anderen Stück zu beklatschen, sondern als Mittelweg, »den Beifall auf einen einzigen Hervorruf zu beschränken«. So wurde es dort dann auch gehalten.[10]

In Berlin war die Resonanz so groß, daß über das »Theater der Schulen« binnen kurzem 16 000 Karten für Schüler angefordert waren. Die allmonatliche SFB-Sendereihe der Gesellschaft für Christlich-Jüdische Zusammenarbeit »Wege zum Nächsten« thematisierte nun ebenfalls das Schicksal der Juden, die sich dem Zugriff der Gestapo zu entziehen und illegal zu leben gesucht hatten. Siegmund Weltlinger brachte dazu eine Broschüre unter dem typischen »Bewältigungstitel« heraus: »Habt ihr es schon vergessen?«[11]

In Hamburg, das durch die anhaltenden Aktivitäten des Vorsitzenden der Gesellschaft für Christlich-Jüdische Zusammenarbeit, Erich Lüth, zu einem der Zentren der »Vergangenheitsbewältigung« geworden war, wurde eine Veranstaltung organisiert, auf der die Hauptdarstellerin der Bühnenfassung der »Anne Frank« aus dem Originaltext des Tagebuches las. Erich Lüth sprach einleitend von einem »Bekenntnis der deutschen Jugend zu Anne Frank«. Die Frage, ob die Tragik der Geschichte das deutsche Publikum berühren oder stattdessen die Aufführung den Beweis erbringen würde, »daß das deutsche Volk nicht bereit ist, mit seiner Vergangenheit fertig zu werden«, habe auch den Intendanten des Thalia-Theaters in Hamburg »mit banger Sorge erfüllt«. Die Pressestimmen und Kritiken hätten inzwischen die Gewißheit erbracht, daß solche Befürchtungen unnötig waren.

Das Schlußwort sprach der Landesrabbiner Salomonowicz, der

hervorhob, daß der Abend höher als ein nur literarisches Erlebnis zu werten sei. Seit 1945 sei viel geschaffen worden, aber wirtschaftlicher Aufbau und materielle Prosperität seien noch keine Garanten, »daß das gleiche sich nicht wiederholen könne«. Nur Sauberkeit in der Gesinnung biete die Garantie dafür, daß die geschehenen Greuel nie wieder vorkämen. Insbesondere die jungen Menschen hätten die Verpflichtung, sich als Kämpfer für die Verbreitung von Sauberkeit und Ehrlichkeit in der Gesinnung zu betrachten, nur so könne der Name des deutschen Volkes wieder zu seinem alten lauteren Klang kommen. Den Worten des Landesrabbiners folgte minutenlanges »ergriffenes Schweigen«, dann setzte zögernd herzlicher Beifall für die Darstellerin der Anne Frank ein.[12] Erich Lüth schien sichtlich bewegt. Die »Allgemeine Wochenzeitung der Juden« beschrieb das junge Publikum als »gesammelt, ernst, ja würdig…«[13] Schon im Vorfeld hatte die Veranstaltung der Gesellschaft für Christlich-Jüdische Zusammenarbeit ein so starkes Interesse bei Schülern, Studenten und Angehörigen von Jugendorganisationen ausgelöst, daß man sich entschloß, eine zweite Lesung durchzuführen.

In Anbetracht der deutschen Reaktionen auf das »Tagebuch der Anne Frank« – allein 1957 erlebte es 1420 Vorstellungen in 44 verschiedenen Inszenierungen – wird man das Urteil Michael Wolffsohns, der es als »moralisch-historisches Urereignis« erklärt, nicht für überzogen halten.[14] Die unmittelbare Wirkungsgeschichte der Aufführungen unterstreicht das noch. So löste Ende Februar 1957 eine dreizeilige Meldung in der Hamburger Presse, mit der Erich Lüth eine Erinnerungsfahrt der Jugend zu den Gräbern von Bergen-Belsen ankündigte, eine auch vom Initiator nicht erwartete Teilnahme Tausender Jungen und Mädchen aus ganz Norddeutschland aus, die zum Auftakt der Woche der Brüderlichkeit Blumen über den Gräbern des Konzentrationslagers niederlegten. Einige Schulleiter hatten Sammlungen durchgeführt, um für weniger bemittelte Schüler den Unkostenbeitrag für die Busfahrt übernehmen zu können. Ein Jazz-Club investierte sein gesamtes Vereinskapital in die Fahrt.[15]

Bei strömendem Regen hielt der 28jährige Hans-Hannoch Nissan eine Gedenkrede. Nissan hatte früher Hans Nüssen geheißen und war während des »Dritten Reiches« ein begeisterter Hitlerjunge gewesen. Unter dem Eindruck der Enthüllungen über die nationalsozialistischen Verbrechen an den Juden war er dann zum mosaischen Glauben konvertiert und in ein israelisches Kibbuz gezogen.[16] Der »Kinderkreuzzug gegen die eigene Vergangenheit«[17] fand nicht nur in der deutschen Presse, sondern auch in der Weltöffentlichkeit ein ungewöhnlich starkes Echo. Die großen englischen Tageszeitungen veröffentlichten Bilder von 13-, 15- oder 18jährigen, die Blumen und Kränze an den Böschungen der Grabhügel niederlegten. Die betont Deutschland-kritische »Daily Mail« brachte einen vierspaltigen Bildbericht mit der großen Schlagzeile: »Die Unschuldigen nehmen die Buße für die Mörder auf sich.«[18]

Für die dänische Zeitung »Informationen« war die »Wallfahrt nach Bergen-Belsen... das schönste Ereignis, das seit langem aus Deutschland zu berichten war«. Dieser Kinderkreuzzug, so die »Informationen«, sei ein größeres Wunder als Erhards Wirtschaftswunder: »Diese Kinder hatten den Mut, nicht zu vergessen. In gleichem Maße, in welchem die deutsche Jugend sich der Vergangenheit erinnert, werden wir anderen diese Vergangenheit vergessen können.«[19] »Diese Pilgerfahrt der 2000 Jugendlichen wirbt für das neue Deutschland mehr Vertrauen noch als alle Fakten materieller oder gar militärischer Aufbaukraft. Daß die Deutschen tüchtig und fleißig sind, wußten wir schon während des Dritten Reiches... auch daß sie militärisch tapfer waren, ist in der Welt bekannt. Um so häufiger haben wir die Zivilcourage der Deutschen vermißt«, kommentierte ein amerikanischer Journalist und fuhr fort: »Diese Zivilcourage konnte nicht schöner und überzeugender zum Ausdruck kommen als in dem Bemühen der mit Blumen bewaffneten jungen Menschen, die die Massengräber eines der vielen deutschen Konzentrationslager der Vergessenheit entrissen und in das Bewußtsein der ganzen deutschen Öffentlichkeit zurückriefen.«[20]

Sicher war in Deutschland nicht erst durch das »Wunder des Kinderkreuzzuges« nach Bergen-Belsen ein »neuer Geist lebendig geworden«[21], schließlich hatten etwa die ersten Aufführungen des im »Dritten Reich« jahrelang unterdrückten Theaterstückes »Nathan der Weise« schon im September 1945 begonnen und war die religionenverbindende Parabel von den drei Ringen seitdem nachgerade zu einem philosemitischen Paradigma der westdeutschen Nachkriegszeit geworden.[22] Doch konnten die durch das Tagebuch der Anne Frank ausgelösten Reaktionen ab Mitte der 50er Jahre als ein noch sehr viel konkreteres Symbol der deutschen »Vergangenheitsbewältigung« gelten. Am 12. Juni 1957, dem 28. Geburtstag der Anne Frank, enthüllte man an ihrem Frankfurter Elternhaus eine Gedenktafel. Auch an der Universität und in der Paulskirche wurde der jüdischen Märtyrerin gedacht. Eugen Kogon wandte sich in seiner Ansprache besonders gegen einen Artikel in der »Neuen Front«. Das neonazistische Blatt hatte geschrieben, Anne Frank wäre ihrem Schicksal wohl entgangen, wenn es damals, ehe Hitler kam, »mehr jüdische Kanalräumer und weniger jüdische Villenbesitzer gegeben hätte«.[23]

Derartige Ausfälle blieben indes die Ausnahme, wenngleich sie von der hellhörigen deutschen Presse stets aufgegriffen und teilweise als Menetekel kommentiert wurden[24], während erfreulichere »Gegenbeispiele« oft weniger Beachtung fanden. Im November 1957 übergab etwa ein zwanzigjähriger Spengler der Jüdischen Gemeinde Frankfurt einen selbstgefertigten Leuchter. Zu seinen Motiven sagte der junge Handwerker: »Ich bin als echter Frankfurter Junge geboren... Vor genau zehn Jahren erzählte mir meine Mutter zum erstenmal von der schrecklichen Nacht des 9. November im Jahr 1938... Ich wollte etwas wiedergutmachen, und darum arbeitete ich in meiner Freizeit an diesem Leuchter, der eine Bitte um Verzeihen sein soll...«[25]

Positive oder negative Einzelbeispiele ließen sich beliebig fortsetzen, ohne eine generelle Aussage über »den« Antisemitismus in der Bundesrepublik Deutschland zu ermöglichen. Aber der erfreuliche Erfolg des Tagebuches der Anne Frank, auf den sich auch Bundespräsident Theodor Heuss in seinem Gruß an einen Kongreß der Gesellschaft für Christlich-Jüdische Zusammenarbeit im Oktober 1957 berief, oder die Hörfolge »Anne Frank – Spur eines Kindes« von Ernst Schnabel, die im März 1958 in allen Rundfunksendern Westdeutschlands übertragen wurde, zeigten ganz eindeutig, wie klar die Haltung zur »Vergangenheitsbewältigung« wenigstens in der öffentlichen Sphäre stets war.[26]

NS-Vergangenheit und Geschichtsschreibung

In der politischen Kultur der Ära Adenauer mit ihrem ausgeprägten Antitotalitarismus konnten Neonazismus und Antisemitismus auch deswegen nicht auf breiter Front Platz greifen, weil die schreckliche Realität des »Dritten Reiches« in der historischen Forschung und in deren Publikationen schon während der Frühzeit der Bundesrepublik Deutschland von Jahr zu Jahr gegenwärtiger wurde. Zwar schritt die deutsche Geschichtswissenschaft nach 1945 personell, institutionell, thematisch und methodisch weitgehend traditionell in den Bahnen der Weimarer Zeit fort und erblickte »ihre vornehmste Aufgabe darin, die zerrissenen Kontinuitätsstränge neu zu knüpfen und einer undifferenzierten Ablehnung des überkommenen, durch die nationalsozialistische Gleichschaltung in vieler Hinsicht verzerrten nationalstaatlichen Geschichtsbilds entgegenzutreten«. Doch ist nicht zu übersehen, wie klar sich die deutsche Geschichtswissenschaft vom nationalsozialistischen Gewaltsystem distanziert und zur europäischen Integration bekannt hat. Anders als 1918 war sie bereit, »der veränderten Gesamtsituation Rechnung zu tragen«.[1] Beides, Tradition und Innovation, bildeten nach 1945 ihr vielfach ineinander verschobenes Grundgestein.

Gewiß trat die traditionelle deutsche Geschichtswissenschaft der Zeithistorie zunächst mit Zurückhaltung entgegen.[2] Das Geleitwort Ludwig Dehios in der Historischen Zeitschrift (HZ), dem 1949 erstmals wieder erscheinenden Traditionsorgan der deutschen Geschichtswissenschaft, ließ dies ebenso erkennen wie die Aufsätze in den Nachkriegsbänden der HZ.[3] Charakteristisch waren Beiträge über den ersten Punischen Krieg, über den Regierungsantritt Carl Augusts von Weimar oder über Goethe als Minister. Der Aufsatz von Gisbert Beyerhaus »Notwendigkeit und Freiheit in der deutschen Katastrophe. Gedanken zu Friedrich Meineckes jüngstem Buch« zählte zu den zeitgeschichtlichen Ausnahmethemen.

Mit der Nennung dieses Werkes sei aber auch daran erinnert, daß die deutsche Geschichtswissenschaft bereits 1946, mit Friedrich Meinecke als einem ihrer bedeutendsten Vertreter, begonnen hatte, »die deutsche Katastrophe... im Zusammenhang der deutschen Geschichte zu orten«.[4] Meineckes erster großangelegter Deutungsversuch beließ zwar noch manches im »Zwielicht eines vagen Schicksalsbegriffes« und entschuldigte tendenziell den Anteil bestimmter Gruppen des deutschen Bürgertums an der NS-Machtergreifung, doch hatte die bis 1955 fünfmal aufgelegte »Deutsche Katastrophe« ebenso wie Gerhard Ritters »Europa und die deutsche Frage« (1948) eine erhebliche positive Bedeutung für das Geschichtsbewußtsein der Nachkriegszeit, da sie in der Verurteilung des Nationalsozialismus ganz eindeutig waren.[5] Die frühe Auseinandersetzung mit dem Nationalsozialismus resultierte »zunächst und primär aus moralischer Kritik und weniger aus wissenschaftlichem Interesse...; Rettung oder schmerzhafte Korrektur der jeweiligen Geschichtsbilder der Interpreten«[6] bestimmten die Diskussionen der ersten Nachkriegsjahre um die Kontinuität der deutschen Geschichte und um die Ermöglichung der NS-Diktatur.

Wenn die deutsche Geschichtswissenschaft im Ganzen – nach der »mühelosen Beseitigung nationalsozialistischer Wucherungen«[7] – in ruhiger Kontinuität fortschritt, so hieß das nicht, daß die von Ranke ausgehende historistische Tradition völlig unstrittig geblieben wäre. Ludwig Dehio, oben wegen seiner Zurückhaltung gegenüber der Zeitgeschichte erwähnt, übte in seinem Aufsatz »Ranke und der deutsche Imperialismus«[8] scharfe Kritik »an der methodischen Enge und dem politischen Versagen« der sich auf Ranke berufenden Richtung der deutschen Geschichtswissenschaft.[9] Auch andere Historiker stellten bereits in den 50er Jahren die theoretischen Grundlagen und Arbeitsschwerpunkte in der politischen und in der Geistesgeschichte in Frage.[10]

Den nach den Erfahrungen der NS-Zeit stärkeren Akzent auf der politischen Verantwortung des Historikers hat Ernst Schulin als die Entwicklung eines »politisch-moralisch gezähmten Historismus« beschrieben.[11] Gleich in den ersten Jahren nach 1945 war auch eine starke Bewegung für die Revision eines als völkisch, kleindeutsch und nationalistisch kritisierten Geschichtsbildes entstanden.[12]

Wem die überkommene Geschichtswissenschaft dennoch zu restaurativ war, dem stand der Weg in die Sonderrichtungen der Zeitgeschichte und der osteuropäischen Geschichte offen. Und bei allen Spannungen zwischen traditioneller Historik und diesen Spezialdisziplinen blieben die Verbindungen doch eng und »die Übergangsmöglichkeiten leicht«.[13] Die Beschäftigung mit der Zeitgeschichte ist dabei von staatlicher Seite stets gefördert worden, und so verlief die »Gründerzeit« einer ganzen Reihe von außeruniversitären historischen Forschungseinrichtungen in den 50er Jahren »bemerkenswert erfolgreich«.[14]

1. Das Institut für Zeitgeschichte

Seit Ende 1945 wurden Überlegungen zur systematischen Auswertung der beschlagnahmten nationalsozialistischen Parteiakten angestellt. Sie führten Anfang 1947 im Direktorium des Länderrates der amerikanischen Besatzungszone zu einer lebhaften Diskussion, die schließlich im Oktober 1947 in der Unterzeichnung einer Stiftungsurkunde durch die Länder Bayern, Hessen, Württemberg-Baden und Bremen mündete. Der gemeinsame Beschluß zur Errichtung eines »Institutes zur Erforschung der nationalsozialistischen Politik« ging von der Befürchtung aus, daß angesichts der Beschlagnahme von Archiven und Akten durch die Besatzungsmächte die Geschichte des Nationalsozialismus »nur ausländischen Darstellungen... anheimfallen würde«[15], wenn von deutscher Seite aus nicht das Erforderliche geschehe, um selbst Unterlagen aus dieser Zeit sicherzustellen und zu sammeln. Zudem hielt man eine seriöse, auf Dokumenten aufgebaute publizistische Aufklärung über den Nationalsozialismus für vordringlich. Denn über die Nürnberger Prozesse hatte die Presse teilweise eher »Sensations- und Hintertreppengeschichten« aus der NS-Zeit gebracht als solide Informationen.[16]

Nachdem Schwierigkeiten im Zusammenhang mit der Währungsreform überwunden waren, gelang es Anfang 1949, in München ein arbeitsfähiges Institut aufzubauen.[17] Doch stand die Gründung unter einem ungünstigen Stern, weil das Kuratorium und der Wissenschaftliche Beirat über die Bestellung des bayerischen CSU-Landtagsabgeordneten Gerhard Kroll zum Geschäftsführer in Streit gerieten. Zur Qualifikation des promovierten Nationalökonomen und CSU-Gründungsmitglieds Kroll wurde auf dessen antinationalsozialistische Haltung im »Dritten Reich« verwiesen. Krolls organisatorische Begabungen und seine guten Beziehungen zur Bayerischen Staatskanzlei schienen dem Kuratorium einen erfolgreichen Aufbau des Instituts zu gewährleisten. Der Wissenschaftliche Beirat hielt indes an seinen Bedenken gegen den – auch im Parlamentarischen Rat in Bonn stark beschäftigten – Parteipolitiker an der Spitze fest. War nicht von hessischer Seite ohnehin schon geargwöhnt worden, die CSU wolle sich das Institut dienstbar machen?[18]

Nachdem sich die meisten Länder nicht zu einer finanziellen Beteiligung hatten entschließen können, mußte das Institut im September 1950 neu gegründet werden. So wurde das »Deutsche Institut für Geschichte der nationalsozialistischen Zeit« schließlich vom Bund und von Bayern gemeinsam getragen.[19] Daß sich der Bund zur Wahrnehmung dieser »gesamtdeutsche(n) staatspolitische(n) Aufgabe« entschloß und den Löwenanteil am Haushalt des Institutes bestritt, »ist nicht zuletzt der persönlichen Einflußnahme von Theodor Heuss zu verdanken«.[20] Außerdem wollte man Mißdeutungen vorbeugen, die im Ausland bei einem Scheitern des Institutsprojektes angestellt worden wären. Welcher Stellenwert dieser Gründung von staatlicher Seite beigemessen wurde, verdeutlichte auch die Teilnahme des Bundespräsidenten Theodor Heuss als Vorsitzender an der konstituierenden Sitzung.[21]

Wissenschaftliche Auseinandersetzung mit der NS-Zeit war die Aufgabe der neuen staatlichen Einrichtung in München. Das Institut wurde aber auch selbst rasch vom Subjekt zum Objekt der »Vergangenheitsbewältigung«, als es in den Richtungskampf um die post-nationalsozialistische Revision des deutschen Geschichtsbildes hineingezogen wurde. Die personalpolitische Querele zwischen Kroll und Gerhard Ritter, als dem Wortführer des Wissenschaftlichen Rates, gab den Hintergrund für diesen »innerhistorischen« Akt der »Vergangenheitsbewältigung« ab.

Zwar vertraten die Persönlichkeiten, die für den Wissenschaftlichen Beirat benannt worden waren, »fast ausnahmslos die Forderung nach Revision des Geschichtsbildes: Franz Schnabel, Walter Goetz, Gerhard Ritter, Eugen Kogon, Theodor Heuss, Rudolf Pechel und Eduard Brenner«.[22] Doch dachte der vom Beirat mehrfach attackierte Kroll öffentlich darüber nach, ob gerade Ritter, als ein »Mann engsten Nationalismus' großdeutscher Prägung«, für den Direktorenstuhl des

Instituts geeignet sei. Auf diesen Posten hatte es Ritter, wie zumindest Kroll in der »Süddeutschen Zeitung« spekulierte, offensichtlich abgesehen. Um Ritter aber nun als glühenden Verehrer Bismarcks und Vertreter der Gewaltpolitik zu überführen, zitierte Kroll aus dessen 1943 erschienenem Buch »Machtstaat und Utopie«.

Als sich daraufhin der Historikerverband hinter seinen ersten Vorsitzenden Ritter stellte und einen Beschwerdebrief an den Bundesinnenminister schrieb, steigerte dies nur den Kampfeswillen des streitbaren CSU-Abgeordneten. In einem Begleittext zu einer umfangreichen Denkschrift gegen Ritter attackierte er die führenden Vertreter der deutschen Wissenschaft, die sich mit dem Geschichtsbild von Gerhard Ritter identifiziert und damit verlangt hätten, »daß auch die Erforschung des Nationalsozialismus unter eben diese Kategorie gestellt werden soll...«[23] Für Kroll schien es deshalb hoch an der Zeit, dieses Geschichtsbild »einer kritischen Würdigung zu unterziehen, ehe eine Festlegung der Forschung im Rahmen des Deutschen Instituts zur Erforschung des Nationalsozialismus in dieser Richtung erfolgt«.[24]

Die Denkschrift selbst hatte im übrigen keineswegs polemischen Charakter, sondern war auf Anregung Krolls von Karl Buchheim, dem Leiter des »Historisch-politischen Referates« im Institut, auf hohem wissenschaftlichen Niveau verfaßt worden. Buchheim stand wie Kroll für eine katholisch-konservative Geschichtsauffassung. Danach war die deutsche Politik seit Bismarck in einen nationalistischen, militaristischen und machtstaatlichen Irrweg hineingeraten und waren demokratische Traditionen westeuropäischer Prägung ebenso wie christliche Werte verschüttet worden.[25]

Kroll und Buchheim übersahen jedoch, daß auch Ritter eine Geschichtsrevision forderte. Krolls Vorwurf, Ritter betreibe eine bewußte Rehabilitierung des deutschen Nationalismus, ging jedenfalls an der Sache vorbei.[26] So bedeutete es nun bei allen Verdiensten Krolls um die Gründung des Instituts eine echte Entspannung der Situation, daß er sein Amt als Geschäftsführer zur Verfügung stellte. Zwar geriet das Haus nochmals in die Schlagzeilen, weil gegen den von Ritter als Nachfolger vorgeschlagenen Michael Freund Einwände aufgrund seiner Vergangenheit vorgebracht wurden – »Kann ein Parteigenosse die NS-Geschichte erforschen?«[27] –, doch führte der schließlich ernannte ehemalige Leipziger Historiker Hermann Mau das Institut fortan »in ein ruhigeres Fahrwasser gedeihlicher wissenschaftlicher Arbeit«.[28]

Die wissenschaftliche Arbeit des Instituts konzentrierte sich zunächst auf Themen der nationalsozialistischen Bewegung und des »Dritten Reiches«. Beide bildeten in ihrer relativen Geschlossenheit ideale Forschungsgebiete – sie hatten dabei aber »für die gesamte zeitgenössische Wissenschaft paradigmatischen Charakter. Denn im Nationalsozialismus«, so Helmut Krausnick, 1953 kommissarischer Generalsekretär des Institutes, »sind die untergründigen Tendenzen unserer Epoche manifest geworden, und deshalb ist hier die Möglichkeit geboten, die Gefahren unserer Zeit konkret zu erkennen.« Mit dieser exemplarischen Bedeutung des Nationalsozialismus rechtfertigte Krausnick die Namensänderung des Instituts in »Institut für Zeitgeschichte«, die im Jahre 1952 vorgenommen wurde: Denn die angemessenen Dimensionen für die Geschichte der nationalsozialistischen Zeit würden »aus der Perspektive der ›Zeitgeschichte‹ gewonnen«.[29]

Seinen Aufgaben, »die Erforschung der Geschichte der nationalsozialistischen Partei und des ›Dritten Reiches‹ zu fördern und zur Aufklärung über den Nationalsozialismus beizutragen«, kam das Institut nach, indem es einen wissenschaftlichen Spezialapparat in Archiv und Bibliothek aufbaute, Quellen sichtete und verarbeitete, deutsche zeitgeschichtliche Untersuchungen anregte, koordinierte und sachlich unterstützte sowie selbst forschte und Dokumente und Monographien publizierte. Es diente zudem als Auskunftsstelle und Materialquelle für Justiz, Presse und Rundfunk, Verlage und Schulbuchautoren, Tagungen, staatliche Behörden und Privatpersonen.[30] Eine erste internationale Tagung veranstaltete das Institut Mitte 1956 in Tutzing unter dem Generalthema »Das Dritte Reich und Europa«.[31]

Bei kritischer Würdigung der geleisteten Forschungsarbeit ist stets zu bedenken, daß die Siegermächte wichtiges Archivgut verschleppt hatten. So forderte Gerhard Ritter schon auf dem ersten Historikertag nach dem Krieg 1949 die Rückgabe der Bestände.[32] Da die Beuteakten aber nur allmählich wieder freigegeben wurden, stand zunächst nur ein begrenzter archivalischer Fundus zur Verfügung. Trotz der außerordentlich teuren und zeitraubenden Beschaffung des zeitgeschichtlichen Quellenmaterials, trotz der Schwierigkeiten, das Generalthema des Nationalsozialismus »wirklich wissenschaftlich zu bearbeiten«, und trotz des Umstandes, die Kategorien und angemessenen Fragestellungen für die Erschließung dieses neuen Forschungsgebietes erst während der Arbeit finden zu müssen[33], konnten bereits bis 1953 eine Reihe von Publikationen zu wichtigen Einzelthemen erscheinen, die auf Veranlassung des Instituts für Zeitgeschichte bearbeitet worden waren.[34]

2. Umfang und Reichweite der historischen Forschung

Einen Meilenstein für die Anerkennung der Zeithistorie innerhalb der deutschen Geschichtswissenschaft bedeutete 1953 die Rückkehr des nach Amerika emigrierten Hans Rothfels. Als der Prozeß der deutschen Teilung mit den Stalin-Noten und den EVG-Debatten einem neuen Höhepunkt zustrebte und »die Schatten des nationalsozialistischen Erbes... länger und länger«[35] wurden, begann Rothfels 1953 zusammen mit Theodor Eschenburg, die Vierteljahrshefte für Zeitgeschichte herauszubringen. Das Institut für Zeitgeschichte wie die deutsche Zeitgeschichtsforschung im ganzen erhielten »mit der international anerkannten Integrität und Kapazität von Hans Rothfels eine stark vorwärtstreibende Kraft, ein adäquates Publikationsorgan und damit erst die Chance, sich in Wissenschaft und Öffentlichkeit Gehör zu verschafffen«.[36] Mit ebenso sachlichen wie fundierten Aufsätzen und mit der Veröffentlichung aufschlußreicher Quellen sorgten die Vierteljahrshefte dafür, daß die Geschichte der nationalsozialistischen Herrschaft, »anfänglich noch dunkel und zu einem guten Teil noch von den Nebelschleiern der NS-Propaganda verdeckt, erkennbar und deutbar wurden«.[37]

Als Beilage der Vierteljahrshefte legte das Institut für Zeitgeschichte 1953 erstmals eine »Bibliographie zur Zeitgeschichte« vor. Der Berichtszeitraum der von Thilo Vogelsang zusammengestellten Materialsammlung setzte mit dem Jahr 1951 ein und schloß damit an die von Franz Herre bearbeitete »Bibliographie zur Zeitgeschichte und zum Zweiten Weltkrieg für die Jahre 1945–1950« an. In den vier Nummern des ersten Jahrganges 1953 verzeichnete Vogelsangs Bibliographie über siebzig deutsche Darstellungen, einschließlich Zeitschriftenaufsätze und ungedruckte Dissertationen zur Geschichte der Weimarer Republik, 13 Titel zur Geschichte der NSDAP und des Nationalsozialismus, 137 zur inneren Entwicklung des »Dritten Reiches« und 24 zur Außenpolitik.[38] Der Jahrgang 1954 enthielt über 40 Titel zur Weimarer Republik, 9 zur Geschichte der NSDAP und des Nationalsozialismus, 66 zur inneren Entwicklung des »Dritten Reiches« und 11 zu dessen Außenpolitik. Die Flut der (Auto-) Biographien und der Literatur zur politischen, militärischen und wirtschaftlichen Geschichte des Zweiten Weltkrieges ist in diesen Zahlen noch gar nicht inbegriffen. Vor allem an philosophischen und juristischen Fakultäten hatten schon Anfang und Mitte der 50er Jahre Dissertationen zur Innenpolitik des »Dritten Reiches« Konjunktur, während bei dem Komplex der Judenverfolgung in der Frühzeit der Bundesrepublik noch eine deutliche historiographische Zurückhaltung spürbar war und in Vogelsangs Bibliographie demzufolge ganz überwiegend ausländische Werke zum Judentum aufgenommen sind.

Jedoch wird das System der Konzentrationslager auch in deutschen Büchern über Verfolgung und Widerstand zum Thema. Der Nestor der deutschen Historiker, Friedrich Meinecke, hatte schon 1946 in seiner Erörterung der »Deutschen Katastrophe« den Antisemitismus der Nationalsozialisten verworfen und geschrieben, daß »in den Gaskammern der Konzentrationslager... der letzte Hauch christlich-abendländischer Gesittung und Menschlichkeit«[39] erstorben war. Und 1951 wurde etwa an der Philosophischen Fakultät in Erlangen eine Inauguraldissertation eingereicht, die »Über die innere und äußere Entwicklung des deutschen Judentums im Dritten Reich« handelte.[40] Hans Rothfels edierte in der ersten Nummer der »Vierteljahrshefte« 1953 den Augenzeugenbericht eines SS-Offiziers über die Massenvergasungen. Verstärkt erschienen deutschsprachige Publikationen zum »Holocaust« Mitte der 50er Jahre, so etwa Gerald Reitlingers »Die Endlösung«.[41]

Auch die Bibliographien der Jahrgänge 1956 bzw. 1958 weisen die innere Entwicklung des »Dritten Reiches« (59 bzw. 25 Titel) und die Geschichte der Weimarer Republik (29 bzw. 35 Titel) als Forschungsschwerpunkt aus. Demgegenüber hatten die Geschichte der NSDAP und des Nationalsozialismus (11 bzw. 7 Titel) ebenso wie die Außenpolitik des »Dritten Reiches« (5 bzw. 9 Titel) eine eher untergeordnete Bedeutung.[42] Irgendwelche »Verdrängungstendenzen« können aus diesen Zahlen schlecht abgeleitet werden, da auch bei den weniger breit erforschten Themenkomplexen, wie etwa der SS, schon frühzeitig auf Studien zurückgegriffen werden konnte, die den verbrecherischen Charakter der nationalsozialistischen Politik deutlich machten. (Karl Otto Paetel und Hans Buchheim hatten 1954 und 1955 hierzu in den Vierteljahrsheften wichtige Beiträge geliefert.)[43]

Festzuhalten bleibt, daß trotz mancher methodischer und arbeitspraktischer Schwierigkeiten die deutsche Geschichtswissenschaft bereits seit Beginn der Ära Adenauer sich mit der NS-Vergangenheit forschend auseinandersetzte. Allein zum großen Thema der inneren Entwicklung des »Dritten Reiches« hatte Vogelsang bis Anfang der 60er Jahre schon mehrere hundert wissenschaftliche Beiträge bibliographiert. Nimmt man die Publikationen zur NS-Außenpolitik, zur Ideologie des Nationalsozialismus, zur Weimarer Republik sowie die Veröffentlichungen zum Zweiten Weltkrieg und die Memoiren und (Auto-) Biographien hinzu, so dürfte die Gesamtzahl von mehreren tausend nicht zu hoch gegriffen sein. Einzelne Beispiele unterstreichen diese summarische Aussage noch. Eugen Kogons 1946 in München erstmals erschienenes Werk »Der SS-Staat« erlebte 1948 die dritte, 1959 die fünfte vollständige und erweiterte Auflage. Karl Dietrich Brachers bahnbrechende Arbeit über »Die Auflösung der Weimarer Republik« erschien 1955 und wurde 1957 zum zweiten-, 1960 zum drittenmal aufgelegt. Walther Hofers Dokumentation über den Nationalsozialismus erreichte noch im Jahr seiner Erstveröffentlichung 1957 die 101.-150 000. Auflage.[44]

Neben diesem quantitativen Befund ist vor allem zu bedenken, wie rasch die Leistungen der Zeitgeschichtsforschung Standardcharakter gewannen. Die in den frühen 50er Jahren von Hermann Mau begonnene und von Helmut Krausnick vollendete Gesamtdarstellung des »Dritten Reiches« etwa besticht noch heute »durch die präzise Erfassung wesentlicher Züge des Geschehens«. Das in zahlreiche Sprachen übersetzte, mehrfach neu aufgelegte Buch hatte gerade auch außerhalb der Wissenschaft »einen kaum zu überschätzenden Einfluß«.[45] So ist Hermann Lübbe zuzustimmen, daß die vor allem in Kommentaren zur Holocaust-Serie immer wieder vertretene These, die Wirkung offenbare ein Versagen der deutschen Historiker, »eher ein Versagen dieser Kommentatoren« offenbare, denen »die rasch wachsende Zahl der Dokumente historiographischer Präsenz des ›Dritten Reiches‹ in der wissenschaftlichen und kulturellen Öffentlichkeit der Bundesrepublik Deutschland entgangen sein muß«.[46]

Bereits im Februar 1956, als Leon Poliakov und Josef Wulf unter dem Titel »Das Dritte Reich und die Juden« Dokumente und Aufsätze publizierten[47], hatte die »Allgemeine Wochenzeitung der Juden« konstatiert, es gebe »unbestreitbar... schon eine Reihe guter und gutgemeinter Bücher sowie Erlebnisberichte aus der Feder jener Leute, die Gelegenheit hatten, das Dritte Reich in Reinkultur in den Konzentrationslagern und Massenvernichtungsanstalten kennenzulernen...«[48] Für die seit Mitte der 50er Jahre einsetzende Weimar-Historiographie, die zentral zum Komplex der »Vergangenheitsbewältigung« gehört, läßt sich ebenfalls eine »eindrucksvolle Bilanz«[49] ziehen.

Die 1951 gegründete »Kommission für Geschichte des Parlamentarismus und der politischen Parteien« suchte tradierten Belastungen im deutschen Parlaments- und Parteienverständnis zu begegnen. Vor allem dank der Arbeit dieser Kommission konzentrierte sich die Weimar-Forschung während der Ära Adenauer stark auf das Ende der Republik 1930–1933. »Die Frage nach den Gründen für das Scheitern der Weimarer Demokratie implizierte immer die Frage nach der Verallgemeinerungsfähigkeit des Weimarer Beispiels und der Nutzanwendung für die Stabilisierung der bundesrepublikanischen Demokratie.«[50] Exemplarisch in den antitotalitären Bonner Konsens paßte etwa Erich Eycks zweibändige, 1954 und 1956 in der Schweiz publizierte »Geschichte der Weimarer Republik«. Eyck kritisierte darin die mangelnde Wehrhaftigkeit der Demokratie gegen den Extremismus von rechts und links.[51]

Es ist oft – etwa auch von Hans-Ulrich Wehler – eingewandt worden, daß insgesamt die antitotalitären Akzente in der Forschung über die NS-Zeit während der 50er Jahre zu einer starken Hervorhebung der monolithisch-totalitären Züge des NS-Regimes geführt und den »Blick auf die gesellschaftlichen und politischen Mechanismen« der Durchsetzung des Nationalsozialismus versperrt hätten.[52] Diese Einschätzung ist indes unzutreffend und beruft sich zu Unrecht auf Karl

Dietrich Bracher. Bracher selbst hat vielmehr darauf hingewiesen, daß seine Arbeiten (Auflösung einer Demokratie, 1952; Die Auflösung der Weimarer Republik, 1955) »vor der vielbeachteten Fischer-Kontroverse und neuen Faschismusdiskussion der sechziger Jahre schon den epochen- und strukturgeschichtlichen Zusammenhang aufgezeigt haben, in dem Obrigkeitsstaat, Demokratie und Diktatur zu sehen waren. Nicht erst die sechziger, sondern die fünfziger Jahre markieren den neuen Ansatz, der über die traditionelle Historie hinauswies.« Zuzustimmen ist Bracher wohl auch, wenn er zur Erklärung dieses notorischen Fehlurteils auf die medien- und universitätspolitische Expansion mit ihren Turbulenzen verweist, »die allen Ereignissen der sechziger Jahre ungleich mehr Beachtung« sicherte.[53]

Einen wichtigen Beitrag zur Abwehr von Neonazismus und Antisemitismus durch sachliche Aufklärung über den Nationalsozialismus leistete schon seit Anfang der 50er Jahre die Bundeszentrale für den Heimatdienst.[54] Über ihre bereits erwähnten Veröffentlichungen zur Geschichte des Widerstandes hinaus informierte sie über die gesamte innere und äußere Entwicklung des »Dritten Reiches« und bezog dabei gerade die Verbrechen des NS-Regimes mit ein. »In welcher Gesinnung die Mitarbeiter der Bundeszentrale an ihre Aufgabe herangingen«, wurde deutlich, als sie Anfang 1953 dem Institut für Zeitgeschichte vorschlugen, zum fünfzehnten Jahrestag der »Reichskristallnacht« eine wissenschaftliche Darstellung der damaligen Ereignisse herauszubringen. Die eben erst gegründete Bundeszentrale sorgte also nicht nur für die Verbreitung geschichtswissenschaftlicher Erkenntnisse an den Schulen und in der Öffentlichkeit, sondern trat auch selber als »Anreger der Forschung« in Erscheinung.[55]

Bereits im zweiten Heft ihrer Schriftenreihe erschien 1953 Hermann Gramls »Der 9. November 1938 – Reichskristallnacht«[56]. Helmut Krausnicks »Dokumentation zur Massenvergasung« (zur Zahl der jüdischen Opfer des Nationalsozialismus) wurde 1955 in die Schriftenreihe aufgenommen.[57] Mit dem Ermächtigungsgesetz vom 24. März 1933 beschäftigte sich gleichfalls 1955 Hans Schneider.[58] Edgar Kupfer-Koberwitz' Aufzeichnungen »Als Häftlinge in Dachau... geschrieben von 1942–1945 im Konzentrationslager Dachau« erschienen 1956[59], Josef Wulfes »Vom Leben, Kampf und Tod im Ghetto Warschau«[60] sowie H. G. Adlers »Der Kampf gegen die Endlösung der Judenfrage«[61] datieren aus dem Jahr 1958. 1961 und 1962 wurden Beiträge über »Minsk. Im Lager der deutschen Juden«[62] und »Lodz – das letzte Ghetto auf polnischem Boden«[63] in die Schriftenreihe aufgenommen. Auch die Zeitschrift »Das Parlament« beschäftigte sich in ihren Themenausgaben mit der jüngsten Vergangenheit.[64]

Wird schon diese historiographische Präsenz des Nationalsozialismus für die Adenauer-Zeit oft pauschal negiert, so stellte sich die Situation an den deutschen Hochschulen nach dem landläufigen Urteil noch viel trostloser dar. Bei einem Blick in die Vorlesungsverzeichnisse der vermeintlichen Restaurationsära wird sich dieses Urteil differenzieren, wenngleich eine gewisse »Abneigung der philosophischen Fakultäten gegen das Studium der zeitgenössischen Periode« in Deutschland ebenso wie in Frankreich, England oder Italien festgestellt werden konnte.[65] Dennoch leistete die sich etablierende Spezialdisziplin der Zeitgeschichte auch an den Universitäten wichtige Beiträge zur Aufklärung der Vergangenheit und prägte das politisch-kulturelle Klima der deutschen Nachkriegsgesellschaft mit.

Die Universität in München war vom Genius loci des benachbarten Instituts für Zeitgeschichte naturgemäß besonders beeinflußt und verdankte dessen Generalsekretär Hermann Mau in den Jahren 1951 und 1952 unter anderem Lehrveranstaltungen zur »Deutschen Geschichte von 1933 bis 1945« und zur »Geschichte der Fritsch-Krise«[66]. Schon 1948 und 1949 war an der Ludwig-Maximilians-Universität über »Deutsche Geschichte 1918 bis 1945«[67] und »Die evangelische Kirche in Deutschland im Krieg und in der Nachkriegszeit«[68] gelesen worden. Auch Mitte und Ende der 50er Jahre konnten die Münchner Studenten zeitgeschichtliche Veranstaltungen belegen.[69] Im Wintersemester 1956/57 wurde im Rahmen des Studiums Universale die Vorlesung »Deutschland unter dem Nationalsozialismus« empfohlen, die Paul Kluke, der Generalsekretär des Institutes für Zeitgeschichte, abhielt. Ergänzend wurden »Übungen zur Judenpolitik des 3. Reiches« angeboten.[70]

Nach seiner Berufung an die Johann-Wolfgang-Goethe-Universität Frankfurt setzte Paul Kluke seine geschichtlichen Lehrveranstaltungen ab 1958 an seinem neuen Wirkungsort fort.[71] Vor Kluke hatte deutsche Zeitgeschichte an der philosophischen Fakultät nur in einem unzureichenden Umfang stattgefunden; lediglich Ernst Fraenkel hatte 1951 über »Wirtschaft und Verfassung in Deutschland 1848–1949« gelesen. Jedoch gab es in der juristischen Fakultät sowie in der Abteilung für wissenschaftliche Politik bei den Wirtschafts- und Sozialwissenschaftlern schon in der ersten Hälfte der 50er Jahre bemerkenswerte Ansätze.

Noch früher, im Wintersemester 1947, dozierte der spätere CDU-Bundestagsabgeordnete und ordentliche Professor für bürgerliches Recht, Franz Böhm, über die »Staats- und Rechtsauffassung des Nationalsozialismus« und setzte sich vor Hörern aller Fakultäten mit Hitlers »Mein Kampf« und anderen nationalsozialistischen Programmschriften auseinander. Der Marburger Privatdozent Helmut Röhr bot 1952 und 1953 eine »Geschichte der Weimarer Republik«, eine »Vorgeschichte des 2. Weltkrieges« für Hörer aller Fakultäten sowie ein Seminar über das Münchner Abkommen 1938 an. Ab dem Winter 1956 gab es über drei Semester lang eine Lehrveranstaltung über »Demokratie und Diktatur« bei dem Juraprofessor und SPD-Bundestagsabgeordneten Carlo Schmid.[72]

An der Universität Erlangen prägten besonders deutlich die Forschungsschwerpunkte dreier Dozenten die zeitgeschichtliche Lehre. Der aus dem Baltikum stammende von Rimscha dozierte während der gesamten Adenauerzeit in verschiedenen Variationen kontinuierlich über die politische Geschichte des Zweiten Weltkriegs[73], Lades widmete sich ebenso lange und intensiv der Geschichte der Weimarer Republik.[74] Ab dem Ende der 50er Jahre wurden darüber hinaus Veranstaltungen bei dem Geistesgeschichtler Hans Joachim Schoeps über den 20. Juli[75] oder »Bolschewistischer, faschistischer und nationalsozialistischer Staatsstreich im Vergleich«[76] angeboten.

Zwar gab es an der Universität Erlangen erst nach der Einführung des neuen Faches der Politischen Wissenschaft eine erste Vorlesung, die ausdrücklich die »Geschichte des Nationalsozialismus« zum Gegenstand hatte[77], doch zeigt das Gesamtbild der drei untersuchten Universitäten – in so unterschiedlichen Bundesländern wie Bayern und Hessen –, daß von einer völligen zeitgeschichtlichen Funkstille im westdeutschen Lehrbetrieb während der Ära Adenauer nicht pauschal die Rede sein kann. Dies ist um so bemerkenswerter, wenn man in Erinnerung ruft, wie sich die deutschen Historiker den – ganz anderen – aktuellen Anforderungen etwa im Jahr 1937 gestellt haben. Die »offensichtliche Abstinenz« der Zunft gegenüber NS-Themen wurde von NSDAP-Seite damals etwa mit dem Hinweis bemängelt, daß im laufenden Sommersemester in den historischen Lehrveranstaltungen der Begriff »Rasse« nur zweimal erscheine, die Geschichte der Juden nur ein einziges Mal behandelt werde, »daß sonst aber die geschichtlichen Vorlesungen sich in dem Rahmen halten und die Stoffe behandeln, die uns von früher geläufig sind«.[78]

Ein kritisches Hinterfragen der Inhalte zeitgeschichtlicher Forschung in den 50er Jahren – »Identifikation des Nationalsozialismus mit einem ›Hitlerismus‹«, »starke Hervorhebung der Totalitarismustheorie«, teilweise Überdeckung der sozialen Ursachen und der »Mitverantwortlichkeit der herrschenden Eliten an der Durchsetzung der faschistischen Diktatur« – scheint in manchen Aspekten berechtigt, sollte allerdings nicht an der Einsicht vorbeigehen, daß »jede Epoche unmittelbar zu Gott« ist. Wenn Hans Mommsen bei Walther Hofers 1954 veröffentlichter Studie über die »Entfesselung des Zweiten Weltkrieges« eine für damals repräsentative Neigung feststellt, »dem Nachweis der Verantwortung des Nationalsozialismus für den Zweiten Weltkrieg alle anderen Gesichtspunkte unterzuordnen«[79], so spricht diese Tendenz nur für das politische Bewußtsein der Historiker von der elementaren aufklärerischen Funktion ihrer Forschung. Schließlich zeigte sich Anfang der 50er Jahre noch nicht einmal ein Drittel der Deutschen davon überzeugt, daß Deutschland am Ausbruch des Krieges schuld war. Ähnliches gilt für das konzentrierte Bemühen, den verbrecherischen Charakter des Systems herauszuarbeiten, »die Mechanismen der Unterdrückung darzutun« und die »moralisch verwerflichen Züge« des NS-Regimes stark zu akzentuieren.

Nach dem Ersten Weltkrieg hatte es eine vergleichbare zeitgeschichtliche Forschung in Deutschland nicht gegeben. Die Editionstätigkeit zur wilhelminischen Zeit und zum Kriegsausbruch lag mehr »in den Händen des militärisch beherrschten Reichsarchivs und des Kriegsschuldreferates des Auswärtigen Amtes als in denen von Berufshistorikern, die viel mehr zur Untersuchung der – positiver auffaßbaren – Bismarckzeit und ihrer Außenpolitik neigten«. Die damals ausgebliebene Beschäftigung mit der jüngsten Vergangenheit stand in einem krassen Gegensatz zur umfangreichen wissenschaftlichen Auseinandersetzung mit dem Nationalsozialismus nach 1945.[80] Angesichts des großen Interesses auch der ausländischen Historiker kann die NS-Zeit heute »als die am intensivsten erforschte Periode der neueren Geschichte überhaupt« bezeichnet werden.[81]

Bei aller zeitgeschichtlichen Innovation hatte die historische Wissenschaft in der Ära Adenauer eine allgemein stabilisierende Tendenz. Der restaurativer Anwandlungen wenig verdächtige Waldemar Besson konstatierte, es gebe im gegenwärtigen Zeitalter keinen spezifisch Konservativen mehr, »nachdem die gesamte westliche Welt vor der ungeheuren Herausforderung des Totalitären wie der Revolution in Asien und Afrika konservativ geworden ist. Es geht in der westlichen Welt heute in erster Linie um das Erhalten und Bewahren.«[82] Ohne eine Verengung des Blickes vom Jahr 1968 her läßt sich also – mit Ernst Schulin – ein positives Urteil über die Historiographie nach dem Zweiten Weltkrieg begründen. Die westdeutsche Zeitgeschichtsforschung hat anders als nach 1918 die jüngste Vergangenheit nicht in falsch verstandenem Nationalbewußtsein »verteidigt oder beschwiegen, sondern schnell, kritisch und ziemlich schonungslos erforscht«.[83]

Eine verdrängungstheoretische Interpretation von Inhalt und Volumen der deutschen geschichtswissenschaftlichen Auseinandersetzung mit dem Nationalsozialismus verbietet sich vor allem mit Blick auf die Behandlung anderer Themen, wie der Vertreibungsverbrechen und der totalitären Gegenwart in der Sowjetischen Besatzungszone und in der DDR. Denn nach dem von der Restaurationskritik gezeichneten Bild hätten diese Fragen in einem antikommunistischen Sinne vorzüglich instrumentalisiert und gleichzeitig zur Ablenkung von der NS-Vergangenheit benutzt werden können. Die Realität der 50er Jahre war aber dadurch gekennzeichnet, daß die Behandlung von SBZ und Vertreibungsverbrechen an den deutschen Hochschulen ebenso öffentliche Kritik fand wie die der Epoche des Nationalsozialismus. Eine Untersuchung von vierzehn Vorlesungsverzeichnissen der westdeutschen Universitäten für das Wintersemester 1951/52 erbrachte nur drei Vorlesungen, die sich mit der Vertreibung beschäftigten. Für »nicht hinreichend« befand der mit ostpolitischen Fragen befaßte Göttinger Arbeitskreis dieses Ergebnis und wertete es als einen Beleg dafür, daß man über die größte »gewaltsame Bevölkerungsverschiebung aller Zeiten« bereits »zur akademischen Tagesordnung übergegangen« sei.[84] Eine Verdrängung der NS-Vergangenheit durch Aufrechnung mit den Verbrechen der Vertreibung und anderen Ereignissen fand an den Universitäten Westdeutschlands jedenfalls nicht statt.

1958: Renaissance des Antisemitismus?

Bei aller historiographischen Präsenz des Nationalsozialismus und bei aller von Staat und Gesellschaft geleisteten Aufklärungsarbeit ist während der gesamten 50er Jahre ein kleines Rinnsal unverbesserlicher Antisemiten doch nicht ganz ausgetrocknet. Es speiste sich aus den Quellen der politischen Ahnungslosigkeit oder der ideologischen Verbohrtheit und schwoll ausgerechnet nach dem Anne-Frank-Jahr 1957 wieder etwas an. Eine ganze Reihe antisemitischer Exzesse löste nun eine große Grundsatzdiskussion um Antisemitismus und »Vergangenheitsbewältigung« aus, erinnerte aber zunächst an ähnliche Debatten etwa der Jahre 1950 und 1954.

1. ZUR VORGESCHICHTE

Bereits 1950, als sich der Antisemitismus in der Bundesrepublik – durch Friedhofsschändungen[1] und in Reden rechtsradikaler Politiker – erstmals zu äußern begann[2], hatte der Zentralrat vor dem »wachsenden Strom neuer Feindseligkeiten gegenüber den Juden in Westdeutschland« gewarnt.[3] Die rechtsextreme Welle veranlaßte im April 1950 auch die Berliner Synode der EKD, den »Antisemitismus« als ein zentrales Thema zu behandeln[4] und, anknüpfend an ein »Wort zur Judenfrage«, das der Bruderrat der Evangelischen Kirche in Deutschland 1948 beschlossen hatte[5], »die Mitschuld an dem Frevel« zu bekunden, »der durch Menschen unseres Volkes an den Juden begangen worden ist«.[6] Die öffentliche Diskussion über das deutsch-jüdische Verhältnis[7] vermochte indes eine Reihe weiterer antisemitischer Ausschreitungen – zwischen 1951 und 1953 wurden in der Bundesrepublik allein 35 Schändungen jüdischer Friedhöfe registriert[8] – nicht zu verhindern.

Zu einer Neuauflage der Debatte des Jahres 1950 kam es 1954, als die jüdisch-amerikanische »Liga zur Bekämpfung von Verleumdungen« nach einer vierwöchigen, auf Einladung der Bundesregierung unternommenen Studienreise durch die Bundesrepublik zu dem Ergebnis gelangte, daß in Deutschland noch ein beachtlicher, wenn auch verborgener Antisemitismus herrsche. Der Befund einer antisemitischen »Aufnahmebereitschaft« der Deutschen für den Fall, daß eine politische Gruppierung den Judenhaß nur auszunützen suche, war allerdings mehr als spekulativ, da sich die Analyse der Kommission im wesentlichen in einigen Gemeinplätzen über das deutsche Wesen erschöpfte. Von einem »quälenden Scham- oder Schuldgefühl« bei gleichzeitiger tiefreichender »Überzeugung von der eigenen Rechtlichkeit« war da die Rede, die man nur als »psychologische Kompensierung« ansehen könne. Dem »autoritären Geist« an den deutschen Schulen wurde es zugeschrieben, daß der Geschichtsunterricht zumeist bei Bismarck aufhöre, zugleich aber betont, wie »entscheidend« der Antisemitismus gerade bei der deutschen Jugend auf dem Rückzug sei.[9]

Staatssekretär Hallstein hielt es für eine »unzulässige starke Übertreibung«, von einem verbreiteten Antisemitismus in Deutschland zu sprechen, und verwies auf den »geschlossenen Willen« von Bundes- und Landesregierungen, antisemitischen Regungen mit allen Mitteln entgegenzutreten. Vor allem die junge Generation lebe in einer geistigen Welt, die nichts mehr mit der Hitlerjugend zu tun habe.[10] Dagegen stellte der deutsche Koordinierungsrat der Gesellschaften für Christlich-Jüdische Zusammenarbeit fest, daß sich »in jüngster Zeit wieder antisemitische und nationalistische Entgleisungen« – d.h. judenfeindliche Publikationen oder »Mitleid für mitverantwortliche Persönlichkeiten des Hitlerregimes« – häuften und das »Vertrauen in die Echtheit des Gesinnungswandels im deutschen Volk« erschütterten.[11] Die »Allgemeine Wochenzeitung der Juden« hatte schon im Mai 1954 wieder über eine zunehmende Zahl an Schändungen jüdischer Friedhöfe berichtet.[12]

Auch außerhalb der ersten größeren Diskussionsschübe zum Thema Antisemitismus gaben Freveltaten gegen Grabstätten der mosai-

298

schen Glaubensgemeinschaft in unregelmäßigen Abständen Anlaß zur Besorgnis. Sie gaben aber darüber hinaus den verantwortlichen (Kommunal)politikern in den betroffenen Städten und Gemeinden die Chance, durch Wort und Tat Stellung zum Antisemitismus und zur NS-Vergangenheit zu beziehen.[13] Nach der Friedhofschändung in Hochneukirch 1951 brachte der Gemeinderat in einer Sondersitzung seine Entrüstung zum Ausdruck und setzte eine Belohnung für die Erfassung der Täter aus.[14] Der Wormser Stadtrat verurteilte im Mai 1953 die Schändungen jüdischer Gräber, die sich in den Wochen vorher ereignet hatten; wie die Fraktionen des Stadtrates übereinstimmend betonten, hatten die Juden während der nationalsozialistischen Gewaltherrschaft derart gelitten, daß das deutsche Volk allen Grund habe, die Begräbnisstätten der jüdischen Mitbürger vor Schändungen zu schützen.[15]

Gegen die Schändung der Gräber auf dem jüdischen Teil des Ausländerfriedhofs Salzgitter-Lebenstedt demonstrierten im Frühjahr 1957 führende Persönlichkeiten des öffentlichen Lebens und viele Hundert Einwohner des niedersächsischen Ortes. Ministerpräsident Hellwege sprach auf einer Protestkundgebung von einer »unseligen und verdammenswerten Verirrung von stupiden Geistern«.[16] Eine sozialdemokratische Landtagsabgeordnete empfand den »von den geschändeten jüdischen Gräbern aufgestiegen(en)« Appell für unüberhörbar und für geeignet, die Trägheit aufzureißen, die sich »schon wieder« breitmache.[17] Der Landesbischof D. Lilje forderte dazu auf, niemals zuzulassen, »daß das deutsche Volk noch einmal in das Primitive des Antisemitismus absinkt«.[18] Und der Rat der Evangelischen Kirche in Deutschland bat in einer Entschließung die Kirchengemeinden, alles in ihrer Kraft stehende zu tun, um solchen »erschreckenden und für die innere Entwicklung des deutschen Volkes Besorgnis erregenden Vorkommnissen entgegenzutreten«.[19] Das Bundesinnenministerium setzte eine Belohnung von 10000 Mark für Hinweise zur Aufklärung der Straftat aus.[20]

Ein Zeichen hatte die Bundesregierung bereits 1956 gesetzt, nachdem das SED-Regime bei der schwersten Synagogenschändung seit dem Krieg in Düsseldorf »Faschisten« am Werk wähnte und die aufsehenerregende Plünderung des heiligen Schreins, neben anderen ähnlichen Vorkommnissen, zu einer Pressekampagne gegen die »BRD«

als »Hort des Antisemitismus« mißbrauchte.[21] Bonn verwies demgegenüber auf die 1953 einsetzende Judenverfolgung in der Sowjetzone, in deren Verlauf über 2000 Flüchtlinge jüdischen Glaubens in der Bundesrepublik Asyl gesucht hatten[22], und sagte dem Zentralrat zum jüdischen Neujahrsfest im September 1956 auch zu, zusammen mit den Ländern anstelle der vernichteten jüdischen Gemeinden für die Betreuung der Friedhöfe zu sorgen und entsprechende Mittel in den Bundeshaushalt einzustellen.[23]

Diese Fakten wogen zumindest schwerer als pauschale Schlüsse aus der Summe von 68 Friedhofsschändungen, die sich bis 1958 in der gesamten Bundesrepublik ereignet hatten, von denen aber auch etliche auf das Konto kommunistischer Provokateure oder halbstarker Jugendlicher gegangen waren.[24] Charakteristisch hierfür war etwa die Verwüstung des jüdischen Friedhofes in Ohlsdorf im April 1956, die vom Hamburger Senat aufs schärfste verurteilt wurde. Wie sich rasch herausstellte, handelte es sich indes nicht um einen antisemitischen Frevel, sondern hatten zwölfjährige Rowdies ihre sinnlose Zerstörungslust an Parkbänken und Laternen sowie eben auch an den jüdischen Gräbern ausgelassen.[25]

2. Auswirkungen neuer NS-Prozesse

Vermeintliche oder tatsächliche Äußerungen des Antisemitismus hatten so bereits im gesamten ersten Jahrzehnt nach Gründung der Bundesrepublik Deutschland zu Ausschlägen auf der Skala der öffentlichen Diskussion geführt. 1958 schien nun aber die Sensibilität der Öffentlichkeit für antisemitische Vorfälle nochmals entscheidend erhöht[26], nachdem eine Serie von Prozessen gegen die »Henker von Buchenwald« und Sachsenhausen und vor allem die Mitglieder einer »Einsatzgruppe« an der Ostfront (»Ulmer Einsatzgruppenprozeß«) die Gemüter der Deutschen tiefer aufrührte, als es die Nürnberger Prozesse oder andere Verfahren vor alliierten Gerichtshöfen vermocht hatten. In den »kaum erträglichen Darstellungen von nazistischen Greueln« wurde »jeder Fußtritt, jeder Hieb mit dem Pistolenknauf, jeder Griff zur tödlichen Spritze« nochmals zur unheimlichen Gegenwart. Jedes Detail des Terrors wurde dem Zeitungsleser und

Rundfunkhörer ins Haus getragen: »Die schreckliche Wahrheit ging wie ein Trommelfeuer auf unser Volk nieder.«[27]

Besonders beklemmend wirkte dabei die Erkenntnis, daß die Verbrechen tausendfachen Mordes an jüdischen Männern, Frauen und Kindern, die im Ulmer Einsatzgruppenprozeß schließlich im Sommer 1958 mit langjährigen Zuchthausstrafen geahndet wurden, gewissermaßen nur zufällig aufgedeckt worden waren[28]: Ein ehemaliger SS-Führer hatte die Kühnheit besessen, gerichtlich auf Wiedereinstellung in den Staatsdienst nach Artikel 131 zu klagen. Erst als über diesen Prozeß in der Presse berichtet wurde, erinnerte sich ein Leser daran, den Kläger in maßgebender Position bei Massenerschießungen von Juden im deutsch-litauischen Grenzgebiet kennengelernt zu haben, und brachte ihn zur Anzeige.[29]

Hinzu kam, daß infolge des Adenauer-Besuches in Moskau ab 1956 Tausende deutscher Kriegsgefangener aus der Sowjetunion zurückkehrten. Sie konnten teils als Zeugen Hinweise zur Aufklärung von Verbrechenskomplexen geben, teils wurden sie selbst von deutschen Strafverfolgungsbehörden seit langem vor allem wegen ihrer in Konzentrationslagern verübten Verbrechen gesucht. In allen überregionalen Blättern wurde nun erörtert, welche Konsequenzen aus dem Schock des Ulmer Einsatzgruppenprozesses zu ziehen seien. Der SPIEGEL leitete in diesem entscheidenden Sommer des Jahres 1958 auch aus den Ansbacher und Nürnberger Verfahren gegen den SS-General Simon und aus dem Münchner Prozeß gegen den Generalfeldmarschall Schörner generelle Vorwürfe in Richtung westdeutscher Justiz ab.[30] Die Politik war ebenso verunsichert wie die Öffentlichkeit[31]; was war in der justitiellen Aufarbeitung der NS-Vergangenheit bislang versäumt oder falsch gemacht worden?

Den meisten Prozessen zwischen 1945 und 1949 hatten Anzeigen zugrunde gelegen, die sich auf Tatbestände aus der Phase der Machtergreifung und des Zusammenbruchs, im Zusammenhang mit Röhmputsch und Reichskristallnacht sowie auf Verbrechen in den deutschen Konzentrationslagern bezogen. Nachdem bis etwa 1950 zahlreiche überlebende Häftlinge aus diesen Lagern ins Ausland emigriert und andere mit dem Aufbau einer wirtschaftlichen Existenz beschäftigt waren, »erlahmte offensichtlich weitgehend das Interesse dieser Kreise an der Durchführung der Strafverfahren«.[32]

Da also kaum mehr Anzeigen eingingen, hätten die bundesdeutschen Staatsanwaltschaften nun selbst initiativ werden müssen, was indes aus einer Reihe von Gründen nicht im notwendigen Umfang geschah: Zum einen waren die Zuständigkeiten in der Frage des Gerichtsortes unklar, zum anderen fehlte es nicht nur an Richtern, Staatsanwälten und Polizeibeamten, sondern auch der Aufenthalt der Beschuldigten und der erforderlichen Zeugen lag oft im Dunkeln. Viele besonders stark Belastete lebten unter einem falschen Namen in einer fremden Umgebung, in der sie unter den Millionen Heimatvertriebenen und Ausgebombten schwer zu ermitteln waren.

Zudem reichte die historische Ausbildung der Juristen nicht immer hin, um etwa die verflochtenen Kompetenzen innerhalb der SS oder die Abgrenzung zwischen Wehrmacht und Partei genau zu kennen und um insgesamt »die Dimensionen des organisierten Verbrechens« strafrechtlich angemessen interpretieren zu können. »Ohne Koordination und systematische Arbeitsaufteilung abseits der Routine des Alltags staatsanwaltschaftlicher Tätigkeit war das nicht zu leisten.«[33] Wurden 1950 noch 809 Personen wegen NS-Verbrechen rechtskräftig verurteilt, so ging diese Zahl bis 1955 auf 21 zurück und pendelte sich in der zweiten Hälfte der 50er Jahre zwischen 15 und 43 Verurteilungen ein.[34]

Der Verfolgungswille der Staatsanwaltschaften ist durch das grassierende »Gnadenfieber« im Zusammenhang mit der deutschen Wiederbewaffnung wahrscheinlich zusätzlich gelähmt worden. Bundesregierung und Parteien setzten sich teils vehement für die »Kriegsverurteilten« ein. Den Kriegsverurteilten in Werl, unter anderem Panzergeneral Meyer und Generaloberst von Falkenhorst, machte Bundeskanzler Adenauer 1953 persönlich seine Aufwartung.[35] Auch Sozialdemokraten und Kommunisten engagierten sich in verschiedenen Fällen für deutsche Kriegsgefangene. Kurt Schumacher kritisierte schon im November 1949 militärgerichtliche Urteile gegen deutsche Kriegsgefangene in Frankreich, die in der Psychose der Vergeltung nach 1945 gefällt worden waren.[36]

Da einflußreiche Kreise die Begnadigung der »Kriegsverbrecher« schlechthin zur Voraussetzung für jeden deutschen Wehrbeitrag erklärten und in der Öffentlichkeit »normale« Kriegsverbrechen und nationalsozialistische Kriminalvergehen wie Mord und Totschlag meist unreflektiert gleichgesetzt wurden, begannen die Alliierten – auch unter dem Druck der deutschen »Gnaden-Lobby« – die von ihren Militärgerichten gegenüber 5000 Personen verhängten Strafen herabzusetzen. So befanden sich Mitte der 50er Jahre schließlich selbst Personen wieder auf freiem Fuß, die ursprünglich zum Tode verurteilt worden waren.[37] Sie konnten in späteren Prozessen gegen oft ungleich schwächer belastete, niedrigere Chargen der SS dann als freie Zeugen auftreten, weil sie als Täter nicht ein zweites Mal verurteilt werden durften. Das schon während der Entnazifizierung erschütterte Rechtsempfinden des Volkes mußte dadurch erneut stark tangiert werden. In einem Klima der Amnestie verabschiedete der Bundestag 1954 obendrein ein Straffreiheitsgesetz, das sogar Verbrechen des Totschlages einbezog; andersgerichtete Erwägungen, eine Zentralstelle zur koordinierten Verfolgung von NS-Tätern zu schaffen, wurden zurückgestellt.[38]

Erst nach dem Schock des Ulmer Prozesses im Oktober 1958 reagierten die Justizminister und -senatoren der Bundesländer und beschlossen die Gründung der Ludwigsburger »Zentralen Stelle der Landesjustizverwaltungen zur Aufklärung nationalsozialistischer Verbrechen«. Die Aufgabenstellung der neuen Behörde bewirkte praktisch eine Umkehrung der bei der Strafverfolgung von NS-Verbrechen bis dahin geübten Verfahrensweise. Die Ermittlungen begannen nun nicht mehr erst nach einer Anzeige gegen einen Tatverdächtigen, vielmehr lösten wie auch immer geartete Hinweise auf ein strafrechtlich noch verfolgbares Verbrechen bereits Ermittlungen gegen die Tatverdächtigen aus.[39]

»Von den Prozessen des Jahres 1958 an datiert eine neue Phase der Auseinandersetzung mit dem nationalsozialistischen Totalstaat«, resümierte Klaus Harpprecht im »Monat«: »Die Zeit für die Bewältigung der erdrückenden Vergangenheit scheint gekommen zu sein. Drittes Reich, Judenverfolgung und Konzentrationslager wurden über Nacht wieder zum Tagesgespräch.«[40] Zwar wird dieses Urteil insoweit zu relativieren sein, als sich jede neue Phase der Auseinandersetzung mit dem Nationalsozialismus für die wichtigste nahm, doch bleibt richtig, daß durch die 1958 einsetzenden spektakulären Prozesse der Resonanzkörper der »Vergangenheitsbewältigung« in den folgenden Jahren nochmals beträchtlich erweitert wurde.

Mitten in der Ära Adenauer war also durch die Gründung der Ludwigsburger Zentralstelle eine wichtige organisatorische Voraussetzung dafür geschaffen worden, daß in den folgenden Jahren Verfahren wie der Auschwitz- und Majdanek-Prozeß durchgeführt werden konnten.[41] Vielleicht hatte es seine Logik, daß ausgerechnet jetzt, angesichts des verstärkten Drucks der öffentlichen Bewältigungskultur, sich auch alte Nationalsozialisten und Antisemiten zunehmend herausgefordert fühlten und »für eine besoffene Stunde (vergaßen), sich hinter der gewohnten Biedermannsmiene zu verstecken«.[42] Jedenfalls kam man nicht an der Tatsache vorbei, daß sich die antisemitischen Vorkommnisse 1958 besorgniserregend häuften und daß auch Persönlichkeiten des öffentlichen Lebens, die sich besonders für die deutsch-jüdische Verständigung einsetzten, verstärkt über anonyme Schreiben mit antisemitischem Inhalt klagten, die bei ihnen jetzt eingingen.[43]

In einem nordhessischen Ort wurden jüdische Wirtsleute von angetrunkenem Dorfpöbel als »Judensau« beleidigt, tätlich angegriffen und zudem von pflichtvergessenen Polizisten[44] boykottiert. Ein jüdischer Wirt in Düsseldorf mußte sich als »Judenlümmel« insultieren lassen: »... Hitler hat wohl vergessen, Dich zu vergasen, aber das nächste Mal bist Du dabei.« Die Juden in Israel sollten »erschossen oder mit E 605 vergiftet« werden, äußerte ein alkoholisierter Textilkaufmann in einer Herforder Gaststätte.[45] Das harte Gerichtsurteil, das der Kaufmann trotz seines Angebotes einer Bußzahlung an die jüdische Gemeinde hinnehmen mußte, vermochte allerdings nicht den Eindruck einer zunehmenden antisemitischen Gefahr zu verwischen. Denn einige Ereignisse waren 1958 noch wesentlich ernster zu nehmen.

3. ZIND, EISELE UND BUDDE/NIELAND

Am 8. April 1958 begann vor dem Offenburger Landgericht der Prozeß gegen den Studienrat Ludwig Zind, der in angetrunkenem Zustand einen Halbjuden mit antisemitischen Verwünschungen – »Es tut mir leid, daß Du nicht durch den Rauchfang hochgegangen bist« – schwer beleidigt hatte. Erst als Zind, der bereits nach dem Krieg wegen seiner NS-Vergangenheit zwei Jahre Berufsverbot erhalten hatte, seine Beschimpfungen in nüchternem Zustand und im Beisein des Gymnasialdirektors aufrecht erhielt, ließ der beleidigte Halbjude das Kultusministerium einschalten.

Nach mühsamen, fünf Monate beanspruchenden Untersuchungen leitete die oberste Kultusbehörde endlich ein förmliches Dienststrafverfahren gegen Zind ein, ohne sich indes zu einer sofortigen Suspendierung zu entschließen. Zwar erschien dem Ministerium das Verhalten des Studienrates »haarsträubend«, doch erfüllte es nicht die formaljuristische Voraussetzung einer drohenden »aktuellen Gefährdung« der Schüler, da ein Lehrer für Biologie und Mathematik in diesen Fächern »politisch keinen Schaden« würde anrichten können. Erst als der SPIEGEL den Fall aufgegriffen hatte, kam die Lawine der öffentlichen Meinung und schließlich auch ein Strafprozeß ins Rollen.

Darin bekannte sich Zind »vorbehaltlos« zur nationalsozialistischen Konzeption, die, wie er sagte, »richtig war und richtig ist«. Die Konzentrationslager verteidigte er als eine »notwendige Abwehrmaßnahme des Staates gegen die jüdische Gefahr«, im Staat Israel sah der Studienrat eine »Pestbeule«. Zwar wurde Zind für seine antisemitischen Äußerungen zu einem Jahr Gefängnis verurteilt, doch konnte er sich der schlafmützigen deutschen Justiz durch Flucht nach Ägypten entziehen. Da ein einzelner wie Zind mit seinen Äußerungen zerschlagen konnte, »was Tausende wiedergutzumachen versucht haben...«[46], waren die im baden-württembergischen Landtag erhobenen Vorwürfe gegen die zögerliche Haltung des Kultusministeriums und die Kritik an den Justizbehörden um so heftiger.

Versagen offizieller Stellen spielte auch in dem zur gleichen Zeit kulminierenden Fall des Buchenwalder Lagerarztes Hans Eisele eine wichtige Rolle. Eisele hatte durch Vivisektionen zahlreiche Häftlinge grausam gequält und getötet; 1947 wurde er von den Amerikanern zu lebenslänglichem Zuchthaus begnadigt, fünf Jahre später sogar auf freien Fuß gesetzt. Mit gefälschten Dokumenten erreichte er die Anerkennung als Spätheimkehrer und die Zulassung als Kassenarzt im Münchner Stadtteil Pasing. Obwohl dem Staatsanwalt Max von Decker bereits 1954 eine Anzeige wegen der KZ-Verbrechen Eiseles zugegangen war, unterließ er es, diese zum Gegenstand eines besonderen Verfahrens zu machen oder den Behördenvorstand zu unterrichten. Als im Mai 1958 der langjährige KZ-Häftling und Münchner Stadtdirektor Josef Ackermann nochmals Anzeige erstattete, kam Bewegung in den Fall, doch wurde so ungeschickt nach Eisele gefahndet, daß auch er aus Deutschland fliehen konnte. Ein Ersuchen um Auslieferung wies das ägyptische Außenministerium zurück. Denn die zugrunde liegenden Straftaten waren nach dem in Ägypten geltenden Recht bereits verjährt.[47]

Zwar wurde der fragwürdige Staatsanwalt vom Dienst suspendiert, da er gegen seine dienstliche Verpflichtung verstoßen hatte, jede ihm bekannt werdende Straftat der strafrechtlichen Verfolgung zuzuführen, doch konnte dies den entstandenen Schaden nicht mehr mindern; zumal sich nun herausstellte, daß Max von Decker seit 1931(!) Mitglied der NSDAP gewesen war. Bayerns CSU-Justizminister Ankermüller empfand den Fall Eisele deshalb als »das bedauerlichste Versagen und den größten Skandal in der deutschen Justiz nach dem Kriege«.[48] Wenig später aber, Ende Juli 1958, wurde das Ermittlungsverfahren gegen den Staatsanwalt mit der Begründung aufgehoben, für ein so schweres Verbrechen wie Begünstigung im Amt fehle ein ausreichendes Motiv. Der NSDAP sei Decker zwar schon 1931 beigetreten, doch von 1933 bis 1945 nicht mehr befördert worden; zudem gebe es keinen Beweis, daß er noch heute in nationalsozialistischen Gedankengängen befangen sei. Lediglich einige nachlässige Kriminalbeamte erhielten im Ergebnis der Ermittlungen eine Disziplinarstrafe.

Der Fall Eisele trug aber in der erregten Öffentlichkeit dennoch – oder gerade deswegen – zu dem Eindruck bei, es sei etwas faul im Staate Deutschland. Von einer Serie weiterer »kleinerer« Affären vorangetrieben – der Vater Anne Franks stellte Strafantrag gegen einen Lübecker Studienrat und DRP-Kreisvorsitzenden, der in einer Schülerzeitung das »Tagebuch« als Fälschung bezeichnet hatte[49], zwei Assessoren der hessischen Wiedergutmachungsbehörde wurden vom Dienst suspendiert, da sie von »dreckigen Judenakten« gesprochen und judenfeindliche Lieder gegröhlt hatten[50] – strebte die Antisemitismus-Diskussion nach der Jahreswende 1958/59 einem Höhepunkt entgegen.

Friedrich Nieland, ein 62 Jahre alter Hamburger Holzkaufmann und »politischer Alchimist«, hatte eine Broschüre mit dem merkwürdigen Titel »Wieviel Welt-(Geld)Kriege müssen die Völker noch verlieren?« in Umlauf gesetzt und in zweitausend Exemplaren an Bundesministerien, Parlamentarier und Beamte versandt. Ein jüdischer Abgeordneter erstattete Anzeige gegen Nieland, der in seinem Traktat das »internationale Judentum« selbst für die Organisation des Holocaust verantwortlich machte und zu der Folgerung kam, kein Jude dürfe in der Bundesrepublik »an irgendeinem maßgeblichen Posten sitzen...«.[51]

Obwohl eine Untersuchung des angeschuldigten Holzkaufmanns auf seinen Geisteszustand ergab, daß Nieland normal und strafrechtlich voll verantwortlich war, lehnte die Große Strafkammer I des Hamburger Landgerichts und, nach einer Beschwerde des Generalstaatsanwalts, auch der Erste Strafsenat des Hanseatischen Oberlandesgerichtes die Eröffnung des Hauptverfahrens ab. Beide Instanzen sahen einen hinreichenden Tatverdacht auf Verbreitung einer staatsgefährdenden Schrift und Beleidigung der Juden nicht als gegeben an, da Nieland zwischen dem »jüdischen Volk« und dem »engbegrenzten Personenkreis« des »internationalen Judentums« unterschieden und allein letzteres als gemeingefährlich und verbrecherisch bezeichnet habe. Der Hamburger Generalstaatsanwalt hielt dem – mit einem wörtlichen Zitat aus Nielands Pamphlet – entgegen, daß die Unterscheidung zwischen »jüdischem Volk« und »internationalem Judentum« kaum durchführbar sei und Nieland also faktisch doch eine Willkürherrschaft über alle Juden propagiert habe.

Die Affäre spitzte sich zu, als die Hamburger Regierung in einer Pressekonferenz vor 120 in- und ausländischen Journalisten von ihrer Justiz abrückte und mehr oder weniger den Staatsnotstand erklärte.[52] Bürgermeister Brauer stattete sogar dem Bundeskanzler einen aufsehenerregenden Blitzbesuch ab. Zwar beantragte nun der Generalbundesanwalt beim Bundesgerichtshof ein Verfahren gegen das Pamphlet, das beim bewährten Dritten Strafsenat schließlich mit der Anordnung des Einzugs der als verfassungsfeindlich und staatsgefährdend eingestuften Schrift endete[53], doch wandte sich in der Zwischenzeit die Aufmerksamkeit der empörten öffentlichen Meinung dem Hamburger Landgerichtsdirektor Enno Budde zu.

Gewiß war Budde nur einer von sechs Richtern, die sich in beiden Instanzen mit der Sache befaßten. Doch Budde hatte im »Dritten

Reich« einige Blut- und Boden-Aufsätze geschrieben und war bereits in der Weimarer Zeit 1927 wegen eines Vergehens gegen das Gesetz zum Schutz der Republik zu einer Geldstrafe verurteilt worden. Auch seine Urteile als bundesdeutscher Richter waren nicht unumstritten geblieben. So hatte Budde einen Gestapo-Mann, der bei einem Verhör Mißhandlungen begangen hatte, freigesprochen, während eine andere Strafkammer – nach Aufhebung des Budde-Urteils durch den Bundesgerichtshof – den Angeklagten mit anderthalb Jahren Zuchthaus bestrafte.

Der Sprecher der sozialdemokratischen Regierungsfraktion erinnerte im Verlauf einer erregten Debatte in der Hamburger Bürgerschaft auch an die zustimmende Haltung Buddes zu den sehr harten hannoverschen Judengesetzen von 1935.[54] Die Christdemokraten betonten demgegenüber stark die Unabhängigkeit des Richterstandes als dritter Gewalt in einer Demokratie und warfen der SPD eine falsche Behandlung und unnötige Dramatisierung des Falles vor; doch stimmten sie einem interfraktionellen Antrag zu, der die Bundesregierung aufforderte, mögliche strafrechtliche Mängel zu beseitigen.

Während sich Budde von der Strafjustiz in eine Ziviljustizkammer versetzen ließ, beschloß das Bundeskabinett noch im Januar 1959 einen oft als »Lex Nieland« kommentierten, die richterliche Ermessensfreiheit durch textliche Präzisierung einschränkenden Zusatz zum Paragraphen 130 des Strafgesetzbuches mit folgendem Wortlaut[55]: »Wer in einer den öffentlichen Frieden gefährdenden Weise zum Haß gegen nationale, rassische oder religiöse Minderheiten aufstachelt oder solche Minderheiten beschimpft und wider besseres Wissen verleumdet, wird mit Gefängnis nicht unter drei Monaten bestraft.« Trotz des schnellen Handelns der Bundesregierung stellten die Sozialdemokraten eine Große Anfrage im Bundestag, die zu einer ganztägigen Justizdebatte führte.

4. Justizdebatte im Deutschen Bundestag

Wesentlicher Gegenstand der Debatte war »die mit den Ereignissen der Vergangenheit vor 1945 befaßte Rechtssprechung«[56], der Problemkreis des Antisemitismus, die Fehlurteile in NS-Prozessen und einige andere Verfahren gegen hohe Beamte des Bundes. Dabei verurteilte Konrad Adenauer die bekannten antisemitischen Vorgänge als »ein schweres Unrecht gegenüber den deutschen Mitbürgern jüdischer Herkunft«. Das deutsche Volk habe an seine Vergangenheit zu denken und sei in der Verurteilung der Vorkommnisse in seinem größten Teil mit der Bundesregierung einig.[57]

Die Sozialdemokraten griffen den Bundeskanzler – auch wegen seines Verhaltens bei einigen nicht zur »Vergangenheitsbewältigung« zu zählenden Fällen[58] – heftig an, wandten sich gegen das Wort vom »Schlußstrich« und sprachen die Vorkommnisse als Symptome dafür an, wie »geistig unbewältigt« die Vergangenheit noch immer sei[59]; SPD-Sprecher Arndt wollte es nicht als »ein bloßes Unglück abgetan« wissen, wenn »in einzelnen und schwerwiegenden Fällen rechtsgelehrte Richter versagt haben«, und warf der Bundesregierung Saumseligkeit vor. Arndts Fraktionskollege Jahn bezichtigte den Bundesminister Schäffer, »Brandreden gegen die Wiedergutmachung« gehalten zu haben, nannte das Stichwort »Globke« und berief ausführlich den CDU-Abgeordneten Böhm zu seinem Kronzeugen für gewisse bedenkliche »Erscheinungen in der Entwicklung unseres demokratischen Lebens in den letzten Jahren…«.

Böhm hatte hierzu im Organ der Widerstandskämpfer- und Verfolgtenverbände »Freiheit und Recht« klar Stellung genommen: »Man will, daß im Tone unseres politischen Lebens das Patzige, Arrogante, Unverschämte wieder Oberwasser bekommt. Sie wollen die Juden, die Zigeuner, die Fremden, die Demokraten und die humanen Leute wieder offen verachten und beleidigen dürfen. Sie wollen die Wiedergutmachung vom Tische wischen. Sie wollen die Widerstandsleute und Naziverfolgten in die zweite Klasse des Soldatenstandes versetzen. Sie wollen den Bundestag wieder als eine Quasselbude geringschätzen dürfen. Sie wollen, daß der Abgeordnete vor dem Ministerialrat und vor dem Oberleutnant strammsteht… Sie wollen den berühmten Strich unter die Vergangenheit ziehen. Sie wollen, daß die Leute wieder kuschen, die in der Hitlerzeit haben kuschen müssen… Sie wollen, daß dieser Staat ein patziger Staat ist, ein Staat, in dem die Leute genauso denken, wie sie gedacht haben, bevor Hitler beschloß, ein Politiker zu werden und sich dieses patzige Denken zunutze zu machen.«[60]

Die von Jahn zitierten Ausführungen Böhms enthielten ungefähr alle Befürchtungen, die damals nicht nur von Sonntagsrednern, sondern auch von vielen ernsthaft Besorgten der »Betroffenengeneration« auf den Tagungen politischer Akademien immer wieder geäußert wurden – ohne vielleicht stets zu bedenken, gegen welch verschwindende Minderheiten Ewiggestriger man hier eigentlich zu Felde zog, und ohne zu sehen, daß manche Gefahren zum Schaden der politischen Kultur im Lande wohl auch einfach herbeigeredet werden konnten. Dies geschah aber, indem nun der Eindruck vermittelt wurde, als wären die bedauerlichen »Einzelerscheinungen auf dem Gebiet der Rechtsprechung schon wieder zur Norm bei uns« geworden.[61]

Zwar scheinen die damaligen Sorgen zumindest innerhalb des linken politischen Spektrums nachvollziehbar, wenn sie in den Kontext der 1957 erzielten absoluten Unionsmehrheit im Bundestag und den daraus folgenden wirklichen oder vermeintlichen Gefahren gestellt werden; doch ist es erstaunlich, mit welchem Engagement sich auch Unionsabgeordnete wieder zu den Bedenkenträgern gesellten und »Vergangenheitsbewältigung« anmahnten. Der Christdemokrat Benda, der schon früher ein Schweigen des deutschen Volkes nach 1945 und einen Mangel an »sittlicher Erneuerung«[62] diagnostiziert hatte, sprach in der Debatte erneut von der »Technik des Vergessenkönnens«, die manches unbefriedigende Urteil erklärte. Diese »Eigenschaft der moralisch Anspruchslosen« hatte im übrigen bereits Theodor Heuss kritisiert.[63]

Dennoch kamen Sprecher aller Parteien zu dem Ergebnis, daß – von einigen Richtern abgesehen, die ihre staatspolitische Aufgabe nicht erkannt hatten – keine kollektiven Vorwürfe gegen die deutsche Justiz erhoben werden konnten;[64] hatte es doch unter der Vielzahl der von den Gerichten gefällten Urteile immer auch einige Fehlentscheidungen gegeben. Und schließlich waren vor allem die Relationen zwischen den letztlich wenigen Skandalen und der Gesamtzahl der über 11000 Richter in der Bundesrepublik in Betracht zu ziehen.[65]

»Roma locuta – causa finita« galt nach der zehnstündigen Debatte im Bundestag allerdings nicht. Auch der nordrhein-westfälische Landtag erlebte wenige Tage später noch eine Antisemitismus-Diskussion, nachdem Mitte Januar 1959 die Düsseldorfer Synagoge zum wiederholten Mal – durch Hakenkreuzschmierereien – geschändet worden war. Innenminister Dufhues wies allerdings darauf hin, daß sich bislang keine Anhaltspunkte für ein organisiertes Vorgehen bestimmter Gruppen ergeben hatten. Nur in einzelnen Fällen hatte es Verbindungen zu zahlenmäßig bedeutungslosen rechtsradikalen Gruppen gegeben. Bei dem aktuellen Düsseldorfer Fall dagegen war ein ehemaliger Angehöriger der Kommunistischen Partei tatverdächtig.[66]

Bundeskanzler Adenauer mußte sich nun sogar im britischen Fernsehen gegen den Vorwurf verteidigen, der Antisemitismus in Deutschland habe in gefährlicher Form zugenommen. Die Bundesrepublik Deutschland befand sich damals kurz nach Chruschtschows Berlin-Ultimatum vom November 1958 in einer dramatischen außenpolitischen Krisensituation und hatte alles zu vermeiden, was in der Weltöffentlichkeit – und besonders in der öffentlichen Meinung der westlichen Siegermächte – das Bild des bösen Deutschen wachrufen konnte. Adenauer äußerte deshalb sein Befremden über die große Bedeutung, die den antisemitischen Vorkommnissen im Ausland beigemessen wurde. In seinen Augen hatte es außer der umstrittenen, »für jeden denkenden Menschen und für jeden Juristen völlig unverständlich(en)« Hamburger Gerichtsentscheidung im Fall Nieland lediglich »einige von Rowdys verursachte Zwischenfälle« gegeben.[67]

Dennoch gelang es nicht, die öffentliche Debatte auf kleiner Flamme zu halten; vielmehr wurde das Problem der »Vergangenheitsbewältigung« unter dem Aspekt des Antisemitismus nun heftiger diskutiert als je zuvor. Weihbischof Kampe sah in der Limburger Bistumszeitung die größte Schwierigkeit für den Widerstand gegen den »nazistischen Einfluß« darin begründet, »daß unser deutsches Volk den Nationalsozialismus geistig nicht überwunden hat«. Schließlich habe sich das deutsche Volk vom »Hitlerismus nicht wegen einer inneren Einsicht in die Verderbtheit seiner Moral« abgewandt, sondern infolge einer militärischen Niederlage. Auch die »gewisse Schuld« der Geistlichkeit, die sich nach 1945 nicht nur für Mitläufer, sondern für »manchen Übeltäter von Format« eingesetzt habe, sprach Kampe offen an.[68]

Ein jüdischer Autor stellte in einem großen Artikel in der »Welt« die ernste Frage: »Müssen wir wieder emigrieren?« Dabei waren es nicht die häufiger gewordenen Meldungen über den »mickrige(n) Antisemitismus« in der Bundesrepublik, die ihn beunruhigten, sondern der Eindruck, daß »so viele Übermenschen von Anno dazumal...jetzt plötzlich Morgenluft wittern...«.[69] Heinz Galinski, Vorsitzender des Zentralrates, sprach gar von einer sich laut- und widerstandslos vollziehenden Renazifizierung des öffentlichen Lebens und forderte eine »Reinigung« der Justiz, des Schulwesens, der Industrie und der Politik von Personen, »die sich während der NS-Herrschaft Verbrechen zuschulden kommen ließen«.[70] Doch räumte er ein, daß eine ungewöhnliche Häufung antisemitischer Vorfälle »für den Sachkenner« nicht eingetreten sei; schließlich hatte der Zentralrat die zuständigen Stellen seit Jahren auf die »Symptome einer Restauration der Kräfte einer unglückseligen Vergangenheit« hingewiesen, und erst im Januar 1958 hatten die Sprecher der jüdischen Gemeinden dem Bundeskanzler ihre diesbezügliche Besorgnis vorgetragen.[71]

Die von Galinski in Abrede gestellte statistische Häufung der antisemitischen Vorkommnisse seit dem Jahr 1958 ist für unseren Erklärungszusammenhang nicht entscheidend[72]; in der Tat hat die »Allgemeine Wochenzeitung der Juden« während der gesamten 50er Jahre in fast jeder Ausgabe über Fälle offenen oder latenten Antisemitismus berichtet. Zu konstatieren aber bleibt, daß gerade 1958/59 – nach dem Anne-Frank-Jahr, den neuerlichen schockierenden NS-Prozessen und der Ausstrahlung einer Fernsehdokumentation von Waldemar Besson über das »Dritte Reich«[73] – durch antisemitische Ereignisse ein besonders intensiver Bewältigungsschub ausgelöst wurde.

Wendepunkt der »Vergangenheitsbewältigung«

Die Diskussion über die nun zunehmend auch mit diesem eigentümlichen Begriff bezeichnete »Vergangenheitsbewältigung« im allgemeinen und den Antisemitismus im besonderen kam während des ganzes Jahres 1959 nicht mehr zur Ruhe. Selbst kleine Skandale in diesem Bereich wurden manchmal fast wie Haupt- und Staatsaktionen kommentiert. Als etwa in der West-Berliner Kongreßhalle bei der Aufführung eines Theaterstückes über das Warschauer Ghetto ein jugendlicher Störtrupp Stinkbomben warf und zudem versuchte, die Vorstellung durch Zwischenrufe zu stören, sprach die »Frankfurter Rundschau« von »der schwersten antisemitischen Ausschreitung der Nachkriegszeit«.[1] Die allgemeine Stimmung entwickelte sich dahin, daß es nach neuerlichen Schändungen jüdischer Gräber in Freiburg auch die Hilfsgemeinschaft ehemaliger Waffen-SS-Soldaten für geboten hielt, eine scharfe distanzierende Erklärung abzugeben.[2] Der Fülle antisemitischer Aktionen entsprachen aber – nach der Art kommunizierender Röhren – bald auch eine Reihe von Zeichen des Philosemitismus.

In Karlshafen an der Weser folgten Schulkinder einer Anregung ihrer Lehrer und stellten den von Nationalsozialisten in den dreißiger Jahren zerstörten jüdischen Friedhof in freiwilliger Arbeit als Mahn- und Gedenkstätte wieder her.[3] Im nordhessischen Helmarshausen brachten vierzehnjährige Schüler den zwar nicht geschändeten, aber stark verwahrlosten Judenfriedhof wieder in Ordnung, nachdem der Bürgermeister ihnen im staatsbürgerlichen Unterricht das Schicksal der Juden im »Dritten Reich« geschildert hatte. Die Idee zu der Aktion war dem Kommunalpolitiker gekommen, als er nach den Affären Zind und Nieland in amerikanischen und englischen Zeitungen vom wiedererwachten deutschen Antisemitismus gelesen hatte. Um der Welt zu zeigen, »daß wir doch nicht die Antisemiten sind, als die wir neuerdings wieder gelten«, ließ sich der Bürgermeister von seinem Magistrat in einem Nachtragshaushalt Finanzmittel bewilligen. Betriebe stellten kostenlos Baumaterial zur Verfügung, und in einer Feierstunde mit tausend Teilnehmern wurde der jüdische Friedhof in die Obhut der jeweiligen Abschlußklasse der örtlichen Volksschule gegeben.[4]

1. »HITLER UND ULBRICHT – FEHLANZEIGE«: GESCHICHTSUNTERRICHT IM STREIT

Die zeitgeschichtlichen Kenntnisse der deutschen Schüler rückten nun zunehmend in den Blickpunkt der öffentlichen Aufmerksamkeit. Ältere Ansätze in dieser Richtung datierten aus dem Jahr 1956. Die damaligen pädagogischen Aktivitäten des Grünwalder Kreises[5], die Kritik seitens der Gewerkschaften[6] und die Artikelreihe in der »Frankfurter Rundschau« Ende 1956 über »Falschen Zungenschlag in der Schulstube«[7] oder noch der Kongreß der deutschen Gesellschaften für Christlich-Jüdische Zusammenarbeit im März 1958 (»Vergangenheit als Aufgabe«), mit seiner Forderung nach Vertiefung zeitgeschichtlicher Kenntnisse insbesondere bei der Jugend[8], hatten indes lange nicht das Echo gefunden, das im April 1959 ein Fernsehfilm über das zeitgeschichtliche Wissen der deutschen Schüler auslöste. Zwar hatte die Sendung »Hitler und Ulbricht – Fehlanzeige« bei Schülern aller Schulgattungen »niederschmetternd« geringe Kenntnisse über beide Formen des Totalitarismus auf deutschem Boden ergeben[9], doch konzentrierte sich die Diskussion, vor dem Hintergrund der aktuellen antisemitischen Vorkommnisse, ganz auf die nationalsozialistische Vergangenheit und deren Bewältigung.

»Jugend, Schule, Nationalsozialismus«[10], »Die NS-Vergangenheit im Unterricht«[11] oder »Hitler in der Schule«[12] lauteten die Artikelüberschriften in der Presse. Die Fülle der Resolutionen und Publikationen, die eine bessere Unterrichtung über das »Dritte Reich« forderten, war kaum mehr überschaubar.[13] Nicht nur modische Medien des Zeitgeistes, auch staatstragende Organe boten der Kritik an der bisherigen Geschichtspolitik in der Bundesrepublik breiten Raum. In der »Frankfurter Allgemeinen« hielt der bekannte CDU-Politiker Franz Böhm ein engagiertes Plädoyer für einen forcierten Zeitgeschichtsunterricht.[14] Und allerorten, von Tutzing bis Wiesbaden, hatten Lehrer- und Erziehertagungen Konjunktur, auf denen zunehmend selbstkritisch die Frage gestellt wurde, ob Eltern, Lehrer oder Lehrerausbildungsanstalten am meisten Schuld an der zeitgeschichtlichen Malaise treffe.[15]

Auf einer bundesweiten Erzieher-Tagung in Wiesbaden Anfang November 1959 stand bereits ein Vortrag von Theodor W. Adorno mit dem Thema »Was bedeutet Aufarbeitung der Vergangenheit?« im Mittelpunkt der Beratungen. Dabei erläuterte der Frankfurter Professor seine Hypothese von einem »ideologischen Nachleben« des Nationalsozialismus innerhalb der bundesrepublikanischen Demokratie und von einem Fortbestehen der »gesellschaftlichen Voraussetzungen des Vergangenen«.[16] Hessens Kultusminister Schütte sekundierte mit dem Hinweis, daß die »Mittäter und Veranlasser des großen Unheils sich heute an vielen Stellen schon wieder vordrängten...«[17]

Fast schien es in diesem Jahr 1959, als sei selbst politisch interessierten Bürgern das Problem der zeitgeschichtlichen Bildung erst durch die vieldiskutierte Fernsehsendung vom April bewußt geworden.[18] Tatsächlich aber hatten die Kultusminister bereits auf ihrer Ständigen Konferenz im Juni 1950 Grundsätze zur politischen Bildung an den Schulen aufgestellt, die von den Schulbehörden der Länder in ihren Anweisungen für die Lehrpläne umgesetzt wurden. So gab es die Bestimmung, daß in den Abschlußklassen aller Schularten die Geschichte der letzten hundert Jahre eingehend behandelt und bis zur unmittelbaren Gegenwart geführt werden mußte.[19]

In ihren Grundsätzen für den Geschichtsunterricht vom Juli 1954 legte die Kultusministerkonferenz detailliert Beginn und Abgrenzung des Geschichtsunterrichts in den einzelnen Schulen fest. In dem Stoffplan für das zehnte Jahr an den Mittelschulen waren nach dem Imperialismus und dem Ersten Weltkrieg ausschließlich zwei große zeitgeschichtliche Themen vorgesehen: »Zwischen den beiden Weltkriegen: Die Weimarer Republik – Völkerbund – Weltwirtschaftskrise – Die Diktaturen« und »Der Zweite Weltkrieg und seine Auswirkungen: Der Zusammenbruch des europäischen Staaten- und Völkergefüges – Die Emanzipation der Kolonialvölker« usw. Analoge Lehrinhalte auf unterschiedlichem Niveau gab es für Volksschulen und Gymnasien.[20]

Natürlich kann von dieser Erlaßebene allein auf die Wirklichkeit an den Schulen nicht geschlossen werden, die aus einer Reihe von Gründen recht kompliziert war. Denn während der Besatzungszeit hatte es seitens der Siegermächte starke Vorbehalte gegen eine geschichtliche Unterrichtung der deutschen Schüler – bis hin zum Geschichtsverbot in der französischen Besatzungszone – gegeben.[21] Diese verfehlte Reeducation-Politik korrespondierte mit einer verbreiteten Unsicherheit der Deutschen über den Sinn ihrer Nationalgeschichte. Manche Deutsche wollten, wenn Historie schon sein mußte, wenigstens in die Kulturgeschichte eskapieren.[22]

Durchsetzen konnte sich – mit Unterstützung der politischen Repräsentanten der frühen Bundesrepublik – allerdings die Gruppe derer, die die jahrelange Pause im Geschichtsunterricht für einen pädagogisch und politisch unverantwortlichen Fehler hielten.[23] Diese engagierten Geschichtslehrer waren es auch, die sich in einem eigenen

Verband zusammenschlossen, eine Zeitschrift begründeten und sich »auf solchen und anderen Wegen bemühten, dem eben erst wieder in den Schulen eingeführten Geschichtsunterricht einen festen Boden und wissenschaftliches Niveau zu verschaffen«.[24] Da Politik und Gesellschaft durch die großen Fragen der Westintegration und der deutschen Teilung stark beansprucht waren und das Gros der Universitätshistoriker »in traditioneller Geringschätzung« der mit einfacher Wissenstransmission beschäftigten »Schulmeister« sich an der Lehrplangestaltung desinteressierte, entschieden in den Kommissionen der Kultusbehörden vornehmlich einige engagierte Geschichtslehrer über die Bestimmung der Lehrziele[25] und damit auch über die Inhalte der Geschichtsbücher.

1959 sollte sich dies grundlegend ändern. Im September beschlossen die Kultusminister, alle im Gebrauch befindlichen Geschichts- und Geographie-Lehrbücher zu überprüfen.[26] Schon auf der folgenden Sitzung des Schulausschusses im November 1959 wurde über die Schulbücher für Mittel- und Oberstufen der Gymnasien berichtet, daß dort manches – etwa die Innenpolitik 1933–1939, die Unterdrückung der besetzten Gebiete und die Judenverfolgung – »zu kurz oder mißverständlich« dargestellt war.[27] Einige Bücher wurden aufgrund von Beanstandungen der Unterrichtsverwaltungen nun rasch aus dem Verkehr gezogen oder geändert.[28] So hielt die Hamburger Schulbehörde das Lehrbuch »Vom Schicksalsweg des deutschen Volkes« für ungeeignet[29]; auch die Werke einiger anderer renommierter Verlage – Klett, Diesterweg und Westermann – kamen ins Gerede.

In dem Lehrbuch des Klett-Verlages für Volksschulen – Titel: »Mit eigener Kraft« – hieß es etwa über die nationalsozialistischen Kriegsverbrecher: »Einige wurden in Nürnberg mit dem Strang gerichtet, andere zu schwerer, entwürdigender Haft verurteilt.«[30] Die Prüfer kritisierten, daß das Adjektiv »entwürdigend« eine ungerechte Strafe suggeriere, und fanden auch die Darstellung der Reichskristallnacht in dem untersuchten Werk zu »kümmerlich« (»Als ein Jude in Paris einen deutschen Diplomaten erschoß, kam es mit Hilfe der Partei zu schwersten Ausschreitungen.«).

»Braune Erdkunde« sahen Kritiker in dem Geographie-Lehrbuch »Länder und Völker«, da es in ihren Augen Österreich als »anschlußreif« beschrieben und den »schiefen Eindruck erweckt« hatte, als liege der Schwerpunkt Deutschlands im Osten.[31] Die Autoren des Werkes hatten zudem von einem heute »in vier Teile gespalten(en)... alten deutschen Reich...« gesprochen. Selbst in dem als vorbildlich geltenden »Grundriß der Geschichte« für Oberschulen, bearbeitet von Herzfeld und Ritter, fand die schleswig-holsteinische Kultusbehörde »mißverständliche« Passagen.[32] Doch muß hierbei erwähnt werden, daß die Inhalte geschichtlicher Werke eben nicht mit Darstellungen in Mathematikbüchern zu vergleichen sind, sondern das Urteil der Prüfer auch subjektiven Kriterien unterlag. Deshalb wichen die Untersuchungsergebnisse der verschiedenen Kultusministerien teilweise voneinander ab.[33]

Ernst Uhe kommt in seiner aufschlußreichen Inhaltsanalyse der deutschen Schulgeschichtsbücher von 1949 bis 1971 für die 50er Jahre zu einem differenzierten Ergebnis.[34] Er kann zum einen herausarbeiten, wie die Bücher zunehmend präzisiert wurden, da von einem Zeitabschnitt, dessen Ende beim Erscheinen der ersten Schulgeschichtsbücher im Jahre 1949 gerade vier Jahre zurücklag, »zunächst viele Einzelheiten ungenau berichtet« waren. Uhe führt dies auf den damals in vielen Fragen noch unbefriedigenden wissenschaftlichen Forschungsstand zurück, während er die größere Sachlichkeit und Präzision der späteren Darstellungen mit dem »Abstand« zum Erlebten begründet.[35]

Auch die Ablehnung des Nationalsozialismus wird in den späteren Unterrichtswerken deutlicher als in den zu Anfang der fünfziger Jahre erschienenen.[36] Hitlers Kriegspolitik wird anfangs als »verfehlte«, nachher als »verbrecherische« bezeichnet[37], bei der Darstellung der »letzten freien Reichstagswahlen« 1933 wird in einer späteren Auflage die Einschränkung »einigermaßen« hinzugefügt. Auch die Schilderung der SS, des sogenannten Röhm-Putsches und der Judenverfolgung nimmt im Laufe der Jahre an Umfang zu.[38] Besonders interessant verläuft die Entwicklung beim Kapitel »Widerstand«, wo zunächst als Spiegelbild des 1949/50 noch nicht voll hergestellten gesellschaftlichen Konsenses nur einige Widerstandskämpfer namentlich erwähnt werden und keine Identifikation mit ihnen erfolgt. Ab Mitte der 50er Jahre aber werden die Bemühungen des Widerstandes als richtig und lobenswert anerkannt und immer mehr Persönlichkeiten namentlich hervorgehoben.[39]

Die empirischen Ergebnisse Uhes stehen im Gegensatz zu zeitgenössischen Einsichten des Generalsekretärs der Kultusministerkonferenz, Kurt Frey, die aber immerhin insofern bemerkenswert sind, als sie nur der selbstkritische Zeitgeist der Jahre 1959/60 eingegeben haben konnte. Frey meinte damals, die Schulbücher würden hinsichtlich der Behandlung der NS-Vergangenheit immer »weicher«, weil die Verlage dadurch zum einen die Lehrer für ihre Werke gewinnen wollten und außerdem auf die Stimmung der – ganz auf Verdrängung bedachten – Elternschaft Rücksicht nähmen.[40]

»Das Elternhaus und das Dritte Reich« war 1959, nicht nur auf der Vollversammlung des Bundesjugendringes im Oktober[41], eines der meistdiskutierten Themen. Auch Politiker und Publizisten erörterten viele Monate lang die Frage, aus welchen Quellen sich das Schülerwissen über die NS-Zeit bislang speiste und künftig speisen sollte.[42] Zwar gab es differenzierte Kommentare, die der vielbeachteten Fernsehsendung »Hitler und Ulbricht – Fehlanzeige« entgegenhielten, daß die Jugend über Goebbels nicht mehr und nicht weniger wüßte als über den Kaiser Friedrich Barbarossa, weil für heutige Schüler beide auf der gleichen Stufe der Historizität stünden[43]; doch vermochten sich besonnene Stimmen, die die besorgniserregende Unkenntnis der nationalsozialistischen Vergangenheit mit der mindestens ebenso besorgniserregenden Unkenntnis der realsozialistischen Gegenwart in Mitteldeutschland verglichen, in der allgemeinen Aufregung kaum mehr Gehör zu verschaffen.

Strittig blieb nur noch, wer die Verantwortung für die bedauerten Zustände trug.[44] Die Lehrerschaft, so hieß es in einer Erklärung des »Deutschen Ausschusses für das Erziehungs- und Bildungswesen«, könne nicht zum »Sündenbock für die Fehler anderer« gemacht werden. Die Fehler lägen »im Grunde beim Versagen der Eltern und bei den Schwächen der deutschen Politik«. Die Lehrerschaft wollte nicht gelten lassen, daß man ihr eine Alleinverantwortung zuschob, die sie doch nach eigenem Urteil »mit der Schulverwaltung, den Sprechern der öffentlichen Meinung, den Kirchen, vor allem aber mit den Eltern und den Politikern« teilte.[45]

Was in den Schulen selbst in den 50er Jahren geschehen und unterlassen worden war, ließ sich im einzelnen nicht genau feststellen. Es gab Schulen, »in denen die sittliche und politische Bewältigung unserer jüngsten Vergangenheit als vordringliche Bildungsaufgabe erkannt« worden war. Es gab Lehrer,»die an diese Aufgabe mit Leidenschaft« herangingen. In anderen Schulen und in manchen Klassen wurde sie vernachlässigt: »Aus Bequemlichkeit, aus Mangel an Mut oder Einsicht« oder »aus heimlicher Sympathie mit einem Nationalsozialismus, dessen unteilbare Wirklichkeit man beschönigend in einen verbrecherischen und einen rühmenswerten Teil aufspaltet...«[46] Vor allem die ältere Lehrergeneration, die den Nationalsozialismus – nicht selten zustimmend – erlebt hatte und anschließend in der Atmosphäre der Fragebogen ums berufliche Überleben kämpfte, konnte nicht frei von psychischen Hemmungen Zeitgeschichte unterrichten.

Doch darf nicht übersehen werden, daß alarmierender historischer Unkenntnis in manchen Klassen erfreuliches Wissen in anderen Fällen gegenüberstand.[47] Als ein Gymnasialdirektor in einer Großstadt im Rhein-Main-Gebiet sich bei 150 Primanern nach der Geschichte der Juden in Deutschland erkundigte, stieß er auf vage und lückenhafte Kenntnisse und wurde sogar mit Schlagworten der Nazizeit konfrontiert; der Lehrer einer norddeutschen Großstadt dagegen, der 250 Volksschüler einem schriftlichen anonymen Test zu diesen Fragen unterzog, fand erstaunliches Wissen über die Judenverfolgung vor.[48] Als Quellen ihrer Kenntnisse gaben die Schüler Lesemappen, Radio, Fernsehen und Schule an. Auch den Hochschülern, also den Jahrgängen seit Mitte der 30er Jahre, die damals die Universitäten besuchten, wurde vielfach ein »leidenschaftliches Bedürfnis nach Informationen über das Dritte Reich« attestiert. Der Erfolg einer zeitgeschichtlichen Vortragsreihe in München, aber auch ähnliche Ereignisse in anderen Städten ließen dies sichtbar werden.[49]

Wenngleich beim Thema Nationalsozialismus die »wissenschaftliche und didaktische Unsicherheit generell nicht überwunden werden konnte«, ist aufs Ganze gesehen im ersten Jahrzehnt der Bundesrepublik – unterstützt von »zahlreichen Fortbildungstagungen, die in allen Ländern durchgeführt wurden, geleitet von neuen Lehrplänen, mit Hilfe von neuen Schulbüchern sowie des neuen Handbuches von Rassow« – wohl in der Tat »ein solider Geschichtsunterricht erteilt«[50] und eine bemühte zeithistorische Forschung begonnen worden. Zu diesem positiven Gesamturteil kam 1961 auch Oberstudiendirektor Karl

Mielcke, der auf Anregung der Ständigen Konferenz der Kultusminister über fünfzig Lehrbücher aller Schularten untersucht hatte. Er wies detailliert nach, daß gerade die Oberstufenbände den Terror des nationalsozialistischen Staates keineswegs verharmlosten oder gar verschwiegen.[51] Unbrauchbare oder doch sehr dürftige Geschichtsbücher gab es in der Ära Adenauer nur »einige wenige«.[52]

»An den Schulbüchern liegt es bestimmt nicht mehr... Die Mehrzahl hält jeder Kritik stand«, referierte der international bekannte deutsche Schulbuchforscher Professor Eckert vor dem kulturpolitischen Ausschuß beim SPD-Parteivorstand in Bonn.[53] Da der Periode des Nationalsozialismus in jedem Geschichtsbuch »ein großer Raum gewidmet« würde, handele es sich nicht mehr darum, »die Dinge weiter auszudehnen, sondern sie zusammenzufassen«.[54] Ganz anderer Ansicht war hier allerdings DDR-Ministerpräsident Otto Grotewohl. In seiner Regierungserklärung vor der Volkskammer am 10. Februar 1960 kritisierte er ein westdeutsches Geschichtsbuch für Volksschulen, in dessen Ausgabe von 1949 die NS-Zeit noch auf 71 Seiten, 1958 dagegen nurmehr auf 34 Seiten behandelt wurde.[55] Zu erklären war dieses vermeintliche »Verschweigen historischer Fakten« in den Augen der mitteldeutschen Kommunisten nur dadurch, daß »die Abs und Pferdmenges, Schröder und Oberländer, Speidel und Heusinger« danach strebten, »ein drittes, noch viel schrecklicheres Massenmorden vorzubereiten«.[56]

Im (neo)marxistischen Lager der Bundesrepublik kritisierte man ebenfalls, wie kurz und achselzuckend die großen »Schandmale des deutschen Faschismus« abgehandelt würden, ohne daß die geistigen und gesellschaftlichen Grundlagen »des faschistischen Antisemitismus« gründliche Erklärung fänden. Dabei habe doch schon Jürgen Habermas auf die grundsätzliche Fehlkonstruktion hingewiesen, Geschichts- und Sozialkundeunterricht zu trennen.[57] Nicht nur einzelne Institutionen wie Jugendverbände und Medien wurden nun auf ihre Rollen im Prozeß der »Vergangenheitsbewältigung« hin untersucht, vielmehr kam »die Gesellschaft überhaupt« auf die Anklagebank[58], und es wurde als peinlich empfunden, »daß wir uns erst vierzehn Jahre nach dem Zusammenbruch mit diesen Erscheinungen auseinandersetzen...«.[59] Sogar die verdienstvolle Bundeszentrale für den Heimatdienst fand Kritik.[60] Offensichtlich war das Unbehagen an den antisemitischen Vorkommnissen am Ende der 50er Jahre so stark gewachsen, daß ein Sündenbock gesucht werden mußte – und überwiegend im Geschichtsunterricht und in der politischen Bildung gefunden wurde.

Zudem verdichteten sich gerade in der zweiten Jahreshälfte 1959 die – seit 1945 anhaltenden[61] – kulturellen Bemühungen der »Vergangenheitsbewältigung«. Bernhard Wickis (Anti-)Kriegsfilm »Die Brücke« und Wolfgang Staudtes cinematographische Auseinandersetzung mit der schwierigen Vergangenheit und Gegenwart der deutschen Justiz – »Rosen für den Staatsanwalt« – kamen in die Lichtspielhäuser. Günter Grass' »Blechtrommel«, »Billard um halb zehn« von Heinrich Böll und Paul Schallücks Roman »Engelbert Reinecke« fanden starke Beachtung.[62] Noch näher rückte die nationalsozialistische Vergangenheit im September 1959 mit der Erinnerung an den zwanzig Jahre vorher ausgebrochenen Zweiten Weltkrieg. Eine Rundfunkansprache Konrad Adenauers zu den Grundsätzen der deutsch-polnischen Beziehungen rief der Öffentlichkeit der Bundesrepublik abermals das »deutsche Schuldkonto« ins Bewußtsein.[63] So hatten die Westdeutschen, als die epochemachenden Weihnachtsfeiertage 1959 begannen, bereits in einem mehr als einjährigen Diskussionsschub von außergewöhnlicher Intensität ihr Verhältnis zur NS-Vergangenheit erörtert.

2. Das Kölner Ereignis

Am Heiligen Abend 1959 wurde in Köln die erst wenige Monate zuvor im Beisein von Bundeskanzler Adenauer eingeweihte neue Synagoge geschändet. Junge Männer hatten ihre Parolen: »Deutsche fordern Juden raus« neben Hakenkreuzen an die Wände geschmiert und zusätzlich ein Denkmal für die Opfer des NS-Regimes besudelt.[64] Die vorbestraften Täter, die schon tags darauf festgenommen werden konnten, gehörten der rechtsextremen Deutschen Reichspartei (DRP) an und gaben an, aus Protest gegen das Eindringen von Juden in führende Stellungen der Bundesrepublik gehandelt zu haben. Von dem Termin in der Heiligen Nacht versprachen sie sich die »beste Wirkung in der Öffentlichkeit«.[65] Diese Vermutung trog nicht.

Da sonst kaum etwas von Bedeutung vorgefallen war, gehörten den antisemitischen Herostraten die Hauptsendezeit des Rundfunks und des Fernsehens an den beiden Weihnachtsfeiertagen und anschließend die Schlagzeilen der Presse. Ein Hauptanteil an dem journalistischen Hochziehen des Ereignisses war dem bekannten WDR-Redakteur Werner Höfer zuzuschreiben, der noch Anfang Dezember im SPIEGEL wegen seines »Stammtisch-Patriotismus« in der beliebten Diskussionssendung (Der Frühschoppen) angegangen und drohend an seine NS-Vergangenheit in der »Organisation Todt« erinnert worden war.[66]

Zwar distanzierte sich die DRP schon am Abend der Festnahme von Tat und Tätern, schloß beide – unter Hinweis auf wiederholte Reisen in die Sowjetzone – aus der Partei aus und löste sogar den dreißig Mitglieder starken Kreisverband Köln auf, doch trug dies kaum zur Beruhigung der Lage bei. Aus allen Kreisen der aufgewühlten Bevölkerung, des politischen, kommunalen und kulturellen Lebens der Stadt Köln, Nordrhein-Westfalens und der gesamten Bundesrepublik ging eine Flut von Telegrammen und Anrufen bei der Gemeinde der betroffenen Synagoge ein.[67] Allen voran gaben Bundespräsident, Bundeskanzler und Bundesinnenminister ihrer Empörung über den Vorfall Ausdruck. Gerhard Schröder, der sich in der Tagesschau des Deutschen Fernsehens äußerte, bedauerte besonders, daß »hier… gegen den allgemeinen Willen« verstoßen worden war, »das scheußlichste und unentschuldbare Kapitel der NS-Geschichte durch Wiedergutmachung und Versöhnung« endgültig zu überwinden.[68]

Die allgemeine öffentliche Empörung rief allerdings auch blitzartig eine Fülle von Nachahmungstätern auf den Plan.[69] Bis Ende Januar waren 470 Fälle registriert. Von den ermittelten antisemitischen Schmierern befand sich die Hälfte noch in Berufsausbildung; politische, großenteils antisemitische Motive lagen nur einem Drittel der Taten zugrunde, die Mehrzahl war dagegen auf Rowdytum – nicht selten unter Alkoholeinfluß – zurückzuführen. Die schnellen und strengen Urteile der deutschen Justiz gegen die Teilnehmer der Sudelwelle reichten von Geldstrafen bis zu fast zweijährigem Gefängnis.[70]

Auch das Ausland, vor allem Westeuropa und Skandinavien, wurde von der Woge erfaßt. Doch trotz der zahlreichen Sudelaktionen »vor der eigenen Haustür« richtete sich die scharfe bis verletzende Kritik der Weltpresse allein gegen die politischen Verhältnisse in der Bundesrepublik Deutschland. Die Polemiken aus dem kommunistischen Ostblock, wo die Kommentare einen »faschistischen« Hintergrund der antisemitischen Vorfälle betonten und Mißtrauen gegen Bonn schürten[71], wurden nur noch von einigen amerikanischen[72] und besonders britischen Stimmen übertroffen.

Wochenlang fluteten Artikel über die vermeintliche Durchsetzung der Bundesrepublik mit unbekehrbaren Nationalsozialisten durch die englischen Zeitungen. Der stupende Antigermanismus erfaßte mehr oder weniger alle politischen Lager. Im Unterhaus wurden die Bundesdeutschen als das »gleiche arrogante Herrenvolk wie unter Hitler« diffamiert.[73] Ein Labour-Politiker zeigte sich ganz und gar unbeeindruckt von »Adenauers Krokodilstränen der Entrüstung«, weil gerade der Bundeskanzler es sei, der viele »durchaus nicht reuevolle Nazis« in prominente Stellungen gebracht habe.[74] Von einem Boykott deutscher Waren war nicht nur lange die Rede, er wurde von einigen Firmen auch praktiziert; und sogar ein geplanter Jugendaustausch wurde abgesagt, weil die englische Seite nationalsozialistische Einflüsse in deutschen Gastfamilien fürchtete.[75] Die Filmwochenschau »Pathe« stellte ein Dokumentarstück her, in dem Aufnahmen der beschmierten Kölner Synagoge mit Bildern aus Konzentrationslagern montiert waren. Tausende britische Studenten unterschrieben Protestresolutionen, und Mitte Januar zogen 20000 Demonstranten in einem Schweigemarsch an der deutschen Botschaft in London vorüber.[76]

Auch in New York kam es zu Kundgebungen vor dem deutschen Konsulat. Botschafter Grewe mußte in Washington ein Memorandum des »American Jewish Committee« entgegennehmen, das in der Bundesrepublik ein Hitlers Verbrechen bagatellisierendes Meinungsklima ausmachte und eine Wiederaufnahme der Entnazifizierung empfahl.[77] Israel zeigte sich in einer Demarche bei der Bundesregierung tief erschüttert über die antisemitischen Ausschreitungen. Der Zentralrat der Juden in Großbritannien sah es nun als bewiesen an, »daß der üble Geist des Nazismus in seinem Ursprungsland immer noch am Werk« sei.[78]

Wenngleich sich die Regierungen im westlichen Ausland mit Äußerungen zurückhielten, war der Druck der dortigen öffentlichen Meinung doch ein Politikum ersten Ranges. Denn bis weit in die Kulturpolitik der Bundesrepublik wurde von berufenen und unberufenen

Journalisten hineinkommentiert. Vor allem Sefton Delmer, Starreporter des Daily Express, recherchierte ausdauernd nach Spuren des Antisemitismus in Deutschland. In einem von drei Millionen Engländern gesehenen Fernsehfilm mit trommelnden Hitler-Jungen von einst und neonazistischer deutscher Jugend anno 1960 suchte Delmer zu dokumentieren, daß die deutsche Schuljugend nur über die Hohenstaufen, nicht aber über das »Dritte Reich« unterrichtet werde.[79]

Auch Nahum Goldmann, der Präsident des Jüdischen Weltkongresses, hielt die Jugenderziehung für die größte Schwäche der Bundesrepublik. Nichts sei systematisch geschehen, um der deutschen Jugend für die Vergangenheit Schuld einzuflößen.[80] Weltweit fragte man sich, ob es in Deutschland überhaupt zu den »braunen Ausschreitungen« hätte kommen können, wenn vor allem auch gegen die getarnten antisemitischen Tendenzen »in der staatlichen Verwaltung, der Justiz und im Unterrichtswesen« vorgegangen worden wäre.[81] Bezeichnenderweise suchte der Strafverteidiger der beiden Kölner Synagogenschänder seine Mandanten dadurch zu entlasten, daß er ihnen vor Gericht die Frage stellte, ob sie in der Berufsschule Geschichtsunterricht gehabt hätten, was beide verneinen konnten.[82]

In der Folge erlebte die Bundesrepublik eine Fortsetzung der schulpolitischen Diskussion des Vorjahres, wobei man argumentativ immer weiter in die Defensive geriet. Die Ministerpräsidenten der Länder hielten es jetzt für geboten, ihren Kultusministern noch einmal selbst die Anweisung zu geben, den Zeitgeschichtsunterricht zu verstärken.[83] Auf der nächsten Plenarsitzung der Ständigen Konferenz der Kultusminister Mitte Februar 1960 ging es zentral um die Behandlung der jüngsten Vergangenheit im geschichts- und gemeinschaftskundlichen Unterricht. Zusätzlich beschlossen die Minister, von den künftigen Lehramtsprüflingen aller Schularten den Nachweis fundierter Kenntnisse des Nationalsozialismus zu verlangen. Neue Lehrstühle für Politische Wissenschaften und präzise Auflagen für den zeitgeschichtlichen Bestand der Lehrer- und Schülerbüchereien sollten den Maßnahmenkatalog ergänzen.[84]

Die neue Diskussion mit den alten Argumenten gegen den bisherigen Geschichtsunterricht nahm indes trotz der Kultus-Beschlüsse kein Ende.[85] Eine weitere Kritik etwa des baden-württembergischen Ministerpräsidenten Kurt Georg Kiesinger belegte vielmehr, welch irrationale Züge die Debatte manchmal annehmen konnte: Kiesinger erklärte den schlechten Besuch einer Veranstaltung zur Woche der Brüderlichkeit mit ihm als Hauptredner pauschal zum Symptom, daß »die Menschen die Vergangenheit mit ihren grausamen Massenmorden aus dem Bewußtsein verdrängen« wollten.[86]

Die in Bedrängnis geratenen Pädagogen sträubten sich nun immer heftiger dagegen, zum Sündenbock abgestempelt zu werden. Der Berliner Verband der Lehrer und Erzieher, in dem zwei Drittel der Lehrerschaft gewerkschaftlich organisiert waren, wies diffamierende Verallgemeinerungen durch eine Gesellschaft zurück, die doch Globke und Oberländer dulde. Der Katholische Lehrerverband in Baden[87] fügte seiner Kritik an den personalpolitischen Folgen des 131er Gesetzes für die Lehrkörper den Hinweis hinzu, wie schwierig es die Schulen wegen des »Nazigeistes« hätten, der noch nicht in allen Familien ausgelöscht sei.

Im Ansatz ähnlich wie nach dem Fernsehfilm »Hitler und Ulbricht – Fehlanzeige«, im Umfang jedoch nochmals gesteigert, griff nach den Kölner Schmierereien das unbestimmte Bewußtsein in der deutschen Öffentlichkeit Platz, irgend etwas versäumt zu haben. Zu dieser merkwürdigen Bewußtseinserweiterung trugen die polemischen und teils weit überzogenen Angriffe der ausländischen Presse ganz erheblich bei. Denn was bedeuteten schon die moderaten Äußerungen des früheren Hochkommissars Kirkpatrick oder der »Times«[88] gegenüber der schieren Germanophobie des »Daily Express«, dem die Zwischenfälle gerade recht kamen, um »mit blinder Wut aufs neue zu behaupten, es lohne sich nicht, zwischen Deutschen und Nazis zu unterscheiden...«.[89] »Es wird lange dauern, ehe der Schatten der Gaskammern von unserem Land weicht...«, begannen die Deutschen nun schockartig zu erkennen: »Das Mißtrauen der Völker gegen uns ist riesengroß.«[90] Die Schmierereien hatten in dieser pessimistischen Deutung der Welt »und uns selbst« gezeigt, »daß die Irrlehre der jüngsten Vergangenheit noch nicht überwunden ist«.[91]

Tatsächlich aber ging es damals vor allem um aktuelle Politik im Kontext der Berlin-Krise. Statt Westdeutschland zu säubern, so brachte es der sozialistische »Daily Herald« auf den Punkt, würde Adenauer nach jeder Gelegenheit greifen, Gipfelgespräche zu erschweren und den kalten Krieg in Gang zu halten.[92] »Als man deutsche Divisionen zu brauchen meinte, hätte man uns noch fünf weitere Globkes verziehen«, hielt der SPIEGEL entgegen.[93] Das offizielle Bonn erkannte jedenfalls, welch gefährliche Stimmung sich unter den obwaltenden weltpolitischen Umständen auch im verbündeten Ausland zusammenbraute, wenn die Bewältigung der NS-Vergangenheit nicht noch energischer – und vor allem ostentativer – vorangetrieben würde, und man verzichtete deshalb darauf, die handfesten Anhaltspunkte für eine kommunistische Steuerung der antisemitischen Sudelwelle allzu sehr herauszustellen.[94] Nicht Exkulpation war nunmehr gefragt, sondern Selbstkritik.

Dabei schien der kommunistische Hintergrund offensichtlich.[95] Bundesverteidigungsminister Franz Josef Strauß lag ein Bericht über eine ZK-Sitzung der SED von Anfang 1959 vor, wo Veröffentlichungen über antisemitische Strömungen in der Bundesrepublik für besonders geeignet gehalten worden waren, das Ansehen der westdeutschen Demokratie herabzusetzen, und wo zudem der konkrete Einsatz von Aktionskommandos zur planmäßigen Schändung jüdischer Kultstätten besprochen worden war.[96] Nicht nur die Häufung der Fälle in Berlin ließ auf Verbindungslinien zu sowjetzonalen Drahtziehern schließen, auch die Verhaftung von Hakenkreuzschmierern, die kommunistischen Organisationen angehörten und etwa an Lagern der FDJ teilgenommen hatten, deutete auf Maßnahmen der psychologischen Kriegsführung seitens des Sowjetblocks hin.[97] Neben Anstiftung und Täterschaft machte sich dies besonders bei der propagandistischen Auswertung der Ereignisse bemerkbar. Die Medien des Warschauer Paktes führten eine regelrechte Hetzkampagne, die in einem Artikel der »Iswestija«, dem amtlichen Organ der Sowjetregierung, gipfelte. Das Blatt behauptete, die im Gästebuch der Washingtoner Nationalgalerie neben der Unterschrift des Bundeskanzlers Adenauer angebrachten Hakenkreuze könnten von ihm selbst stammen.

Ebenso bodenlos waren die plötzlich erhobenen Vorwürfe gegen die von deutschen Behörden seit längerem geübte Praxis, Urkunden auch mit Emblemen des »Dritten Reiches« deutschen Repatrianten in der UdSSR zuzuleiten, damit diese ihre deutsche Staatsangehörigkeit dokumentieren konnten. Auf einmal wurde nun die Weiterleitung einer solchen Urkunde durch das Auswärtige Amt von der sowjetischen

Propaganda zum Anlaß genommen, die Bundesregierung der Fortsetzung der Hitler-Politik zu bezichtigen.[98]

Als der polnische Parteisekretär Gomulka und der tschechoslowakische Außenminister David in der UN-Vollversammlung neue Anschuldigungen erhoben, nahmen der griechische, niederländische und belgische Außenminister die Bundesrepublik als »wertvollen Partner unserer gemeinsamen Bestrebungen für die friedliche Zusammenarbeit unter den Völkern« in Schutz. Der Belgier Wigny verwies auf die Kronzeugenschaft seines von deutschen Truppen zweimal besetzten Landes und äußerte sich überzeugt, daß »ein neues Deutschland entstanden« sei. Nicht die Bundesregierung, sondern der Osten habe eine einseitige Änderung des Status von Berlin vorgeschlagen.[99]

Die freundlichen Urteile der westlichen Regierungen waren wohl auch auf die eindeutigen Reaktionen zurückzuführen, die es bei den Westdeutschen nach den Hakenkreuzschmierereien gegeben hatte. Mehrfach versicherte die Bundesregierung der Weltöffentlichkeit, daß nirgendwo »die Empörung über die Freveltaten so intensiv und allgemein ist wie gerade in der Bundesrepublik«. Das Bundeskabinett bat zudem den Bundestag, das ihm schon im März 1959 – nach dem Fall Zind – zugeleitete »Gesetz gegen Volksverhetzung« nun baldigst zu beschließen.[100] Doch konnten die Sozialdemokraten ihre allgemeinen rechtspolitischen Bedenken gegen die geplante Mindesthaftstrafe von drei Monaten bei antisemitischen Äußerungen auch nach dem Kölner Ereignis nicht überwinden. Der Generalsekretär des Zentralrates der Juden, Hendrik G. van Dam, wollte ebenfalls keinen »Naturschutzpark für Juden«.[101]

Einen glücklichen Umstand für die Bundesrepublik Deutschland bedeutete es, daß ihr Kanzler sich als »besonders befugt« erachten konnte, zu den antisemitischen Vorfällen Stellung zu nehmen. In einer Rundfunk- und Fernsehansprache verwies Adenauer darauf, wie er und seine Familie Opfer des Nationalsozialismus geworden waren. Der Kanzler hatte auf der »Todesliste« der Nationalsozialisten gestanden; während des »Dritten Reiches« war ihm von Juden aus finanzieller Bedrängnis geholfen worden. Auch der größere Teil des deutschen Volkes, so hielt Adenauer den Zweiflern im Ausland entgegen, habe dem Nationalsozialismus nur unter dem harten Zwang der Diktatur gedient; eine Wurzel habe der Nationalsozialismus im deutschen Volke nicht.

Da die Schmiereien in den meisten Fällen Flegeleien ohne politischen Hintergrund waren, riet Adenauer den deutschen Mitbürgern: »Wenn ihr irgendwo einen Lümmel erwischt, vollzieht die Strafe auf der Stelle und gebt ihm eine Tracht Prügel. Das ist die Strafe, die er verdient.«[102] Einen anderen Akzent als Adenauer setzte Carlo Schmid. Der Sozialdemokrat gab im Bundestag vor einem dicht besetzten Plenum und geschlossener Regierungsbank namens aller Fraktionen eine Erklärung ab, die dem Presserummel auch eine gute Seite abgewann: »Es gibt Lagen, in denen man die schlafenden Höllenhunde wecken muß, um an ihrem Gebelle innezuwerden, wie nahe wir der Hölle noch sind.«[103]

Die Parlamente der Länder schlossen sich dem Bundestag an: »Wer zumal in Deutschland wieder den makabren Trommelschlag des Rassenhasses und Antisemitismus ertönen läßt, der fordert alles das heraus, was nach den Millionen Morden in den Gaskammern und Vernichtungslagern im Grunde ungesühnt geblieben ist«, erklärte Berlins Regierender Bürgermeister Willy Brandt im Abgeordnetenhaus.[104] Auch im nordrhein-westfälischen Landtag einigten sich Regierung und Fraktionen auf eine gemeinsame Resolution.[105] Die Abgeordneten im bayerischen Maximilianeum nahmen stehend eine Erklärung ihres Präsidenten, Hans Ehard, entgegen[106], und im Saarland entschlossen sich Parteien und Jugendverbände zu einem Fackelzug auf das ehemalige Konzentrationslager »Goldene Bremm«.[107]

Der EKD-Ratsvorsitzende Dibelius verurteilte die Ausschreitungen in einem Telegramm an den israelischen Ministerpräsidenten David Ben Gurion und übermittelte eine EKD-Spende in Höhe von 100000 Mark. Gewerkschaftsjugend und Landesjugendringe legten Kränze nieder und riefen zu Spenden für Israel auf.[108] Studenten in der ganzen Bundesrepublik von Bonn bis Berlin veranstalteten zum Jahrestag der NS-Machtergreifung am 30. Januar 1960 Kundgebungen, auf denen sie zusammen mit ihren Professoren gegen die antisemitischen Ausschreitungen protestierten.[109] Bundespräsident Heinrich Lübke besuchte demonstrativ ein jüdisches Altersheim in Berlin; die am stärksten beachteten Zeichen setzte jedoch der Kanzler selbst. Mitte Januar kam er mit dem Präsidenten des Jüdischen Weltkongresses, Nahum Goldmann, zu einer Aussprache in Bonn zusammen, in deren Folge wenige Wochen später ein gemeinsamer Besuch der KZ-Gedenkstätte Bergen-Belsen stattfand. Bei der Mahnfeier mit einer in Bergen-Belsen weilenden Delegation holländischer Juden versicherte Adenauer, daß Deutschland in der Erziehung der Jugend alles tun wolle, damit sich »die Ereignisse wie zur nationalsozialistischen Zeit nicht mehr wiederholen...«.[110] Die Glaubwürdigkeit des Kanzlers in dieser Frage war so groß, daß bedeutende jüdische Persönlichkeiten zu der Einschätzung gelangten, solange Adenauer regiere, hätten die Juden in Deutschland nichts zu fürchten.[111]

3. GENERALDEBATTE IM DEUTSCHEN BUNDESTAG AM 18. FEBRUAR 1960

Als der Deutsche Bundestag am 18. Februar 1960, nach einer Regierungserklärung von Bundesinnenminister Schröder, über die antisemitischen Vorfälle seit der Weihnachtsnacht 1959 debattierte, markierte dies eine Zäsur in der Auseinandersetzung um die nationalsozialistische Vergangenheit. Zwar hatte das Parlament seit seiner ersten Sitzung 1949 immer wieder ausgiebig über die Zeit des »Dritten Reiches« und deren ideelle und materielle Folgen für die Politik der Bundesrepublik beraten, doch war das nie in einer so dezidiert defensiven Weise geschehen, wie es sich nun zu Beginn der sechziger Jahre abzeichnete.

Selbst im Januar 1959, anläßlich der Justizdebatte nach den Fällen Zind und Budde/Nieland, hatte es die Regierung noch nicht für nötig befunden, ausführlich ihre gesamten Anstrengungen zur Bewältigung der Vergangenheit seit 1949 darzustellen. Dies war im Ergebnis des Kölner Ereignisses alles anders geworden. Die Abgeordneten schienen zu spüren, wie sich ein Paradigmenwechsel[112] in der politischen Kultur der Bundesrepublik Deutschland vollzog. Ausgerechnet der Sprecher der Deutschen Partei – traditionell eher Verfechter einer »Schlußstrich«-Mentalität – verlieh diesem Gefühl Ausdruck, indem er darauf verwies, daß sich der Bundestag »heute an sich das erste Mal« freimütig über die »Bewältigung unserer Vergangenheit« ausspreche.

Die im In- und Ausland gestellten bohrenden Fragen nach dem politischen Nährboden der Fälle, dessen Schichten womöglich tief in die NS-Vergangenheit hinabreichten, veranlaßten den Bundesinnenminister – in Vertretung des erkrankten Bundeskanzlers – zu grundsätzlichen Ausführungen darüber, was »bei der Unterrichtung der deutschen Jugend über Schuld und Verhängnis des Dritten Reiches« versäumt und was demgegenüber an Aufklärung vor allem seitens des Bundes geleistet worden war. Neben der Arbeit des Instituts für Zeitgeschichte nannte Schröder detaillierte Beispiele aus den Massenveröffentlichungen der Bundeszentrale für Heimatdienst: Sonderbeilagen – auch in Kunden- und Sportzeitschriften – über die Geschichte des Judentums in einer Auflage von rund einer Million, Sonderseiten des »Katholischen Lesebogens« und der »Neuen Bildpost« in Auflagen bis zu einer halben Million, Lesezirkel-Veröffentlichungen zum Thema »Vorurteile« in Auflagen bis zu 300000 Stück, Herstellung und Verbreitung einer Broschüre der Friedrich-Ebert-Stiftung zum Thema »Reichskristallnacht« sowie die Verbreitung der Dokumentarfilme »Nacht und Nebel«, »KZ-Schergen«, »In jenen Tagen«, »Land und Volk Israel« usw.[113]

In der zunächst betont sachlich geführten Debatte hatte auch der Hinweis auf die bislang geleisteten zehn Milliarden Mark an Wiedergutmachungszahlungen – eine Summe doppelt so hoch wie der Marshall-Plan – nicht gefehlt. Der CDU-Abgeordnete Friedensburg erwähnte zudem den Erfolg des Tagebuches der Anne Frank und die Erfolge jüdischer Bundestagskandidaten in bürgerlichen Wahlkreisen.[114] Carlo Schmid trug weiter zur Objektivierung bei, indem er sich dagegen verwahrte, alles auf die Lehrer abzuwälzen, und jene Pädagogen in Erinnerung rief, deren Erziehung die Schüler zu den Mahnmälern nach Bergen-Belsen hatte pilgern lassen.

Der einzige Vorwurf, den Professor Schmid in gesetzten Worten an die Bundesregierung richtete, zielte auf die Personalpolitik: Antisemiten und Feinde der Demokratie könnten sich gerechtfertigt fühlen, wenn sogar in der Regierung Leute säßen, die mehr als formell Mitglieder der NSDAP gewesen seien oder sogar besonders intensiv die NS-Ideologie vertreten hätten. »Auch wenn solche Personen das Entsetzliche, das geschah, nicht gewollt haben, so müssen sie doch heute wissen, daß das, was sie vertraten, was sie taten, um die Ideologie des

Nationalsozialismus zu verbreiten, objektiv nach Auschwitz geführt hat!«[115]

Hatte Schmid die Namen Globke und Oberländer nicht ausdrücklich erwähnt, so holte dies sein sozialdemokratischer Fraktionskollege Jahn (Marburg) gründlich nach.[116] Er hielt es für notwendig, die Frage aufzuwerfen, ob »wir von den ersten Stunden dieser Bundesrepublik Deutschland an bis heute genug getan haben«, um die Abwehr des Antisemitismus »zielbewußt und mit innerer Überzeugung zu führen«. Jahn lastete es der Politik der Bundesregierungen Adenauer an, »daß in unserem Volke vielfach ein hohes Maß an innerer Unsicherheit gegenüber der Vergangenheit« vorhanden sei. Denn schon in der ersten Regierungserklärung des Kanzlers 1949 hatte Jahn beim Nachlesen kein Wort zur »Vergangenheitsbewältigung« finden können.

Der Sozialdemokrat, 1949 noch nicht im Bundestag, übersah dabei, in welch eindrucksvoller Weise der Alterspräsident Paul Löbe bereits während der konstituierenden Sitzung namens aller Fraktionen zur Vergangenheit Stellung genommen hatte. Zwar hatte die Regierung dann in der Tat nicht wieder »alles aufgezählt, was wenige Tage vorher ganz allgemein, mit Billigung aller und für alle« gesagt worden war[117], doch hing dies offensichtlich auch damit zusammen, daß es 1949 nicht so viele Differenzen in der Betrachtung der Vergangenheit gegeben hatte wie 1960.

Auch die weiteren Anwürfe Jahns waren eher polemisch als substantiiert. Gewiß hatte der Kanzler »zehn Jahre gebraucht, um zum erstenmal den Weg nach Bergen-Belsen zu finden«, doch hatte gerade er sich mit allem Nachdruck schon seit 1949 für die »Wiedergutmachung« eingesetzt und die moralische Verpflichtung Deutschlands nach dem nationalsozialistischen Judenmord betont. Die Gedenkstätte Bergen-Belsen war zudem schon im November 1952 in einem feierlichen Staatsakt vom Bundespräsidenten eingeweiht worden.[118] Ebenfalls in sich zusammen fiel Jahns Argument, die Bundesregierung habe sich »einen ehemaligen Generalfeldmarschall der Nationalsozialisten zum Gutachter in Wehrfragen herangeholt...« Denn wie sich herausstellte, war der frühere Generalfeldmarschall Manstein im Einverständnis mit den Mitgliedern der SPD vom Verteidigungsausschuß geladen worden.

Ein echtes Problem berührte dagegen der Rekurs auf den französischen KZ-Dokumentarfilm »Nacht und Nebel«.[119] Er war im Frühjahr 1956 zu einer Cause célèbre geworden, weil das Auswärtige Amt gegen seine Aufführung bei den Festspielen in Cannes protestiert und schließlich erreicht hatte, daß er nur außerhalb des Wettbewerbs gezeigt wurde. In Frankreich löste dies eine Welle der Empörung aus. Staatssekretär von Lex verteidigte die Intervention des Auswärtigen Amtes vor dem Bundestag mit dem Argument, der Film könne den Haß auf das deutsche Volk wiederbeleben.

Doch machte das weitere Schicksal von »Nacht und Nebel« deutlich, daß es sich bei dem Protest um einen Fauxpas übereifriger, politisch nicht sehr weitblickender Beamter des Auswärtigen Amtes gehandelt hatte.[120] Denn schon bald wurde der Film auf Initiative des CDU-Bundestagsabgeordneten Paul Bausch[121] von der Bundeszentrale für den Heimatdienst in Bonn und Berlin vor geladenem Publikum gezeigt, wegen großen Interesses mehrmals wiederholt und schließlich in einer von der Bundesregierung unterstützten deutschen Version in über hundert Kopien der politischen Bildungsarbeit zur Verfügung gestellt.[122] Das Bayerische Fernsehen zeigte die erschütternden Bilder am Gründonnerstag 1957.

Da die Haltung der Bundesregierung sich also auch im Falle von »Nacht und Nebel« für eine Breitseite nicht eignete, führten die sozialdemokratischen Debattenredner eine Reihe alter Argumente abermals ins Treffen. Arndt warnte davor, sich mit den zehn Milliarden Mark für die Wiedergutmachung zu rühmen, wo doch im Laufe eines Jahres die Deutschen mehr als siebzehn Milliarden für Alkohol und Tabak ausgäben.[123] Jahn rief die peinliche fiskalische Kritik des Bundesministers Schäffer an der Wiedergutmachungshöhe aus dem Winter 1957/58 in Erinnerung; und auch für die Freie Demokratin Lüders hatte die Bundesregierung »mehrfach« das nötige Fingerspitzengefühl in der Personalpolitik, insbesondere bei den auswärtigen Vertretungen, vermissen lassen.[124]

Als Jahn nach scharfen Angriffen auf Globke hinzufügte, er werde aber keine Debatte »Oberländer« beginnen, und der CDU-Abgeordnete Rasner replizierte »Dann kriegen wir auch keine Wehner-Debatte!«, kam es entgegen einer vorherigen Absprache von CDU/CSU und SPD doch noch zu der befürchteten Aufrechnung nationalsoziali-

stischer und kommunistischer Vergangenheiten. Jahn nahm seinen
Parteifreund mit der Bemerkung in Schutz, Wehner habe sich nicht an
Unrechtstaten der »Nazis« beteiligt und es klebe kein Blut an seinen
Fingern, was man von Oberländer nicht mit Sicherheit sagen könne.
Rasner hielt es dagegen für unfair, daß über einen Mann nicht gesprochen werden dürfe, der einem totalitären Regime verhaftet war und
dann Sozialdemokrat wurde, während über Oberländers Vergangenheit, der einer anderen »totalitären Weltanschauung nahestand und
jetzt bei uns ist«, pausenlos gesprochen werde.[125]

Dazu kam ein weiterer bemerkenswerter Umstand: Oberländer
hatte, lange bevor seine Bonner Karriere begann, in einem Kabinett
der großen Koalition in Bayern gesessen – und zwar als Staatssekretär
im Ressort des sozialdemokratischen Ministers Hoegner![126] Aber all
diese Hinweise halfen Oberländer wenig; mit Hitler zur Feldherrnhalle gezogen zu sein, war zwischenzeitlich unverzeihlicher geworden,
als der moskau- und stalintreuen KPD gedient zu haben. Wenn der
CDU-Parlamentarier Rasner also bemängelte, daß zwischen Wehner
und Oberländer zugunsten des früheren Kommunisten mit zweierlei
Maß gemessen werde, so zählte diese Tatsache bereits zu den Sympto-
men eines Paradigmenwechsels, der 1960 in der »Vergangenheitsbewältigung« sichtbar wurde.[127]

Auch Adenauer selbst sah sich einige Tage später, nach erneuten
Fragen wegen Oberländers, zu der Warnung veranlaßt, daß es in anderen Lagern Exponenten mit »nicht weniger totalitärer Vergangenheit«
gebe[128]; doch tatsächlich bröckelte die Solidarität mit Oberländer nun
auch in den Reihen der Regierungsparteien.[129] Im April 1960 trat der
Minister zurück. Vergeblich hatten sich einige Politiker der Unionsparteien gegen diese Entwicklung gestemmt, waren Oberländer beige-
sprungen, wohl auch in der Vorahnung, hier einen Präzedenzfall entstehen zu lassen, und hatten sich gegen eine neue Entnazifizierung
ausgesprochen; die Interventionen etwa des schleswig-holsteinischen
Ministerpräsidenten von Hassel oder des Bonner Staatssekretärs Thedieck blieben indes Episode[130]. Der Zeitgeist ging auch über den
Wunsch des Christdemokraten Wilhelmi hinweg, daß nicht mehr
»der eine Deutsche auf den anderen Deutschen zeigt und sagt: Du
hast mehr schuld als ich; du warst mehr am Dritten Reich beteiligt als
ich…«.[131]

Der SPIEGEL forderte drastisch: »Werft die Nazis aus der Regierung, pensioniert die Blut-Richter, und dann säubert die Rinnsteine!«[132] Selbst die »Frankfurter Allgemeine« bot in ihren »Dokumenten der Zeit« einem »paradigmatischen« Vortrag breiten Raum, den die Leiterin der Londoner Zentralstelle für wissenschaftliche Erforschung des nationalsozialistischen Antisemitismus, Reichmann, auf einer Kundgebung in Bonn gehalten hatte. Reichmann zweifelte daran, ob die – zugegebenermaßen hervorragende – geistige Elite in Deutschland für das ganze Volk spreche oder ob dessen überwältigende Mehrheit nicht lau »im Banne von Schuld und Gleichgültigkeit«[133] verharre.

Die als typisch für die meisten Nationen erkannte Gleichgültigkeit der Massen wollte Reichmann den Deutschen, »nach dem, was geschehen ist«, nicht zubilligen. Es hätte vielmehr eine »Revolution des Geistes, eine radikale Umwertung sittlicher und politischer Maßstäbe« geben müssen; und wenn Deutschland schon unbegabt zur Revolution sei, dann hätte eben, wie damals bei Stein und Hardenberg, eine »Revolution von oben« stattfinden sollen. Da der Umbruch nach 1945 in Reichmanns Augen weder personell noch sachlich radikal genug erfolgte, sei der »Bann der Schuldverstrickung« bis heute nicht gebrochen.

Die eigentümliche Metaphorik solcher Urteile war zugleich charakteristisch für ihre Metaphysik. Die Unsicherheit gegenüber einer unfaßbaren Vergangenheit, die eine Schicht mit besonderem intellektuellem Anspruch eben nicht so banal und pragmatisch »bewältigen« – respektive verdrängen – wollte wie die vermeintlich gleichgültigen Massen, führte schließlich ins Nebulöse. Spuren der seit 1945 zu beobachtenden und vielleicht auch sehr deutschen »Metaphysik der Vergangenheitsbewältigung« fanden sich ab Ende der 50er Jahre wieder verstärkt. Auch ihre Wirkungen haben den Paradigmenwechsel 1959/60 begünstigt.

4. METAPHYSIK DER »VERGANGENHEITSBEWÄLTIGUNG«

»Was uns heute bewegt und erneut erschüttert, sind nicht allein die bösen Ausschreitungen selber der vergangenen Wochen; es sind viel-

mehr auch die Erkenntnisse über das, was wir selber in den vergangenen Jahren – trotz aller Bemühungen – versäumt haben durch die
leichtfertige Neigung, uns und andere glauben machen zu wollen, daß
etwas nicht vorhanden ist, weil wir es nicht sehen, weil wir es nicht
glauben und nicht wahrhaben wollen. Der Grund dafür ist nicht Feig-
heit, sondern der Grund dafür ist nach meinem, ich sage offen: Gefühl
– der Verstand hat mit diesen Dingen wenig zu tun – eine tiefe Scham,
ist eine erklärliche, aber unbeschreibbare innere Scheu.«[134]

Die Metaphysik der »Vergangenheitsbewältigung«, hier an der Rede der FDP-Politikerin Lüders illustriert, durchzog im Februar 1960
die gesamte Debatte des Deutschen Bundestages zu den antisemitischen Ereignissen. Carlo Schmid appellierte an die Deutschen, sich
Klarheit darüber zu verschaffen, was sich »in jenen Vorgängen – trotz
des einmütigen Nein der größten Zahl der Deutschen dagegen – ausdrückt, ausdrückt vor allem in den Bezirken des Unbewußten«.[135]
Auch außerhalb des Parlamentes schien es vielen, als sei der Nationalsozialismus zwar aus Politik und Weltanschauung verschwunden,
»dafür aber in den Keller menschlicher Seelenkomplexe hinabgestie-
gen«.[136]

Daß die antisemitischen Ereignisse nicht auf einer politischen Einstellung, »nicht auf einer Organisierung, sondern auf dem so unseligen Nicht-wissen-Wollen und Schweigen« beruhten, wurde infolgedessen zu einem schwer zu greifenden, aber auch schwer zu widerle-
genden Erklärungsmodell. Sprecher der Regierungsfraktionen griffen
darauf ebenfalls gerne zurück, da es schließlich keine direkte Schuldzuweisung an die Exekutive enthielt, sondern die Verantwortung für
das Geschehene generalisierte und der anonymen Gesellschaft zuschob.[137] Auf diesem Boden konnte nun der Weizen der Psychologen
und Soziologen blühen – mit langfristigen Rückwirkungen auf das politische Klima der Bundesrepublik, wie sie sich damals allerdings wohl
nur wenige vorstellen konnten.

Zur Verdammung des allgemeinen »Nicht-wissen-Wollens« und
»Schweigens« als Dokument eigener »Betroffenheit« gehörte auch
die deutliche Zunahme individueller Schuldbekenntnisse: »Wir müssen deshalb immer wieder sagen, daß wir uns dessen schämen, was in
unserem Volk in jenen Jahren geschehen ist. Wir schämen uns unabhängig davon, was wir getan, welchen Widerstand, oder ob wir gar kei-

nen Widerstand geleistet haben.«[138] Zwar war dies alles nicht neu –
Theodor Heuss hatte schon zu Beginn der fünfziger Jahre sehr beein-
druckend von der deutschen »Kollektivscham« gesprochen, und seine
Gedanken waren immer wieder aufgegriffen worden –, doch setzte
nun die Metaphysik der »Vergangenheitsbewältigung« ein Perpetuum
mobile in Gang. Selbst Politiker der Deutschen Partei spekulierten
öffentlich darüber, ob durch die antisemitischen Vorfälle »vielleicht…
auch mancher, der in unserem Wirtschaftswunder allzu schläfrig da-
hindämmert«, wieder Gelegenheit erhielt, »sich zu erinnern, was einmal war und wohin es trieb«.[139]

Die ganze Eigentümlichkeit der Diskussion läßt sich wohl nur mit
dem Exzeptionellen der Vergangenheit erklären, um die es dabei ging.
Entzogen sich Ausmaß und Art der nationalsozialistischen Verbrechen dem geistigen Fassungsvermögen eines jeden mit einem »normalen« Gewissen begabten Menschen, so mußten auch alle Bewälti-
gungsstrategien, derer man sich im Verhältnis zu dieser Vergangenheit
bedienen mochte, letztlich unzureichend bleiben. Dies um so mehr,
als es die Nationalsozialisten verstanden hatten, fast alle Bewohner
des deutschen Territoriums in »organisierte Schuld« zu verstricken,
die inneren Emigranten nicht viel weniger als die Mitläufer und Parteimitglieder. Hier hatte, nach den Worten Hannah Arendts, die »dem
Außenstehenden so auffällige tiefe Ungeschicklichkeit ihren Grund,
sich in einem Gespräch über die Fragen der Vergangenheit überhaupt
zu bewegen«. Bewältigen, so Arendt, könne man wahrscheinlich gar
keine Vergangenheit, sicher aber nicht die nationalsozialistische: »Das
Höchste, was man erreichen kann, ist zu wissen und auszuhalten, daß
es so und nicht anders gewesen ist, und dann sehen, was sich daraus er-
gibt…«[140]

Hannah Arendts Analyse läßt erkennen, wie tief die von Karl Jaspers 1945/46 beschriebene »metaphysische Schuld« von den Deutschen gefühlt, zumindest aber von ihren demokratisch gewählten Repräsentanten und ihren Medien artikuliert wurde: »Wenn es geschieht
und wenn ich dabei war und wenn ich überlebe, wo der andere getötet
wird, so ist in mir eine Stimme, durch die ich weiß: daß ich noch lebe,
ist meine Schuld.«[141]

Metaphysische Schuld und Metaphysik der »Vergangenheitsbewältigung« müssen zusammen gesehen werden.[142] Unsere Anmerkun-

gen zur Metaphysik einer sich verselbständigenden »Vergangenheitsbewältigung« dürfen jedoch nicht mit genereller Kritik an der durch metaphysische Schuldgefühle ausgelösten Diskussion verwechselt werden. Diese hatte gewiß ihren moralischen und politischen Stellenwert 1960 ebenso wie 1945 und in den Jahren danach.

Die Einwände gründen vielmehr auf dem Wissen, daß das seit dem Paradigmenwechsel 1959/60 atemberaubend schnell wachsende Schuldgefühl so übermächtig wurde, daß es in wichtigen Teilen der meinungsbildenden Medien auch noch die letzten Residuen des deutschen Nationalgefühls aufzehrte. Und war es, wenn das Deutsche Reich aufgrund singulärer deutscher Schuld zerbrochen wurde, nicht auch ein »Erfordernis geläuterter politischer Moralität«, die widrigen (deutschlandpolitischen) »Realitäten« anzuerkennen[143] und sich mit der Sowjetisierung halb Europas abzufinden?

Die Kritik an den schädlichen Folgen des Paradigmenwechsels könnte nicht so deutlich ausfallen, wäre sie nicht bereits von Zeitgenossen 1960 geäußert worden. Vor allem in den Traditionsräumen des national-konservativen Protestantismus wurde ein »gesundes, von Übertreibungen gereinigtes nationales Selbstgefühl« als Voraussetzung einer stabilen Demokratie begriffen und es deshalb bedauert, daß die ausschließliche Orientierung am »Schrecken von gestern… unser Geschichtsbild über die unmittelbaren Folgen des… Nationalsozialismus hinaus« noch weiter demontiere.[144] Aber auch katholische Unionspolitiker, an ihrer Spitze Konrad Adenauer, beklagten diesen zunehmenden Mangel an Nationalgefühl.[145]

Der Wunsch jedoch, das Kind nicht mit dem Bade auszuschütten, »gewisse Mißgriffe« der pädagogischen »Umerziehung« der Besatzer nicht zu wiederholen und den »Gesamtzusammenhang der deutschen Geschichte«[146] nicht verloren gehen zu lassen, sollte sich nicht erfüllen. Statt dessen schrumpften zehn Jahrhunderte deutscher Geschichte zur Prähistorie der nationalsozialistischen Epoche zusammen und interessierten viele nur noch als Vorgeschichte zu Auschwitz. Ließ das zunehmende Schuldgefühl die einst machtbesessenen Deutschen aber nun nicht machtvergessen und außenpolitisch vielleicht erpreßbarer werden, als sie es ohne Souveränität bis 1955 während Adenauers Kanzlerschaft gewesen waren? Jedenfalls begannen die Deutschen in ihrer »schrecklichen Verlegenheit« eigenhändig einen Kreidekreis der Befangenheit um sich herum zu ziehen. Obwohl »jeder einigermaßen informierte Mensch« wußte, daß aus den Hakenkreuzschmierern »keine Schlüsse auf die deutsche Mentalität« gezogen werden konnten, »sagt(e) sich jeder, daß dies nicht auf deutschem Boden passieren durfte. Nach Auschwitz, Maidanek und den anderen Schreckensorten...«.[147]

Im Grunde widersprach dieses Urteil aller politischen und anthropologischen Vernunft, denn weshalb sollte es in Deutschland nach 1945 nicht ebensoviele Verrückte und radikale politische Abenteurer geben wie in allen anderen pluralistischen Demokratien?[148] Doch wurden solche Meinungen geglaubt und auch noch von führenden Politikern rationalisiert. Ein »Sepp Dietrich von 1922«, so referierte etwa Carlo Schmid unter dem Beifall der SPD-Fraktion im Deutschen Bundestag, »hat nicht sehr viel intelligenter dahergeredet als diese Burschen in Köln... Und aus diesen Leuten hat man einmal die Garde gemacht, die schließlich die Schande über unser Volk brachte, von der uns freizumachen schwer sein wird.«[148]

5. PARADIGMENWECHSEL: VOM ANTITOTALITARISMUS ZUM ANTIFASCHISMUS

Die deutsche Politik tat sich schwer, auf die epidemischen Hakenkreuzschmierereien angemessene Antworten zu finden, die im In- und Ausland als Zeichen einer – vermeintlich notwendigen – Läuterung der Bundesrepublik Deutschland in puncto »Vergangenheitsbewältigung« akzeptiert werden würden. Nachdem die Sozialdemokraten das von der Bundesregierung vorgeschlagene Gesetz gegen Volksverhetzung und antisemitische Äußerungen nicht mittrugen, richtete sich das Interesse zeitweilig auf ein Verbot der neonazistischen DRP, aus deren Dunstkreis einige der antisemitischen Täter hervorgegangen waren. Da Bundesinnenminister Schröder jedoch schon bisher mehr Geld zur Beobachtung dieser Splitterpartei ausgab, als die DRP für ihren ganzen Apparat überhaupt zur Verfügung hatte, betrachtete er ein Verbotsverfahren als unzweckmäßig. Die Aktivitäten der DRP wurden vom Bundesinnenministerium ohnehin voll überblickt, ein Verbotsantrag hätte ihr nur neue Publizität verschafft.[149]

338

Ließ sich bei den strafrechtlichen Schritten kein Konsens herstellen, so waren sich die demokratischen Parteien in den psychologisch-pädagogischen Maßnahmen der zu intensivierenden »Vergangenheitsbewältigung« weitgehend einig. Gewiß hatten zeitgenössische Beobachter wie Klaus Harpprecht schon im Mai 1959 im Zuge der Antisemitismus-Diskussion auf einen mehr als zehnjährigen »Erziehungsprozeß« in der Bundesrepublik zurückgeblickt und befunden, daß während der Ära Adenauer kaum ein Tag ins Land gegangen sei, an dem nicht ein Politiker, ein Wissenschaftler, eine Zeitung, eine Rundfunkstation oder eine religiöse Gemeinschaft an das Gewissen der Deutschen appelliert hätte.[150] Doch nun mußte wohl zur höheren Motivation der (außen)politisch-pragmatisch als notwendig erachteten weiteren Intensivierung der »Vergangenheitsbewältigung« so getan werden, als ob es die geschlossene Front der öffentlichen Meinung in dieser Sache vorher gar nicht gegeben hätte.

Dem Bundesminister für Familien- und Jugendfragen, Franz Josef Wuermeling, hatten die »ernsten Vorkommnisse« seit dem Kölner Ereignis deutlich gezeigt, daß das Wort von der unbewältigten Vergangenheit nicht nur ein Schlagwort war, sondern »tatsächlich eine gewisse innere Berechtigung« hatte, weil »manche Deutsche, darunter auch junge Menschen, die in der Epoche von 1933 bis 1945 begangenen Schändlichkeiten und Unmenschlichkeiten nicht sehen« wollten. Angesichts der Schatten von Auschwitz und Buchenwald hatten die Deutschen, nach Ansicht Wuermelings, jedenfalls kein Recht, die Vorfälle »lediglich als dumme Jungenstreiche abzutun«. Obwohl während der vergangenen Jahre im Bereich der politischen Bildungsarbeit etliches geschehen sei, so der CDU-Minister, bleibe trotzdem »noch viel zu tun«.[151] Im Bundesjugendplan wurden dann auch folgerichtig die Mittel für die politische Bildungsarbeit erhöht.

Der Bundesjugendring, der sechs Millionen deutsche Jugendliche von der kirchlichen bis zur Gewerkschaftsjugend vertrat, war indes von den Schmierereien, dem »Werk von Einzelgängern«, bereits abgerückt und hatte der Weltöffentlichkeit bedeutet, wie ernsthaft die jungen Deutschen in den vergangenen Jahren »um die Überwindung der nazistischen Vergangenheit bemüht« waren: »Dafür haben immer wieder Tausende von jungen deutschen Menschen an den Gedenkstätten nationalsozialistischen Unrechts, insbesondere in den ehemaligen Konzentrationslagern, öffentlich Zeugnis abgelegt.«[152] Auch im August 1960 beteiligten sich Tausende junger Katholiken an einer »Sühnewallfahrt« nach Dachau, um damit den Willen der Jugend zu bekunden, Sühne für die Untaten zu leisten, die »gewissenlose Männer aus unserem Volk an unschuldigen Menschen begangen« hatten.[153]

Adenauer selbst sah sich im Zuge des Eichmann-Prozesses 1961 abermals veranlaßt, ein grundsätzliches Bekenntnis zur »Vergangenheitsbewältigung« abzulegen. Denn schon seit Mai 1960, als der für die Ausführung der »Endlösung« verantwortliche SS-Obersturmbannführer Adolf Eichmann vom israelischen Geheimdienst aufgespürt und verhaftet worden war, richteten sich die Blicke der Weltöffentlichkeit erneut mit besonderer Schärfe auf das dunkelste Kapitel deutscher Geschichte. Das Verfahren gegen Eichmann füllte über zwei Jahre lang die Spalten der internationalen Presse. Für die Bereitschaft des israelischen Ministerpräsidenten Ben Gurion, der außenpolitisch in Mißkredit geratenen Bundesrepublik – nach einem Gespräch mit Adenauer in New York – demonstrativ zur Seite zu stehen, zahlte Bonn einen finanz- und militärpolitischen Preis: Auch nach Ablaufen des Wiedergutmachungsabkommens 1964, so Adenauers Zusage, sollte sich die Bundesrepublik an der Entwicklung Israels beteiligen und darüber hinaus geheime Waffenlieferungen leisten.[154] Wenige Tage vor Prozeßbeginn im April 1961 wies Ben Gurion dann darauf hin, daß die jungen Deutschen nicht für Untaten von Angehörigen der älteren Generation verantwortlich gemacht werden könnten.

Adenauer bedankte sich öffentlich für diese Unterstützung und äußerte in einer Fernseherklärung den Wunsch, daß die volle Wahrheit ans Licht komme: Alle Deutschen wären nach dem Zusammenbruch 1945 von Scham und Sorge erfüllt gewesen, »weil nunmehr zum ersten Male uns, dem deutschen Volk, der furchtbare Abgrund des Nationalsozialismus zum Bewußtsein kam«. Heute, 1961, indes gebe es im moralischen Leben des deutschen Volkes »keinen Nationalsozialismus mehr, kein nationalsozialistisches Empfinden«. Zerknirschungsmentalität war Konrad Adenauer also nach wie vor fremd; doch seine bei aller Sensibilität für die Vergangenheit unverändert selbstbewußte Position vermochte sich nun immer weniger durchzusetzen. Fast alle bisherigen Formen der Auseinandersetzung mit der

NS-Vergangenheit verfielen zunehmend öffentlicher Geringschätzung, da sie die Hakenkreuzschmierereien nicht hatten verhindern können.

Als Folge setzte zunächst ein regelrechtes »Bombardement« mit Zeitgeschichte ein – Sonderkurse an Schulen, neue Aktionen der Landeszentralen für politische Bildung sowie der Volkshochschulen[155] –, was die emotionalen Sperren gegen »geschichtstherapeutische Schnellverfahren« wohl nur noch verstärkte. Es wurde vielleicht verkannt, was man der Jugend eines Volkes zumutete, wenn man sie allzu aufdringlich und ausschließlich mit unsäglichen Verbrechen konfrontierte, die im Namen des eigenen Volkes begangen worden waren. Denn gerade für den Heranwachsenden ist das Grundbedürfnis nach »Einbettung in die Geschichte seines Volkes, in der (er) sich aufgehoben, im Selbstwertgefühl bestätigt finden möchte«, ein Charakteristikum, das Kritikfähigkeit durchaus einschließt, aber nach Erich Kosthorst Abwehrreaktionen und Störungen im Prozeß der Identitätsfindung hervorruft, wenn der Heranwachsende sich der Geschichte seines Volkes gänzlich schämen muß.[156] Dem zeitgeschichtlichen »Bombardement« folgte dann ein Generalangriff gegen den traditionellen Geschichtsunterricht, der, wie es jetzt hieß, zu sehr am gesellschaftlichen Status quo orientiert sei und den mündigen demokratischen Bürger verhindere. Daß es dabei aber manchen Ideologen weniger um »Vergangenheitsbewältigung« als um Systemveränderung ging, wurde erst allmählich sichtbar.

Neben einer forcierten »Vergangenheitsbewältigung« trugen auch der ernüchternde Bau der Berliner Mauer 1961 und die Vorboten der Entspannungspolitik zum Abschied von der ideellen Tradition des deutschen Nationalgefühls und zum Nachlassen der Sehnsucht nach dem Deutschen Reich bei, wie sie in der ganzen Ära Adenauer weithin verhaltensbestimmend gewesen waren. Viele während der antitotalitären 50er Jahre noch tief in ältere historische Formationen zurückreichende Wurzeln Nachkriegsdeutschlands begannen nun rasch zu verkümmern.[157] Die Entwicklung dokumentierte im Ergebnis, »welche Möglichkeiten auch einer pluralistischen Demokratie zur Verfügung stehen, um Bewußtseinsveränderung herbeizuführen«.[158] Der Wandel konnnte allerdings nur erfolgen, weil alle großen Parteien und gesellschaftlichen Kräfte mit den führenden Medien an einem Strang

zogen und die Intensivierung der »Vergangenheitsbewältigung« unterstützten.

Für den Paradigmenwechsel vom Antitotalitarismus zum Antifaschismus war der Verlauf eines Verbotsprozesses symptomatisch, den
die Bundesregierung gegen die kommunistische Tarnorganisation
VVN im Oktober 1959 angestrengt hatte. Dieser Verband veröffentlichte periodisch Listen von Politikern und Angehörigen anderer exponierter Berufsstände, die in der Hitlerzeit Verbrechen begangen
hatten oder haben sollten. Zwar waren die Anschuldigungen nicht immer falsch, in der ganz überwiegenden Mehrzahl der Fälle jedoch
wurden »Lügen wiederholt, die schon hundertmal widerlegt werden
konnten«.[159]

Zu den letzten Opfern einer solchen gezielten Verleumdung hatte
1959 der Bundesvertriebenenminister Theodor Oberländer gezählt.
Innenminister Schröder – in diesem Zusammenhang als »SA-Mann«
diffamiert – hatte das VVN-Verbot ausgerechnet zu einem Zeitpunkt
beantragt, als weiteres, laut Ost-Berlin »sensationelles« Beweismate-
rial gegen den »Mörder von Lwow« alias Theodor Oberländer unter-
breitet und seitens der VVN ein sofortiges Gerichtsverfahren gegen
ihn verlangt worden war. Dies veranlaßte nicht nur die SED zur Kon-
struktion eines direkten Zusammenhangs. Auch die westdeutsche
SPD hielt ein Verbot der VVN für »unzeitgemäß«: Es würde absolut
nicht in die politische Landschaft passen und müßte den Eindruck erwecken, als handele es sich um einen Racheakt oder gar um einen Versuch zur Unterdrückung der Wahrheit.[160]

Derartige Einwände schienen die Richter am Bundesverwaltungsgericht zu berücksichtigen, als sie den Prozeß drei Jahre lang dilato-
risch behandelten und erst im November 1962 – also lange nach dem in
der Sache unbegründeten Rücktritt Oberländers – das Verfahren
eröffneten.[161] Nach Vorwürfen gegen den Gerichtspräsidenten wegen
seiner Doktorarbeit aus der Zeit des »Dritten Reichs« beschloß der zuständige Senat, das Verfahren erneut auszusetzen, ohne einen neuen
Verhandlungstermin zu nennen. Die Richter zweifelten, ob eine etwaige Feststellung der Verfassungswidrigkeit der VVN ausreiche, um
den Verbotsantrag zu rechtfertigen. Denn der verfassungsmäßigen
Ordnung der Bundesrepublik Deutschland liege der »Sühnegedanken« zugrunde und dessen Verwirklichung gehöre, so das Gericht, zu

den vornehmsten Aufgaben der Bundesregierung. Deshalb müsse abgewogen werden, ob gegen eine Organisation von Verfolgten ein Verbot samt der damit untrennbar verbundenen Strafaktion erlassen werde dürfe.[162]

Der richterliche Affront gegen die Exekutive war offensichtlich. Ein halbes Jahr nach dem Gerichtsbeschluß vom 5. Dezember äußerte die Bundesregierung dem Senat gegenüber, sie könne nicht nachvollziehen, daß der Hinweis auf den Sühnegedanken die Fortführung des »im Rahmen eines verfassungsrechtlichen Gebotes« eingeleiteten Verfahrens beeinflussen sollte. Doch kam es schließlich aus anderen, formalen Gründen – infolge des 1964 verabschiedeten neuen Vereinsgesetzes – zu einer Einstellung des Prozesses.[163] Die Bundesregierung war jedenfalls mit ihrem Verbotsantrag im alten Geiste des Antitotalitarismus gescheitert, weil sich das Bundesverwaltungsgericht dem Zeitgeist einer neuen antifaschistischen »Vergangenheitsbewältigung« beugte. Der SPIEGEL nahm erstaunt zur Kenntnis, »daß ein höchstes deutsches Gericht offenbar nach moralischen und humanitären Gesichtspunkten statt nach den harten Paragraphen des geschriebenen Rechts« urteilte. Tatsächlich hatte der Senat mit dem Gedanken der Sühne des NS-Unrechts ein Moralprinzip aufgestellt, das weder aus einem Artikel des Grundgesetzes herauszulesen war, noch in einem Verfassungskommentar behandelt wurde, und nach dem bis dahin kein deutsches Obergericht judiziert hatte.

Nicht nur in die juristische Bewertung der nationalsozialistischen Vergangenheit kam dadurch ein moralisierender Impetus hinein; gerade auch in der Politik setzte sich Anfang der 60er Jahre diese Entwicklung vom Antitotalitarismus zum Antifaschismus durch. Die Doppelbödigkeit der damit einhergehenden neuen »Bewältigungsmoral« dokumentierte im März 1962 der gemeinsame Auftritt des DDR-Staatssekretärs für Kirchenfragen, Hans Seigewasser, mit dem hessen-nassauischen Kirchenpräsidenten Niemöller auf einer öffentlichen Veranstaltung der VVN in Frankfurt. Seigewasser, für die Verfolgung der Christen in Mitteldeutschland hauptverantwortlich, gab sich »stolz darauf, daß in der DDR das Vermächtnis der deutschen Widerstandskämpfer erfüllt« worden sei. In der Bundesrepublik, so VVN-Geschäftsführer Max Oppenheimer, säßen dagegen »in vielen Positionen die gleichen Männer«, die 1933 bis 1945 das »Elend in der

Welt heraufbeschworen« hätten. Statt nun in gebotener Schärfe auch den Kirchenkampf in der DDR zu kritisieren, resümierte Niemöller, das Leben dieser Erde reiche nicht aus, »die vom Naziterror geschlagenen Wunden zu heilen«.[164] So wurde über den seit eineinhalb Jahrzehnten vernarbenden, nach den Kölner Hakenkreuz-Schmierereien 1959 wieder aufgerissenen Wunden der Vergangenheit die totalitäre Gegenwart östlich der Elbe immer häufiger übersehen.

Die personelle »Vergangenheitsbewältigung« nahm wieder stärker den denunziatorischen Charakter an, den sie schon während der unmittelbaren Nachkriegszeit gehabt hatte, der aber in der Ära Adenauer einem »inneren Frieden« gewichen war. Da eine sich ins Unendliche steigernde Bewältigungsmaschinerie jede noch so kleine opportunistische Verfehlung während des »Dritten Reiches« jetzt vor dem Hintergrund von Auschwitz beurteilte, wurde bereits die bloße Mitgliedschaft in der NSDAP oder in der SA zunehmend stärker »mit dem Makel der Zugehörigkeit zu einer Gangsterbande« behaftet; und desto verlockender erschien es fortan manchen Kritikern der Regierung, »mißliebige Politiker oder Beamte durch Verweis auf eine NS-Vergangenheit zur Strecke zu bringen oder doch zu schwächen«.[165]

Dabei wurden andererseits wichtige zeitgeschichtliche Fakten, die den Antitotalitarismus der Ära Adenauer begründet hatten, zunehmend verdrängt. Daß die Weimarer Demokratie nicht zuletzt dem Zangenangriff von Kommunisten und Nationalsozialisten zum Opfer gefallen war[166], paßte nicht mehr in das Geschichtsbild einflußreicher gesellschaftlicher Kräfte, die damals einen »Wandel durch Annäherung« an den Ostblock ins Auge faßten. So fiel eine realistische Sicht des Nationalsozialismus und seiner Ermöglichung auch den Entwicklungen der Weltpolitik und ihren vermeintlichen Notwendigkeiten zum Opfer. Vor allem den Jüngeren erschien die »stabile, wertbetonte Demokratie« der Ära Adenauer »zunehmend als autoritäres System, die erfolgreiche soziale Marktwirtschaft als kaschierter bürgerlich-materialistischer Kapitalismus; der Antitotalitarismus als bloße Ideologie des Antikommunismus.«[167]

Die »Entdämonisierung« des Totalitären relativierte auch die grundlegenden Unterschiede zwischen Demokratie und Diktatur, zwischen freiheitlicher und totalitärer Politik, und sie stellte nun »anstelle des Kommunismus vor allem den Antikommunismus unter

Ideologieverdacht«.[168] Im Sog dieser Entwicklung sollte auch der sichtbare Unterschied zwischen denjenigen verschwimmen, die wirklich an der jüngsten deutschen Vergangenheit litten und die aus rein moralischen Motiven um deren »Bewältigung« bemüht waren, und den anderen, die diesen wichtigen Teil der deutschen Geschichtserinnerung von vornherein für ihre teils fragwürdigen, »antifaschistisch« getarnten Zielsetzungen funktionalisierten. Schließlich konnte man Anfang der 60er Jahre in der Bundesrepublik Deutschland den Eindruck gewinnen, als würde der nach 1945 rasch abgerissene Faden »antifaschistischer Vergangenheitsbewältigung« wieder weitergesponnen.

Die durch einige vielbeachtete NS-Prozesse ab 1958 verstärkt in Erinnerung gerufenen Verbrechen des »Dritten Reiches« und das Erschrecken über die weltweite Reaktion nach dem Kölner Ereignis von 1959 – mit ihren alten Bildern des bösen Deutschen – bildeten die wesentlichen Voraussetzungen für diesen Paradigmenwechsel vom Antitotalitarismus zum bloßen Antifaschismus. Obendrein waren die Atmosphäre der Entnazifizierung und ihre Schrecken nicht mehr so gegenwärtig. Hinzu kam eine zunehmende Macht der Medien, von denen sich einige zehn Jahre lang im Kampagnenjournalismus geübt hatten und diese Erfahrungen beim »Abschuß« mißliebiger Politiker immer erfolgreicher umsetzten.

Außerdem war der Formationsprozeß des deutschen Parteiensystems zu einem gewissen Abschluß gekommen, da der BHE – lange auch Auffangbecken für ehemalige Parteigenossen – seit den Bundestagswahlen von 1957 zusehends zerfiel. Gerade der BHE hatte als parteipolitische Alternative zu CDU, CSU, SPD und FDP und als deren Koalitionspartner in Bund und Ländern größere Rücksichten auf biographische Belastungen erzwungen, als sie künftig nötig schienen.[169] (Ohne das Ministeramt für Oberländer wäre etwa eine loyale Mitarbeit des BHE in der Bundesregierung 1953 nicht zu haben gewesen.[170])

Darüber hinaus hatten die Sozialdemokraten auf ihrem Parteitag in Bad Godesberg 1959 und mit der denkwürdigen Rede Herbert Wehners am 30. Juni 1960 eine wirtschafts- und außenpolitische Wende vollzogen und ihren Frieden mit Adenauers Politik der Westintegration gemacht. Auf der Suche nach neuen Themen bot sich jetzt die Rolle einer personal- und gesinnungspolitischen Opposition an. Dies mochte auch die Annäherung an die intellektuelle Linke erleichtern, die in besonderer Weise an »Vergangenheitsbewältigung« interessiert war und zum parteipolitischen Lager der SPD während der gesamten 50er Jahre meist Abstand gehalten hatte.

Nach dem Kölner Ereignis wurde von interessierter sozialdemokratischer Seite »niemand anders als Adenauer selbst verantwortlich dafür« gemacht, »daß ehemalige aktive Nationalsozialisten führende Stellungen in seiner Regierung einnehmen und sogar Kabinettsmitglieder werden konnten...« Der SPD-Kanzlerkandidat Willy Brandt verwies auf die hohen Etagen in Verwaltung, Justiz und Schulwesen, wo es seiner Einschätzung nach Leute gab, »die besser nicht gleich wieder in ihre Position gekommen wären«. Zuviel wäre durch Bonns Großzügigkeit mit dem Mantel der Nächstenliebe zugedeckt worden.[171] Obendrein wurde dem Bundeskanzler die Schuld an der Entstehung »jenes schwülen politischen Klimas« zugewiesen, in dem »jetzt das Unkraut antisemitischer und nationalistischer Umtriebe wuchert«.[172] So ging Anfang der 60er Jahre mit dem Paradigmenwechsel in der »Vergangenheitsbewältigung« auch die Ära Konrad Adenauers zu Ende.

Das Klima der gesellschaftlichen Meinung

Wie es im politischen Seelenhaushalt der Deutschen aussah in bezug auf Nationalsozialismus und Antisemitismus, ist bereits seit den frühen 50er Jahren immer wieder demoskopisch vermessen worden. Schon bei der Rezeption des 20. Juli war zu fragen, inwieweit die eindeutigen antinationalsozialistischen Positionen auf der Regierungs- und Parlamentsebene und auf dem Feld der veröffentlichten Meinung ihre Entsprechung in der Haltung der breiten Bevölkerung fanden. Analog ist zu bedenken, was es zur Abwehr des Antisemitismus beitrug, wenn Bundespräsident Lübke ein Jahr nach der Schändung der Kölner Synagoge der jüdischen Gemeinde dort einen demonstrativen Besuch abstattete[1] oder wenn Adenauer sich seit 1949 ein ums andere Mal für die deutsch-jüdische Versöhnung stark machte? Werner Bergmann und Rainer Erb haben in Anlehnung an Niklas Luhmann beim Antisemitismus von »Kommunikationslatenz« und »Kommunikationsverbot« gesprochen, da es gerade in Deutschland nur um den Preis sozialer Ächtung möglich sei, sich öffentlich negativ oder auch nur mißverständlich über Juden zu äußern.[2]

Aus den ohne soziale Sanktionierung bleibenden Äußerungen bei Meinungsumfragen ergab sich aber tatsächlich, daß die antisemitische Propaganda der Nationalsozialisten vor allem Anfang der 50er Jahre in der Bundesrepublik noch stark nachwirkte. Nur 41 Prozent der von Allensbach Befragten befürworteten die Bestrafung von Personen, die sich »heute« antisemitisch betätigten. 43 Prozent sprachen sich dagegen aus, und eine noch viel deutlichere Mehrheit von 37 Prozent (gegen nur 19 Prozent) hielt es im August 1949 für besser, keine Juden in Deutschland zu haben. Auch die Heirat mit einem Juden konnten sich 70 Prozent nicht vorstellen.[3] Allerdings hatten damals auch 57 Prozent der Befragten früher einmal den »Stürmer« gelesen.[4] Das Drittel der Deutschen, das in seinem Leben nähere Bekanntschaft mit einem Juden gemacht hatte, berichtete in seiner großen Mehrheit (37 Prozent gegen 9 Prozent) von guten Erinnerungen.[5] Auch die Meinung, daß Deutschland »gegenüber den noch lebenden deutschen Juden die Pflicht zur Wiedergutmachung« hatte, teilten ganz am Anfang der Bundesrepublik 54 Prozent (gegen 31 Prozent).

Als im August 1952 aber nach der Zahlung von drei Milliarden Mark an Israel gefragt wurde, hielten dies 44 Prozent für überflüssig und nur 11 Prozent für richtig (22 Prozent stimmten zu, betrachteten indes die Summe als zu hoch).[6] Tendenziell ähnliche Daten ermittelte das »Deutsche Institut für Volksumfragen«: 49 Prozent der Deutschen sprachen sich demnach gegen die Ratifizierung des Abkommens durch den Bundestag aus, nur 26 Prozent dafür. Je älter die Befragten waren und je höher ihre Schulbildung, desto größer die vorbehaltlose Zustimmung zu dem Vertrag. Bemerkenswerte Unterschiede gab es zwischen den Meinungen der Bundestagsparteien und ihren jeweiligen Anhängern in der Wählerschaft. Denn von hundert SPD-Anhängern lehnten 44 die drei Milliarden Mark Wiedergutmachungszahlungen ab, während dies die Wähler der Unionsparteien – deren Fraktion in dieser Frage längst nicht so geschlossen war wie die Sozialdemokraten – nur zu 37 Prozent für überflüssig hielten. Dagegen entsprach das relativ deutliche Nein (57 Prozent) seitens der FDP-Anhänger auch der Haltung ihrer Abgeordneten.

Eine Erklärung für diese Position finden wir vielleicht auch in der 1951 von 21 Prozent der Westdeutschen geäußerten Meinung, daß die Juden zumindest teilweise für das verantwortlich seien, was ihnen während des »Dritten Reiches« angetan worden war.[7] Darüber hinaus fällt auf, wie signifikant die Toleranz gegenüber den Juden in den wenigen Jahren zwischen 1949 und 1952 abnahm.[8] Dies hing wohl auch damit zusammen, daß zwischenzeitlich die »Wiedergutmachung« in ein konkreteres Stadium getreten war und grundsätzliche moralische Absichtserklärungen das eine, finanzielle Folgerungen daraus aber etwas ganz anderes bedeuteten. Zudem mochte der – im Zuge einer frühen Antisemitismus-Diskussion nach der Affäre Harlan und anderen Vorkommnissen – zu Beginn der Ära Adenauer erstmals in Erscheinung tretende offizielle Philosemitismus bei manchen »Stürmer«-erfahrenen Westdeutschen das alte dumpfe Gefühl jüdischer Privilegierung evoziert haben.

Freilich blieb die öffentliche Auseinandersetzung mit der NS-Vergangenheit mittelfristig nicht ohne Wirkung auf die politische Mentalität der Westdeutschen. Die Zahl derer, die es für besser hielten, »keine Juden im Land zu haben«, sank von 37 Prozent im Jahr 1952 kontinuierlich auf 18 Prozent im Mai 1963. Dementsprechend stieg die Zahl der Gegner dieser These von zwanzig Prozent 1952 auf vierzig Prozent 1963.[9] Das Wiedergutmachungsabkommen selbst wurde allerdings auch nach der stärksten Welle der »Vergangenheitsbewältigung« Anfang der 60er Jahre von den Bundesbürgern nicht voll »angenommen«. Im Dezember 1966 meinten 46 Prozent, daß mit »der Wiedergutmachung endlich Schluß gemacht werden (sollte), die haben schon zuviel bekommen«.[10] Eine ungefähr gleich große Gruppe befürwortete dagegen das Abkommen.

Die in den frühen 50er Jahren noch bei zwei zu eins liegende Ablehnungsquote läßt sich im Blick auf die deutsche Haltung zur Schuldfrage plausibel machen. Im Oktober 1951 vertraten 63 Prozent die Auffassung, nur diejenigen, die persönlich Straftaten an Juden begangen hätten, müßten sich schuldig fühlen. 54 Prozent fühlten sich weder für die im »Dritten Reich« begangenen Verbrechen an Juden schuldig, noch für die »Wiedergutmachung« dieser Taten verantwortlich.[11] Auch mitten im Eichmann-Prozeß (Juni 1961) fühlten sich nur sechs Prozent der Westdeutschen »irgendwie mitschuldig an den Judenvernichtungen«. 88 Prozent fühlten sich nicht mitschuldig und 59 Prozent wollten »jetzt nichts mehr darüber hören«, auch wenn sie der Bestrafung Eichmanns zustimmten. [12]

Wie voreilig generalisierende Schlüsse vom Antisemitismus auf den Neonazismus wären, zeigt der Umstand, daß etwa die Anhänger der Sozialistischen Reichspartei 1951 die Judenverfolgung sehr viel häufiger kritisierten als die Wähler allgemein. [13] Die Gefolgschaft der SRP wies den Nationalsozialismus zwar als Terrorregime zurück, bejahte ihn aber gleichzeitig als Wohlfahrtsstaat und erinnerte die NSDAP als eine soziale Reformbewegung. 68 Prozent der SRP-Anhänger (Querschnitt aller Wähler: 41 Prozent) waren überzeugt, daß es damals dem »Arbeiter gut ging«, und 86 Prozent dieser von der demographischen Zusammensetzung her als eine Art »Minivolksbewegung« anzusprechenden SRP-Wählerschaft hielten den Nationalsozialismus insgesamt für eine gute Sache. [14] Von den CDU- und CSU-Anhängern waren nur 23 Prozent (gegen 55 Prozent) dieser Auffassung, von denen der SPD aber beachtliche 36 Prozent (gegen 46 Prozent). Mag die vergleichsweise hohe Akzeptanz des Nationalsozialismus bei den Wählern der SPD mit seinen wohlfahrtsstaatlichen Elementen zu erklären sein, so dürften bei den 42 Prozent (gegen 46 Prozent) der FDP-Anhänger, die den Nationalsozialismus 1951 für eine überwiegend gute Sache hielten, andere Motive zugrunde gelegen haben. Die Schulbildung spielte jedenfalls für die allgemeine Bewertung der NS-Zeit nach der vorliegenden Umfrage keine Rolle; lediglich bei den unter vierzig Jahre alten Befragten wurde eine höhere Zustimmung (39 Prozent) als bei den älteren (30 Prozent) ermittelt. [15]

Das Abtragen dieses zu Beginn der Ära Adenauer noch stark präsenten nationalsozialistischen Wertsystems vollzog sich in einem kontinuierlichen Prozeß parallel zur Einrichtung in der neuen demokratischen Wertordnung der Bundesrepublik Deutschland. Dabei lieferten Leser-, Hörer- oder Fernsehzuschauerbefragungen keinerlei Anhaltspunkte für Verdrängungstendenzen in der Bevölkerung. Ganz im Gegenteil. Seit Anfang der 50er Jahre wurde in allen Berichten des Allensbacher Institutes an Zeitungs- und Zeitschriftenverlage, Redaktionen und Programmdirektionen »monoton hervorgehoben, daß

Beiträge über Vorgänge der nationalsozialistischen Ära Spitzenbeachtung« fanden[16] – ob es sich um Bilder vom Arbeitszimmer Rudolf Heß' handelte, um große Fortsetzungsserien in Illustrierten oder um die 1958 ausgestrahlte Fernsehserie »Das Dritte Reich« von Waldemar Besson.

Die über lange Jahre hinweg einseitig informierte Bevölkerung versuchte, »sich nachträglich einen Überblick über die wirklichen Vorgänge zwischen 1933 und 1945 zu verschaffen. Bis heute«, so konstatierte Elisabeth Noelle-Neumann 1965, »ist dieses Interesse ungesättigt.«[17] Der nachträgliche Erfahrungsprozeß wurde durch die Unbefangenheit erleichtert, mit der die überwältigende Mehrheit eine Mitschuld für die nationalsozialistischen Grausamkeiten von sich wies und etwa das Verfahren gegen Eichmann mit »ganz allgemeinem Interesse« verfolgte – ohne das Gefühl, »daß es Deutsche waren«.[18]

Wenn sich am Ende der Ära Adenauer nur acht Prozent der Deutschen an den Judenvernichtungen mitschuldig fühlten, so ist dies – schon lange vor Giordanos »Zweiter Schuld« – als Zeichen erschreckender Verstocktheit moralisch verurteilt worden. Noelle-Neumann hat allerdings bereits 1965 darauf hingewiesen, daß die Haltung der Mitverantwortung, die man von der Bevölkerung verlangt, »eine Haltung lediglich der Oberschicht sein sollte, und daß die in Deutschland häufig anzutreffende Mischung von Massenverachtung einerseits und moralischer Überforderung der Massen andererseits ein ungesundes politisches Klima erzeugt. – Im allgemeinen haben Menschen genug damit zu tun, für die Schuld ernstlich einzustehen, die sie persönlich und unmittelbar auf sich geladen haben.«[19] So war der Appell des hessischen Generalstaatsanwalts Bauer, die Bevölkerung solle aus den Auschwitz-Prozessen lernen, wohin bedingungsloser Gehorsam führe, vielleicht etwas überzogen. Adressat solcher Lehren schien doch in erster Linie die Führungsschicht eines Gemeinwesens zu sein, da die Grundschichten im allgemeinen darauf angewiesen sind, »sich an den Vorschriften der jeweils amtierenden Obrigkeit mit ihrem Verhalten auszurichten«.[20]

Das große Interesse der Bevölkerung an allem, was mit der NS-Zeit zusammenhing, hat den Abbau des alten Wertsystems zweifelsohne erleichtert. Ist aber schon die Erziehung von Individuen ein oft mühsamer Prozeß, so läßt sich ermessen, welchen Schwierigkeiten erst das kollektive Abtragen der nationalsozialistischen Wertordnung unterworfen war. Ein Experiment des Süddeutschen Rundfunks in bezug auf politische Erwachsenenbildung mag dies illustrieren. Der Sender erklärte ein Jahr hindurch bei jeder Erwähnung des Bundesrates ausführlich den Sinn der Institution und fügte auch bei Kurznachrichten hinzu: »Der Bundesrat – die Vertretung der Länder«. Schwerpunkt-Reportagen ergänzten das Informationsprogramm. Nach Ablauf des Jahres wußte nicht einmal ein Prozent der Hörer mehr als vorher, welche Bedeutung der Bundesrat hat.[21]

In Anbetracht dessen ist es bemerkenswert, wie unaufhaltsam die Bevölkerung sich in den 50er Jahren vom Nationalsozialismus abwandte und zur Demokratie bekehren ließ. Wir haben bereits erwähnt, wie die Zahl derer, die keine Juden im Land haben wollten, sich im Verlauf der Ära Adenauer halbierte. Daß Personen, die sich antisemitisch betätigten, von den Gerichten bestraft werden sollten, hatten 1949 erst 41 Prozent gemeint, 1958 waren es 46 Prozent und im Januar 1960 – nach den Kölner Ereignissen – schließlich 78 Prozent.[22]

Andere Einstellungen änderten sich etwas zügiger. Hatten 1951 nur 32 Prozent der Bundesbürger geglaubt, daß Deutschland am Zweiten Weltkrieg schuldig sei, so waren es 1955 schon 43 Prozent und im Mai 1959 bereits fünfzig Prozent. Auch die Ansicht, Adolf Hitler habe als großer Deutscher am meisten für Deutschland geleistet, erhielt 1966 nur noch zwei Prozent Zustimmung, während 1950 noch zehn Prozent diese Ansicht vertreten und Hitler damit vor Friedrich den Großen und Adenauer positioniert hatten. 1966 nannten dagegen schon 44 Prozent Adenauer, der damit sogar Bismarck hinter sich ließ.[23]

Unübersehbar war die Abkehr vom Nationalsozialismus auch Ausdruck der zunehmenden Zufriedenheit mit der Politik Adenauers. Wirtschaftswunder und Westintegration ließen immer mehr Bundesbürger – 1951: 2 Prozent, 1959: 42 Prozent, 1963: 62 Prozent – zu der Überzeugung gelangen, es sei Deutschland noch nie so gut gegangen wie jetzt. Der Zeitraum von 1933 bis 1939, an den 1951 noch 42 Prozent die besten Erinnerungen hatten, verlor im Gegenzug rapide an Ausstrahlungskraft. 1959 hielten ihn 18 Prozent, 1963 nur noch 11 Prozent für die beste Epoche Deutschlands.[24]

Die beschriebenen Veränderungen resultierten, entgegen einem landläufigen Urteil, im wesentlichen gerade nicht aus dem Wechsel der Generationen. Denn zwischen den Altersgruppen gab es im historisch-politischen Urteil, anders als im ästhetischen Empfinden, damals einen erstaunlichen Gleichklang.[25] Dies betraf sowohl die Einschätzung des 20. Juli[26] als auch die Bewertung Hitlers, den 42 Prozent der 18–29jährigen, 50 Prozent der 30–44jährigen, 43 Prozent der 45–59jährigen und 34 Prozent der mehr als 60jährigen im Jahr 1956 noch für einen der größten Staatsmänner gehalten hätten, wenn nur der Zweite Weltkrieg nicht gewesen wäre.[27] Die Zustimmung der Jüngeren entsprach genau dem Gesamtergebnis aller Altersschichten. Andere Umfragen zeigten ähnliche Resultate, wobei höchstens die größere Zurückhaltung der jüngeren Generation im zeitgeschichtlichen Urteil (»Weiß nicht«-Antworten) bemerkenswert schien.[28] Insgesamt ergab sich also eine starke Übereinstimmung zwischen den Generationen, die im übrigen nicht nur das Schuld-, sondern auch das Nationalbewußtsein betraf. Zwar waren »innere Verletzungen« der deutschen Identität bereits damals hie und da zu beobachten[29], doch scheint ein »gefestigtes Selbstgefühl«[30] für die politische Atmosphäre der Ära Adenauer doch eher charakteristisch gewesen zu sein.

V. Schlußbetrachtung:
Die Schübe
der »Vergangenheitsbewältigung«
in der Bundesrepublik Deutschland
von 1949 bis zur Gegenwart

Die Geschichte der »Vergangenheitsbewältigung« in der Bundesrepublik Deutschland und vor allem ihre Problematik während der ersten Jahre nach 1949 haben mit der Wiedervereinigung am 3. Oktober 1990 an Aktualität gewonnen. Erneut stellt sich die Frage nach der »Bewältigung« einer totalitären Vergangenheit. Wenn auch lediglich der östliche Teil des Bundesgebietes unmittelbar betroffen ist, so bedeutet die Auseinandersetzung mit den Erblasten der untergegangenen DDR doch für die gesamte deutsche Politik eine gewaltige Herausforderung. Im folgenden soll nun versucht werden, die empirischen Befunde für die »Vergangenheitsbewältigung« in den 50er Jahren vor dem Hintergrund der Entwicklung nach der Ära Adenauer und im Lichte der politischen Aktualität zu reflektieren. Dies zu leisten scheint so wichtig, daß es in Kauf zu nehmen ist, wenn dabei manchmal die Grenzen der rein geschichtswissenschaftlichen Arbeit überschritten werden.

Nach dreißig Jahren – Staub und Moder?

Die Leidenschaften, die Taten und Untaten, die Liebe und der Haß: »Nach dreißig Jahren ist es Staub und Moder«, sagte Bismarck am Ende seines Lebens; die Zeit habe dann ihre Schuldigkeit getan.[1] Dreißig Jahre nach dem Ende des Zweiten Weltkrieges indes schien diese Einsicht in Deutschland teilweise keine Beachtung mehr zu finden. Die Vergebung, derer nationalsozialistisch Belastete zunächst noch überwiegend teilhaftig wurden, sofern sie nicht strafrechtlich zu ahndende Schuld auf sich geladen hatten, wurde nach dreißig Jahren weniger gewährt als noch in der ersten Dekade der Bundesrepublik Deutschland. Auch 1979, 1985 oder 1988 war immer wieder zu spüren, wie wenig die Zeit ihre Schuldigkeit getan hatte, stritten Politiker und Journalisten, Historiker und Philosophen, aber auch Psychologen und Soziologen cum ira et studio über die Verjährung von NS-Verbrechen, über die Folgen des »Holocaust«, über die Rede eines Bundestagspräsidenten oder über die »Gnade der späten Geburt«.

Dies ist um so überraschender, als auch nach dem Urteil vieler, die für die Ära Adenauer »Verdrängung« diagnostizierten und diagnostizieren, immerhin ab etwa 1960 »Vergangenheitsbewältigung« stattfand. »Die Zeit des Schweigens ist vorbei« bemerkte im November 1959 nicht nur die »Frankfurter Rundschau«. Hermann Müller vom Deutschen Koordinierungsrat der Gesellschaften für Christlich-Jüdische Zusammenarbeit erlebte damals nach einer »langen Zeit des Schweigens« den Beginn einer Auseinandersetzung, »deren echter Ton von den Illustrierten bis zu den Schulbüchern reicht«.[2]

Vor allem wurden Mitte der 60er Jahre Rektoren und Dekane an den Universitäten wegen wirklicher oder vermeintlicher NS-Belastung immer stärker in Kontrahagen verwickelt.[3] Aber nicht nur das »hinterfragte Establishment« an den Hochschulen, sondern auch führende Politiker zollten nun reihenweise der »Vergangenheitsbewältigung« Tribut. Auf Oberländer folgten etwa der langjährige bayerische Kultusminister Theodor Maunz und der Staatssekretär im Bundesministerium für Entwicklungshilfe, Friedrich Karl Vialon.[4] Sogar Erwin Schüle, Leiter der Ludwigsburger Zentralstelle, mußte zurücktreten. Erst zwei Jahre später stellte sich heraus, daß die sowjetischen Beschuldigungen, er habe an Exekutionen und Mißhandlungen teilgenommen, unbegründet waren. Als die kommunistischen Behörden ihren Irrtum bekannten, sprach aber eigenartigerweise kaum jemand von einer Rehabilitierung des Angegriffenen, obwohl die Affäre von 1966 die ganze Arbeit der Zentralstelle in ein schiefes Licht gerückt hatte.[5]

Nun ist ganz unbestritten, daß durch diese Skandale der 60er Jahre auch einige prominente Personen aus dem gesellschaftlichen Verkehr gezogen wurden, die tatsächlich so stark belastet waren, daß sie nach 1945 besser nicht wieder am Tisch der Mächtigen hätten Platz finden dürfen. Aber es fiel doch auf, wie häufig die merkwürdige Dialektik

354

dieser »Vergangenheitsbewältigung« gerade gegen jene konservativen Politiker Stellung bezog, die sich den – entspannungspolitischen – Tendenzen des »Zeitgeistes« am wenigsten beugten: So sollte der völlig integre Karl Carstens 1979 mit den Argumenten der »Vergangenheitsbewältigung« als Bundespräsident verhindert werden.[6] Philipp Jenningers spektakulärer Rücktritt vom Amt des Bundestagspräsidenten – nach einer zwar rhetorisch mangelhaften, inhaltlich aber kaum zu beanstandenden Rede[7] – war dann der letzte »Fall« eines prominenten Bundespolitikers in der alten Bundesrepublik.

Trotz der seit 1960 gewachsenen Erfolge dieser Art von »Vergangenheitsbewältigung« wird die Bundesrepublik Deutschland noch heute oft unverändert für schuldig befunden, die nationalsozialistische Erblast nicht »abgearbeitet« zu haben. »Nazismus und Antisemitismus sind noch nicht ausgestorben«, erklärte 1988 der Schriftsteller Axel Eggebrecht in einer mehrteiligen Fernsehsendung über die »Erben des Hakenkreuzes«.[8] Ende der 70er Jahre verließen jüdische Schriftsteller Deutschland aus Protest gegen einen gewohnheitsmäßigen Antisemitismus und die Verdrängung der Vergangenheit.[9] Dabei konnte an der Breitenwirkung der andauernden »Bewältigungs«-Bemühungen spätestens 1979 niemand mehr zweifeln, als Millionen deutscher Fernsehzuschauer von dem amerikanischen Spielfilm über den »Holocaust« erschüttert wurden und sich eine ganze Nation »betroffen« zeigte.[10] Selbst der sonst abgewogen urteilende Norbert Wiggershaus vertrat aber noch 1984 die Ansicht, daß etwa der Widerstand gegen den Nationalsozialismus nicht in der politischen Kultur der Bundesrepublik verankert sei. Darüber könnten auch 1 100 000 Besucher in der Gedenkstätte Plötzensee allein in den Jahren 1980 bis 1982 nicht hinwegtäuschen.[11] Und wenn bei einer Meinungsumfrage 88 Prozent der jungen Männer, die »freiwillig zur Bundeswehr gehen wollen«, sich stolz darauf zeigen, Deutscher zu sein, so werden heute auch solche, wie es heißt, »bedenklichen Daten« im Zusammenhang mit der »Unlust« oder der »Unfähigkeit« der Deutschen interpretiert, »aus der Geschichte zu lernen und sich zu erinnern«.[12] Die Gedanken von fünf Offizieren zur Krise der inneren Führung erschienen 1977 im übrigen ebenfalls unter dem publikumswirksamen Schlagwort »Die unbewältigte Vergangenheit der Bundeswehr«.[13]

Andreas Hillgruber wurde während des sogenannten »Historiker-

streites« von Rudolf Augstein im SPIEGEL als »konstitutioneller Nazi« bezeichnet, weil er angeblich die Judenvernichtung bagatellisiert
habe.[14] In Wirklichkeit hatten er und andere, wie Ernst Nolte, lediglich – wissenschaftlich diskussionsbedürftige, aber jedenfalls sehr an-
regende – Beiträge zur Historisierung des Nationalsozialismus geleistet. Da sie sich damit aber auch gegen eine Instrumentalisierung der
»Vergangenheitsbewältigung« in dem Sinne gewandt hatten, »daß
Kritiker vorderhand sich auf das Dritte Reich beziehen, tatsächlich
aber das liberale System treffen wollen«, lenkten sie die Pfeile ebendieser Kritiker auf sich.[15] Seit dem gemeinsamen Besuch des Solda-
tenfriedhofs in Bitburg mit dem amerikanischen Präsidenten Ronald
Reagan wurde im SPIEGEL und in politisch gleichgesinnten Medien
vor allem Bundeskanzler Helmut Kohl für die »nach wie vor unbewältigte Vergangenheit«[16] verantwortlich gemacht.

Das Generalverdikt über viereinhalb Jahrzehnte mißlungener bundesdeutscher »Vergangenheitsbewältigung« sollte man gerade aus der
Feder derer, die sich auf dieses Thema spezialisiert haben, sehr ernst
nehmen. Denn ihr Urteil impliziert, daß sich auch nach 1960 letztlich
nichts Entscheidendes geändert habe, was doch noch zu einer erfolg-
reicheren »Vergangenheitsbewältigung« hätte führen können; ist es
also nicht ein untrüglicher Beweis dafür, daß die Auseinandersetzung
mit dem Nationalsozialismus während der Ära Adenauer nicht so
schwach gewesen sein kann, wie immer wieder gesagt wird? Zu iden-
tisch sind etwa die Vorwürfe gegen den Geschichtsunterricht in den
Jahren 1959/60 mit der »neuen« Kritik nun an der gesamten Geschichtswissenschaft, wie sie zwei Dekaden später zu hören war: Jahrelang, so hieß es 1979 nach dem »Holocaust«-Film im SPIEGEL, habe die Historie »an den Interessen und Bedürfnissen der Öffentlichkeit vorbeigelebt«.[17]

Berücksichtigt man die umfangreiche Auseinandersetzung mit der
NS-Vergangenheit, die in der vorliegenden Studie besonders für Regierungen, Parlamente, Justiz und Medien während der Ära Adenauer dokumentiert wurde, so widerlegt dieser Befund vor allem die
Thesen, die in erster Linie auf die spezifischen »Bewältigungs«-Defizi-
te der 50er Jahre abzielen. Wenn der »Flächenbrand« der neomarxistischen Vergangenheits- und Gesellschaftskritik in den 60er Jahren
wirklich gezeigt hätte, daß eine »breitenwirksame demokratische Be-

wußtseinsbildung in den 50ern vernachlässigt worden« sei und eine »inhaltliche Auseinandersetzung mit dem nationalsozialistischen Totalitarismus« nicht stattgefunden habe, dann dürften nicht zwei Dekaden nach den Ereignissen um das Jahr 1968, nach einer breitenwirksamen Bildungsreform, nach einer Revolutionierung des Geschichtsunterrichts und nach anderen einschneidenden Maßnahmen immer noch dieselben Vorwürfe gerade aus dem Lager der neomarxistischen »Vergangenheitsbewältigung« zu hören sein.[18] Es ist also mehr als zweifelhaft, ob das »geistige Klima« während der Ära Adenauer wirklich »von den Defiziten und Tabus bestimmt« war, die »als Gründungshypothek auf der Bonner Republik lasteten« und die eine »politische Aufarbeitung der Vergangenheit« unmöglich machten[19]; denn das unstrittig wirkungsmächtige totalitäre Tabu umfaßte jedenfalls auch die Ideologie des Nationalsozialismus – und dies wird man kaum als Defizit ansprechen können.

Diese Einwände sind auch gegen die polemische These von Carola Stern geltend zu machen, die behauptete, niemals hätten Menschen »soviel vergessen sollen, um funktionsfähig zu bleiben«, und die obendrein einen Vorsatz der politischen Führung suggerierte, »Vernebelung der Erinnerung« betrieben zu haben.[20] Dies entspricht, vom frühen Bekenntnis der Bundesregierung und des Bundespräsidenten zum 20. Juli angefangen, über die Arbeit der Bundeszentrale für Heimatdienst oder des Instituts für Zeitgeschichte bis zu den immer wieder klaren offiziellen Stellungnahmen zur Judenverfolgung, in keiner Weise der Wirklichkeit der 50er Jahre. Ebenso undifferenziert ist Sterns Hypothese, nicht von Hitler und seinen KZs sei damals »lange genug die Rede« gewesen, sondern von Stalin und seinen KZs. Tatsächlich war von beiden die Rede. Und eine gewisse »Verdachtsatmosphäre« richtete sich nicht nur gegen sozialdemokratische Emigranten wie Willy Brandt und Herbert Wehner, sondern – vom entgegengesetzten politischen Ufer aus – eben auch »gegen ehemalige Nazis«.[21]

Dennoch hat eine kommunistische oder nationalsozialistische Vergangenheit, wenn sie nicht eindeutig verbrecherischen Charakter hatte, verschiedenen Politikern den Weg zur demokratischen Läuterung – und Karriere – nicht grundsätzlich versperrt. In direkter Nachfolge des früheren NSDAP-Mitglieds Kurt Georg Kiesinger[22] konnte der Emigrant Willy Brandt, der schon 1957 zum Regierenden Bürgermeister von Berlin gewählt worden war, 1969 sogar zum Bundeskanzler avancieren. Dies alles erhärtet die Auffassung, wonach die Formel von einer »Verdrängung großen Ausmaßes«[23] während der Ära Adenauer das Produkt der Fehlwahrnehmung von Wissenschaftlern, Publizisten und Politikern ist, die sich an die hohe Lautstärke der »Vergangenheitsbewältigung« seit den 60er Jahren so sehr gewöhnt haben, daß die etwas leiseren Töne einer durchaus geführten Erblastdiskussion in der Frühzeit der Bundesrepublik Deutschland nicht mehr zu ihnen hinüberdringen.

Tatsächlich gibt es nach Thomas Nipperdey eine gewisse Perversion in der zu einem »Selbstläufer« gewordenen Auseinandersetzung mit unserer eigenen Vergangenheit. Gewisse ritualisierte Formen werden »immer wieder abgewickelt...im öffentlichen Betrieb, und niemand kann da etwas anderes sagen...«[24], weil die mit der Verdrängungstheorie arbeitende Intelligenz die Rolle des Volkstherapeuten beansprucht und sich damit »den Vorzugsplatz hinter der Volkscouch«[25] verschafft hat. Ihre Bewältigungsappelle aber sollen wohl nicht nur »die Neurose permanent« machen – sondern auch die Notwendigkeit der Therapeuten.[26]

Die »Relativität« der »Vergangenheitsbewältigung«

Ein anderes Problem ist mit der Frage angeschnitten, wie man sich in der privaten Sphäre mit dem Nationalsozialismus auseinandergesetzt und wie die stets aktive öffentliche »Bewältigungskultur« auf diese eingewirkt hat. Denn es war wesentlich die im In- und Ausland gewachsene Erkenntnis vom relativen Mißerfolg der bisherigen »Vergangenheitsbewältigung« in der breiten Bevölkerung der Bundesrepublik Deutschland, die den Paradigmenwechsel von 1960 beförderte und zur Intensivierung pädagogischer Maßnahmen führte. Woran es dieser Diskussion mangelte, war allerdings das Bewußtsein von der unvermeidlichen Relativität der kollektiven Auseinandersetzung mit der jüngsten Geschichte.

Deren Gesamtbild weist in der Tat recht unterschiedliche Schattierungen auf. Zum einen hatten Radikalismen von links und rechts bei den bundesdeutschen Wählern keine Chance, was im Grunde genommen als der zentrale Akt der»Vergangenheitsbewältigung«durch die breite Bevölkerung zu würdigen ist;»wieviel Einsicht, wieviel äußere Anpassung«dabei im Spiel waren[1], ist allerdings eine andere Frage. Milde Schwurgerichtsurteile von Laienrichtern gegen NS-Verbrecher, positive Bewertungen der NS-Zeit von 1933 bis 1939[2] oder das selbst 1979, im Jahr des Holocaust-Films, noch mehrheitliche Plädoyer für einen Schlußstrich unter die Verfolgung von nationalsozialistischen Straftaten[3] können prima vista Zweifel aufkommen lassen, ob die»Bewältigung« der Vergangenheit in hinreichendem Umfang erfolgte. Auf die Hemmnisse, die einer sozusagen»absoluten Vergangenheitsbewältigung«in der privaten Sphäre im Wege standen, haben indes Peter Graf Kielmansegg und Christian Meier schon hingewiesen.[4]

Danach macht sich in Situationen der Betroffenheit durch eigene Schuld »zunächst eine gewisse Gravitation des Denkens zugunsten der Richtigkeit dessen, was man getan hat, geltend«. Es war nur allzu menschlich, wenn sich viele Deutsche gegen die Erkenntnis sträubten, daß alles, was sie selbst und die umgekommenen Angehörigen und Kameraden»getan und gelitten hatten, nicht nur sinnlos gewesen war, sondern sogar im Dienste eines ganz ungeheuerlichen Verbrechens gestanden hatte…«[5] Die Politik trug dem Rechnung und bekräftigte beispielsweise auf den jährlichen Gedenkfeiern zum Volkstrauertag die allgemeine Überzeugung, daß die Toten»in dem Glauben an ein gutes und anständiges Vaterland« gefallen waren.[6]

Ohnehin wird in puncto nationalsozialistischer»Gesinnung« differenziert werden müssen. Denn viele Bürger hatten die Verbrechen und Vergehen der Nazis abgelehnt und sich demgegenüber»auf ihren eigenen Anstand (und oft auch auf denjenigen der größten Teile des eigenen Volkes) berufen«. Sie hatten vor allem auch die»unendliche menschliche Differenziertheit erlebt, innerhalb derer das Parteimitglied sich unter Umständen sehr viel anständiger und aufrechter verhalten hatte als manches Nicht-Mitglied, das vielleicht jetzt zu florieren vermochte…«[7] Diese wichtigen Nuancen wurden in den Vorwürfen der Westalliierten gegen die Deutschen aber nicht hinreichend berücksichtigt. Noch ein weiterer Widerspruch der alliierten Politik hat nachgewirkt: Die Nürnberger Prozesse sollten auch das Ziel verfolgen, der deutschen Bevölkerung das ganze Ausmaß der Verbrechen vor Augen zu führen. Sie gingen also von der Unkenntnis der Deutschen aus, obwohl ihnen doch paradoxerweise gleichzeitig vorgehalten wurde, Mitwisser gewesen zu sein.[8]

Obendrein bezogen sich die Vorhaltungen nicht allein auf die Judenvernichtung, sondern auch auf das »Mitlaufen« im »Dritten Reich« und die Teilnahme am Krieg. Deswegen aber konnte man »so leicht kein schlechtes Gewissen haben«. Kriege hatten in der europäischen Geschichte auch andere geführt, »Regelübertretungen kamen auf allen Seiten vor. Daß die Deutschen einiges mehr davon sich hatten zuschulden kommen lassen, wird nicht jedem so leicht klar gewesen sein.«[9] Dabei ist ferner zu bedenken, daß historische Zeitläufte von den beteiligten Individuen eher lokal- als weltgeschichtlich erlebt werden. Wer im Luftschutzbunker, an der Front oder auf der Vertreibung einen Angehörigen verloren hatte, und selbst – wie die allermeisten – an keinem Verbrechen beteiligt war, was hatte der sich eigentlich vorzuwerfen? In die »große Politik« einzugreifen hatte der »kleine Mann« jedenfalls schon vor dem »Dritten Reich« nicht stärker vermocht, und so fehlte mangels eigener direkter Beteiligung an Verbrechen und mangels eigenen das Gewissen belastenden Handelns bei den meisten auch ein persönliches Schuldgefühl. Mußte nicht ohnehin gerade in der »Konfrontation mit dem Äußersten, dem planmäßigen Völkermord« die Versuchung übermächtig werden, »der Vergangenheit so gut es ging den Rücken zu kehren«?[10]

Zudem sahen sich die Deutschen rasch mit den neuen millionenfachen Verbrechen der Vertreibung konfrontiert, die völlig ungeahndet blieben und so das Rechts- und Schuldbewußtsein ebenso beeinträchtigten wie die verfehlte Entnazifizierung. Vor allem auch die Deutschen, die selbst im Konzentrationslager gelitten hatten und nun zu politischem Einfluß gekommen waren, schienen – wie Kurt Schumacher – teilweise »in Unschuld verstockt« und standen einer Vertiefung des Schuldgefühls eher im Wege. Die Sozialdemokraten, so klagte Walter Dirks, gehörten beispielsweise zu den Gruppen, »die niemals einen Fehler gemacht haben«.[11]

Die Sorge um das tägliche Brot, um Wohnung und Kleidung, um das Überleben im rauhen Nachkriegsalltag – kurz: die Bewältigung der Gegenwart ließ überhaupt wenig Zeit für »Trauerarbeit«; und Zeit ist »für die Reue und Umkehr von Individuen« zumeist notwendig. Auch wollten viele nach Jahren, »die sie im Dreck gesessen hatten, endlich einmal abschalten und ihr Leben genießen«.[12] Als Folge langjähriger politischer Dauermobilisierung im »Dritten Reich« wandte sich die große Mehrheit ganz bewußt von der Politik ab und zog sich in die private Sphäre der Familie und des Freundeskreises zurück. Politik rangierte bei den Meinungsumfragen ganz am Ende der allgemeinen Interessenskala.[13] Ohne es zu wollen, leistete wohl auch die konsequente »Bewältigungs«-Politik der staatlichen Organe dem privaten Ruhebedürfnis Vorschub. Fast scheint es, als habe »gerade die Eindeutigkeit und Einmütigkeit, mit der das Gemeinwesen als solches, stellvertretend für seine Bürger, sein Verhältnis zum Nationalsozialismus bestimmte, es den Westdeutschen leichter gemacht, den Fragen auszuweichen, die jeder für sich selbst zu stellen gehabt hätte«.[14]

Und doch haben die Deutschen sich diese Fragen wohl in einer viel radikaleren Form gestellt – und beantwortet –, als die Theorie der Mitscherlichs dies erfassen konnte. Wir brauchen nur die Abwehrmechanismen in den Blick zu nehmen, die in Deutschland – offensichtlich gegen die kollektiven Schuldvorwürfe der Sieger gerichtet – während der Nachkriegszeit wirksam wurden: Warum haben die Deutschen die Trauer um die verlorenen Ostgebiete, die sie in sieben, acht Jahrhunderten zu Kernstücken ihres Kulturraumes gestaltet hatten, im wesentlichen an die Vertriebenenverbände delegiert? Es sei, bemerkten klarsichtige Beobachter, als ob »ein Franzose an den Verlust von Indochina denke«[15], nicht aber, als sei wirklich eine bedeutende Spur deutscher Geschichte ausgelöscht. Kann man in dem deutschen Verhalten vielleicht einen Beweis dafür sehen, »daß eben die NS-Zeit mit ihren Verbrechen« über diese Geschichte bestimmte«[16] und sich insofern auch deren Betonung zu wiedervereinigungs- und ostpolitischen Zwecken verbot? Bildete die nun oft beklagte radikale Gedächtnis- und Geschichtslosigkeit vieler Deutscher also einen fatalen Akt sui generis zur »Bewältigung« der nationalsozialistischen Vergangenheit?

Während der Ära Adenauer konnte die Geschichts- und Identitätskrise noch durch den antitotalitären Grundkonsens in ihren Auswirkungen abgemildert werden, schließlich hatten die deutschen Soldaten wenigstens an der Ostfront gleichsam gegen den »richtigen« kommunistischen Feind gestanden, und diese stabilisierende Tradition konnte in die Bundesrepublik mit hinübergenommen werden. Als indes auch noch die antikommunistischen Grundüberzeugungen im Zuge der Entspannungspolitik seit Anfang der sechziger Jahre zunehmend erschüttert wurden – und nun also alles falsch gewesen sein sollte, wofür die Deutschen in der jüngsten Vergangenheit sich hatten einspannen lassen –, hat dies einen weiteren Eckstein aus dem Gehäuse der deutschen Nachkriegsidentität herausgebrochen.

Die These einer singulären deutschen Geschichtserinnerung nach 1945 gewinnt an Plausibilität, wenn man die Situation in der Bundesrepublik Deutschland etwa mit der in Japan oder Frankreich vergleicht. Dabei ist weniger an die heftige französische Elsaß-Lothringen-Irredenta nach 1871 zu denken, die sich von der so gut wie ausgebliebenen Oder/Neiße-Irredenta fundamental unterschied, sondern vielmehr an die ausgeprägten Tendenzen zu einer recht selektiven Rezeption der Nationalgeschichte. Erinnert werden überwiegend positive Traditionsbestände, die die nationale Identität bestärken. Weitgehend ausgeblendet bleiben dagegen verschiedene Schattenseiten der eigenen Historie.

Das japanische Erziehungsministerium ordnete 1955 an, aus den Lehrbüchern der Volksschule sämtliche Schilderungen des Zweiten Weltkrieges zu streichen. Nur in höheren Schulen blieb ein kurzer Überblick erlaubt. Denn in der japanischen Jugend sollten »keine Rachegefühle aufkommen«.[17] Noch in Bertoluccis China-Film »Der letzte Kaiser« wurden Darstellungen japanischer Kriegsverbrechen zensiert.[18] In Frankreich bedurfte es erheblicher Anstrengungen, um schließlich an einem Sommerabend zu später Stunde die Ausstrahlung des Fernsehfilms »Les Guichets du Louvre« durchzusetzen. Er rückte die Rolle der Pariser Polizei bei der großen Razzia gegen die Juden 1941 in ein wahres Licht.[19]

Betrachtet man diese Relationen, dann läßt sich die ganze beispiellose Radikalität erst ermessen, mit der sich die »Vergangenheitsbewältigung« im historischen Bewußtsein der Deutschen auswirkte. Waren die Deutschen von den dunklen Seiten der NS-Epoche vielleicht derart »betroffen«, daß sie mit ihnen gleich den gesamten »Rest« unbesehen aus dem Buch ihrer Nationalgeschichte entfernen zu müssen glaubten? Man wird also wohl sagen können, daß die singulären Verwüstungen des deutschen Geschichtsbewußtsein mit dem Gebirge an Schuld zusammenhängen, das die Deutschen durch den Holocaust auf sich geladen hatten – und anschließend eben nicht»verdrängten«.

Denn diese Entwicklungen im Geschichtsbewußtsein wären unmöglich gewesen, wenn nicht schon in den Anfangsjahren der Bundesrepublik Deutschland Regierungen, Parlamente und Medien zahlreiche Anstrengungen zur Pflege der kollektiven Erinnerung an den Nationalsozialismus und seine Verbrechen unternommen hätten.

Zur Entwicklungsgeschichte der »Bewältigungs«-Schübe

Die Dynamik der»Vergangenheitsbewältigung« resultierte und resultiert aus politischen wie kulturellen Impulsen der öffentlichen Diskussion. Während der Ära Adenauer fallen dabei im wesentlichen drei große Schübe ins Auge, die indes von einer ganzen Reihe nie ganz auslaufender kleinerer Wellen begleitet waren: Zum einen die frühen 50er Jahre, dann das Jahr 1956 und schließlich die Phase um 1959/60, die eine in dieser Schärfe bis dahin ungekannte Moralisierung der Politik bewirkte, zu einem neuen geistigen Klima beitrug und das Ende der Ära Adenauer markierte.

Die Gründerjahre der Republik waren von einer besonderen Dichte der»Vergangenheitsbewältigung« geprägt. Im Bereich der Personalpolitik ragten die Probleme beim Aufbau des Auswärtigen Amtes und die Gesetzgebung zum 131er Gesetz hervor, das die Wiedereinstellung von ehemaligen Berufssoldaten, vertriebenen und im Zuge der Entnazifizierung entlassenen Beamten regeln sollte. In den 60er Jahren als ein Musterbeispiel für»unbewältigte Vergangenheit« interpretiert, ist das 1951 von allen Bundestagsparteien gemeinsam getragene 131er Gesetz in Wirklichkeit von politischen Eingriffen des Nationalsozialismus in das Beamtenrecht ausgegangen und hat damit das Selbstverständnis der Beamten als unpolitische Staatsdiener heftig erschüttert; zumal das Bundesverfassungsgericht 1953 in einer aufsehenerregenden Entscheidung konstatierte, daß die nationalsozialistischen Rechtsvorschriften von den Beamten »weithin sogar mit innerer Zustimmung« hingenommen worden seien.[1]

Gerade im Lager der Restaurationskritik sah man es damals – 1953 – höchstrichterlich bestätigt, daß der Beamte des nationalsozialistischen Deutschland der Beamte Adolf Hitlers gewesen war. Dem Bundesverfassungsgericht hielt man zugute, den über der NS-Epoche liegenden »Schleier des Vergessens« mit solcher Härte weggerissen zu haben, daß das Urteil zu den »großen Dokumenten unserer Zeit« gezählt werden müsse: »Es ist eine Magna Charta der Selbstbesinnung.«[2] Dementsprechend heftig fiel bei den Interessenvertretern der 131er die Kritik an dem Richterspruch aus. Und auch die Politik der Bundesregierung nahm in den Augen der »Schutzgemeinschaft verdrängter Staatsdiener« zuviel Rücksicht auf politische Ressentiments, die der »gesetzlichen Regelung des ganzen Komplexes von Anfang an entgegenstanden«: nämlich die Auffassung, daß der Bund nicht verpflichtet sei, Milliardenbeträge für Personen aufzuwenden, »die sich im Hitlerreich angeblich als ›Feinde der Demokratie‹ betätigt haben«.[3]

Die Regierungen Adenauer haben also keineswegs in vorauseilendem Gehorsam stets den Wünschen der annähernd halben Million von der 131er Lobby vertretenen Menschen entsprochen, und auch der Bundestag hat etwa 1951 dem Wiedergutmachungsgesetz für NS-geschädigte Beamte zumindest die symbolische Priorität vor dem 131er Gesetz eingeräumt.[4] Dennoch kam es vor allem im Polizeisektor zu Beamtenkarrieren, welche die Schattenseiten des »inneren Friedens« während der Ära Adenauer illustrierten: Zehn Prozent der seit Ende der 50er Jahre entlarvten und verurteilten NS-Verbrecher waren Polizisten der Bundesrepublik Deutschland.[5] In den neuen Bundesressorts blieb dagegen der Anteil früherer Reichsbeamter relativ gering. Gerade in diesem zentralen Bereich der staatlichen Administration verbürgten Persönlichkeit und politische Programmatik des Bundeskanzlers, der Ministerpräsidenten, der Bundesminister sowie der ersten Generation der Staatssekretäre einen Neubeginn im Sinne des Grundgesetzes.[6] Problematischer verlief die Entwicklung des Justizapparates, da ab 1948 auch stärker belastete ehemalige Mitglieder von Sondergerichten oder führende Justizbeamte aus der SA im Zuge der immer nachsichtiger agierenden »Entnazifizierung« als Mitläufer eingestuft wurden und auf ihre Wiedereinstellung pochen konnten.[7] Darüber hinaus ist nicht ein einziger Richter des Freislerschen Volksgerichtshofes für die Terrorurteile dieses Scheingerichts zur Rechenschaft gezogen worden. Dennoch hat es eine über das Personelle hinausgehende, inhaltlich-strukturelle Kontinuität der deutschen Justiz nicht gegeben, die Loyalität der Richter und Staatsanwälte zum demokratischen Staat stand – anders als in der Weimarer Republik – nie ernsthaft in Frage.

Bereits mit dem Verbot der neonazistischen SRP setzte das gerade gegründete Bundesverfassungsgericht in Karlsruhe 1952 ein wichtiges Zeichen. Es verdeutlichte, daß zwar die Millionen registrierter Parteigenossen und Mitläufer in den neuen demokratischen Staat integriert werden sollten, nicht aber ideologische Relikte der NS-Vergangenheit.[8] Der Entschiedenheit des Bundesverfassungsgerichts ist es mit zu verdanken, daß die unverbesserlichen Altnationalsozialisten nicht zur Basis einer neuen antidemokratischen Bestrebung werden konnten. Den historisch-politischen Erfahrungen der Deutschen mit dem Scheitern der Weimarer Republik und dem Nationalsozialismus wurde von den Karlsruher Richtern also in ihrem Urteil – im übrigen auch explizit – Rechnung getragen. Gleiches galt für das Vorgehen der Bundesregierung, die nicht nur den Verbotsantrag gegen die SRP gestellt hatte, sondern auch das neonazistische Abenteuer des »Freicorps Deutschland« 1953 konsequent beendete und sich ebenso rasch wie dezidiert zum Erbe des 20. Juli bekannte, als Anfang der 50er Jahre einige Wehrmachtsgeneräle und rechtsextreme Politiker vom Schlage eines DP-Bundestagsabgeordneten Wolfgang Hedler dem angeblichen »Verrat« der Widerstandskämpfer die »Schuld an unserem Elend« zuwiesen.[9] Es war also kein Zufall, daß der Bundesinnenminister den wichtigen Prozeß gegen einen so prominenten Verleumder des 20. Juli wie den SRP-Parteihelden Otto Ernst Remer selbst mit anstrengte.

Darüber hinaus entwickelte sich bereits seit Anfang der 50er Jahre, besonders forciert durch die zehnte Wiederkehr des Umsturzversuches 1954, eine politische Tradition des wohltemperierten Erinnerns an den Widerstand gegen den Nationalsozialismus. Daß die dabei vorgenommenen Wertungen von aktuellen politischen Interessen in der Gegenwart des Kalten Krieges nicht frei bleiben konnten, ist evident. Die Tendenz, den »Aufstand des Gewissens« als Vorgeschichte der

Bundesrepublik zu interpretieren und ihn in das Kontinuum positiver deutscher politischer Traditionen einzuordnen, erwies sich sogar als ausgesprochen stabilisierend für die junge Demokratie.

Schon die Zeitgenossen konnten aufgrund solcher Entwicklungen also erkennen, daß die demokratische Bundesregierung etwa auch beim Aufbau des neuen Auswärtigen Amtes kaum eine »Renazifizierung« im Sinn hatte. Hier standen der substantielle Inhalt der seit 1950 erhobenen personalpolitischen Vorwürfe und der Grad der öffentlichen Erregung in einem ziemlichen Mißverhältnis. Nach einer jahrelangen Reihe fortgesetzter Skandale endete der eingesetzte Untersuchungsausschuß im Oktober 1952 mit einer »Pleite«, wie der sozialdemokratische AA-Experte Lütkens namens »aller ruhig denkenden Menschen« einräumte.[10] Im Ergebnis konnte nicht einmal gegen den besonders beschuldigten Diplomaten ein förmliches Disziplinarverfahren eingeleitet werden[11], obwohl der Bundesdisziplinaranwalt Franke – jüdischer Emigrant und Mitglied der SPD – erklärtermaßen einen scharfen Maßstab anlegte.[12]

Unabhängig von der Frage disziplinarischer oder strafrechtlicher Schuld der Betroffenen ist indes die historisch-politische und moralische Dimension der Personalpolitik des Auswärtigen Amtes zu sehen. Nicht nur ein Teil der öffentlichen Meinung, auch Adenauer trug innerlich Bedenken gegen dessen personelle Entwicklung, die ihm durch den besonderen Korpsgeist der Diplomaten mit bedingt schien.[13] Allerdings sah der pragmatische Kanzler keinen anderen Weg, als sich beim Aufbau des Auswärtigen Amtes auch auf Ehemalige zu stützen, bei denen im Einzelfall eben schwer zu entscheiden war, ob sie im »Dritten Reich« die Grenzen des als zulässig empfundenen alltäglichen Opportunismus überschritten hatten.

Bei der personellen »Vergangenheitsbewältigung« war indes dasselbe Phänomen zu beobachten wie bei der Bekämpfung des neuen Antisemitismus und bei der materiellen Entschädigung der NS-Opfer: die nationalsozialistischen Verbrechen waren von einer so ungeheuerlichen Dimension, die Erinnerungen daran so übermächtig, daß auch aus kleineren und kleinsten Vorkommnissen »restaurativer« Art oft große Skandale erwuchsen. Dabei konnte etwa an der deutschen Bereitschaft zur »Wiedergutmachung« seit Adenauers klarem Bekenntnis von 1949 eigentlich kein Zweifel sein, wenngleich manch andere

Äußerung – nicht nur des Bundesfinanzministers – den Eindruck erweckte, auf einen antijüdischen Bodensatz in der Bevölkerung zu spekulieren.[14] Aber auch die fiskalischen Bedenkenträger in den demokratischen Parteien haben das Ausmaß der nationalsozialistischen Judenvernichtung nicht in Abrede gestellt. Und tatsächlich hat die Wiedergutmachungsdiskussion bis zur Ratifizierung des deutsch-israelischen Abkommens im Jahr 1953 die Erinnerung an den Holocaust in den Bereich der Tagespolitik gerückt, wobei die Sprache der »Vergangenheitsbewältigung« manchmal so drastisch war, daß sie für Verdrängungen wenig Raum ließ.[15]

Nach dem ersten großen Schub in den frühen 50er Jahren kann das Jahr 1956 als weiterer Verdichtungsraum der »Vergangenheitsbewältigung« angesehen werden. Nun waren es allerdings weniger staatliche Bemühungen, die Erblast des Nationalsozialismus abzutragen, als vielmehr intellektuelle und publizistische Sorgen um die Wirkungen der neugegründeten Bundeswehr. Zwar arbeitete der Personalgutachterausschuß, der nach den Erfahrungen beim Aufbau des Auswärtigen Amtes nun im Juli 1955 teilweise aus Angehörigen des antinationalsozialistischen Widerstandes gebildet worden war, sehr effizient und lehnte von 600 sich bewerbenden Offizieren 100 ab, doch gewann die geschichtliche Erinnerung vor diesem Hintergrund einmal mehr an Aktualität. Vor allem der im Frühjahr 1956 konstituierte Grünwalder Kreis, der als eine Art politischer »Ableger« der literarisch renommierten Gruppe 47 gelten konnte und sich als »publizistische Feuerwehr gegen neonazistische Brände«[16] verstand, befürchtete eine schleichende Renazifizierung durch die Macht »reaktionärer« Streitkräfte.

Im Umfeld des Grünwalder Kreises ist 1956 bereits wieder einiges von dem angelegt, was in späteren »Bewältigungs«-Schüben zu registrieren sein wird: Studentenproteste gegen belastete Wissenschaftler[17], mahnende Stimmen des Bundesjugendringes wegen einer »Gefahr des Neonazismus«[18], oder Bundestagsabgeordnete, die sich kritisch zum Thema »Darf man vergessen?« äußern. Neben der Rolle der Waffen-SS, deren frühere Angehörige teilweise in der Bundeswehr unterkommen wollten, wurde nun vor allem die abenteuerliche neonazistische Literatur problematisiert. Obwohl manche Publikation nur als politische Pornographie bezeichnet werden konnte, war es für

Legislative und Judikative gerade im Bereich der »Vergangenheitsbewältigung« oft recht mühsam, die Grenzen der Presse- und Meinungs-
freiheit zu bestimmen.

Wenn trotz dieser erheblichen Schwierigkeiten, auf dem Terrain
der »Vergangenheitsbewältigung« die Ideallinie zu finden, vom »inneren Frieden« während der Ära Adenauer gesprochen werden kann, so
bezieht diese Einschätzung ihre Berechtigung vorwiegend aus dem
Vergleich mit den 60er Jahren. »Innerer Frieden« als Signum der 50er
Jahre meint ohnehin nur die Großwetterlage, denn das geistige Klima
kannte damals durchaus auch Eintrübungen und – reinigende – Ge-
witter. Besonders bei der Linken ist unaufhörlich »Vergangenheitsbewältigung… gepflegt« worden[19], eignete sich dieses Instrument doch
bestens dazu, den politischen Konservatismus insgesamt zu diskreditieren.[20] Immer wieder wurden die Verbindungen zwischen der
NSDAP und der traditionellen deutschen Rechten in Politik, Militär,
Justiz und in der Ministerialbürokratie hell beleuchtet und oft kühne
Bögen in die Gegenwart geschlagen. Bewußt hielt die Opposition vor
allem die Debatte um so prominente »Ehemalige« wie Globke[21]
wach, um Einwände gegen Adenauers Politik gleichsam moralisch
untermauern zu können.[22] Einem von Bundesinnenminister Heinemann schon nach den ersten massiven Vorwürfen 1950 angeregten
Gespräch mit Globke ist die SPD-Fraktion stets ausgewichen, obwohl
hochintegre Persönlichkeiten dem früheren Beamten im Reichsinnenministerium zugute hielten, tausenden Juden diskret, aber juristisch unangreifbar geholfen zu haben. Von den Vorwürfen parteitaktischer Art, wie sie im übrigen auch die FDP – nach ihrem Ausscheiden aus der Bonner Koalition – erhob, ist allerdings die echte Besorgnis vor allem der überlebenden NS-Opfer zu unterscheiden: Denn
zwischen deren moralischer Erwartung und dem faktischen Geschehen bestand nicht nur im Fall Globke ein fast unüberbrückbarer Zwie-
spalt.

Trotz angestrengter »Vergangenheitsbewältigung« neigten freilich
sämtliche Parteien – einschließlich der Kommunisten – zur generösen
Vergebung läßlicher nationalsozialistischer Sünden, wenn der Betreffende nur revozierte und bei ihnen eine neue politische Heimat suchte. Denn alle Parteien hatten, wenn auch in unterschiedlichem Ausmaß, auf Mitglieder und Wähler aus dem Lager der »Ehemaligen«

Rücksicht zu nehmen. Und da gerade das große Sammellager früherer PGs, der BHE, in den Ländern von den großen Parteien CDU und SPD oft als Mehrheitsbeschaffer gebraucht wurde, vollzog sich die Auseinandersetzung mit der NS-Vergangenheit in eher integrativ wirkenden Formen. Auf Bundesebene trug die Einbindung der rechten demokratischen Parteien FDP, DP und BHE in breite Koalitionsregierungen dazu bei, daß es trotz ungezählter Scharmützel keinen »lagebeherrschenden Willen zur politischen Abrechnung gegeben« hat.[23]

Vielleicht war der »innere Frieden« nur ein – häufig verletzter – Waffenstillstand, ermöglicht nicht zuletzt durch die Querfront, die das Terrain der »Vergangenheitsbewältigung« kennzeichnete. Mitläufer, innere Emigranten und Widerstandskämpfer saßen in den Fraktionen der Parlamente manchmal nebeneinander, ohne bei der Auseinandersetzung mit dem Nationalsozialismus immer auf einen politischen Nenner zu kommen. Statt dessen gab es bei diesen oft echten Gewissensfragen parteienübergreifende Koalitionen der »Vergangenheitsbewältiger« beider Richtungen.

Zur sozialdemokratisch dominierten Gruppe der grundsätzlichen Bedenkenträger um Carlo Schmid stießen – etwa beim Problem der Wiederverwendung von Waffen-SS-Offizieren oder der justizpolitischen Debatte Anfang 1959 – immer wieder Franz Böhm und Eugen Gerstenmaier von der CDU. In der CSU waren Josef Müller und Alois Hundhammer schon aufgrund ihrer Biographie dazu prädestiniert, übertrieben großzügige Personalpolitik in die Schranken zu weisen. Und auch Franz Josef Strauß hat etwa an der Personalpolitik des Auswärtigen Amtes Anstoß genommen. Auf der anderen Seite gehörte der Bürgermeister, der 1951 als erster die örtlichen Entnazifizierungsakten feierlich verbrannte, ausgerechnet der SPD an, ebenso wie manche Juristen, an deren Urteile zu Straftaten aus der NS-Zeit sich Zweifel knüpften.[24]

Richtungweisend in diesem Kaleidoskop der »Vergangenheitsbewältigung« war die Personalpolitik der Bundesregierung. Solange Globke und Oberländer im Amt blieben, wirkte sich dies dämpfend auf die minderen Fälle personeller »Vergangenheitsbewältigung« aus. Auch der durch massiven öffentlichen Protest erzwungene Rücktritt des niedersächsischen FDP-Kultusministers Schlüter 1955 bedeutete hier keinen Durchbruch, da er in erster Linie durch dessen Aktivitäten im rechtsextremen Parteien- und Verlagsspektrum nach 1945 – nicht aber aufgrund einer NS-Vergangenheit – erzwungen wurde. Mit Oberländers Sturz im Jahr 1960 wurde aber nun erstmals ein einzelner Minister wegen seiner nationalsozialistischen Vergangenheit aus dem Kabinett »herausgeschossen«.[25]

Damit ist der dritte große »Bewältigungs«-Schub am Ende der 50er Jahre angesprochen, der im Kontext antisemitischer Skandale und großer NS-Prozesse zu verorten ist, die im Herbst 1958 zur Gründung der Ludwigsburger Zentralstelle und im Januar 1959 zu einer großen Justizdebatte des Bundestages führten. Die gleichzeitig beginnende Diskussion um die geschichtliche Bildung vor allem der jüngeren Generation erreichte nach den Hakenkreuzschmierereien an der Jahreswende 1959/60 ihren Zielpunkt. Obwohl Politik, Justiz und Medien rasch das Nötige gegen die antisemitischen Sudelaktionen unternahmen und obwohl auch in anderen Ländern Schmierereien zu beklagen waren, kam es nicht nur in der kommunistischen, sondern auch in der westlichen Presse zu Ausbrüchen von solcher Deutschenfeindlichkeit, daß sich in der Öffentlichkeit der Bundesrepublik das Gefühl breit machte, bei der »Bewältigung« der NS-Vergangenheit irgend etwas versäumt zu haben.

Adenauers Diktum: »Wir Deutschen dürfen unser Haupt wieder aufrecht tragen, denn wir sind im Bund der freien Nationen ein willkommenes Mitglied geworden«[26], erschien dem neuen »Zeitgeist« als ein falscher Akzent. Statt dessen feierten Karl Jaspers' Ideen zur Schuldfrage aus der unmittelbaren Nachkriegszeit wieder Urständ: »Reinigung«, »Bescheidung«, »Demut« und ein Verzicht auf »Machtwillen«.[27] Wirkliche Umkehr hätte die Deutschen in dieser Perspektive dahin führen müssen, »dem Primat der Moral über die Politik« nach 1945 exemplarisch Geltung zu verschaffen. Das Einschwenken in den Ost-West-Konflikt und die Wiederbewaffnung erschienen demgegenüber als Fehltritte, die offenkundig machten, daß die Deutschen »nicht geläutert aus dem Fegefeuer von Diktatur und Krieg hervorgegangen waren.«[28] Es war kein Zufall, daß ausgerechnet Jaspers mit seinen Gedanken über »Freiheit und Wiedervereinigung« 1960 den Bonner Kurs in der deutschen Frage in Zweifel zog.[29]

»Vergangenheitsbewältigung« richtete sich in der nun heraufdämmernden Ära internationaler Détente zunehmend auch gegen das klare antikommunistische Selbstbewußtsein der Adenauerschen Deutschland- und Außenpolitik. Die öffentliche »antifaschistische« Pflege deutschen Schuldgefühls gab ein probates Mittel ab, um die feste wiedervereinigungspolitische Haltung der Bundesregierung während der seit 1958 anhaltenden zweiten Berlin-Krise zu erschüttern und Ost-West-Entspannung auch ohne Fortschritte in der deutschen Frage zu ermöglichen.[30] DDR-Propagandachef Albert Norden triumphierte, »daß im Kampf gegen die Verderber Deutschlands das Gesetz des Handelns an die DDR übergegangen ist«. Der SPD-Pressedienst erkannte einen »Sieg des Moralischen in der Politik«, und auch die »Zeit« sah eine Ära der »Moralpolitik und politischen Moral« über Deutschland heraufdämmern.[31]

Der antitotalitäre Grundkonsens hatte jedenfalls abgedankt, und der alte »Antifaschismus« lebte wieder auf. Für dieses Umschlagen der geistig-politischen Großwetterlage war das Scheitern des 1959 von der Bundesregierung angestrengten Verbotsprozesses gegen die kommunistische Tarnorganisation VVN charakteristisch. Nachdem Ost-Berlin eine kausale Beziehung zwischen dem Verbotsantrag und den Aktivitäten der VVN gegen Bundesminister Oberländer konstruiert und die SPD ein Verbot der VVN für »unzeitgemäß« erklärt hatte, überraschte das Bundesverwaltungsgericht 1962 mit dem Urteil, daß der verfassungsmäßigen Ordnung der Bundesrepublik der »Sühnegedanke« zugrunde liege. Ein VVN-Verbot sei mit den daraus resultierenden Verpflichtungen der Bundesregierung unvereinbar.[32]

Die von den bundesdeutschen Kultusministern 1960 in Saarbrücken beschlossenen politisch-pädagogischen Maßnahmen verschafften der bis dato stärksten Welle der »Vergangenheitsbewältigung« über den Transmissionsriemen der Sozial- und Erziehungswissenschaften sowie des Medien-Nachwuchses bleibende Wirkung und schufen zugleich den Resonanzboden für die künftigen pseudo-moralischen Mißbrauchstatbestände. So schien in den Augen mancher Beobachter um 1960 eine neue selektive Entnazifizierung einzusetzen, in deren publizistischen »Spruchkammern« nun diejenigen Institutionen und Medien urteilten, die in der Lage waren, »Fälle« aufzuziehen. Wer wie Oberländer einst mit Hitler zur Feldherrnhalle gezogen war, wurde in der Öffentlichkeit jetzt immer schärfer angegriffen, während ein zur Demokratie geläuterter früherer Kommunist aufgrund seines Engagements gegen den Nationalsozialismus den erneuerten »antifaschistischen« Zeitgeist beeindrucken konnte. Selbst unbelastete, aber noch strikt antitotalitär orientierte Politiker hatten unter dieser Entwicklung zu leiden. Dies ist bereits 1960 beklagt worden, als etwa der Vorsitzende einer DGB-Gewerkschaft dem Berliner Innensenator Lipschitz »freundliche Unterstützung« bei der Gründung zahlloser »faschistischer« Vereine vorwarf und sich herausstellte, daß der DGB-Funktionär teilweise wörtlich aus dem Artikel einer kommunistischen Zeitung zitiert hatte. In ähnlicher Weise wurden fortan ohne Kenntnis der Hintergründe immer häufiger »Einzelfälle verallgemeinert und aufgebauscht, nur um den Nachweis führen zu können, daß in der Bundesrepublik eine restaurative Entwicklung im Gange sei«.[33]

Der Rücktritt von Bundesverteidigungsminister Franz Josef Strauß wegen der SPIEGEL-Affäre 1962 gehört ebenfalls in diesen Erklärungszusammenhang. Zwar war dem Bayern kein politisches Fehlverhalten während des »Dritten Reiches« zur Last zu legen, doch verkörperte er in den Augen mancher Kreise den Typus des »starken Mannes«, also gleichsam den »konstitutionellen Faschisten«, der den gefährlichen Sehnsüchten der autoritätsgläubigen Massen Halt bot. Dies mochte der Kritik an seinem Verhalten in der SPIEGEL-Affäre – jenseits der tatsächlichen Gründe – breitere Wirkung verschafft haben. Auch die späteren, teils von der SED inszenierten Kampagnen[34] gegen den CSU-Politiker sind wohl nur im Kontext der ideologisierten »Vergangenheitsbewältigung« zu verstehen.[35]

Die Funktionsweise des »Bewältigungsspiels«[36] war noch 1987 unverändert, als der bekannte WDR-Fernsehjournalist Werner Höfer strauchelte. Seit Jahrzehnten kannte man den belastenden Artikel, in dem Höfer 1943 die von Freisler angeordnete Hinrichtung des unschuldigen Konzertpianisten Kreiten gefeiert hatte. Doch hatten zunächst jahrelang die »Falschen« auf Höfer gezielt – Konservative, »die mit den Arbeiten des früheren Parteigenossen Verlegenheit bei Linken erzeugen wollten: vor allem in einem Funkhaus, dem große Affinität zu ihnen nachgesagt wird«. Erst als von links her die schützende Hand über dem Angegriffenen fortgezogen wurde, so die Analyse der »Frankfurter Allgemeinen«, kam die Sache ins Rollen: »Da funktio-

niert es wie gewohnt, sofort.« Der FAZ-Kommentar zu diesem bekannten Fall aus den späten 80er Jahren kann für die Ära Adenauer,
wenn auch mit Einschränkungen, im Prinzip Gültigkeit beanspruchen: Was unter dem Etikett der Vergangenheitsbewältigung thematisiert wurde, diente meist tagespolitischen Zielen, die nichts mit Sühne, mit ›Trauerarbeit‹ und ähnlichen moralischen Motiven zu tun
hatten[37], auch wenn dabei ständig mit diesem Anspruch aufgetreten
wurde.

Die seit 1960 entscheidend verstärkte (Pseudo)-Moralisierung und
zunehmende politische Instrumentalisierung der »Vergangenheitsbewältigung« ließ ihren Wellen-Charakter unverändert. Neben den politischen Vorgängen waren es immer wieder kulturelle Ereignisse, die
schockierten und einen Erinnerungsschub bewirkten: Meistens vergaß man, «wie das beim Vorhergegangenen war«, und sprach von einer
»seit langem erwarteten Wiederaufnahme des Themas.«[38] Die sogenannte Hitler-Welle Mitte der 70er Jahre etwa wurde stark durch einen
Spielfilm über die letzten Tage in der Reichskanzlei beeinflußt. Die
literarische Vorlage stammte von dem Buch, das Gerhard Boldt schon
1947 veröffentlicht und das seitdem mehrere Auflagen erlebt hatte.
Jetzt wurde es abermals aufgelegt.[39] Ebbe und Flut charakterisieren
also die Entwicklungsgeschichte der »Vergangenheitsbewältigung«,
wobei aber oft übersehen wird, daß der Pegelstand meistens sehr hoch
war. Wenn sich Mitte der 70er Jahre also noch ein echter »Nachholbedarf« aufgestaut hatte, dann kann dies allenfalls für einige spezielle
Desiderata behauptet werden; etwa die durch Joachim C. Fests große
Hitler-Biographie geschlossene Lücke, die – neben seiner wissenschaftlichen Bedeutung – den auch darstellerisch gelungenen Versuch
der Bewältigung des Themas unternahm; einen »Nachholbedarf« an
genereller Aufklärung über das NS-Regime gab es aber allenfalls insofern, als natürlich jede Generation neu unterrichtet werden und von
neuem lernen muß.

1979 diskutierten die Deutschen über den »Holocaust«. Bei dieser
Auseinandersetzung war die gewaltige Resonanz schon völlig verges-
sen, die 1957 das »Tagebuch der Anne Frank« hatte.[40] Nicht nur in der
deutschen Presse hatte damals der »Kinderkreuzzug gegen die eigene
Vergangenheit«[41] – eine »Pilgerfahrt« Tausender Jugendlicher zu den
Gräbern von Bergen-Belsen – ein starkes Echo gefunden, sondern

auch in der Weltöffentlichkeit. Sogar betont Deutschland-kritische Medien hatten kommentiert: »Die Unschuldigen nehmen die Buße für die Mörder auf sich.«[42] Ebenso war 1957/58 nicht mehr recht präsent, auf welchen großen öffentlichen Widerhall bereits Erich Lüths »Friedensbitte an Israel« 1951 gestoßen war oder welchen regelrechten »Filmkrieg« 1955 verschiedene Darstellungen des 20. Juli ausgelöst hatten.

Es gehörte also zur Eigendynamik der Bewältigungs-Schübe, die Wirkungen der Vorläufer stets in Frage zu stellen, ohne zu sehen, daß auch nach den früheren Wellen oft schon sehr positive Resümees gezogen worden waren. So hatten etwa die Demonstrationen gegen den nationalsozialistisch belasteten Regisseur Veit Harlan Anfang der 50er Jahre für alle »etwas Befreiendes, die sich von dem dumpfen Gefühl einer schleichenden ›Renazifizierung‹ gelähmt« fühlten. Sie gewannen – nach einem zeitgenössischen Urteil – die überraschende Erkenntnis, daß die NS-Vergangenheit nicht nur von den im »Dritten Reich« persönlich Geschädigten als fortwirkende Bedrohung empfunden wurde, sondern daß gerade junge Leute »eine Rückkehr des Gespensts am Entschiedensten abzuwehren entschlossen sind«.[43] Wie angesichts derartiger Bewertungen – aus dem Jahr 1952 – die Ära Adenauer aus der Perspektive des Jahres 1968 dann als eine Dunkelkammer der »Vergangenheitsbewältigung« erscheinen konnte, ist merkwürdig. Offensichtlich aber läßt sich die Entwicklung der »Vergangenheitsbewältigung« vor allem über Aktualitätsschübe definieren[44], die ihre Bedeutung meistens mit der – von Mal zu Mal unzutreffender werdenden – Behauptung unterstrichen, bislang sei noch viel zu wenig »aufgearbeitet« worden.

Auch außenpolitische Parameter haben in der Geschichte der »Vergangenheitsbewältigung« von Anfang an eine Rolle gespielt. Dies brachte schon die Antisemitismus- und Neonazismus-Diskussion ab 1950 sinnfällig zum Ausdruck. Wenn der britische Außenminister im Unterhaus über die Parallelen zwischen Nationalsozialismus und deutschem Wesen philosophierte oder die französische Nationalversammlung über die Pflege der Gräber in Dachau diskutierte, so mußte dies am Rhein sehr aufmerksam registriert werden. Die Domestizierung der neugegründeten Soldatenverbände und der Verbotsantrag der Bundesregierung gegen die SRP sind jedenfalls nicht nur innenpolitisch zu sehen, sondern entsprachen auch außenpolitischen Notwendigkeiten im Vorfeld der Generalverträge und der Erlangung der Souveränität.

Solange die Westverträge noch nicht unter Dach und Fach waren, hatten die Fragen der NS-Vergangenheit und der demokratischen Läuterung der Deutschen gerade auch in der westlichen Öffentlichkeit besonderes Gewicht. Deutsche »Bewältigungs«-Defizite konnten dort denjenigen Argumente an die Hand geben, die sich einer raschen, gleichberechtigten Aufnahme der Bundesrepublik in die Gemeinschaft der freien Völker widersetzten.[45] Mithin hat die Politik der Wiederbewaffnung nicht nur einen hemmenden Einfluß auf die bundesdeutsche Auseinandersetzung mit dem Nationalsozialismus gehabt, wie unter dem Stichwort »Gnadenfieber« zu Recht gesagt worden ist; sie hat paradoxerweise den Prozeß der »Vergangenheitsbewältigung« in einer anderen Richtung gleichzeitig befördert.

Ausländische Meinungen spielten aber auch später, nach Abschluß der Westverträge, in der vergleichsweise ruhigen Mitte der 50er Jahre immer wieder eine gewisse Rolle für die binnendeutsche Debatte. Es sei nur an die Vorhaltungen des Jüdischen Weltkongresses 1955 erinnert, als der Vollzug der »Wiedergutmachung« Kritik herausforderte; Kritik, die schon wegen möglicher Rückwirkungen auf die amerikanische Außenpolitik in der Bundesrepublik sehr ernst zu nehmen war und die so mit zu gesetzlichen Novellierungen beigetragen hat. Im Ganzen aber kamen in dieser Phase ziemlich wenige Vorwürfe aus den verbündeten wie auch aus den kommunistischen Ländern. Offensichtlich hatten die Propagandisten im Ostblock erkannt, daß das Klima zur Erzeugung anti(bundes)deutscher Stimmung damals nicht eben günstig war. Der Kalte Krieg befand sich nach dem 17. Juni 1953 und den Aufständen in Polen, vor allem aber in Ungarn 1956, auf einem Höhepunkt. Erst Ende der 50er Jahre kam wieder Bewegung in die starren Fronten der Ost-West-Beziehungen.

Unter der Wirkung des Sputnik-Schocks und des Chruschtschowschen Berlin-Ultimatums gaben die Westmächte im Verlauf der Genfer Konferenz 1959 ihre gesamtdeutsche Zielsetzung aus dem Deutschlandvertrag faktisch auf, stimmten einer isolierten Berlinlösung zu und verstiegen sich zu problematischen Konzessionen.[46] Im Ergebnis wurde durch den Bau der Mauer 1961 der Status quo der deutschen und europäischen Teilung noch weiter festgeschrieben. Deutsches Beharren auf dem Selbstbestimmungsrecht und dem Ziel der staatlichen Einheit richtete sich nun zunehmend gegen den Strom internationaler Entspannungspolitik. Auf dieses außenpolitische Umfeld der »Vergangenheitsbewältigung« haben – mit natürlich ganz unterschiedlichen Akzenten – so gegensätzliche Autoren wie Gotthard Jasper und Caspar von Schrenck-Notzing hingewiesen.[47] Auch Hans-Peter Schwarz hat bemerkt, daß ab 1960 die östlichen Propagandaapparate bei vielen nichtkommunistischen Journalisten im Westen Gehör fanden, die es aus manchen Gründen für richtig hielten, »die Deutschen an die Schandtaten der zwölf Jahre zu erinnern«.[48]

Aber auch für die SED als den Hauptaggressor in der ideologischen »Vergangenheitsbewältigung« sollten die schon vor 1960 geführten Kampagnen ab 1960 aus innenpolitischen Gründen einen neuen Stellenwert gewinnen. Denn das DDR-System war 1960 in eine existentielle Krise hineingeraten, die es weder mit wirtschaftspolitischen noch mit außenpolitischen Rezepten zu meistern vermochte; nach dem Scheitern des sowjetischen Angriffs auf die Freiheit West-Berlins versuchte die SED nun, der sich zuspitzenden Situation »vorrangig ideologisch gegenzusteuern«[49] und verstärkt politisch-propagandistisch gegen Bonner »Nazidiplomaten« und »Blutrichter« vorzugehen. Die in hohem Maße unzufriedene DDR-Bevölkerung sollte, so das strategische Kalkül der SED, auch von westlichen Politikern und Medien bestätigt bekommen, wie bedrohlich die nationalsozialistischen Tendenzen in der »BRD« seien und wie akzeptabel sich demgegenüber die Verhältnisse in der konsequent »antifaschistischen« DDR darstellten.[50]

Das für die innenpolitische Instrumentalisierung der »Vergangenheitsbewältigung« Gesagte wird also mutatis mutandis für den Bereich der Außenpolitik ebenfalls konstatiert werden können. Am Anfang und am Ende der Ära Adenauer waren diese Einflüsse am stärksten. Doch auch ohne stärkeren Druck von außen hat Mitte der 50er Jahre eine umfangreiche Auseinandersetzung mit der NS-Vergangenheit in Deutschland stattgefunden. Was ohne Kalten Krieg und ohne kommunistische Expansionsideologie, ohne antitotalitären Grundkonsens, »Gnadenfieber« und Wiederbewaffnung in der Bundesrepublik Deutschland an »Vergangenheitsbewältigung« betrieben worden wäre, ist schwer zu beantworten. Vermutlich aber hätten weniger inhaftierte Nationalsozialisten als »Kriegsverbrecher« von den Amnestien profitiert, die teilweise fast zur conditio sine qua non des deutschen Wehrbeitrages stilisiert wurden. Und vermutlich wären dann auch noch unaufgeklärte NS-Verbrechen konsequenter verfolgt worden. Dennoch darf man sich von diesen dunklen Bereichen nicht den Blick auf das viel hellere Gesamtbild trüben lassen. Und völlig verfehlt wäre es, den Zusammenhang so darzustellen, als hätten die Westdeutschen Antikommunismus und Kalten Krieg gleichsam erfunden oder auch nur in Gang gehalten, um ihre NS-Vergangenheit besser verdrängen zu können. Dazu waren sie denn doch viel zu sehr Objekt der weltpolitischen Konstellationen.[51]

Neben den innen- und außenpolitischen Einflüssen ist für die Entwicklungsgeschichte der »Vergangenheitsbewältigung« schließlich noch ein drittes Phänomen von Bedeutung: Die generationsspezifischen Faktoren. In den 50er Jahren zeigten die demoskopischen Untersuchungen zwar in den ästhetischen Werten zwischen den Generationen erhebliche Unterschiede, politisch aber ließ sich eine »fast unglaubhafte Übereinstimmung« zwischen alt und jung ermitteln. Selbst der oft zitierte Vorwurf der Jungen an die Älteren: »Wie konntet Ihr so dumm sein, Hitler zu wählen?« erwies sich nicht als generationstypisch.[52] Noch 1960 führten in der Altersgruppe der 16–29jährigen ebensoviele (10 Prozent) wie bei den 45jährigen und Älteren (12 Prozent) Dummheit und mangelndes Urteilsvermögen als Grund dafür an, weshalb »in der Zeit nach 1933 fast alle Leute für Hitler waren«.[53]

Erst im Lauf der 60er Jahre wiesen die Umfragen aus, daß die Nachkriegsgeneration »entschieden schärfer, kompromißloser, negativer über den Nationalsozialismus urteilte als die ältere«.[54] Dies galt vor allem für die studentische Jugend, die Mitte der 60er Jahre an die Universitäten strömte. Sie war die erste Generation, die nicht einmal mehr Kindheitserinnerungen an Krieg und Nachkriegselend besaß. Die NS-Vergangenheit war ihr »aufs Äußerste und Schrecklichste verdichtet«[55] im Eichmann- und Auschwitzprozeß, in der großen Verjährungsdebatte 1965 sowie literarisch in Hochhuts »Stellvertreter« (1963), in Peter Weiss' »Die Ermittlung« (1965) oder in Jean Amerys »Jenseits von Schuld und Sühne. Bewältigungsversuche eines Über-

377

wältigten« (1966) begegnet. Zwar hatten schon früh in den 50er Jahren der studentische Protest gegen den belasteten Regisseur Veit Harlan und die Göttinger Aktionen gegen den niedersächsischen Kultusminister Schlüter den Beweis erbracht, daß die Universitäten den Problemen der »Vergangenheitsbewältigung« nicht grundsätzlich blind und fühllos gegenüberstanden, doch schienen nun plötzlich im Zuge der forcierten »Vergangenheitsbewältigung« allzu viele Professoren, Richter und Politiker nationalsozialistisch belastet. So breitete sich besonders im Umfeld des Neomarxismus der Verdacht aus, »die Bundesrepublik werde durch ein in finsterer Komplizenschaft geeintes Establishment von fragwürdigster Vergangenheit und zynischer Moral beherrscht«.[56]

Wie selbstverständlich mit den westlichen Demokratie- und Menschenrechtsvorstellungen groß geworden, war es dieser akademischen Jugend »schlechterdings nicht mehr faßbar«, was sich von 1933 bis 1945 in Deutschland ereignet hatte.[57] Die Facetten der Verführung und der diktaturbedingten Anpassung, in denen ihre Eltern das »Dritte Reich« erlebt hatten, konnte oder wollte die nachwachsende Generation nicht mehr wahrnehmen. Statt dessen machte sie es den Älteren zum Vorwurf, die NS-Vergangenheit während der Adenauer-Zeit nicht rigoroser »bewältigt«, sondern sie viel zu sehr relativiert zu haben. Dabei hatte gerade die Kriegsgeneration millionenfach Trauerarbeit geleistet: Trauer um gefallene oder vermißte Familienangehörige an der Front, Trauer um die verlorene Heimat im Osten. Vielleicht aber hat gerade diese Summe individueller Trauerarbeit in den 50er Jahren eine noch stärkere kollektive »Betroffenheit« über das anderen Völkern zugefügte Leid verhindert, wie sie dann den 68ern so angebracht erschien.

Insofern enthielt der Generationenkonflikt in der »Vergangenheitsbewältigung« wohl ein Element der Zwangsläufigkeit. Daß die daraus resultierenden Friktionen der weltweit ausbrechenden »Studentenrevolte« in Deutschland eine besondere Schärfe verliehen, ist aber ohne den deutschen Sonderkonflikt zwischen Bundesrepublik und DDR nicht zu verstehen. Erst durch die gegen Bonn gerichteten Antifa-Kampagnen einer existentiell bedrohten SED-Führung und die Aktionen ihrer »Schönfärber und Helfershelfer«[58] im Westen wurden die moralischen Potentiale vieler lauterer »Vergangenheitsbewältiger« zynisch mißbraucht[59] und die »Betroffenheit« über das »Dritte Reich« in einer Art und Weise instrumentalisiert, daß die politische Kultur in der Bundesrepublik stärker Schaden nahm als während der differenzierten Bewältigungsphase der 50er Jahre. Nun erst, mit den Erfolgen kommunistischer »Zerknirschungspropaganda«[60], begann eigentlich, wogegen Kurt Schumacher noch so leidenschaftlich gekämpft hatte: daß man die Demokratie für die Sünden der Diktatur büßen ließ.[61]

Gegenwart und Zukunft der »Vergangenheitsbewältigung«

Mit den Entwicklungen um das Jahr 1968 beginnt in der Bundesrepublik die Gegenwart der »Vergangenheitsbewältigung«. Die nun im geistigen Umfeld der Studentenrevolte ausgeprägten politischen Mentalitäten und ihre Diskussionsmuster sollten bis zur Wiedervereinigung Deutschlands 1989/90 bei einer ganzen Reihe gesellschaftlicher Kontroversen dominierend bleiben. Welche entscheidende Rolle dabei die NS-Vergangenheit im Stil und in der Substanz des politischen Streites einnahm, hat die Auseinandersetzung um die 1968 verabschiedeten Notstandsgesetze besonders drastisch dokumentiert.[1]

Die demokratische Vorsorge für den Notstandsfall mußte infolge einer Auflage getroffen werden, die seitens der Westalliierten im Deutschlandvertrag vom Oktober 1954 gemacht worden war. Die hierfür nötige Zweidrittelmehrheit konnte aber erst die seit 1966 regierende Große Koalition finden. Doch bereits die Bildung dieses breiten Regierungsbündnisses aus CDU, CSU und SPD war auf heftigen Protest gestoßen. Die daraus erwachsene außerparlamentarische Opposition übte neomarxistische Fundamentalkritik an der freiheitlichen demokratischen Grundordnung der Bundesrepublik und kulminierte nach der Erschießung des Studenten Benno Ohnesorg und dem Mordversuch an Rudi Dutschke in gewalttätigen Demonstrationen.

In dieser emotional stark aufgeladenen Situation fanden im Mai 1968 die abschließenden Lesungen der Notstandsgesetze im Bundestag statt. Die APO-Aktivisten empfanden den legislativen Vorgang als ein neues Ermächtigungsgesetz, gegen das es Widerstand zu leisten gelte. Zu verstehen war dieses Engagement nur »als Auseinandersetzung mit einer traumatischen Erinnerung, mehr mit der Vergangenheit als mit der Gegenwart«.[2] In der Parole von den »NS-Gesetzen« und in den Formen der Demonstration – die Kleidung von KZ-Häftlingen sollte ganz bestimmte Assoziationen wecken – wurde eine Fixierung auf das »Dritte Reich« erkennbar, die den rationalen politischen Diskurs stark erschwerte.

Die Überzeugung, »schon wieder« an der Schwelle zwischen Demokratie und Diktatur zu stehen, verlieh der außerparlamentarischen Opposition indes eine beträchtliche innenpolitische Dynamik und beflügelte schließlich auch ihren Marsch durch die Institutionen. Prägnante Beispiele für die Gegenwart der Vergangenheit lieferte seitdem immer wieder die deutschlandpolitische Diskussion, wobei zwei Argumentationsstränge – im Vollzug der Ost-West-Entspannung – besonders kräftig wurden: Zum einen die Akzeptanz des Status quo der deutschen Teilung als Folge von Auschwitz, zum anderen die latente Verharmlosung des kommunistischen Totalitarismus.

Da man zwischenzeitlich gelernt hatte, das Dritte Reich als »Inkarnation des absolut Bösen zu begreifen«[3], drängten sich der jüngeren Generation nun Fragen über die Rolle der Kommunisten auf. Hatten diese nicht immerhin, von der – verdrängten – Unterbrechung 1939 bis 1941 abgesehen, tapfer gegen den Nationalsozialismus gekämpft und konnte man nicht wenigstens im Kampf gegen die vermeintlich noch immer mächtigen Nazis in der bundesdeutschen Nachkriegsgesellschaft mit ihnen kooperieren? Lag es dann aber nicht auch nahe, den marxistischen Faschismusbegriff zu adaptieren und die strukturellen Gemeinsamkeiten zwischen dem NS-Staat und der kapitalistisch-restaurativen Bundesrepublik zu betonen?[4] Jedenfalls wurden die scharfe Polemik gegen den »primitiven Antikommunismus« und das Philosophieren über den »humanistischen Glutkern« im Marxismus[5] nach 1968 zunehmend wirkungsmächtiger. Der Sog dieses Denkens erfaßte auch Teile der seit 1969 sozialliberalen Regierungsmehrheit und trug ein Jahrzehnt später, mit einer starken radikalökologisch-pazifistischen Komponente, zur Entstehung der grünen Partei bei.

Die SPD ließ es sich schließlich 1987 angelegen sein, ein gemeinsames Ideologiepapier mit den – noch von Kurt Schumacher als »rotlackierte Nazis« verstandenen – SED-Kommunisten auszuarbeiten. Die auch darin wieder enthaltene Formel von der demokratischen und »humanistischen« Orientierung der Honecker-Partei hat trotz der Verbrechen an der Mauer und der Realität des sozialistischen Staatssicherheitsdienstes keine allgemeine Empörung ausgelöst, da gleichzeitig die bedrückende Wirklichkeit in der DDR aus dem bundesdeutschen Bewußtsein verdrängt oder bagatellisiert wurde.[6] In der Logik dieser Politik lag es dann wohl auch, daß die SPD bei den ersten gesamtdeutschen Wahlen 1990 mit einem Kanzlerkandidaten antrat, der noch kurz vorher die Auflösung der Zentralen Erfassungsstelle für SED-Verbrechen in Salzgitter gefordert hatte, weil dadurch die politische Eigenständigkeit der DDR ausgehöhlt würde.[7]

Die Politik der Sozialdemokratie war aber nur ein Manifest deutscher »Vergangenheitsbewältigung«, wie sie sich in den 60er und 70er Jahren bis in weite Teile der Gesellschaft und vor allem der evangelischen Kirche hinein vollzogen hatte. Nach Oskar Lafontaines Überzeugung hat die Bundesrepublik ihre »Wurzeln in Auschwitz«.[8] Und in der historischen Exegese der EKD zum 8. Mai 1985 wurde die völkerrechtswidrige deutsche Teilung geschichtstheologisch zu »der Sünde Sold« transzendiert. Danach sollten »die heutigen Belastungen vor allem als Folgen des Zweiten Weltkrieges... und als Folge unserer Schuld« bedacht werden.[9] Außer acht wurde dabei gelassen, daß es nicht überwiegend moralische Gründe, sondern machtpolitische und ideologische Rivalitäten gewesen waren, die zur Teilung Deutschlands geführt hatten.[10] Am radikalsten aber traten die Konsequenzen der in manchem als kulturrevolutionär anzusprechenden Ideen von 1968 in den politischen Vorstellungen der »Grünen« zutage. Joschka Fischer hielt es für eine »überlebensnotwendige Demokratiepflicht«, im Deutschland nach Auschwitz auf alles Nationale »panisch zu reagieren«. Auschwitz mache eine Selbstbestimmung der Deutschen auf Generationen hinaus unmöglich.[11]

Die Wirkungsgeschichte der »Vergangenheitsbewältigung« beschränkte sich nicht auf den engeren Bereich der Deutschland- und Wiedervereinigungspolitik, sie erfaßte darüber hinaus Themenkomplexe, wo sie auf Anhieb kaum zu vermuten waren. So hat Margarete Mitscherlich im Zuge der Emanzipationsdebatte die Exzesse der Macht während des »Dritten Reiches« auch mit einer »von rassistischen, gewalttätigen, zu Selbstkritik unfähigen, von Männern beherrschten Gesellschaft« erklärt. Da nach 1945 keine Trauerarbeit geleistet worden sei, würde die Unterdrückung der Frau, »die Gleichgültigkeit gegenüber ihrer Art des Denkens, Wahrnehmens und Erlebens« bis heute anhalten.[12]

Vor allem aber bei außen- und innenpolitischen Fragen von nationaler Dimension, wo in anderen europäischen Ländern meist von links bis rechts Konsens zu herrschen pflegt, zeitigten die 68er Ideen spürbare Folgen. Signifikant war auch hier die Forderung Joschka Fischers während der »Wende« 1989, die innerdeutsche Grenze für DDR-Flüchtlinge zu schließen und Deutschland im Gegenzug für weitere Asylanten aus aller Welt noch weiter zu öffnen.[13] Als sich schließlich die historische Chance der deutschen Wiedervereinigung am Horizont abzeichnete, wurden sogar Hitlers späte Bekenntnisse, dem deutschen Volk keine Träne nachzuweinen, von »Antifaschisten« immer drastischer erneuert. Gegen »Scheiß-Deutschland« zu kämpfen, den »Haß auf das eigene Vaterland zu schüren«, ja Deutschland, wie es ein grüner Politiker im NS-Jargon ausdrückte, gar zu »liquidieren« und die Grenzen Frankreichs und Polens an die Elbe zu verlegen[14] – mit derlei politischen Credos glaubten manche wohl gleichsam die Erlösung von Auschwitz zu finden.

Das »Nicht-Wahrhaben-Wollen dessen, was ist«, und den Anspruch der neuen Linken auf »höhere Moral« erklärte Brigitte Seebacher-Brandt mit dem aus »Antifa und Marxismus« gemischten Weltbild der 68er. Deren Selbstverständnis schließe Stolz auf die Nachkriegsdemokratie nicht ein, bedauerte die Sozialdemokratin und warnte die SPD, durch ihr »Nein zur Nation« die Macht im sich wiedervereinigenden Deutschland zu verspielen.[15] Ob die DDR-Dissidentin Freya Klier mit ihrer Einschätzung recht behält, daß die Revolutionäre des Jahres 1989 die Westdeutschen aus ihrer »selbstquälerischen Vergangenheitsbewältigung und Schuldneurose« befreit hätten, bleibt einstweilen eine offene Frage.[16] Immerhin hat eine der Agenturen bundesdeutscher »Vergangenheitsbewältigung«, das Bildungszentrum in Nürnberg, fünfzig Jahre nach dem nationalsozialistischen Überfall auf die Sowjetunion anläßlich eines Symposions erklärt, »Abschied von der Trauerarbeit« nehmen zu wollen und nach dem Ende der Ost-West-Konfrontation »neue Zukunftsvisionen« zu erschließen.[17]

Tatsächlich hatte vor allem die Nachkriegsordnung von Jalta und Potsdam mitsamt der Teilung Deutschlands die NS-Vergangenheit weit in unsere Gegenwart hineinreichen lassen.[18] Mit dem Ende der »antifaschistischen« Diktaturen des Ostblocks und vor allem der DDR hat sich nun eine neue »Vergangenheitsbewältigung«, die des real existierenden Sozialismus, in den zeitlichen Horizont geschoben.[19] Sie ermöglicht es dem Historiker, die verschiedenen politischen Bemühungen um »Bewältigung« totalitärer Systeme zumindest in ihren ersten Ansätzen zu vergleichen. Denn zwischen der nationalsozialistischen und den kommunistischen Diktaturen bestanden zwar mannigfache Unterschiede, es gab jedoch auch viele Gemeinsamkeiten und erschreckende Parallelen.[20] Infolgedessen ähneln die heutigen Probleme etwa der justiziellen und personellen »Vergangenheitsbewältigung« denen, die in den 50er Jahren im Mittelpunkt standen. »Furchtbare« SED-Juristen, die vermittels sozialistischer Rechtsprechung den politischen Willen der Diktatoren exekutiert und Tausende menschliche Existenzen zerstört haben, sind nun schwer zu greifen. Die Modrow-Regierung gab ihnen Gelegenheit, ihre Kaderakten umzufrisieren. Auch in der Wirtschaft und an den Universitäten lebten die alten Seilschaften fort.[21]

Der fundamentale Unterschied zwischen den beiden »Vergangenheitsbewältigungen« besteht jedoch darin, daß die politisch Hauptverantwortlichen, so weit man ihrer habhaft werden konnte, nach 1945 zur Rechenschaft gezogen und in den Nürnberger Prozessen ihrer verdienten Strafe zugeführt wurden, während sie nach 1989 ziemlich ungeschoren davonkamen, ja sogar noch in Talkshows deutscher Fernsehsender ein Forum für weitere realsozialistische Agitation erhielten. Die NSDAP und ihre Nachfolgeorganisationen wie etwa die SRP wurden nach 1945 konsequent verboten, die PDS dagegen konnte 1990 in den ersten gesamtdeutschen Bundestag einziehen.

Eine ähnliche Schieflage ergab sich bei den kleineren Funktionären der totalitären Staatsparteien SED und NSDAP: Nach 1945 wurden sie zu Hunderttausenden auch ohne Nachweis konkreter Straftaten und individueller Schuld oft jahrelang in automatischen Arrest genommen, nach 1989 dagegen kam nicht einmal eine ernsthafte Diskussion darüber in Gang, ob die oberen zehntausend SED-Funktionäre kollektiv zu bestrafen seien oder ob ihnen wenigstens – wie nach

1945 – das passive Wahlrecht entzogen werden solle. Kennzeichnend für das geistige Klima, in dem dies alles geschah, war der Fall Honekker. Dieselben Medien, die noch den letzten hochbetagten NS-Verbrecher im Zuge einer gründlichen »Vergangenheitsbewältigung« zur Rechenschaft gezogen sehen wollten und eine Verjährung entschieden ablehnten, plädierten nun paradoxerweise für Gnade, als es galt, dem erkrankten DDR-Diktator den Prozeß zu machen.[22] Auch die Rentenbewilligung an den nach Chile ausgereisten Honecker rief weit weniger Protest hervor als in den 50er Jahren etwa die Rentenfrage der Witwe des Volksgerichtshofspräsidenten Freisler.[23]

Sicher sind die historischen Schuldbilanzen der beiden deutschen Diktaturen vom Holocaust bis zu den Mauermorden ganz unterschiedlich. Doch war bislang davon auszugehen, die Deutschen hätten aus der oft von Rechtsradikalen geschürten Debatte über die Zahl der Auschwitz-Opfer gelernt, daß bereits ein Toter zuviel ist. Insofern scheint das im öffentlichen Urteil über DDR-Unrecht grassierende »Gnadenfieber« Ausdruck von zweierlei moralischem Maß zu sein, das an die deutschen Diktaturen angelegt wird. Zu erklären ist diese Entwicklung wohl nur als weitere Spätfolge der allzu einseitigen NS-»Vergangenheitsbewältigung« seit 1960 und der damit einhergehenden Verdrängung der totalitären Gegenwart in der DDR.[24] Hier wäre auch, wollte man die Begriffe Giordanos anwenden, am ehesten nach den Wurzeln einer »zweiten Schuld« zu suchen, nach den wohl fundamentalsten geistig-politischen Defiziten der bundesdeutschen Gesellschaft seit den 60er Jahren.

Was Giordanos Verdrängungsthesen und ihre Zuspitzung auf die Schuld vor allem bürgerlicher Politiker anlangt, so hat die List der Geschichte es dahin kommen lassen, daß am Ausgang des 20. Jahrhunderts erneut eine totalitäre Vergangenheit in Deutschland zu bewältigen ist und wieder eine liberal-konservative Bundesregierung amtiert. Konnte die bürgerliche, »kapitalistische« Adenauer-Regierung nach 1949 – in der »antifaschistischen« Argumentation – subkutaner Verbindungen zum »rechtsextremen« Nationalsozialismus bezichtigt werden und wurden daraus dann »Bewältigungs«-Defizite abgeleitet, so vermag ein ähnlicher Ansatz bei der Bewältigung der »linksextremen« DDR-Diktatur durch die Regierung Kohl offensichtlich nicht zu greifen. Daß aber dennoch, teils mit gutem moralischen Grund, Vorwürfe seitens der Opposition und der Publizistik gegen die Bundesregierung erhoben werden, ist für unseren Erklärungszusammenhang sehr bedeutsam: Es legt die Einsicht nahe, daß sämtliche »antifaschistischen«, neomarxistischen oder sonstigen restaurationskritischen Theorien zur mißlungenen »Vergangenheitsbewältigung« in der Ära Adenauer in das Reich der Legende gehören. Und vor allem Giordanos These von der »Zweiten Schuld« der Deutschen nach 1945 geht an den komplizierten Realitäten der 50er Jahre vorbei, weil sie die tatsächlich von weniger Zerknirschung geprägte Mentalität im Umgang mit der NS-Vergangenheit als »Verdrängung« über- und fehlinterpretiert und weil sie die intensive öffentliche Auseinandersetzung mit dem Nationalsozialismus in ihrer Bedeutung unterschätzt.

Offenkundig gibt es spezifische Schwierigkeiten in der »Bewältigung« totalitärer Vergangenheiten durch einen freiheitlich-demokratischen Rechtsstaat. Dieses Phänomen ist heute auch in anderen postkommunistischen osteuropäischen Ländern zu beobachten. Auf einen – staatlich verschuldeten – reaktionären Zeitgeist in der Ära Adenauer kann es jedenfalls nicht reduziert werden. Gewiß: Die Reibungsverluste gerade im Bereich der personellen »Vergangenheitsbewältigung« zeugten von einem »Mangel an moralischer Sensibilität« bei vielen Betroffenen. Doch zum einen ist die Vorstellung geschichtsfremd, daß »das moralisch Gute und Gebotene« im politischen Leben »eigentlich kampflos triumphieren« müßte; zum anderen konnte von individueller und kollektiver Unbußfertigkeit keineswegs auf eine falsche, also ewig gestrige politische Haltung geschlossen werden.[25]

Trotz unstrittig vorhandener Verdrängungstendenzen in der (wählenden!) Bevölkerung hat die politische Klasse in Westdeutschland schon damals wichtige historische Tatbestände aus der NS-Zeit bewußt zur Kenntnis genommen, sich bei den verschiedensten aktuellen Anlässen immer wieder in Erinnerung gerufen und die so gewonnenen Erkenntnisse stabilisierend auf die politische Praxis der neuen Demokratie angewandt. Ein frühes und markantes Signal in dieser Richtung war nicht zuletzt das Bonner Grundgesetz. Mit dem großen Wurf hatten die Abgeordneten des Parlamentarischen Rates die notwendigen verfassungspolitischen Konsequenzen aus dem Scheitern der Weimarer Republik gezogen und ein solides Fundament für den demokratischen Neuaufbau gelegt.[26]

Entscheidend war, daß es zu keinem Zeitpunkt in der Geschichte der Bundesrepublik irgend jemandem möglich gewesen wäre, »sich öffentlich zur Herrschaft des Nationalsozialismus zu bekennen, ohne sich politisch und moralisch unmöglich zu machen«.[27] Insofern relativieren sich auch ein wenig die haarsträubenden Karrieren, die in der Tat viel zu vielen belasteten Juristen und Polizisten in den Gründerjahren der Bundesrepublik möglich waren. Natürlich gab es damals unter einem Volk von fünfzig Millionen auch »einige Narren und Verbrecher«; darauf hat etwa Brentano schon 1956 hingewiesen.[28] Restauration aber fand ganz überwiegend nur in den apokalyptischen Visionen der »moralistischen Revolutionäre aller Klassen« statt[29], die mit der Dämonisierung der Ära Adenauer den Zielen ihrer 68er Revolte eine höhere Weihe zu geben suchten. Hinsichtlich ihrer politischen, ökonomischen und kulturellen Fruchtbarkeit jedenfalls brauchen die 50er Jahre einen Vergleich mit den 60er oder 70er Jahren nicht zu scheuen.

Ordnen wir die Ära Adenauer in das Kontinuum der Auseinandersetzung des liberal-demokratischen Westteils Deutschlands mit der nationalsozialistischen Vergangenheit ein, so läßt sich resümieren, daß die ideelle und materielle Auseinandersetzung mit der NS-Zeit und ihren Folgen immer ein zentrales Thema der bundesdeutschen Politik gewesen ist. Nicht nur Westintegration und Wiederbewaffnung, nicht nur Wiedervereinigungsträume und Wirtschaftswunder bestimmten den Aufbau der zweiten deutschen Demokratie, auch die dunklen Schatten der braunen Vergangenheit waren schier allgegenwärtig: vor allem in der Personalpolitik, beim Aufbau der demokratischen Institutionen vom Auswärtigen Amt bis zur Bundeswehr, im Verhältnis zum jungen Staat Israel, bei der Bestrafung von NS-Verbrechern, in der Diskussion um das Vermächtnis des 20. Juli, bei der Abwehr von Neonazismus und Antisemitismus oder überhaupt bei der Begründung und erfolgreichen Praktizierung demokratischer Verfassungs- und Rechtsstrukturen. »Wohl nirgendwo sonst auf der Welt hat eine Gemeinschaft in vergleichbarem Ausmaß akzeptiert und gewünscht, daß die dunkle Vergangenheit in der Gegenwart eine so zentrale Stellung einnimmt.«[30]

Nehmen wir noch die Leistungen einer anderen, viel weniger problematisierten und erfolgreichen »Vergangenheitsbewältigung« hinzu: die Eingliederung von etwa zwölf Millionen Heimatvertriebenen, den Lastenausgleich oder auch den Verständigungs- und europäischen Integrationskurs der westdeutschen Außenpolitik, dann erweist sich die bundesdeutsche Geschichte über weite Strecken als ein einziger Versuch, die NS-Vergangenheit ideell und materiell zu bewältigen. Eine Geschichte der Bundesrepublik Deutschland in der Ära Adenauer sollte daher mit der Bemerkung beginnen: Im Anfang war die »Vergangenheitsbewältigung«.

Anmerkungen

I. Grundlagen der »Vergangenheitsbewältigung«

Kontroversen um die »Zweite Schuld«

1 Auf diese Forschungslücke ist seit Jahren immer wieder hingewiesen worden; vgl. etwa Meier, S. 33, oder das einleitende Kapitel von Jürgen Weber, in: Weber/Steinbach, S. 8.
2 Giordano, Die zweite Schuld, S. 11.
3 Ebenda, S. 21.
4 Ebenda, S. 14.
5 Ebenda, S. 21.
6 Ebenda, S. 17.
7 Ebenda, S. 348.
8 Ebenda, S. 12.
9 In verhältnismäßig kurzer Frist erhielt Giordano 1200 ganz überwiegend zustimmende Briefe. Doch auch aus deren Inhalt schließt der Autor auf »große Atemlosigkeit« der jungen Generation unter der Bürde der Verdrängungsleistung der Eltern; vgl. Giordano, Wie kann diese Generation eigentlich noch atmen?
10 Alexander und Margarete Mitscherlich, Die Unfähigkeit zu trauern.
11 Wichert/Heinemann, S. 2.; vgl. zu diesem literarischen Genre auch exemplarisch den Aufsatz von Glaser, Totschweigen, Entlasten, Umschulden.
12 Vgl. Mohler, Vergangenheitsbewältigung, sowie von Schrenck-Notzing, Charakterwäsche.
13 Vgl. hierzu und zum folgenden: Lübbe, Der Nationalsozialismus im politischen Bewußtsein der Gegenwart, S. 333.
14 Ebenda, S. 334f.
15 Schwarz, Epochenwechsel, S. 213.
16 Steinbach, Nationalsozialistische Gewaltverbrechen, S. 8.
17 Zur »Vergangenheitsbewältigung« in internationaler Perspektive vgl. Maislinger, »Vergangenheitsbewältigung«, S. 3ff., sowie Zitelmann, Nationalsozialismus, Faschismus, Stalinismus.
18 Vgl. Schwarz, Epochenwechsel, S. 208.

19 Backes/Jesse/Zitelmann, S. 11 und 22.
20 Vgl. Weber/Steinbach, S. 13.
21 Graml, S. 170.
22 Wolffsohn, Von der verordneten zur freiwilligen »Vergangenheitsbewältigung«?, S. 112; auch Hermann Rudolph hatte bei der Konferenz zur nationalsozialistischen Machtübernahme im Berliner Reichstagsgebäude 1983 darauf hingewiesen, daß »von der Mitte der fünfziger Jahre an« eine breite Bewußtseinsveränderung stattfand. Vgl. Broszat u.a., Deutschlands Weg in die Diktatur, S. 361.
23 Vgl. Weber/Steinbach, S. 13.
24 Selbst ausgewiesene Historiker wie Anselm Doering-Manteuffel und Rudolf Morsey haben sich der These angeschlossen, daß das »geistige Klima in der Bundesrepublik« während der Ära Adenauer »deutlich von den Defiziten und Tabus bestimmt« gewesen sei, die »als Gründungshypothek auf der Bonner Republik lasteten«. Entscheidend sei dabei gewesen, daß »im Zuge des Wiederaufbaus und nicht zuletzt infolge der mißlungenen Entnazifizierung die politische Aufarbeitung der Vergangenheit unterblieb«. Vgl. Doering-Manteuffel, S. 209, sowie Morsey, Die Bundesrepublik Deutschland, S. 85.
25 Die wichtigsten Quellen bilden die Protokolle der Verhandlungen des Deutschen Bundestages, des Bundeskabinetts und der Bundesvorstandssitzungen der wichtigsten Parteien, soweit sie bereits veröffentlicht vorliegen, sowie vor allem die Fülle der Tages-, Wochen-, Monatszeitungen und -Zeitschriften, die teilweise für den ganzen Untersuchungszeitraum durchgearbeitet, teilweise an den wichtigen Stationen der »Vergangenheitsbewältigung« während der Ära Adenauer ausgewertet wurden. Hinzu kommen Memoiren, Lehrpläne, Vorlesungsverzeichnisse und Sekundärliteratur zu einzelnen Aspekten des Problems. Zwar haben Tages- und Wochenzeitungen nicht den wissenschaftlichen Prestigewert unveröffentlichter Quellen, doch verschafft gerade die Auswertung von Periodika Einsichten in langfristige Abläufe, »die sich aus amtlichen Akten und Vorgängen nur selten ergeben«. Hierauf hat Hagen Schulze zu Recht hingewiesen. Denn auf der anderen Seite »bietet die Amtlichkeit eines Dokuments noch keine Gewähr für seinen höheren Objektivitätsgrad, während eine Zeitungsmeldung unter Umständen auf Hintergrundinformationen beruhen kann«; Hagen Schulze, S. 27.
26 Goschler, Wiedergutmachung.
27 Vollnhals, Evangelische Kirche und Entnazifizierung 1945–1949.
28 Hoffmann, Stunden Null?
29 Ulrich Brochhagen hat beim V. Kongreß »Junge Wissenschaft und Kultur« in Erfurt (22. bis 24. Mai 1991) ein Forschungsprojekt zur »Vergangenheitsbewältigung« als Problem in den Beziehungen zwischen der Bundesrepublik Deutschland und dem Westen während der fünfziger Jahre vorgestellt. Die in Berlin 1994 erscheinende Arbeit stellt die diplomatische

Ebene in den Vordergrund und basiert auf Quellen in amerikanischen, französischen und britischen Archiven.

30 Giordano, Die zweite Schuld, S. 355.
31 Vgl. Thamer, Verführung und Gewalt.

Von der Erinnerung zur Bewältigung

 1 Die Zeit, 12. Juni 1947.
 2 Vgl. Bauer, S. 301.
 3 Heuss-Rede anläßlich der Einweihung der KZ-Gedenkstätte Bergen-Belsen 1952, zit. nach: Steinbach, Vergangenheit als Last und Chance, S. 332.
 4 Zit. nach: Grosser, Ermordung der Menschheit, S. 113; Adenauer hielt den Begriff der Kollektivscham für »wahr und nicht wahr« zugleich, vgl. Adenauer, Teegespräche 1959–1961, S. 358.
 5 Westdeutsche Neue Presse, 8. März 1952.
 6 So der damalige Generalsekretär des Instituts für Zeitgeschichte in einem Vortrag beim Politisch-Akademischen Club München am 12. März 1952; vgl. Winfried Schulze, Deutsche Geschichtswissenschaft, S. 238f.
 7 Bei einer Leipziger Tagung der Aktion Gemeinsinn e.V. zur »Vergangenheitsbewältigung« im September 1992 erinnerte eine frühere Mitarbeiterin der 1953 gegründeten Bonner Bundeszentrale für Heimatdienst an diesen Sachverhalt.
 8 FAZ, 8. März 1952, vgl. auch FH, 3/1952, S. 157.
 9 FH, 5/1951, S. 514.
10 Frankfurter Neue Presse, 25. Juni 1952.
11 FAZ, 15. Mai 1954.
12 FAZ, 23. Juni 1955; auch FAZ 19. April 1956 (Leitartikel gegen die Verdrängung der Vergangenheit).
13 Vorwärts, 30. Dezember 1955.
14 Neue Zeitung, 30. August 1952.
15 FAZ, 12. September 1957.
16 Neue Zeitung, 2. März 1953.
17 FAZ, 25. April 1955.
18 FR, 14. März 1958.
19 Vgl. auch CuW, 18. September 1952.
20 CuW, 18. Januar 1951.
21 Vgl. etwa die Erklärung des Bundesjugendrings über das Wiederaufleben nationalsozialistischer Ideologie, Neue Ruhrzeitung, 13. Juni 1956.
22 Marie Luise Kaschnitz zum Beispiel kannte es nicht, als sie unter dem Titel »Zehn Jahre nach dem großen Krieg« Betrachtungen über die Auseinandersetzung mit der NS-Vergangenheit anstellte; vgl. hierzu Klingenstein, S. 302.
23 Büchmann, S. 772, sowie Klingenstein, S. 301 und 304.
24 Vgl. AWJ, 3. August 1956.
25 Vgl. Büchmann, S. 772.

26 Zit. nach: Schneider/Meyer, S. 39.

27 Wenke, S. 66.

28 Hermann Heimpel, Neujahrsansprache 1956 (gehalten im NDR und WDR), zit. nach: Heimpel, Kapitulation vor der Geschichte, S. 90.

29 So etwa in einem Vortrag, den Heimpel – Direktor des Max-Planck-Institutes für Geschichte in Göttingen und Ordinarius für Neuere und Mittlere Geschichte an der dortigen Universität – unter dem Titel »Gegenwartsaufgabe der Geschichtswissenschaft« gehalten hat; vgl. hierzu Klingenstein, S. 303f.

30 Vgl. Wenke, S. 66, Anmerkung 2.

31 CuW, 9. Juli 1959, sowie RM, 14. August 1959.

32 Vgl. Adorno, Eingriffe, S. 125–146.

33 FH 8/1959, S. 549 ff.

34 Walter Dirks, FH, 3/1960, S. 153.

35 Walter Dirks, FH, 2/1960, S. 81.

36 Typisch auch »Die Zeit des Schweigens ist vorbei«, in: FR, 11. November 1959.

37 Vgl. Welt der Arbeit, 17. Juni 1960, sowie Weserkurier, 31. Januar 1959, und Generalanzeiger, 24. Oktober 1959.

38 SZ, 4. Juni 1959.

39 Die Welt, 23. Januar 1959.

40 Vgl. Max Rychner, Vergangenheitsbewältigung. Gespräch über ein Schlagwort unserer Zeit, in: Merkur 15 (1961); Gerhard Möbus, Realität oder Illusion. Zum Problem der unbewältigten Vergangenheit, Osnabrück 1961; Alois Seiler, Unbewältigte Vergangenheit. Berichte, Dokumente und Bilder zu unserer jüngsten Geschichte, München 1960; Hans-Rudolf Mueller-Schwefe, Unbewältigte Vergangenheit. Vom Gestern ins Heute, Wuppertal/Barmen 1960.

41 FAZ, 2. Januar 1960.

42 Zit. nach: Wenke, S. 66.

43 Ebenda.

44 Zit. nach: Wenke, S. 66, sowie DBt, 18. Februar 1960, S. 5579.

45 Wenke, S. 67.

Zur Kritik des Begriffs »Vergangenheitsbewältigung«

1 Ibach, S. 29.

2 Ebenda, S. 29.

3 Max Weber, Gesammelte politische Schriften, S. 484.

4 AWJ, 12. März 1954.

5 Ibach, S. 32.

6 Ebenda.

7 Ebenda, S. 33.

8 Internationale Hefte der Widerstandsbewegung, Nr. 6/1961, S. 64.

9 Ebenda, S. 68.

10 Adorno, Eingriffe, S. 125.
11 Ebenda, S. 146.
12 Ebenda, S. 129.
13 Vgl. auch Berg, S. 221: »Die Praxis der USA, die Vergangenheit des einzelnen zu überprüfen und abzustrafen (...), die sozio-ökonomischen Strukturen, die den Faschismus bedingten, aber beizubehalten (bzw. nach den Kriegszerstörungen durch Kapitalexport – Marshall-Plan – zu restaurieren und auszubauen), führte dazu, daß die Beschäftigung mit dem Faschismus stets nur als moralische Pflicht erschien. Das Postulat Vergangenheitsbewältigung ist also von Anfang an nicht einlösbar, die materielle Realität schließt ihre Verwirklichung aus.«
14 Jesse, »Vergangenheitsbewältigung« in der Bundesrepublik, S. 551.
15 Ibach, S. 33.
16 Walter Dirks, Unbewältigte Vergangenheit – demokratische Zukunft, in: FH, 3/1960, S. 153.
17 Ebenda, S. 156f.
18 Mitscherlich, Die Unfähigkeit zu trauern, S. 24.
19 Ebenda, S. 8.
20 Ebenda, S. 9.
21 Ebenda, S. 35.
22 Ebenda.
23 Ebenda, S. 38.
24 Ebenda, S. 37.
25 Ebenda, S. 40.
26 Ebenda, S. 9.
27 Ebenda, S. 36.
28 Ebenda, S. 41.
29 Ebenda, S. 42.
30 Ebenda, S. 31.
31 Ebenda, S. 9.
32 Ammon, Antifaschismus im Wandel?, in: Backes/Jesse/Zitelmann, S. 585.
33 Wehler, Geschichte und Psychoanalyse.
34 Mitscherlich, Die Unfähigkeit zu trauern, S. 9.
35 Ebenda, S. 44.
36 Tietgens, S. 73ff.
37 Vgl. Graml, S. 181.

Die Vorgeschichte 1945–1949

1 Carl Goerdeler, zit. nach: Jürgen Weber, Auf dem Wege zur Republik, S. 47.
2 Vgl. Steinbach, Nationalsozialistische Gewaltverbrechen, S. 22.
3 Vgl. Kleßmann, Die doppelte Staatsgründung, S. 79.
4 Vgl. Steinbach, Nationalsozialistische Gewaltverbrechen, S. 30.

5 Zit. nach: Kleßmann, Die doppelte Staatsgründung, S. 80.
6 Vgl. auch Steinbach, Nationalsozialistische Gewaltverbrechen, S. 21.
7 Vgl. ebenda, S. 28.
8 Ebenda, S. 26; vgl. auch die Reaktion auf den Film »Todesmühlen« bei Chamberlin, S. 420ff.
9 Vgl. Steinbach, Nationalsozialistische Gewaltverbrechen, S. 27.
10 Ebenda.
11 Vgl. ebenda, S. 60.
12 Vgl. Weber, Auf dem Wege zur Republik, S. 58.
13 Vgl. Kleßmann, Die doppelte Staatsgründung, S. 87.
14 Woller, Gesellschaft und Politik, S. 101f.
15 Ebenda, S. 102.
16 Ebenda, S. 104.
17 Vgl. Glaser, Kulturgeschichte, Band 1, S. 139.
18 Die pragmatischeren Vorstellungen der deutschen Seite hatten sich während der Gesetzesberatungen nicht durchsetzen können; danach wären etwa nur ein Drittel so viel Fälle zu verhandeln gewesen. Vgl. zur Entstehung des Befreiungsgesetzes: Fürstenau, Entnazifizierung, S. 53ff.
19 Weber, Auf dem Wege zur Republik, S. 59.
20 Glaser, Kulturgeschichte, Band 1, S. 140.
21 Vgl. Kleßmann, Die doppelte Staatsgründung, S. 89, Anmerkung 63.
22 Vgl. Woller, Gesellschaft und Politik, S. 136.
23 Zwei Drittel der Deutschen begrüßten die entsprechenden Maßnahmen; vgl. Steinbach, Nationalsozialistische Gewaltverbrechen, S. 33.
24 Woller, Gesellschaft und Politik, S. 136; so wurde die Spruchkammer Ansbach-Land im Sommer mit Briefen und Anzeigen wegen eines ehemaligen Ortsgruppenleiters, der um »kein Haar besser als Streicher« charakterisiert wurde, »regelrecht bombardiert«.
25 Steinbach, Nationalsozialistische Gewaltverbrechen, S. 33, Anmerkung 33.
26 Ebenda.
27 Fürstenau, S. 194.
28 Ebenda, S. 196.
29 Eugen Kogon, in: FH, 7/1947, zit. nach: Fürstenau, S. 197.
30 Vgl. Kleßmann, Die doppelte Staatsgründung, S. 90.
31 Henke, Die Grenzen der politischen Säuberung, S. 129, Anmerkung 3.
32 Ebenda, S. 128.
33 Ebenda.
34 Vgl. hierzu Niethammer/Borsdorf/Brandt.
35 Vgl. hierzu Sérant, Die politischen Säuberungen in Westeuropa, sowie Woller, Ausgebliebene Säuberung?, S. 183.
36 Vgl. Niethammer, S. 551ff.
37 Vgl. Vollnhalls, Entnazifizierung, S. 333.

38 Vgl. zur unterschiedlichen Entwicklung und der Bilanz in den einzelnen Zonen die übersichtliche Darstellung bei Vollnhalls, Entnazifizierung, S. 7–64.

39 Glaser, Kulturgeschichte, Band 1, S. 140f.; Kleßmann, Die doppelte Staatsgründung, S. 91.

40 Vgl. Henke, Politische Säuberung unter französischer Besatzung, zit. nach: Vollnhalls, Entnazifizierung, S. 35.

41 Kleßmann, Die doppelte Staatsgründung, S. 90; Glaser, Kulturgeschichte, Band 1, S. 140.

42 Vgl. zum Protestantismus vor allem Vollnhals, Evangelische Kirche und Entnazifizierung.

43 Weber, Auf dem Wege zur Republik, S. 82.

44 Fürstenau, S. 161f.

45 Vgl. Vollnhals, Entnazifizierung, S. 61.

46 Kleßmann, Die doppelte Staatsgründung, S. 90.

47 Fürstenau, S. 169.

48 Ebenda, S. 170.

49 Richtlinien des Parteivorstandes vom 13. März 1947, vgl. die SPD-Wochenschrift für Sozialismus und Demokratie, 26. April 1947.

50 Fürstenau, S. 185.

51 Woller, Gesellschaft und Politik, S. 163; Woller korrigiert damit in einem wesentlichen Punkt die Ergebnisse, zu denen Lutz Niethammer in seiner Studie über die Entnazifizierung in Bayern gekommen war.

52 Glaser, Kulturgeschichte, Band 1, S. 140, Anmerkung 154.

53 Steinbach, Nationalsozialistische Gewaltverbrechen, S. 33.

54 Fricke, S. 23.

55 Ebenda; vgl. auch Welsh, Revolutionärer Wandel auf Befehl?

56 Johann Baptist Gradl, zit. nach: Fricke, S. 25.

57 Steinbach, Nationalsozialistische Gewaltverbrechen, S. 35.

58 Glaser, Kulturgeschichte, Band 1, S. 124, Anmerkung 128; vgl. auch Gimbel, Amerikanische Besatzungspolitik in Deutschland.

59 Foreign Office, zit. nach: Caspar von Schrenck-Notzing, Die Umerziehung der Deutschen, S. 369; zur britischen Politik vgl. auch Koszyk, Umerziehung der Deutschen aus britischer Sicht, Pakschies, Umerziehung in der britischen Zone, sowie Koß, Vorstellungen der Alliierten von Nachkriegsdeutschland.

60 Schrenck-Notzing, Die Umerziehung der Deutschen, S. 375.

61 Vgl. auch: Weber, Auf dem Wege zur Republik, S. 240.

62 Die amerikanische Pressepolitik im Deutschland des beginnenden Kalten Krieges schildert – vor allem in ihrer antikommunistischen Stoßrichtung – Rudolph, S. 200ff.

63 Glaser, Kulturgeschichte, Band 1, S. 131.

64 Schrenck-Notzing, Die Umerziehung der Deutschen, S. 378.

65 Adorno und seine Mitarbeiter hatten diese Disposition sogar mittels einer

F-Skala »wissenschaftlich« meßbar gemacht. Vgl. ebenda., S. 376, Anmerkung 33.

66 Dazu kamen sieben, die als der SPD, zehn, die als der CSU nahestehend bezeichnet wurden. Vgl. Schrenck-Notzing, Charakterwäsche, S. 137.

67 Vgl. Schrenck-Notzing, Die Umerziehung der Deutschen, S. 378.

68 Giordano meint zwischen den seines Erachtens löblichen Bewältigungsbemühungen der Medien und der davon ziemlich ungerührten, breiten Mehrheit der deutschen Bevölkerung klar unterscheiden zu können. Vgl. Giordano, Die zweite Schuld, S. 12.

69 Vgl. Henke, in: Henke/Woller, S. 59.

70 »Kritisch« vor allem mit der Vergangenheit konservativerer Publizisten wie Elisabeth Noelle-Neumann oder Giselher Wirsing (Christ und Welt) setzt sich Köhler, in: Wir Schreibmaschinentäter, auseinander.

71 Schwarz, Gründerjahre, S. 411.

72 Vgl. Frei, S. 162.

73 Graml, S. 172; besonders zu erwähnen ist hier der Beitrag von unmittelbar nach Kriegsende gegründeten Zeitschriften wie »Der Aufbau«, »Die Wandlung«, »Die Gegenwart«, »Der Ruf«, »Nordwestdeutsche Hefte«, »Frankfurter Hefte«, »Merkur«.

74 Glaser, Kulturgeschichte, Band 1, S. 148.

75 Ebenda, S. 147.

76 Jürgensen, S. 127.

77 Glaser, Kulturgeschichte, Band 1, S. 150.

78 Davis, S. 158.

79 Ebenda, S. 162.

80 So die – in rhetorischer Frageform geäußerte – Kritik von Hellmuth Becker, zit. nach: ebenda, S. 166.

81 Cheval, S. 194; vgl. auch Ruge-Schatz, Umerziehung und Schulpolitik in der französischen Besatzungszone.

82 Vgl. Davis, S. 165.

83 Chamberlin, S. 420.

84 Ebenda, S. 421, Anmerkung 3.

85 Ebenda, S. 420, Anmerkung 1.

86 Ebenda, S. 423, Anmerkung 13.

87 Ebenda, S. 428.

88 Ebenda, S. 430f.

89 Ebenda, S. 424, Anmerkung 17.

90 Ebenda, S. 431, Anmerkung 57.

91 Ebenda, S 432.

92 Ebenda, S. 433.

93 Ebenda, S. 435, Anmerkung 67.

94 Ebenda, S. 435f.

95 Vgl. Eberan, S. 7.

96 Zit. nach: Hay, S. 171.

97 Ebenda, S. 172; Neue Zeitung, 8. Februar 1946.
98 Vgl. Hay, S. 172.
99 Vgl. zur Schuldphilosophie bei Jaspers den Aufsatz von Reichel, Vergangenheitsbewältigung als Problem unserer politischen Kultur, S. 149 f.
100 Eberan, S. 180.
101 Weber, Auf dem Wege zur Republik, S. 112f.
102 Greschat, S. 110.
103 Vgl. Eberan, S. 173f.
104 Vgl. auch Kretschmar, S. 122ff., sowie Poolingheuer.
105 Greschat, S. 147.
106 Ebenda, S. 180ff.
107 So beschreibt Niemöller rückblickend seine damalige Tätigkeit; vgl. ebenda, S. 184, Anmerkung 1.
108 Glaser, Kulturgeschichte, Band 1, S. 113. Die Kritik an der Stuttgarter Erklärung überwog nicht nur an den Universitäten bei weitem die Zustimmung; vgl. Boyens, S. 395.
109 Zit. nach: Eberan, S. 174.
110 Weber, Auf dem Wege zur Republik, S. 82.
111 Eberan, S. 168f.
112 Ebenda, S. 169.
113 Ebenda, S. 171.
114 Etwa von Georg Lukacs, vgl. Eberan, S. 170.
115 Vgl. Birke, S. 183.
116 Vgl. Goschler, S. 209.
117 Weber, Auf dem Wege zur Republik, S. 89.
118 KAG, 8. November 1948, S. 1700.
119 Ebenda.
120 Vgl. Zur Debatte im Bayerischen Landtag, KAG, 28.-30. August 1948, S. 1614.
121 Adenauer, Erinnerungen, Band 1, 1945–1953, S. 186.
122 Ebenda, S. 79 und 189.
123 Rede des CDU-Vorsitzenden der britischen Zone, Konrad Adenauer, am 24. März 1946 in der Aula der Kölner Universität, S. 3; Abdruck im Bundespressearchiv.
124 Ebenda, S. 4.
125 Ebenda, S. 5.
126 Weber, Auf dem Wege zur Republik, S. 171.
127 Ebenda, S. 168f.
128 Billerbeck, S. 86.
129 Marten, Die unterwanderte FDP, S. 187f.
130 KPD-Aufruf vom Juni 1945, zit. nach: Flechtheim, S. 313 ff.
131 Niedersächsische Rundschau, 10/1948.
132 Vgl. Glaser, Kulturgeschichte, Band 1, S. 200, Anmerkung 223.
133 Vgl. Weber, Das Entscheidungsjahr 1948, S. 324.

134 Rudolph, S. 192.
135 So die Neue Zürcher Zeitung, zit. nach: Glaser, Kulturgeschichte, Band 1, S. 102.
136 Graml, S. 172.
137 Freiburg 1946.
138 Düsseldorf 1947.
139 Zürich 1946.
140 Berlin 1946.
141 Vgl. Lichtenberg, S. 37f.
142 München 1946.
143 Vgl. Koebner, S. 317.
144 Vgl. hierzu das Kapitel über die historiographische Präsenz der NS-Vergangenheit.
145 Konstanz 1947.
146 Stuttgart 1948.
147 Stuttgart 1948.
148 Erlenbach-Zürich 1946; vgl. zu diesem Komplex Hay, S. 95ff.
149 Vgl. Rudolph, S. 194.
150 Vgl. Kleßmann, Die doppelte Staatsgründung, S. 173.
151 Koebner, S. 314.
152 Vgl. Chamberlin, S. 421.
153 Koebner, S. 316.
154 Die entsprechende These Glasers (Kulturgeschichte, Band 1, S. 104) bedarf also der Revision.
155 So der französische Filmkritiker Luc Bérimont, zit. nach: »Die Quelle«, 1947 (1), Heft 2, vgl. Hay, S. 439.
156 Ebenda, S. 438.
157 Ebenda, S. 440.
158 Vgl. den Beitrag »Kommunisten als verhinderte Schuhplattler« über das Dissertationsprojekt von Michael Maaß mit dem Arbeitstitel »Kultur und Freizeit in Nürnberg 1930–1945«, in: NN, 25./26. April 1992.

Grundgesetz und antitotalitärer Konsensus

1 Bracher, S. 271.
2 Ebenda, S. 282.
3 Zur zeitgenössischen Totalitarismus-Diskussion vgl. die Arbeiten von Hannah Arendt, Alexander Rüstow oder Carl Joachim Friedrich.
4 Bracher, S. 280.
5 DBt, 15. Februar 1951, S. 4533.
6 Ebenda, S. 4533.
7 Ebenda, S. 4534.
8 FAZ, 8. März 1952.
9 Zit. nach: Bulletin, 9. April 1954, S. 588.
10 Vgl. Fromme, S. 24ff.

11 Vgl. Eschenburg, S. 492.
12 Zit. nach Straetling, S. 32.
13 Vgl. ebenda, S. 36.
14 Ebenda, S. 44.
15 Vgl. Eschenburg, S. 506.
16 Vgl. Bulletin, 6. Mai 1952, sowie FAZ, 6. Mai 1952.

II. Personalpolitik

Reichweite der Entnazifizierung

1 Vgl. etwa zu mehreren Korruptionsfällen in den Jahren 1946-1948: Fürstenau, S. 189, Anmerkung 89.
2 Ebenda.
3 KAG, 17. Januar 1950.
4 RM, 16. Juli 1949.
5 Ebenda.
6 Zit. nach Fürstenau, S. 151f.
7 So von Merkatz in seinem Debattenbeitrag im Deutschen Bundestag, DBt, 23. Februar 1950, S. 1336; vgl. auch: Die Kabinettsprotokolle der Bundesregierung, Band 1, 1949, S. 337, sowie Meyn, S. 23 und S. 26.
8 Neue Zeitung, 10. Februar 1947.
9 Neues Abendland, zit. nach: Fürstenau, S. 148, Anmerkung 1.
10 DBt, 23. Februar 1950, S. 1330-1332.
11 Ebenda.
12 Ebenda, S. 1333-1336.
13 Ebenda, S. 1336-1338.
14 Ebenda, S. 1342-1344.
15 Ebenda, S. 1344-1349.
16 Ebenda, S. 1350.
17 Ebenda, S. 1351-1352.
18 Fürstenau, S. 209.
19 Vgl. ebenda.
20 Ebenda, S. 208, Anmerkung 138.
21 Ebenda, S. 211.
22 DBt, 1. Wahlperiode, Drucksache Nr. 1658.
23 Fürstenau, S. 153.
24 Vgl. Deutsche Stimmen, Hannover, 11. März 1956, sowie Hamburger Echo, 12. Dezember 1956.
25 Die Welt, 11. November 1950.
26 Allgemeine Zeitung, Mainz, 12. März 1952.
27 Frankfurter Neue Presse, 9. April 1953.
28 Der Landtagsabgeordnete August Haußleiter und fünf seiner Kollegen

hatten gegen verschiedene Bestimmungen des Gemeindewahlgesetzes und des Landkreiswahlgesetzes geklagt; sie vertraten die Auffassung, man könne nicht noch 1953 unter Bezugnahme auf den Artikel 184 der Bayerischen Verfassung Kollektivstrafen schaffen, die die Rechtslage der Betroffenen gegenüber 1948 verschlechterten. Artikel 184 bestimmte, daß die Gültigkeit von Gesetzen, die gegen den Nationalsozialismus gerichtet waren oder seine Folgen beseitigen wollten, durch die Verfassung nicht beschränkt wurde. Vgl. FAZ, 1. April 1953.

29 Der zum Schutz des Staates geschaffene Artikel 184 könne also noch nicht entbehrt werden.
30 MM, 4. August 1954.
31 Ebenda.
32 Vgl. FR, 13. Oktober 1959.
33 CuW, 11. Oktober 1951.
34 Fürstenau, S. 218, Anmerkung 172.
35 SZ, 10. Oktober 1951.
36 CuW, 11. Oktober 1951.
37 SZ, 10. Oktober 1951.

»Ehemalige« als Politiker in Bund, Ländern und Kommunen

1 KAG 23. März 1951, S. 2869.
2 KAG, 4. Dezember 1951, S. 3228.
3 Ebenda, S. 3228 sowie Bandaufnahme des Nordwestdeutschen Rundfunks, zit. nach: DBt, 16. Januar 1952, S. 7870.
4 KAG, 4. Dezember 1951, S. 3228, sowie DBt, 16. Januar 1952, S. 7869.
5 Ebenda.
6 Ebenda, S. 7872.
7 Ebenda.
8 Ebenda, S. 7875.
9 Der Bankier Robert Pferdmenges zählte zu den engsten Beratern des Bundeskanzlers Adenauer. Während des »Dritten Reiches« hatte der Finanzmanager das vom Arierparagraphen bedrohte Bankhaus Oppenheimer übernommen und weiterhin Geschäfte gemacht. Der praktizierende Protestant war aber später in Konflikt mit der NS-Diktatur gekommen und von der Geheimen Staatspolizei unter Hausarrest gestellt worden. Vgl. auch: Nationale Rundschau, 29. September 1956.
10 DBt, 16. Januar 1952, S. 7876.
11 DBt, 12. Juli 1950, S. 2629ff.
12 Ebenda.
13 Ebenda, S. 2634f.
14 Vgl. die sozialdemokratische Kritik in der Sitzung des Deutschen Bundestages am 20. Juli 1956 oder in Der Spiegel, 18. Januar 1956.
15 Vgl. Gotto, S. 242, sowie: Die Kabinettsprotokolle der Bundesregierung, 1950, S. 784.

16 AWJ, 30. März 1956.
17 Schwarz, Epochenwechsel, S. 214; vgl. zu den Erklärungen, die für Globke abgegeben wurden, auch Gotto, S. 259ff.
18 Schwarz, Epochenwechsel, S. 214.
19 Vgl. Adenauer, Briefe 1949–1951, S. 144, sowie Teegespräche 1955–1958, S. 468.
20 Vgl. Grosser, Deutschlandbilanz. S. 319.
21 Vgl. etwa die Titelgeschichte des »Nachrichtenmagazins« vom 4. April 1956.
22 Gotto, S. 234.
23 Institut für Zeitgeschichte, Zeitungsausschnittsammlung »Globke«, Artikel vom 12. August 1961.
24 Vgl. KAG, 5. Mai 1960, S. 8373.
25 Sendung vom 7. Juni 1955, zit. nach: Hammerschmidt/Mansfeld, S. 60f.
26 Ebenda, S. 70, Sendung vom 7. Februar 1956.
27 Vgl. auch Raschhofer, Der Fall Oberländer.
28 KAG, 4. Mai 1960, S. 8371ff.; Schwarz, Epochenwechsel, S. 205.
29 Bulletin, 27. September 1960, S. 1751; KAG, 25./26. September 1960, S. 8469.
30 FR, 14. Mai 1960; Bulletin, 17. Mai 1960, S. 912.
31 FAZ, 13. April 1954.
32 Vgl. zur Debatte um die Legion Condor unten, S. 114f.
33 Vorwärts, 22. Juni 1956 und 29. Juni 1956.
34 Der Spiegel, 3. Februar 1960.
35 Vgl. Gotto, S. 233.
36 FAZ, 24. Februar 1956.
37 Politik und Wirtschaft, 8. Februar 1956 sowie FAZ, 9. Februar 1956.
38 Vgl. hierzu Zürcher Tagesanzeiger, zit. nach: Allgemeine Zeitung, Mainz, 7. Februar 1956, sowie FAZ, 9. Februar 1956: »Es gehört zum schlechten Ton einer gewissen Freistilkonkurrenz unserer heutigen Politik, daß man Personen, die ... mißliebig geworden sind, ›abzuschießen‹ sucht, indem man den dunklen Punkt ihrer Vergangenheit ans Licht zerrt.«
39 FAZ, 28. April 1952, sowie Jenke, S. 132.
40 Die Welt, 25. März 1952, verwies demgegenüber darauf, daß der Beschuldigte nur die Schulverwaltungen in Tirol und Vorarlberg geleitet hatte und infolgedessen von einer Spruchkammer der französischen Zone als Mitläufer ohne Sühnemaßnahmen, in der US-Zone als entlastet eingestuft worden war.
41 Vorwärts, 16. September 1955.
42 Vgl. unten, S. 241ff.
43 Der Spiegel, 15. Februar 1956.
44 Ebenda.
45 Vgl. Die Protokolle des CDU-Bundesvorstandes 1953–1957, S. 806.
46 Ebenda.

47 Vgl. Jenke, S. 206.
48 Franz Josef Strauß, S. 41.
49 Im übrigen ist (1955) auch im CDU-Bundesvorstand Kritik etwa an der personellen Entwicklung im Agrarverbandsbereich geübt worden, als in Westfalen »alte Reichsnährstandsleute wieder in die vordere Front« rückten. Vgl. Die Protokolle des CDU-Bundesvorstandes 1953–1957, S. 490.
50 Vgl. Bremer Nachrichten, 14. Juli 1955; AWJ, 26. August 1955.
51 AWJ, 26. August 1955.
52 Vgl. KAG, 5. Juni 1955, S. 5192.
53 Vgl. dazu die dokumentierende Darstellung bei Marten, Der niedersächsische Ministersturz, S. 18.
54 FAZ, 26. Mai 1955.
55 Marten, Der niedersächsische Ministersturz, S.18.
56 KAG, 11./12. Juli 1955, S. 5250.
57 Marten, Der niedersächsische Ministersturz, S. 37.
58 Jaesrich, S. 291ff.
59 FAZ, 6. Juni 1955.
60 AWJ, 9. September 1955.
61 So Ministerpräsident Hellwege in einem Woermann stützenden Schreiben an die Universität Göttingen; zit. nach: Marten, Der niedersächsische Ministersturz, S. 74.
62 Titel:»Die große Hetze – der niedersächsische Ministersturz«.
63 Der Spiegel, 25. Juni 1958.
64 Der Spiegel, 15. Juni 1955.
65 Jaesrich, S. 299.
66 Zit. nach: Jaesrich, S. 294.
67 Müller, FDP-MdL, zit. nach: FAZ, 13. Juni 1955.
68 FAZ, 7. Juni 1955, sowie 31. Mai 1955.
69 Vgl. auch Der Spiegel, 15. Juni 1955.
70 BR-Sendung vom 7. Juni 1955, zit. nach: Hammerschmidt/Mansfeld, S. 54ff.
71 Zit. nach: Jaesrich, S. 301.
72 So von Thadden-Trieglaff in einem Schreiben an Hellwege, zit. nach: Marten, Der niedersächsische Ministersturz, S. 60.
73 Ebenda, S. 60.
74 FH, 6/1955, zit. nach: Marten, Der niedersächsische Ministersturz, S. 60.
75 FAZ, 28. Mai 1955 und 10. Juni 1955.
76 Der Spiegel, 27. August 1958.
77 Vgl. zu diesem Vorgang den Kommentar im »Echo der Zeit«, zit. nach: Der Spiegel, 17. September 1958.
78 Zit. nach: Der Spiegel, 10. September 1958.
79 Ebenda.
80 Aber auch auf das Saarland, wo längst ein »KZ-Wächter« im Landtag saß und ein ehemaliger Sonderrichter neben einem »Goebbels-Propagandi-

sten« führende Funktionen bekleidete, richtete sich damals das Augenmerk besorgter Medien. RM, 5. September 1958 und 19. September 1958.
81 So der Titel eines Artikels in der SZ, 16. Dezember 1960.
82 Stuttgarter Zeitung, 17. Januar 1961; vgl. auch das ›Spiegel‹-Gespräch mit dem Kieler Justizminister Bernhard Leverenz, in: Der Spiegel, 10. Mai 1961.
83 SZ, 16. Dezember 1960.
84 AWJ, 10. Juni 1955.
85 Zit. nach: AWJ, 27. Juli 1956; vgl. hierzu auch Gierke, Der Streik der Göttinger Universität 1955.
86 AWJ, 10. Februar 1956 und 17. Februar 1956.
87 Zit. nach: Marten, Der niedersächsische Ministersturz, S. 81f.
88 Eine umfangreiche Liste des entsprechenden BHE-Personals ist bei Neumann, S. 333f. abgedruckt.
89 Zum Problem der »Vergangenheitsbewältigung« in den SPD/BHE-Koalitionen Niedersachsens und Hessens vgl. Jenke, S. 206f.
90 Vgl. SZ 29./30. März 1952: »Ortsgruppenleiter haben umgelernt«.
91 Vgl. hierzu und zur Kritik dieser Politik: Die Protokolle des CDU-Bundesvorstandes 1950–1953, S. 342.
92 So der FDP/DVP-Vorsitzende von Südwürttemberg-Hohenzollern, Eduard Leuze. Vgl. FDP-Bundesvorstand, 1949–1954, S. XXXVI sowie S. 379.
93 Neue Zeitung, 5. Mai 1952, »Der Fall Pius Leber«.
94 Vgl. Badische Zeitung, 13. November 1952, »Urban noch nicht ins Amt eingeführt«, sowie Stuttgarter Nachrichten, 13. November 1952, »Mit größter Energie gegen Radikalismus…«; schließlich stellte sich im übrigen heraus, daß der zum Bürgermeister gewählte Urban als »Belasteter« rechtlich überhaupt nicht wählbar gewesen war. Daraufhin wurden Neuwahlen durchgeführt. Vgl. AWJ, 22. Januar 1954.
95 Vgl. auch Neumann, S. 332, und Jenke, S. 208f.
96 Der Vorwärts, 8. Oktober 1958, »Der Fall des SS-Generals Reinefarth«.
97 Die Welt, 2. Oktober 1958, »Ermittlungen gegen Reinefarth eingestellt«.
98 Vgl. Die Welt, 4. Dezember 1958, »Hassel weist Hessenauer zurecht«.
99 Vgl. FAZ, 2. Januar 1959, »Kirchliche Kritik an Hessenauer«, sowie Bonner Rundschau, 15. Januar 1959, »Fall Hessenauer kontra Reinefarth«.
100 Vgl. Neumann, S. 331.
101 Vgl. FR, 16. Mai 1961, »Die Bürger von Gifhorn fanden nichts dabei«, sowie Kölner Stadtanzeiger, 13. Mai 1961, »Goerdeler jr. und SA-Chef…«.
102 Vgl. Der Spiegel, 12. Oktober 1955.
103 AWJ, 16. März 1956.
104 Der Bundestag hatte sich allerdings geweigert, deswegen die Immunität Jacobis aufzuheben.

105 Vgl. zum Fall Reschke Der Spiegel, 12. Oktober 1955, sowie AWJ, 16. März 1956.
106 Vgl. Woller, Politik und Gesellschaft, S. 114f.
107 Ebenda, S. 115.
108 Vgl. Wember, S. 7, 78 und 362.
109 Woller, Politik und Gesellschaft, S. 163.
110 AWJ, 22. Juni 1956.
111 Wember, S. 228.
112 Vgl. hierzu die Studie von Fait, S. 213ff.
113 Woller, Politik und Gesellschaft, S. 165.

Das 131er Gesetz und die deutschen Beamten

1 Ney, S. 275.
2 Ebenda, S. 277f.
3 Vgl. Woller, Politik und Gesellschaft, S. 111f.
4 Der Ansbacher Stadtrat hatte in fast jeder Sitzung über Wege zur Wiedereinstellung der Entlassenen diskutiert. Vgl. Woller, S. 112f.
5 Ebenda, S. 113.
6 Ebenda, S. 114.
7 Dorn, S. 143.
8 Vgl. Fürstenau, S. 114f.
9 Vgl. Badstübner/Thomas, S. 386.
10 KAG, 6. April 1951, S. 2887.
11 Flach, S. 3f.
12 Vgl. DBt, 10. April 1951, S. 5097.
13 Ebenda, S. 5097ff.
14 So der CSU-Parlamentarier Kleindinst, DBt, 13. September 1950, S. 3153.
15 DBt, 10. April 1951, S. 5094, sowie 13. September 1950, S. 3150f.
16 Vgl. die Äußerungen des DP-Ministers Hellwege; Nationalzeitung, Basel, 15. Februar 1954.
17 Vgl. FH, 2/1954, S. 84, sowie Goschler, S. 235.
18 DBt, 13. September 1950, S. 3142.
19 Ebenda, S. 3146f. sowie 3159f.
20 Ebenda, S. 5022, (Freiherr von Aretin, BP).
21 KAG, 6. April 1951, S. 2887.
22 DBt, 10. April 1951, S. 5022.
23 Ebenda, S. 5032.
24 Ebenda, S. 5023.
25 DBt, 10. April 1951, S. 5038.
26 Der Tagesspiegel, 14. November 1951.
27 Rudolf Zorn 1947 vor dem Maximilianeum, zit. nach: Billerbeck, S. 196. Als allerdings der CSU-Abgeordnete Josef Donsberger die Gründung eines bayerischen Beamtenbundes betrieb, wurde ihm dies von den

Sozialdemokraten im Maximilianeum als organisatorische Zusammenfassung der Nationalsozialisten vorgeworfen. Vgl. Billerbeck, S. 199.

28 Die Neue Zeitung, 3. Juni 1952.

29 Besonders die Behandlung der Berufsunteroffiziere wurde von der Notgemeinschaft ehemaliger Wehrmachtsangehöriger und ihrer Hinterbliebenen als ungerecht empfunden und in temperamentvollen Versammlungen kritisiert; Kasseler Post, 14. Juli 1951.

30 SZ, 24. November 1954.

31 Ebenda.

32 Deutsche Zeitung und Wirtschaftszeitung, 22. Mai 1959.

33 Interfraktionelle Entschließung der Bürgerschaft der Hansestadt Lübeck vom 26. Januar 1956; die »Lübecker Freie Presse« zitierte in diesem Zusammenhang Kurt Tucholsky. Dieser hatte Anfang der dreißiger Jahre den Slogan des KPD-Funktionärs Heinz Neumann »Schlagt die Faschisten, wo ihr sie trefft« ironisch abgewandelt in: »Küßt die Faschisten, wo ihr sie trefft.«; vgl. Der Spiegel, 22. Februar 1956.

34 Vorwärts, 21. November 1958.

35 FAZ, 26. Oktober 1957.

36 Mittelbayerische Zeitung, 3. Februar 1955.

37 Der Tagesspiegel, 2. Februar 1955.

38 Trotz vieler Dutzend Anzeigen hatte man Schörner vollendeten Totschlag nur in einem, versuchten Totschlag in zwei Fällen nachweisen können. Vgl. Die Welt, 25. Juli 1958.

39 DBt, 6. Dezember 1955, Kleine Anfrage der SPD-Fraktion.

40 Vgl. auch die Ausführungen des SPD-Abgeordneten Jahn in DBt, 22. Januar 1959, S. 3075.

41 DBt, 22. Januar 1959, S. 3059.

42 DBt, 8. Juli 1954, S. 1752 ff.

43 FAZ, 19. Februar 1957.

44 Das freie Wort, 12. Juli 1957, sowie AWJ, 12. Juli 1957.

45 FR, 8. Oktober 1957.

46 Nach Schätzungen des Bundesinnenministeriums waren etwa 500 bis 600 Geschädigte zu versorgen; vgl. Wengst, Beamtentum zwischen Reform und Tradition, S. 224 f.

47 Vgl. ebenda, S. 228 und 233.

48 Auch der Bundestag hatte zuerst das Gesetz über die Wiedergutmachung für den öffentlichen Dienst angenommen. DBt, 5. April 1951, S. 4972. Vgl. auch Goschler, S. 234ff.

49 FR, 29. Januar 1959.

50 FR, 12. März 1959.

51 FR, 16. März 1959.

52 Bulletin, 3. Dezember 1955.

53 Hannoversche Allgemeine, 21. Januar 1960, Hamburger Abendblatt, 7. Dezember 1963.

54 Vgl. Morsey, Personal- und Beamtenpolitik, S. 238 und 197.
55 Ebenda, S. 199.
56 Von den 55 599 Angestellten waren ein Fünftel (21,2%) NSDAP-Mitglied gewesen. (78,5 Prozent davon waren nach ihrer Entlassung wiedereingestellt worden.); Billerbeck, S. 194.
57 Zwischen 1945 und März 1953 wurden, die Bediensteten von Bundesbahn und Bundespost nicht mitgerechnet, 158 000 »Verdrängte« wieder im öffentlichen Dienst untergebracht. Vgl. Wengst, Beamtentum, S. 252.
58 Ebenda, S. 238.
59 So lautete die Überschrift eines Artikels von Reinhold Kreile in den Frankfurter Heften, 2/1954, S. 83ff.
60 Kirn, S. 12.
61 Ebenda, S. 13.
62 Vgl. ebenda, S. 14 und 47.
63 Ebenda, S. 47.
64 Vgl. hierzu auch Beyer, Der Nationalsozialismus im Lichte der Rechtsprechung.
65 KAG, 18. Dezember 1953, S. 4300.
66 Nationalzeitung, Basel, 15. Februar 1954.
67 FH, 2/1954, S. 85f.
68 SZ, 19. Dezember 1953 sowie 6. Februar 1954.
69 Vgl. Volksstimme, Saar, 19. Februar 1954.
70 National-Zeitung, Basel, 15. Februar 1954.
71 SZ, 6. Februar 1954.
72 Hamburger Anzeiger, 23. Dezember 1953.
73 FH, 2/1954, S. 89.
74 FAZ, 24. Dezember 1953.
75 FAZ, 2. März 1954.
76 Vgl. etwa den Aufsatz des Heidelberger Staatsrechtsprofessors Ernst Forsthoff im Deutschen Verwaltungsblatt, Heft 3, 1. Februar 1954.
77 FR, 7. August 1954.
78 Vgl. Die Zeit, 5. August 1954.
79 Vgl. Bulletin, 21. März 1957, S. 467.

Das Auswärtige Amt

1 Sendung des Bayerischen Rundfunks vom 17. März 1952, zit. nach: Hammerschmidt/Mansfeld, S. 34.
2 Ebenda, S. 41.
3 Frankfurter Neue Presse, 22. April 1950.
4 KAG, 19. April 1950, S. 2340.
5 Vgl. Haas, S. 36.
6 KAG, 25. April 1950, S. 2352.
7 BVN-Denkschrift, Anlage eines Schreibens des Vorsitzenden des Aus-

wärtigen Ausschusses des BVN, Eugen Budde, an Carlo Schmid vom 24. August 1950 (Bundespressearchiv).

8 Vgl. Haas, S. 51.
9 Konfessionsstatistik nach dem Stand vom 15.Dezember 1950: 33,7% Katholiken, 60,8% Protestanten; vgl. Westdeutsche Nachrichten, (Dortmund), 14. Februar 1951.
10 SZ, 26. Januar 1951; Michael, 4. Februar 1951; SPD-Pressedienst, 26. Januar 1951.
11 Vgl. Haas, S. 42.
12 DPA, 13. Februar 1951, Inf. 231.
13 SZ, 26. Januar 1951.
14 FR, 1.-6. September 1951.
15 Haas, S. 65.
16 Ebenda, S. 83.
17 Parlamentarisch-Politischer-Pressedienst, Bonn, Informationsbrief Nr. 133/51 vom 18. September 1951.
18 Die Zeit, 20. September 1951.
19 FR, 21. September 1951.
20 AA-Mitteilung an die Presse, veröffentlicht durch das Presse- und Informationsamt der Bundesregierung, Bonn, 7. September 1951.
21 CuW, 27. September 1951.
22 Gegen Schlange-Schöningens Ernennung hatte sich ein führendes britisches Blatt gewendet, nachdem, so »Christ und Welt«, ein »Erpresser eine vor 27 Jahren von Schlange-Schöningen gemachte Äußerung gegen Juden an die große Glocke gehängt« hatte und obwohl sich dieser mit dem Ausdruck des Bedauerns von seiner damaligen Äußerung distanziert hatte. CuW, 4. Mai 1950.
23 CuW, 27. Dezember 1951.
24 Vgl. Westfalenpost, Hagen, 16. Oktober 1951.
25 FR, 19. September 1951.
26 Rheinische Zeitung, 21. September 1951.
27 Flensburger Tageblatt, 12. September 1951.
28 Westdeutsche Allgemeine, 18. September 1951.
29 Die Welt, 29. September 1951.
30 FR, 19. September 1951.
31 SPD-Pressedienst, zit. nach: Die Neue Zeitung, 15. Oktober 1951.
32 National-Zeitung, Basel, 16. Oktober 1951.
33 Vgl. Haas, S. 67.
34 FR, 16. November 1951.
35 Vgl. Haas, S. 67.
36 Ebenda, S. 69.
37 Ebenda, S. 66.
38 Sendung des BR vom 17. März 1951; vgl. Hammerschmidt/Mansfeld, S. 34, sowie KAG, 21. März 1952, S. 3394, und FR, 18. März 1952.

39 Ebenda.
40 Vgl. Haas, S. 214.
41 Ebenda, S. 215.
42 Vgl. den Artikel: »Horlacher fordert Säuberung des Auswärtigen Amtes«, Die Neue Zeitung, 25. März 1952.
43 Zit. nach: Die Neue Zeitung, 20. März 1952.
44 Vgl. beispielsweise Stuttgarter Zeitung, 9. April 1952, SZ, 18. März 1952, Welt der Arbeit, 28. März 1952.
45 Vgl. Haas, S. 70.
46 KAG, 25. März 1952, S. 3402.
47 Die Neue Zeitung, 20. März 1952, sowie FR, 7. Juli 1952.
48 Aachener Nachrichten, 27. März 1952.
49 CuW, 3. April 1952.
50 Vgl. Die Welt, 27. März 1952, Der Fortschritt, 28. März 1952, CuW, 20. März 1952.
51 Zu weiterem BR-Beitrag über das AA vgl. FAZ, 7. Juli 1952.
52 Vgl. Hammerschmidt/Mansfeld, S. 68f.
53 Vgl. SZ, 23. November 1968, »Staatsanwalt beantragt neue Verhandlung gegen den ehemaligen Legationsrat«.
54 Vgl. SPD-Pressedienst, 19. September 1952, sowie BZ am Abend, Berlin, »Adenauer begünstigt nazistischen Massenmörder«.
55 DBt, 22. Oktober 1952, S. 10722–10725.
56 Ebenda, S. 10725–10727.
57 Ebenda, S. 10728–10734.
58 Ebenda, S. 10734–10736.
59 Ebenda, S. 10736–10739.
60 Ebenda, S. 10740–10742.
61 Ebenda, S. 10744–10747.
62 Vgl. Die Zeit, 10. Juli 1952, Straubinger Tagblatt, 18. Juli 1952, Deutsche Zeitung, 16. August 1952.
63 FAZ, 15. Juli und 23. Oktober 1952, Die Welt, 15. Juli 1952.
64 So Gerhard Lütkens in einem Schreiben an Wilhelm Haas vom 25. Oktober 1952, zit. nach: Haas, S. 76.
65 FAZ, 19. März 1953.
66 Zit. nach: Haas, S. 494.
67 Vgl. Grosser, Die Bonner Demokratie, S. 281.
68 Trierische Landeszeitung, 19. März 1953.
69 KAG, 12. Dezember 1961, S. 9541.
70 So die Kritik von Haas, S. 80f.
71 Adenauer, Teegespräche 1950–1954, S. 245.

Der Aufbau der Bundeswehr – alte und neue Soldaten

1 Vgl. Schubert, S. 153f.; v. Schubert irrt allerdings mit seiner These, daß die personellen Kontinuitäten bei der Wiedergründung des Auswärtigen

Amtes »keine nachhaltige Resonanz in der Öffentlichkeit« hervorgerufen hätten.

2 Vgl. Grosser, Ermordung der Menschheit, S. 111.
3 Ebenda.
4 Rautenberg, S. 141.
5 Dienststelle Blank, Tagungsberichte vom 20. Januar und 24. Februar 1955, zit. nach: Rautenberg, S. 141.
6 von Schubert, S. 156.
7 Ebenda, S. 157f.
8 Ebenda, S. 159.
9 Vgl. Karst, S. 45f.
10 Rautenberg, S. 144.
11 Wagner, S. 150.
12 Gross, S. 210.
13 Vgl. zur Entwicklung von HIAG und Stahlhelm: Dudek/Jaschke, S. 106ff.
14 KAG, 30. Oktober 1952, S. 3718, sowie CuW, 30. Oktober 1952 und 6. November 1952.
15 Schwarz, Gründerjahre, S. 134.
16 Ebenda sowie KAG, 9. September 1951, S. 3105.
17 Zit. nach: Schubert, S. 157.
18 Grosser, Die Bonner Demokratie, S. 292.
19 Grossers Meinung nach »perfide« Biographien beider Männer veröffentlichte ›Der Spiegel‹, am 29. Februar 1956 über Heusinger, am 4. Juli 1956 über Speidel. Vgl. auch FR vom 22. November 1956.
20 Vgl. hierzu die extrem linke Darstellung bei Gerst, S. 336.
21 Vgl. Grosser, Die Bonner Demokratie, S. 293f., Bulletin der Bundesregierung, 6. Februar 1957, sowie FAZ, 16. Juli 1955.
22 NZZ, 16. Juli 1955, FAZ, 16. Juli 1955, und Deutschland-Union-Dienst, 15. Juli 1955.
23 NZZ, 16. Juli 1955.
24 Stuttgarter Nachrichten, 19. November 1955; vgl. auch Der Spiegel, 3. August 1955.
25 Vgl. die Äußerungen des Ausschußvorsitzenden, Staatssekretär a.D. Rombach, in: Gerst, S. 333.
26 Grosser, Die Bonner Demokratie, S. 294, Welt am Sonntag, 11. Dezember 1955, und Neue Rheinzeitung, Köln, 9. Dezember 1955.
27 Bundestagsdebatte vom 12. April 1956. Die Bundesregierung öffnete sogar die Spalten ihres Bulletins für den Aufsatz eines Mitglieds im Personalgutachterausschuß, wobei nochmals der Standpunkt des unter Beschuß geratenen Gremiums dargelegt und dem Verteidigungsausschuß des Bundestages für seine Unterstützung gegen die Angriffe gedankt wurde. Bulletin, 6. Februar 1957.
28 Vgl. unten, S. 269ff.

29 KAG, 15. September 1956, S. 5974.
30 Bulletin, 6. Februar 1957, und Die Allgemeine Sonntagszeitung, 30. September 1956.
31 Der Brief Kurt Schumachers vom 30. Oktober 1951 ist von Regierungssprecher Hans Klein 1989 zitiert worden, um Angriffe abzuwehren, in deren Schußfeld er wegen differenzierter Äußerungen über die Waffen-SS geraten war. Zit. nach: Münchner Brief. Informationen aus Politik und Wirtschaft, 20. Mai 1989; vgl. auch Grosser, Die Bonner Demokratie, S. 299.
32 DSZ, 2. Julinummer 1954.
33 DSZ, Juli 1957; zur Politik Erlers vgl. speziell den Beitrag»SPD-Führung umwirbt SS« im Neuen Deutschland, 1. Februar 1956.
34 SZ, 11. September 1956.
35 Die Allgemeine Sonntagszeitung, zit. nach: AWJ, 21. September 1956.
36 Zit. nach: AWJ, 21. September 1956.
37 Zit. nach: Frankfurter Neue Presse, 31. Oktober 1956.
38 SZ, 29. September 1956.
39 Die deutsche Zukunft, Düsseldorf, 1. November 1956.
40 AWJ, 14. September 1956.
41 Deutsche Volkszeitung, Fulda, 29. September 1956.
42 Zit. nach: SZ, 26. September 1956.
43 SZ, 14. September 1956.
44 KAG, 18. September 1959, S. 5977, FAZ, 19. September 1956.
45 Stuttgarter Zeitung., 22. September 1956.
46 SZ, 27. September 1989, und Die Welt, 18. September 1989.
47 Stuttgarter Zeitung, 15. Oktober 1956 und SZ, 16. Oktober 1956.
48 AWJ, 19. Oktober 1956; National-Zeitung, Basel, 14. Oktober 1956.
49 Bremer Nachrichten, 18. Oktober 1956.
50 Bulletin, 24. Oktober 1956.
51 Vgl.»Panzer-Meyer rückt an die Spitze. Die früheren SS-Generale Gille und Steiner verloren ihr Spiel«, Stuttgarter Nachrichten, 18. September 1956;»Zwischen Bratwürsten und Marschmusik«, FR, 18. September 1956.
52 Auch Erich Mende, FDP, hatte das Problem der damals noch im Westen inhaftierten Soldaten thematisiert. DBt, 28. Juni 1955, S. 5275.
53 So SS-General Kurt Meyer, FAZ, 9. Oktober 1956; Kieler Nachrichten, 17. September 1956.
54 AWJ, 21. September 1956.
55 Grosser, Die Bonner Demokratie, S. 294.
56 DBt, 16. Juli 1955, S. 5586.
57 Grosser, Die Bonner Demokratie, S. 299f.; auch ein Dönitz-Bild im Amtszimmer des Leiters Seegrenzschutz im Bundesinnenministerium sorgte im März 1956 für Aufregung, vgl. AWJ, 9. März 1956.
58 Die Deutsche Zukunft, Düsseldorf, 1. November 1956.
59 DSZ, August 1955.

60 DSZ, Erste Novembernummer 1954; Informationen der Jungen Union Deutschlands, Bonn, 11. Oktober 1954.

61 DSZ, März 1959.

62 So der Pressechef des Bundesverteidigungsministeriums, Oberst Schmückle, in einem Brief an die Autoren des Films, zit.: nach Matthias Walden, Es ist so schön..., in: Der Monat, 1959/60, Heft Nr. 138, S. 28.

63 Zit. nach: ebenda.

64 Schwarz, Gründerjahre, S. 134.

65 Vgl. Schubert, S. 161.

66 So Erler am 12. April 1955, zit. nach: Gerst, S. 335; Erler und Jäger (CSU) waren federführend an der Gründung des Ausschusses beteiligt gewesen.

Justizapparat

1 Vgl. hierzu Kleßmann, Die doppelte Staatsgründung, S. 98f., sowie Diestelkamp, S. 170.

2 Vgl. hierzu und zum folgenden Broszat, Siegerjustiz oder strafrechtliche »Selbstreinigung«, S. 508f.

3 Ebenda; darunter befand sich etwa der zum Generalstaatsanwalt in Braunschweig ernannte Curt Staff, früher Mitglied der SPD.

4 Ebenda, S. 512.

5 Ebenda, S. 514.

6 Bericht des Justizministers Hofmeister vor dem Landtag am 5. Juli 1950, zit. nach: Billerbeck, S. 187f.

7 Ebenda, S. 183 und 189.

8 KAG, 16. Februar 1950, S. 2264.

9 Der Mittag, 18./19. Februar 1950.

10 DBt, 16. Februar 1950, S. 1302.

11 Ebenda, S. 1302f.

12 Ebenda, S. 1303.

13 Ebenda, S. 1307.

14 Ebenda, S. 1304.

15 Achtzig Prozent aller Richter und Staatsanwälte, so kritisierte die SPD, seien früher Mitglieder der NSDAP gewesen; vgl. Basler Nachrichten, 4. Oktober 1951.

16 KAG, 13. April 1960, S. 8335.

17 Ebenda.

18 So der Bundesminister der Justiz, Fritz Schäffer, in: Bulletin, 12. April 1960, S. 679.

19 Ebenda.

20 Vgl. die Ausführungen des Bundesjustizministers Schäffer in: DBt, 22. Januar 1959, S. 3059.

21 Vgl. etwa die Diskussionen im britischen Unterhaus; Neues Deutschland, 12. Juli 1957, Die Welt, 22. November 1958.

22 Die Welt, 22. November 1958.

23 Stuttgarter Zeitung, 3. Dezember 1959.
24 Vgl. zu diesen – im Zuge der Antisemitismus-Diskussion besonders wichtigen – Vorgängen die Darstellung unten, S. 297ff.
25 Der Spiegel, 12. Juli 1961.
26 Bauer, S. 306.
27 Güde, zit. nach: DBt, 22. Januar 1959, S. 3106.
28 Ebenda, S. 3050; der Vortrag Güdes wurde, wie der SPD-Abgeordnete Arndt würdigte, auch im amtlichen Bulletin der Bundesregierung veröffentlicht.
29 KAG, 14. Juni 1961.
30 Ebenda.
31 KAG, 8. Juli 1962, S. 9967.
32 KAG, 13. Juli 1962, S. 9979.
33 Vgl. Diestelkamp, S. 173.
34 Ebenda.
35 So entschied das Schwurgericht Arnsberg 1958 über Offiziere, die in den letzten Kriegsmonaten 208 Fremdarbeiter, darunter Frauen und Kinder, wahllos von einem Exekutionskommando hatten erschießen lassen. »Motiv«: Fremdarbeiter hätten auf der Flucht vor den Kriegsgeschehnissen generell zu einer gewissen Beunruhigung der Bevölkerung geführt und waren – nach Ansicht des zuständigen SS-Divisionskommandeurs – deshalb kräftig zu dezimieren. Seitenlang begründete das Schwurgericht in seinem Urteil gegen die Offiziere, weshalb hier lediglich die Voraussetzungen für Totschlag festzustellen waren, in welcher Ausnahmesituation die Angeklagten gestanden hätten und daß sie keineswegs aus niedrigen Motiven gehandelt, also auch keinen Mord begangen hätten. Der Fall wurde auch vom SPD-Abgeordneten Jahn im Bundestag ausführlich geschildert, DBt, 22. Januar 1959, S. 3071.
36 Vgl. die Reden von Arndt, Jahn und Benda am 22. Januar 1959 im Deutschen Bundestag und ihre Kritik an den heftig umstrittenen Schwurgerichtsverfahren von Arnsberg, Traunstein, Brettheim und Nürnberg.
37 Ebenda, S. 171, sowie Grosser, Deutschlandbilanz, S. 317.
38 DBt, 22. Januar 1959, S. 3052.
39 Die Tat, Zürich, 11. September 1958.
40 Jasper, S. 194.
41 Auch gegen die Staatsanwaltschaften der Bundesrepublik haben sich im übrigen immer wieder Vorwürfe gerichtet. Da von annähernd 95 000 Ermittlungsverfahren wegen NS-Gewaltverbrechen 84 000 eingestellt wurden, kritisiert Günther Schwarberg die Staatsanwälte als »Mörderwaschmaschine«; er läßt bei seiner Schilderung schwer verständlicher Ermittlungsergebnisse freilich außer acht, daß in einem Rechtsstaat nun einmal nicht »nach gesundem Volksempfinden«, sondern im Zweifel für den Angeklagten und »ne bis in idem« entschieden wird. Vgl. Schwarberg, Die Mörderwaschmaschine.

411

42 Tamm, S. 44ff.
43 Vgl. Grosser, Ermordung der Menschheit, S. 122f.
44 Müller, Furchtbare Juristen; charakteristisch sind bereits die drei großen Kapitelüberschriften in Müllers Polemik: »Die Vorgeschichte« – »Die deutsche Justiz 1933 bis 1945« – »Die Fortsetzung«; in ähnlichem Tenor Jörg Friedrich, Die kalte Amnestie, sowie ders., Freispruch für die Nazi-Justiz.
45 Kielmansegg, S. 50.
46 Diestelkamp, S. 172.
47 Ebenda.
48 Graml, S. 174.
49 Vgl. Jasper, S. 190; einen Einblick in die umfangreiche Arbeit der deutschen Justiz auch während der 50er Jahre vermittelt die in Amsterdam zwischen 1968 und 1981 erschienene, 23 Bände umfassende Dokumentation über »Justiz und NS-Verbrechen. Sammlung deutscher Strafurteile wegen nationalsozialistischer Tötungsverbrechen 1945–1966«.
50 Broszat, Siegerjustiz oder strafrechtliche »Selbstreinigung«, S. 543f.

Personelle »Vergangenheitsbewältigung«

1 Jaspers, Wohin treibt die Bundesrepublik?, S. 183.
2 FAZ, 27. März 1952.
3 93. Kabinettssitzung, 31. August 1950; vgl.: Die Kabinettsprotokolle der Bundesregierung, Band 2, 1950, S. 667.
4 Adenauer, Briefe 1949–1951, S. 144.
5 Vgl. Edinger, Posttotalitarian Leadership.
6 Vgl. Niethammer, S. 132 und 240ff.
7 Woller, Politik und Gesellschaft, S. 253.
8 Henke, in: Henke/Woller, S. 63.
9 Ebenda, S. 59.
10 Vgl. ebenda sowie Berghahn, insbesondere S. 40ff.
11 Dies hatte der Bundesverband der Deutschen Industrie vorgeschlagen; hierzu und zu ähnlichen Karrieren in der Wirtschaft vgl. Rudolph, S. 91ff.
12 Hans-Ulrich Wehler, in: Broszat u.a., Deutschlands Weg in die Diktatur, S. 359.
13 Kielmansegg, S. 22f.
14 Ebenda, S. 24.
15 Kleßmann, Die doppelte Staatsgründung, S. 253.
16 Vgl. SZ, 18. Januar 1956.
17 AWJ, 29. Juni und 27. Juli 1956.
18 Frankfurter Neue Presse, 22. September 1959.
19 AWJ, 6. September und 27. September 1963.
20 Deutsche Volkszeitung, Düsseldorf, 23. März 1962.
21 Vgl. Henke/Woller, S. 53.
22 Vgl. Kieler Nachrichten, 29. Juni 1961, sowie Vorwärts, 29. November 1957.

23 Ärztliche Mitteilungen, 10. Dezember 1960.
24 Vgl. auch AWJ, 10. Februar 1956, (Distanzierung der Ärzteschaft von Spätheimkehrern, die nachweislich Verbrechen gegen die Menschlichkeit begangen hatten).
25 Titel der Erstauflage 1949: »Wissenschaft ohne Menschlichkeit«.
26 Vgl. Hamburger Echo, 16. Januar 1961.
27 Vgl. Vorwärts, 29. November 1957.
28 Vgl. zur Gesamtproblematik vor allem Klee, Was sie taten – was sie wurden.
29 CuW, 9. Juli 1959, sowie RM, 14. August 1959.
30 Vgl. Erklärung des Deutschen Ausschusses für das Erziehungs- und Bildungswesen aus Anlaß der antisemitischen Ausschreitungen, zit. nach: GWU, 3/1960, S. 129f.; vgl. hierzu auch Kapitel IV.8.1.
31 So der Katholische Lehrerverband Baden, vgl. FAZ, 26. Januar 1960.
32 Vgl. etwa den Fall Schepmann, FR, 15. Mai 1954.
33 Vgl. FAZ, 26. Januar 1960.
34 Zit. nach: Die Zeit, 27. Januar 1961.
35 So der hessische Kultusminister Stein 1947, zit. nach: Billerbeck, S. 203.
36 In Marburg brach ein regelrechter Professorenkrieg aus, weil der mit der Wiedereröffnung der Universität beauftragte Rektor Julius Ebbinghaus mit besonders großem Eifer die Dozentenschaft entnazifizierte.
37 Vgl. Billerbeck, S. 202.
38 Der SPD-Abgeordnete und Professor Ludwig Bergsträßer äußerte sich bitter:»Wir müssen als Sozialdemokraten doch das eine feststellen, daß die Hochschulen offenbar keinen Sinn für uns haben...«; zit. nach: Billerbeck, S. 207.
39 Hans Mommsen, Betrachtungen zur Entwicklung der neuzeitlichen Historiographie, S. 130f.
40 Biographisches Handbuch der deutschsprachigen Emigration, zit. nach: Winfried Schulze, Deutsche Geschichtswissenschaft nach 1945, S. 135, sowie Mommsen, Betrachtungen, S. 133 und S. 142.
41 (Universität Freiburg: Ludwig Bergsträßer, Stuttgart: Golo Mann, München: Eric Voegelin).
42 Vgl. Hans Mommsen, Betrachtungen zur Entwicklung der neuzeitlichen Historiographie, S. 130, sowie Martin Broszat, Plädoyer für eine Historisierung des Nationalsozialismus, in: Merkur 5/85, S. 376f.
43 Winfried Schulze, S. 34 und 130.
44 Ebenda, S. 12 und 130 sowie Kwiet, Die NS-Zeit in der westdeutschen Forschung, S. 183f.
45 So zumindest die – nicht unumstrittenen – Zahlen in CuW, die etwa Schulze stark in Zweifel zieht; vgl. Winfried Schulze, S. 123.
46 Vgl. FAZ 16. Oktober, 24. Oktober und 3. November 1954.
47 Vgl. Resolution der Rektorenkonferenz, Köln, August 1951, zit. nach: Her-

bert Grabert, Hochschullehrer klagen an. Von der Demontage deutscher Wissenschaft, Göttingen 1952, S. 86.

48 CuW, 6. September 1951.

49 Vgl. Karl Wilhelm Böttcher, Menschen unter falschem Namen, in: FH 4/1949, S. 492ff., sowie die Artikel »Herr Bormann ist im Bundestag«, in: Aachener Nachrichten, 28. Februar 1952, und »Amnestie für Untergetauchte«, in: AWJ, 26. August 1955.

50 Grabert, S. 39.

51 Vgl. auch Kielmansegg, S. 21.

52 Die Welt, 22. Oktober 1956.

53 Vgl. Goschler, S. 209.

54 Vgl. Rückerl, zit. nach: Jasper, S. 188.

55 Kielmansegg, S. 41f.; vgl. auch Kleßmann, Die doppelte Staatsgründung, S. 254.

56 Fürstenau, S. 218, Anmerkung 172.

57 Vgl. Historisches Archiv der Stadt Köln (Hrsg.), Freier Eintritt – Freie Fragen – Freie Antworten, S. 20.

58 Vgl. den Artikel »Zynischer Landsknecht«, in: FH, 7/1951, S. 510.

59 Vgl. Graff, Goethe vor der Strafkammer.

60 Vgl. Graml, S. 177.

61 Ebenda, S. 174.

62 Vgl. Henke, in: Henke/Woller, S. 62.

63 Vgl. den Bericht in der Süddeutschen Zeitung vom 10. Juni 1955 über eine entsprechende Sondersendung des Bayerischen Rundfunks.

64 Hermann Lübbe, zit. nach: Kielmansegg, S. 42.

III. Rezeption des antinationalsozialistischen Widerstandes

Grundlagen

1 Scheurig, S. 31.

2 Basler Nationalzeitung, 21. Juli 1951; vgl. auch Frankfurter Neue Presse, 25. Juni 1952, und SZ, 15. Mai 1954.

3 Steinbach, Vergangenheit als Last und Chance, S. 318.

4 Hans Mommsen, Betrachtungen zur Entwicklung der neuzeitlichen Historiographie, S. 136.

5 Vgl. Möller, La résistance allemande, S. 119.

6 Allgemeine Zeitung, 31. August 1950.

7 Vgl. Broszat u.a., Deutschlands Weg in die Diktatur, S. 366.

8 Ritter, Carl Goerdeler, S. 108 und 111.

9 Weisenborn, Der lautlose Aufstand.

10 Steinbach, Widerstandsforschung, S. 17.

11 Vgl. ebenda, S. 3.

12 Scheurig, S. 29.
13 Vgl. Walter, Neubeginn – Nationalsozialismus – Widerstand.
14 Schramm, Der deutsche Widerstand, S. 69.
15 Vgl. auch Emrich/Nötzold, Der 20. Juli 1944, S. 5.
16 Vgl. Billerbeck, S. 50; ein prägnantes Beispiel für die frühe Position der FDP lieferte auch deren niedersächsischer Fraktionsvorsitzender, der bei einer Landtagsdebatte 1948 die NSDAP auf eine Stufe mit den demokratischen Parteien stellte und behauptete, wer die Festigung des Nationalsozialismus durch seine Tätigkeit gefördert habe, habe »nichts anderes getan, als was jeder tut, der einer politischen Partei angehört.« Vgl. Billerbeck, S. 159f.
17 Vgl. Neumann, S. 326.

Das Bekenntnis der Bundesrepublik zum 20. Juli

1 Vgl. oben, S. 139ff.
2 KAG, 16. Februar 1950, S. 2264.
3 SZ, zit. nach: Basler Nationalzeitung, 21. Juli 1951.
4 Die Basler Nationalzeitung, 21. Juli 1951, verwies hierzu auf den »Deutschen Kurier«, das Parteiorgan der hessischen FDP, das am 7. Juli den früheren Luftwaffengeneralrichter Roeder (SRP) in Schutz genommen hatte.
5 KAG, 4. Oktober 1951, S. 3143.
6 Stuttgarter Zeitung, 3. Oktober 1951.
7 Frankfurter Neue Presse, 3. Oktober 1951.
8 Ebenda.
9 Ebenda.
10 Zu den ersten Sonderdrucken zählten 1953 Max Braubachs »Der Weg zum 20. Juli« und Hans Royces »20. Juli 1944«. 1954 wurde die Ansprache des Bundespräsidenten Theodor Heuss in der Feierstunde zur zehnten Wiederkehr des 20. Juli im Auditorium Maximum der Freien Universität Berlin ebenfalls auf dem Wege des Sonderdruckes veröffentlicht. Auch in die Schriftenreihe der Bundeszentrale fand die Ansprache des Bundespräsidenten Aufnahme. Schon vorher war Hermann Weinkauffs »Die Militäropposition gegen Hitler und das Widerstandsrecht« erschienen. Es folgten 1955 Erich Kosthorsts »Die deutsche Opposition gegen Hitler – zwischen Polen- und Frankreich-Feldzug« sowie Hans Rothfels' »Das politische Vermächtnis des deutschen Widerstandes«. Daneben gab es eine Reihe von Broschüren und anderen Publikationen, deren Herausgabe von der Bundeszentrale maßgeblich gefördert wurde. Dazu zählte 1953 Veith Osas »Walküre – die Wahrheit über den 20. Juli 1944 mit Dokumenten«, 1954 »Die Weiße Rose« von Inge Scholl und »Das Gewissen steht auf« von Annedore Leber.
11 Der Tag, 21. Juli 1951; vgl. auch Die Neue Zeitung, 29. Juni 1950, sowie Neuer Vorwärts, 27. Juli 1951.

12 Ebenda, S. 487f.
13 Kraus, S. 107; vgl. auch Remers eigene Sicht der Dinge, in: Remer, 20. Juli 1944.
14 Steinbach, Widerstandsforschung, S. 5.
15 So Wassermann, S. 78.
16 Vgl. Steinbach, Widerstandsforschung, S. 5.

Gedenkkultur

1 Die Welt, 13. September 1952.
2 Der Tagesspiegel, 21. Juli 1952.
3 Bulletin, 20. Juli 1954.
4 Die Welt, 6. Oktober 1954, und KAG, 21. Juli 1954.
5 Bulletin, 20. Juli 1954, S. 1188–1190.
6 Frankfurter Rundschau, 21. Juli 1954.
7 FAZ, 21. Juli 1954; Generalanzeiger, 21. Juli 1954.
8 Bulletin, 22. Juli 1954, S. 1205–1211.
9 Frankfurter Rundschau, 7. Januar 1955; Bonner Rundschau, 24. Januar 1955.
10 Die Welt, 3. Februar 1955.
11 Kölnische Rundschau, 6. April 1955.
12 Vgl. SZ, 15. Mai 1954.
13 Neue Ruhr-Zeitung, 16. Mai 1954.
14 AWJ, 21. Mai 1954.
15 SZ, 15. Mai, Neue Ruhr-Zeitung, 16. Mai, sowie FAZ, 15. Mai 1954.
16 Vgl. AWJ, 21. Mai 1954.
17 FAZ, 26. Mai 1954.
18 So gab etwa der Hessische Jugendring eine Untersuchung zu diesem Thema in Auftrag. Vgl. Der Vorwärts, 30. Dezember 1955.
19 Generalanzeiger, 23. Februar 1953.
20 »Aufrecht gaben sie ihr Leben«, Bulletin, 21. Februar 1953.
21 SZ, 27. November 1954.
22 Die Welt, 14. Juli 1958, vgl. auch Mannheimer Morgen, 24. Februar 1958.
23 Vgl. Schwarz, Gründerjahre, S. 431.
24 Bulletin, 22. Juli 1959.
25 Vgl. etwa den Artikel über die Gedenkstunde in der Paulskirche in der Frankfurter Rundschau, 19. Juli 1957.
26 Die Welt, 22. Juli 1957.
27 FAZ, 18. Juli 1957.
28 Zit. nach: Bremer Nachrichten, 21. Juli 1958.
29 AWJ, 3. Februar 1956.
30 DBt, 27. Januar 1955, zit. nach: Bulletin, 31. Januar 1953.
31 Bulletin, 31. Januar 1953.
32 Vgl. etwa FAZ, 9. November 1953.
33 Vgl. etwa: Die Neue Zeitung, 28. Februar 1953 und 9. März 1953, »Der

Funk in der Woche der Brüderlichkeit« und »Woche der Brüderlichkeit abgeschlossen. Im Zeichen der Verständigung stehende Veranstaltungen finden großes Echo«; AWJ, 12. März 1954, »Quelle der Hoffnung und Zuversicht. Von Bundesinnenminister Dr. Gerhard Schröder«.

34 So Friedrich Georgi, der Schwiegersohn des am 20. Juli beteiligten Generals Olbricht, in einer Rede zur Einweihung des Ehrenhofes in der Berliner Stauffenbergstraße (damals noch Bendlerstraße) 1953; vgl. Gedenkstätte Deutscher Widerstand, Der 20. Juli 1944, Band 1, S. 47.
35 Ebenda, S. 55.
36 Ebenda, S. 73.
37 Ebenda, S. 71 und 74.
38 Ebenda, S. 41.
39 Ebenda, S. 80.
40 Ebenda, S. 42 (Reuter sprach in bewegten Worten von der »schwarz-rot-goldenen Fahne der Freiheit«), sowie Emrich/Nötzold, S. 5.
41 Büchel, S. 11.
42 Emrich/Nötzold, S. 4.
43 Zit. nach: Steinbach, Widerstandsforschung, S. 17.
44 Frankfurter Rundschau, 22. Juli 1958; Vorwärts, 25. Juli 1958; Der Spiegel, 30. Juli 1958.
45 Bulletin, 22. Juli 1958.
46 Volkswirt, 26. Juli 1958.
47 Generalanzeiger, 21. Juli 1959.
48 AWJ, 24. Juli 1959, sowie 21. November 1959.
49 Bulletin, 21. Juli 1961.
50 So der Vorwurf des deutschen Konsuls in Lyon, Paul Graf Yorck von Wartenburg, bei einer Gedenkstunde in Sigmaringen, Stuttgarter Zeitung, 23. Juli 1962.
51 Vgl. Die Freiheit, 23. Juli 1960.
52 Deutsche Zeitung, Köln, 23. Februar 1963.

Das Problem der materiellen Entschädigung

1 DBt, 22. Januar 1959, S. 3057.
2 Ebenda.
3 Ebenda, S. 3075.
4 Zit nach: Der Spiegel, 22. Februar 1956.
5 Vgl. ebenda.
6 Vgl. Grosser, Deutschlandbilanz, S. 310.
7 Siehe Sonderausgabe der Zeitschrift »Das Parlament«, 20. Juli 1952.
8 Die Neue Zeitung, 26. Juli 1953.
9 SPD-Pressedienst, 6. August 1960.
10 Vgl. SZ, 21. Juni 1958.
11 FAZ, 26. Juli 1960.
12 SPD-Pressedienst, 6. August 1960, »Die Rentenschande Stieff«.

13 AWJ, 21. September 1960.
14 DBt, 28. September 1960, S. 7165.
15 Ebenda, 26. Oktober 1960, S. 7431.
16 Ebenda, S. 7430.
17 SZ, 1. Dezember 1961.
18 Vgl. zu dem Urteil des Bundesgerichtshofs den Artikel »Wann ist Widerstand rechtmäßig?« des SZ-Korrespondenten Walter Schallies in der SZ, 1. Dezember 1961, sowie Der Spiegel, 6. Dezember 1961.
19 Stuttgarter Zeitung, 2. Dezember 1961.
20 Vgl. FAZ, 29. November 1961.
21 SZ, 1. Dezember 1961.
22 Ebenda.
23 Vgl. Steinbach, Widerstandsforschung, S. 7.
24 Vgl. Vorwärts, 6. Dezember 1961.
25 Vgl. Grosser, Deutschlandbilanz, S. 309.
26 Bundesgesetzblatt, Nr. 62, 1953, S. 1387ff.
27 Vorwärts, 6. Dezember 1961.
28 DBt, Nr. 3472 der Drucksachen, 11. September 1952, S. 10430.
29 Ebenda, S. 10444.
30 Neue Zeitung, 12. September 1952.
31 DBt, 11. September 1952, S. 10436.
32 Vgl. ebenda, S. 10444 und S. 10439f.
33 § 1 BEG Abs. 4: »Keinen Anspruch auf Entschädigung nach diesem Gesetz hat, 1. wer der nationalsozialistischen oder einer anderen Gewaltherrschaft Vorschub geleistet hat... 4. wer die freiheitliche demokratische Grundordnung bekämpft.«
34 DBt, 11. September 1952, S. 10440.
35 So der Abgeordnete Müller, KPD; ebenda, S. 10439.
36 Ebenda, S. 10444.
37 Ebenda, S. 10434 (Arndt, SPD).
38 Schneider, DP, ebenda, S. 10437.
39 Vgl. auch das Interview von Bundesfinanzminister Fritz Schäffer, in: Finanzpolitische Mitteilungen des Bundesministeriums der Finanzen, 19. Mai 1956, S. 880.
40 Grosser, Deutschlandbilanz, S. 310.
41 Vgl. den Aufsatz von Hermann Zorn im Bulletin, 15. November 1960, S. 2061ff.
42 Vgl. Goschler, S. 296.
43 Ebenda, S. 299.
44 Neue Zürcher Zeitung, 26. Februar 1955.
45 KAG, 14. Dezember 1955, S. 519.
46 SPD-Pressedienst, 31. März 1956.
47 Vgl. »Gerstenmaier belastet Neuhaus«, Die Welt, 12. Dezember 1953.
48 FAZ, 14. September 1957.

49 Vgl. CuW, 30. Juni 1955, SZ, 13. Juli 1955, MM, 21. Juni 1955, sowie Der Spiegel, 1. Juni 1955. Für den Film »Es geschah am 20. Juli« wurde die größte Anzahl an Kopien – 180 Stück – produziert, die im Nachkriegskino bis dahin erreicht worden war.
50 FAZ, 10. Januar 1957.
51 Deutsche Soldatenzeitung, Nr. 2/1957.
52 Vgl. AWJ, 1. Februar 1957.
53 SZ, 12. Februar 1957.
54 Vgl. Stuttgarter Zeitung, 3. Oktober 1951, sowie den Artikel von Walter Dirks über »Widerstand, Hochverrat, Landesverrat« in den Frankfurter Heften, 7/1951, S. 475ff.
55 Steinbach, Vergangenheit als Last und Chance, S. 325; Steinbach wertet die Prozesse positiv hinsichtlich des von ihm für die Mitte der 50er Jahre behaupteten »erlahmenden Wiedergutmachungswillens«.
56 Vgl. ebenda sowie Bulletin, 15. November 1960, S. 2066.
57 Graml, S. 173.

Resümee

1 DBt, 11. September 1952, S. 10433; Der SPD-Abgeordnete Arndt erinnerte in seiner Rede zum Entwurf eines Bundesentschädigungsgesetzes an die Ansprache Zinns.
2 FAZ, 3. November 1956.
3 Zit. nach: Frankfurter Rundschau, 22. November 1955.
4 Vgl. Welt der Arbeit, 2. Dezember 1955.
5 Vgl. zum Verlauf des Verfahrens und zur Urteilsbegründung: FAZ, 17. Oktober 1955.
6 Vgl. Johannes Gross, in: Deutsche Zeitung, Köln, 2. November 1961.
7 Der Spiegel, 1. November 1961.
8 Vorwärts, 25. Oktober 1961.
9 Vgl. Der Spiegel, 1. November 1961.
10 Vgl. Der Mittag, 2. Februar 1956, der »Die Anklage«, das Organ der »Entrechteten Nachkriegsgeschädigten« zitiert.
11 Vorwärts, 8. November 1957.
12 Mendelssohn, S. 496.
13 Vgl. hierzu auch die Arbeit von Peitsch.
14 Titel: Deutsche Schicksalsjahre.
15 Mendelssohn, S. 496.
16 Ebenda, S. 505.
17 Das Buch erschien 1950 in Heidelberg.
18 Mendelssohn, S. 505.
19 Vgl. Rhein-Zeitung, Koblenz, 11. November 1955.
20 Vgl. FAZ, 20. Juli 1960.
21 Ebenda.
22 Den »Rheinischen Merkur« bedrückte es, daß sich die Regierung gegen

weitere Beflaggungstage entschieden hatte, weil es»jederzeit möglich gewesen wäre, dafür einen anderen, geringeren Anlaß zum Flaggen zu streichen!« Dabei ging es dieser Kritik allerdings gerade nicht um eine Auseinandersetzung mit dem 20. Juli, wie sie von manchen linken»Vergangenheitsbewältigern« zur Beförderung deutscher Schuldgefühle beabsichtigt war. Dem»Rheinischen Merkur« kam es vielmehr darauf an,»daß es damals gute Deutsche gab, die ihre und ihrer Familien Glück und Leben einsetzten, um eine schmachvolle Gegenwart durch die Tat zu bewältigen«; das werde heute aber bagatellisiert, wenn nicht aus dem Gedächtnis gestrichen. Dabei sei für die»politisch-moralische Fundierung« der neuen deutschen Demokratie der 20. Juli bei weitem wichtiger als der 17. Juni. Vgl. RM, 22. Juli 1960.

23 SPD-Pressedienst, 3. Februar 1961, S. 6.

24 Ebenda.

25 »Wenigstens ein kleiner Fortschritt« komme ntierte die Stuttgarter Zeitung den Beschluß der Innenminister und erinnerte an ein Wort des Schriftstellers und ehemaligen KZ-Häftlings Rudolf Pechel, der den 20. Juli das»einzige politische Aktivum« genannt hatte,»das wir bei der Entscheidung über die Gesamtschuld des deutschen Volkes geltend machen können«. Die Einstellung zum 20. Juli, so Pechel, sei»das entscheidendste Kriterium der inneren Haltung zur Vergangenheit und zum gegenwärtigen Staat«. Vgl. Stuttgarter Zeitung, 7. Februar 1961, sowie FAZ, 8. Februar 1961.

26 Vgl. Emrich/Nötzold, S. 3.

27 Hillgruber, S. 160.

28 AWJ, 16. Dezember 1955.

29 Vgl. Stuttgarter Zeitung, 28. November 1956.

30 Noelle/Neumann, Jahrbuch der öffentlichen Meinung 1947 – 1955, S. 138.

31 Ebenda, S. 139.

32 Noelle/Neumann, Jahrbuch der öffentlichen Meinung 1957, S. 145.

33 Noelle/Neumann, Jahrbuch der öffentlichen Meinung 1958–1964, S. 235.

34 Zit. nach: Der Spiegel, 26. September 1956,»Der neue Patron«.

35 Vgl. ebenda.

36 Deutsche Zeitung, Köln, 20. Juli 1963; Stuttgarter Nachrichten, 20. Juli 1963.

37 Stuttgarter Nachrichten, 20. Juli 1963.

38 Deutsche Zeitung, 20. Juli 1963.

39 Vgl. Wiggershaus, S. 508.

40 So Karl Dietrich Bracher in einer Rede zum 50. Jahrestag der NS-Machtergreifung, zit. nach: Wiggershaus, S. 507.

41 Grosser, Ermordung der Menschheit, S. 109.

42 Vgl. ebenda.

43 Vgl. ebenda sowie unten, S. 282ff.

44 Wiggershaus, S. 504.

IV. Abwehr von Neonazismus und Antisemitismus

»Wehret den Anfängen«

1 Die Literatur zur Problematik des Antisemitismus und des Rechtsradikalismus in der Bundesrepublik Deutschland ist Legion. Vgl. beispielsweise
die Arbeiten von Wolfgang Benz, Rechtsradikalismus, Brumlik, Büsch/
Furth, Dudek/Jaschke, Höffken/Sattler, Jenke, Jesse, Knütter, Ideologien des Rechtsradikalismus, und Opitz.

2 Die Neue Zeitung, 1. August 1949; AWJ, 5. August 1949.

3 KAG, 4. April 1950, S. 2320.

4 Vgl. Adenauer, Teegespräche 1950–1954, S. 401.

5 Vgl. hierzu und zum folgenden: SZ, 15. Dezember 1949.

6 Vgl. hierzu Marcuse, S. 191ff.

7 Ebenda, S. 192; für eine Neugestaltung des Denkmals wurde die für damalige Verhältnisse »enorm hohe Summe von 650 000 DM« veranschlagt.
Auch die anderen 493 KZ-Begräbnisstätten in Bayern wurden daraufhin
zusammengelegt und neu gestaltet. Allein an zwei Junitagen weihte der
für die Verfolgten zuständige Beauftragte der Bayerischen Staatsregierung 35 KZ-Friedhöfe ein.

8 KAG, 19. April 1950, S. 2339.

9 Zum Fall Harlan vgl. Wolfgang Benz, Nachkriegsgesellschaft und Nationalsozialismus, S. 13f.

10 KAG, 19. April 1950, S. 2339.

11 Vgl. AWJ, 25. November 1949, abgedruckt auch als Dokument 4 bei Steinbach, Vergangenheit als Last und Chance.

12 Ebenda.

13 KAG, 19. September 1950, S. 2589.

14 Hippe, S. 3.

15 Ebenda, S. 5 und 45.

16 Vgl. Der Tag, 21. Juli 1951.

17 Vgl. Adenauer, Briefe 1949–1951, S. 497.

18 Vgl. Stern, S. 319ff.

19 DBt, 29. Februar 1952, S. 8474.

20 Der Monat 1951/52, S. 574.

21 Zit. nach: ebenda, S. 583.

22 Vgl. die Unterlagen im Bundesarchiv, B 136/5862, zit. nach: Unserem
Vaterland zugute, S. 355.

23 Vgl. Adenauer, Briefe 1951–1953, S. 612.

Neonazismus und politische Parteien

1 Zum folgenden vgl. die SRP-Monographie von Büsch/Furth sowie
Dudek/Jaschke, S. 64ff.

2 Eugen Kogon, Die Wiederkehr des Nationalsozialismus, in: Frankfurter
Hefte, 6/1951, S. 377.

3 Ebenda, S. 378.
4 Ebenda, S. 378.
5 Schwarz, Gründerjahre, S. 131.
6 KAG, 19. September 1950, S. 2589.
7 KAG, 5. Mai 1951, S. 2925f.
8 Vgl. Die Neue Zeitung, 16. November 1951.
9 Zit. nach: Die Neue Zeitung, 17. November 1951.
10 Vgl. Jenke, S. 69ff.
11 Vgl. Die Neue Zeitung, 12. Dezember 1951.
12 Ebenda.
13 Die Neue Zeitung, 13. November 1951.
14 Zit. nach: FAZ, 10. Dezember 1951.
15 Die Neue Zeitung, 13. November 1951.
16 Die Neue Zeitung, 9. November 1951.
17 Die Neue Zeitung, 16. November 1951.
18 Vgl. Die Tat, Zürich, 2. November 1951.
19 Die Neue Zeitung, 12. Dezember 1951.
20 Zit. nach: MM, 16. November 1951.
21 Ebenda.
22 Vgl. Steinbach, Vergangenheit als Last und Chance, S. 318; vgl. auch Steinbach, Nationalsozialistische Gewaltverbrechen, S. 38.
23 Entscheidungen des Bundesverfassungsgerichtes, Band 2, S. 1 ff.; vgl. Jenke, S. 106ff.
24 Dudek/Jaschke, S. 242.
25 Ebenda.
26 Ebenda, S. 264; exemplarisch der Bericht der FR, 28. September 1955, über den »Reichsparteitag im Biergarten«.
27 Vgl. Eugen Ko gon, in: Frankfurter Hefte, 6/1951.
28 Vgl. Fried Wesemann, Die Totengräber sind unter uns. Aus den Dokumenten der Naumann-Affäre, in: FR, Artikelreihe vom 9.-13. Juni 1953, Teil III, S. 10f.
29 Vgl. Opitz, S. 38.
30 Vgl. FDP-Bundesvorstand 1949–1954, S. LIX, sowie NZZ, 7. Mai 1953, und Stuttgarter Zeitung, 16. Juni 1953.
31 Vgl. auch Jenke, S. 160f.
32 Marten, Die unterwanderte FDP, S. 270.
33 Vgl. Neumann sowie Meyn, S. 32.
34 Vgl. Jenke, S. 127.
35 Vor allem die Landesvorsitzenden Nordrhein-Westfalens und Bremens hatten sich wenige Wochen vor dem Goslarer Parteitag für einen Zusammenschluß mit der FDP ausgesprochen; vgl. Meyn, S. 34.
36 Jenke, S. 134.
37 CDU-Bundesvorstand 1950–1953, S. 604f.
38 Ebenda, S. 619.

39 Vgl. Meyn, S. 136.
40 Vgl. Neumann, S. 325.
41 Vgl. ebenda sowie Meyn, S. 138.
42 Vgl. Welt der Arbeit, 10. Juni 1953, zit. nach: Hirsch, S. 171.
43 Zu den undurchsichtigen Verbindungen Achenbachs vgl. Jenke, S. 172ff.
44 Vgl. Hans-Peter Bordien, Schützende Hände über Dr. Best. SS-Heydrichs Stellvertreter bleibt straffrei, in: Deutsche Volkszeitung – die Tat, 11. November 1983.
45 Vgl. Hirsch, S. 172.
46 KAG, 19. April 1950, S. 2339.
47 Vgl. Gensinger, S. 73.
48 Protagonisten der »Sammlung« waren die FDP-Politiker Middelhauve und Euler. Vgl. FDP-Bundesvorstand 1949–1954, S. 542.
49 Vgl. Jenke, S. 161 und 155.
50 Ebenda, S. 111.
51 KAG, 21. Januar 1953, S. 3831.
52 Jenke, S. 170.
53 Vgl. die Sitzung des CDU-Bundesvorstandes vom 15. Dezember 1952, CDU-Bundesvorstand 1950–1953, S. 175.
54 KAG, 21. Januar 1953, S. 3831.
55 Vgl. Adenauer, Briefe 1951-1953, S. 129f., sowie Jenke, S. 171.
56 Vgl. KAG, 21. Januar 1953, S. 3831.
57 Vgl. SZ-Interview mit dem Bundeskanzler, 18. Februar 1953.
58 Die Welt, 13. August 1953.
59 CDU-Bundesvorstand 1950–1953, S. 308f.
60 Ebenda, S. 529 und 6.
61 Vgl. die Entschließung des hessischen CDU-Landesausschusses (in: Frankfurter Neue Presse, 31. März 1952), der sich von den Parteifreunden in Oberursel distanzierte, nachdem diese ein Auftreten des »maßgebend« im »Dritten Reich« tätig gewesenen Veit Harlan befürwortet hatten.
62 Adenauer, Briefe 1949–1951, S. 197 und 501.
63 So etwa anläßlich der Kandidatur des früheren NS-Oberbürgermeisters von Offenbach, Helmuth Schranz, auf der Bundestagsliste der DP 1953. Vgl. Adenauer, Briefe 1951-1953, S. 656f.
64 Die Union fühlte sich indes verpflichtet, »die zahlreichen anständigen SS-Leute, insbesondere die hunderttausend Mitglieder der ehemaligen Waffen-SS vor dem Treiben radikaler politischer SS-Führer zu bewahren«; vgl. Stuttgarter Nachrichten, 16. November 1952.
65 KAG, 21. Januar 1953, S. 3861f.
66 Zit. nach: KAG, 15. April 1953, S. 3951.
67 Vgl. Jenke, S. 159.
68 FAZ, 15. Juni 1953.
69 Vgl. FDP-Bundesvorstand 1949–1954, S. LXIII, sowie Mende, S. 82.
70 FAZ, 8. Dezember 1954.

71 296. Kabinettssitzung, 2. Juni 1953; vgl.: Die Kabinettsprotokolle der Bundesregierung, Band 6, 1953, S. 326.
72 Vgl. Die Neue Zeitung, 25. August 1953.
73 Vgl. FAZ, 8. Dezember 1954.
74 Vgl. Opitz, S. 51.
75 AWJ, 20. April 1956.
76 DBt, 21. Januar 1953, S. 11673.
77 Vgl. Allgemeine Zeitung, Mainz, 11. Februar 1953.
78 Vgl. hierzu und zum folgenden: Bulletin, 12. Februar 1953.
79 Vgl. auch KAG, 11. Februar 1953, S. 3866.
80 Vgl. Jenke, S. 113.
81 Zit. nach: Die Neue Zeitung, 12. Februar 1953.
82 Die Neue Zeitung, 2. Februar 1953.
83 Neuer Vorwärts, 13. Februar 1953.
84 Metall, Frankfurt/Main, 18. März 1953.
85 FR, 12. Februar 1953.
86 Zit. nach: Die Neue Zeitung, 12. Februar 1953.
87 Zit. nach: Stuttgarter Nachrichten, 14. Februar 1953.
88 Rheinische Post, 11. Februar 1953.
89 Zit. nach: Mende, S. 82.
90 Vgl. Neumann, S. 329.
91 Vgl. Adenauer, Briefe 1951-1953, S. 600.
92 Vgl. auch das Kapitel »Zwischen Bürgerblock und Rechtsextremismus: Kleine Rechtsparteien in der frühen Bundesrepublik« bei Dudek/Jaschke, S. 68ff.
93 Vgl. ebenda, S. 367.
94 Ebenda, S. 371.
95 Nicht zu verwechseln mit dem überparteilichen »Bund Deutscher Jugend«.
96 Vgl. Die Freiheit, Mainz, 13. Februar 1953.
97 Vor allem die Frankfurter Rundschau zeigte sich von dieser Entwicklung befremdet. Vgl. FR, Februar 1952, zit. nach: Metall, Frankfurt, 18. März 1953.
98 Frankfurter Hefte, 6/1951, S. 378.
99 Vgl. Hamburger Echo, 21. August 1953.
100 Vgl. hierzu und zum folgenden: AWJ, 3. Dezember 1954.
101 Vgl. Jenke, S. 122.
102 Vgl. ebenda, S. 114.
103 Vgl. ebenda, S. 232.
104 Vgl. Meyn, S. 140 und 142.
105 Vgl. CDU-Bundesvorstand 1950–1953, S. 605f.
106 CDU-Bundesvorstand 1953–1957, S. 793.
107 Ebenda, S. 789.
108 Ebenda, S. 620.

109 Vgl. FDP-Bundesvorstand 1954–1960, S. 283f.
110 Vgl. ebenda, S. 329f.
111 Jenke, S. 196ff.
112 Kogon, S. 381.
113 Dabei wurde er jedoch nie unbedeutend genug, um nicht im In- und Ausland manche Argumente zu liefern. So sprach sich etwa der australische Innenminister unmittelbar nach den niedersächsischen SRP-Erfolgen 1951 gegen eine vermehrte deutsche Einwanderung aus, weil man nicht mehr zu unterscheiden vermöge, welcher Deutscher ein Nazi sei und welcher nicht. Vgl. Kogon, S. 381.
114 AWJ, 24. April 1959.
115 NZZ, 6. April 1954.
116 AWJ, 24. April 1959.
117 FR, 22. April 1959.
118 Vgl. AWJ, 24. April 1959.
119 Rheinische Zeitung, 6. Februar 1950.

Die Bedeutung der »Wiedergutmachung«

1 Eine Umfrage im Oktober 1951 hatte ergeben, daß 96 % bzw. 93 % Hilfe für Kriegswitwen bzw. Luftkriegsopfer befürworteten, während die Zustimmung bei den Wiedergutmachungsansprüchen der Juden (68%) und der Angehörigen des 20. Juli (73 %) deutlich niedriger ausfiel. Vgl. Goschler, S. 212.
2 Vgl. zu diesem Themenkomplex die Arbeiten von Goschler, Großmann, Jena, Küster, Herbst und Pross.
3 Neue Zeitung, 31. August 1951.
4 Telegraph, 1. September 1951.
5 Zit. nach: Lüth, Die Friedensbitte, S. 13.
6 Ebenda, S. 11.
7 Berliner »Telegraph«, 1. September 1951.
8 Vgl. Lüth, Die Friedensbitte, S. 16f.
9 Ebenda, S. 21.
10 Ebenda, S. 30f.
11 Ebenda, S. 46.
12 Zit. nach: ebenda, S. 31.
13 Kolloquium, Zeitschrift der freien Studenten Berlins, Heft 9/10 (1951).
14 Im Münster der Universitätsstadt Freiburg feierten etwa 1952 mehrere Tausend Menschen einen Adventsgottesdienst unter dem Thema »Friede mit Israel«.
15 Dies erfuhr Lüth vom amtierenden Pressechef der Bundesregierung, Alexander von Twardowsky.
16 Twardowsky, zit. nach: Lüth, Die Friedensbitte, S. 33.
17 Zit. nach: KAG, 27. September 1951, S. 3135.
18 Vgl. Stern, S. 326; in ähnlichem Tenor auch Sterns Kritik am »Kanzlei-

deutsch« der ersten Regierungserklärung Adenauers 1949, ebenda, S. 306.

19 SZ, 28. September 1951.
20 Ruhr-Nachrichten, 28. September 1951.
21 Der Tagesspiegel, 28. September 1951.
22 Vgl. etwa Allgemeine Zeitung, Mainz, 30. November 1951: »Freie Demokraten gegen überspitzte Wiedergutmachung« oder FAZ, 19. Juni 1953: »Seebohm zur Wiedergutmachung«.
23 Vgl. hierzu Wolffsohn, Von der verordneten zur freiwilligen »Vergangenheitsbewältigung«?
24 Goschler sieht im Denken Schäffers die Elemente eines »traditionellen antijüdischen Weltbildes«; vgl. Goschler, S. 201.
25 Steinbach, Vergangenheit als Last und Chance, S. 324
26 Vgl. Schwarz, Adenauer. Der Aufstieg, S. 897f.
27 FAZ, 29. Dezember 1954.
28 FAZ, 25. September 1954.
29 FAZ, 29. Oktober 1955.
30 Vgl. Kölnische Rundschau, 13. März 1953.
31 1958 bestätigte der Bundesgerichtshof dem Landesverband der Jüdischen Gemeinden in Hessen, daß die »als Juden vom Nationalsozialismus verfolgten Menschen, die jetzt in Deutschland leben, eine Personenmehrheit bilden, die beleidigungsfähig ist«. Die Jüdischen Gemeinden in Hessen hatten sich der öffentlichen Klage gegen einen Antisemiten angeschlossen, der die Juden auf einer Postkarte mit einer Laus verglich, die sich in den Pelz setze und »nicht mehr raus« gehe; jetzt kämen die Juden »schon wieder«, nachdem Hitler »mit dieser Gesellschaft so schön aufgeräumt« habe. FAZ, 5. April 1958.
32 Hamburger Echo, 14. Dezember 1954.
33 Vgl. SZ, 17. Januar 1959.
34 Vgl. unten, S. 304f.

Wiederbewaffnung, Saar-Nationalismus und »Renazifizierungs«-Angst

1 CDU-Bundesvorstand 1953–1957, S. 238.
2 Ebenda, S. 727.
3 Ebenda.
4 Ebenda, S. 622.
5 Vgl. Sendung des Bayerischen Rundfunks vom 7. Februar 1956, zit. nach: Hammerschmidt/Mansfeld, S. 74.
6 Ebenda, S. 64ff.
7 FR, 14. Februar 1956.
8 Westdeutsches Tageblatt, 10. Februar 1956.
9 Eugen Kogon empfand es als einen wahren Segen, »daß es noch Radiostationen und Zeitungen gibt, von denen aus man verlangen kann, daß der

Keckheit früherer nationalsozialistischer Aktivisten Einhalt geboten wird«. Frankfurter Neue Presse, 18. Februar 1956.

10 FAZ, 23. Februar 1956.

11 Vorwärts, 10. Februar 1956.

12 Vgl. den Artikel von Eugen Gerstenmaier »Anwendung des Artikels 18 tut not«, in: Bulletin, 28. Februar 1956, S. 349.

13 Telegraph, Berlin-West, 15. Februar 1956.

14 Vgl. etwa das Interview mit der Allgemeinen Wochenzeitung der Juden, 2. März 1956.

15 Interview Gerstenmaiers mit der jugoslawischen Zeitung »Politica«, zit. nach: AWJ, 16. März 1956.

16 Bulletin, 28. Februar, S. 349f.

17 Deutsche Stimmen, Hannover, 11. März 1952.

18 So nahm er beispielsweise den ins Gerede gekommenen Bundespressechef Forschbach in Schutz, da dieser »schon im Herbst 1934 seinen Irrtum eingesehen und sich in bemerkenswerter Klarheit von dem Unternehmen Hitler getrennt« hatte. FAZ, 25. Februar 1956.

19 Bulletin, 28. Februar, S. 315.

20 Ebenda; vgl. auch: Frankfurter Neue Presse, 18. Februar 1956.

21 FAZ, 18. April 1956.

22 AWJ, 4. Mai 1956.

23 FR, 1. Februar 1956.

24 Vgl. ebenda sowie Grosser, Die Bonner Demokratie, S. 278, und AWJ, 24. Februar 1956: »DP schützt Zenker«.

25 Vor allem Journalisten des Bayerischen Rundfunks, der Süddeutschen Zeitung und der Frankfurter Rundschau waren stark beteiligt.

26 Vgl. Glaser, Kulturgeschichte, Band 2, S. 184; Glaser verweist auch auf den Anteil des SPD-Landesvorsitzenden Waldemar von Knoeringen an der Gründungsinitiative.

27 Vgl. zur »Gruppe 47« Glaser, Kulturgeschichte, Band 2, S. 177ff.

28 Baring, S. 21.

29 Hans Werner Richter, zit. nach: Baring.

30 Weser-Kurier, 20. April 1956.

31 So Hans Werner Richter in: Die Kultur, 6/1956.

32 Politik und Wirtschaft, 17. Oktober 1956.

33 Parlamentarisch Politischer Pressedienst, 7. September 1956.

34 Vgl. Südwest-Rundschau, 16. April 1956.

35 Vgl. Vorwärts, 18. Mai 1956.

36 Rheinischer Merkur, 25. Mai 1956.

37 Süddeutsche Zeitung, 16. Oktober 1956.

38 Bonner Rundschau, 16. Oktober 1956.

39 Der Spiegel, 6. Februar 1957.

40 Nellen galt auch wegen seiner eigenwilligen außen- und sicherheitspolitischen Vorstellungen als Einzelgänger in der CDU. Vor dem Grünwalder

Kreis beschwor er die Gefahr eines Zweiparteiensystems, das zur Dauer-
herrschaft der Union führen müsse. Vgl. Der Spiegel, 15. Januar 1958.

41 Deutsche Soldatenzeitung, Nr. 1/1957.
42 Deutsche Saar, 6. November 1956.
43 DPA, 30. November 1956.
44 Der Sudetendeutsche, 9. März 1957; Neues Deutschland, 2. April 1957.
45 Die politische Meinung, 1/1956, zit. nach: IfZ-Zeitungsausschnittsamm-
   lung, B1/46.
46 BR-Sendung, 7. Juni 1955, zit. nach: Hammerschmidt/Mansfeld, S. 57.
47 Vgl. Weser Kurier, 20. April 1956.
48 Vgl. Die Welt, 7. Mai 1957, sowie AWJ, 1. November 1957.
49 Vgl. NDR-Sendung von Rüdiger Proske, Max H. Rehbein und Hermann
   Rockmann: »Was man schwarz auf weiß besitzt, kann man getrost nach
   Hause tragen?« Zit. nach: AWJ, 4. Mai 1956.
50 FAZ, 19. April 1956.
51 Badische Neueste Nachrichten, 17. März 1956.
52 Vgl. Frankfurter Neue Presse, 19. Juli 1958.
53 AWJ, 11. Mai 1956.
54 AWJ, 29. Juni 1956.
55 AWJ, 6. April 1956.
56 Vgl. Historisches Archiv der Stadt Köln (Hrsg.), Freier Eintritt – Freie Fragen – Freie Antworten, S. 61.
57 Mittwochsgespräch vom 1. April 1953.
58 Mittwochsgespräch vom 3. Juni 1953.
59 Auch die Kritik der Kritik war in der Wochenzeitung des rechtsliberalen
   Siegfried Zoglmann bereits zu beobachten. Die deutsche Jugend, so hieß
   es im »Fortschritt« aufrechnend, kenne die Konzentrationslager aus der
   Zeit nach 1945. Vgl. AWJ, 13. Juli und 20. Juli 1956.

Das Tagebuch der Anne Frank

 1 Vgl. Maas/Radbruch, S. 7.
 2 Das Tagebuch der Anne Frank, Heidelberg 1950, bei Lambert Schneider.
 3 Vgl. Grosser, Die Bonner Demokratie, S. 270.
 4 AWJ, 8. April 1955.
 5 Vgl. NZZ, 11. März 1958.
 6 Vgl. Vom Tagebuch zum Film, in: Frankfurter Hefte 12/1959, S. 912ff., sowie Graml, S. 177.
 7 Vgl. Briefe des Monats, in: Der Monat, 1956/57, S. 91.
 8 Vgl. Norbert Muhlen, Anne Franks Heimkehr, in: Der Monat, 1956/57, S.
   79ff.
 9 Vgl. ebenda, S. 81.
10 Vgl. ebenda, S. 79.
11 AWJ, 30. November 1956.
12 Vgl. AWJ, 7. Dezember 1956.

13 Ebenda.

14 Das Buch vermittelte »nicht nur mehr Wissen über die deutsche, besonders die deutsch-jüdische Vergangenheit, es brachte die Leser zum Weinen und bewegte sie zu eindeutigem Werten und politisch-moralischem Wollen.« Wolffsohn, Von der verordneten zur freiwilligen Vergangenheitsbewältigung?, S. 128.

15 Vgl. SPD-Pressedienst, 21. März 1957.

16 Vgl. Grosser, Die Bonner Demokratie, S. 271, sowie Tagesspiegel, 19. März 1957.

17 Lüth, Deutschland und die Juden, S. 5; vgl. auch »Frieden aus reiner Hand«, in: Bonner Rundschau, 19. März 1957.

18 Zit. nach: Westdeutsche Rundschau, 3. April 1957.

19 Ebenda.

20 Ebenda.

21 Ebenda. Das Haus der Jugend im Berliner Bezirk Wilmersdorf hatte beispielsweise schon Mitte 1956 den Namen »Anne-Frank-Heim« erhalten; vgl. AWJ, 15. Juni 1956.

22 Vgl. Stern, S. 355f.

23 Frankfurter Hefte 1957, S. 472; vgl. auch Grosser, Die Bonner Demokratie, S. 270.

24 Vgl. beispielsweise den Bericht über eine Diskussionsveranstaltung zu Anne Frank im Mannheimer Morgen, 7. Juni 1957.

25 AWJ, 22. November 1957.

26 Vgl. NZZ, 11. März 1958.

NS-Vergangenheit und Geschichtsschreibung

1 Mommsen, Betrachtungen, in: Alföldy, S. 125 und 131.

2 Bernd Faulenbach spricht von einem »Auseinanderfallen von kritischer Zeithistorie und traditioneller deutscher Historiographie«; Faulenbach, S. 23.

3 Vgl. Kosthorst, S. 131.

4 Ebenda.

5 Vgl. Graml, S. 172, sowie die detaillierte Textanalyse bei Winfried Schulze, S. 46ff.

6 Möller, in: Schulin, Deutsche Geschichtswissenschaft, S. 158.

7 Conze, S. 12.

8 Dehio, Ranke und der deutsche Imperialismus, S. 307ff.

9 Vgl. Mommsen, Betrachtungen, in: Alföldy, S. 126, sowie Dehio, Deutschland und die Weltpolitik, S. 39ff.

10 Vgl. Conze, S. 13, sowie Heimpel, Geschichte und Geschichtswissenschaft, S. 17ff.

11 Schulin, Rückblicke, S. 15.

12 Vgl. Auerbach, S. 535.

13 Schulin, Zur Restauration und langsamen Weiterentwicklung der deut-

schen Geschichtswissenschaft nach 1945, in: ders., Traditionskritik, S. 138.

14 Vgl. Winfried Schulze, S. 263.

15 Walther Strauß, S. 30.

16 Auerbach, S. 534.

17 Vgl. den Artikel »Das Institut für Zeitgeschichte in München«, in: Bulletin, 8. Mai 1953, S. 735.

18 Auerbach, S. 531 und 538.

19 25 Jahre Institut für Zeitgeschichte, S. 107.

20 Vgl. Auerbach, S. 546.

21 Wie Heuss 1954 hat auch sein Nachfolger im Bundespräsidentenamt, Heinrich Lübke, dem Institut 1960 einen offiziellen Besuch abgestattet. Heuss gehörte zudem als Ehrenmitglied dem Beirat an.

22 Auerbach, S. 535.

23 Ebenda, S. 551 und 550.

24 Ebenda, S. 551.

25 Ebenda, S. 550.

26 Ebenda, S. 551.

27 Abendzeitung, München, 2. Januar 1951.

28 Auerbach, S. 553.

29 Helmut Krausnick, in: Bulletin, 8. Mai 1953, S. 735.

30 Vgl. ebenda.

31 Bei weiteren internationalen Kongressen zur Zeitgeschichte – etwa im November 1959 in München – konnten unter anderem Hugh Trevor-Roper (Oxford) und Raymond Aron (Paris) als Referenten gewonnen werden.

32 Vgl. Kwiet, in: Schulin, Deutsche Geschichtswissenschaft, S. 186.

33 Vgl. Helmut Krausnick, in: Bulletin, 8. Mai 1953, S. 736.

34 Heinrich Stübel hatte »Die Finanzierung der Aufrüstung im Dritten Reich« behandelt, Henry Picker »Hitlers Tischgespräche im Führerhauptquartier 1941–42« herausgebracht; Hermann Foertsch beschäftigte sich in »Schuld und Verhängnis« mit der Fritsch-Krise im Frühjahr 1938 als Wendepunkt in der Geschichte der nationalsozialistischen Zeit; Erich Matthias leistete mit »Sozialdemokratie und Nation« einen Beitrag zur Ideengeschichte der sozialdemokratischen Emigration 1933–1938. Aus der Feder des Generalsekretärs Hermann Mau erschien eine knappe Gesamtdarstellung der nationalsozialistischen Zeit unter dem Titel »Hitler und der Nationalsozialismus« im Rahmen des Sammelwerks von Peter Rassow »Deutsche Geschichte im Überblick«. Vgl. Bulletin, 8. Mai 1953, S. 736.

35 Kosthorst, S. 133.

36 Ebenda.

37 Graml, S. 179.

38 In diesen Gesamtzahlen für die Jahre 1951-1953 waren auch – allerdings

nur wenige – Publikationen aus der Zeit vor 1951 enthalten, die Franz Herre für seine Bibliografie noch nicht zugänglich gewesen waren.

39 Meinecke, zit. nach: Kwiet, in: Schulin, Deutsche Geschichtswissenschaft, S. 196.

40 Autor der Studie war Hans Lamm.

41 Gerald Reitlinger, Die Endlösung. Hitlers Versuch der Ausrottung der Juden Europas 1939–1945. Vorwort von R. Hagelstange, Berlin 1956, oder H. G. Adler, Theresienstadt 1941-1945. Das Antlitz einer Zwangsgemeinschaft. Geschichte, Soziologie, Psychologie. Tübingen 1955.

42 Auch 1962 hatte sich an diesem Befund nichts geändert. An die 60 Publikationen über Weimar und 85 zur inneren Entwicklung des »Dritten Reiches« standen 9 zur Geschichte der NSDAP und 13 zur NS-Außenpolitik gegenüber.

43 Karl Otto Paetel, Die SS. Ein Beitrag zur Soziologie des Nationalsozialismus, in: VfZ, 2 (1954), S. 1-32; Hans Buchheim, Die SS in der Verfassung des Dritten Reiches, in: VfZ, 3 (1955), S. 127–157.

44 Vgl. Lübbe, Der Nationalsozialismus im deutschen Nachkriegsbewußtsein, S. 588.

45 Graml, S. 180.

46 Vgl. Lübbe, Der Nationalsozialismus im deutschen Nachkriegsbewußtsein, S. 589.

47 Berlin, 1956.

48 Dokumentarische Werke waren dagegen noch seltener, weshalb die Veröffentlichung von Poliakov und Wulf besonders begrüßt wurde. Vgl. AWJ, 10. Februar 1956.

49 Möller, in: Schulin, Deutsche Geschichtswissenschaft, S. 179.

50 Ebenda, S. 158.

51 Ebenda, S. 179.

52 Kwiet, in: Schulin, Deutsche Geschichtswissenschaft, S. 190.

53 Bracher, S. 280 (Anmerkung 12).

54 Vgl. Grosser, Die Bonner Demokratie, S. 266.

55 Graml, S. 180.

56 Bis 1958 mußte der Beitrag sechsmal neu aufgelegt werden.

57 Heft 9 der Schriftenreihe.

58 Heft 10, 2. erw. Auflage 1961.

59 Heft 19.

60 Heft 32, 3. Auflage 1963.

61 Heft 34, 2. Auflage 1960.

62 Karl Löwenstein, Heft 51, 1961.

63 Josef Wulf, Heft 59, 1962.

64 Nr. 33/34 1959 »Die Weimarer Nationalversammlung von 1919–1920«; Nr. 35/36 1959 »Rückblick auf das Jahr 1939: Der Ausbruch des 2. Weltkrieges«.

65 Grosser, Die Bonner Demokratie, S. 384.

66 Wintersemester 1951/52; für das Wintersemester 1952/53 hatte der im Oktober 1952 tödlich verunglückte Historiker unter anderem »Übungen zur Geschichte der NSDAP in der Weimarer Republik« geplant.

67 Wintersemester 1947/48, von Reiswitz.

68 Wintersemester 1948/49, Hermelink.

69 Wintersemester 1953/54 »Allgemeine Geschichte vom Ausbruch des 1. Weltkrieges bis 1939« (Gollwitzer) oder im Wintersemester 1955/56 »Die bayerische Geschichte der letzten hundert Jahre« (Rall).

70 Im Wintersemester 1957/58 setzte Kluke seine Lehrveranstaltungen zur Zeitgeschichte mit den Themen »Die internationalen Beziehungen zwischen den Weltkriegen« und »Probleme des Völkerbundes« fort; im Wintersemester 1958/59 wurde über »Polen, Deutschland, Rußland 1772 – 1939« (Stadtmüller) und den »Donauraum im Zeitalter der beiden Weltkriege« (Valjavec) gelehrt; 1959/60 standen die »Deutsch-Sowjetischen Beziehungen« (Stadtmüller) und »Südosteuropa im 2. Weltkrieg und in der Folgezeit« (Valjavec) auf dem Programm.

71 Wintersemester 1958/59: »Die internationalen Beziehungen zwischen den Weltkriegen«, für Hörer aller Fakultäten; Sommersemester 1959: »Deutschland unter dem Nationalsozialismus«; die Vorlesung wurde wiederum für Hörer aller Fakultäten empfohlen, für Studenten der Geschichte wurden hierzu auch Übungen angeboten; auch in den kommenden Jahren behielt Kluke diesen Schwerpunkt seiner Lehre bei: Wintersemester 1959: »Politische Probleme des Zweiten Weltkrieges, Sommersemester 1961: »Die internationalen Beziehungen zwischen den Weltkriegen«, Sommersemester 1962: »Deutschland unter dem Nationalsozialismus« usw.

72 Sie fand Samstag und Sonntag vormittags statt.

73 Vgl. etwa Wintersemester 1950, Sommersemester 1952, 1955, 1958 und 1963.

74 Wintersemester 1951: »Die deutsche Staatskrise 1932«, Sommersemester 1956: »Die Republik von Weimar und ihr Ende«, Wintersemester 1959 und Sommersemester 1962:« Die Weimarer Republik«.

75 Sommersemester 1959 sowie 1960.

76 Schoeps/Lades, Wintersemester 1961/62.

77 Besson, Wintersemester 1961/62, hierzu auch Übungen.

78 Winfried Schulze, S. 38.

79 Mommsen, Betrachtungen, in: Alföldy, S. 132.

80 Schulin, Traditionskritik, S. 139.

81 Mommsen, Betrachtungen, in: Alföldy, S. 143.

82 Besson, S. 167.

83 Auch im Vergleich zur ausländischen Zeitgeschichtsforschung stellt sie »ein Ruhmesblatt der deutschen Geschichtswissenschaft« dar. Schulin, zit. nach: Kwiet, in: Schulin, Deutsche Geschichtswissenschaft, S. 181 f.

84 CuW, 22. November 1951.

1958: Renaissance des Antisemitismus?

1 Beispielsweise in Ansbach, wo der jüdische Friedhof mehrmals geschändet wurde; vgl. Hamburger Echo, 21. Oktober 1953.
2 Vgl. den Rückblick in den Frankfurter Heften, 3/1959, S. 161.
3 Die Welt, 8. September 1950.
4 Stöhr, S. 221.
5 Vgl. Stern, S. 276.
6 Vgl. ebenda, S. 279.
7 Vgl. Elliot Cohen, Deutsche und Juden, in: Der Monat, 1950/51, S. 375ff.
8 FAZ, 7. Mai 1954.
9 Vgl. FAZ, 12. April 1954, sowie Aachener Nachrichten, 21. Juli 1954.
10 Interview Hallsteins in einer Sonderausgabe der Wochenzeitung »Das Parlament«, zit. nach: Allgemeine Zeitung, Mainz, 11. August 1954.
11 FR, 26. November 1954.
12 Zit. nach: FAZ, 7. Mai 1954.
13 Im Hauptausschuß der mehrfach betroffenen Stadt Düsseldorf hieß es etwa zur Synagogenschändung vom Januar 1959, die Tat sei für Düsseldorf als Stadt der Kultur und der zwischenstaatlichen Begegnung »im höchsten Maße beschämend«. Vgl. AWJ, 23. Januar 1959.
14 AWJ, 12. Oktober 1951.
15 Auch den Vorwurf von jüdischer Seite, die Stadtverwaltung sei an der Pflege jüdischer Grabstätten nicht interessiert, wies der Oberbürgermeister unter Verweis auf eine Summe von 10000 Mark zurück, die die Stadt allein 1952 für die Erhaltung des jüdischen Friedhofs aufgebracht hatte. Vgl. Die Neue Zeitung, 28. Mai 1953.
16 AWJ, 7. Juni 1957.
17 Hannoversche Presse, 3. Juni 1957.
18 AWJ, 7. Juni 1957.
19 AWJ, 31. Mai 1957.
20 Bulletin, 28. April 1957, S. 671.
21 Vgl. Neues Deutschland, 28. Februar 1956, Bulletin, 21. Juni 1956, S. 1104, sowie »Synagogeneinbruch ›unpolitisch‹«, in: Bonner Rundschau, 1. März 1956.
22 Vgl. Bulletin, 21. Juni 1956.
23 NN, 5. September 1956.
24 Vgl. Frankfurter Hefte 3/1959, S. 161.
25 Vgl. Hamburger Abendblatt, 26. April 1956.
26 Vgl. hierzu die Dissertation von Kröger zur Problematik der Ahndung von NS-Verbrechen vor westdeutschen Gerichten und ihrer Rezeption in der deutschen Öffentlichkeit.
27 Klaus Harpprecht, Im Keller der Gefühle, in: Der Monat, 1958/59, S. 19.
28 Vgl. den Kommentar in der Süddeutschen Zeitung vom 30./31. August 1958, sowie FR, 12./13. Juli 1958.
29 Vgl. Rückerl, Die Strafverfolgung, S. 49f.

30 Der Spiegel, 27. August 1958, S. 24 f.; zu den genannten Prozessen vgl. auch die Darstellung bei Jörg Friedrich, Freispruch für die Nazi-Justiz.
31 Vgl. Bader, S. 123f.
32 Rückerl, Die Strafverfolgung, S. 45.
33 Jasper, S. 187.
34 Rückerl, zit. nach: Jasper, S. 186.
35 Vgl. Bulletin, 30. Juni 1953.
36 Eine entsprechende Interpellation der SPD-Fraktion wurde von Justizminister Dehler im Bundestag beantwortet; DBt, 11. Januar 1950, S. 781ff.; Die kommunistische Bundestagsfraktion ließ sich die »Gebührnisansprüche ehemaliger deutscher Kriegsgefangener« in Norwegen angelegen sein. Bei den »Gebührnisansprüchen« handelte es sich um die Frage einer Entlohnung der ungefähr 10000 deutschen Kriegsgefangenen, die nach Kriegsende in Norwegen gegen ihren Willen zum Räumen von Landminen und Munition eingesetzt worden waren. Vgl. DBt, 20. Juni 1951, S. 6132ff.
37 Vgl. Steinbach, Nationalsozialistische Gewaltverbrechen, S. 44, sowie Rückerl, Die Strafverfolgung, S. 46.
38 Vgl. Jasper, S. 188f.
39 Vgl. Rückerl, Die Strafverfolgung, S. 51f.
40 Der Monat, 1958/59, S. 18.
41 Vgl. Graml, S. 176.
42 Der Monat, 1958/59, S. 19.
43 Rheinische Post, 5. März 1958.
44 Einer der Polizeibeamten hatte dem Wirt empfohlen: »Wenn Sie nicht selbst Ruhe herstellen können, dann machen Sie doch den Saftladen zu.«
45 Vgl. die Analyse von Rudolf Fischer, Neuer Antisemitismus in der Bundesrepublik?, in: National-Zeitung, Basel, 1./2. August 1959, sowie Der Monat, 1958/59, S. 15.
46 So der Offenburger Landgerichtspräsident in seiner Urteilsbegründung, zit. nach: Grosser, Die Bonner Demokratie, S. 389; vgl. zum Fall Zind auch Gathmann, S. 63f.
47 Vgl. die Rede von Justizminister Schäffer, DBt, 22. Januar 1959, S. 3058.
48 Vgl. Grosser, Die Bonner Demokratie, S. 391, und Gathmann, S. 61ff.
49 Der Kultusminister suspendierte den Lehrer sofort vom Dienst; vgl. auch Basler Nachrichten, 17. Januar 1959. Im Oktober 1961 endete das von Otto Frank angestrengte Verfahren gegen Stielau mit einem Vergleich. Stielau nahm in einer Ehrenerklärung seine abfälligen Äußerungen über die Echtheit des Tagebuches »mit dem Ausdruck des Bedauerns« zurück. Vgl. SZ, 18. Oktober 1961.
50 Gathmann, S. 71f.
51 Ebenda, S. 67.
52 Vgl. auch die Kritik des DP-Abgeordneten Schneider, in: DBt, 22. Januar 1959, S. 3090.

53 SZ, 21. Januar 1959.
54 FAZ, 16. Januar 1959.
55 Der Mittag, 16. Januar 1959.
56 Arndt, SPD, DBt, 22. Januar 1959, S. 3049.
57 Zit. nach: Bulletin, 24. Januar 1959.
58 Vor allem wegen der Fälle Kilb und Strack, vgl. auch: Die Welt, 23. Januar 1959.
59 Ebenda.
60 DBt, 22. Januar 1959, S. 3052, 3070 und 3076.
61 Vgl. Schneider, DP, ebenda, S. 3090.
62 Vgl. AWJ, 10. Februar 1956.
63 DBt, 22. Januar 1959, S. 3103.
64 Ebenda, S. 3104.
65 Vgl. die Schäffer-Rede, ebenda, S. 3069; die Zahlen brachte der CDU-Abgeordnete Kanka in die Diskussion; vgl. Gathmann, S. 69.
66 FAZ, 29. Januar 1959.
67 FAZ, 4. Februar 1959.
68 Zit. nach: FR, 30. Januar 1959.
69 Die Welt, 21. Februar 1959.
70 FAZ, 21. Februar 1959.
71 Vgl. Westdeutsche Rundschau, 10. Februar 1959.
72 Die Frankfurter Hefte (3/1959, S. 161) kamen in ihrer Analyse des Antisemitismus zu einer anderen, das Jahr 1958 stärker als Zäsur wertenden Einschätzung als Galinski: »1958 brach die Infektion an zahlreichen Stellen der Bundesrepublik fast gleichzeitig aus…«
73 Bessons TV-Dokumentation wurde im Herbst 1958 ausgestrahlt; Vgl. Steinbach, Vergangenheit als Last und Chance, S. 311.

Wendepunkt der »Vergangenheitsbewältigung«

1 Autor des Stücks »Ich selbst und keine Engel« war im übrigen Thomas Harlan; sämtliche Karten der Vorstellung waren von der sozialistischen Jugendorganisation »Die Falken« übernommen worden, die jedoch angeblich einen Teil davon weiterverkauft hatte; vgl. FR, 28. Januar 1959.
2 Vgl. Hamburger Echo, 3. Februar 1959.
3 Weser-Kurier, 21. Februar 1959.
4 Stuttgarter Nachrichten, 10. März 1959.
5 »Was steht in unseren Schulbüchern«, Die Kultur, März 1956; der Erziehungsrat der Gesellschaft für christlich-jüdische Zusammenarbeit hatte sich schon einige Jahre vorher mit einer Erneuerung der Geschichtsbücher beschäftigt (AWJ, 15. Oktober 1954).
6 »NS-Literatur ministeriell empfohlen«, Welt der Arbeit, 11. Mai 1956.
7 FR, 26. November 1956; vgl. auch den Beitrag »Schüler und Hitlerzeit«, in: SZ, 26. Juli 1958.
8 Vgl. Bulletin, 25. März 1958.

9 RM, 22. Mai 1959.
10 Kurt Fackiner, in: FH, 8/1959, S. 549ff.
11 CuW, 9. Juli 1959.
12 RM, 22. Mai 1959.
13 Vgl. CuW, 9. Juli 1959.
14 FAZ, 9. Juni 1959.
15 Vgl. AWJ, 19. Juni 1959.
16 FAZ, 9. November 1989, sowie FR, 11. November 1959.
17 Ebenda.
18 Vgl. RM, 14. August 1959.
19 Vgl. Bulletin, 18. Februar 1960.
20 Vgl. Bulletin, 2. Juli 1954.
21 Siehe hierzu Weniger, Die Epoche der Umerziehung 1945–1949, in: Westermanns Pädagogische Beiträge 11 (1959), S. 403ff.
22 Hübinger, Um ein neues deutsches Geschichtsbild, in: GWU 1950, S. 388.
23 Vgl. Messerschmid, Neue Wege im Geschichtsunterricht, in: GWU 1950, S. 37f.
24 Kosthorst, S. 130.
25 Vgl. ebenda, S. 137f.
26 Bulletin, 18. Februar 1960, S. 330, sowie SZ, 10. Februar 1960.
27 Ständige Konferenz der Kultusminister. Niederschrift über die 61. Sitzung des Schulausschusses am 19./20. November 1959 in Bonn; Akten des Bay. Staatsministeriums für Unterricht und Kultus, Bayerisches Hauptstaatsarchiv, MK 51971(= BHS-Akten).
28 Ebenda, 68. Sitzung des Schulausschusses am 3./4. November 1960 in Bonn.
29 Ebenda, 64. Sitzung des Schulausschusses am 8./9. Februar 1960 in Bonn.
30 Vgl. den Beitrag »Verwässerte Zeitgeschichte im Schulbuch«, in: SZ, 10. Februar 1960.
31 RM, 12. Februar 1960.
32 SZ, 10. Februar 1960.
33 Vgl. 68. Sitzung des Schulausschusses am 3./4. November 1960 in Bonn, BHS-Akten.
34 Uhe nimmt eine vergleichende Inhaltsanalyse von Schulgeschichtsbüchern aus der Bundesrepublik Deutschland und der DDR vor und stützt sich dabei u.a. auf 18 bundesdeutsche Titel, von denen die Mehrzahl bereits in den 1950er Jahren das erste Mal erschienen ist. Dabei wählt er für die Oberstufe der Gymnasien vorgesehene Werke aus, da davon ausgegangen werden könne, daß alle anderen Schulbücher sich sehr oft an diesen gymnasialen Oberstufenbänden orientieren. Gegenstand der politikwissenschaftlich-soziologischen Arbeit Uhes ist explizit die Frage nach der »Bewältigung der Vergangenheit« in beiden deutschen Staaten.
35 Ebenda, S. 288.
36 Ebenda, S. 284.

37 Ebenda, S. 245.
38 Ebenda, S. 110.
39 Ebenda, S. 288f.
40 SZ, 10. Februar 1960.
41 Vgl. Grosser, Die Bonner Demokratie, S. 384.
42 Vgl. etwa die kritischen Äußerungen des Berliner Volksbildungssenators Joachim Tiburtius über Unterlassungen im bisherigen Zeitgeschichtsunterricht, in: AWJ, 5. Februar 1960.
43 Vgl. CuW, 9. Juli 1959.
44 Vgl. Kurt Fackiner, in: FR, 8/1959, S. 557.
45 Erklärung des Deutschen Ausschusses für das Erziehungs- und Bildungswesen aus Anlaß der antisemitischen Ausschreitungen, zit. nach: GWU, 3/1960, S. 129f.
46 Ebenda.
47 Zum differenzierten Urteil Adenauers über den deutschen Schulunterricht vgl. Teegespräche 1959–1961, S. 266ff.
48 29 Schüler äußerten sich antisemitisch; vgl. zu den Umfragen: National-Zeitung, Basel, 1. August 1959; ein interessantes positives Beispiel aus einer gymnasialen Oberstufe erwähnt auch Grosser, Die Bonner Demokratie, S. 385.
49 Dabei zählten die Veranstalter etwa des »Katholischen Studententages« in Bamberg im Sommer 1959, die sich das Thema »Geschichte als Schicksal und Auftrag« stellten, nicht zu den »plötzlich Erweckten«, sondern hatten »schon seit Jahr und Tag an der 'Bewältigung der Vergangenheit'« gearbeitet. Auch das bayerische Kultusministerium hatte bereits lange vor dem Film über »Hitler und Ulbricht« den oberen Klassen der Münchner höheren Schulen frei gegeben, damit etwa die Jugendlichen im März 1958 an dem Kongreß der Gesellschaften für Christlich-Jüdische Zusammenarbeit teilnehmen konnten. Einige der von der Schulpflicht befreiten Gymnasiasten taten sich dann dort in der Diskussion mit Vermutungen hervor, daß »man« heute die Verbrechen des Nationalsozialismus zum Vergessen bringen wolle. Vgl. den Aufsatz »Student und Geschichte«, in: RM, 14. August 1959, sowie FR, 14. März 1958.
50 Kosthorst, S. 138.
51 Mielcke, S. 68.
52 Ebenda, S. 35.
53 Vorwärts, 29. Januar 1960.
54 Eckert, zit. nach: Internationales Schulbuchinstitut, S. 7; der Vorsitzende des Deutschen Geschichtslehrerverbandes, Felix Messerschmid, sprach von einer »gewissen Sättigung«, die nach den zeitgeschichtlichen Bemühungen der letzten Jahre in der Schule und in der Erwachsenenbildung eingetreten sei; ebenda, S. 7.
55 Zit. nach: Komitee der Antifaschistischen Widerstandskämpfer, S. 10.
56 Ebenda, S. 11 und 17.

57 Andresen, S. 285 und 287; vgl. auch: Der Nationalsozialismus in den Geschichtsbüchern der Bundesrepublik und der DDR. S. 13.
58 RM, 14. August 1959.
59 Frankfurter Neue Presse, 9. März 1959.
60 Kurt R. Großmann hielt den Etat der Bundeszentrale von sieben Millionen Mark für »viel zu gering« (RM, 18. September 1959); vgl. auch die Zweifel an der Wirkung ihrer Publikationen, in: SZ, 10. Februar 1960.
61 Daß die Ära Adenauer auch eine »Periode lebendigster und von der Öffentlichkeit aufmerksam verfolgter literarischer Auseinandersetzung mit der NS-Zeit« war, ist bei Graml, S. 176f., nachzulesen.
62 Vgl. hierzu vor allem die Beiträge in den Frankfurter Heften über »Die Blechtrommel« (in: FH, 11/1959, S. 833), über »Die Brücke« (in: FH, 2/1960, S. 141), über »Billard um Halbzehn« (in: FH, 2/1960, S. 135) und über den heute weithin vergessenen »Engelbert Reinecke« (in: FH, 6/1959, S. 451). »Engelbert Reinecke« ist Gymnasiallehrer in einer deutschen Kleinstadt der 50er Jahre und erlebt, wie die einstigen Gegner seines im Konzentrationslager umgekommenen Vaters, die zwischenzeitlich wieder zu den maßgeblichen örtlichen Honoratioren zählen, auch ihn mit Denunziation und Hetze verfolgen.
63 Vgl. CuW, 27. August 1959.
64 Die mit schwarzer Farbe übergossene Inschrift lautete: »Hier ruhen die Opfer der Gestapo. Dieses Mal erinnert an Deutschlands schmachvollste Zeit 1933–1945«.
65 FAZ, 28. Dezember 1959.
66 Vgl. Der Spiegel, 9. Dezember 1959, RM, 8. Januar 1960, sowie von Schreck-Notzing, Die Krise der deutschen Identität, S. 30.
67 FAZ, 28. Dezember 1959.
68 KAG, 7. Januar 1960, S. 8143.
69 Vgl. etwa FAZ, 2. Januar 1960 oder 5. Januar 1960.
70 FAZ, 14. Januar und 17. Februar 1960; vgl. auch Hans-Peter Schwarz, Epochenwechsel, S. 209.
71 FAZ, 7. Januar und 8. Januar 1960.
72 »Newsweek« behauptete etwa, die Schlacht zwischen Demokratie und Nationalsozialismus stünde in Deutschland noch immer unentschieden; die antisemitischen Ausschreitungen seien repräsentativ. Zit. nach: CuW, 21. Januar 1960.
73 FAZ, 6. Januar, 14. Januar und 13. Februar 1960.
74 The Times, 5. Januar 1960, zit. nach: KAG, 7. Januar 1960, S. 8143.
75 FAZ, 18. Januar und 30. März 1960.
76 FAZ, 19. Januar 1960.
77 FAZ, 7. Januar 1960.
78 FAZ, 12. Januar und 2. Januar 1960.
79 FAZ, 20. Januar 1960.
80 FAZ, 25. Januar 1960.

81 Baseler Nachrichten, zit. nach: FAZ, 5. Januar 1960.

82 FAZ, 6. Februar 1960.

83 CuW, 21. Januar 1960.

84 Bulletin, 18. Februar 1960, S. 330.

85 Vgl. SZ, 23./24. Januar 1960 sowie 30./31. Januar 1960; auch im Rheinischen Merkur wurde wieder die Entfernung von »NS-Lehrern« gefordert.

86 FAZ, 14. März 1960.

87 Vgl. oben, S. 175ff. sowie FAZ, 26. Januar 1960 und 27. Januar 1960.

88 Wobei aber selbst die »auf tiefgefrorenes Temperament geeichte« Londoner Times meinte, daß die antisemitischen Taten dazu dienen könnten, »alle Beteuerungen zu bestreiten, daß Deutschland seine Vergangenheit überwunden habe...«; vgl. Kölner Stadtanzeiger, 30. Dezember 1959.

89 Kommentar in der FAZ vom 6. Januar 1960; vgl. auch FAZ, 20. Januar 1960.

90 CuW, 28. Januar 1960.

91 Hessische Allgemeine, 14. März 1960.

92 Zit. nach: FAZ, 14. Januar 1960.

93 Der Spiegel, 13. Januar 1960.

94 Vgl. Schwarz, Epochenwechsel, S. 208ff.

95 Nach heutigem Kenntnisstand gingen die Kölner Vorgänge auf einen Befehl des KGB-Generals Agajanz zurück. Vgl. Weißmann, S. 42.

96 FAZ, 20. Januar 1960.

97 Vgl. die Ausführungen von Bundesinnenminister Schröder: DBt, 18. Februar 1960, S. 5575, sowie KAG, 20. Januar 1960, S. 8167.

98 Bulletin, 5. April 1961, S. 621, und 6. April 1961, S. 635.

99 Bulletin, 8. Oktober 1960, S. 1835.

100 Bulletin, 7. Januar 1960, S. 8143.

101 Die Zeit, 19. Februar 1960.

102 Zit. nach: KAG, 16. Januar 1960, S. 8159.

103 Zit. nach: KAG, 20. Januar 1960, S. 8167.

104 Die Welt, zit. nach: KAG, 7. Januar 1960, S.8144.

105 FAZ, 13. Januar 1960.

106 FAZ, 15. Januar 1960.

107 FAZ, 18. Januar 1960.

108 SZ, 1. Februar 1960, und FAZ, 9. Februar 1960.

109 In Bonn sprachen etwa die Professoren Bracher und Iwand; vgl. FAZ, 27. Januar, 19. Januar und 1. Februar 1960.

110 FAZ, 3. Februar, 4. Februar und 19. Januar 1960; vgl. auch Adenauer, Teegespräche 1959–1961, S. 191 und 175ff.

111 Carlo Schmid kritisierte dieses Urteil in einer Bundestagsdebatte: »Die Demokratie in Deutschland ruht nicht nur auf seinen zwei Augen.«; DBt, 18. Februar 1960, S. 5584.

112 Den Begriff des »Paradigmenwechsels« verwenden wir nicht in strenger Anlehnung an den von Kuhn in seiner Untersuchung über »Die Struktur wissenschaftlicher Revolutionen« geprägten Terminus. Vielmehr bezeichnen wir damit den Wandel von politischen Mentalitäten und Verhaltensmustern in einer Gesellschaft.

113 DBt, 18. Februar 1960, S. 5576.

114 Ebenda, S. 5603.

115 Ebenda, S. 5584f.

116 Ebenda, S. 5607ff.

117 So die Replik Schröders auf Jahns Vorwürfe, ebenda, S. 5612.

118 Theodor Heuss, Ein Mahnmal, in: Poliakov/Wulf, S. VII ff.

119 Bereits in der großen Justizdebatte im Januar 1959 hatte die SPD der Bundesregierung hier Unterlassungen vorgeworfen; DBt, 22. Januar 1959, S. 3052.

120 Vgl. FR, zit. nach: AWJ, 18. Mai 1956; vgl. auch Bulletin, 7. Juni 1956, S. 994, sowie AWJ, 27. April und 6. Juli 1956.

121 Pausch war Vorsitzender des Bundestagsausschusses für Presse, Rundfunk und Film.

122 Grosser, Die Bonner Demokratie, S. 269f.

123 DBT, 18. Februar 1960, S. 5605.

124 Ebenda, S. 5590.

125 Ebenda, S. 5608, 5617 und 5613, sowie FAZ, 20. Februar 1960.

126 Ebenda, S. 5613.

127 Auch Hans-Peter Schwarz konstatiert eine »grundlegende Stimmungsveränderung«, die im Verlauf des Jahres 1960 voll durchschlug; Epochenwechsel, S. 205.

128 CuW, 25. Februar 1960.

129 Der CDU-Abgeordnete Friedensburg wandte sich etwa anläßlich einer Einführungsrede zum Film »Nacht und Nebel« gegen Oberländer. FAZ, 8. Februar 1960.

130 FAZ, 25. Februar und 11. Januar 1960.

131 DBt, 18. Februar 1960, S. 5587.

132 Der Spiegel, 13. Januar 1960.

133 So der Titel des abgedruckten Vortrages in: FAZ, 23. März 1960; siehe auch FAZ, 14. März 1960.

134 DBt, 18. Februar 1960, S. 5588.

135 Ebenda, S. 5582.

136 So etwa Dekan Langenfaß, zit. nach: SZ, 14. März 1960.

137 DBt, 18. Februar 1960, S. 5587 (Wilhelmi, CDU), S. 5588 (Lüders, FDP) und S. 5579 (Bundesinnenminister Schröder).

138 Ebenda, S. 5587; vgl. auch den kritischen Kommentar Dolf Sternbergers über »Lehmanns Unbefangenheit«, in: FAZ, 4. Januar 1960.

139 DBt, 18. Februar 1960, S. 5592 (Schneider, DP).

140 Hannah Arendt, zit. nach der Schröder-Rede, DBt, 18. Februar 1960, S. 5579.
141 Vgl. die Heidelberger Vorlesungsreihe über »Die geistige Situation in Deutschland«, in: Jaspers, Hoffnung und Sorge, S. 77ff. und 92ff.
142 Vgl. auch Reichel, S. 150: »Mit ausdrücklichem Bezug auf den moralischen und metaphysischen Schuldbegriff sucht der erweiterte Begriff von Vergangenheitsbewältigung...in der politischen Kultur nach Spuren bzw. Defiziten entsprechender Bewußtseinszeugnisse und Verhaltensformen.«
143 Vgl. hierzu auch Schwarz, Epochenwechsel, S. 311.
144 CuW, 7. Januar 1960.
145 Teegespräche 1959–1961, S. 355ff.
146 »Es ist zu wenig geblieben, um der Nation nicht alles zu bewahren, was ihr Wesen ausmacht.«; FAZ, 16. Januar 1960.
147 FAZ-Kommentar, 28. Dezember 1960.
148 DBt, 18. Februar 1960, S. 5582.
149 Vgl. Schwarz, Epochenwechsel, S. 210.
150 Klaus Harpprecht, in: Der Monat, 1958/59, S. 19.
151 Bulletin, 16. Februar 1960, S. 306, sowie 21. Januar 1960, S. 110.
152 Bulletin, 9. Januar 1960, S. 45.
153 Auf dem KZ-Gelände weihte der Münchner Bischof Neuhäusler, früher selbst Häftling des Lagers, ein von deutschen Katholiken errichtetes Ehrenmal ein. Die Kapelle für die 30 000 ermordeten Gefangenen trug den Namen »Todesangst Christi«. Vgl. Bulletin, 2. August 1960, S. 1407.
154 Vgl. Schwarz, Epochenwechsel, S. 211.
155 Kosthorst, S. 138f.
156 Ebenda, S. 140.
157 Vgl. Schwarz, Epochenwechsel, S. 331.
158 Ebenda, S. 211.
159 General-Anzeiger, 24. Oktober, 1959.
160 Zit. nach: Deutsche Tagespost, Augsburg, 4. November 1959.
161 Vgl. Stobwasser, S. 60.
162 KAG, 6. Dezember 1962, S. 10285.
163 Präsidium der VVN, S. 53f.
164 SZ, 19. März 1962.
165 Schwarz, Epochenwechsel, S. 215.
166 So der Berliner Innensenator Joachim Lipschitz in einem Rundfunkvortrag am 23. April 1960, zit. nach: Bulletin, 28. April 1960, S. 763.
167 Bracher, S. 291.
168 Ebenda, S. 294.
169 Vgl. hierzu Treue, S. 233.
170 Schwarz, Epochenwechsel, S. 207.
171 Frankfurter Neue Presse, 8. Januar 1960.
172 So die sozialdemokratische Zeitung »Die Freiheit«, Mainz, vom 6. Januar 1960, zit. nach: Stobwasser, S. 47.

Das Klima der gesellschaftlichen Meinung

1 Deutsche Zeitung, 5. November 1960.
2 Bergmann/Erb, S. 227.
3 8 % konnten es sich vorstellen, 22 % vielleicht; vgl. Noelle/Neumann, Jahrbuch der öffentlichen Meinung 1947–1955, S. 131.
4 Ebenda, S. 130.
5 Ebenda, S. 128.
6 Ebenda, S. 130.
7 Sämtliche Zahlen zit. nach: Wolffsohn, Deutsch-israelische Beziehungen, S. 34ff.
8 Von 41 auf 23 Prozent, ebenda.
9 Noelle/Neumann, Jahrbuch der öffentlichen Meinung 1958–1964, S. 218.
10 Vgl. Wolffsohn, Deutsch-israelische Beziehungen, S. 38.
11 Ebenda, S. 37.
12 Ebenda, S. 48.
13 Scheuch, S. 441.
14 Ebenda, S. 439f.
15 Ebenda, S. 442.
16 Noelle-Neumann, Der Staatsbürger und sein Staat, S. 91.
17 Ebenda.
18 Ebenda, S. 91f.
19 Ebenda, S. 92.
20 Ebenda.
21 Vgl. Noelle-Neumann, Die Wirkung der Massenmedien.
22 Wolffsohn, Von der verordneten zur freiwilligen »Vergangenheitsbewältigung«?, S. 114.
23 Noelle/Neumann, Jahrbuch der öffentlichen Meinung 1965–1967, S. 144.
24 Noelle-Neumann, Der Staatsbürger, S. 102.
25 Vgl. ebenda, S. 95f.
26 Vgl. die Umfrageergebnisse im Jahrbuch der öffentlichen Meinung 1958–1964, S. 235.
27 Jahrbuch der öffentlichen Meinung 1957, S. 278.
28 Vgl. Jahrbuch der öffentlichen Meinung 1958–1964, S. 223 und 232.
29 Auf die Frage nach den guten Eigenschaften der Deutschen wußten 1952 erst vier Prozent, 1962 aber bereits 14 Prozent keine Antwort mehr. Noelle-Neumann/Köcher, S. 24.
30 Lübbe, Politischer Moralismus, S. 58.

V. Schlußbetrachtung: Die Schübe der »Vergangenheitsbewältigung« in der Bundesrepublik Deutschland von 1949 bis zur Gegenwart

Nach dreißig Jahren – Staub und Moder?

1 Vgl. Michael Stürmer, Nach dreißig Jahren Staub und Moder, in: FAZ, 30. April 1985, S. 12.

2 Zudem verwies Müller auf Städte wie Düsseldorf, München, Frankfurt und Mannheim, die im Begriffe waren, die Lokalgeschichte der Judenverfolgungen zu schreiben, sowie auf die Gründung von Instituten für Zeitgeschichte an den Universitäten sowie auf die gute Ausstattung der Schulen mit zeitgeschichtlichem Lehrmaterial; FR, 11. November 1959; vgl. auch »Siegt die Brüderlichkeit?«, in: AWJ, 14. März 1958.

3 Exemplarisch war der Skandal um Professor Pölnitz, den die Humanistische Union 1965 ins Rollen brachte, um den Belasteten als Gründungsrektor der neuen Regensburger Universität unmöglich zu machen. In der politischen Absicht, der neuen Hochschule einen »feudal-konservativen antidemokratischen Anstrich« zu ersparen und sie nicht zu einer Art vergrößerter Abendländischer Akademie werden zu lassen, brachten seine Gegner alte Schriften von Pölnitz ans Tageslicht. Die meisten der Vorwürfe waren dabei seit langem bekannt und jahrelang nicht aktualisiert worden. Vgl. SZ, 26. Februar 1965.

4 Grosser, Deutschlandbilanz, S. 318.

5 Ebenda, S. 320.

6 Der baden-württembergische Ministerpräsident Hans Filbinger fiel indes 1978 auch der Art und Weise seiner Selbstverteidigung zum Opfer. Vgl. zu diesem Komplex: Hürten, Hans Filbinger. Der »Fall« und die Fakten.

7 Die Jenninger-Rede ist im Wortlaut abgedruckt in: FAZ, 11. November 1988, »Die Opfer wissen, was der November 1938 für sie zu bedeuten hatte«.

8 Zit. nach: NN, 4. August 1988, S. 11.

9 Vgl. Grosser, Die Ermordung der Menschheit, S. 136, sowie Fleischmann, Das ist nicht mehr mein Land.

10 Vgl. Märtesheimer/Frenzel.

11 Vgl. Wiggershaus, S. 501 und 521.

12 So Michael Stiller, Gegen das Vergessenwollen. Zur neuen Ausgabe der Dachauer Hefte, SZ, 22. Februar 1991, S. 22.

13 Herausgeber des Bandes war der Journalist Bernd Hesslein; vgl. Heinz Karst, Bundeswehr und Wehrmacht.

14 Rudolf Augstein, zit. nach: Historikerstreit, S. 196.

15 Vgl. Ernst Nolte, Die negative Lebendigkeit des Dritten Reiches, FAZ, 24. Juli 1980.

16 Vgl. Surmann, S. 372.
17 Der Spiegel, 29. Januar 1979, »Schwarzer Freitag für die Historiker«.
18 Vgl. Morsey, Geschichte der Bundesrepublik Deutschland, S. 85.
19 Doering-Manteuffel, S. 209.
20 Broszat u.a., Deutschlands Weg in die Diktatur, S. 355f.
21 Ebenda.
22 Vgl. Grosser, Ermordung der Menschheit, S. 117.
23 So Carola Stern, in: Broszat u.a., Deutschlands Weg in die Diktatur, S. 355f.
24 Nipperdey, in: Broszat u.a., Deutschlands Weg in die Diktatur, S. 369.
25 Lübbe, Verdrängung?, S. 101.
26 Vgl. Nipperdey, in: Broszat u.a., Deutschlands Weg in die Diktatur, S. 369.

Die »Relativität« der »Vergangenheitsbewältigung«

1 Kielmansegg, S. 14.
2 Im Herbst 1951 meinten 42 Prozent der befragten Deutschen, es sei Deutschland zwischen 1933 und 1939 am besten gegangen, 1959 meinten dies »nur« noch 18 Prozent; vgl. hierzu Möller, Schuld und Verhängnis, S. 231.
3 1979 sprachen sich 47 Prozent gegen und 40 Prozent für eine weitere Verfolgung von NS-Verbrechen aus (1969 waren indes noch 67 Prozent gegen und nur 23 Prozent für die weitere Strafverfolgung gewesen.); vgl. Meier, 40 Jahre nach Auschwitz, S. 54.
4 Ebenda, S. 52ff.
5 Ebenda, S. 56f.
6 Vgl. beispielsweise die Rede des Vizekanzlers Franz Blücher am 13. November 1955 in Berlin, Bulletin, 18. November 1955.
7 Meier, 40 Jahre nach Auschwitz, S. 58ff.
8 Grosser, Ermordung der Menschheit, S. 101.
9 Meier, 40 Jahre nach Auschwitz, S. 59.
10 Vgl. auch Kielmansegg, S. 65.
11 FH, 3/1950, S. 543.
12 Meier, 40 Jahre nach Auschwitz, S. 59.
13 Vgl. Schwarz, Gründerjahre, S. 379.
14 Kielmansegg, S. 67.
15 Alfred Heuß, zit. nach: Kielmansegg, S. 69.
16 Meier, 40 Jahre nach Auschwitz, S. 86.
17 Die Zeit, 18. August 1955.
18 RM, 16. November 1990.
19 Vgl. Grosser, Ermordung der Menschheit, S. 153.

Zur Entwicklungsgeschichte der »Bewältigungs«-Schübe

1 Nationalzeitung, Basel, 15. Februar 1954.
2 FH, 1954, S. 85f.

3 FAZ, 19. Februar 1957.
4 Der Bundestag hat das Wiedergutmachungsgesetz für NS-geschädigte Beamte ganz bewußt noch kurz vor dem 131er Gesetz verabschiedet.
5 Vgl. Henke/Woller, S. 53.
6 Morsey, Personal- und Beamtenpolitik 1947–1950, S. 238.
7 Vgl. Broszat, Siegerjustiz oder strafrechtliche »Selbstreinigung«, S. 512ff.
8 Vgl. auch Lübbe, Der Nationalsozialismus im politischen Bewußtsein der Gegenwart, S. 335.
9 KAG, 16. Februar 1950, S. 2264.
10 So Gerhard Lütkens in einem Schreiben an Wilhelm Haas vom 25. Oktober 1952, zit. nach: Haas, S. 76.
11 FAZ, 19. März 1953.
12 Zit. nach: Haas, S. 494; Franke lehnte die Eröffnung eines Disziplinarverfahrens gegen von Bargen ab, weil »bei der Beurteilung der Deportation der Juden aus den besetzten Westgebieten nach dem Osten« der Untersuchungsausschuß »gefühlsmäßig« die Kenntnisse zugrunde gelegt hatte, »die man erst heute darüber erlangt hat.«
13 Adenauer, Teegespräche 1950–1954, S. 245.
14 Vgl. hierzu die Darstellung der Böhm-Schäffer-Kontroverse bei Wolffsohn, Von der verordneten zur freiwilligen »Vergangenheitsbewältigung«? S. 111ff.
15 Vgl. etwa Ruhr-Nachrichten, 28. September 1951: »...sechs Millionen Juden sind zerstampft, verheizt, vergiftet, erschossen, erhängt und ausgemergelt worden... Irgendwie können wir von dem Gefühl nicht los, daß wir allesamt eine Art Verantwortung für jene Untaten tragen, die unter dem deutschen Namen begangen wurden...«
16 Südwest-Rundschau, 16. April 1956.
17 AWJ, 11. Mai 1956.
18 AWJ, 29. Juni 1956.
19 Vgl. Schwarz, Gründerjahre, S. 434f.
20 Wie geächtet der Begriff »konservativ« infolge des Faschismusverdachtes in den 50er Jahren war, mußte etwa Eugen Gerstenmaier erfahren, als er auf einem Parteitag die CDU eine konservative Partei nannte und damit deutlichen Widerspruch hervorrief; vgl. Greiffenhagen, S. 49.
21 Wobei zu erwähnen ist, daß der 1953 zum Staatssekretär ernannte Globke nicht Mitglied der NSDAP gewesen war.
22 Vgl. Gotto, S. 233.
23 Lübbe, Der Nationalsozialismus im politischen Bewußtsein der Gegenwart, S. 333.
24 Vgl. etwa SZ, 10. Oktober 1951, oder Haas, S. 494.
25 Nochmals biß sich die Kritik – wiederum vergeblich – auch an der Symbolfigur Globke fest. Wie schon während der ersten großen politischen »Bewältigungs«-Schübe Anfang der 50er Jahre und 1956 war auch in der Phase ab 1960 die Intensität der Vorwürfe gegen den führenden Mitarbei-

ter Adenauers geradezu ein Gradmesser der »Vergangenheitsbewältigung«.

26 Zit. nach: Meier, 40 Jahre nach Auschwitz, S. 74.
27 Jaspers, Hoffnung und Sorge, S. 102ff.
28 Kielmansegg, S. 71.
29 Darin rückte Jaspers von der staatlichen Wiedervereinigung ab und stellte
den Aspekt der Humanisierung und Liberalisierung in der DDR als den
entscheidenden heraus; Karl Jaspers, Freiheit und Wiedervereinigung,
München 1960. Die prima vista ähnlichen internen Erwägungen der Adenauer-Regierung, einen Burgfrieden mit der Sowjetunion zu schließen,
wenn den Mitteldeutschen verbindlich größere Freiheiten eingeräumt
würden, waren auf einer anderen Ebene angesiedelt.
30 Statt Westdeutschland zu säubern, so hatte etwa der britische »Daily
Herald« kritisiert, würde Adenauer den Kalten Krieg in Gang halten und
Gipfelgespräche der Siegermächte erschweren. Vgl. FAZ, 14. Januar 1960.
31 Von einem Kanzlerwechsel sprachen ZEIT-Herausgeber und CDU-Bun-
destagsabgeordneter Bucerius und sein Fraktionskollege Böhm; dabei
war aber offenkundig, daß sie vor allem einen Wechsel der Politik meinten. Vgl. Schrenck-Notzing, Charakterwäsche, S. 272ff.
32 KAG, 6. Dezember 1962, S. 10285.
33 Vgl. Industriekurier, 26. Januar 1960.
34 Vgl. Lemke, S. 165.
35 Wer unsere These für eine Überinterpretation hält, sei auf das in dieser
Hinsicht besonders instruktive Kapitel »FJS und die Zwangsdemokraten«
bei Giordano, Die zweite Schuld, S. 243ff. verwiesen.
36 Vgl. FAZ, 22. Dezember 1987.
37 Ebenda.
38 Grosser, Ermordung der Menschheit, S. 135.
39 Vgl. Eberhard Jäckel, in: GWU 11/1977, S. 697; Jäckel fand diese Hitler-
Welle »wie so viele Moden und Wellen... verhältnismäßig leicht erklär-
bar. Ein paar zufälligerweise gleichzeitige Neuerscheinungen, einem lange aufgestauten Nachholbedarf entsprungen, veranlaßten opportunistische Nacherfolgsbemühungen, und binnen kurzen war alles wieder vorbei...«
40 Das Tagebuch der Anne Frank wurde 1957 das meistgespielte Theaterstück in Deutschland, und bis 1958 erreichte das Buch eine Auflage von
700000 Exemplaren.
41 Lüth, Deutschland und die Juden nach 1945, S. 5; vgl. auch »Frieden aus
reiner Hand«, in: Bonner Rundschau, 19. März 1957.
42 Zit. nach: Westdeutsche Rundschau, 3. April 1957.
43 Zit. nach: Clara Menk, Studenten gegen Harlan, in: Der Monat 1951/52,
S. 583.
44 Grosser beschreibt das Phänomen mit dem Bild der »Sinuskurven«; Ermordung der Menschheit, S. 134.

45 Eine besondere Rolle spielte in diesem Kontext der Sensationsreporter des »Daily Express«, Denis Sefton Delmer. Der Journalist hatte im Soldatensender Calais während des Krieges unter anderem mit Otto John und Karl Eduard von Schnitzler zusammengearbeitet. Im März 1954 gab Delmer in einer Fortsetzungsserie seinen über vier Millionen Lesern Antworten auf die Frage: »Wie tot ist Hitler?« Unter dem Deckmantel des unschuldigen Bundeskanzlers Adenauer, so warnte Delmer sein britisches Publikum, »scheinen sich viele derjenigen Tendenzen zu entwickeln, die in den Vorkriegstagen des ebenso unschuldigen Außenministers Stresemann und später des Kanzlers Brüning das Kommen Hitlers ankündigten.« Zum Beweis gab Delmer die Entnazifizierungspapiere der Bundesminister Kraft, Preusker und Oberländer verfälschend wieder. Die Flucht Otto Johns interpretierte er im Sommer 1954 als Beleg für ein »Kesseltreiben«, dem die Verschwörer des 20. Juli in Westdeutschland ausgesetzt seien. Der liberale »News Chronicle« und der »Daily Herald« (Labour) schlossen sich der Kampagne an, die schließlich ausgerechnet in den Tagen ihren Höhepunkt erreichte, als in Westeuropa die Entscheidungen über die EVG getroffen wurden. Vgl. Der Spiegel, 8. September 1954.

46 Festschreibung und spätere Verminderung der westalliierten Garnisonsstärke, Unterbindung sogenannter subversiver, gegen die DDR gerichteter Tätigkeit, auch der Propaganda, von Westberlin aus. Nur den noch weitergehenden Forderungen der UdSSR war es damals zu verdanken, daß ein derart einschneidend reduzierter Berlin-Status im Juli 1959 nicht vertragliche Gestalt annahm; vgl. Hillgruber, Deutsche Geschichte 1945–1972, S. 79, sowie Doering-Manteuffel, S. 110.

47 Vgl. Jasper, S. 201, sowie Schrenck-Notzing, Charakterwäsche, S. 270f.

48 Schwarz, Epochenwechsel, S. 208.

49 Vgl. Lemke, S. 170.

50 Vgl. ebenda, S. 171.

51 Vgl. Kielmansegg, S. 72.

52 Noelle-Neumann, Der Staatsbürger und sein Staat, S. 95.

53 Altersgruppe 30–44 Jahre: 9 Prozent; auch hinsichtlich der Bedeutung von Propaganda und Rhetorik Hitlers herrschte weitestgehende Übereinstimmung zwischen den Generationen (zwischen 24 und 26 Prozent maßen diesem Faktor besondere Bedeutung bei); vgl. ebenda.

54 Kielmansegg, S. 74.

55 Ebenda, S. 79.

56 Schwarz, Epochenwechsel, S. 215. Auf dem Humus, der hier entstand, sollte sich in schrecklichen Aberrationen bald auch ein Terrorismus entwickeln, dessen Wurzeln Margarethe von Trotta in ihrem Film »Die bleierne Zeit« geschildert hat: Zwei Schwestern, aufgewachsen in einem evangelischen Pfarrhaus, sehen Dokumentarfilme aus dem »Dritten Reich« mit Leichenbergen ermordeter Juden. »Plötzlich geht ein Riß durch sie hindurch. Ihnen widerfährt…: daß die Verbrechen des Natio-

nalsozialismus von einer Dimension seien, die sich dem Verstehen entziehe. Eine der beiden Schwestern heißt Gudrun Ensslin. Ihre Konsequenz ist bekannt. Bomben zu werfen, gegen diese Väter…«; vgl. Ulrich Greiner, Söhne und ihre Väter. Über die Studentenbewegung als Konflikt der Generationen, in: Die Zeit, 29. April 1988; hierzu auch: Langbein, Auschwitz und die junge Generation, und Lubich, Bernhard Vespers »Die Reise«. Von der Hitler-Jugend zur RAF.

57 Ebenda, S. 79f.
58 Vgl. hierzu die Analyse von Jens Hacker »Deutsche Irrtümer«.
59 Vgl. Lemke, S. 173.
60 Kurt Schumacher hat in den Nachkriegsjahren den Begriff der »Zerknirschungspropaganda« geprägt; deren »primitives Ergebnis«, so Schumacher, sei die Rede von einem »Verschulden des ganzen deutschen Volkes«. Der SPD-Vorsitzende forderte seine Partei demgegenüber auf, »unserem Volke ein gutes und gesundes Selbstbewußtsein zu geben«, gleichfern von dem hysterischen Nationalismus der Vergangenheit und der »jammervollen Kriecherei der Leute mit dem Ergebenheitsdiener«. Vgl. Zitelmann, Wiedervereinigung und deutscher Selbsthaß, S. 244f.
61 Vgl. Scholz/Oschilewski, S. 402.

Gegenwart und Zukunft der »Vergangenheitsbewältigung«

1 Vgl. Kielmansegg, S. 80.
2 Ebenda, S. 81f.
3 Schwarz, Epochenwechsel, S. 215.
4 Ebenda, S. 216.
5 Exemplarisch beim Rhetorik-Professor Walter Jens; vgl. Johannes Rogalla von Bieberstein, Die Linke und die deutsche Einheit, in: Criticon, Mai/Juni 1991, S. 127. Zwar hatte Willy Brandt nach dem Krieg noch erklärt, wer kein Antikommunist sei, könne kein Demokrat sein, nun aber forderten Sozialdemokraten wie Walter Momper: »Der Antikommunismus muß aus unseren Köpfen heraus«; vgl. Criticon, März/April 1991, S. 79.
6 Nach der »Wende« wurde diese Art der DDR-Berichterstattung auch zum Gegenstand journalistischer Selbstkritik; etwa in dem aufschlußreichen Artikel des ZDF-Reporters Michael Schmitz: »Wie die Linke sich verrannte«, in: Die Zeit, 14. Februar 1992.
7 Vgl. Schröder, S. 107.
8 Lafontaine, S. 189.
9 Vgl. Criticon, Mai/Juni 1991, S. 130. Grundsätzliches hierzu bei Walter Bodenstein: Ist nur der Besiegte schuldig? Die EKD und das Stuttgarter Schuldbekenntnis von 1945, Frankfurt/M./Berlin 1986.
10 Michael Wolffsohn erklärte deshalb zu Recht: »Wenn Deutschland nicht wegen Auschwitz geteilt wurde, kann die Vereinigung Deutschlands auch nicht wegen Auschwitz verhindert werden.« Zit. nach: Rainer Zitelmann, »Schuld ist nicht erblich«, in: SZ, 27. November 1990.

11 Criticon, Mai/Juni 1991, S. 130.
12 Vgl. Margarete Mitscherlich, Erinnerungsarbeit, S. 164.
13 Zur Politik Joschka Fischers vgl. Seebacher-Brandt, S. 63.
14 Konkret, 7/1990, und Der Spiegel, 19. Februar 1990.
15 FAZ, 21. November 1989 und 21. Dezember 1990.
16 Zit. nach: Criticon, Mai/Juni 1991, S. 131.
17 NN, 21. Juni 1991.
18 Vgl. Hans-Peter Schwarz, Ende der Gedenktage, in: Die Welt, 29./30. Juni 1991.
19 Hans-Peter Schwarz spricht von der »neuen Zeitgeschichte«. Ein zweites Mal im 20. Jahrhundert sehe sich die Öffentlichkeit mit der Herausforderung konfrontiert, »eine verkorkste und schuldbeladene jüngste Zeitgeschichte zu erhellen, neu zu bewerten und daraus politische Schlußfolgerungen zu ziehen.« Vgl. Die Welt, 11. Juni 1990.
20 Die Zeit vom 22. Juli 1990 verglich Nationalsozialismus und Kommunismus als »zwei Seiten desselben Wahnsinns«.
21 Vgl. etwa FAZ, 18. August 1990 oder 23. Oktober 1990.
22 Vgl. hierzu die Kritik etwa des früheren Braunschweiger Oberlandesgerichtspräsidenten Rudolf Wassermann, in: Münchner Brief, 20. Februar 1992: »Befremdlich ist insbesondere die Neigung, SED-Machthaber und -Schergen bei gleich oder ähnlich gelagerten Sachverhalten mit einem anderen Maß zu messen als die NS-Verbrecher...«
23 Im Juni 1990 entrüstete sich wenigstens »Die Welt« über die Erhöhung der Stasi-Renten auf 800 Mark, was der statistischen Durchschnittsrente im Osten entspricht: »Dies geschieht auf Druck ausgerechnet jener SPD, die die Bundesregierung vorher noch heftig attackiert hatte, weil sie angeblich nichts gegen die überhöhten Stasi-Renten unternimmt.« Vgl. Die Welt, 22. Juni 1991, sowie SZ, 27. Februar 1991: »Im Osten ist das Unrecht preiswert. Große Anfrage der SPD«.
24 Seebacher-Brandt spricht in diesem Zusammenhang von einem »Mantel des Schweigens«, der die »Schande zudecke«; vgl. Seebacher-Brandt, S. 55.
25 Vgl. Graml, S. 175 und 181.
26 Vgl. Fromme.
27 Lübbe, in: Broszat u.a., Deutschlands Weg in die Diktatur, S. 376.
28 AWJ, 11. Mai 1956.
29 So auch das bemerkenswerte Resümee von Joachim Kaiser in einem Leitartikel der Süddeutschen Zeitung vom 13. Juni 1991.
30 Grosser, Ermordung der Menschheit, S. 147.

Quellen

1. Tages- und Wochenzeitungen; Periodika (Jahrgänge 1949 ff.)

Aachener Nachrichten; Ärztliche Mitteilungen; Allgemeine Sonntagszeitung; Allgemeine Wochenzeitung für das Judentum in Deutschland, zit. als AWJ; Allgemeine Zeitung; Badische Zeitung; Blick in die Welt; Bonner Rundschau; Bremer Nachrichten; Bundesgesetzblatt; Christ und Welt, zit. als CuW; Dachauer Hefte; Das freie Wort; Das Parlament; Der Heimkehrer; Der Kurier; Der Mittag; Der Monat; Der Reichsruf; Der Tagesspiegel; Der Volkswirt; Deutsche Saar; Deutsche Schicksalsjahre; Deutsche Stimmen; Deutsche Tagespost; Deutsche Volkszeitung, Düsseldorf; Deutsche Volkszeitung, Fulda; Deutsche Zeitung; Deutsche Zeitung und Wirtschaftszeitung; Die Anklage; Die Deutsche Soldatenzeitung, zit. als DSZ; Die deutsche Zukunft; Die Kultur; Die Mahnung; Die Neue Zeitung. Die Amerikanische Zeitung in Deutschland; Die Tat, Zürich; Flensburger Tageblatt; Frankfurter Allgemeine Zeitung, zit. als FAZ; Frankfurter Hefte, zit. als FH; Frankfurter Neue Presse; Frankfurter Rundschau, zit. als FR; Generalanzeiger; Hamburger Anzeiger; Hamburger Echo; Hannoversche Allgemeine; Hannoversche Presse; Kasseler Post; Kieler Nachrichten; Kölner Stadtanzeiger; Kölnische Rundschau; Le Monde; Lübecker Freie Presse; Mannheimer Morgen; Münchner Merkur; Nationalzeitung, Basel; Neues Deutschland; Neue Ruhr Zeitung; Neue Zürcher Zeitung, zit. als NZZ; Niedersächsische Rundschau; Nürnberger Nachrichten, zit. als NN; Rheinische Zeitung; Rheinischer Merkur, zit. als RM; Rhein-Neckar-Zeitung; Rhein Zeitung Koblenz; Schwäbische Zeitung; Sonntagsblatt; SPD-Wochenschrift für Sozialismus und Demokratie; Der Spiegel; Straubinger Tagblatt; Stuttgarter Nachrichten; Stuttgarter Zeitung; Süddeutsche Zeitung, zit. als SZ; Südwest-Rundschau, Freiburg; Telegraph; Trierische Landeszeitung; Volksstimme, Basel; (Neuer) Vorwärts; Die Welt; Welt der Arbeit; Weserkurier; Westdeutsche Allgemeine; Westdeutsche Neue Presse; Westdeutsche Rundschau; Westfalenpost; Züricher Tagesanzeiger; Die Zeit.

2. Presse- und Archivdienste, wissenschaftliche Periodika

Aus Politik und Zeitgeschichte, Beilage zu »Das Parlament«, zit. als APuZ
Bulletin des Presse- und Informationsamtes der Bundesregierung, zit. als Bulletin
Deutschland Union Dienst, zit. als DUD
Europa-Archiv, Zeitschrift für Internationale Politik, zit. als EA
Freie Demokratische Korrespondenz, zit. als FDK
Geschichte in Wissenschaft und Unterricht, zit. als GWU

Der Informationsdienst
Keesings Archiv der Gegenwart, zit als KAG
Münchner Brief. Informationen aus Politik und Wirtschaft
Parlamentarisch Politischer Pressedienst
Politik und Wirtschaft
Die politische Meinung
Politische Studien
Sozialdemokratischer Pressedienst
Vierteljahrshefte für Zeitgeschichte, zit. als VfZ

3. Bundespressearchiv Bonn

Nr. 005-4/2; Nr. 005-4/30; Nr. 005-4/31; Nr. 005-4/32; Nr. 060-4; Nr. 060-5;
Nr. 060-5/0; Nr. 075-4; Nr. 075-6; Nr. 075-10; Nr. 075-20-0; Nr. 076;
Nr. 060-4; Nr. 301-3/11; Nr. 301-3/11a; Nr. 301-3/12; Nr. 301-3/13; Nr. 614-10;
Nr. 631-2/0; Nr. 637; Nr. 800-4

4. Archiv des Instituts für Zeitgeschichte München
Zeitungsausschnittsammlung

5. Bayerisches Hauptstaatsarchiv
Akten des Bayerischen Staatsministeriums für Unterricht und Kultus, MK
51971 (= BHS-Akten)

6. Protokolle, Demoskopische Unterlagen
Adenauer: »Es mußte alles neu gemacht werden.« Die Protokolle des CDU-
Bundesvorstandes 1950-1953. Bearbeitet von Günter Buchstab, Stuttgart
1986.
Adenauer: »Wir haben wirklich etwas geschaffen.« Die Protokolle des CDU-
Bundesvorstandes 1953-1957. Bearbeitet von Günter Buchstab, Düsseldorf
1990
Verhandlungen des Deutschen Bundestages, 1.-4. Wahlperiode 1949-1953,
1953-1957, 1957-1961, 1961-1963. Stenographische Berichte, Bonn 1953, 1957,
1961, 1963, zit. als DBt
FDP-Bundesvorstand. Die Liberalen unter dem Vorsitz von Theodor Heuss
und Franz Blücher. Sitzungsprotokolle 1949-1954. Bearbeitet von Udo
Wengst, hrsg. von Karl Dietrich Bracher, Rudolf Morsey und Hans-Peter
Schwarz. Erster Halbband 1949-1952, Zweiter Halbband 1953/54, Düsseldorf
1990
Die Kabinettsprotokolle der Bundesregierung, hrsg. für das Bundesarchiv
von Hans Booms, Bände 1-6: 1949-1953, Boppard/Rhein 1982-1989
Jahrbücher der öffentlichen Meinung, hrsg. von Elisabeth Noelle und Erich
Peter Neumann, Band 1: 1947-1955, Allensbach 1956; Band 2: 1957, Allensbach 1957; Band 3: 1958-1964, Allensbach 1965; Band 4: 1965-1967, Allens-
bach/Bonn 1967

Literaturverzeichnis

Adenauer, Konrad: Briefe 1945–1953, 4 Bände, bearbeitet von Hans Peter Mensing, Berlin 1983–1987

Adenauer, Konrad: Erinnerungen, Band 1: 1945–1953; Band 2: 1953–1955; Band 3: 1955–1959; Band 4: 1959–1963. Fragmente, Stuttgart 1965–1968

Adenauer, Konrad: Teegespräche 1950–1963, 4 Bände, hrsg. von Rudolf Morsey und Hans-Peter Schwarz, Berlin 1984–1992

Adler, Hans Günter: Theresienstadt 1941-1945. Das Antlitz einer Zwangsgemeinschaft. Geschichte, Soziologie, Psychologie. Tübingen 1955

Adorno, Theodor W.: Eingriffe. Neun kritische Modelle, Frankfurt 1963

Aleman, Heine von: »Holocaust« und die Zukunft der Vergangenheitsbewältigung, in: Merkur, 33 (1979)

Alföldy, Géza u.a. (Hrsg.): Probleme der Geschichtswissenschaft, Düsseldorf 1973

Allemann, Fritz-René: Bonn ist nicht Weimar, Köln 1956

Arendt, Hannah: Elemente und Ursprünge totaler Herrschaft, Frankfurt 1955

Arendt, Hannah: Elemente und Ursprünge totaler Herrschaft. I. Antisemitismus, II. Imperialismus, III. Totale Herrschaft, München/Zürich 1986

Anders, Guenter: Wir Eichmannsöhne. Offener Brief an Klaus Eichmann, München 1964

Andresen, Hans: Der Nationalsozialismus in Schulbüchern, in: Blätter für deutsche und internationale Politik 5 (1960)

Auerbach, Hellmuth: Die Gründung des Instituts für Zeitgeschichte, in: VfZ, 18 (1970)

Backes, Uwe/Jesse, Eckhard/Zitelmann, Rainer (Hrsg.): Die Schatten der Vergangenheit. Impulse zur Historisierung des Nationalsozialismus. Frankfurt/M./Berlin 1990

Bader, Karl Siegfried: Politische und historische Schuld und die staatliche Rechtssprechung, in: Karl Forster (Hrsg.), Möglichkeiten und Grenzen für die Bewältigung historischer und politischer Schuld in Strafprozessen, Würzburg 1962

Badstübner, Rolf/Thomas, Siegfried: Entstehung und Entwicklung der BRD 1945–1955. Restauration und Spaltung, o.O., 1979

Bänsch, Dieter (Hrsg.): Die fünfziger Jahre. Beiträge zu Politik und Kultur, Tübingen 1985

Baring, Arnulf: Gründungsstufen, Gründungsväter – Der lange Weg der Bundesrepublik Deutschland zu sich selbst, in: Walter Scheel (Hrsg.), Nach dreißig Jahren. Die Bundesrepublik Deutschland – Vergangenheit, Gegenwart, Zukunft, Stuttgart 1979

Bauer, Fritz: Im Namen des Volkes. Die strafrechtliche Bewältigung der Vergangenheit, in: Helmut Hammerschmidt (Hrsg.), Zwanzig Jahre danach. Eine deutsche Bilanz, München u.a. 1965

Benz, Wigbert: Der Rußlandfeldzug des Dritten Reiches: Ursachen, Ziele, Wirkungen. Zur Bewältigung eines Völkermordes unter Berücksichtigung des Geschichtsunterrichts, Frankfurt/M. 1986

Benz, Wolfgang: Rechtsradikalismus. Randerscheinung oder Renaissance? Frankfurt/M. 1980

Benz, Wolfgang: Nachkriegsgesellschaft und Nationalsozialismus, in: Dachauer Hefte, November 1990, Heft 6, Erinnern oder Verweigern – Das schwierige Thema Nationalsozialismus

Benz, Wolfgang (Hrsg.): Die Geschichte der Bundesrepublik Deutschland, 4 Bände, Frankfurt 1989

Berendsohn, Walter A.: Das Volk der Bibel im Lande der Väter, Stuttgart 1962

Berg, Jan: Hochhuts »Stellvertreter« und die »Stellvertreter«-Debatte. »Vergangenheitsbewältigung« in Theater und Presse der sechziger Jahre, Kronberg 1977

Berghahn, Volker: Unternehmer und Politik in der Bundesrepublik, Frankfurt 1985

Bergmann, Werner/Erb, Rainer: Kommunikationslatenz, Moral und öffentliche Meinung. Theoretische Überlegungen zum Antisemitismus in der Bundesrepublik Deutschland, in: Kölner Zeitschrift für Soziologie und Sozialpsychologie, 2 (1986)

Besson, Waldemar: Zur gegenwärtigen Krise der deutschen Geschichtswissenschaft, in: Gesellschaft Staat Erziehung. Blätter für politische Bildung und Erziehung, 8 (1963)

Beyer, Wilhelm R.: Der Nationalsozialismus im Lichte der Rechtsprechung des Bundesverfassungsgerichts, in: Blätter für deutsche und internationale Politik, 5 (1960)

Billerbeck, Rudolf: Die Abgeordneten der ersten Landtage (1946–1951) und der Nationalsozialismus, Düsseldorf u.a. 1971

Birke, Adolf M.: Katholische Kirche und Politik, in: Victor Conzemius/Martin Greschat/Hermann Kocher (Hrsg.), Die Zeit nach 1945 als Thema kirchlicher Zeitgeschichte, Göttingen 1988

Blum, Heiko R.: 30 Jahre danach. Dokumentation zur Auseinandersetzung mit dem Nationalsozialismus im Film 1945–1975, Köln 1975

Bodenstein, Walter: Ist nur der Besiegte schuldig? Die EKD und das Stuttgarter Schuldbekenntnis von 1945, Frankfurt/M./Berlin 1986

Böhm, Franz: Reden und Schriften, Karlsruhe 1960

Boyens, Armin: Das Stuttgarter Schuldbekenntnis vom 19. Oktober 1945, in: VfZ, 19 (1971)

Bracher, Karl Dietrich: Zeit der Ideologien. Eine Geschichte politischen Denkens im 20. Jahrhundert, Stuttgart 1982

Brandt, Willy: Erinnerungen, Berlin 1989

Braunbuch. Kriegs- und Naziverbrecher in der Bundesrepublik. Staat, Wirtschaft, Armee, Verwaltung, Justiz, Wissenschaft, (Hrsg.) Nationalrat der Nationalen Front des demokratischen Deutschland, Berlin (Ost) 1965

Broszat, Martin: Siegerjustiz oder strafrechtliche »Selbstreinigung«. Aspekte der Vergangenheitsbewältigung der deutschen Justiz während der Besatzungszeit 1945-1949, in: VfZ, 29 (1981)

Broszat, Martin, Ulrich Dübber, Walther Hofer, Horst Möller, Heinrich Oberreuter, Jürgen Schmädecke und Wolfgang Treue (Hrsg.): Deutschlands Weg in die Diktatur. Referate und Diskussionen; e. Protokoll. Internationale Konferenz im Reichstagsgebäude zu Berlin zur nationalsozialistischen Machtübernahme, Berlin 1983

Broszat, Martin: Nach Hitler. Der schwierige Umgang mit unserer Geschichte, München 1988

Brumlik, Micha (Hrsg.): Jüdisches Leben in Deutschland seit 1945, Frankfurt/M. 1986

Budde, Eugen/Lütsch, Peter (Hrsg.): Die Wahrheit über den 20. Juli, Düsseldorf 1952

Büchmann, Georg, Geflügelte Worte, Band 2, München 1967

Büchel, Renate: Der deutsche Widerstand im Spiegel von Fachliteratur und Publizistik seit 1945, München 1975

Bundesjustizministerium (Hrsg.): Die Verfolgung nationalsozialistischer Straftaten im Gebiet der Bundesrepublik Deutschland seit 1945, Bonn 1964

Büsch, Otto/Furth, Peter: Rechtsradikalismus im Nachkriegsdeutschland. Studien über die Sozialistische Reichspartei, Köln/Opladen 1967

Chamberlin, Brewster S.: Todesmühlen. Ein früher Versuch zur Massenumerziehung im besetzten Deutschland 1945-1946, in: VfZ, 29 (1981)

Cheval, René: Die Bildungspolitik in der Französischen Besatzungszone, in: Manfred Heinemann (Hrsg.), Umerziehung und Wiederaufbau. Die Bildungspolitik der Besatzungsmächte in Deutschland und Österreich, Stuttgart 1981

Conze, Werner: Die deutsche Geschichtswissenschaft seit 1945. Bedingungen und Ergebnisse, in: HZ, 225 (1977)

Dahmer, Helmut: »Holocaust« und die Amnesie, in: APuZ, 22 (1979)

Dalgeish, Donald Douglas: The Nazi »Past« in the Communist Cause, Colorado 1963

Davis, Kathleen Southwell: Das Schulbuchwesen als Spiegel der Bildungspolitik von 1945 bis 1950, in: Manfred Heinemann (Hrsg.), Umerziehung und Wiederaufbau. Die Bildungspolitik der Besatzungsmächte in Deutschland und Österreich, Stuttgart 1981

Dehio, Ludwig: Ranke und der deutsche Imperialismus, in: HZ, 170 (1950)

Dehio, Ludwig: Deutschland und die Weltpolitik im 20. Jahrhundert, München 1955

Deligdisch, Jekutiel: Die Einstellung der Bundesrepublik Deutschland zum Staate Israel, Bonn 1974

Der Nationalsozialismus in den Geschichtsbüchern der Bundesrepublik und der DDR. Sonderreihe 17, aus gestern und heute, München 1960

Diestelkamp, Bernhard: Die Justiz nach 1945 und ihr Umgang mit der eigenen Vergangenheit, in: Rechtshistorisches Journal, 5 (1986)

Doering-Manteuffel, Anselm: Die Bundesrepublik Deutschland in der Ära Adenauer, Darmstadt 1984

Donate, Klaus: Deutscher Widerstand gegen den Nationalsozialismus aus der Sicht der Bundeswehr, Bamberg 1976

Dorn, Walter L.: Inspektionsreisen in der US-Zone. Notizen, Denkschriften und Erinnerungen aus dem Nachlaß übersetzt und herausgegeben von Lutz Niethammer, Stuttgart 1973

Dreecken, Wilhelm: Deutsche Selbstbesinnung am ersten Jahrestag des 20. Juli, Lahr 1945

Dudek, Peter/Jaschke, Hans-Gert: Entstehung und Entwicklung des Rechtsextremismus in der Bundesrepublik. Zur Tradition einer besonderen politischen Kultur, Opladen 1984

Eberan, Barbro: Wer war schuld an Hitler? Die Debatte um die Schuldfrage 1945–1949, München 1985

Edinger, Lewis: Posttotalitarian Leadership. Political Elites in the German Federal Republic, in: American Political Science Review, 54 (1960)

Ehlers, Dieter: Technik und Moral einer Verschwörung: 20. Juli 1944, Frankfurt/Bonn 1964

Emrich, Ulrike/Nötzold, Jürgen: Der 20. Juli 1944 in den offiziellen Gedenkreden der Bundesrepublik und in der Darstellung der DDR, in: APuZ, 26 (1984)

Eschenburg, Theodor: Jahre der Besatzung. 1945–1949, Stuttgart 1983

Fait, Barbara: Die Kreisleiter der NSDAP nach 1945, in: Martin Broszat u.a. (Hrsg.), Von Stalingrad zur Währungsreform, München 1988

Faulenbach, Bernd: NS-Interpretationen und Zeitklima. Zum Wandel in der Aufarbeitung der jüngsten Vergangenheit, in: APuZ, 22 (1987)

Filbinger, Hans: Die geschmähte Generation, München 1986

Flach, Karl-Hermann: Erhards schwerer Weg, Stuttgart 1963

Flechtheim, Ossip K.: Dokumente zur parteipolitischen Entwicklung in Deutschland seit 1945, Band III, Programmatik der deutschen Parteien, Teil 2, Berlin 1963

Fleischmann, Lea: Das ist nicht mehr mein Land. Eine Jüdin verläßt die Bundesrepublik, Hamburg 1980

Flitner, Andreas (Hrsg.): Deutsches Geistesleben und Nationalsozialismus. Eine Vortragsreihe der Universität Tübingen, Tübingen 1965

Frank, Anne: Das Tagebuch der Anne Frank, Heidelberg 1950

Frei, Norbert: Starrer Blick nach vorn. Journalisten und Journalismus nach 1945, in: Der Schwierige Weg zur Demokratie. Die Bundesrepublik vor 40 Jahren, Düsseldorf 1990

Fricke, Karl Wilhelm: Opposition und Widerstand in der DDR. Ein politischer Report, Köln 1984

Friedrich, Carl Joachim: Totalitäre Diktatur, Stuttgart 1957

Friedrich, Jörg: Die kalte Amnestie. NS-Täter in der Bundesrepublik Deutschland, Frankfurt 1984

Friedrich, Jörg: Freispruch für die Nazi-Justiz, Reinbek 1983

Fromme, Friedrich Karl: Von der Weimarer Verfassung zum Bonner Grundgesetz, Tübingen 1960

25 Jahre Institut für Zeitgeschichte. Statt einer Festschrift, hrsg. vom Institut für Zeitgeschichte München, Stuttgart 1975

Fürstenau, Justus: Entnazifizierung. Ein Kapitel deutscher Nachkriegspolitik, Neuwied/Berlin 1969

Futterknecht, Franz: Das Dritte Reich im deutschen Roman der Nachkriegszeit, Bonn 1976

GAL-Fraktion in der Hamburger Bürgerschaft (Hrsg.): »Es ist Zeit für die ganze Wahrheit«, Hamburg 1985

Garbe, Detlef (Hrsg.): Die vergessenen KZs? Gedenkstätten für die Opfer des NS-Terrors in der Bundesrepublik Deutschland, Bornheim-Merten 1983

Gathmann, Hans: Der latente Antisemitismus. Prozesse und Fälle in der Bundesrepublik, in: Die politische Meinung, 3 (1959)

Gedenkstätte Deutscher Widerstand (Hrsg.): Der 20. Juli 1944. Reden zu einem Tag der deutschen Geschichte, Band 1, Berlin 1984, Band 2, Berlin 1986.

Gedenkstätten für Opfer des Nationalsozialismus auf dem Gebiet der Bundesrepublik Deutschland, hrsg. von der Bundeszentrale für politische Bildung, Bonn 1981

Gensinger, W.: Faschistische und neofaschistische Tendenzen im deutschen politischen Liberalismus nach 1945, Universität Mannheim, Fakultät für Sozialwissenschaften (unveröffentlicht)

Gerst, Wilhelm Karl: Bundesrepublik Deutschland unter Adenauer, Berlin 1957

Gerstenmaier, Eugen: Streit und Friede hat seine Zeit. Ein Lebensbericht, Frankfurt/M. u.a. 1981

Gierke, Julius von: Der Streik der Göttinger Universität 1955, in: Fritz Bauer (Hrsg.), Widerstand gegen die Staatsgewalt, Frankfurt/M. 1963

Giordano, Ralph: Die zweite Schuld oder Von der Last Deutscher zu sein, Hamburg/Zürich, 1987

Giordano, Ralph (Hrsg.): Wie kann diese Generation eigentlich noch atmen? Briefe zu dem Buch: Die zweite Schuld oder Von der Last Deutscher zu sein, Hamburg 1990

Gimbel, John: Amerikanische Besatzungspolitik in Deutschland 1945–1949, Frankfurt 1971

Glaser, Herrmann: Kulturgeschichte der Bundesrepublik, 3 Bände, München 1985–1988

Glaser, Herrmann: Totschweigen, Entlasten, Umschulden. Die »Bewältigung« der Vergangenheit im Nachkriegsdeutschland, in: Tribüne, 26 (1987)

Goebbels, Joseph: Die Tagebücher von Joseph Goebbels. Sämtliche Fragmente, Elke Fröhlich (Hrsg.), Teil I, Band 4, München 1987

Goral, Arie: Ein Bericht zum »Fall Hofstätter«, in: Psychologie und Gesellschaftskritik, 4 (1980)

Gotto, Klaus: Der Staatssekretär Adenauers. Persönlichkeit und Wirken Hans Globkes, Stuttgart 1980

Grabert, Herbert: Hochschullehrer klagen an. Von der Demontage deutscher Wissenschaft, Göttingen 1952

Graff, Sigmund: Goethe vor der Strafkammer oder Der Herr Geheimrat verteidigt sich (Satirisch nach Eckermanns Gesprächen mit Goethe), Göttingen 1951

Graml, Hermann: Die verdrängte Auseinandersetzung mit der NS-Vergangenheit, in: Martin Broszat (Hrsg.), Zäsuren nach 1945, München 1990

Greiffenhagen, Martin und Sylvia: Ein schwieriges Vaterland. Zur politischen Kultur Deutschlands, München 1979

Greiner, Ulrich: Söhne und ihre Väter. Über die Studentenbewegung als Konflikt der Generationen, in: Die Zeit, 29. April 1988

Greschat, Martin: Die Schuld der Kirche, München 1982

Grimm, Hans: Die Erzbischofschrift. Antwort eines Deutschen, Göttingen 1950

Gross, Johannes: Die Deutschen, Frankfurt/M. 1967

Grosser, Alfred: Die Bonner Demokratie, Düsseldorf 1960

Grosser, Alfred: Deutschlandbilanz. Geschichte Deutschlands seit 1945, München 1970

Grosser, Alfred: Ermordung der Menschheit, Der Genozid im Gedächtnis der Völker, München/Wien 1990

Großmann, Kurt R.: Die Ehrenschuld. Kurzgeschichte der Wiedergutmachung, Berlin 1967

Haas, Wilhelm: Beitrag zur Geschichte der Entstehung des Auswärtigen Dienstes der Bundesrepublik Deutschland, Bremen 1969

Hacker, Jens: Deutsche Irrtümer, Schönfärber und Helfershelfer der SED-Diktatur im Westen, Berlin 1991.

Hammerschmidt, Helmut/Mansfeld, Michael: Der Kurs ist falsch (Manifest der intellektuellen Opposition), München u.a. 1956

Hammerschmidt, Helmut (Hrsg.): Zwanzig Jahre danach. Eine deutsche Bilanz, München u.a. 1965

Handbuch Innere Führung, (Hrsg.) Bundesministerium der Verteidigung, Bonn 1957

Harlan, Veit: Im Schatten meiner Filme. Selbstbiographie, hrsg. von H.C. Opfermann, Gütersloh 1966

Hay, Gerhard u.a.: Als der Krieg zu Ende war. Literarisch-politische Publizistik 1945–1950, Stuttgart 1973

Heimpel, Hermann: Geschichte und Geschichtswissenschaft. 23. Versammlung deutscher Historiker in Ulm, Stuttgart 1957

Heimpel, Hermann: Kapitulation vor der Geschichte, Göttingen 1956

Henke, Klaus-Dietmar: Die Grenzen der politischen Säuberung in Deutschland nach 1945, in: Ludolf Herbst (Hrsg.), Westdeutschland 1945–1955. Unterwerfung, Kontrolle, Integration, München 1986

Henke, Klaus-Dietmar: Politische Säuberung unter französischer Besatzung. Die Entnazifizierung in Württemberg-Hohenzollern, Stuttgart 1981

Henke, Klaus-Dietmar/Woller, Hans (Hrsg.): Politische Säuberung in Europa. Die Abrechnung mit Faschismus und Kollaboration nach dem Zweiten Weltkrieg, München 1991

Herbst, Ludolf/Goschler, Constantin (Hrsg.): Wiedergutmachung in der Bundesrepublik Deutschland, München 1989

Heuss, Theodor: Ein Mahnmal, in: Leon Poliakov und Joseph Wulf (Hrsg.), Das Dritte Reich und die Juden, Berlin 1959

Heuss, Theodor: Tagebuchbriefe 1955/63, hrsg. von Eberhard Pikart, Tübingen/Stuttgart 1970

Hillgruber, Andreas: Deutsche Geschichte 1945 – 1972. Die »deutsche Frage« in der Weltpolitik, Frankfurt 1974

Hippe, Ewald (Hrsg.): Joachim Nehring: Neo-Nazismus? Der »Scheinwerfer«-Prozeß vor der Hauptspruchkammer München, München 1950

Hirsch, Knut: Die heimatlose Rechte. Die Konservativen und Franz Josef Strauß, Gütersloh 1979

»Historikerstreit«. Die Dokumentation der Kontroverse um die Einzigartigkeit der nationalsozialistischen Judenvernichtung. Texte von Rudolf Augstein, München/Zürich 1987

Historisches Archiv der Stadt Köln (Hrsg.), Freier Eintritt – Freie Fragen – Freie Antworten. Die Kölner Mittwochsgespräche 1950–1956, Köln 1991

Höffken, Heinz Werner/Sattler, Martin: Rechtsextremismus in der Bundesrepublik, Opladen 1980

Hofstätter, Peter R.: Bewältigte Vergangenheit? In: Die Zeit, 14. Juni 1963

Hürten, Heinz u.a.: Hans Filbinger. Der »Fall« und die Fakten. Eine historische und politologische Analyse, Mainz 1980

Ibach, Helmut: Die Geschichte einer Phrase, in: Die politische Meinung, 47 (1960)

Internationales Schulbuchinstitut (Hrsg.), Der Nationalsozialismus im Geschichtsunterricht Frankreichs und der Bundesrepublik Deutschland. Zwei deutsch-französische Gespräche 1961/62, Braunschweig 1964

Jaesrich, Hellmut: Brief aus Niedersachsen, Die Göttinger Dreitausend, in: Der Monat, 82 (1954/55)

Jasper, Gotthard: Wiedergutmachung und Westintegration. Die halbherzige justitielle Aufarbeitung der NS-Vergangenheit in der frühen Bundesrepublik, in: Ludolf Herbst (Hrsg.): Westdeutschland 1945–1955. Unterwerfung, Kontrolle, Integration, München 1986

Jaspers, Karl: Die Schuldfrage, Heidelberg 1946

Jaspers, Karl: Wohin treibt die Bundesrepublik?, München 1966

Jaspers, Karl: Hoffnung und Sorge, Schriften zur deutschen Politik 1945–1965, München 1965

Jaspers, Karl: Die Schuldfrage. Für Völkermord gibt es keine Verjährung, München 1979

Jäckel, Eberhard, Literaturbericht. Rückblick auf die sogenannte Hitler-Welle, in: GWU, 11 (1977)

Jena, Kai von: Versöhnung mit Israel? Die deutsch-israelischen Verhandlungen bis zum Wiedergutmachungsabkommen von 1952, in: VfZ, 34 (1986)

Jenke, Manfred: Verschwörung von rechts, Berlin 1961

Jesse, Eckhard: »Vergangenheitsbewältigung« in der Bundesrepublik Deutschland, in: Der Staat, Zeitschrift für Staatslehre, öffentliches Recht und Verfassungsgeschichte, 4 (1987)

Jesse, Eckhard: Philosemitismus, Antisemitismus und Anti-Antisemitismus. Vergangenheitsbewältigung und Tabus, in: Backes, Uwe/Jesse, Eckhard/Zitelmann, Rainer (Hrsg.), Die Schatten der Vergangenheit. Impulse zur Historisierung des Nationalsozialismus. Frankfurt/M./Berlin 1990

John, Otto: Zweimal kam ich heim, Vom Verschwörer zum Schützer der Verfassung, Düsseldorf/Wien 1969

Jürgensen, Kurt: Zum Problem der »Political Re-education«, in: Manfred Heinemann (Hrsg.) Umerziehung und Wiederaufbau. Die Bildungspolitik der Besatzungsmächte in Deutschland und Österreich, Stuttgart 1981

Kappelt, Olaf: Braunbuch DDR. Nazis in der DDR, Berlin 1981

Karst, Heinz: Bundeswehr und Wehrmacht, in: Bundeswehr im geschichtlichen Niemandsland? Zum Verhältnis der Bundeswehr zu Wehrmacht und Reichswehr, Studienzentrum Weikersheim e.V. (Hrsg.), Mainz 1986

Kielmansegg, Peter Graf: Lange Schatten. Vom Umgang der Deutschen mit der nationalsozialistischen Vergangenheit, Berlin 1989

Kirn, Michael: Verfassungsumsturz oder Rechtskontinuität? Die Stellung der Jurisprudenz nach 1945 zum Dritten Reich, insbesondere die Konflikte um die Kontinuität der Beamtenrechte und Art. 131 Grundgesetz, Berlin 1972

Klee, Ernst: Was sie taten – was sie wurden. Ärzte, Juristen und andere Beteiligte am Kranken- oder Judenmord, Frankfurt/M. 1986

Kleßmann, Christoph: Die doppelte Staatsgründung, Göttingen 1982

Kleßmann, Christoph: »Vergangenheitsbewältigung« und politische Kultur der frühen Nachkriegszeit, in: Dieter Galinski und Wolf Schmidt (Hrsg.), Jugendliche erforschen die Nachkriegszeit, Hamburg 1984

Klingenstein, Grete: Über Herkunft und Verwendung des Wortes »Vergangenheitsbewältigung«, in: Geschichte und Gegenwart, 4 (1988)

Knütter, Hans-Helmut: Ideologien des Rechtsradikalismus im Nachkriegsdeutschland. Eine Studie über die Nachwirkungen des Nationalsozialismus, Bonn 1961

Knütter, Hans-Helmut: Emigration und Emigranten als Politikum im Nachkriegsdeutschland, in : Politische Studien, 25 (1974)

Koebner, Thomas: Die Schuldfrage. Vergangenheitsverweigerung und Lebenslügen in der Diskussion 1945–1949, in: Koebner, Thomas/Sautermeister, Gert/Schneider, Sigrid (Hrsg.), Deutschland nach Hitler. Zukunftspläne im Exil und aus der Besatzungszeit 1939–1949, Opladen 1987

Köhler, Otto: Wir Schreibmaschinentäter. Journalisten unter Hitler – und danach, Köln 1989

Kogon, Eugen: Die Wiederkehr des Nationalsozialismus, in: Frankfurter Hefte, 6 (1951)

Komitee der Antifaschistischen Widerstandskämpfer in der Deutschen Demokratischen Republik (Hrsg.): Ist das Zufall? Dokumente und Berichte zu Lehrbüchern in der DDR und in Westdeutschland. Berlin 1960

Koß, Siegfried: Vorstellungen der Alliierten von Nachkriegsdeutschland, in: APuZ, 42–43 (1972)

Koszyk, Kurt: Umerziehung der Deutschen aus britischer Sicht, in: APuZ, 29 (1978)

Kosthorst, Erich: Von der »Umerziehung« über den Geschichtsverzicht zur »Tendenzwende«. Selbstverständnis und öffentliche Einschätzung des Geschichtsunterrichtes in der Nachkriegszeit, in: Oswald Hauser (Hrsg.), Geschichte und Geschichtsbewußtsein, Göttingen/Zürich 1981

Kotsch, Detlef: Zur Traditionspflege in der Bundeswehr. Kontinuität und Anpassung in dreieinhalb Jahrzehnten, in: Militärgeschichte, 1 (1989)

Kraus, Herbert (Bearb.): Die im Braunschweiger Remer-Prozeß erstatteten moraltheologischen und historischen Gutachten nebst Urteil, Hamburg 1953

Krausnick, Helmut: Vorwort zu den Gutachten des Institutes für Zeitgeschichte, Band II, Stuttgart 1966

Kretschmar, Georg: Die »Vergangenheitsbewältigung« in der deutschen Kirche nach 1945, in: Nordische und deutsche Kirchen im 20. Jahrhundert, Göttingen 1982

Kröger, Ullrich: Die Ahndung von NS-Verbrechen vor westdeutschen Gerichten und ihre Rezeption in der deutschen Öffentlichkeit 1958 bis 1965..., Hamburg 1973

Kuby, Erich: Es waren keine Marsmenschen, in: Gewerkschaftliche Monatshefte, 15 (1964)

Kuhn, Thomas S.: Die Struktur wissenschaftlicher Revolutionen, Frankfurt 1988

Kühnl, Reinhard: Das Dritte Reich in der Presse der Bundesrepublik. Kritik eines Geschichtsbildes, Frankfurt/M. 1966

Küster, Otto: Erfahrungen in der deutschen Wiedergutmachung, Tübingen 1967

Kwiet, Konrad: Die NS-Zeit in der westdeutschen Forschung 1945–1961, in: Ernst Schulin (Hrsg.), Deutsche Geschichtswissenschaft nach dem Zweiten Weltkrieg, München 1989

Lafontaine, Oskar: Die Gesellschaft der Zukunft, Hamburg 1988

Langbein, Hermann: Auschwitz und die junge Generation, Wien 1967

Lemke, Michael: SED-Kampagnen gegen Bonn. Die Systemkrise der DDR und die West-Propaganda der SED 1960–1963, in: VfZ, 41 (1993).

Leonhardt, Rudolf Walter: Der Fall Hofstätter. Notwendiger Widerspruch – verständliche Empörung – unkontrollierte Hysterie, in: Die Zeit, 20. September 1963

Lichtenberg, Hans-Jürgen: Sicherung der Freiheit. Die Haltung der CDU/CSU zum Soldatentum und ihre Sicherheits- und Wehrpolitik in den Jahren 1945–1952, Köln 1979

Lubich, Frederick Alfred: Bernhard Vespers »Die Reise«. Von der Hitler-Jugend zur RAF. Identitätssuche unter dem Fluch des Faschismus, in: German Studies Review, 10 (1987)

Lübbe, Hermann: Der Nationalsozialismus im politischen Bewußtsein der Gegenwart, in: Martin Broszat, u.a., Deutschlands Weg in die Diktatur. Referate und Diskussionen; e. Protokoll. Internationale Konferenz im Reichstagsgebäude zu Berlin zur nationalsozialistischen Machtübernahme, Berlin 1983

Lübbe, Hermann: Der Nationalsozialismus im deutschen Nachkriegsbewußtsein, in: HZ, 236 (1983)

Lübbe, Hermann: Verdrängung: Über ein Verhältnis zum deutschen Vergangenheitsverhältnis, in: Monat, 31 (1979)

Lübbe, Hermann: Politischer Moralismus. Der Triumph der Gesinnung über die Urteilskraft, Berlin 1987

Lübbe, Hermann: Verdrängung? Über eine Kategorie zur Kritik des deutschen Vergangenheitsverhältnisses, in: Hans-Hermann Wiebe (Hrsg.), Die Gegenwart der Vergangenheit. Historikerstreit und Erinnerungsarbeit, Bad Segeberg 1989

Lüth, Erich: Deutschland und die Juden nach 1945, Hamburg 1957

Lüth, Erich: Die Friedensbitte an Israel 1951, Hamburg 1976

Maas, Hermann/Radbruch, Gustav (Hrsg.): Den Unvergessenen. Opfer des Wahns 1933 bis 1945, Heidelberg 1952

Maier, Reinhold: Erinnerungen 1948–1953, Tübingen 1966

Maislinger, Andreas: »Vergangenheitsbewältigung« – Ein internationaler Vergleich. Konzept eines Forschungsprojektes, in: Mitteilungen des Institutes für Wissenschaft und Kunst, 4 (1989)

461

Marcuse, Harold: Das ehemalige Konzentrationslager Dachau. Der mühe-
volle Weg zur Gedenkstätte 1945–1968, in: Dachauer Hefte, 6 (November
1990), Erinnern oder Verweigern – Das schwierige Thema Nationalsozialismus

Marten, Heinz-Georg: Der niedersächsische Ministersturz. Protest und Widerstand der Georg-August-Universität Göttingen gegen den Kultusminister Schlüter im Jahre 1955, Göttingen 1987

Marten, Heinz-Georg: Die unterwanderte FDP, Göttingen 1978

Märthesheimer, Peter/Frenzel, Ivo (Hrsg.): Im Kreuzfeuer: Der Fernsehfilm
»Holocaust«. Eine Nation ist betroffen, Frankfurt 1979

Meier, Christian: 40 Jahre nach Auschwitz. Deutsche Geschichtserinnerung
heute, München 1987

Mende, Erich: Die FDP, Stuttgart 1972

Mendelssohn, Peter de: Die verhinderten Hochverräter. Wege und Irrwege
neuer deutscher Memoirenliteratur, in: Der Monat, 29 (1950/51)

Meyer, Georg: Auswirkungen des 20. Juli 1944 auf das innere Gefüge der
Wehrmacht bis Kriegsende und auf das soldatische Selbstverständnis im
Vorfeld des westdeutschen Verteidigungsbeitrages bis 1950/51, in: Auf-
stand des Gewissens. Militärischer Widerstand gegen Hitler und das NS-
Regime 1933–1945, Militärgeschichtliches Forschungsamt (Hrsg.), Her-
ford/Bonn 1985/2

Meyn, Hermann: Die Deutsche Partei, Düsseldorf 1965

Mielcke, Karl: 1917–1945 in den Geschichtsbüchern der Bundesrepublik,
(Hrsg.) Niedersächsische Landeszentrale für Politische Bildung, Hannover 1961

Mitscherlich, Alexander und Margarete: Die Unfähigkeit zu trauern, München 1967

Mitscherlich, Margarete: Erinnerungsarbeit. Zur Psychoanalyse der Unfähigkeit zu trauern, Frankfurt/M. 1987

Möbus, Gerhard: Realität oder Illusion. Zum Problem der unbewältigten
Vergangenheit, Osnabrück 1961

Möller, Horst: Die Weimarer Republik in der zeitgeschichtlichen Perspektive
der Bundesrepublik Deutschland während der fünfziger und frühen sechziger Jahre: Demokratische Tradition und NS-Ursachenforschung, in:
Ernst Schulin (Hrsg.), Deutsche Geschichtswissenschaft nach dem Zweiten Weltkrieg, München 1989

Möller, Horst: Zeitgeschichte – Fragestellungen, Interpretationen, Kontroversen, APuZ, 2 (1988)

Möller, Horst: Schuld und Verhängnis in der jüngsten deutschen Geschichte
– Verengungen unseres Geschichtsbewußtseins, in: Heimat – Tradition –
Geschichtsbewußtsein, Studien zur Politischen Bildung, Band 11, Kon-
rad-Adenauer-Stiftung (Hrsg.)

Horst Möller: La résistance allemande dans la vie culturelle des deux états al-
lemands apres 1945, in: Documents. Revue des questions allemandes, 4
(1991)

Mohler, Armin: Vergangenheitsbewältigung. Von der Läuterung zur Manipulation. Stuttgart 1968

Mohler, Armin: Der Nasenring. Die Vergangenheitsbewältigung vor und nach dem Fall der Mauer, München 1991

Mohr, Heinrich: Die Schuldfrage im Zusammenhang mit dem Zweiten Weltkrieg, in GWU, 5 (1954)

Mommsen, Hans: Betrachtungen zur Entwicklung der neuzeitlichen Historiographie in der Bundesrepublik, in: Géza Alföldy u.a. (Hrsg.), Probleme der Geschichtswissenschaft, Düsseldorf 1973

Mommsen, Hans: Die Last der Vergangenheit, in: Habermas, Jürgen (Hrsg.), Stichworte zur geistigen Situation der Zeit, Band 1, 1979

Morsey, Rudolf: Die Bundesrepublik Deutschland. Entstehung und Entwicklung bis 1969, München 1987

Morsey, Rudolf: Personal- und Beamtenpolitik 1947–1950, in: Rudolf Morsey (Hrsg.), Verwaltungsgeschichte, Berlin 1977

Müller, Ingo: Furchtbare Juristen. Die unbewältigte Vergangenheit unserer Justiz, München 1987

Mueller-Schwefe, Hans-Rudolf: Unbewältigte Vergangenheit. Vom Gestern ins Heute, Wuppertal/Barmen 1960

Neubauer, Franz: Das öffentliche Fehlurteil – Der Fall Filbinger als ein Fall der Meinungsmacher, Regensburg 1990

Neumann, Franz: Der Block der Heimatvertriebenen und Entrechteten 1950–1960, Meisenheim am Glan 1968

Ney, Ernst: Das Manko des Hergebrachten, in: Helmut Hammerschmidt (Hrsg.), Zwanzig Jahre danach. Eine deutsche Bilanz, München u.a. 1965

Nikel, Ulrike (Hrsg.): Politiker der Bundesrepublik Deutschland. Persönlichkeiten des politischen Lebens seit 1949 von A bis Z, Düsseldorf 1985

Niethammer, Lutz: Entnazifizierung in Bayern. Säuberung und Rehabilitierung unter amerikanischer Besatzung, Frankfurt/M. 1972 (Neuausgabe 1982 unter dem Titel: Die Mitläuferfabrik)

Niethammer, Lutz/Borsdorf, Ulrich/Brandt, Peter (Hrsg.): Arbeiterinitiative 1945. Antifaschistische Ausschüsse und Reorganisation der Arbeiterbewegung in Deutschland, Wuppertal 1976

Noelle-Neumann, Elisabeth: Der Staatsbürger und sein Staat, in: Helmut Hammerschmidt (Hrsg.), Zwanzig Jahre danach. Eine deutsche Bilanz, München u.a. 1965

Noelle-Neumann, Elisabeth: Die Wirkung der Massenmedien. Bericht über den Stand der empirischen Studien. Publizistik. Festschrift für Emil Dovifat, Heye/Bremen 1960

Noelle-Neumann, Elisabeth/Köcher, Renate: Die verletzte Nation. Über den Versuch der Deutschen ihren Charakter zu ändern, Stuttgart 1987

Nolte, Ernst: Die negative Lebendigkeit des Dritten Reiches, FAZ, 24. Juli 1980

Nolte, Ernst: Deutschland und der Kalte Krieg, Stuttgart 1985

Nolte, Ernst: Der europäische Bürgerkrieg. Nationalsozialismus und Bolschewismus, Frankfurt/M. 1989

Opitz, Reinhard: Faschismus und Neofaschismus, Band II: Neofaschismus in der Bundesrepublik, Frankfurt am Main, 1982

Pakschies, Günters: Umerziehung in der britischen Zone 1945–1949, Weinheim 1979

Peitsch, Helmut: Deutschlands Gedächtnis an seine dunkelste Zeit. Zur Funktion der Autobiographik in den Westzonen Deutschlands und den Westsektoren von Berlin 1945 bis 1949, Berlin 1990

Pingel, Falk: Erinnern oder Vergessen – Überlegungen zum Gedenken an den Widerstand und die Opfer des Nationalsozialismus, in: APuZ, 9/10 (1981)

Poliakov, Leon/Wulf, Joseph (Hrsg.): Das Dritte Reich und die Juden, Berlin 1959

Poolingheuer, Hans: Wir sind in die Irre gegangen..., Köln 1987

Präsidium der VVN (Hrsg.): Von Buchenwald bis Hasselbach. Organisierter Antifaschismus von 1945 bis heute, Köln 1987

Pross, Christian: Wiedergutmachung. Der Kleinkrieg gegen die Opfer, Frankfurt/M. 1988

Raschhofer, Hermann: Der Fall Oberländer, Tübingen 1962

Rautenberg, Hans-Jürgen: Aspekte zur Entwicklung der Traditionsfrage in der Aufbauphase der Bundeswehr, in: Klaus-M. Kodalle (Hrsg.), Tradition als Last? Legitimationsprobleme der Bundeswehr, Köln 1981

Remer, Otto Ernst: 20. Juli 1944, Hamburg-Neuhaus/Oste 1951

Reichel, Peter: Vergangenheitsbewältigung als Problem unserer politischen Kultur, in: Weber, Jürgen/Steinbach, Peter, Vergangenheitsbewältigung durch Strafverfahren? München 1984

Reitlinger, Gerald: Die Endlösung. Hitlers Versuch der Ausrottung der Juden Europas 1939–1945. Vorwort von R. Hagelstange, Berlin 1956

Ritter, Gerhard: Carl Goerdeler und die deutsche Widerstandsbewegung, München 1964

Rogalla, Johannes von Bieberstein: Die Linke und die deutsche Einheit, in: Criticon, 125 (1991)

Rothenpieler, Friedrich Wilhelm: Der Gedanke der Kollektivschuld in juristischer Sicht, Berlin 1982

Rothfels, Hans: Die deutsche Opposition gegen Hitler. Eine Würdigung, Krefeld 1949, Frankfurt/Hamburg 1958

Rouette, Hans-Peter: Die Widerstandslegende. Produktion und Funktion der Legende vom Widerstand im Kontext der gesellschaftlichen Auseinandersetzung nach dem Zweiten Weltkrieg, Berlin 1983

Rudolph, Hagen: Die verpaßten Chancen. Die vergessene Geschichte der Bundesrepublik, Hamburg 1979

Ruge-Schatz, Angelika: Umerziehung und Schulpolitik in der französischen Besatzungszone (1945–1949), Frankfurt u.a. 1977

Rückerl, Adalbert: Die Strafverfolgung von NS-Verbrechen 1945–1978. Eine Dokumentation, Heidelberg und Karlsruhe 1979

Rückerl, Adalbert (Hrsg.): NS-Prozesse. Nach 25 Jahren Strafverfolgung: Möglichkeiten – Grenzen – Ergebnisse, Karlsruhe 1971

Rüstow, Alexander: Ortsbestimmung der Gegenwart, 2 Bände, Erlenbach/Zürich 1950–52

Ruhl, Klaus-Jörg (Hrsg.): »Mein Gott was soll aus Deutschland werden?« Die Adenauer-Ära 1949–1963, München 1985

Rychner, Max: Vergangenheitsbewältigung. Gespräch über ein Schlagwort unserer Zeit, in: Merkur, 15 (1961)

Scheuch, Erwin K.: Politischer Extremismus in der Bundesrepublik, in: Die zweite Republik. 25 Jahre Bundesrepublik Deutschland. Eine Bilanz, hrsg. von Richard Löwenthal und Hans-Peter Schwarz, Stuttgart 1974

Scheurig, Bodo: Der 20. Juli – Damals und heute, Hamburg 1965

Schmid, Carlo: Politik und Geist, München 1964

Schneider, Peter/Meyer, Hermann J.: Rechtliche und politische Aspekte der NS-Verbrecherprozesse, Mainz 1968

Schönbach, Peter: Reaktionen auf die antisemitische Welle im Winter 1959/1960, Frankfurt/M. 1961

Schoenberner, Gerhard: Was heißt Bewältigung der Vergangenheit?, in: Die Zeit, 9. August 1963

Scholz, Arno/Oschilewski, Walther (Hrsg.): Kurt Schumacher. Reden und Schriften, Berlin 1962

Schramm, Torsten-Dietrich: Der deutsche Widerstand gegen den Nationalsozialismus: seine Bedeutung für die Bundesrepublik Deutschland in der Wirkung auf Institutionen und Schulbücher, Berlin 1980

Schrenck-Notzing, Caspar von: Charakterwäsche, Stuttgart 1965

Schrenck-Notzing, Caspar von: Die Krise der deutschen Identität in der Nachkriegszeit, in: Das Volk ohne Staat, (Hrsg.) Hubert Grosser, Bad Neustadt/Saale 1981

Schrenck-Notzing, Caspar von: Die Umerziehung der Deutschen, in: Handbuch zur deutschen Nation, Bernhard Willms (Hrsg.), Hohenrein 1986

Schröder, Gerhard: Der Herausforderer, München 1986

Schubert, Klaus von: Eine Armeegründung unter der Belastung durch historische Hypotheken, in: Klaus-M. Kodalle (Hrsg.), Tradition als Last? Legitimationsprobleme der Bundeswehr, Köln 1981

Schulin, Ernst: Zur Restauration und langsamen Weiterentwicklung der deutschen Geschichtswissenschaft nach 1945, in: ders., Traditionskritik und Rekonstruktionsversuch, Göttingen 1979

Schulin, Ernst: Rückblicke auf die Entwicklung der Geschichtswissenschaft, in: Die Funktion der Geschichte in unserer Zeit, Eberhard Jäckel und Ernst Weymar (Hrsg.), Stuttgart 1975

Schulin, Ernst: Traditionskritik und Rekonstruktionsversuch, Göttingen 1979

Schulin, Ernst (Hrsg.): Deutsche Geschichtswissenschaft nach dem Zweiten Weltkrieg, München 1989

Schulze, Hagen: Otto Braun oder Preußens demokratische Sendung, Frankfurt/M. u.a. 1977

Schulze, Winfried: Deutsche Geschichtswissenschaft nach 1945, München 1989

Schumacher, Kurt: Reden, Schriften, Korrespondenzen 1945–1952, hrsg. von Willy Albrecht, Berlin 1985

Schwarberg, Günter: Die Mörderwaschmaschine, Göttingen 1990.

Schwarz, Hans-Peter: Die Ära Adenauer. Gründerjahre der Republik 1949–1957, Stuttgart 1981

Schwarz, Hans-Peter: Die Ära Adenauer. Epochenwechsel 1957 – 1963, Stuttgart 1983

Schwarz, Hans-Peter: Adenauer. Der Aufstieg: 1876–1952, Stuttgart 1986

Schwarz, Hans-Peter: Adenauer. Der Staatsmann: 1953–1967, Stuttgart 1991

Seebacher-Brandt, Brigitte: Die Linke und die Einheit, Berlin 1991

Seiler, Alois: Unbewältigte Vergangenheit. Berichte, Dokumente und Bilder zu unserer jüngsten Geschichte, München 1960

Sérant, Paul: Die politischen Säuberungen in Westeuropa, Oldenburg/Hamburg 1966

Steinbach, Peter: Nationalsozialistische Gewaltverbrechen. Die Diskussion in der deutschen Öffentlichkeit nach 1945, Berlin 1981

Steinbach, Peter: Zur Auseinandersetzung mit nationalsozialistischen Gewaltverbrechen in der Bundesrepublik Deutschland. Ein Beitrag zur politischen Kultur nach 1945, in: GWU, 35 (1984)

Steinbach, Peter (Hrsg.): Der 20. Juli 1944. Reden zu einem Tag der deutschen Geschichte, Berlin 1984

Steinbach, Peter: Die Zeitschrift Tribüne und die Vergangenheitsbewältigung, in: Tribüne, 26 (1987)

Steinbach, Peter: Vergangenheit als Last und Chance. Vergangenheitsbewältigung in den 50er Jahren, in: Weber, Jürgen, Geschichte der Bundesrepublik Deutschland, Band 4, Die Bundesrepublik wird souverän, München 1987

Steinbach, Peter: Widerstandsforschung im politischen Spannungsfeld, in: APuZ, 28 (1988)

Stern, Frank: Im Anfang war Auschwitz, Antisemitismus und Philosemitismus im deutschen Nachkrieg, Tel Aviv 1991

Stobwasser, Albin: Die den roten Winkel trugen. Zur Geschichte der VVN-Bund der Antifaschisten-Hamburg, Hamburg 1983

Stockhorst, Erich: Fünftausend Köpfe. Wer war was im Dritten Reich, Rheinhausen 1967

Stöhr, Martin: Gespräche nach Abels Ermordung. Die Anfänge des jüdisch-christlichen Dialogs, in: Jüdisches Leben in Deutschland seit 1945, (Hrsg.) Micha Brumlik, Frankfurt/M., 1986

Straetling, Erich: Der Parlamentarische Rat 1948–1949, Pfullingen 1989

Strauß, Franz Josef: Die Erinnerungen, Berlin 1989

Strauß, Walther: Stationen der Entwicklung des Institutes für Zeitgeschichte, in: 25 Jahre Institut für Zeitgeschichte. Statt einer Festschrift, München 1975

Stürmer, Michael: Weder verdrängen noch bewältigen, in: Schweizer Monatshefte, 9 (1986)

Stürmer, Michael: Nach dreißig Jahren Staub und Moder, in: FAZ, 30. April 1985

Surmann, Rolf: Von der »Wiedergutmachung« bis zur »Gnade der späten Geburt«, in: Blätter für deutsche und internationale Politik, 3 (1986)

Tamm, Ditlev: Kollaboration und ihre strafrechtliche Ahndung in Dänemark nach dem Zeiten Weltkrieg, in: Zeitschrift für Neuere Rechtsgeschichte, 5 (1983)

Tietgens, Hans: Unbewältigte Vergangenheit – Auseinandersetzung mit der Zeitgeschichte als Aufgabe der Erwachsenenbildung, in: Kulturarbeit, 4 (1958)

Thamer, Hans-Ulrich: Verführung und Gewalt. Deutschland 1933–1945, Berlin 1986

Treue, Wolfgang: Die deutschen Parteien, Frankfurt 1975

Uhe, Ernst: Der Nationalsozialismus in den deutschen Schulbüchern, Frankfurt 1972

Unserem Vaterland zugute: Der Briefwechsel Theodor Heuss/Konrad Adenauer, bearb. von Hans Peter Mensing, Berlin 1989

Vollnhals, Clemens: Evangelische Kirche und Entnazifizierung 1945–1949: die Last der nationalsozialistischen Vergangenheit, München 1989

Vollnhalls, Clemens (Hrsg.): Entnazifizierung. Politische Säuberung und Rehabilitierung in den vier Besatzungszonen 1945–1949, München 1991

Wagner, Dietrich: FDP und Wiederbewaffnung, Boppard 1978

Walser, Martin: Unser Auschwitz, in: Kursbuch 1 (1965)

Walter, Karin: Neubeginn – Nationalsozialismus – Widerstand. Die Diskussion der Neuordnung in CDU und SPD 1945–1948, Bonn 1987

Wassermann, Rudolf: Zur juristischen Bewertung des 20. Juli 1944: Der Remer-Prozeß in Braunschweig als Markstein deutscher Justizgeschichte, in: Recht und Politik 2 (1984)

Weber, Jürgen: Auf dem Wege zur Republik 1945 – 1947, 30 Jahre Bundesrepublik Deutschland, Band 1, München 1978,

Weber, Jürgen: Das Entscheidungsjahr 1948, 30 Jahre Bundesrepublik Deutschland, Band 2, München 1979

Weber, Jürgen: Gründung des neuen Staates, 30 Jahre Bundesrepublik Deutschland, Band 3, München 1981

Weber, Jürgen: Die Bundesrepublik wird souverän, Geschichte der Bundesrepublik Deutschland, Band 4, München 1987

Weber, Jürgen/Steinbach, Peter (Hrsg.): Vergangenheitsbewältigung durch

Strafverfahren? NS-Prozesse in der Bundesrepublik Deutschland, München 1984

Weber, Max: Gesammelte politische Schriften, München 1921

Wehler, Hans-Ulrich (Hrsg.): Geschichte und Psychoanalyse, Frankfurt/M. 1974

Weisenborn, Günther: Der lautlose Aufstand: Berichte über die Widerstandsbewegung des deutschen Volkes 1933–1945, Hamburg 1953

Weißmann, Karlheinz: Rückruf in die Geschichte, Die deutsche Herausforderung: Alte Gefahren – Neue Chancen, Berlin/Frankfurt/M. 1992

Welsh, Helga A.: Revolutionärer Wandel auf Befehl? Entnazifizierungs- und Personalpolitik in Thüringen und Sachsen (1945 – 1948), München 1989

Wember, Heiner: Umerziehung im Lager: Internierung und Bestrafung von Nationalsozialisten in der britischen Besatzungszone Deutschlands, Essen 1991

Wengst, Udo: Beamtentum zwischen Reform und Tradition. Beamtengesetzgebung in der Gründungsphase der Bundesrepublik Deutschland 1948–1953, Düsseldorf 1988

Wenke, Hans: Bewältigte Vergangenheit und »Aufgearbeitete Geschichte«, in: GWU, 2/1960

Wesemann, Fried: Die Totengräber sind unter uns. Aus den Dokumenten der Naumann-Affäre, in: Frankfurter Rundschau, Artikelreihe vom 9.–13. Juni 1953

Westernhagen, Doerte von: Die Kinder der Täter. Das Dritte Reich und die Generation danach, München 1987

Wichert, Günter/Heinemann, Ulrich: Zwischen den Zeiten: Geschichts- und Gegenwartsbewußtsein in der Bundesrepublik der achtziger Jahre, in: Landeszentrale für Politische Bildung (Hrsg.), Streitfall Deutsche Geschichte, Essen 1988

Wiggershaus, Norbert: Zur Bedeutung und Nachwirkung des miltärischen Widerstandes in der Bundesrepublik Deutschland und in der Bundeswehr, in: Aufstand des Gewissens. Militärischer Widerstand gegen Hitler und das NS-Regime 1933–1945, Militärgeschichtliches Forschungsamt (Hrsg.), Herford/Bonn 1985/2

Willms, Bernhard (Hrsg.): Handbuch zur deutschen Nation, Hohenrein 1986

Wistrich, Robert: Wer war wer im Dritten Reich. Anhänger, Mitläufer, Gegner aus Politik, Wirtschaft, Militär, Kunst und Wissenschaft, München 1983

Wolffsohn, Michael: Von der verordneten zur freiwilligen »Vergangenheitsbewältigung«? – Eine Skizze der bundesdeutschen Entwicklung 1955/ 1965. (Zugleich eine Dokumentation über die Krisensitzung des Bundeskabinettes vom 4. und 5. März 1965 und die Böhm-Schäffer-Kontroverse 1957/58), in: German Studies Review, 12 (1989)

Wolffsohn, Michael: Die Wiedergutmachung und der Westen – Tatsachen und Legenden, in: APuZ 16/17 (1987)

Wolffsohn, Michael: Deutsch-israelische Beziehungen. Umfragen und Interpretationen 1952–1986, München 1986

Wolffsohn, Michael: Keine Angst vor Deutschland, Berlin 1992

Woller, Hans: Gesellschaft und Politik in der amerikanischen Besatzungszone. Die Region Ansbach und Fürth, München 1986

Woller, Hans: Ausgebliebene Säuberung? Die Abrechnung mit dem Faschismus in Italien, in: Klaus-Dietmar Henke/Hans Woller (Hrsg.), Politische Säuberung in Europa. Die Abrechnung mit Faschismus und Kollaboration nach dem Zweiten Weltkrieg, München 1991

Zapf, Wolfgang: Wandlungen der deutschen Elite, München 1965

Zielinski, Siegfried: Veit Harlan. Analysen und Materialien zur Auseinandersetzung mit einem Filmregisseur des deutschen Faschismus, Frankfurt 1981

Ziesel, Kurt: Das verlorene Gewissen, München 1958

Ziesel, Kurt: Die Literaturfabrik, Wien/Köln 1962

Zitelmann, Rainer: Historiographische Vergangenheitsbewältigung und Modernisierungstheorie. Nationalsozialismus, Faschismus, Stalinismus, in: Bernd Faulenbach/Martin Stadelmaier (Hrsg.), Diktatur und Emanzipation. Zur russischen und deutschen Entwicklung 1917–1991, Essen 1993

Zitelmann, Rainer: Wiedervereinigung und deutscher Selbsthaß. Probleme mit dem eigenen Volk, in: Werner Weidenfeld (Hrsg.), Deutschland. Eine Nation – doppelte Geschichte, Köln 1993

Abkürzungsverzeichnis

AA	Auswärtiges Amt
APuZ	Aus Politik und Zeitgeschichte
AWJ	Allgemeine Wochenzeitung der Juden
BGS	Bundesgrenzschutz
BHE	Bund der Heimatvertriebenen und Entrechteten
BP	Bayernpartei
BR	Bayerischer Rundfunk
BRD	Bundesrepublik Deutschland
BVN	Bund der Verfolgten des Naziregimes
CDU	Christlich-Demokratische Union
CSU	Christlich-Soziale Union
CuW	Christ und Welt
DAF	Deutsche Arbeitsfront
DGB	Deutscher Gewerkschaftsbund
DBt	Verhandlungen des Deutschen Bundestages
DDR	Deutsche Demokratische Republik
DEFA	Deutsche Film-Aktiengesellschaft
DP	Deutsche Partei
DPA	Deutsche Presseagentur
DRP	Deutsche Reichspartei
DSZ	Deutsche Soldatenzeitung
DVP	Deutsche Volkspartei
EKD	Evangelische Kirche in Deutschland
EVG	Europäische Verteidigungsgemeinschaft
FAZ	Frankfurter Allgemeine Zeitung
FDP	Freie Demokratische Partei
FH	Frankfurter Hefte
FR	Frankfurter Rundschau
Gestapo	Geheime Staatspolizei
GWU	Geschichte in Wissenschaft und Unterricht
HJ	Hitler-Jugend
HIAG	Hilfsgemeinschaft auf Gegenseitigkeit der ehemaligen Angehörigen der Waffen-SS
HR	Hessischer Rundfunk
Hrsg.	Herausgeber

HZ	Historische Zeitschrift
IfZ	Institut für Zeitgeschichte
KAG	Keesings Archiv der Gegenwart
KPD	Kommunistische Partei Deutschlands
MdB	Mitglied des Bundestages
MdL	Mitglied des Landtages
MM	Münchner Merkur
NDR	Norddeutscher Rundfunk
NZZ	Neue Zürcher Zeitung
NN	Nürnberger Nachrichten
NS	Nationalsozialismus
NSDAP	Nationalsozialistische Deutsche Arbeiterpartei
OKW	Oberkommando der Wehrmacht
Pg	Parteigenosse (der NSDAP)
RM	Rheinischer Merkur
S.	Seite
SA	Sturmabteilung der NSDAP
SBZ	Sowjetische Besatzungszone
SD	Sicherheitsdienst (des Reichsführers-SS)
SDR	Süddeutscher Rundfunk
SED	Sozialistische Einheitspartei Deutschlands
SFB	Sender Freies Berlin
SPD	Sozialdemokratische Partei Deutschlands
SRP	Sozialistische Reichspartei
SS	Schutzstaffel der NSDAP
SZ	Süddeutsche Zeitung
VVN	Vereinigung der Verfolgten des Naziregimes
VfZ	Vierteljahrshefte für Zeitgeschichte
WAV	Wirtschaftliche Aufbauvereinigung
WDR	Westdeutscher Rundfunk
z.b.V.	zur besonderen Verwendung
zit.	zitiert

Danksagung

Die vorliegende Studie ist die überarbeitete Fassung einer Dissertation, die im Februar 1992 von der Philosophischen Fakultät der
Universität Erlangen-Nürnberg angenommen wurde.* Sie erwuchs
aus einer langjährigen Beschäftigung mit Problemen der Zeitgeschichte im allgemeinen und Fragen der Ära Adenauer im besonderen.
Nicht bisher unzugängliche Quellen bilden die wesentliche Grundlage dieser Darstellung, sondern die Fülle der publizistischen Kommentare und Berichte, der politischen Reden und Programme, der
Rechtsprechung und der Literatur, die uns aus der Ära Adenauer
überliefert sind: Unser Untersuchungsgegenstand ist die *öffentliche*
Auseinandersetzung mit der nationalsozialistischen Vergangenheit.
  Bislang hat die Blickverengung vom Jahr 1968 her die Ära Adenauer
als eine Dunkelkammer der »Vergangenheitsbewältigung« erscheinen lassen – und über ein »non-event« zu forschen schien nicht der
Mühe wert. Wir wollten nun erstmals – unter Bildung von Schwer-
punkten – das Gesamtphänomen der »Vergangenheitsbewältigung«
für diesen Zeitraum geschichtswissenschaftlich untersuchen und die
landläufigen Urteile – »Verdrängung«, »Unfähigkeit zu trauern«,
»zweite Schuld« – an den tatsächlichen Ereignissen messen.
  Zu besonderem Dank verbunden bin ich meinem Doktorvater,
Herrn Professor Dr. Horst Möller. Er hat mich mit den Fragen der
Zeithistorie und vor allem der bundesdeutschen Geschichte vertraut
gemacht. Diese Studie hat er von 1987 an betreut und an ihrem Fortgang regen Anteil genommen. Auch auf Schwachstellen, die der Au-

---

* Der genaue Titel lautet: Vergangenheitsbewältigung in der Ära Adenauer. Die öffentliche Auseinandersetzung mit dem Nationalsozialismus in der Bundesrepublik
  Deutschland während der 1950er Jahre unter besonderer Berücksichtigung der Personalpolitik, der Rezeption des antinationalsozialistischen Widerstandes und der
  Abwehr von Neonazismus und Antisemitismus.

tor selbst gern übersieht, hat er hingewiesen und Verbesserungsmöglichkeiten aufgezeigt.

In den Dank einschließen möchte ich Herrn Professor Dr. Reiner Pommerin. Er hat, schon während der Konzeptionierung der Arbeit, in seinem Oberseminar wichtige Anregungen gegeben. Ich danke ebenso Herrn Professor Dr. Anselm Doering-Manteuffel. Seinem wissenschaftlichen Ethos, die eigenen Thesen (zur Ära Adenauer) immer wieder auf den Prüfstand zu stellen, ist diese Studie mit zu verdanken.

Mein Dank gilt auch Herrn Horst Mende und Oberstudienrat Karl Buckel, deren Rat mich seit der Gymnasialzeit begleitet hat. Sie haben in zahlreichen Gesprächen und durch Korrekturlesen des Manuskriptes zur vorliegenden Arbeit ebenso beigetragen wie mein Kollege Andreas Wirsching vom Institut für Zeitgeschichte. Für gute Dienste bei der Schlußredaktion bin ich Daniela Brost, Jürgen Landshuter und Norbert Kittel zu Dank verbunden.

Ich danke der Konrad-Adenauer-Stiftung. Ihre Graduiertenförderung hat mir vor Eintritt in das Berufsleben fast zwei Jahre lang ein konzentriertes Beschäftigen mit dem Thema ermöglicht. Ebenso gilt mein Dank Wolfgang Maurus, ehemals Bundeszentrale für Politische Bildung, und den Archiven, auf deren Bestände ich bei der Materialsammlung zurückgreifen konnte: dem Institut für Zeitgeschichte und dem Bayerischen Hauptstaatsarchiv in München, dem Bundespressearchiv in Bonn, dem Otto-Suhr-Institut an der FU Berlin, dem Archiv der KZ-Gedenkstätte Dachau und der Universitätsbibliothek in Erlangen.

Besonders danke ich meinen Eltern. Sie haben stets Verständnis dafür gehabt, daß ich die Arbeit – auch während der starken beruflichen Beanspruchung im deutschen Revolutionsjahr 1989/90 – nach Kräften fortgesetzt und sie 1991 dann konzentriert zu Ende geführt habe. Sie hielten in dieser Zeit vieles von mir fern, was den Fortgang der Studie erschwert hätte.

Neuendettelsau, im Juli 1993   Manfred Kittel

Personenregister

474

476

479